Le contrôle de l'exécution des marchés publics en droit tunisien

Logiques Juridiques

Fondée par Gérard Marcou
Dirigée par Jean-Claude Némery

Le droit n'est pas seulement un savoir, il est d'abord un ensemble de rapports et pratiques que l'on rencontre dans presque toutes les formes de sociétés. C'est pourquoi il a toujours donné lieu à la fois à une littérature de juristes professionnels, produisant le savoir juridique, et à une littérature sur le droit, produite par des philosophes, des sociologues ou des économistes notamment.

Parce que le domaine du droit s'étend sans cesse et rend de plus en plus souvent nécessaire le recours au savoir juridique spécialisé, même dans des matières où il n'avait jadis qu'une importance secondaire, les ouvrages juridiques à caractère professionnel ou pédagogique dominent l'édition, et ils tendent à réduire la recherche en droit à sa seule dimension positive. À l'inverse de cette tendance, la collection « Logiques juridiques » des éditions L'Harmattan est ouverte à toutes les approches du droit. Tout en publiant aussi des ouvrages à vocation professionnelle ou pédagogique, elle se fixe avant tout pour but de contribuer à la publication et à la diffusion des recherches en droit, ainsi qu'au dialogue scientifique sur le droit. Comme son nom l'indique, elle se veut plurielle.

Dernières parutions

Soror BAHBOUHI, *Le conflit d'intérêts du banquier*, 2018.
Tenile MASCOLO GIL, *Les droits de l'homme dans le Mercosur,* 2018.
Mohammed BERRAOU, *La responsabilité des acteurs de la gestion publique devant la Cour des comptes. Le modèle marocain*, 2017.
Eric GILARDEAU, *Cicéron, père de la codification du droit civil*, 2017.
Daphne AKOUMIANAKI, *Les rapports entre l'ordre juridique constitutionnel et les ordres juridiques européens. Analyse à partir du droit constitutionnel grec*, 2016.
Boris BARRAUD, *La Recherche juridique. Sciences et pensées du droit*, 2016.
Bolleri PYM, *Le statut juridique des établissements de microfinance (EMF) en zone CEMAC, L'encadrement de la « petite finance » du secteur informel vers le secteur formel,* 2016.
Aurore GRANERO, *Les personnes publiques spéciales,* 2016.
Khaled MEJRI, *Le droit international humanitaire dans la jurisprudence internationale*, 2016.
Tiphaine THAUVIN, *Les services sociaux dans le droit de l'Union européenne*, 2016.
Louis-Marie LE ROUZIC, *Le droit à l'instruction dans la jurisprudence de la Cour européenne des droits de l'Homme*, 2015

Alia JENAYAH

Le contrôle de l'exécution des marchés publics en droit tunisien

Préface d'Amel Aouij-Mrad

L'Harmattan

5-7, rue de l'Ecole-Polytechnique, 75005 Paris

http://www.editions-harmattan.fr

ISBN : 978-2-343-14437-5
EAN : 9782343144375

Université Paris 1 – Panthéon Sorbonne
Université De Tunis El-Manar

LE CONTRÔLE DE L'EXÉCUTION DES MARCHÉS PUBLICS EN DROIT TUNISIEN

Par
Alia JENAYAH

Thèse pour l'obtention du grade de docteur
Discipline : Droit public
Présentée et soutenue publiquement le **30 Juin 2017**

Directeurs de thèse :

Maryse DEGUERGUE,
en remplacement du regretté Gérard MARCOU
Professeurs à l'Université Paris 1 Panthéon-Sorbonne
Amel AOUIJ-MRAD,
Professeure à l'Université de Tunis-El Manar

Membres du jury :

Jacqueline MORAND-DEVILLER,
Professeure à l'Université Paris 1 Panthéon-Sorbonne
Neji BACCOUCHE,
Professeur à l'Université de Sfax
Pierre BOURDON,
Professeur à l'Université du Mans
Sophie DABBOU-AYED,
Professeure à l'Université de Tunis-El Manar

REMERCIEMENTS

À la mémoire du professeur Gérard MARCOU pour ses conseils avisés et ses grandes qualités humaines.

Aux professeures Amel AOUIJ-MRAD et Maryse DEGUERGUE pour leur soutien constant, pour leur précieux conseils et pour l'intérêt qu'elles ont manifesté vis-à-vis de ce travail.

Aux conseillers du Tribunal administratif tunisien ainsi qu'aux responsables des différents organes de contrôle qui ont bien voulu me recevoir et répondre à mes interrogations, en particulier M.M Fadhel M'KAOUAR, Ahmed Souheil ERRAI, Hsin AMARA, Walid MAGROUN, Faisal MANI et Anouar AOUADI.

À mes parents, ma sœur et tous mes proches pour leur infinie patience et leur soutien sans faille.

À tous ceux dont l'amical soutien a accompagné l'élaboration de cette thèse et a contribué à l'enrichir.

PREFACE

La thèse de Alia Jenayah se situe dans la continuité et la logique du profil de la personne. Etudiante brillante de l'Université de Sousse où elle fut, trois années consécutives, major de sa promotion, elle choisit de poursuivre ses études de droit à l'Université Paris I- Panthéon Sorbonne, pour ouvrir ses horizons vers d'autres droits, sources d'inspiration du droit tunisien et s'inscrivit dans le mastère de droit public des affaires. Un travail soutenu durant ses deux premières années d'études à Paris lui permit de décrocher brillamment son diplôme de mastère, avec un mémoire sur la lutte contre la corruption dans les marchés publics, thème de grande actualité dans les temps suivant la révolution tunisienne. Voyant l'importance que commençaient à avoir les contrats publics dans son pays d'origine, avec lequel elle gardait des liens affectifs étroits, elle choisit de pousser sa spécialisation dans le droit des contrats publics par ses études doctorales.

Le sujet de sa thèse s'imposa de lui-même. Un terrain encore en friche semblait attendre son étude : celui de l'exécution des marchés publics, peu connu, n'ayant que peu soulevé l'intérêt d'une doctrine focalisée sur la passation de ces mêmes marchés. Observatrice, Alia Jenayah avait relevé le paradoxe de la non concordance entre les besoins démultipliés de l'instrument contractuel pour relever une économie en berne et la rigidité de son cadre juridique. Dans un contexte de désengagement de l'Etat et de raréfaction des ressources publiques, le thème du contrôle d'exécution des marchés public de thèse éveillait l'intérêt. Il lui futinspiré par son codirecteur, le regretté Gérard Marcou, et avalisé par moi-même qui y voyait l'occasion de couvrir un champ de réflexion fort mal connu du droit tunisien.

Au terme de quatre années de travail rassemblant lectures, synthèses et analyses, la thèse fut soutenue avec brio. Son intérêt est certain. Elle est destinée à devenir une référence incontournable dans le droit tunisien des marchés publics, tant pour les chercheurs que pour les décideurs. Son mérite est d'autant plus grand que rares sont les écrits doctrinaux tunisiens sur la question de l'exécution de ces marchés, que notre jurisprudence en la matière est clairsemée, non traduite et d'accès difficile et que la doctrine administrative est opaque, du fait du culte constant du secret administratif.

Au prix de son travail soutenu, Alia Jenayah sut tirer profit des documents amassés. Son sens de l'analyse et son amour du travail bien fait firent le reste : sa bibliographie montre la tâche accomplie. La rareté des écrits et des arrêts tunisiens fut comblée par une extrapolation sur le droit et la jurisprudence français, l'analyse comparative sous-tendant la totalité du travail.

La thèse ne se contente pas de faire le tour de la question du contrôle de l'exécution des marchés publics en droit tunisien. Elle s'insère dans les questionnements de choix juridiques et de stratégie politique tunisiens. Le marché public, outil de prédilection dans la réalisation de choix de politique économique, souffre, au niveau des contrôles sur son exécution, d'écueils divers et multiples, qui l'empêchent de jouer pleinement son rôle de soutien à l'économie nationale.

L'angle de vue choisi pour démontrer les failles du système de contrôle est particulier, révélé par une problématique qui se situe dans une perspective dynamique du droit. L'axe choisi pour l'étude du sujet se réfère aux thèmes fondateurs de la puissance du droit et de l'égalité supposée de ses sujets, mais aussi à des concepts plus modernes d'Etat de droit et de globalisation juridique.

Après une introduction exhaustive et structurée, posant le cadre multidisciplinaire, comparatif et systémique de l'étude à venir, la thèse se partage en deux parties, dont le fil d'Ariane consiste à démontrer les limites des deux piliers du système tunisien de contrôle sur l'exécution des marchés publics, contrôles administratifs et contentieux.

La première partie du travail s'intéresse aux contrôles administratifs, en en révélant les déséquilibres et la complexité. Des constantes du dysfonctionnement apparaissent à l'occasion de cette étude, notamment la permanence de la puissance publique, ancrée dans le droit administratif tunisien mais n'aboutissant pourtant pas à rendre l'administration plus efficace. Pétri de ses privilèges, l'acheteur public n'hésite pas à recourir aux multiples pouvoirs dont il dispose, privilèges d'exorbitance et pouvoirs de contrôles spécifiques aux marchés publics. C'est là l'occasion pour la thèse de poser des problèmes de théorie juridique, à l'image de celui des normes de référence du contrôle, de leur contenu, de leur force obligatoire. Face à cette puissance du feu, le cocontractant apparaît en position d'infériorité, dans une recherche effrénée de respect de ses droits les plus évidents, comme le droit au paiement, s'efforçant de contourner les méandres administratifs pour prouver l'exécution de ses engagements, et, plus banalement encore, d'arracher son ordre de commencement d'exécution, ou dépasser les blocages à son indemnisation lors de l'aggravation involontaire de ses charges.

Cette situation de puissance se révèle complexe et paradoxalement contreproductive. Elle porte le sceau de l'inefficience, du fait de la multiplicité des contrôles internes, difficiles à coordonner par des institutions nombreuses et dispersées, aux rôles respectifs mal circonscrits. Car à côté de l'ancien Haut comité du contrôle administratif et financier, les décrets successifs rajoutèrent un Observatoire national des marchés publics, un Conseil national de la commande publique et une Haute instance de la commande publique : si l'improvisation dégénère en véritable cafouillis, le contrôle interne sur l'exécution des marchés publics n'en est pas pour autant meilleur. Parallèlement, le contrôle externe, notamment celui de la Cour des comptes, apparaît insuffisant et les autres contrôles, portant par exemple sur l'intégrité de l'achat public, mal ciblés. Cette image archaïque et figée de l'ensemble du système de contrôle, focalisé sur le seul intérêt de l'administration, et raisonnant en termes de stricte conformité aboutit à des résultats fort mitigés. L'enfermement des procédures précontentieuses de contrôles, relevant de multiples instances (Comité de suivi et d'enquête des marchés, comité consultatif de règlement amiable des litiges, commissions de contrôle des marchés) ne produit pas guère de meilleurs résultats, les procédures étant fort cadrées et l'accès à la transaction fort restreint.

La seconde partie de la thèse est axée sur le rôle marginal du juge et les défectuosités du contrôle contentieux. La collecte, la traduction, la synthèse et l'analyse des multiples arrêts rendus par la juridiction administrative tunisienne, mis en comparaison avec ceux de son homologue française, constituent à elles seules, une richesse inestimable de ce travail et sera d'un apport certain pour les chercheurs et la doctrine tunisiens. Les deux véritables problèmes du contrôle de l'exécution des marchés publics sont pointés du doigt: le contentieux de l'exécution souffre de son organisation défectueuse et il demeure essentiellement indemnitaire.

Les incertitudes dans l'organisation du contentieux contractuel constituent des embûches à son développement. Relatives à l'ordre juridictionnel compétent, à la possibilité de recourir à l'arbitrage, ou encore à la question de la nature intrinsèquement duelle du contrat de marché public, elles mettent en lumière les multiples complications d'un contentieux inadapté et les erreurs d'interprétation des magistrats. Le système de recours contentieux en matière d'exécution des marchés publics apparaît ainsi comme le talon d'Achille de tout le système de contrôle. La complexité de la théorie des actes détachables, l'irrecevabilité du recours en annulation émanant des parties au contrat, la marginalité de l'action en nullité absolue, ou encore l'inadaptation des procédures d'urgence produisent de terribles effets pervers : ils réduisent la sécurité juridique des contractants et affaiblissent la stabilité contractuelle.La thèse avance à ce propos des propositions novatrices, telle celle de l'instauration du référé précontractuel, de l'unification des contentieux des marchés publics ou du renforcement des pouvoirs du juge des contrat.

Mais les limites de ce contentieux des marchés publics sont également matérielles puisqu'il demeure essentiellement indemnitaire. Dans une responsabilité axée sur la faute, l'administration sort vainqueur d'un combat à armes inégales, dans lequel sa faute est indulgemment appréciée, contrairement à celle des cocontractants. Une vision périmée du droit et du contentieux des contrats publics est ainsi esquissée par l'auteure, déconnectée de l'objectif de soutien à l'économie nationale que doivent devenir les marchés publics. Le juge, fidèle à une conception archaïque de l'intérêt général et de la puissance publique, fait le jeu de l'administration mais non celui du dynamisme économique, ni du bon droit. Timoré et hésitant, il ne garantit pas le droit des cocontractants à réparation. Tout semble desservir ces derniers : pénalisation du droit des marchés publics, éviction de la faute délictuelle, limitation de l'action indemnitaire à la seule base extracontractuelle et exclusion de la responsabilité extracontractuelle sans faute.

Ainsi, la thèse de Alia Jenayah réussit le pari et relève le défi d'être un travail à la fois technique et conceptuel. A travers des développements techniques, puisque liés à la technicité du sujet lui-même, elle parvient à conceptualiser les problèmes. Les limites du droit des marchés publics sont révélées, aboutissant aux limites de notre droit lui-même. La thèse est l'occasion académique de vérifier l'équilibre entre un intérêt public puissant et des intérêts légitimes privés, recherchés mais en même temps dénigrés. Ce travail ouvrira sans nul doute la voie à d'autres réflexions sur le droit des marchés publics et permettra aux décideurs d'asseoir leurs futures réformes en la matière.

Amel AOUIJ-MRAD
Professeure à l'Université Tunis El Manar

TABLE DES ABRÉVIATIONS

AJCT	Actualité juridique des collectivités territoriales
AJDA	Actualité juridique, droit administratif
AJT	Actualités juridiques tunisiennes (Revue biannuelle publiée par la Faculté de droit et des sciences politiques de Tunis)
ANC	Assemblée nationale constituante
ARP	Assemblée des Représentants du peuple
ARTD	Association de recherche sur les transitions démocratiques
ATDA	Association tunisienne de droit administratif
ATDC	Association tunisienne de droit constitutionnel
ATSA	Association tunisienne des sciences administratives
BJCP	Bulletin juridique des contrats publics
Bull. civ	Bulletin des arrêts de la Cour de cassation (chambre civile)
Bull. crim	Bulletin des arrêts de la Cour de cassation (chambre criminelle)
CA	Cour d'appel
CAA	Cour administrative d'appel
Cass. Crim	Cour de cassation, chambre criminelle
CCAG	Cahier des clauses administratives générales
CCAP	Cahier des clauses administratives particulières
CCTP	Cahier des clauses techniques paticulières
CC	Cour des Comptes
CCC	Conseil des Conflits de Compétence
CCP	Code de la comptabilité publique
CCRAL	Comité consultatif de réglement amiable des litiges
CE	Conseil d'État français
CEDH	Cour européenne des droits de l'homme
CERP	Centre d'études, de recherche et de publication (devenu CPU)
CGF	Contrôle général des finances
CGSP	Contrôle général des services publics
CJUE	Cour de justice de l'Union Européenne
CMP	Code des marchés publics tunisien
CNCP	Conseil national de la commande publique
CNIMC	Commission nationale d'investigation sur les pratiques de malversation et de corruption
COC	Code des obligations et des contrats
CP-ACCP	Contrats publics – L'actualité de la commande publique et

devenu CP-Monit.	des contrats publics devenu Contrats publics – Le Moniteur
CP	Code pénal tunisien
CPP	Code de procédure pénale
CSMP	Commission supérieure des marchés publics
CSCAM	Commission supérieure de contrôle et d'audit des marchés
Concl.	Conclusions
Cons. Const	Conseil constitutionnel
COSEM	Comité de suivi et d'enquête
CNCP	Conseil national de la commande publique
CPCC	Code des procédures civiles et commerciales
CPU	Centre de publications universitaires
CREA	Centre de recherches et d'études administratives
D.	Recueil Dalloz
Dir.	Sous la direction de
Dr. adm. ou DA	Droit administratif (bulletin mensuel)
EDCE	Etudes et documents du Conseil d'État
EPA	Établissement public administratif
EPIC	Établissement public industriel et commercial
E J.	Études juridiques (revue publiée par la faculté de droit de Sfax)
FDSPT	Faculté de droit et des sciences politiques de Tunis (Campus)
FSJPST	Faculté des sciences juridiaues, politiques et sociales de Tunis (Ariana)
GAJA	Grands arrêts de la jurisprudence administrative
Gaz. Pal.	Gazette du palais
GBO	Gestion budgétaire par objectifs
GJJA	Les grands jugements de la jurisprudence administrative
HCCAF	Haut comité de contrôle administratif et financier
HAICOP	Haute instance de la commande publique
IBGLCC	Instance de la bonne gouvernance et de la lutte contre la corruption
INLUCC	Instance nationale de lutte contre la corruption
INTOSAI	Organisation internationale des institutions supérieures de contrôle des finances publiques - International Organisation of Supreme Audit Institutions
IORT	Imprimerie Officielle de la République Tunisienne
IRJS	Institut de Recherches Juridiques de la Sorbonne
ISC	Institutions Supérieures de Contrôle financier
ISSAI	Institutions Supérieures de Contrôle des finances publiques
JCP	Juris-Classeur périodique (édition générale)
JCP A	Juris-Classeur périodique (édition Administration)
J.-Cl	Juris-Classeur

JORT	Journal officiel de la République tunisienne
LPA	Les Petites Affiches
OCDE	Organisation de coopération et de développement économique
OMC	Organisation mondiale du commerce
ONMP	Observatoire national des marchés publics
Op.cit.	Ouvrage déjà cité
Rec. CE	Recueil des décisions du Conseil d'Etat (Lebon)
Rec. TA	Recueil des décisions du tribunal administratif tunisien
RFDA	Revue française de droit administratif
RFDC	Revue française de droit constitutionnel
RDP	Revue du droit public et de la science politique
RJEP	Revue juridique de l'entreprise publique (Cahiers juridiques de l'électricité et du gaz)
RJL	Revue de jurisprudence et de législation (publiée par le ministère de la justice tunisien)
RTAP	Revue tunisienne d'administration publique (Servir), revue publiée par le centre de recherches administratives de l'ENA
TA	Tribunal administratif
TC	Tribunal des conflits
UE	Union européenne
URDAS	Unité de recherche en droit administratif

SOMMAIRE

INTRODUCTION

1. Les questions relatives au contrôle de l'exécution des marchés publics suscitent relativement peu d'intérêt auprès des chercheurs en dépit de l'enjeu majeur qu'elles représentent pour les collectivités publiques1.

Cela tient tout d'abord au fait que, dans le droit commun des contrats, l'exécution est, avant tout, l'affaire des parties à qui revient la responsabilité de contrôler la bonne exécution de leurs obligations réciproques, sous l'arbitrage éventuel du juge. Cela tient ensuite au fait que le droit des marchés publics est essentiellement appréhendé, sous la pression des idées nouvelles préconisant l'ouverture des marchés et la libre concurrence, sous l'angle des règles de la passation[2], comme si le processus de la formation du contrat primait sur sa raison d'être qui est de s'assurer de la bonne exécution des prestations fournies par le titulaire du marché. Cela tient enfin au fait que les travaux relatifs au droit des marchés publics se sont surtout préoccupés de la question des frontières le concernant, notamment celles relatives à la nature juridique de ce type de contrat dont dépendent à la fois le droit applicable et la détermination du juge compétent pour trancher les litiges relatifs à l'exécution.

[1] Selon un rapport récent publié par le contrôle général sur les dépenses publiques, les marchés des collectivités publiques (État, établissements publics administratifs, établissements publics non administratifs n'ayant pas la qualité d'entreprise publique et collectivités locales) ont atteint un total de 9878 marchés en 2015, pour un montant de 5035 millions de dinars, ce qui représente 17% du budget de l'État. Cf. sur ce point : Ministère de la fonction publique et de la gouvernance, Rapport du contrôle général sur les dépenses publiques pour l'année 2015, Avril 2017, p. 73 ets.

[2] Sur cette question, cf. : CAILLOSSE (J.), « Le droit administratif français saisi par la concurrence », AJDA 2000, p.100 ; BRACONNIER (S.), « Les règles d'attribution des contrats », dossier *Les nouvelles dispositions sur les contrats de commande publique*, RFDA, 2016, p. 252.

Et en droit tunisien : BEN LETAÏEF (M.), « Les marchés publics et la concurrence », AJT, Faculté de droit et des sciences politiques de Tunis n° 7, pp. 109-134 ; FOURATI (S.), *La mise en concurrence dans les marchés publics. Essai de comparaison entre les droits français et tunisien*, Thèse pour l'obtention du doctorat en droit public, Université de Paris 2, Panthéon-Assas, 2006.

2. Pourtant, la notion de contrôle est inhérente à la notion de marché public[3], car, ainsi que le souligne le Professeur Laurent RICHER, un « *marché public ne reste public que par le contrôle* »[4]. Le contrôle de l'exécution des marchés publics constitue donc une question essentielle dans les relations qui se nouent entre les parties à la suite de la signature du contrat. Elle occupe une place centrale dans le cycle de vie du marché[5]. Elle fait l'objet en Tunisie d'un renouvellement profond dans le nouveau contexte normatif issu de la Constitution du 27 janvier 2014[6].

3. Ce sont ces considérations qui justifient le choix du sujet dont il importe à présent d'en préciser l'objet (**I**), d'en retracer l'évolution (**II**), avant d'en soulever les problématiques et de préciser l'approche qui sera suivie pour l'étudier (**III**).

I- L'objet du contrôle

4. La délimitation du sujet passe, au préalable, par la définition de la notion de marché public en droit tunisien (**A**). Elle nécessite, d'un autre côté, de préciser les sources du droit de l'exécution des marchés publics (**B**), avant de s'arrêter sur les buts et les moyens du contrôle (**C**).

A. La notion de marché public

5. Dans son sens le plus général, un marché public constitue un contrat (**1**), conclu par un acheteur public (**2**), à titre onéreux (**3**), avec un opérateur économique (**4**) en vue de pourvoir aux besoins de l'administration en travaux fournitures, services ou études (**5**).

1. Un contrat

6. Il est essentiel de souligner, d'emblée, la nature contractuelle de tout marché public. Ce caractère est d'ailleurs nettement souligné par l'article 3 du nouveau décret n°2014-1039 du 13 mars 2014 portant réglementation des marchés publics qui dispose que « *les marchés*

---

[3] MARCOU (G.), « Le contrôle des marchés publics: Ses buts et ses moyens » in « Le contrôle des marchés publics », (Dir.) G. Marcou, L. Folliot-Lalliot, D.I. Gordon, J. Schwartz et Ch. Yukins, Bibliothèque de l'IRJS, tome 21, p.1.

[4] RICHER (L.), « Remarques finales : les fins et les moyens » in « Le contrôle des marchés publics », op. cit, p. 433.

[5] Cf. BEN LETAIEF (M.), *L'État et les entreprises publiques en Tunisie. Réflexions sur le contrôle*, thèse, l'Harmattan, Collect. Logiques juridiques, Paris, 1998.

[6] Sur ce point, cf. infra, n° 36 et s.

publics sont des contrats écrits[7] *conclus à titre onéreux par les acheteurs publics en vue de la réalisation de commandes publiques* »[8].

7. On remarquera au passage que cette définition est très proche de celle donnée par l'article 4 de la nouvelle ordonnance française n° 2015-899 du 23 juillet 2015 relative aux marchés publics[9]. Cet article prévoit en effet que « *les marchés sont les contrats conclus à titre onéreux par un ou plusieurs acheteurs soumis à la présente ordonnance avec un ou plusieurs opérateurs économiques, pour répondre à leurs besoins en matière de travaux, de fournitures ou de services* [10]».

8. Le caractère contractuel du marché public implique la reconnaissance de *pouvoirs juridiquesaux parties contractantes* leur permettant de moduler leurs rapports en fonction de leurs intérêts réciproques, caractéristique qui constitue selon HerbetHART, *« l'une des plus grandes contributions du droit à la vie socia*le »[11].

---

[7] La jurisprudence tunisienne a fait une application littérale de cette condition, refusant de reconnaitre le caractère de marché public aux contrats verbaux même lorsque la volonté tacite des parties contractantes a pu révéler que celles-ci avaient entendu se soumettre à la réglementation spécifique des marchés publics. Pour une illustration, v. TA, 6 juin 1977, *CCE pour le compte du ministère de l'éducation nationale* c. *Ghriss*, Rec. TA, p. 157.

[8] JORT n° 22 du 18 mars 2014, p. 653.

[9]Cette ordonnance, tout en procédant à une réunification au sein d'un corpus unique des règles relatives à tous les contrats de commande publique au sens des directives communautaires, conserve les règles propres à chaque catégorie de contrats en tenant compte de la spécificité de certains acheteurs, notamment dans le secteur des réseaux. Voir sur ce point BOURDON (P.), « L'ordonnance du 23 juillet 2015 relative aux marchés publics : premier acte de la rationalisation du droit de la commande publique », RDI, n° 1, 2016, pp. 8-14. V. également le décret d'application n° 2016-360 du 25 mars 2016. Sur ce décret, cf. le dossier spécial de la revue CMP de mai 2016 ; v. notamment CLAMOUR (G.), « Présentation synoptique des dispositions du décret n° 2016-360 du 25 mars 2016 relatif aux marchés publics », p. 8. Ces textes entrés en vigueur le 1er avril 2016 et ratifiés par la loi n° 2016-1691 du 9 décembre 2016 relative à la transparence, à la lutte contre la corruption et à la modernisation de la vie économique (dite « Loi SAPIN II »).

[10]Sur l'apport de la nouvelle ordonnance au droit des marchés publics en France, on consultera avec profit le dossier spécial de la RFDA sur « *Les nouvelles dispositions sur les contrats de commande publique* » de mai 2016 ; v. notamment UBAUD-BERGERON (M.), « Le champ d'application des nouvelles dispositions », p. 218 ; DELVOLVÉ (P.), « Les contrats de la commande publique », p. 200 et TERNEYRE (P), « La durée des contrats », p. 276 ; RICHER (L), « La fin des contrats », p. 294.

[11] HART (H.), *Le concept de droit*, traduction de M. van de KERCHOVE, Facultés universitaires Saint-Louis, Bruxelles, 2 e. éd, 2005, p. 47.

9. Le contrat de marché public emprunte en effet largement aux concepts du droit civil[12]. On doit y distinguer, ainsi que l'y invite Kelsen, le contrat *« en tant que fait créateur de droit (l'accord de volontés concordantes), des normes créées par ce contrat, deux choses différentes qui sont souvent confondues dans la terminologie traditionnelle »*[13]. C'est à l'aune de ces normes notamment que pourra s'exercer le contrôle sur la licéité des mesures prises par les parties contractantes en cours d'exécution[14].

10. L'analyse du contrat de marché public en termes de *pouvoirs juridiques conférés aux parties* a le mérite, dans la perspective qui

---

[12] Cf. sur la notion de contrat en général, cf. : GHESTIN (J.), « La notion de contrat », Dalloz 1990, p. 156.
Sur le rapprochement entre la notion de contrat en droit civil et en droit public, v. : WALINE (J.), « *La théorie générale du contrat en droit civil et en droit administratif* », Études offertes à Jacques GHESTIN, LGDJ 2001, p. 967. V. aussi : GAUDEMET (Y.), « Prolégomènes pour une théorie des obligations en droit administratif français », Mélanges Jean GAUDEMET, PUF, 1999, p. 613 et s.; NOGUELLOU (R.), *La transmission des obligations en droit administratif*, LGDJ 2004.
Sur l'institution du contrat en droit civil, on se reportera utilement à : GHESTIN (J.), *La formation du contrat*, LGDJ, 4ème éd., 2013 ; *Les effets du contrat*, LGDJ, 3ème éd. 2001.
Sur cette notion en droit administratif, on consultera avec profit : De LAUBADÈRE (A.), MODERNE (F.), DELVOLVE (P.), *Traité des contrats administratifs*, LGDJ, 2ème éd., t.1, 1983 ; RICHER (L.) et LICHÈRE (F.), *Droit des contrats administratifs*, 10ème éd., LGDJ, 2016; UBAUD-BERGERON (M.), *Droit des contrats administratifs*, Lexisnexis, coll. « Manuel », 2015 et HOEPFFNER (H.), *Droit des contrats administratifs*, 1ère éd., Cours Dalloz, 2016.
En droit civil tunisien, cf. : ZINE (M.), *Théorie générale des obligations. Le contrat*, t.2, 2ème éd. Wafa, Tunis, 1997. En droit public : « *Globalisation et contrats publics* », Actes du colloque de Sousse des 23, 24 et 25 avril 2008, CPU, Tunis, 2010. Un résumé des principales contributions présentées lors de ce colloque a été publié à la revue JCP ACT, n° 15 du 12 avril 2010 ; v. aussi la monographie sur la Tunisie de BEN AISSA (M.S.) in : (Dir.), Stelkens (U.), Noguellou (R.), *Droit comparé des contrats publics*, Bruylant, Bruxelles, 2010, pp. 953-1007.

[13] KELSEN (H.), *Théorie pure du droit*, trad. Charles EISENMANN, Bruylant, LGDJ, 1962, p. 207.

[14] Sur la question de la normativité du contrat, cf. : De BECHILLON (D.), « le contrat comme norme dans le droit public positif », RFDA 1992, pp. 15 et s. ; « *Contrat, loi et décision administrative unilatérale : des imbrications croissantes* » in Rapport public du Conseil d'État, « *Le contrat mode d'action publique et de production des normes* », EDCE n° 59, 2008 ; V. aussi : JENAYAH (M.-R.), « Contrats publics et hiérarchie des normes », Actes du colloque de Sousse « *Globalisation et Contrats publics au Maghreb* », (23, 24 et 25 avril 2009), in JCP ACT, n° 15 du 12 avril 2010, p. 16-34.

nous intéresse, de reconnaître aux parties contractantes un contrôle réel sur ce mode particulier de production du droit.

2. Un contrat conclu par un acheteur public

11. Malgré leurs similitudes, un marché public ne peut être assimilé à un contrat de droit privé, car contrairement aux contrats conclus entre particuliers, les marchés publics sont des contrats « *conclus par des acheteurs publics* ». Ceux-ci sont énumérés par l'article 3 du décret 2014-1039 précité. Il s'agit de *« l'État, (des) collectivités locales, (des) établissements publics, (des) établissements publics à caractère non administratif et (des) entreprises publiques* ».

12. Les marchés publics sont-ils, pour autant, des contrats administratifs en droit tunisien ? La question demeure controversée[15], car, contrairement au droit français qui prévoit expressément que « *les marchés publics (...) passés par des personnes morales de droit public sont des contrats administratifs* »[16], la nature administrative de ce type de contrat n'a pas été tranchée par la loi. Ni le Code de la comptabilité publique (CCP), ni celui des marchés publics (CMP) n'ont expressément conclu au caractère administratif du contrat de marché public. Le juge a donc été obligé d'intervenir pour tenter de résoudre cette difficulté. Son intervention n'a pas été cependant sans poser de problèmes du fait de l'ambigüité des textes et de l'absence de discipline contentieuse[17]. Le problème se pose notamment eu égard à la présence ou non d'une personne publique, élément essentiel de la définition jurisprudentielle du contrat administratif. Cet élément fait défaut dans les contrats de marchés conclus par les entreprises publiques ayant le statut de personnes morales de droit privé. Celles-ci, érigées soit en sociétés à capital entièrement étatique,soit en

[15] Sur ce point, Cf. BEN AISSA (M.S.), « L'identification de la définition du contrat administratif dans la jurisprudence du Tribunal administratif. Doutes et certitudes », Mélanges A. Amor, CPU, Tunis 2005, pp. 175 et s ; AOUIJ-MRAD (A.), « Le contrat administratif en Tunisie : étude jurisprudentielle », in *Confluences : Mélanges J. Morand-Deviller*, Montchrestien, 2007, p. 177.

[16] En France, c'est d'abord l'article 2 de la loi n° 2011-1168 portant mesures urgentes de réforme à caractère économique et financier qui a prévu que « *les marchés publics passés en application du Code des marchés publics ont le caractère de contrats administratifs* ». L'article 3 de la dernière ordonnancen° 2015-899 du juillet 2015limite cependantla qualification légale de contrats administratifs aux seuls « *marchés publics relevant de la présente ordonnance passés par des personnes morales de droit public* ».

[17] Sur l'incertitude tenant à la détermination de l'ordre juridictionnel compétent, cf. infra, n° 830 et s.

sociétés d'économie mixte[18], sont considérées par l'article 3 du CMP comme des « *acheteurs publics* » dont les commandes, au-delà d'un certain seuil,constituent des marchés publics, au même titre que ceux de l'État, des collectivités locales et des établissements publics[19].

3. Un contrat conclu à titre onéreux

13. L'article 3 du CMP dispose, en outre, que les marchés publics sont des contrats conclus « *à titre onéreux* ». Cet élément, qui apparait pour la première fois avec le Code de 2014, est essentiel. Il signifie que ces contrats sont financés sur fonds publics et comportent toujours une contrepartie financière matérialisée par un paiement public direct quelles qu'en soient les modalités. Il permet de distinguer un marché public d'autres types de contrats de commande publique. C'est en effet la rémunération, versée directement ou indirectement par l'administration à son contractant, qui constitue la contrepartie des prestations fournies par ce dernier. Elle n'exclut pas l'abandon par l'acheteur public d'une recette née à l'occasion de l'exécution du marché comme l'autorisation donnée au titulaire d'un marché de mobilier urbain de se rémunérer par les recettes publicitaires qui en sont issues[20].

---

[18] De la définition donnée par l'article 8 de la loi tunisienne du 1er février 1989 relative aux entreprises, participations et établissements publics, telle que révisée par les textes subséquents et notamment par la loi n°74 du 19 juillet 1996 (JORT n° du 1996, p. et s), il découle qu'il peut y avoir deux types d'entreprises publiques : celles ayant la qualité d'établissement public non administratif (EPNA), et celles ayant la qualité de personnes morales de droit privé. Celles-ci peuvent être érigées soit en sociétés à capital public lorsque leur capital est entièrement détenu par l'État, soit en sociétés d'économie mixte lorsque plus de 50 % de leur capital est détenu par l'Etat ou par une autre personne publique.
Sur la notion d'entreprise publique, cf. BEN LETAÏEF(M.), *L'État et les entreprises publiques en Tunisie. Les mutations du contrôle*, L'Harmattan, Coll. Logiques juridiques, 1998 ; BEN MESSAOUD (K.), « La notion d'entreprise publique » (Dir.) H. Ben Salah et A. Aouij « *Le droit des entreprises publiques* », Colloque de l'ATDA, Faculté de droit et des sciences politiques de Tunis, 2006, pp. 5-14 ; AOUIJ (A), *Le doit des entreprises publiques*, CPU, 2009, p. 29-35.
Sur la notion d'EPNA, V. MIDOUN (M.), « Les établissements publics non administratifs ; des établissements publics de 3ème type », Mélanges Ayadi, CPU, Tunis, 2000, p. 665 et s.

[19] Le paragraphe 3 de l'article 3 du CMP dispose que : « *Sont considérés acheteurs publics au sens du présent décret, l'Etat, les collectivités locales, les établissements publics, les établissements publics à caractère non administratif et les entreprises publiques* ».

[20] CE, 4 novembre 2005, *Sté JC Decaux*, n° 247298, RFDA, 2005, n° 6, p. 1083, concl. D. Casas ; AJDA, 2006, n° 1, p. 1, obs. S. Braconnier.

14. Mais, fondamentalement, c'est le prix qui permet de distinguer les marchés publics des contrats voisins, dont les plus proches, du point de vue du régime juridique, sont les contrats de partenariat public-privé organisés par la nouvelle loi n° 49 du 27 novembre 2015 relative aux partenariats public-privé[21]. Du reste, c'est ce qui explique l'incorporation en France par la nouvelle ordonnance sur les marchés publics de dispositions spécifiques relatives aux marchés de partenariat[22].

15. D'un autre côté, le caractère onéreux permet de distinguer les marchés publics des formules concessives car la concession suppose non seulement que la rémunération du cocontractant de l'administration soit substantiellement liée aux résultats de l'exploitation, mais aussi que ce dernier accepte de supporter l'essentiel du risque d'exploitation[23]. Dans ce sens, l'article 4 de la nouvelle réglementation des marchés publics prévoit que « *ne constituent pas des marchés publics au sens du présent décret ; les contrats de concession* ». D'un autre côté, l'article 5 de la loi du 1er avril 2008 fixant le régime des concessions[24] ajoute que le concessionnaire est appelé à « *assumer la part substantielle des risques découlant de l'exécution de l'objet du contrat, les modalités de partage des autres risques entre le concédant et le concessionnaire sont déterminées par le contrat* ».

---

[21]JORT 2015, p. 2855.
Sur ce type de contrat en France, v. notamment : GAUDEMET (Y.), « Les contrats de partenariat public-privé : étude historique et critique », BJCP, 2004, p. 331 et s ; DELVOLVÉ (P.), « Les contrats globaux », RFDA 2004, 1079 ; BRACONNIER (S.), « L'apparition des contrats de partenariat dans le champ de la commande publique », JCP G. n° 48/2004, p. 2134 ; LICHÈRE (F.), « Les contrats de partenariat : fausse nouveauté ou vraie libéralisation dans la commande publique », RD *pub.* 2004, p. 1547.

[22] L'ordonnance française n° 2015-899 du 23 juillet 2015 relative aux marchés publics comporte en effet une deuxième partie intitulée « *Dispositions spécifiques aux marchés de partenariat* » dont les articles 66 à 84 sont réservés à ce type de contrats. Sur cette nouvelle forme de marché public, v. notamment : BRACONNIER (S.), « Les nouveaux marchés publics globaux et marchés de partenariat », AJDA 2015, p. 1795; SESTIER (J-F.), « La rationalisation des marchés globaux après l'ordonnance du 23 juill. 2015 », BJCP n° 104, p. 13 ; SYMCHOWICZ (N.), « La réception des montages contractuels complexes par le nouveau droit des marchés publics », BJCP n° 105/2016, p. 101; TENAILLEAU (F.), « L'influence des directives sur les partenariats public-privé », CMP 2014, dossier 11.

[23] CE, 7 novembre 2008, *Département de la Vendée*, AJDA, 2008, note L. RICHER.

[24] Loi n° 2008-23 du 1er avril 2008 fixant le régime des concessions (JORT n° 28-2008, p. 1124).

16. Le caractère onéreux du contrat, qui exprime l'idée d'une charge financière pesant sur la collectivité, exclut donc la gratuité des prestations requises du cocontractant ; il implique la recherche d'un profit par l'opérateur économique qui décide de répondre à une commande publique. Pour cette raison, les travaux exécutés par un entrepreneur qui ne tire aucun bénéfice de l'opération visée ne peuvent être considérés comme des contrats de marchés publics[25].

17. Il demeure que ce caractère ne sera retenu pour qualifier un marché public que si la valeur de la commande publique, qui constitue sa contrepartie, atteint un certain seuil. En deça de ce seuil, l'achat public ne sera pas considéré comme un marché mais comme un simple achat hors marché pouvant être réalisé selon une procédure simplifiée [26] consistant en une consultation des opérateurs intéressés. Dans ce cas, le paiement de l'opérateur retenu sera effectué sur simple présentation de factures ou de mémoires, sans obligation pour l'acheteur public de respecter les règles strictes de passation des marchés[27]. C'est l'article 5 du CMP qui définit les différents seuils financiers à partir desquels nait l'obligation de conclure un marché public[28].

4. Un contrat conclu avec un opérateur économique

18. Contrairement au droit de l'Union européenne, la notion *d'opérateur économique*[29], n'est pas prise en compte en droit tunisien. L'article 101 du CCP aussi bien que l'article 54 du CMP ainsi que les Cahiers

---

[25] CE, 29 janvier 1971, *Association Jeunesse et Reconstruction*, Rec. CE, p. 110.

[26] Sur cette nouvelle procédure, cf. article 50 du CMP ; TLILI (A.), *Réforme de la réglementation des marchés publics en Tunisie : Étude comparée avec les normes internationales*, Mémoire pour l'obtention du Master « Administration publique », Université de Strasbourg et ENA, Promotion Jean de La Fontaine (2013-2014), p. 46 et s.

[27] V. GHOZZI (A.), *Guide de l'achat hors marchés public*s, éd. Latrach, Tunis 2011, (en arabe).

[28] Ces seuils sont variables en fonction des marchés et sont constamment révisés pour tenir compte de l'inflation. Ils ont été révisés à la hausse par l'article 5 du décret n° 2014-1039 précité, 200.000 DT pour les travaux, 100.000 DT pour les fournitures de biens et de services, 50.000 DT pour les études.

[29] Cette notion recouvre les notions d'entrepreneur, de fournisseur ou de prestataire de services. Elle est désormais définie en droit français par l'article 15 de l'ordonnance du 23 juillet 2015 comme « *toute personne physique ou morale, publique ou privée, ou tout groupement de personnes doté ou non de la personnalité morale, qui offre sur le marché la réalisation de travaux ou d'ouvrages, la fourniture de produits ou la prestation de services* ». Le Conseil d'État emploie l'expression « *d'opérateursur un marché concurrentiel* » cf. CE sect. 6 avril 2007, *Commune d'Aix-en-Provence*, RFDA, 2007, p. 812, concl. Séners, note J-C. Douence.

des Clauses Administratives Générales (CCAG) relatifs aux différents types de marchés se bornent à préciser que les marchés publics « *ne peuvent être attribués qu'aux personnes, physiques ou morales, ayant la capacité requise pour s'obliger* » sans autre précision sur la qualité de ces personnes.

19. Il est pourtant essentiel de souligner qu'il ne peut y avoir de marché public que si la personne qui contracte avec l'administration, qu'il s'agisse d'une personne publique ou privée, décide d'agir comme un « *opérateur économique* », car cette notion permet d'éclairer des questions centrales en rapport avec le régime des marchés publics, celles relatives notamment à l'exclusion de certaines catégories de commandes publiques du champ d'application du CMP.

20. Ces questions, qui ne cessent d'agiter la doctrine et la jurisprudence en France[30], n'ont été qu'imparfaitement résolues en droit tunisien. L'article 4 du CMP se limite en effet à exclure « *les conventions d'exécution de travaux publics entre services de l'État* » du champ d'application des MP sans préciser le sort des accords qui pourraient être conclus entre un acheteur public et un contractant sur lequel l'administration exercerait un contrôle analogue à celui qu'elle exerce sur ses propres services et qui réaliserait l'essentiel de ses activités pour elle [31].

5. Un contrat destiné à pourvoir aux besoins de l'acheteur public

21. Le critère de l'objet est au cœur de la notion de marché public. Il permet de rendre compte de la variété des besoins de l'acheteur public. Ce caractère intrinsèque, qui a le mérite de souligner la spécificité de ce type de contrat, découle du deuxième alinéa de l'article 3 du CMP qui énumère les différents types de marchés : marchés de travaux[32], de fourniture de biens et de services [33] ou d'études[34].

---

[30] Pour un compte rendu exhaustif de ces différentes questions, cf. : BRACONNIER (S.), *Précis du droit des marchés publics*, éd. Le Moniteur, 4ème éd., 2012,p. 84-99.

[31] Sur ce point, v. DELVOLVÉ (P.), « Marchés publics : des "contrats-maison" », *Rev. dr.* UE, 2002, p. 53 ; ECKERT (G.), « La coopération public-public, entre espoirs et inquiétudes », in *Mél. L. Richer,* LGDJ, 2013, p. 617 ; PILONE (C.), « Réflexions autour de la notion de contrat "*in house*" », in *Mél. Guibal,* PU Montpellier, 2006, p. 701; RICHER (L.), « Les contrats entre entités publiques », *CP Le Monit.*, mai 2014, p. 31.

[32]Les marchés de travaux ont atteint en 2015 un montant de 2.78 milliard de dinars, soit 30 % du montant total des marchés des collectivités publiques, Rapport du contrôle général sur les dépenses publiques, p. 79.

22. Mais c'est l'article 1er relatif aux définitions générales, qui va préciser davantage leur objet. Le marché de fourniture de services est défini comme « *le marché conclu avec des prestataires de services comme les marchés de services courants et les marchés de location d'outillages et d'équipements avec ou sans option d'achat* ». Le marché d'étudesdont l'objet est l'exécution de prestations intellectuelles, incluant notamment les travaux de recherche, la formation, la maitrise d'œuvre et les prestations d'ingénierie, la conduite d'opérations, les services de conseil, d'assistance technique et informatique et de maîtrise d'ouvrage déléguée[35]. Le marché de travaux enfin, « *ayant pour objet soit l'exécution, soit conjointement la conception et l'exécution d'un ouvrage ou des travaux de bâtiment ou de génie civil répondant à des besoins fixés par l'Acheteur public qui en exerce la maîtrise d'ouvrage* ».

23. Cette variété des besoins souligne le fait que l'objet d'un marché peut porter en même temps sur plusieurs prestations. À quelle catégorie faut-il, dans ce cas, rattacher ce type de marché qualifié de « *mixte* » ? La question est d'importance car les règles applicables aux différents types de marchés ne sont pas uniformes. Dans ce cas, il faudrait se référer au caractère principal ou accessoire de la prestation, comme nous y invite implicitement l'article 1er du CMP, pour déterminer le droit applicable[36].

24. Par ailleurs, les contrats exclus du champ d'application du CMP sont nombreux et diversifiés. Les exclusions concernent, en premier lieu, les contrats d'association, de groupement, de sous- traitance, les conventions d'exécution de travaux publics entre services de l'État, les contrats de parrainage et, plus étonnant, les « *contrats de maîtrise d'ouvrages délégués conclus entre l'acheteur public et d'autres parties* » (article 4, paragraphe 1er du CMP). L'exclusion de ce dernier type de contrat, dans lequel le maître de l'ouvrage délègue à une personne morale, de droit public ou privé, pour exercer en son nom et

---

[33]Les marchés de biens et de services ont atteint en 2015 un montant de 2.7 milliard de dinars, soit 65 % du montant total des marchés des collectivités publiques, Ibid, p. 79.

[34]Les marchés d'Études ont atteint en 2015 un montant de 54 millions de dinars, soit 4 % du montant total des marchés des collectivités publiques, Ibid, p. 79.

[35] Il est curieux de constater sur ce point la contrariété qui existe entre ces dispositions et celles contenues dans l'article 4, alinéa 1er de la nouvelle réglementation relative à la délimitation du champ d'application du CMP qui prévoit que ne constituent pas des marchés publics « *les contrats de maîtrise d'ouvrages délégués conclus entre l'acheteur public et d'autres parties* ».

[36]CJCE, 19 avril 1994, *GestionHotelera International*, aff.C-311/192, Rec. CJCE 1994, I, p. 1329.

pour son compte, une partie de ses attributions, outre le fait qu'il contredit la qualification de marché public d'études retenue par l'article 2 du code relatif aux définitions générales, n'a pas de raison d'être, car ce mandat, dans la mesure où il est rémunéré et porte sur des attributions qui entrent dans le champ d'application du code, constitue bel et bien un marché public qui devrait être soumis au droit commun des marchés [37].

25. Elles concernent, en second lieu, les marchés d'études relatifs aux bâtiments civils, qui, en raison de leur particularisme (article 4, dernier paragraphe), ont été soumis à une réglementation spécifique prévue par le décret n° 2009-2617 du 14 septembre 2009 portant réglementation de la construction des bâtiments civils[38].

26. À ce régime éclaté, il faut ajouter les dérogations au principe de la mise en concurrence, qui se traduit par le recours à l'appel d'offres, mode de droit commun de passation des marchés. L'article 41 prévoit en effet que ce procédé peut être écarté, à titre exceptionnel, au profit de celui, dérogatoire, de la négociation directe (article 41) dans les cas, très larges, précisés par l'article 49.

27. Si certaines de ces dérogations paraissent justifiées et n'appellent pas de commentaires particuliers[39], d'autres portent gravement atteinte aux principes fondamentaux de la commande publique. Il s'agit des marchés considérés comme ne pouvant « *être réalisés par voie d'appel à la concurrence pour des motifs de sûreté publique, de défense nationale ou lorsque l'intérêt supérieur du pays l'exige* ».

Ces marchés ont été soumis, en effet, à un régime spécial qui découle du décret n° 88-36 du 12 janvier 1988fixant la procédure spéciale de contrôle de certaines dépenses effectuées par les ministères de la défense et de l'intérieur [40] et du décret n° 2013-3767 du 13 septembre 2013 pour celles de la présidence de la République dites « *de caractère confidentiel* » [41]. Il s'agit aussi des marchés de fourniture de biens et de services conclus entre les établissements ou entreprises à

[37] Cf. : BRACONNIER (S.), *Précis du droit des marchés publics*, op. cit., p. 177 et 178.

[38] JORT 18 septembre 2009, p. 2738 et s.

[39] Marchés conclus avec un fournisseur déterminé ou avec le titulaire d'un brevet d'invention, marchés infructueux ou encore marchés conclus en cas d'urgence impérieuse.

[40] Sur ce point, cf. BEN AISSA (M.S.), « Le champ d'application du décret n 89-442 du 22 Avril 1989 portant réglementation des marchés publics », in *Mélanges AYADI*, CPU, 2000, p. 230.

[41] JORT 2013, p. 2796.

participation publique créés dans le cadre de programmes spécifiques de développement ou dans le cadre de mesures à caractère social.

28. On voit mal pourquoi, au nom de la défense nationale, de la sécurité publique - sous réserve des marchés qui portent sur des produits ou services sensibles pour lesquels un régime spécifique devrait être prévu [42]-ou encore sous couvert de programmes spécifiques de développement ou de mesures à caractère social, on devrait sacrifier des principes élevés au rang constitutionnel par l'article 130 de la nouvelle Constitution, et conçus justement pour servir l'intérêt général en préservant la transparence, l'intégrité et la bonne gestion des deniers publics.

B. Le droit de l'exécution des marchés publics

29. Le droit de l'exécution des marchés publics est un droit fortement réglementé qui se caractérise par la multiplicité et la complexité des sources. Par-delà les normes conventionnelles qui ont pour objet de régler les obligations des parties, il puise ses sources dans une multitude de textes de valeur juridique inégale (**1**) qui encadrent le processus de passation et d'exécution des marchés (**2**).Les termes de *contrôle* et *d'exécution* en matière de marchés publics peuvent ainsi être rapprochés (**3**).

1. Sources conventionnelles et sources non conventionnelles

30. L'essentiel des sources du droit de l'exécution des marchés publics est contenu dans le CMP adopté par le décret n° 1039 du 13 mars 2014. Ce texte comporte un certain nombre de prescriptions relatives aux obligations du titulaire du marché, aux prérogatives et aux obligations de l'acheteur public, aux modalités de contrôle de l'exécution des prestations, aux garanties techniques et financières imposées au cocontractant, aux conditions de règlement du marché ainsi qu'aux modalités administratives de résolution des litiges liés à l'exécution du marché.

31. À cette réglementation générale, il faut ajouter les cahiers des charges qui, selon l'alinéa 1er de l'article 29 du CMP « *déterminent les conditions dans lesquelles les marchés sont passés et exécutés* ». Les cahiers des charges des marchés ne s'appliquent qu'aux contrats qui s'y réfèrent. « *Leur normativité limitée* »[43]n'exclut pas leur caractère réglementaire et la possibilité de contester leur légalité par la voie

[42]RICHER (L.) et LICHÈRE (F.), *Droit des contrats administratifs*, op. cit. p. 502.
[43]Ibid, p. 158.

directe du recours pour excès de pouvoir [44] ou par la voie indirecte de l'exception d'illégalité.

32. Ces documents se déclinent d'une part en documents généraux applicables aux différents types de marchés » [45] devant être « *approuvés par arrêté du Chef du gouvernement sur avis de la Haute instance de la commande publique* » [46] et d'autre part en documents particuliers relatifs à un marché déterminé.

33. Ces actes-types constituent « *une sorte de réglementation générale* »[47] : les clauses du contrat font ainsi l'objet d'une élaboration unilatérale par l'administration ; elles ne peuvent être considérées comme l'expression d'un échange de volontés libres entre les parties, mais plutôt comme de véritables actes règlementaires susceptibles d'un recours en annulation au même titre que tous les actes administratifs. Elles changent cependant de nature dès la signature du marché car elles sont alors incorporées au contrat et constituent désormais la loi des parties dans la mesure où il n'y est pas dérogé par le contrat lui-même.

34. Pour autant, le CMP, s'il constitue « *le noyau dur* » n'est pas, loin s'en faut, le seul texte applicable aux marchés publics. Ce code renvoie d'abord à des textes d'application dont dépend la mise en œuvre de certaines dispositions relatives aux marchés publics. D'un autre côté, la réglementation des marchés publics fait l'objet d'une doctrine administrative abondante, sous forme de circulaires[48], d'avis

---

[44] CE, 5 mai 1961, *Ville de Lyon*, CJEG 1961, 175, *concl. Braibant*, Note. *Teste.*

[45] Les documents généraux consistent, d'une part, dans les cahiers des clauses administratives générales (CCAG travaux approuvé par l'arrêté du premier ministre du 12 octobre 1990, CCAG Fournitures des biens et de services approuvé par l'arrêté du premier ministre du 25 octobre 1996 JORT n° 80 du 4 octobre 1996, CCAG études approuvé par l'arrêté du premier ministre du 11 0ctobre 1996 JORT n° 84 du 25 octobre 1994) et, d'autre part, dans les cahiers des clauses administratives techniques. Sur ce point, cf, BEN KHALIFA (F.), *Le droit des marchés publics en Tunisie*, éd. CLE, Tunis, 2004, p. 74 et s.

Ces documents généraux, approuvés dans les années quatre-vingt-dix par arrêtés ministériels, posent un problème du point de vue de leur validité au regard du décret n° 2014-1039 du 13 mars 2014 portant réglementation des MP.

[46] Sur cette Instance, v. infra, n° 584 et s.

[47] RONGÈRE (P.), *Le procédé de l'acte-type*, LGDJ, 1948, p. 23 ; CHAPUS (R.), *Droit administratif général*, T.1, 15ème éd., Montchrestien, 2001, n° 1372-3.

[48] La circulaire du Premier ministre du 20 juin 2007, prise en application du décret 2002-3158 portant réglementation des marchés publics, réunit et remplace toutes les circulaires antérieures. Elle a été enrichie, depuis, par d'autres circulaires, adoptées au fur et à mesure des modifications de cette réglementation, IORT, 2010.

de la Commission supérieure de contrôle des marchés[49], ou encore du Comité de suivi et d'enquêtes[50]. Cette doctrine occupe une place importante dans le contrôle de l'exécution des marchés publics.

35. Au-dessus des sources règlementaires, le droit de l'exécution des marchés publics est enserré dans une série de normes qui conditionnent, à des degrés divers, sa validité et son efficacité.

36. Au premier rang de ces normes, il y a la nouvelle Constitution du 27 janvier 2014, « *règle ultime de reconnaissance* »[51] ou « *norme fondamentale » (Grundnorm)* qui constitue le fondement de validité de l'ensemble des normes du système juridique[52]. Celle-ci consacre un certain nombre de principes qui auront un effet direct sur le droit de l'exécution des marchés publics[53] : il en est ainsi des principes de bonne gestion des deniers publics, de transparence des procédures, d'intégrité, d'efficacité et de redevabilité promus au rang constitutionnel par les articles 10 et 15 de la Constitution. Il en est ainsi également des principes de l'indépendance du pouvoir judiciaire, du procès équitable, du délai raisonnable et du droit au recours prévus par les articles 102 et 108. Il en est ainsi enfin du principe de libre administration des collectivités locales (Article 132), de la soumission des actes de ces collectivités à uncontrôle *a posteriori* exercé par le juge administratif et de l'interdiction de l'exercice de tout contrôle *a priori* sur ces actes (Article 138).

37. La garantie de l'ensemble de ces principes est du ressort du nouvel édifice institutionnel dont la mise en place est annoncée par la nouvelle Constitution. Il s'agit, en premier lieu de la Cour constitutionnelle créée par l'article 118 de la Constitution et appelée, en vertu de son article 120, à exercer un contrôle de constitutionnalité tant par voie d'action que par voie d'exception. Les modalités de ce contrôle ont été précisées par la loi organique n°50 du 03 décembre

---

[49] Sur cette Commission, v. infra, n° 520 et s.
[50] Sur ce Comité, v. infra, n° 716 et s.
[51] L'expression est de Herbert HART in *Le concept de droit*, op. cit., p.124.
[52] Selon la théorie formulée par Hans KELSEN in *Théorie pure du droit*, op. cit..
[53] Sur cet effet, v. notamment : DELVOLVÉ (P.), « Constitution et contrats publics », in *Mél. F. Moderne,* Dalloz, 2004, p. 469 ; MAUGÜE (C.) et TERNEYRE (P.), « La question prioritaire de constitutionnalité et le contrat », in *Mél. L. Richer*, LGDJ, 2013, p. 203 ; RICHER (L.), « L'émergence d'un droit constitutionnel des marchés publics », in « Le nouveau droit des marchés publics », (Dir.) F. Lichère, L'Hermès, 2004, p. 9 ; RICHER (L.), « Constitution, contrats et commandes publics», Cah. Cons. Const, n° 37/2012.

2015 relative à la Cour constitutionnelle[54]. Il s'agit, en second lieu, des nouvelles juridictions administratives et financières dont la création est prévue respectivement par les articles 116 et 117 de la constitution. Il s'agit, en dernier lieu de l'Instance de la bonne gouvernance et de la lutte contre la corruption (IBGLC), dont la création est prévue par l'article 130 de la Constitution et qui est appelée à se substituer à l'actuelle Instance nationale de lutte contre la corruption (INLUCC)[55].

38. D'un autre côté, la Constitution comporte un article 65 relatif au domaine de la loi et du règlement dont le paragraphe premierconfie au législateur la compétence exclusive en matière de détermination des obligations civiles et commerciales. Ce texte n'est d'ailleurs pas sans poser la question de la constitutionnalité de l'habilitation très large donnée par le Code de la comptabilité publique (CCP) au pouvoir règlementaire général pour légiférer en matière de contrats de marchés publics.

39. Le Chapitre VII de la Constitution relatif au « *pouvoir local* », constitue aussi un bouleversement de l'état antérieur du droit sur lequel continuent cependant de s'appuyer les collectivités locales, à titre transitoire[56], pour conclure leurs marchés. Il comporte notamment un article 132, relatif au principe de « *libre administration*» et un article 138, qui interdit tout contrôle *a priori* sur les actes de ces collectivités. Il en résulte que l'intervention du pouvoir règlementaire général dans le champ des marchés publics locaux, sans une habilitation claire et expresse du législateur, devient problématique et que les mécanismes de contrôle *a priori* applicables à cette catégorie de marchés doivent être révisés par le nouveau code en voie d'adoption[57].

---

[54] JORT 2015, p. 3379. Sur ce point, cf. MASMOUDI-CHAKER (F.), « Le contrôle de constitutionnalité *a posteriori* », communication présentée lors de la journée d'études portant sur le contrôle de constitutionnalité des lois après le 14 janvier 2011 organisée par la faculté de droit de Sousse le 28 Octobre 2016, document dactylographié.

[55] Cette instance a été crééependant la période transitoire en vertu du décret-loi n° 2011-120 du 14 novembre 2011 (JORT 2011, p. 2746). Sur cette instance, V. infra, n° 656.

[56] Sur cette question, cf. : JENAYAH (M.-R.), « Démocratie locale et transition politique en Tunisie », Droit et Politique, Faculté de droit et des sciences politiques de Sousse, n° 1, 2012, p.401-411.

[57] Un avant-projet de loi organique portant adoption d'un Code des collectivités locales (CCL), plusieurs fois révisé, doit être présenté par le gouvernement à l'ARP pour approbation. Ce projet doit être discuté au sein de la Commission de législation

40. Au niveau législatif, un dispositif de plus en plus dense de lois aux objets et finalités diverses a, dans des proportions variables, des implications directes sur l'exécution des marchés publics. Il en est ainsi d'abord du droit budgétaire et comptable orienté essentiellement vers la protection des deniers publics[58]. Il en est ainsi ensuite du droit pénal, devenu aujourd'hui la préoccupation majeure des pouvoirs publics, du fait des dérives de l'intégrité de l'achat public, aggravées par l'ébranlement des fondations de l'État depuis le changement de 2011[59].

2. La distinction entre règles de passation et règles d'exécution des marchés

41. Dans le droit des marchés publics, il est habituel de distinguer dans le cycle de vie du contrat entre régime de leur passation et celui de leur exécution.

42. Sous la pression du droit de la concurrence, le droit des marchés publics s'est surtout orienté jusque-là vers la passation censée fournir à l'administration contractante l'offre la plus avantageuse économiquement.

L'administration dispose en matière d'exécution de suffisamment de prérogatives pour obliger son cocontractant à respecter ses engagements.Mais le découpage classique dans les pays de l'Union européenne, entre régime de la passation, soumis au droit de l'Union, et régime de l'exécution, soumis au droit national, n'est pas transposable en droit tunisien, même si on peut observer sur ce point certains rapprochements[60]. Il existe en effet un lien consubstantiel entre passation et exécution.

43. D'une part, la conclusion d'un marché nécessite, au préalable, l'établissement d'un certain nombre de prévisions sur l'application du

---

générale avant d'être soumis au vote de l'Assemblée. La dernière version du projet date du mois de Mai 2017.

[58] Cf. : BELAID (N.), CHIKHAOUI (L.), *Comptabilité publique*, CPU, Tunis, 2012.

[59] JENAYAH (A.), *Intégrité et lutte contre la corruption dans les marchés publics en droit français et tunisien*, Mémoire pour l'obtention du diplôme de Master 2 recherche en droit public des affaires, Université de Paris 1, Panthéon-Sorbonne, 2013.

[60] MARCOU (G.), « Le contrôle des marchés publics. Ses buts et ses moyens » in « *Le contrôle des marchés publics* », op. cit., pp. 15-22.
Sur la question du rapprochement sur ce point du droit tunisien avec le droit communautaire, cf. : BEN MESSAOUD (K.), « L'impact de l'Accord d'association dans le domaine des marchés publics, des entreprises publiques et des Monopoles d'Etat », AJT, n°15, 2002, p. 7-28.

contrat, ses frais éventuels et ses effets. Il en résulte que l'administration doit évaluer avec précision les coûts de son marché et ses conditions de réalisation pour ne pas voir son application bouleversée en cours d'exécution. Les règles de passation ont, dès lors une incidence directe sur celles de l'exécution[61]. Ce sont ces données qui expliquent l'incorporation dans le contrat, qui constitue l'aboutissement de la phase de passation d'un marché, des normes de référence à l'aune desquelles sera appréciée la bonne exécution par les parties contractantes de leurs obligations respectives.

44. D'autre part, parce que les voies de recours ouvertes devant les personnes dont les intérêts légitimes ont pu être lésés lors de la phase de la passation, peuvent avoir une incidence sur les marchés exécutés ou en cours d'exécution en dépit de l'effet relatif du contrat et de l'obstacle qu'il représente pour les personnes intéressées par sa conclusion. Dès lors, il n'est pas exclu d'assister à une remise en cause de la frontière entre règles de passation et règles d'exécution des marchés, le principe de mise en concurrence, fortement présent dans le contentieux de la passation, tendant à investir également le champ de l'exécution[62].

3. Le rapprochement entre exécution et contrôle en matière de marchés publics

45. L'expression « *exécution d'un contrat* » désigne, d'une manière générale, l'action qui consiste à accomplir les obligations mises à la charge des parties. En matière de marchés publics, elle se traduit par deux types d'obligations que la doctrine a coutume de distinguer : d'une part, l'exécution technique qui comporte l'obligation pour le titulaire d'exécuter les prestations conformément aux prévisions du contrat. D'autre part, l'exécution financière qui comporte l'obligation pour l'acheteur public de payer le prix convenu. Ce sont ces deux volets du contrat qui fixent le régime de l'exécution des marchés publics[63].

46. Il peut paraître paradoxal dès lors de rapprocher les termes de *contrôle* et *d'exécution* en matière de marchés publics car, autant la

---

[61] KERLEO (J.-F.), « L'encadrement de l'exécution des marchés publics par le droit de l'Union européenne. Réflexions sur la proposition de directive relative à la passation des marchés publics », Contrats et marchés publics, n° 1, janvier, 2013.
[62] Cf. sur ce point : FOLLIOT-LALLIOT (L.), « Règlement des litiges contractuels publics : Aperçu de la situation *en Europe* » in « *Le contrôle des marchés publics* », op. cit., p. 369.
[63] Sur cette distinction, cf. : BRACONNIER (S.), *Précis du droit des marchés publics*, Éd. Le Moniteur, 4ème éd., 2012, pp. 445-523.

notion de contrôle est présente lors de la phase de formation, autant la phase de l'exécution, univers réservé aux parties, exclut théoriquement toute forme de contrôle extérieur, en dehors de celui exercé par le juge en cas de difficultés d'exécution.

47. En droit civil, le principe de la force obligatoire du contrat domine le régime de l'exécution. Il découle de l'article 242 du COC qui prévoit que les « *obligations contractuelles valablement formées tiennent lieu de lois à ceux qui les ont faites* ». Il signifie que « *tout engagement doit être exécutédebonne foi et oblige non seulement à ce qui est exprimé, mais encore à toutes les suites que la loi, l'usage ou l'équité donnent à l'obligation de par sa nature* [64]»et que le contrat, une fois signé, ne peut être modifié ou résilié que par une nouvelle convention signée par les parties[65].

48. Les pouvoirs juridiques que les parties tiennent du contrat constituent ainsi une caractéristique essentielle de l'institution contractuelle dont ils confirment la normativité dans la mesure où les parties peuvent toujours demander au juge de sanctionner la violation d'un acte d'exécution non conforme au contrat ou à l'une de ses clauses[66].

49. La règle de la force obligatoire du contrat s'applique aussi aux contrats administratifs où le cocontractant de l'administration dispose du pouvoir de contrôler la bonne exécution des obligations mises à la charge de l'administration par le contrat et de demander au juge de sanctionner leur inexécution le cas échéant.

50. Ces principes ne sont cependant transposables qu'en partie aux contrats de marchés publics où le régime du contrôle de l'exécution est profondément imprégné de la marque du droit public. Ce régime se traduit en effet par la reconnaissance, au profit de l'administration contractante, de larges pouvoirs : pouvoir de direction et de contrôle de l'exécution des marchés, pouvoir de modification unilatérale, pouvoir de sanction et de résiliation unilatérale. Ces pouvoirs, qui existent même sans texte[67], se justifient par le fait que l'administration, gardienne de l'intérêt général, doit disposer des moyens de nature à lui permettre de vaincre la résistance des intérêts privés. Qualifiés de « *prérogatives exorbitantes du droit commun* »,

---

[64] Article 243 du COC.

[65] Cette règle découle du paragraphe 2 de l'article 242 du COC qui prévoit que « *les obligations contractuelles valablement formées ne peuvent être révoquées que par le consentement mutuel des parties ou dans les cas prévus par la loi* ».

[66] Sur cette question, cf. : HART (H.L.A.), *Le concept du droit*, op.cit., p. ; v. aussi : PLESSIX (B.), *Droit administratif général*, LexisNexis, 2016, n° 1199.

[67] Sur cette question, V. infra, n° 157 et s.

ces pouvoirs n'ont pas d'équivalent dans les contrats conclus entre particuliers. Ils sont cependant contrebalancés par des « *sujétions* » dictées par des finalités d'intérêt général, qui consacrent un droit à l'indemnisation au profit du cocontractant en cas de rupture de l'équilibre financier du contrat[68]. Ces pouvoirs juridiques « *en plus* » ou « *en moins* » de l'administration contractante sont caractéristiques du régime administratif des marchés publics inspiré de la conception française[69].

51. Il ne faut cependant pas exagérer « *l'exceptionnalisme* » de ce régime, car même dans les pays où les marchés publics sont soumis à la *Commonlaw* ou au droit civil, comme au Royaume-Uni, aux États-Unis ou en Allemagne, de tels pouvoirs ne sont pas complètement méconnus. Mais ils ont alors pour fondement, non pas les principes généraux du droit administratif, mais plutôt les clauses du contrat lui-même[70].

C. Les buts et les moyens du contrôle

52. Avant de préciser les finalités du contrôle et les tendances générales qui animent l'action des pouvoirs publics en matière de marchés publics (**3**), il importe de préciser la signification qui sera donnée à la notion de contrôle dans cette étude (**1**) et de déterminer les autorités chargées de l'exercer (**2**).

1. La notion de contrôle

53. Dérivé de l'ancien français « *contrerole* », le mot est formé de la contraction de contre et de rôle ; il désignait à l'époque médiévale les agents chargés par le Roi de tenir un registre en double pour la vérification des actes de finances et de justice[71].

Le *contre rôle* est donc un document destiné à garantir la conformité d'un rôle par rapport à une liste préétablie de personnes. Il implique donc toujours un rapprochement d'un acte par rapport à une norme de référence.

54. Cette première acception du mot contrôle est celle qui est généralement retenue par la doctrine classique. Ainsi, pour Marcel WALINE, « *le contrôle peut se définir comme la vérification de la*

---

[68] Cf. infra, n° 459 et s.

[69] Cf. sur ce point : RIVERO (J.), « Existe-t-il un critère du droit administratif ? », RDP 1953, p. 279.

[70] Cf. sur ce point : MARCOU (G.), « Le contrôle des marchés publics. Ses buts et ses moyens » in « *Le contrôle des marchés publics* », op. cit., p. 22.

[71] Littré, Dictionnaire de la langue française.

conformité d'une action avec une norme qui s'imposait à celle-ci ; ce peut être une norme juridique (on parlera alors de contrôle de régularité) ou une norme de bonne exécution (on parlera alors de contrôle de rentabilité ou d'efficacité) »[72].

55. Il existe cependant d'autres dimensions de la notion de contrôle : il y a ainsi une dimension d'information qui tend à s'enquérir de l'état du système, de vérifier s'il correspond aux critères de conformité définis par les pouvoirs publics ; il y a également une dimension préventive qui tend à empêcher que ne se produisent en son sein des distorsions et des dysfonctionnements ; il y a enfin une dimension constructive qui tend à favoriser et à promouvoir les bonnes pratiques en matière d'exécution des marchés publics.

56. Cette conception extensive du contrôle est celle qui a vu le jour dans les pays anglo-saxons et qui tend à s'imposer aujourd'hui dans la plupart des pays sous l'effet de la mondialisation. Formulée en termes de performance, elle tend à confronter les prévisions initiales d'un marché aux résultats obtenus à l'issue de son exécution, à vérifier si les objectifs sont atteints. Conçue en termes d'évaluation, elle consiste à identifier les objectifs, recenser les moyens mis en œuvre, mesurer leurs effets et apprécier les résultats. Inspirée par les politiques managériales mises en œuvre dans le secteur privé dans un contexte de pénurie des ressources et de maîtrise des risques financiers, elle préconise la recherche de l'efficacité, de l'efficience et de l'économie dans la gestion de l'achat public. Introduite en Tunisie par la Cour des comptes au milieu des années quatre-vingts[73], elle tend à privilégier les contrôles *ex post* en s'appuyant sur les outils d'audit externes afin d'évaluer les résultats effectifs obtenus. Bien que procédant d'une logique différente de celle du contrôle de régularité, elle ne l'exclut pas mais l'intègre dans une démarche globale dans laquelle il devient l'un des indicateurs du degré de performance de la commande publique.

57. Le contrôle est nécessaire à l'administration. En matière de marchés publics, il tend à la prémunir contre ses propres dérèglements[74].

Il peut être facultatif ou obligatoire, généralisé ou inopiné, *a priori*, concomitant ou *a posteriori*[75]. L'administration ne peut en effet

---

[72] WALINE (M.), *Précis de droit administratif*, Montchrestien, 1970, p. 516.
[73] V. infra, n° 592 et s.
[74] PLESSIX (B.), *Doit administratif général*, LexisNexis, 2016, n° 1237 et s.
[75] Sur le contrôle administratif, cf. : MESCHERIAKOFF (A.-S.), *Recherche sur le contrôle non juridictionnel de l'administration,* Thèse, Université Robert Schuman

fonctionner sans vérifier que ses marchés publics ont bien été exécutés en conformité avec les normes juridiques, techniques, budgétaires et comptables qui doivent guider l'action concrète des agents chargés de l'exécution.

58. D'un autre côté, l'administration, traditionnellement hostile aux procédés juridictionnels, ne peut ignorer les droits légitimes de ses cocontractants pour lesquels elle préfère aménager des voies spécifiques de recours destinées à prévenir la saisine du juge du contrat. L'existence de ces recours constitue une sorte de survivance du système de la justice retenue. La dimension contrôle n'en est jamais absente, car derrière chaque voie de recours de type administratif, il y a toujours une interférence entre les différents éléments du système administratif de contrôle. Il arrive même que les missions de contrôle et d'examen des recours soient si entremêlées qu'il devient difficile en pratique de faire la part de l'une et de l'autre de ces missions[76].

59. Au sein du système administratif de contrôle, le contrôle financier se singularise par l'existence de procédés qui sont étroitement liés aux préoccupations budgétaires et comptables qui imposent de vérifier constamment que l'administration dépense régulièrement l'argent des marchés publics. S'y ajoute de plus en plus le souci de s'assurer qu'elle le dépense moins et mieux[77]. La réorientation du contrôle financier par l'intégration de ces différentes préoccupations dans les textes qui organisent la présentation et l'adoption des lois de finances et leur application concrète par les autorités budgétaires et comptables chargées de l'exécution est nécessaire pour assurer l'efficience de ce type de contrôle.

60. Le contrôle apparaît ainsi comme un appareil complexe actionné par différents acteurs dont il importe de déterminer le rôle respectif.

2. Les autorités de contrôle

61. Selon qu'il est exercé par une autorité administrative ou juridictionnelle, le contrôle exercé sur l'exécution des marchés publics sera plus ou moins large, confiné dans les limites strictes du contrôle

---

Strasbourg, 1973 ; v. aussi : VEDEL (G) et DELVOLVÉ (P), *Le système français de protection des administrés contre l'administration, Sirey, 1991.*

[76] Sur les rapports entre contrôle interne à l'administration et recours administratifs, cf. : PLESSIX (B), *Doit administratif général*, op. cit., n° 1262 et s.

[77] Sur l'évolution du contrôle financier en France, cf. : DESROUMEAUX (P), PELLÉ (B), WALINE (C), *Contrôle et évaluation des finances publiques*, Doc. fr. 2009, n° 5302.

de légalité, dans le cas d'un contrôle juridictionnel[78], ou bien élargi aux dimensions économique et financière d'un marché, dans le cas d'un contrôle administratif.

62. Le contrôle par des autorités administratives est lié à la distinction, classique dans le langage administratif, entre administration active et administration de contrôle, la première chargée d'agir, la seconde chargée de contrôler cette action. Transposé aux marchés publics, ce type de contrôle correspond à la séparation, au sein de l'administration, entre administration contractante, chargée de l'exécution et administration de contrôle, chargée de vérifier la régularité et l'efficacité des mesures d'exécution. Cette séparation des tâches ne rend cependant qu'imparfaitement compte du rôle des parties dans l'exécution des contrats de marchés publics. Car, d'un côté, l'administration contractante gardienne de l'intérêt général, dispose de *pouvoirs juridiques* sans équivalent dans les contrats de droit privé qui sont destinés à assurer la bonne exécution des prestations prévues par le contrat. De l'autre côté, le cocontractant n'est pas dépourvu de pouvoirs sur les actes d'exécution qui émanent de l'administration, dans la mesure où la procédure contractuelle lui donne les moyens de défendre les droits qu'il tient du contrat en contestant les mesures considérées comme illicites prises par l'administration au cours du processus d'exécution.

63. L'exécution des marchés publics est en effet souvent source de conflits opposant l'administration et ses cocontractants sur leurs droits respectifs. Le droit des marchés publics comporte ainsi toujours des mécanismes particuliers de règlement des litiges en cas d'inexécution. Car « *il n'y a pas de contrat sans procédure efficace de réglement des différends* »[79]. Cependant, « *l'universalité de cette exigence ne préjuge (...) en rien des solutions retenues en matière de réglement des différends contractuels* »[80]. C'est ce qui explique la très grande variété des systèmes de contrôle et de recours que l'on peut observer aujourd'hui[81].

64. Au premier rang de ces solutions, figurent les mécanismes de prévention destinés à inviter les parties contractantes à rechercher une solution amiable à leurs litiges afin d'éviter de longs et coûteux

---

[78] EISENMANN (C.), « Le droit administratif et le principe de légalité », EDCE 1957, n° 11, p.25.

[79] FOLLIOT-LALLIOT (L.), « *Règlement des litiges contractuels publics : Aperçu de la situation en Europe* » in « *Le contrôle des marchés publics* », op. cit., p.355.

[80] Ibid.

[81] Cf. OCDE (2007), « *Système de contrôle et de recours en matière de marchés publics dans l'Union européenne* ». Document Sigma n°41.

procès. Ainsi, en Tunisie les pouvoirs publics ont très tôt mis en place des procédures spécifiques de prévention des conflits relatifs aux marchés publics, en organisant un recours administratif préalable obligatoire devant l'autorité compétente et en instituant un mécanisme institutionnel de conciliation devant le Comité consultatif de règlement amiable des litiges (CCRAL).

65. Mais de telles procédures permettent rarement de régler d'une manière décisive les difficultés complexes liées à l'exécution des MP. C'est ce qui explique la mise en place de voies de recours spécifiques devant des autorités spécialisées en matière de contrôle de l'exécution des marchés. En Tunisie, il s'agit de la Commission supérieure de contrôle et d'audit et du Comité de suivi et d'enquête sur les marchés (COSEM). L'efficacité de ce type d'organes de contrôle demeure cependant problématique en raison de l'ambigüité du rôle dévolu à ces organes, de leur nouveauté et manque d'intégration dans l'ensemble des structures administratives de contrôle, de l'absence de transparence qui caractérise leurs travaux et des réticences des cocontractants à leur soumettre leurs différends avec l'administration contractante. Rattachés organiquement à l'exécutif, ces organes ne paraissent pas présenter en effet les garanties d'indépendance nécessaires à un traitement impartial et équitable de ce type de litiges[82].

66. Dès lors, et en raison de l'hostilité persistante des pouvoirs publics vis-à-vis de l'arbitrage[83], c'est la voie juridictionnelle qui est privilégiée.

67. Par-delà les questions de frontière induites par le dualisme juridictionnel, conséquence des vicissitudes de l'histoire[84], c'est de l'office du juge du contrat que dépend en définitive le contrôle de la bonne exécution des marchés publics et la garantie des droits des parties contractantes. L'office du juge, qui est défini par la doctrine comme les pouvoirs mais aussi les devoirs qui s'attachent à cette fonction, renvoie en effet à la caractéristique fondamentale de la fonction juridictionnelle qui est de dire le droit et trancher les litiges

[82] Sur les limites du rôle de ces autorités dans le contrôle de l'exécution des marchés publics, cf. le Rapport final sur l'évaluation du système national de passation des marchés publics élaboré par la Commission supérieure des marchés avec le soutien de l'OCDE en prélude à la réforme de la réglementation des marchés publics (Présidence du conseil, Rapport final, 2012).

[83] Sur cette question, v. infra, n° 790 et s.

[84] Sur la dualité de juridictions en Tunisie, v infra, n° 780 et s.

d'une manière irrévocable par des décisions ayant force de vérité légale[85].

68. Pour toutes ces raisons, l'expression contrôle de l'exécution des marchés publics sera entendue dans un sens systémique[86].

69. Mais c'est par rapport aux finalités assignées par les pouvoirs publics à ce mode particulier d'action publique que peuvent être appréciés les résultats du contrôle.

3. Les finalités du contrôle

a. L'intérêt public

70. Le contrôle de l'exécution des marchés publics a pour objectif premier la préservation de l'intérêt général[87] ou, plus précisément, la protection de l'intérêt public[88]. Les deux notions sont souvent confondues, même si on constate aujourd'hui que la notion d'intérêt public ou d'intérêt des personnes publiques semble se dissocier de plus en plus de celle d'intérêt général et acquérir une certaine identité[89].

71. C'est d'ailleurs dans le domaine du contrôle juridictionnel sur l'exécution des contrats de commande publique que l'on peut

---

[85] Sur cette notion en droit administratif, cf. : CHAPUS (R), « De l'office du juge : Contentieux administratif et nouvelle procédure civile. L'administration et son juge », Doctrine juridique, PUF, 1999, p. 295 ; v. aussi : DARCY (G), « Regard elliptique sur l'office du juge » in Mélanges J. Morand-Deviller : *Confluences*, Montchrestien, 2007, p. 287. Sur la redéfinition de l'office du juge du contrat administratif, cf. : TRUCHET (D.), « La reconstruction de l'office du juge du contrat administratif. Comment, jusqu'où ? », Mélanges L. Richer, LGDJ 2013, pp. 715 et s. Plus récemment, cf. LAFAIX (J-F.) (Dir.), *Le renouvellement de l'office du juge administratif français*, Berger-Levrault, 2017, 334 p.

[86] Sur l'approche systémique, cf. infra, n°110.

[87] Sur la notion d'intérêt général, cf. CE, *Réflexions sur l'intérêt général*, EDCE, 1999. V. Notamment : TRUCHET (D.), « Les fonctions de la notion d'intérêt général dans la jurisprudence du Conseil d'État », LGDJ 1977 ; v. aussi du même auteur : « Les fonctions de l'intérêt général dans la jurisprudence du Conseil d'État : Retour aux sources et équilibre » in « *Réflexions sur l'intérêt général* », EDCE, 1999, pp. 361 à 374.

[88] Sur la distinction intérêt général et intérêt public, cf. DEGUERGUE (M.). « Intérêt général et intérêt public : tentative de distinction », Mélanges D. Truchet, Dalloz, 2015, p. 132. V. également : COQ (V.), *Nouvelles recherches sur les fonctions de l'intérêt général dans la jurisprudence administrative*, Collec. Logiques Juridiques, L'Harmattan, 2015, p. 29 et s.

[89] DEGUERGUE (M.). « Intérêt général et intérêt public : tentative de distinction », op.cit, p. 139 et s.

percevoir le mieux une telle évolution caractérisée par le souci de maintenir la balance entre « *les différents intérêts en présence* »[90], l'intérêt public, que représentent l'intérêt des « *acheteur publics* », et celui, privé, de leurs cocontractants, l'intérêt général tendant à transcender ces différents intérêts particuliers.

72. Dans la conception qui prévaut en Tunisie et qui est héritée de la tradition française, l'expression « *intérêt général* » désigne en effet l'ensemble des valeurs et des objectifs qui transcendent les intérêts particuliers des membres de la société. L'intérêt général occupe une place centrale dans la construction du droit public par le juge administratif et constitue la finalité ultime de l'action de l'État. Selon cette conception, il revient à la loi de définir l'intérêt général au nom duquel les services de l'État, sous le contrôle du juge, édictent les normes règlementaires, passent les contrats destinés à pourvoir aux moyens des services et prennent les mesures nécessaires à l'exécution de leurs marchés publics. Seulement, cette notion n'a pas un contenu précis et est mouvante, évoluant en fonction des objectifs définis par les pouvoirs publics.

73. Dans un premier temps, l'accent a été mis sur la protection des deniers publics. C'est ce qui explique la mise en place d'instruments de contrôles *a priori*ou concomitantscensés prévenir les dérives en matière de gestion des marchés publics : contrôle de l'engagement des dépenses, contrôle de l'exécution comptable des dépenses, contrôle préalable sur les mesures d'exécution exercé par le contrôle général

---

[90] Cette expression figure de plus en plus dans des arrêts de principe rendus par le Conseil d'État : v. notamment pour une formulation littérale : CE, 14 Octobre 2015, *Société Pyxise*, n°391183 : *« lorsque le tribunal administratif est saisi d'une demande contestant la validité d'un contrat, le juge des référés peut être saisi, sur ce fondement, d'une demande tendant à la suspension de son exécution ; que lorsque l'urgence le justifie et qu'il est fait état d'un moyen propre à faire naître un doute sérieux quant à la légalité de ce contrat et conduire à la cessation de son exécution ou à son annulation, eu égard aux intérêts en présence, il peut ordonner la suspension de son exécution ».*

V. également : CE, 06 mars 2009, *Tropic*, n°324064 : « *(ne porterait pas une atteinte excessive) à l'intérêt général ou aux droits des cocontractants* ». Dans l'arrêt Béziers 2, le juge doit « *prendre en compte, pour apprécier la condition d'urgence, d'une part les atteintes graves etimmédiates que la résiliation litigieuse est susceptible de porter à un intérêt public ou aux intérêts du requérant, notamment à la situation financière de ce dernier ou à l'exercice même de son activité, d'autre part l'intérêt général ou l'intérêt de tiers, notamment du titulaire d'un nouveau contrat dont la conclusion aurait été rendue nécessaire par la résiliation litigieuse, qui peut s'attacher à l'exécution immédiate de la mesure de résiliation* » (CE, 21 mars 2011, *Commune de Béziers 2*, n° 304806).

des dépenses publiques[91] ainsi que par les différents organes spécialisés dans le contrôle des marchés publics[92].

74. Dans un second temps, le poids considérable pris par les marchés publics dans l'économie[93] a rendu nécessaire une réorientation des contrôles en vued'améliorer l'efficacité de l'achat public au regard de son objectif premier, celui de pourvoir aux besoins de l'administration au meilleur rapport qualité/prix. L'accent va être mis alors sur l'institution de mécanismes d'audit tant internes qu'externes destinés à vérifier l'efficacité des commandes publiques. C'est ainsi que les missions traditionnelles dévolues au 0 (CGF)[94], à l'Inspection générale des services publics (CGSP)[95] ou encore à la Cour des comptes vont être réorientées pour tenir compte des nouvelles finalités assignées au contrôle par les pouvoirs publics.

75. Depuis laRévolution, l'intérêt des pouvoirs publics semble de nouveau se focaliser sur la protection des deniers publics et la lutte contre la corruption[96].

Ainsi, l'article 130 de la Constitution a prévu la création d'une nouvelle autorité de la bonne gouvernance et de la lutte contre la corruption (IBGLC). Cette autorité indépendante est chargée de consolider « *les principes de transparence, d'intégrité et de redevabilité* ». D'un autre côté, le nouveau CMP réserve un chapitre entier, le Chapitre 2 du Titre VI à la sanction de l'intégrité des marchés publics[97].

---

[91] Sur le contrôle général des dépenses, v. infra, n° 545 et s.

[92] Sur le contrôle exercé par les commissions de contrôle des marchés publics, v. infra, n° 520 et s.

[93] Selon une étude réalisée en 2012 par la Commission de contrôle et d'audit des marchés publics sous l'égide du PNUD (Présidence du Conseil, 2012), le montant total des marchés publics représente entre 12 et 13 % du PIB et 40 % du budget de l'État. Au sein de ce volume, le montant des marchés des entreprises publiques représente environ le double de celui des marchés des ministères. On n'a pas pu disposer de statistiques plus récentes faute de publication par l'Observatoire national des marchés publics (Sur cette institution, v. infra, n° 562 et s.), mais il semble que ces indicateurs aient peu évolué. Cf. sur ce point : Ministère de la fonction publique et de la gouvernance, *Rapport du contrôle général sur les dépenses publiques pour l'année 2015*, Avril 2017.

[94] Sur le contrôle de l'Inspection générale des finances, v. infra, n° 647.

[95] Sur le contrôle de l'Inspection générale des services publics, v. infra, n° 649 et s.

[96] Cf. JENAYAH (A.), *Intégrité et lutte contre la corruption dans les marchés publics*, op. cit. ; v. aussi : OCDE (2013), « *Examen du cadre d'intégrité dans le secteur public en Tunisie »,* (OCDE 2013).

[97] Sur le contrôle de l'intégrité des marchés publics, v. infra, n° 636.

76. Mais c'est surtout le contrôle juridictionnel sur l'exécution des marchés publics qui sert de catalyseur à la nécessité de prendre en compte ces finalités nouvelles assignées à l'achat public tout en tenant compte cependant, sous la pression des principes du procès équitable, de la force obligatoire des contrats et de la loyauté des relations contractuelles, des différents « *intérêts en présence* », c'est-à-dire de l'intérêt public certes, mais aussi de l'intérêt légitime du cocontractant.

b.L'intérêt légitime du cocontractant

77. Un marché public est, avant tout, un contrat bilatéral qui engendre des obligations interdépendantes pour les parties ; chaque partie étant à la fois créancière et débitrice de l'autre.

78. Ainsi, l'expression « *intérêt légitime du cocontractant* », que l'on rencontre de plus en plus en jurisprudence, désigne avant tout les droits que le cocontractant tient du contrat. Cet intérêt, dans les contrats de marchés publics, est essentiellement financier : en vertu du principe de la force obligatoire du contrat[98], le titulaire du marché a droit au paiement du prix et à la restitution des cautions aux échéances et dans les conditions prévues par le contrat. Il a aussi droit naturellement au maintien du marché et à la stabilité des relations contractuelles.

79. L'expression peut aussi désigner - et ceci est plus remarquable - un droit à indemnisation en cas de rupture de l'équilibre financier du contrat, sur la base des principes généraux du droit administratif. La reconnaissance d'un tel droit doit demeurer cependant exceptionnelle et ne peut être accordée que sous réserve de la réunion des conditions strictes posées par la jurisprudence[99].

80. Mais, contrairement à la situation du cocontractant dans les contrats de droit privé, le titulaire ne peut opposer à l'administration récalcitrante l'exception d'inexécution[100].

---

[98] Sur la spécificité de ce principe dans le droit de l'exécution des contrats administratifs, cf. : UBAUD-BERGERON (M.), *Droit des contrats administratifs*, LexisNexis, 3ème éd., 2015, p. 287 et s.

[99] Sur cette question, v. infra, n° 459 et s.

[100] En droit civil, cette possibilité est prévue par l'article 247 du COC qui dispose que « *dans les contrats bilatéraux, l'une des parties peut refuser d'appliquer son obligation jusqu'à l'accomplissement de l'obligation corrélative par l'autre partie, à moins que, d'après la convention ou l'usage, l'un des cocontractants ne soit tenu d'exécuter le premier sa part d'obligation* ». Sur cette question, v. infra p. 125 et s.

Il ne peut prendre, en cas d'inexécution, des mesures de rétorsion contre l'administration en refusant à son tour d'exécuter les prestations prévues par le contrat.

c. Contrôle de l'exécution des marchés publics et loyauté des relations contractuelles

81. Le déséquilibre qui caractérise les rapports entre les parties dans les contrats de marchés publics est sans doute inévitable : le droit des marchés publics est conçu avant tout pour protéger l'administration, gardienne de l'intérêt public, contre la mauvaise volonté de ses cocontractants. Cependant, les pouvoirs reconnus à l'administration contractante ne doivent pas être utilisés pour répondre à ses caprices ou pour la protéger de ses erreurs d'appréciation.

82. Dans un État de droit, le système de contrôle et de recours en matière de marchés publics, s'il ne doit pas aller jusqu'à conférer au titulaire du marché la faculté d'empêcher les abus administratifs, doit lui reconnaître du moins la faculté de s'opposer aux décisions injustes de l'administration. En particulier, le cocontractant doit être ainsi en mesure de marquer ses réserves lors de la procédure de réception contradictoire des prestations et, en cas de désaccord, de disposer de voies de droit rapides et efficaces lui permettant de faire valoir ses prétentions.

83. C'est à ce stade que le rôle du juge apparaît décisif. Son office doit tendre à protéger le cocontractant contre les mesures d'exécution abusives prises par l'administration, tout en veillant à maintenir la balance entre les intérêts opposés. C'est au juge qu'il appartient de s'assurer que l'administration agit toujours dans le sens de l'intérêt public en sanctionnant les pratiques abusives commises au détriment de son cocontractant. Il doit être particulièrement attentif à la stabilité des relations contractuelles et au maintien de l'équilibre entre les droits du cocontractant et les exigences de l'intérêt public, afin que cet intérêt ne puisse jamais apparaître comme un alibi invoqué par l'administration pour porter atteinte à la loyauté des relations contractuelles[101].

84. L'évolution du système de recours juridictionnel montre que le droit du contentieux des marchés publics a été, jusque-là, en Tunisie,

---

[101] Sur ce nouveau concept consacré par la jurisprudence française en matière de contentieux des contrats administratifs, cf. : SESTIER (J.-F.), « La loyauté dans l'exécution des relations contractuelles », in *Mél L. Richer*, LGDJ 2013, pp. 451 et s. et, pour l'analyse de cette question en rapport avec le droit tunisien, v. infra, n° 491 et s.

davantage tourné vers la protection des prérogatives l'administration plutôt que vers la garantie des intérêts légitimes des cocontractants.

85. Le laconisme des textes et « *les carences du droit au recours* »[102], l'archaïsme des solutions jurisprudentielles et leur faible effectivité, conjugués aux lenteurs insoutenables de la justice administrative soulignent le déséquilibre qui caractérise les rapports des parties contractantes et la faible protection des droits du cocontractant[103]. L'immense chantier de la réforme de la justice administrative annoncée par la nouvelle constitution devrait s'atteler en priorité à doter les nouvelles juridictions des moyens de nature à leur permettre de maintenir la balance entre l'intérêt public et l'intérêt légitime des cocontractants en veillant notamment à la garantie de la loyauté des relations contractuelles.

II- L'évolution du système de contrôle et de recours

86. Deux tendances majeures dominent l'évolution dans le temps et dans l'espace du système de contrôle de l'exécution des marchés publics : la révisibilité des règles et l'insécurité juridique, d'une part (**A**) et la globalisation juridique, d'autre part (**B**).

A. Révisibilité des règles et insécurité juridique

87. Les règles relatives au système de contrôle de l'exécution des marchés publics se caractérisent par leur extrême révisibilité. Cette caractéristique frappante est source d'insécurité juridique et de perplexité pour les autorités administratives et juridictionnelles chargées de leur application[104].

88. Ce phénomène n'est pas propreau droit des marchés publics. Mais il y est sans doute plus manifeste car les sources de ce droit,

---

[102] JENAYAH (M.-R.), « Contrats publics et hiérarchie des normes », art. précité.

[103] Sur le contentieux de l'exécution des marchés publics, cf. : GHANNAÏ (T.), *Le contrôle du Tribunal administratif sur l'exécution des marchés publics,* Thèse pour le doctorat en droit public, Faculté de droit et des sciences politiques de Tunis, 2004.

[104] CE, Rapport public 2006, « *Sécurité juridique et complexité du droit* »,La documentation française, 2006. V. aussi, pour la signification de ce concept en matière contractuelle : DELVOLVÉ (P.), « *Contrats publics et sécurité juridique* » in « *Le contrat, mode d'action publique et de production des normes* », Rapport public du Conseil d'État, La Documentation française, 2008, p. 327 et s.

essentiellement d'origine règlementaire, y sont beaucoup plus faciles à réviser[105].

1. Le système de contrôle sous le Protectorat

89. C'est sur le fondement même du régime du Protectorat, établi par le traité du Bardo du 12 mai 1881[106], que le Bey s'était engagé à « *procéder à toutes les réformes administratives, judiciaires et financières que le gouvernement français jugera utiles* »[107].

90. C'est dans ce cadre que fut adopté le décret du 25 juillet 1888 relatif aux adjudications qui fixa, pour la première fois en Tunisie, les procédures de passation et de contrôle des marchés de l'Etat[108]. Ce texte devait être complété par le décret du 25 juillet 1913 relatif aux adjudications en matière de marchés de travaux publics[109] et par celui du 18 octobre 1945 relatif aux conditions de passation des marchés de l'État[110]. Auparavant, le décret du 12 mai 1906 portant règlement sur la comptabilité publique, avait fixé les modalités de paiement de dépenses sur marchés et institué un contrôle de l'exécution comptable des dépenses publiques par les comptables publics, eux-mêmes justiciables de la Cour des comptes française[111]. D'autre part, le décret du 20 mars 1912, portant organisation de la direction générale des finances, avait créé un contrôle préalable des dépenses sur marchés, sanctionné par le visa du contrôleur général des dépenses, avant que ce service ne soit rattaché au Secrétariat d'État au gouvernement par le décret du 15 janvier 1935. Sur un autre plan, un contrôle spécifique exercé par une commission des marchés avait été institué par le décret du 29 janvier 1924[112].

91. Sur le plan contentieux, l'article 1er du décret du 27 novembre 1888 avait confié aux juridictions civiles instituées dans la Régence « *toutes les instances tendant à faire déclarer l'administration débitrice à*

---

[105] Sur l'éparpillement des textes en droit des marchés publics, cf : TLILI (A.), *Réforme de la réglementation des marchés publics en Tunisie : Étude comparée avec les normes internationales*, op.cit., p. 17 et s.

[106] Sur les origines et le régime du Protectorat en Tunisie, cf. : JULIEN (Ch.-A.), *Les origines du Protectorat français en Tunisie*, 1861-1881, PUF, 1959 ; IBN ABI DHIAF (A.), *Présent des hommes de notre temps. Chroniques des rois de Tunis et du Pacte fondamental*, Tunis, MTE, 1966, t. 6, p. et s. (en arabe).

[107] Article 1er de la convention de la Marsa du 29 mai 1883, JOT, 1884, p. 313.

[108] JOT 1888, p. 221.

[109] JOT 1913, p. 793.

[110] JOT 1945, p. 922.

[111] JOT 1906, p. 476.

[112] JOT 1924, p. 31.

raison (...) de l'inexécution des marchés conclus par elle »[113] et les tribunaux français de Tunisie n'avaient pas hésité à faire une application rigoureuse de ces dispositions consacrant un système de responsabilité pour faute dans l'exécution des marchés publics[114].

2. Le système de contrôle sous l'empire de la Constitution du 1er juin 1959

92. L'architecture générale du systèmede contrôle des MP ne fut pas fondamentalement remise en cause aux lendemains de l'Indépendance même si elle devait connaitre un réaménagement profond, en rapport avec le nouveau contexte issu de la Constitution du 1er juin 1959.

93. Avant même l'adoption du premier code sur les marchés publics en 1974, le décret du 1er avril 1965[115]relatif au contrôle des marchés de l'État et des établissements publics, a abrogé le décret du 29 janvier 1924, adopté sous le Protectorat, en instituant une commission supérieure des marchés chargée sous la présidence du Secrétariat d'État à la Présidence, de vérifier la régularité et la sincérité de tous les marchés publics. Les avis de cette commission avaient «*force obligatoire à l'égard du secrétariat d'État intéressé* ».

94. Il a fallu cependant attendre l'adoption de la loi du 1er avril 1973 portant promulgation du Code de la Comptabilité Publique (CCP) pour assister à une refonte totale du système des marchés publics. Ce code reprend pour l'essentiel les solutions retenues sous le Protectorat, se contentant de les adapter au nouveau contexte. En particulier, en étendant leur champ d'application aux collectivités locales. Mais il comporte surtout une habilitation générale[116], autorisant le gouvernement à intervenir par voie réglementaire pour organiser les marchés publics.

---

[113] JOT 1888, p. 377.

[114] Sur le système de contrôle contentieux de l'administration mis en place par le décret beylical du 27 novembre 1888, on consultera avec profit : CHAPUS (R.), *Le contrôle et le contentieux de l'administration en Tunisie*, Tunis, ENA, 1968, pp. 77-85 ; BEN ACHOUR (Y.), « *L'histoire du principe de séparation des autorités en Tunisie* », EDCE, 1992, p. 179, ainsi que les Actes du colloque sur : « *Le centenaire du décret beylical du 27 novembre 1888 et le contentieux administratif* », CERP, Tunis, 1992.

[115] Décret n°65-172 du 1er avril 1965 relatif au contrôle des marchés passés pour le compte de l'État et des établissements publics (JORT 1965, n°17, p. 364).

[116] Cette habilitation découle de l'article 105 pour les marchés de l'État, 251 pour les marchés des établissements publics et 274 pour les marchés des communes et collectivités assimilées.

95. C'est sur la base de cette habilitation que fut adopté le premier code sur les marchés publics du 27 juillet 1974[117]. Ce texte comporte un chapitre entier réservé au contrôle des marchés qui constitue une consolidation des solutions prévues par le décret du 1er avril 1965 relatif au contrôle sur les marchés de l'État et des établissements publics. Il institue en effet, à côté de la commission supérieure des marchés relevant du Premier ministère, des commissions départementales dans chaque ministère et des commissions régionales dans chaque gouvernorat, les avis de ces différentes commissions ayant force de décision à l'égard des ordonnateurs (article 93).

96. Ce texte devait être cependant abrogé à la suite de la crise financière traversée par le pays à la fin des années quatre-vingts. Il fut alors remplacé par le décret n°1989-442 du 22 avril 1989, pris à la suite d'un vaste mouvement de réforme entrepris par les pouvoirs publics pour juguler les effets de cette crise.

Censé remettre en ordre le régime des marchés conclus par toutes les entités publiques et l'unifier en y intégrant les marchés des entreprises publiques, le décret n°1989-442, modifié à six reprises au fur et à mesure de l'ouverture de l'économie nationale, n'a cependant pas résisté au mouvement général du droit guidé par les impératifs de la concurrence[118].

97. Le Code de 2002 institué par le décret n°2002-3158 du 17 décembre 2002 qui est venu le remplacer, a eu pour principal souci de réorganiser le contrôle sur les marchés publics[119]. C'est ainsi qu'ont été créées, au sein de la commission supérieure des marchés, des commissions spécialisées dans les différents types de marché. D'un autre côté, le contrôleur des dépenses publiques, pour les marchés des administrations et le contrôleur d'État pour les marchés des entreprises publiques, ont vu leur rôle renforcé[120]. En même temps, les missions d'analyse, d'étude et d'encadrement, qui relevaient auparavant de la commission supérieure des marchés, ont été transférées à un nouvel organe qualifié d'observatoire national des

[117] Décret n° 74-754 du 27 juillet 1974 portant réglementation des marchés publics (JORT 1974, p. 1850).

[118] Sur l'apport de la réglementation des marchés publics issue du décret n° 442 du 1989 (JORT 1989, p.770), cf. : BEN AÏSSA (M.-S.), *« Le champ d'application du décret marchés publics en Tunisie »*, in Mélanges Ayadi, Tunis, CPU 2000, pp. 215-244. V. aussi BEN KHALIFA (A.), *Le droit des marchés publics en Tunisie*, op.cit, p. 23 et s.

[119] JORT 2002, p. 3676.

[120] Décret n° 2013-5093 du 22 novembre 2013 portant création d'un Comité des contrôleurs d'État (JORT 2013, p. 4180).

marchés publics (article 150). Mais surtout un Comité de suivi et d'enquête (COSEM), placé auprès du premier ministre et doté à la fois de pouvoirs d'enquête et de prérogatives contentieuses en matière de litiges relatifs à la passation et l'exécution des marchés, a été créé par l'article 153 de ce Code[121].

98. En ce qui concerne plus spécifiquement le contrôle des dépenses publiques, après un court intermède marqué par la suppression du visa préalable sur les dépenses, le système mis en place sous le Protectorat fut rétabli par le décret du 28 janvier 1969. C'est ainsi que les services du contrôle général sur les dépenses publiques ont été réorganisés par le décret du 11 avril 1970 et rattachés au premier ministère avant la révision de ce système par le décret du 31 décembre 1989 et sa refonte totale par le décret du 19 novembre 2012[122].

99. Parallèlement, et en conformité avec la Constitution du 1er juin 1959 qui prévoyait la création d'un Conseil d'État composé de deux organes juridictionnels chargés d'exercer deux types différents de contrôle, l'un de nature financière et l'autre de nature administrative[123], un système de contrôle externe sur la gestion des ordonnateurs, a été institué par la loi n° 1968-8 du 8 mars 1968 portant création de la Cour des comptes[124]. Ce type de contrôle a été consolidé par la loi n° 1985-74 relative à la définition et à la sanction des fautes de gestion et à la création d'une Cour de discipline financière[125].

100. D'un autre côté, la création d'une juridiction administrative par la loi du 1er juin 1972, chargée de « *statuer sur les litiges mettant en cause l'administration* » (Art. 2) n'a pas fondamentalement remis en cause les solutions héritées du Protectorat[126]. Dans un premier temps en

[121] Le décret de 2002 comporte un Titre V intitulé « *contrôle préalable des marchés* » qui fixe la composition, les attributions et le fonctionnement de ces différentes commissions de contrôle. Sur l'apport de cette réforme, cf. BEN LETAÏEF (M.) (s. la dir. de), *Les nouveautés du droit des marchés publics*, Faculté de droit et des sciences politiques de Tunis, 2004. V. aussi :BEN KHALIFA (A.), *Le droit des marchés publics en Tunisie*, op.cit. p, 27 et s.

[122] JORT 2012, p. 3360.

[123] Article 57 de la Constitution du 1er juin 1959, devenu l'article 69 après la révision constitutionnelle du 8 avril 1976.

[124] JORT 1968, p. 297. Sur la Cour des comptes, cf. BEN AISSA (M.-S.) « *La Cour des comptes en Tunisie* », in « *Les Cours suprêmes en Afrique du Nord* », T. III, (Dir. Gérard CONAC), Paris, 1989, p. 243-259

[125] JORT 1985, p. 963.

[126] JORT 1972, p. 788.

Sur le Tribunal administratif, cf. KENANI (A.), BEN HAMIDA (A.), « *Le Tribunal administratif de Tunisie* », EDCE, 1978, p. 289 ; MESTRE (A.), « Conseil *d'État français et Tribunal administratif tunisien* », Mél. M. WALINE, LGDJ, 1974, p. 59

effet, le Tribunal administratif, érigé en juridiction d'appel des jugements rendus par les tribunaux judiciaires, dont la compétence en matière de responsabilité contractuelle avait été maintenue en première instance dans les conditions prévues par l'article 1er du décret beylical du 27 novembre 1888, est venu « *s'insérer dans un système de règlement juridictionnel des litiges administratifs relatifs à la responsabilité administrative qui avait déjà produit une abondante jurisprudence* »[127].

101. Ce n'est qu'à la suite de la réforme du contentieux administratif, consécutive à l'adoption des lois organiques du 3 juin 1996 relatives, d'une part, à la répartition des compétences entre les juridictions de l'ordre administratif et judiciaire[128], d'autre part, à la modification de la loi relative au Tribunal administratif[129], que fut abrogé le vieux décret du 27 novembre 1888. En conformité avec cette vaste réforme de la justice administrative, des chambres de 1ère instance furent alors chargées de statuer sur « *les recours relatifs aux contrats administratifs* » (Art. 17, al. 2), à charge d'appel devant les chambres d'appel et de cassation instituées au sein de la même juridiction[130].

3. Le système de contrôle et de recours sous l'empire de la Constitution du 27 janvier 2014

102. Le système de contrôle de l'exécution des marchés publics issu de l'ancien régime devait finalement subir le contrecoup du bouleversement institutionnel consécutif à la Révolution du 14 janvier 2011. Ainsi, l'essentiel des dispositions contenues dans le CMP de 2002 relatives au système administratif de contrôle a été abrogé et remplacé par le nouveau décret n°2014-1039 du 13 mars 2014 portant nouvelle réglementation des marchés publics, adopté sur la base du Chapitre X relatif aux dispositions transitoires de la nouvelle

---

et s.. ; BEN SALAH (H.), *La justice administrative au Maghreb*, Thèse, Faculté de droit et des sciences politiques, économiques et politiques de Tunis, 1979 ; BEN ACHOUR (Y.), *La justice administrative et les principes de la procédure administrative*, CPU, 3ème éd., Tunis, 2006 (en arabe).

127 BEN HAMIDA (A.), « *La responsabilité publique selon la jurisprudence du Tribunal administratif* » in « L'œuvre jurisprudentielle du Tribunal administratif », Tunis, CERP, 1990, p. 419.

128 Loi organique n° 1996-38 du 03 juin 1996 (JORT 1998, p. 1213).

129 Loi organique n° 1996-39 du 03 juin 1996 (JORT 1996, p. 1214).

130 Sur la portée de cette réforme, cf. « *La réforme de la justice administrative* », (Dir.) M.L.F. Moussa, Tunis, CPU, 1997.

Sur l'organisation actuelle du contentieux administratif, v. LAOUITI (A.), *Les textes relatifs au contentieux administratif*, éd. Louati, Tunis, 2013.

Constitution[131]. Le système de recours a été cependant maintenu, à titre provisoire, en l'attente de la mise en place progressive des nouvelles institutions[132].

103. La nouvelle Constitution, promulguée le 27 janvier 2014 à l'issue d'un long processus de transition, annonce l'émergence progressive d'un nouvel ordre juridique[133]. Elle soulève en même temps le problème délicat de la réception des normes issues de l'ancien régime[134]. Elle invite à réfléchir sur les questions de continuité ou de discontinuité des normes, de leur maintien ou de leur abrogation, de l'émergence progressive de nouvelles normes dans le système juridique en voie de constitution et, plus spécialement, à réfléchir sur les questions de validité et d'effectivité des normes et celle de l'efficacité globale du système de contrôle de l'exécution des marchés publics.

104. La question de la réception des normes issues de la constitution du 1er juin 1959 dans le nouvel ordonnancement juridique introduit par la nouvelle constitution est essentielle. La nouvelle Constitution annonce en effet la révision totale des rapports entre les pouvoirs publics, la réorganisation du système administratif, la création de nouvelles autorités de contrôle et la consécration de principes nouveaux. C'est à l'aune de ces nouvelles règles que devra être appréciée la validité des normes issues de l'ordre ancien.

---

[131] JORT 2014, p. 653.

[132] La 1ère organisation provisoire des pouvoirs publics, issu du décret-loi n° 2011-23 du 23 mars 2011 (JORT 2011, p.363), qui avait prononcé la suspension de la Constitution du 1er juin 1959, avait expressément prévu que le Tribunal administratif et la Cour des comptes continueront à exercer leurs compétences conformément aux lois et règlements en vigueur. Après l'élection d'une Assemblée nationale constituante le 23 octobre 2011, la nouvelle organisation provisoire des pouvoirs publics, issu de la loi constitutionnelle n° 2011-6 du 16 décembre 2011 (JORT 2011, p. 3111) abrogeant la Constitution du 1er juin 1959, avait maintenu la même solution.
Sur cette question, cf. JENAYAH (M.-R.), « *Constitution et Révolution* », Leçon inaugurale à la XXème session de l'AIDC, Tunis, juillet, 2012.

[133] Sur le nouveau régime institué par la Constitution du 27 janvier 2014, cf. : BEN HAMMAD (M.-R.), *Droit constitutionnel et institutions politiques*, CPU 2016, 3ème éd., p. 539 et s.

[134] Ces questions ont été surtout appréhendées par les théoriciens du droit, en premier lieu par Kelsen qui y a consacré de longs développements, cf. sur ce point : KELSEN (H.), *Théorie pure du droit*, traduit par Ch. Eisenmann, Coll. La pensée juridique, réédition : Bruylant et LGDJ, 1999, 209-217 ; v. aussi : H.L.A. Hart, *Le concept de droit*, traduit de l'anglais par M. Van de Kerchove, Facultés universitaires Saint-Louis, Bruxelles 1976, pp. 147-153.

B. Globalisation juridique et contrôle de l'exécution des marchés publics

105. La globalisation, en tant que tendance au rapprochement des systèmes juridiques, est un phénomène complexe qui conduit, dans le champ juridique, à un recul de l'emprise des organes étatiques dans la production des normes accompagné par un mouvement général d'harmonisation des règles sous la pression des institutions internationales et du droit des pays avancés. Elle se caractérise par le développement de standards, de règles de conduite ou de modèles proposés aux pays ainsi que par l'adoption de normes extraterritoriales[135].

106. Plusieurs raisons expliquent cette évolution. Tout d'abord, les relations contractuelles sont de plus en plus internationalisées du fait de la mondialisation et de l'ouverture des économies. Corrélativement, les marchés publics font de plus en plus l'objet de préoccupations internationales, en particulier des institutions internationales spécialisées dans le commerce international, le financement des grands projets réalisés dans les pays en développement, ou la lutte contre la corruption et le blanchiment de capitaux.

107. Ainsi, l'Accord sur les marchés publics (AMP), conclu dans le cadre de l'Organisation mondiale du commerce (OMC), a une incidence certaine sur le droit tunisien. Bien que la Tunisie ne soit pas signataire de cet accord, elle se trouve néanmoins liée par ses stipulations par suite de la conclusion d'un Accord d'association avec ses partenaires régionaux. L'Accord d'association signé avec l'Union européenne et les pays membres de cette Union le 19 juillet 1995[136] comporte en effet un volet relatif aux marchés publics, l'article 41.1 qui prévoit que les Parties contractantes se fixent pour objectif « *une libéralisation progressive des marchés publics* » et une clause pivot, l'article 52, qui exhorte la Partie tunisienne à rapprocher son droit de celui de l'Union européenne couvert par cet accord. D'un autre côté, l'AMP prévoit la possibilité pour les pays membres de l'AMP de conclure des accords

---

[135] AUBY (J.-B.), *La globalisation, le droit et l'Etat*, 2ème éd., LGDJ, 2010 op. cit., p. 62-75.

[136] Accord d'association conclu entre les Communautés européennes et leurs États membres et la République tunisienne visant à instaurer une zone de libre échange entre la Tunisie et l'Union européenne, ratifié par la Tunisie par la loi n°1996-49 du 10 juin 1996, entré en vigueur le 26 janvier 1998, deux mois après l'échange des instruments de ratification.
Sur ce point, cf. : BEN MESSAOUD (K.), « L'impact de l'Accord d'association dans le domaine des marchés publics, des entreprises publiques et des Monopoles d'Etat », AJT, n°15, 2002, p. 7-28.

d'intégration régionale avec leurs partenaires régionaux. Il en résulte une diffusion indirecte de l'AMP par le biais du droit de l'Union européenne dans le droit tunisien des marchés publics[137].

D'autres réglementations internationales, dépourvues cependant de portée normative, ont pour ambition de promouvoir la réforme du droit interne des États : c'est le cas par exemple du guide législatif de la CNUDCI sur les projets d'infrastructure publique à financement privé ou les directives « Marchés » de la Banque mondiale et des banques multilatérales[138].

108. Sur un autre plan, la ratification par la Tunisiedela Convention des Nations Unies de lutte contre la corruption (CNULCC)[139]n'a fait qu'accélérer le mouvement général de pénalisation du droit de la commande publique[140] engagé en Tunisie depuis la réforme pénale de 1998 instituant des délits spécifiques en matière de fraude à l'achat public. Le souci de préserver l'intégrité de l'achat public apparait nettement à travers le nouveau CMP qui comporte un chapitre entier, le chapitre 2 du Titre VI, dédié à l'intégrité des marchés publics.

109. Dans un contexte caractérisé par le passage d'un régime autoritaire à un régime démocratique et l'adoption d'une constitution qui consacre les principes essentiels de l'État de droit, il est indéniable que le phénomène de la globalisation juridique aura des effets certains sur le système de contrôle et de recours en matière d'exécution des marchés publics[141].

---

[137] KARRAY (B.), « *L'apport du droit de l'OMC dans la globalisation du droit des marchés public* », in « *Globalisation et contrats publics* », (Dir. M.-R. JENAYAH), Tunis, CPU, 2010, p. 157 et 158.

[138] Sur ce point, v. : AUBY (J.-M.), *La globalisation, le droit et l'Etat*, 2ème éd., LGDJ, 2010, op. cit., p. 62-75

[139] Convention des Nations Unies de lutte contre la corruption du 31 octobre 2003 (CNULC) dite « Convention de Merida » ratifiée par la Tunisie par la loi n° 16 du 25 octobre 2008.

[140] JENAYAH (A.), *Intégrité et lutte contre la corruption dans les marchés publics en droit français et tunisien*, mémoire pour l'obtention du Master 2 Recherche en droit public, Université de Paris 1 Panthéon-Sorbonne, 2013.

[141] En témoignent les nombreuses études réalisées depuis la Révolution, tant sous l'égide du PNUD que de l'OCDE, portant sur tous les aspects du droit des marchés publics dans une perspective de rapprochement du droit tunisien avec les standards internationaux. Cf. notamment l'étude intitulée, « *Examen du cadre de l'intégrité dans le secteur public en Tunisie* » *(OCDE 2013),* qui comporte un chapitre entier relatif aux marchés publics. Celle portant sur « *L'analyse du système de contrôle d'audit et de maîtrise des risques dans le secteur public* » *(OCDE 2015).* Celle réalisée par la Commission de contrôle et d'audit des marchés, sous l'égide du

III- Approche du sujet, problématique et plan

110. L'approche systémique du sujet doit nous permettre de mieux cerner les problématiques que soulève la question de l'exécution des marchés publics (**A**) pour parvenir ainsi à préciser la démarche qui sera suivie pour l'étudier (**B**).

A. Approche du sujet

111. L'approche qui sera privilégiée dans cette étude sera à la fois systémique (**1**) multidisciplinaire (**2**) et comparative (**3**).

1. Une approche systémique

112. L'expression « *contrôle de l'exécution des marchés publics* » sera entendue dans un sens systémique emprunté à l'analyse systémique en sciences sociales, systématisée par le politiste canadien David Easton[142], elle-même dérivée de la biologie et de la cybernétique[143]. Cette approche repose sur l'idée qu'un système, défini comme « *un ensemble d'éléments interdépendants (...), qui réagit globalement, comme un tout, aux pressions extérieures et aux interactions de ses différents éléments* »[144].

113. Une telle approche a le mérite de fournir les clefs de compréhension de systèmes complexes[145] comme celui de l'exécution des marchés

---

PNUD en prélude à la réforme de la réglementation des marchés publics de 2014, portant sur « *L'évaluation du système de passation des marchés publics en Tunisie* » (Présidence du Conseil, 2012).
Sur le système de contrôle et de recours en matière de marchés publics dans les pays de l'OCDE, cf. : *OCDE (2007),* « Système de contrôle et de recours en matière de marchés publics dans l'Union européenne », *Documents SIGMA*, n° 41, Éditions OCDE, Paris.
Sur le droit comparé des contrats publics en général, cf. (Dir.) G. Marcou, L. Folliot-Lalliot, D.I. Gordon, J. Schwartz et Ch. Yukins, « *Le contrôle des marchés publics* », op. cit.; v. aussi (Dir.), U. Stelkens et R. Noguellou, « *Droit comparé des contrats publics* », op. cit.

[142] Dans son ouvrage majeur : *Analyse du système politique,* publié en 1965 et traduit chez Colin, Paris 1974.

[143] DURAND (D.), *La systémique*, PUF, Que sais-je ? 1979 ; DONNADIEU (K.), LARSKY (M.), *La systémique : penser et agir dans la complexité*, Liaisons, 2002 ; SCHWARTZENBERG (R-G.), Sociologie politique, Montchrestien, 5ème éd., 1998.

[144] SCHWARTZENBERG (R.-G.), *Sociologie politique*, op. cit. p. 103 et s.

[145] Pour des exemples d'auteurs partisans de l'analyse systémique, cf. : RIVÉRO (J.), « Apologie pour les faiseurs du système », Dalloz, 1951, chron. P. 99 et s. V. aussi : CAPITANT (H.), *Les grands arrêts de la jurisprudence civile,* cité par DUBOIS (Ch.), *Responsabilité civile et responsabilité pénale. À la recherche d'une cohérence perdue*, LGDJ, 2016, p. 2 : « *la mission du juriste consiste à étudier, à critiquer ce droit en formation, à le dégager de la masse des décisions où il se*

publics, formé d'éléments interdépendants reliés entre eux par les finalités que les pouvoirs publics ont entendu assigner au système considéré dans son ensemble.

114. Pour appréhender le sujet, il importe en effet d'identifier les acteurs du système, les rôles qu'ils sont appelés à jouer dans le contexte particulier d'un système caractérisé par l'émergence progressive d'un nouvel ordre juridique en voie de gestation, les finalités qui lui sont assignées, les moyens qui sont mis à leur disposition, les interactions qui s'établissent entre eux et les facteurs d'équilibre ou de déséquilibre qui rétroagissent sur la cohérence d'ensemble du système.

115. Pour la commodité de notre propos, l'expression système de « *contrôle et de recours en matière d'exécution des marchés publics* », qui est souvent utilisée pour désigner notre sujet[146], sera le plus souvent cantonnée au « *contrôle de l'exécution des marchés publics* », le mot contrôle pouvant être comparé à une fusée à trois étages composée d'un premier niveau, relevant des parties, d'un second, des autorités administratives, et d'un troisième, des autorités juridictionnelles.

116. Dans cette perspective, ce sont les concepts, qui permettent de situer le système tunisien de contrôle de l'exécution des marchés publics par rapport aux grands modèles en vigueur dans le monde, d'en faire ressortir les différents niveaux hiérarchiques, de décrire l'agencement entre les différents éléments qui composent le système et les interactions qui les relient à leur environnement, qui seront privilégiés. À ce premier groupe de concept, il faut ajouter, les concepts, essentiels dans la perspective qui nous intéresse, de régulation, d'équilibre et de stabilité du système que seul le sous-système juridictionnel permet de préserver.

117. Enfin, le troisième groupe de concept sur lequel repose cette méthode d'analyse est tout aussi essentiel pour nous aider à mieux appréhender notre sujet ; il est intimement lié au précédent et est plutôt centré sur la dynamique d'ensemble du système, sur sa faculté d'adaptation ou sur les tensions et les crises qui caractérisent son évolution. C'est évidemment de la capacité des différents acteurs qui composent le

---

trouve enfoui comme le minerai dans le sol, à le mettre au jour, à le dépouiller de ses scories, en un mot à le systématiser ».

[146] C'est cette expression qui est privilégiée notamment par l'OCDE. Cf. OCDE (2007), « *Système de contrôle et de recours en matière de marchés publics dans l'Union européenne* », *Documents SIGMA*, n° 41, Éditions OCDE, Paris.

système à adapter leurs interventions aux objectifs variables définis par les pouvoirs publics que dépend l'équilibre global du système[147].

118. Sans vouloir exagérer les avantages que présente cette théorie, il reste que, par son approche globale et par les rapprochements et comparaisons constants qu'elle induit, elle présente une valeur heuristique certaine, dans la mesure où elle permet de donner un éclairage nouveau à la problématique de la valeur du système de contrôle de l'exécution des marchés publics.

119. Comme dans les contrats de droit privé en effet, le contrôle de l'exécution des marchés publics est d'abord l'affaire des parties et obéit de ce fait au principe de la force obligatoire du contrat. Mais la présence d'une personne publique et l'objet même de ce contrat qui est de pourvoir aux besoins des collectivités publiques explique la prévalence de l'intérêt public.

C'est cette prévalence qui justifie la reconnaissance au profit de la partie publique de pouvoirs juridiques qui n'ont pas d'équivalent dans les rapports entre particuliers. L'exceptionnalisme qui caractérise ainsi le droit de l'exécution des marchés publics a pour finalité première la protection des deniers publics qui est au cœur du système de contrôle de la régularité des dépenses sur marchés.

120. À ce souci traditionnel, s'ajoute la nécessité de tenir compte de l'aspect économique des marchés publics, de leur rentabilité et de leur performance, car un marché public est autant un acte public qu'un acte économique soumis aux lois du marché. Dès lors, la mise en place d'instruments de contrôle externes paraît nécessaire pour assurer la cohérence du système et prévenir les dérives en matière d'intégrité des marchés.

121. Il reste que l'équilibre et l'efficacité globale du système demeurent tributaires de la confiance des opérateurs économiques et de la garantie des droits des personnes qui acceptent de contracter avec l'administration. Dans un tel système en effet, l'interaction des acteurs privés et publics a forcément des impacts qu'il faut essayer de systématiser. L'analyse systémique a le mérite de voir dans le contrôle de l'exécution des marchés publics, un contrôle qui est conditionné par une interractiond'un certain nombre d'éléments, et dontl'intensité influence le système lui-même et les réformes des marchés publics. Elle peut donc être très utile à l'amélioration du cadre juridique en ce domaine, notamment en ce qui concerne l'application ou l'adaptation du nouveau Code des marchés publics en Tunisie.

[147] SCHWARTZENBERG (R.-G.), *Sociologie politique*, op. cit. p. 104 et s.

122. Sur ce point, il est certain tout d'abord que la mise en place d'un système permettant de déterminer avec suffisamment de précision les besoins de l'administration, de prévoir les financements adéquats et de contrôler la bonne exécution des prestations est de nature à prévenir les difficultés d'exécution et de circonscrire les éléments de tension et de crise du système.

123. Mais c'est sans doute de l'existence de voies de recours ouvertes et inclusives permettant à des autorités contentieuses de traiter avec l'impartialité et la célérité requises les aspects pathologiques du système en assurant l'équilibre entre les différents intérêts en présence que dépend la crédibilité d'ensemble du système.

124. Ce sont donc les interactions qui s'établissent entre ces différents éléments que l'analyse systémique peut aider à mieux faire comprendre.

2. Une approche multidisciplinaire

125. Dans la perspective qui nous intéresse, l'approche multidisciplinaire vient tout naturellement au secours de l'analyse systémique. L'étude du contrôle de l'exécution des marchés publics requiert en effet une approche qui emprunte non seulement aux différentes disciplines juridiques, mais aussi aux sciences économiques et sociales.

126. Le droit privé d'abord car un marché public est avant tout un contrat générateur d'obligations réciproques pour les parties qui demeure soumis, sous réserve de certaines limites dues à sa nature publique, aux principes généraux qui régissent la vie des contrats : principes de la liberté contractuelle, de l'effet relatif, principe de la force obligatoire, principe de la bonne foi, principe du contrôle judiciaire tendant à protéger les droits du contractant, mais aussi à prévenir et à sanctionner la fraude à l'achat public. À cet égard, l'approche de droit pénal paraît nécessaire pour combattre la fraude à l'achat public. Mais la pénalisation du droit des marchés publics que l'on observe aujourd'hui[148] soulève des questions délicates relatives aux rapports de la faute pénale et de la responsabilité contractuelle.

127. Le droit public et la science politique ensuite. La réflexion portera sur la nature du contrat de marché public de laquelle dépend la reconstruction du système de contrôle de l'exécution des marchés publics.

---

[148] PREBISSY-SCHNALL (C.), *La pénalisation du droit des marchés publics*, LGDJ, 2002.

128. À cet égard, se pose la question préalable du contrôle démocratique et de la construction de l'État de droit dans le contexte particulier de la refondation des institutions consécutif à l'adoption de la Constitution du 27 janvier 2014. Le contrôle de la bonne exécution des marchés publics invite en effet à réfléchir sur les modalités de la mise en œuvre des principes constitutionnels de bonne gouvernance, de transparence, et de bonne gestion des deniers publics. Il implique, d'une part, que les personnes gestionnaires des marchés doivent toujours rendre compte de leur gestion devant les représentants de la Nation, d'autre part, que les intérêts légitimes des cocontractants qui ont choisi de faire confiance à l'administration en répondant à ses commandes, soient effectivement protégés.

129. La réflexion invite ensuite à mettre l'accent sur la fonction première du contrôle des marchés publics qui est de protéger les deniers publics par la mise en place d'instruments destinés à préserver l'intégrité de l'achat public. Dans cette perspective, il est nécessaire de faire appel aux concepts des finances publiques pour expliquer l'évolution des solutions retenues en matière de contrôle des dépenses sur marchés.

Par-delà le contrôle strict de régularité, il sera essentiel de mettre l'accent sur la sincérité des dépenses sur marchés et leur efficacité, car il ne suffit pas de déclarer en amont que le marché sera attribué à *« l'offre la plus avantageuse économiquement »*, il faut ensuite vérifier en aval, par le truchement d'une sorte d'analyse du bilan exercée par des organismes disposant de l'indépendance et de l'expertise nécessaires, que le marché a été exécuté au mieux de l'intérêt public. Dès lors, les questions du contrôle de l'économie, de l'efficacité et de l'efficience des marchés publics tendent à prendre une importance accrue dans le nouveau contexte.

130. Mais le contrôle de la bonne exécution des marchés publics est surtout l'affaire du juge. Sur ce point se pose la question préalable des frontières dans le système dualiste induit par la création d'une justice administrative séparée des juridictions judiciaires, dualisme qui est source de complexité et d'insécurité juridique dans le traitement des litiges. En dépit des difficultés rencontrées dans l'accès à la jurisprudence du Tribunal administratif et à ses rapports d'activité du fait de leur non publication[149], l'étude du contentieux des marchés publics doit tenter de situer le rôle réel joué par le juge dans la protection effective des droits des parties. Cette analyse devra être

[149] Le Recueil des décisions du TA n'a pas été publié depuis 2011 alors que la Rapport annuel n'a jamais été publié du fait d'une lecture frileuse de l'article 87 bis de la loi relative à cette juridiction.

complétée par une approche de science administrative pour comprendre la structure du contentieux de l'exécution des marchés publics et mesurer la portée réelle des décisions rendues par ce Tribunal sur les droits des parties.

3. Une approche comparative

131. Cette analyse sera menée dans la perspective sociopolitique de la mise en place de l'État de droit et des exigences de la construction démocratique avec pour point d'appui principal le droit français. Pour des raisons historiques, le droit français demeure en effet la source principale d'inspiration du législateur tunisien. La transposition par la Tunisie des solutions retenues en France dans toutes les branches du droit public et, plus particulièrement dans le droit de la commande publique, est un phénomène certain[150]. Dès lors, la comparaison entre deux systèmes de niveau de développement différents doit permettre de mettre le doigt sur les failles du système national et de proposer les remèdes qui pourraient y être apportés.

132. L'approche comparative a cependant ses limites, car les rapports sociaux, le comportement des acteurs et la culture politique ne sont pas sans influence sur l'effectivité de la règle de droit. Dès lors toute transposition de règles conçues pour un autre contexte devra être mesurée pour tenir compte du phénomène fréquent de rejet de greffe d'organes étrangers au système.

B. Problématique et plan

133. Dans le contexte propre de la Tunisie, caractérisé par l'adoption d'une nouvelle constitution et une refondation des institutions, l'étude du système de contrôle de l'exécution des marchés publics sera entreprise dans une perspective dynamique du droit, où sera privilégiée l'analyse du rôle effectif joué par les différentes autorités spécialement habilitées à vérifier la conformité des mesures d'exécution par rapport aux normes de référence définies par le droit des marchés publics. Dans ce processus constant de concrétisation du droit, le rôle de ces autorités apparaît plus ou moins large selon la complétude et la précision des normes de contrôle.

---

[150] Sur ce phénomène de transposition du droit, cf. : RIVÉRO (J.), « Les phénomènes d'imitation des modèles étrangers en droit administratif », Mélanges Van der Meersch, LGDJ, Paris 1972, pp. 619 et s. V. aussi : DURUPTY (M.), « Transposition et mutations du modèle français : les cas libanais et tunisien », Bull. de l'IIAP, 1975, n° 33, pp. 79 et s.

134. Cette perspective, qui est celle de l'État de droit[151], implique d'abord que l'ordonnancement juridique constitué par l'ensemble des normes de référence s'impose aux acteurs qui interviennent aux différents degrés de gestion et de contrôle des marchés publics. Toute norme, toute décision contraire à une norme supérieure devrait être considérée comme non valide et écartée, pour cette raison, du système juridique. Ainsi, les normes de l'ordre antérieur à la Constitution du 27 janvier 2014, ainsi que celles adoptées sur la base des dispositions transitoires, dans le cadre de l'organisation provisoire des pouvoirs publics, ne devraient être reçues dans le nouvel ordonnancement juridique que sous bénéfice d'inventaire et de contrôle.

135. Mais l'État de droit suppose aussi l'égalité des sujets de droit. Une telle affirmation ne doit pas occulter l'inégalité fondamentale qui caractérise les relations entre les parties dans un contrat de marché public. Cette inégalité, qui se traduit par la reconnaissance au profit de l'administration de prérogatives qui n'ont pas d'équivalent dans les contrats de droit privé, est inévitable car elle a pour fondement l'intérêt public dont l'administration a la garde.

Dès lors, l'État de droit, s'il ne peut aller jusqu'à reconnaître « *l'égalité des armes* » entre les parties, implique néanmoins que toutes les personnes qui y ont intérêt, et particulièrement, les cocontractants, puissent contester les actes qui émanent des autorités publiques devant une autorité impartiale et indépendante capable d'imposer le respect de ses décisions aux parties concernées.

136. Sur ce point, le modèle théorique de l'État de droit rejoint le thème politique de la construction démocratique qui subordonne la légitimité des acteurs du système au respect du droit. Selon cette conception, les pouvoirs qui sont confiés à l'administration doivent être utilisés strictement pour lui permettre de réaliser l'intérêt public dont elle est l'incarnation. Ils ne doivent pas être exploités pour couvrir les abus qui pourraient être commis au détriment de son cocontractant.

137. Dès lors, une réflexion approfondie sur la problématique que pose le contrôle de l'exécution des marchés publics dans une perspective dynamique du droit tendant à la recherche d'un nouvel équilibre entre intérêt public et intérêt légitime du cocontractant est de nature à montrer le sens de l'évolution qui doit guider la réforme du système du contrôle de l'exécution des marchés publics en cette phase de reconstruction. C'est en effet de l'aménagement du rôle des différents acteurs chargés du contrôle et de l'articulation de leurs interventions

---

[151] Sur le concept d'État de droit, v. : CHEVALLIER (J.), *L'État de droit*, Montchrestien, 5ème éd., Collection Clefs, Politique, 2010.

que va dépendre la réalisation d'un nouvel équilibre, gage de l'efficacité globale du système de contrôle et de garantie des droits des personnes intéressées.

138. L'analyse du système actuel de contrôle montre cependant que cet objectif est loin d'être atteint du fait du rôle essentiel que continue de jouer l'administration en matière de contrôle de l'exécution des marchés publics (**1ère partie**) et de la marginalisation du rôle du juge chargé de trancher les litiges relatifs à l'exécution de ce type de contrats (**2ème partie**).

PREMIÈRE PARTIE

LE RÔLE ESSENTIEL DE L'ADMINISTRATION DANS LE CONTRÔLE DE L'EXÉCUTION DES MARCHÉS PUBLICS

139. Comme tout contrat, le contrat de marché public « *constitue la loi des parties* ». Les obligations qu'il engendre ne « *peuvent être révoquées que par l'effet de leur consentement ou dans les cas prévus par la loi*[152] ». Il en résulte que tout contrat tend à conférer aux parties contractantes des moyens d'action réciproques pour faire valoir leurs droits[153].

140. Le principe de la force obligatoire du contrat, valable pour tous les contrats, s'impose aussi aux contrats de marchés publics. Il constitue un principe structurant du droit de l'exécution du contrat administratif[154]. Mais l'idée d'autonomie de la volonté et d'égalité des pouvoirs juridiques qui sont reconnus aux parties dans les contrats de droit privé ne rend qu'imparfaitement compte de la finalité d'intérêt général qui anime l'action administrative. Car, par-delà la satisfaction de l'intérêt légitime des parties contractantes qui est le lot de tout contrat, les marchés publics sont avant tout destinés à réaliser des finalités d'intérêt général[155]en permettant de pourvoir aux besoins essentiels des personnes publiques.

141. Dans la conception qui prévaut en Tunisie, inspirée du droit français, les marchés publics sont ainsi soumis à un régime exorbitant du droit commun caractérisé par la reconnaissance au profit de l'administration contractante de moyens de nature à lui permettre d'imposer sa volonté à son cocontractant[156].

142. Plus encore que lors de la phase de passation, c'est au niveau de l'exécution que se manifeste avec le plus de relief « *l'exorbitance* »[157]

---

[152] Article 242 du COC.

[153] GHESTIN (J.) avec le concours de BILLIOT (M.), *Traité de droit civil ; Les obligations ; les effets du contrat*, LGDJ, 2ème éd., 1992, n° 317 et s.

[154] UBAUD-BERGERON (M), *Droit des contrats administratifs*, op. cit., n° 384 et s.

[155] C'est l'intérêt général qui permet de justifier le déséquilibre dans les contrats administratifs au profit de la personne publique. Pour un résumé des positions doctrinales sur ce sujet, cf. COQ (V.), *Nouvelles recherches sur les fonctions de l'intérêt général dans la jurisprudence administrative*, op.cit, p. 482 et s.

[156] Sur ce pouvoir en général, cf. : JÉZE (G.), *Les contrats administratifs*, t. II, 1932, pp. 365 er s. PÉQUIGNOT (G.), *Théorie générale du contrat administratif*, 1945, pp. 306 et s. ; De LAUBADÈRE (A.), *Traité de droit administratif*, op. cit., n° 145.
Contra, v. : RICHER (L.) et LICHÈRE (F.), *Droit des contrats administratifs*, op. cit, pp. 261 et s.
En droit tunisien, v. JENAYAH (M.R.), *Droit administratif*, op. cit., pp. 251 et s ; BEN KHALIFA (A.), *Droit des marchés publics*, op. cit., pp. 194 et s.

[157] CANEDO (M.), « L'exorbitance du droit des contrats administratifs », in « *L'exorbitance du droit administratif en question(s)* », (Dir.) F. Melleray, Université de Poitiers, Collection de la faculté de droit et des sciences sociales, LGDJ, 2004, p. 125 et s.

du régime des marchés publics.En ce domaine, l'administration dispose en effet de prérogatives qui lui permettent de veiller à la bonne exécution de ses marchés en sanctionnant d'autorité les manquements de son cocontractant. Ces prérogatives, qu'elles soient reconnues *de plein droit* par les principes généraux des contrats administratifs, ou qu'elles découlent de la réglementation des marchés publics, constituent un puissant levier de contrôle permettant à l'acheteur public d'imposer sa volonté à son cocontractant.

143. Mais ce dernier n'est pas dépourvu de pouvoirs juridiques pour faire valoir ses droits. S'il ne peut user de moyens unilatéraux[158], ni recourir à des actes de rétorsion en opposant à l'administration l'exception d'inexécution, « *la dimension de droit public* » qui entoure les marchés publics[159] lui confère un statut plus favorable que celui qui est le sien dans les ordres juridiques où prévaut le principe d'égalité juridique entre les parties[160].

144. Le contrôle réciproque exercé par les parties contractantes sur l'exécution des marchés se double d'un contrôle *interne* à l'administration dévolu à une multitude d'organes plus ou moins dépendants du pouvoir exécutif[161].

145. Conçu à l'origine dans le but exclusif de protéger les deniers publics contre les dérapages des agents chargés de l'exécution des marchés[162], le contrôle administratif *interne* a cependant montré ses limites, car un marché public est autant un acte soumis aux normes juridiques, techniques, budgétaires et comptables qui encadrent l'exécution des dépenses publiques qu'un acte économique soumis aux exigences d'économie, d'efficacité et d'efficience. Ce besoin se traduit par le souci d'assurer au mieux et à moindre coût la satisfaction des besoins de l'administration tout en contribuant au développement équilibré de l'économie. Ce sont ces finalités nouvelles qui justifient la nécessité

---

[158] V. cependant l'analyse de l'exception apportée par l'arrêt Société Grenke Location en droit français, infra, n° 426.
[159] MARCOU (G.), « *Le contrôle des marchés publics : ses buts et ses moyens* », (Dir.) : G. Marcou L. Folliot-lalliot, D.L. Gordon, S.L. Schooner, J. Schwartz et Ch. Yukins, 2009, p. « *Le contrôle des marchés publics* », IRJS, Université de Paris 1-Panthéon-Sorbonne, 2009, p.5.
[160] NOGUELLOU (R.), STELKENS (U.), (Dir), *Droit comparé des contrats publics*, *Propos introductifs*, Bruylant, Bruxelles, 2010, p. 10 et s.
[161] Sur le contrôle interne, cf. : OCDE (2016), *Le contrôle interne et la gouvernance des risques pour renforcer la gouvernance en Tunisie*, Version préliminaire.
[162] MARCOU (G.), « *Le contrôle des marchés publics : ses buts et ses moyens* », op. cit., p. 15.

de réorienter les contrôles, tant *internes*qu'*externes* dans le sens « *de la maîtrise des risques liés à la performance* »[163].

146. Ce sont ces deux niveaux du système de contrôle de l'exécution des marchés publics qu'il convient à présent d'analyser en envisageant, d'une part, le déséquilibre dans le contrôle exercé par les parties contractantes (**Titre 1**), en soulignant, d'autre part, la complexité du système administratif de contrôle (**Titre 2**).

[163]Ibid, p.10.

TITRE 1

LE DÉSÉQUILIBRE DU CONTRÔLE EXERCÉ PAR LES PARTIES CONTRACTANTES

147. L'un des traits les plus remarquables du régime de l'exécution des marchés publics est qu'il tend à conférer aux parties contractantes les moyens destinés à leur permettre de vérifier le respect de leurs obligations réciproques. Les parties forment ainsi le premier cercle des personnes chargées du contrôle de l'exécution des marchés publics.

148. L'exécution des marchés publics nécessite, en effet, l'édiction d'une multitude d'actes dont la normativité, pour singulière qu'elle soit[164], n'est plus contestée aujourd'hui[165]. Certains sont définis préalablement à la conclusion du contrat et en font partie intégrante. Ils constituent les normes de référence à l'aune desquelles doit être appréciée la licéité des mesures d'exécution. D'autres sont édictés par les parties en cours d'exécution et ont pour objet d'assurer la bonne exécution des prestations prévues par le contrat. D'autres enfin sont prises d'une manière unilatérale par l'administration, soit pour sanctionner les écarts par rapport aux obligations mises à la charge du titulaire, soit pour adapter le marché aux besoins de l'acheteur public.

149. Dans la conception qui prévaut en Tunisie, directement inspirée de la tradition française[166], l'administration contractante censée poursuivre l'intérêt général, dispose de pouvoirs de contrôle considérables en matière d'exécution des marchés publics[167]. Elle est dotée de

---

[164] JENAYAH (R), « *Contrats publics et hiérarchie des normes en Tunisie* », Actes du colloque de Sousse « « *Globalisation et Contrats publics au Maghreb* », (23, 24 et 25 avril 2009), in Semaine juridique, Éd. Administration et collectivités territoriales, n° 15 du 12 avril 2010, pp. 16-34.

[165] De BÉCHILLON (D.), « Le contrat comme norme dans le droit public positif », RFDA 8, janv.-fév. 1992, p. 16

[166] Sur la spécificité du modèle français par rapport aux autres modèles en vigueur dans les pays occidentaux, on consultera avec profit : MARCOU (G.), (Dir.), *Le contrôle des marchés publics*, op.cit.

[167] Sur cette question, cf. la monographie de Mohamed Salah BEN AÏSSA sur la Tunisie in (Dir.), U. Stelkens, R. Noguellou, *Droit comparé des contrats publics*, op.cit, pp. 953-1007.

prérogatives qui n'ont pas d'équivalent dans les contrats conclus entre particuliers. Elle apparaît ainsi comme la première des autorités habilitée à vérifier que les ouvrages réalisés, les biens ou les services livrés l'ont été dans les délais prévus et conformément aux clauses du marché. Mais le cocontractant n'est pas dépourvu de moyens à l'encontre des décisions qui émanent de l'administration. Les cahiers des charges, en particulier, lui offrent la possibilité de s'y opposer par des mémoires comportant un exposé des motifs de ses réclamations[168]. Cette procédure, strictement encadrée par les documents contractuels[169], constitue un moyen de contrôle préalable sur les décisions de l'acheteur public. Elle est destinée à fixer les points de divergences entre les parties avant leur soumission éventuelle au contrôle des autorités chargées de leur règlement.

150. D'un autre côté, les conditions économiques d'exécution des marchés évoluent constamment en fonction de la conjoncture. Le changement qui peut les affecter peut entraîner un bouleversement des prévisions financières initiales, en aggravant considérablement les charges du cocontractant. D'une manière générale, ce dernier, davantage préoccupé par le paiement du prix et la libération des garanties qu'il a été contraint de constituer, répugne à contester ces décisions et à réclamer des dédommagements, préférant subir les injonctions de son cocontractant ou les aléas de la conjoncture, plutôt que de s'aliéner les faveurs de l'administration. Mais de tels actes ou évènements peuvent rendre insoutenables les conditions d'exécution du marché, mettant dangereusement en cause son équilibre financier et surtout la qualité des prestations.

151. Dans tous les cas, la licéité des actes pris en exécution du marché implique *une première* appréciation en rapport avec les droits respectifs des parties. Une telle appréciation varie cependant selon le poids des intérêts en cause.

152. Ainsi, dans le système administratif de contrôle de l'exécution des marchés par les parties contractantes, l'administration, censée poursuivre un but d'intérêt général, se voit reconnaître un rôle prépondérant (**Chapitre 1er**). Ce rôle tend à s'exercer le plus souvent au détriment des droits légitimes de son cocontractant (**Chapitre 2ème**).

---

[168] Article 50.1.2. et 3 du CCAG Travaux, articles 33 et 34 du CCAG Fournitures et services et article 38.1 et 2. du CCAG Études. Sur cette question, v. infra, n° 589.

[169] AUBY (J.-M), « Les recours administratifs préalables », AJDA, 1997, p.11.

CHAPITRE 1

LES PRIVILÈGES DE L'ADMINISTRATION

153. La conclusion d'un marché public par l'administration ne signifie pas la renonciation par celle-ci à ses prérogatives de puissance publique. « *Responsable du bon fonctionnement du service public, (l'administration) a le droit de surveiller l'exécution du contrat à tous les moments de l'exécution, pourvu qu'elle n'enlève pas au fournisseur l'initiative et le choix des moyens qui lui ont été donnés par le contrat lui-même* »[170].

154. Les prérogatives générales de contrôle qui sont ainsi reconnues à l'administration contractante constituent avant tout une illustration de « *l'exceptionnalisme du droit des marchés publics* »[171] qui caractérise les pays à *régime administratif*[172]. Elles constituent dans ces pays un élément de l'ordre public contractuel et ont pour raison d'être les finalités d'intérêt général qui animent l'action administrative.

155. Fortement encadrées en Tunisie par la réglementation des marchés publics, elles tendent à conférer à l'administration des instruments de contrôle de la bonne exécution des marchés qui n'ont pas d'équivalent dans les contrats de droit privé. Certains sont organisés par des documents généraux édictés par l'Exécutif. Il en est ainsi des CCAG, documents types auxquels les parties peuvent se référer en décidant de les incorporer au contrat (art. 29 du CMP). Ces actes, unilatéraux à l'origine, destinés à organiser les pouvoirs de contrôle de l'administration contractante, confèrent à celle-ci, en cas d'adhésion

---

[170] JÈZE (G.), *Principes généraux du droit administratif* (Théorie générale des contrats de l'administration), t. IV, 1934, p. 431.

[171] Cf. sur ce point : DREYFUS (J-D), « L'exécution des contrats : les pouvoirs de contrôle de l'administration en France », in G. Marcou (Dir.) « *Le contrôle des marchés publics en France* », op. cit., pp. 235-244 ; ROBLOT-TROIZIER (A.), « Le pouvoir de contrôle de l'administration à l'égard de son cocontractant », RFDA 2007, p. 990.

[172] L'expression est de Maurice Hauriou. Elle désigne les pays qui appliquent des règles propres à l'activité de l'administration, différentes de celles du droit civil. Cf. : HAURIOU (M.), *Précis de droit administratif et de droit public*, 12ème éd. revue et mise à jour par André Hauriou, Dalloz 2002, p.1.

du cocontractant, des moyens de contrôle variables en fonction de la nature du marché.

156. Outre les prérogatives générales de contrôle que l'administration contractante détient de *plein droit* (**Section 1ère**), la réglementation des marchés publics lui reconnaît en outre les moyens nécessaires pour assurer la bonne exécution des marchés (**Section 2ème**).

Section 1 : Les prérogatives générales de contrôle de l'administration contractante

157. Dans les pays à *régime administratif*caractérisés par la soumission de l'activité administrative à des règles spéciales dérogatoires au droit commun, il est traditionnel de reconnaitre à l'administration contractante des prérogatives qui n'ont pas d'équivalent dans les rapports entre particuliers. Ces prérogatives constituent un ensemble de pouvoirs que l'administration contractante détient *de plein droit* sur la base des principes généraux applicables à l'ensemble des contrats administratifs[173].

158. Le droit administratif tunisien des marchés publics consacre en effet l'inégalité fondamentale qui caractérise les relations entre l'administration et soncocontractant en cours d'exécution du contrat. Il tend à conférer à l'administration un ensemble de prérogatives destinées à lui permettre d'imposer le respect des obligations prévues par le contrat. Celle-ci dispose ainsi en cours d'exécution de moyens de contrôle d'une redoutable efficacité : Il s'agit du pouvoir de direction et de contrôle (**§1**), du pouvoir de modification unilatérale (**§2**), et du pouvoir de sanction et de résiliation unilatérale (**§3**).

§1- Le pouvoir de direction et de contrôle

159. Traditionnellement, aussi bien la doctrine que la jurisprudence reconnaissent à l'administration un pouvoir général de direction et de contrôle dans l'exécution des marchés publics (**A**). Ce pouvoir est plus

---

[173] Sur cette question, cf. : De LAUBADÈRE (A.), MODERNE (F.), DELVOLVÉ (P.), *Traité des contrats administratifs*, op. cit., n° 1180 et s.; CHAPUS (R.), *Droit administratif général*, op. cit., pp. 1202 et s. ; RICHER (L.) et LICHÈRE (F.), *Droit des contrats administratifs*, op. cit., pp. 250 et s. ; BRACONNIER (S), *Précis du droit des marchés publics*, op. cit., pp. et s.
Pour une analyse exhaustive de la question en droit français, cf. ECKERT (G.), « Les pouvoirs de l'administration dans l'exécution du contrat et la théorie générale des contrats administratifs », Contrats et Marchés publics, n° 10, Octobre 2010, étude 9.
En droit tunisien, cf. : GHANNAI (T.), *Le contrôle juridictionnel sur l'exécution des marchés publics*, op. cit., pp. 202 et s.

large en matière de marchés de travaux où les prérogatives de contrôle reconnues au maître de l'ouvrage ou à son représentant paraissent plus étendues (**B**).

A. Le pouvoir général de direction et de contrôle dans les marchés publics

160. D'une manière générale, le cocontractant a le choix des moyens d'exécution de ses obligations dans la limite des clauses prévues par le contrat.

161. Dans les contrats de marchés publics cependant, le titulaire ne peut refuser d'exécuter les directives qui émanent de l'administration.

Le pouvoir de direction et de contrôle offre en effet à l'administration une panoplie de moyens, variables en fonction de la nature du marché, qui lui permettent de surveiller, vérifier et orienter les modalités d'exécution du contrat[174]. L'administration contractante a ainsi le pouvoir mais aussi l'obligation de vérifier que les prestations exécutées l'ont été conformément aux clauses du marché. Ce pouvoir peut être mis en œuvre non seulement en cours d'exécution, mais aussi à la fin du marché.

162. La question est de savoir si ce pouvoir peut s'exercer en dehors du contrat, en l'absence de toutes stipulations contractuelles, sur la base des principes généraux du droit administratif. Le Tribunal administratif, contrairement au Conseil d'État en France[175] a choisi de répondre par l'affirmative à une telle question en soulignant que l'administration détient en tout état de cause « *le pouvoir de contrôler et de diriger l'exécution du marché et d'adresser des injonctions à son cocontractant* »[176].

---

[174] Sur ce pouvoir en général, cf. : De LAUBADÈRE (A.), MODERNE (F.), DELVOLVÉ (P.), *Traité des contrats administratifs*, op. cit., n° 696 et s. ; RICHER (L.), *Droitdes contrats administratifs*, op.cit, pp. 221 et s.
En droit tunisien, v. BEN KHALIFA (A.), *Droit des marchés publics*, op. cit., pp. 194 et s.

[175] RICHER (F.) et LICHÈRE (F.), *Droit des contrats administratifs*, op. cit., pp. 269 ; ROBLOT-TROIZIER (A.), « Le pouvoir de contrôle de l'administration à l'égard de son cocontractant », RFDA 2007, p.990. C'est notamment sur le fondement de l'arrêt *Ville de Masacara* que certains auteurs excluent le fait que le pouvoir de contrôle puisse s'exercer, en l'absence de toute stipulation contractuelle : CE 3 avril 1925, Rec, p. 382.

[176] TA, 19 janvier 2002, *Thabet* c. CCE pour le compte du ministère du domaine de l'État et des affaires foncières, inédit.

163. D'un autre côté, les CCAG, documents établis sous le régime issu de la Constitution du 1er juin 1959 aujourd'hui abrogée, reconnaissent ce même pouvoir à l'administration. Le problème est que leur légalité est douteuse au regard du nouvel ordre juridique issu de la Constitution de 2014, car l'article 29 du nouveau décret n° 2014-1039, adopté sur la base des dispositions transitoires prévues par la nouvelle Constitution, prévoit que « *les cahiers des clauses administratives générales* sont *approuvés par arrêté du Chef du gouvernement sur avis de la Haute instance de la commande publique* »[177]. De telles dispositions doivent conduire théoriquement à l'abrogation des différents CCAG adoptés sous l'Ancien régime. Mais les marchés publics, conclus depuis l'entrée en vigueur de la nouvelle réglementation, continuent de s'y référer. Une telle situation est source d'insécurité juridique préjudiciable à la stabilité contractuelle.

164. Elle justifie l'élaboration de nouveaux documents mieux adaptés à la complexité croissante des marchés publics. Les pouvoirs publics pourraient s'inspirer en cela de l'expérience française qui a conduit, sous l'impulsion des directives européennes à remanier profondément ce type de documents en instituant cinq types de CCAG de marchés : le CCAG-Fournitures courantes et services[178], le CCAG-Prestations intellectuelles[179], le CCAG-Travaux[180], le CCAG Industriels[181] et le CCAG-Techniques de l'information et de la communication[182].

165. Pour l'heure, les CCAG, hérités de l'Ancien régime, et auxquels continuent de se référer la plupart des marchés conclus depuis l'adoption de la nouvelle réglementation des marchés publics, consacrent expressément un tel pouvoir. Ainsi, l'article 16-1 du CCAG Fournitures de biens et de services par exemple, prévoit que l'administration peut, à tout moment, vérifier que le titulaire se comporte conformément aux clauses du contrat. Il lui permet d'exiger de son cocontractant qu'il lui fournisse les renseignements propres à lui permettre de contrôler la bonne exécution des prestations prévues par le marché. Il lui permet, d'autre part, et d'une manière encore plus remarquable, de lui imposer certaines modalités d'exécution non précisées dans les documents contractuels, en lui prescrivant notamment l'emploi de procédés ne figurant pas dans les documents techniques du marché ou encore la surveillance du processus de

---

177 Sur cette Instance, v. infra, n° 584.
178 Approuvé par l'arrêté du 19 janvier 2009.
179 Approuvé par l'arrêté du 16 septembre 2009.
180 Approuvé par l'arrêté du 3 mars 2014.
181 Approuvé par l'arrêté du 16 septembre 2009.
182 Approuvé par l'arrêté du 16 septembre 2009.

fabrication en usine des fournitures qui constituent l'objet du marché. Cette modalité d'exécution est particulièrement indiquée lorsque les prestations doivent être soumises à des garanties particulières destinées à assurer leur conformité lors du processus de fabrication ou encore lorsque le contrôle de qualité ne peut s'exercer qu'en cours de production. Dans ce cas, le titulaire est tenu de permettre aux agents de l'administration d'accéder au site de production. Il doit également mettre à leur disposition gratuitement les moyens nécessaires à l'accomplissement de leurs missions. Il lui permet également de fixer ou de modifier l'ordre de priorité des opérations nécessaires à l'exécution du marché ou de lui enjoindre la reprise d'une partie, voire même de l'ensemble des prestations.Le pouvoir général de surveillance ainsi reconnu à l'administration apparaît plus large dans les marchés de travaux.

B. Le pouvoir de direction et de contrôle dans les marchés de travaux

166. Pour le professeur LLORENS, le pouvoir de direction et de contrôle est « inhérent à la nature des contrats d'entreprise (...) et à la notion de maîtrise d'ouvrage, qu'elle soit publique ou privée[183] ».

167. Dans les marchés de travaux, ce pouvoir est expressément reconnu à l'administration par l'article 2.1 du CCAG Travaux qui prévoit que lemaître d'œuvreestla personne, physique ou morale, qui est chargée par le maître de l'ouvrage, en raison de ses compétences techniques « *de diriger et de contrôler les travaux et de proposer leur réception et leur règlement* »[184]. Le maître de l'ouvrage est la personne morale de droit public pour laquelle l'ouvrage sera réalisé. C'est à lui que revient la responsabilité de conclure avec les maîtres d'œuvre et entrepreneurs les contrats ayant pour objet les études relatives aux travaux projetés et à leur exécution. L'article 19.2.1 prévoit que le maître de l'ouvrage, en la personne du chef du projet, peut décider le report du début des travaux, notamment en cas de retard dans l'exécution d'opérations préliminaires à sa charge, ou de travaux préalablement faisant l'objet d'un autre marché. En cours de travaux, l'article 48.1 autorise le chef du projet à décider l'ajournement des

---

[183] LLORENS (F.), *Contrat d'entreprise et marché de travaux publics (Contribution à la comparaison entre contrat de droit privé et contrat administratif)*, Paris, LGDJ, 1981, p. 351 et s.

[184] Sur le pouvoir de direction et de contrôle en matière de marchés de travaux, v. : BEN KHALIFA (F.), *Droit des marchés publics*, op. cit., p. 192 et s. En droit français, cf. DE MONSEMBERNARD (M.), « L'exécution des marchés publics de travaux : pouvoirs et responsabilités de la collectivité, donneur d'ordre », AJ Collectivités Territoriales 2013 p. 173.

travaux lorsque des circonstances particulières rendues nécessaires la prise d'une telle décision. Enfin, l'article 46.6 confie au maître d'œuvre le soin de fixer la date de commencement des travaux, leur report ou leur ajournement.

168. Ce pouvoir est matérialisé par la présence constante d'ingénieurs mandatés par l'administration pour assurer, le cas échéant, la coordination entre les différents entrepreneurs chargés de l'exécution, surveiller la qualité des prestations et le rythme d'avancement des travaux (art. 21, 22, 23, 24 et 25 et 29-1 du CCAG) et prescrire au titulaire les modalités d'exécution.

L'ordre de service émis par le maître d'œuvre, représentant le maître de l'ouvrage, en est l'instrument essentiel. Les ordres de service doivent être « *écrits, datés et numérotés* » ; ils doivent être « *signés par le maître d'œuvre désigné* » par le maître de l'ouvrage (art. 2.5.1). Ils sont notifiés à l'entrepreneur qui est tenu, à défaut d'avoir formulé ses réserves dans les délais contractuels, de s'y conformer (art. 2.5.2).

Il existe deux types d'ordres de service : ceux qui ont pour objet d'assurer l'exécution du contrat et ceux qui ont pour objet d'en modifier les prévisions initiales. On ne s'attardera pas sur cette deuxième catégorie qui relève plutôt du pouvoir de modification unilatérale qui fera l'objet de développements ultérieurs[185].

169. C'est par le biais de ce procédé que l'administration peut fixer la date de commencement des travaux ou bien ordonner leur report ou leur ajournement. Lorsque le marché nécessite la coordination des travaux entre plusieurs intervenants, c'est au maître d'œuvre que revient le soin d'assurer le pilotage de cette opération. Il lui revient aussi de prescrire, dans certaines limites, l'augmentation de la masse des travaux ou de la nature des ouvrages (article 15 et 17). Il a également le droit de procéder à la vérification de la qualité des matériaux, produits ou composants nécessaires à la construction des ouvrages (article 24).

170. Le cocontractant doit se plier aux directives des agents de l'administration. Il est tenu d'exécuter les ordres de service qui lui sont adressés par ses représentants[186].

171. Plus problématique apparaît le pouvoir de modification unilatérale dont la reconnaissance semble être en contradiction avec la notion même de contrat.

---

[185] V. infra, n° 172.

[186] CE, 22 février 1952, *Société pour l'exploitation des procédés Ingrand*, n° 70901, Rec, p.130.

§2. Le pouvoir de modification unilatérale

172. Le pouvoir de modification unilatérale d'un marché public est le moyen par lequel l'administration contractante peut, en cours d'exécution, modifier de plein droit et d'une manière unilatérale les délais d'exécution, le contenu des obligations ou les modalités d'exécution des marchés publics. Le fondement d'un tel pouvoir doit être recherché dans les finalités d'intérêt général qui doivent guider l'action de l'administration (**A**). Son régime en droit tunisien demeure cependant encadré essentiellement par la réglementation des marchés publics et les CCAG des marchés (**B**.).

A. Pouvoir de modification unilatérale et garantie de l'intérêt général

173. L'existence de plein droit d'un pouvoir de modification unilatérale, qui tend à s'exercer même dans le silence des textes, constitue la manifestation la plus éclatante du pouvoir exorbitant reconnu à l'administration contractante dans les contrats administratifs.

174. Cette prérogativeconstitue l'un des critères essentiels de différenciation des contrats de droit administratif[187]. En droit civil en effet, un contrat signé ne peut être modifié qu'en cas d'accord des parties en vertu du principe d'autonomie de la volonté. Il en va différemment en droit administratif où, à côté des procédés contractuels de modification comme l'avenant, le droit de l'exécution reconnait à l'administration le pouvoir de modifier le contrat par un acte unilatéral.

175. Ce pouvoir a pour fondement le principe d'adaptation du service public. Sa mise en œuvre, variable en fonction des circonstances, peut

---

[187] Certains auteurs ont émis des doutes sur l'existence d'un tel pouvoir (BÉNOIT (F.-P.), « De l'inexistence d'un pouvoir de modification unilatérale dans les contrats administratifs », JCP 1963, I, 1775), mais l'arrêt du Conseil d'État du 2 février 1983, *Union des transports publics urbains et régionaux* (UTPUR) (RDP 1984, note Auby) a mis fin à cette vieille controverse en affirmant, sans ambigüité, que « *l'autorité organisatrice peut, en cours de contrat, apporter unilatéralement des modifications à la consistance des services et à leurs modalités d'exploitation* ».
Sur ce pouvoir, cf. : De LAUBADÈRE (A.), « Du pouvoir de l'administration d'imposer unilatéralement des changements aux dispositions des contrats administratifs », *Pages de doctrine*, LGDJ 1980, t. II, p. 253 et plus récemment : LLORENS (F.) et SOLER-COUTEAUX (P.), « Des nouvelles du pouvoir de modification unilatérale dans les contrats administratifs », Contrats et Marchés publics n° 11, Novembre 2014, repère 10 ; UBAUD-BERGERON (M.), *La mutabilité du contrat administratif*, thèse Université Montpellier I, 2004, p. 65 et s, p. 133 et s. ; HOEPFFNER (H.), *La modification du contrat administratif*, Thèse, LGDJ, 2009.

conduire, à tout moment, à imposer au prestataire des obligations qui n'avaient pas été initialement prévues par le contrat. À y regarder de plus près cependant, la mutabilité qui caractérise ainsi les contrats administratifs, doit être nuancée car, en pratique, les modifications qui peuvent être décidées par l'administration sont très souvent anticipées par l'incorporation dans le contrat de clauses acceptées par le cocontractant. En outre, les modifications importantes doivent être approuvées par ce dernier et formalisées, non pas par une décision unilatérale, mais par un avenant[188].

176. La CJUE, dont l'office tend essentiellement à faire prévaloir les impératifs du droit de la concurrence, considère cependant qu'une modification à un marché public est irrégulière si elle est substantielle, et elle est substantielle « *lorsqu'elle introduit des conditions qui, si elles avaient figuré dans la procédure de passation initiale, auraient permis l'admission de soumissionnaires autres que ceux initialement admis ou auraient permis de retenir une offre autre que celle initialement retenue* »[189].

177. Il apparaît ainsi que le droit de l'Union européenne est plutôt imperméable à la distinction modification contractuelle, modification unilatérale qui caractérise les pays à régime administratif.

Ainsi que le note la Professeure Hélène HOEPFFNER, « *alors que le droit interne a longtemps traité différemment les modifications contractuelles et unilatérales (...), le droit de l'Union encadre indistinctement les modifications. Les directives de 2014 sont muettes sur la forme que peut/doit emprunter la modification. Les règles applicables sont identiques quel que soit « l'instrumentum » la matérialisant* »[190].

---

[188] HOEPFFNER (H.), *Droit des contrats administratifs*, op. cit., n° 504 et s.

[189] CJCE, 19 juin 2008, *PressetextNachrichtenagentur,* aff.n° C456/06, AJDA 2008, note J.D. Dreyfus ; CJUE 13 avril 2010, *Wall*, C- 91/08, BJDCP 2010, 259.

[190] HOEPFFNER (H.), *Droit des contrats administratifs*, op. cit., n° 510. Le pouvoir de modification unilatérale a été consacré même dans les pays où les contrats de l'administration sont soumis aux règles du droit commun. Mais, dans ce cas, ce n'est pas en vertu de règles générales, mais plutôt par la voie de l'insertion de clauses particulières dans les contrats de marchés, bien que ce type de contrats soit soumis dans ces pays-là au droit commun et à la compétence du juge judiciaire. La Cour européenne des droits de l'homme, dont la compétence s'étend pourtant aux pays de *Common Law* imperméables à l'idée de service public, a d'ailleurs fini par reconnaître « *un (tel) pouvoir souverain pour modifier, voire résilier, moyennant compensation, un contrat conclu avec des particuliers* ». La Cour fonde ce pouvoir sur l'idée de « *prééminencedes intérêts supérieurs de l'État sur les obligations contractuelles* » ainsi que sur« *la nécessité de sauvegarder l'équilibre du contrat* »

178. En France, le droit de l'exécution des marchés publics, issu de la nouvelle ordonnance du 23 juillet 2015 précisée par les articles 139 et 140 du décret du 23 mars 2016, en alignant les règles applicables aux modifications sur celles prévues par les directives 2014/24 et 2014/25, scelle définitivement cette évolution qui semble marquer la fin de la théorie de la mutabilité des contrats administratifs et du pouvoir de modification unilatérale de l'administration en droit français[191].

179. En droit tunisien, une telle évolution, qui a pour effet d'empêcher l'adaptation du contrat et d'augmenter dangereusement« *les risques contentieux et les coûts liés à d'éventuelles remises en concurrence inutiles* »[192] n'est pas à l'ordre du jour. Le pouvoir de modification unilatérale fait toujours partie intégrante « *des règles générales applicables aux contrats administratifs* » selon la formule dégagée depuis 1983 par le Conseil d'État français[193]. Il constitue un moyen de réaliser l'intérêt général en dépassant les défaillances des parties et en assurant la poursuite de l'exécution du contrat tout en garantissant au cocontractant des compensations indemnitaires, notamment en cas de bouleversement de son équilibre financier[194].

180. Le décret 2014-1039 comporte d'ailleurs plusieurs dispositions qui reconnaissent à l'administration le pouvoir de modifier la masse, l'importance ou la nature des prestations prévues par le marché et même si la jurisprudence administrative ne fournit pas d'exemples explicites de la consécration d'un tel pouvoir elle n'en reconnait pas moins à l'administration la possibilité « *d'adresser des injonctions à son cocontractant à l'effet d'augmenter ou de diminuer les prestations prévues par le contrat ou de l'obliger à adopter les moyens d'exécution qu'elle estime les plus appropriées* », sans aller toutefois

---

(CEDH, 9 décembre 1994, *Raffineries grecques Stran c. Grèce*, Rec., vol. 301, p. 65). Sur ce point, v. : FROMENT (M.), « L'évolution du droit des contrats de l'administration » in « *Droit comparé des contrats publics* », op. cit., p. 275.

191 Sur la transposition des directives européennes et ses effets sur le droit de l'exécution de la commande publique en France, cf. : HOEPFFNER (H.), *Droit des contrats administratifs*, op. cit., n° 508 et s. V. aussi : ROZEN (N.), « Les nouvelles directives et l'exécution des marchés publics », AJDA 2014, 853 ; HOEPFFNER (H.), « La modification des contrats », art. précité.

192 HOEPFFNER (H.), *Droit des contrats administratifs*, op. cit., n° 520.

193 CE, 2 février 1983, *UTPUR*, précité. Ces règles impliquent notamment le principe de mutabilité : CE Ass, 8 avril 2009, *Cne d'Olivet*, n° 271737.

194 Sur la question de l'indemnisation du contrat en cas de bouleversement de l'équilibre financier du contrat, v. infra, n° 459 et s.

jusqu'à *« modifier (de plein droit) l'objet du marché ou la nature des obligations convenues »*[195].

181. Par ailleurs, les différents CCAG, auxquels continuent de se référer paradoxalement les parties dans les nouveaux contrats de marchés publics conclus sous l'empire du nouveau CMP du 14 mars 2014, reconnaissent à l'administration contractante un large pouvoir de modification unilatérale en cours d'exécution [196], en dépit de l'article 28 du nouveau Code qui annonce leur abrogation implicite et l'adoption de nouveaux documents.

B. L'encadrement réglementaire du pouvoir de modification unilatérale

182. Le régime qui gouverne le pouvoir de modification unilatérale de l'administration est théoriquement conçu pour assurer « *un compromis entre l'intérêt général du service public et l'intérêt privé du cocontractant* »[197]. Mais en réalité, la balance tend à pencher du côté de l'administration qui se voit dotée de puissants moyens lui permettent de modifier les conditions d'exécution des marchés sans que soit pleinement reconnu le droit à indemnisation de son cocontractant.

183. Le pouvoir de modification unilatérale ne peut s'appliquer cependant qu'à l'égard de certaines clauses du contrat, celles qui sont en rapport avec son objet, car seules ces clauses intéressent le fonctionnement du service public et sont destinées à réaliser ses besoins. Il en découle que ce pouvoir ne peut jamais porter sur les conditions financières d'exécution du contrat. Il ne peut notamment conduire à remettre en cause les avantages financiers prévus au profit du cocontractant. L'administration ne peut, par exemple, toucher au prix stipulé dans le contrat ou aux conditions de son paiement[198].

Il s'agit là d'une règle essentielle dans les contrats où la rémunération provient de la collectivité publique[199].

184. En cours d'exécution, l'administration contractante peut, en premier lieu, introduire des modifications aux prestations initiales prévues par le marché en décidant, soit d'augmenter, soit de diminuer la masse des

---

[195] TA, Chambre de 1ère instance, 09 janvier 2002, *Ali Thabet précité.*
[196] Article 15 à 17 du CCAG Travaux et article 16 du CCAG Études.
[197] De LAUBADÈRE (A.), *Traité de droit administratif*, op. cit., p.703. V également : HOEPFFNER (H.), *Droit des contrats administratifs*, précité, p. 387 et s.
[198] CE, 7 août 1891, *Moretti*, D. 1893, 3, 18.
[199] V. sur ce point les conclusions du rapporteur public Dacosta sur : CE 27 octobre 2010, *Syndicat intercommunal des transports publics de Cannes*, BJDCP 2010, n° 73, p. 417

prestations (**1**). Elle peut aussi décider d'ordonner des changements dans l'importance des prestations (**2**) ou encore dans la nature des prestations (**3**).

185. Sous réserve de ces précisions, l'exercice de ce pouvoir conduit le plus souvent à une modification du contenu des prestations. Il ne peut cependant entrainer un bouleversement de ses conditions d'exécution, sauf à conclure, sous certaines conditions, un avenant au contrat initial[200].

1. La variation dans la masse des prestations

186. La décision de l'augmentation ou de la diminution de la masse des prestations[201] doit prendre la forme d'un ordre de service devant être notifié par l'administration à son cocontractant.

187. Normalement, le titulaire est tenu d'arrêter l'exécution des prestations lorsque leur masse atteint celle initialement prévue par le contrat. La décision d'augmentation de la masse des prestations n'est valable que si elle comporte une indication de la limite à laquelle elle doit être portée. Les prestations exécutées au-delà de cette limite, sans un ordre de service exprès de l'acheteur public, ne sont pas prises en charge par ce dernier.

188. En application de l'article 84 du nouveau CMP, ce sont les cahiers des charges qui doivent préciser l'étendue du pouvoir de modification de la masse des prestations. À défaut d'être précisée dans ces documents, cette limite ne peut excéder 20% du montant du marché. Dans ce cas, le titulaire ne peut élever aucune réclamation ou réserve.

189. Il peut cependant demander la résiliation du marché, mais sans possibilité d'indemnisation en cas d'augmentation dépassant cette limite. Il doit alors présenter une demande écrite de résiliation dans un délai de 45 jours à compter de la réception de l'ordre de service comportant notification d'une telle augmentation.

190. Dans les cas où la diminution de la masse des prestations dépasse cette limite, le titulaire peut demander soit la résiliation sans indemnités, soit la poursuite de l'exécution avec une indemnisation.

191. La marge de manœuvre ainsi reconnue par la réglementation des marchés à l'administration pour modifier la masse des prestations paraît extrêmement large et peu respectueuse des droits du

---

[200] V, infra, n° 243.

[201] La « *masse des prestations* » s'entend du montant des prestations évaluées à partir des prix de base en tenant compte, éventuellement, des prix nouveaux, définitifs ou provisoires (art. 15.1 du CCAG Travaux et art. 16.1 du CCAG Etudes).

cocontractant. Sous l'empire de l'ancienne réglementation[202], cette marge était indéfinie, laissée à la discrétion des cahiers des charges, élaborés par l'administration.

192. Saisi d'une demande d'indemnisation pour modification par l'acheteur public de la masse des travaux prévue initialement par le contrat, le Tribunal administratif avait admis implicitement la licéité d'une telle solution. À cette occasion, il a estimé en effet que tant «*que les clauses particulières du marché de l'échangeur, aussi bien que celles du marché du doublement de la route GP8 comportent la manifestation claire de la volonté des parties de retenir une limite de 25 % en diminution ou en augmentation des quantités des travaux représentant la marge de pertes tolérée par les parties(et) que l'expertise a montré que la modification de la masse des travaux n'a pas dépassé cette limite ; il convient dès lors de rejeter cette demande*»[203].

193. Dans le cadre d'une affaire relative à un marché de travaux conclu de gré à gré entre la municipalité de Tunis et un particulier en vue de l'installation de pompes hydrauliques dans le parc du Belvédère, le TA avait toutefois admis le droit du titulaire du marché d'obtenir le paiement de travaux supplémentaires, lorsque ces travaux ont été commandés par un ordre de service émanant de l'administration[204].

2. Le changement dans l'importance des diverses natures de prestations

194. Il s'agit dans ce cas d'un changement qui n'affecte pas la nature des prestations prévues par le marché mais seulement leur importance. De tels changements peuvent affecter les droits du cocontractant.

195. Dans les marchés à prix unitaires, de tels changements, lorsqu'ils ont pour effet d'entraîner une modification de plus d'un quart des quantités portées au détail estimatif des prix doivent être indemnisés. Dans ce cas, les parties doivent se contenter d'appliquer les nouvelles quantités aux prix définis dans le contrat.

Toutefois, le titulaire du marché n'a pas droit à indemnité lorsque le changement introduit par l'acheteur public se rapporte à des

---

[202] Article 82, al. 1er du décret 442-89 du 22 avril 1989 portant réglementation des marchés publics.

[203] TA, 3ème Chbre de 1ère instance, 30 mai 2008, n° 1/10108, *Sté ICOGI SPA c. CCE pour le compte du ministère de l'équipement et de l'habitat*, inédit.

[204] TA, Chambre de 1ère instance, 26 avril 2008, Société COGIMI c. Municipalité de Tunis, inédit. (Condamnation de l'administration à payer le reste du prix du marché initial, les travaux supplémentaires et les intérêts moratoires. Application des articles 28 du CCAP du marché et 87 du décret n° 442 de 1989).

prestations dont les montants figurant au détail estimatif du marché et au décompte définitif après exécution sont, l'un et l'autre, inférieurs au vingtième du montant du marché[205].

196. Dans les marchés à prix forfaitaires, lorsque l'acheteur public décide d'ordonner des changements dans l'importance des prestations, le prix nouveau doit tenir compte des charges supplémentaires supportées par le titulaire du marché[206].

3. Le changement dans la nature des prestations

197. Il s'agit des changements qui ont pour objet d'ordonner la réalisation de prestations non prévues par le marché. C'est le cas notamment de changements apportés au programme initial ou aux spécifications techniques des prestations par suite de sujétions imprévues. De tels changements ne doivent pas cependant conduire à « *dénaturer le projet* », ni à en bouleverser l'économie générale[207].

198. L'article 86 du nouveau CMP prévoit que le titulaire peut être indemnisé au titre des dommages et des charges supplémentaires dus « *aux modifications importantes apportées au projet en cours d'exécution* ». Mais cette procédure est strictement encadrée. Le dédommagement est subordonné à la présentation par le titulaire d'une demande justifiant l'ouverture du droit à indemnisation devant être soumise pour approbation à la Commission de contrôle des marchés compétente. À défaut d'accord amiable, la question peut faire l'objet d'un recours devant les autorités compétentes ou bien devant le juge du contrat.

199. En France, le Conseil d'État considère qu'une modification excessive qui aurait pour effet d'affecter l'objet même du marché ou qui conduirait à en bouleverser l'économie générale engagerait la responsabilité de l'administration, alors même que les documents contractuels envisageraient cette modification sans indemnités[208].

200. Dans le cadre des marchés de travaux, les prestations complémentaires ne peuvent porter que sur des travaux non dissociables du marché initial. Lorsque des changements dans la consistance des travaux sont ordonnés par l'administration, un prix nouveau, qualifié de « *prix provisoire » ou « d'attente »* est établi sur les mêmes bases que celles ayant servi à l'établissement du prix initial du marché. Il devra être

---

205 Selon la circulaire du Premier ministre n° 45 du 24 juillet 1995.
206 Art. 17. CCAG Travaux et art. 16.3 CCAG Études.
207 Selon la circulaire du Premier ministre n° 45 du 24 juillet 1995.
208 CE, 29 novembre 1872, *Artigues*, Rec. CE, p.676.

notifié au titulaire pour servir de base à l'établissement des décomptes jusqu'à la fixation du prix définitif.

Le prix nouveau doit tenir compte des charges supplémentaires supportées par le titulaire du fait de ce changement.

201. La question des prestations complémentaires réalisées à l'initiative du titulaire du marché n'a pas été réglée par les textes relatifs à la réglementation des marchés publics. Théoriquement, dès lors que l'intervention du titulaire a été délimitée par les documents contractuels et par les instructions contenues dans les ordres de service, celui-ci ne peut réclamer le paiement des prestations complémentaires qu'il aurait livrées de sa propre initiative.

202. De telles solutions sont particulièrement injustes pour le titulaire du marché. Elles sont contraires, en tout état de cause, au principe de sécurité juridique érigé par le juge administratif en principe général du droit[209], car le titulaire peut être contraint dans ce cas à faire face à une aggravation de ses charges sans que soit reconnu son droit à indemnisation.

203. En France, le Conseil d'État considère que le titulaire doit être indemnisé pour les travaux « *indispensables à la bonne exécution des ouvrages compris dans les prévisions du marché* »[210] ou les dépenses jugées utiles à la collectivité[211]. Seule l'opposition expresse du maître de l'ouvrage à ces travaux peut justifier le refus de paiement[212].

204. Outre ces pouvoirs généraux de surveillance et de modification, l'acheteur public dispose aussi d'un pouvoir de sanction et de résiliation unilatérale.

§3- Pouvoir de sanction et pouvoir de résiliation unilatérale

205. Pour assurer la bonne exécution de ses marchés, l'administration dispose d'abord du privilège du préalable qui lui permet d'imposer sa volonté à son cocontractant sans besoin d'avoir recours au juge du contrat (**A**). Elle dispose, en outre, d'une panoplie de sanctions parmi lesquelles on doit distinguer les sanctions pécuniaires (**B**) des sanctions coercitives ainsi que le pouvoir remarquable de résiliation unilatérale pour motif d'intérêt général (**C**).

---

[209] TA, Cass., 18 avril 2008, n°38952, *CCE pour le compte du ministère du domaine de l'État et des affaires foncières c. Riahi,* Rec. TA, p. 409

[210] CE, 10 janvier 2007, *Société routière Perez et autres*, n° 280314, BJCP, 2007, p. 101, concl Casas.

[211] CE, 20 juin 2007, *Conseil général du Val-d'Oise*, n° 282030, BJCP, 207, p.420.

[212] CE, 2 juillet 1982, *Sté routière Colas,* Rec. CE, p. 21.

A. Le privilège du préalable

206. Les manquements du titulaire du marché à ses obligations contractuelles justifient la reconnaissance à l'administration du pouvoir de lui infliger des sanctions.

Le régime de ces sanctions en droit public diffère fondamentalement de celui applicable en droit privé. La raison en est que l'exception *non adimpleticontractus* de droit commun, qui fait obligation au créancier de passer par un juge pour assurer l'exécution, n'est pas valable en droit public où la sanction n'a pas seulement pour but de réprimer les manquements contractuels, mais aussi et surtout d'assurer la bonne marche des services publics auxquels répond la nécessité d'exécuterle marché[213].

207. Afin de lui permettre de réaliser ses finalités d'intérêt général, le droit administratif lui reconnaît le privilège du préalable qui lui permet d'infliger des sanctions à son cocontractant sans être tenue de recourir au juge du contrat[214]. Cependant, et par dérogation au principe selon lequel l'administration ne peut renoncer à ses prérogatives d'intérêt général, la jurisprudence administrative lui ouvre malgré tout la faculté de recourir au juge afin d'obtenir une mesure coercitive. C'est dans ce sens que s'est exprimé le Tribunal administratif en affirmant que « *si l'administration dispose en matière de marchés publics de prérogatives qui lui permettent de prendre les mesures tendant à prévenir et à empêcher tout retard pouvant entraver la bonne exécution du service public en application du privilège du préalable, il reste que l'intervention du juge pour prononcer d'autres mesures contre le cocontractant récalcitrant, comme c'est le cas en l'espèce, constitue une garantie de protection de la partie contre laquelle est requise la mesure d'exécution considérée, outre le fait qu'elle constitue un moyen de prévenir toutes difficultés ou litiges en cours d'exécution* »[215].

---

[213] De LAUBADÈRE (A), GAUDEMET (Y.), *Traité de droit administratif*, op. cit., n° 1458.

[214] TA, référé, 10 juillet 2002, *CCE pour le compte du ministère de l'éducation c. Entreprise Sandid,* inédit. V. en France : CE, 5 mai 1920, *Hayem*, Lebon 443.

En droit français : cf. CE, 30 mai 1913, *Préfet de l'Eure*, Rec. CE, p. 583 ; S. 1915, 3, p. 9, note Hauriou. Sur ce point, cf. HAUUY (C.). « La pérennité du privilège du préalable », AJDA 2015, p. 2363.

[215] Ibid.

B. Les sanctions pécuniaires

208. En matière de marchés publics, les sanctions pécuniaires prennent essentiellement la forme de pénalités de retard. Elles sont fixées à l'avance par le contrat et l'administration est en droit de les prononcer d'office dès lors que se produisent les faits qui justifient leur application (article 171 du CMP)[216].

209. Le pouvoir de sanction en matière de marchés publics exclut cependant la possibilité pour l'administration d'avoir recours à l'institution civiliste de l'astreinte qui peut être prononcée par le juge ordinaire contre le débiteur récalcitrant.

Car l'acheteur public ne peut prononcer d'astreintes contre le titulaire défaillant que dans l'hypothèse où les documents contractuels ne prévoient pas la possibilité pour l'administration contractante de prononcer des pénalités de retard contre le titulaire défaillant. Cette position, retenue par le Conseil d'État français[217], a été reprise par le juge administratif tunisien dans un litige relatif au refus du titulaire d'un marché de fournitures d'exécuter les prestations prévues par le contrat. Saisi d'une demande de condamnationde la société défenderesse à une astreinte, le Tribunal a estimé que *« l'administration qui invoque à l'appui de cette demande ses besoins urgents en matériel médical ainsi que la nécessité de garantir le bon fonctionnement du service, n'a pas apporté la preuve de l'urgence alléguée, alors surtout qu'elle dispose de moyens multiples pour obliger son cocontractant à honorer ses obligations, comme la mise en œuvre des pénalités de retard pour inexécution prévues par la*

[216] Ce type de sanctions est en rapport avec la question du contrôle de l'obligation d'exécution des prestations dans les délais prévus par le contrat. Elle sera donc étudiée à l'occasion de l'examen de cette question, Cf. infra, n° 359 et s.

[217] CE, 3 juillet 1956, *OPHLM Seine*, AJDA 1956, II, concl. Chardeau : "*Considérant que, s'il n'appartient pas au juge administratif d'intervenir dans la gestion du service public en adressant sous menace de sanctions pécuniaires, des injonctions à ceux qui ont contracté avec l'administration, lorsque celle-ci dispose à l'égard de ces derniers des pouvoirs nécessaires pour assurer l'exécution du marché, il en va autrement quand l'administration ne peut user de moyens de contrainte à l'encontre de son co-contractant qu'en vertu d'une décision juridictionnelle ; qu'en pareille hypothèse le juge du contrat est en droit de prononcer, à l'encontre du co-contractant de l'administration, une condamnation sous astreinte à une obligation de faire ; qu'en cas d'urgence le juge des référés peut de même, sans faire préjudice au principal, ordonner sous astreinte audit co-contractant, dans le cadre des obligations prévues au contrat, toute mesure nécessaire pour assurer la continuité du service public*".

réglementation relative aux marchés publics ainsi que par les CCAP du marché (...) »[218].

210. En revanche, rien n'empêche l'acheteur public de prononcer, des sanctions pécuniaires plus légères, non prévues par le contrat, lorsque celles qui existent paraissent peu adaptées au manquement reproché au cocontractant[219].

211. Les pénalités prévues par le contrat doivent être distinguées également des dommages-intérêts que l'administration peut réclamer au cocontractant défaillant devant le juge du contrat. Il s'agit, dans ce cas, d'une action en responsabilité contractuelle dont la mise en œuvre suppose la réunion des trois conditions classiques qui ouvrent droit à réparation[220]. En vertu du privilège du préalable dont elle dispose, l'administration a la possibilité de déterminer elle-même le montant de son préjudice et d'émettre un état exécutoire à l'encontre du titulaire défaillant pour assurer le recouvrement de ce montant[221].

C. Les sanctions coercitives et le pouvoir de résiliation unilatérale

212. Les sanctions coercitives tendent autant à punir le cocontractant récalcitrant qu'à vaincre son obstruction, gravement préjudiciable à l'intérêt général. Elles ont pour finalité d'obtenir la réalisation des prestations prévues par le contrat par la contrainte en surmontant les défaillances du titulaire du marché. Elles visent à doter l'administration contractante des moyens d'action nécessaires à assurer l'exécution forcée des prestations prévues par le marché.

---

[218] TA, 15 juillet 2006, n° 1/13580, *CCE pour le compte du ministère de la santé publique c. Sté UniversalMedical*, inédit.

[219] CE, 31 mai 1907, *Deplanque*, Rec. CE, p. 513, concl. Romieu ; RDP 1907, p. 678, note G. Jèze ; S 1907. 3. 113, note M. Hauriou.

[220] Sur ce point, v. infra, n° 1096 et s.

[221] CE 9 octobre 1964, *Billoud*, Rec. CE, 456. Voir aussi CE, 24 février 2016, *Département de l'Eure*, n° 395194 : « *Considérant qu'une collectivité publique est irrecevable à demander au juge administratif de prononcer une mesure qu'elle a le pouvoir de prendre ; qu'en particulier, les collectivités territoriales, qui peuvent émettre des titres exécutoires à l'encontre de leurs débiteurs, ne peuvent saisir directement le juge administratif d'une demande tendant au recouvrement de leur créance ; Mais considérant que, lorsque la créance trouve son origine dans un contrat, la faculté d'émettre un titre exécutoire dont dispose une personne publique ne fait pas obstacle à ce que celle-ci saisisse le juge d'administratif d'une demande tendant à son recouvrement, notamment dans le cadre d'un référé-provision engagé sur le fondement de l'article R. 541-1 du code de justice administrative* ».

213. Ce type de sanction prend souvent la forme de la mise en régie applicable surtout aux marchés de travaux[222], mais qui peut aussi être appliquée à des livraisons de fournitures ou à des prestations d'études. Elle a pour effet de dessaisir l'entreprise titulaire de son pouvoir d'exécution des prestations par la substitution de l'acheteur public lui-même ou par la substitution d'un tiers au cocontractant défaillant. La mise en régie est toujours prononcée aux frais et risques du cocontractant défaillant. En général, elle suppose une faute grave de ce dernier[223]. Pour cette raison, elle doit être précédée d'une mise en demeure enjoignant au titulaire d'exécuter ses obligations dans un délai déterminé, sauf cas d'urgence ou, pour les marchés intéressant la défense, d'une mise en régie partielle ou totale du marché aux frais et risques de l'entrepreneur (art. 49 CCAG Travaux). Il s'agit là d'une formalité substantielle dont la méconnaissance peut conduire à la mise en cause de la responsabilité de l'administration contractante[224]. Elle doit être notifiée à l'entreprise défaillante en précisant les manquements qui lui sont reprochés[225].

214. La mise en régie demeure cependant une mesure provisoire qui n'a pas pour effet de mettre fin aux relations contractuelles entre les parties contractantes[226].

215. Le pouvoir de résiliation unilatérale est incontestablement la mesure la plus attentatoire aux droits du cocontractant de l'administration, dans la mesure où elle peut même être prononcée par l'administration contractante en dehors de toute faute de ce dernier[227].

La résiliation pour motif d'intérêt général doit ainsi être distinguée de la résiliation-sanction, autre privilège reconnu à l'administration en cas de manquements du titulaire aux obligations prévues par le contrat.

---

[222] TA, 26 décembre 2006, n° 1/11683, *Entreprise Sandid c. CCE pour le compte du ministère de l'éducation*, inédit (Résiliation pour inexécution des travaux et mise en régie du matériel de l'entreprise).

[223] CE, 22 janvier 1919, *Guyot*, Rec Lebon., p. 55 : suspension ou abandon de l'exécution du contrat.

[224] V. infra, n° 1099.

[225] CE, 25 novembre 1994, *Sté Mastello*, RD imm., 1995, p. 100, obs. F. Llorens et Ph. Terneyre.

[226] CE, 23 janvier 1981, *Commune d'Aunay-sur-Odon*, Rec. CE, p. 25.

[227] RICHER (L.), « La résiliation unilatérale : motifs et procédures de rupture », ACCP, novembre 2002, n° 16, p. 26 ; RICHER (L.), « La fin des contrats », RFDA 2016, P. 294.

1. La résiliation sanction

216. En Tunisie, c'est l'article 119 du CMP qui fonde le pouvoir de l'administration contractante de prononcer la résiliation aux torts du cocontractant de l'Administration. Cet article prévoit en effet que « *l'acheteur public peut résilier le marché au cas où le titulaire n'a pas rempli ses obligations* » et l'article 118 renvoie aux cahiers des charges la détermination des cas dans lesquels l'une des parties est autorisée à procéder à la résiliation du contrat.

217. Ce sont donc les cahiers des charges qui délimitent cette faculté. Ainsi, l'article 46.1 du CCAG Travaux dispose qu' « il peut être mis fin à l'exécution des travaux faisant l'objet du marché avant l'achèvement de ceux-ci par une décision de résiliation du marché qui en fixe la date d'effet ». L'article 33.1 du CCAG Études est encore plus explicite et prévoit que « le maitre de l'ouvrage peut, à tout moment, qu'il y ait ou non faute du titulaire, mettre fin à l'exécution des prestations avant l'achèvement de celles-ci, par une décision de résiliation du marché ». On retrouve la même formulation dans l'article 24 du CCAG Fournitures.

218. Mais, en vertu des principes généraux relatifs à l'exécution des contrats administratifs, ce pouvoir existe même sans texte dans le silence du contrat[228].

219. S'agissant cependant d'un pouvoir de sanction, il est soumis à des règles de forme et de procédure qui ont pour objet de protéger les droits légitimes du cocontractant en limitant l'arbitraire administratif.

220. Sur le plan procédural, les principes de la motivation de la décision de résiliation et des droits de la défense s'imposent à l'administration. Ils se concrétisent par l'exigence d'une mise en demeure préalable motivée à défaut de laquelle sa responsabilité serait engagée. L'article 119 du CMP qui prévoit cette formalité préalable l'assortit d'un délai qui ne peut être inférieur à dix jours à compter de la notification de la mise en demeure. En France, cette formalité préalable a été exigée par un arrêt récent datant du 12 novembre 2015[229].

[228] CE, 30 septembre 1983, *SARL Comexp., 26611,* Rec.CE, 393.

[229] CE, 12 novembre 2015, *Sté. Le Jardin d'acclimatation*, n° 387660. Avant cet arrêt, la jurisprudence était hésitante. C'était uniquement dans le cas où cette mise en demeure était prévue par le contrat qu'elle imposait à l'Administration (CE, 8 février 1999, *Ville de Montélimar*, n° 168535). Celle-ci pouvait également écarter une telle possibilité par une clause contractuelle (CE, 10 juillet 1972, *Sté Le Boeuf France*, n° 82282).

221. Les motifs pouvant justifier le recours à une mesure aussi grave, en dehors des manquements à l'intégrité de l'achat public prévus par le deuxième alinéa de l'article 119, ne sont pas précisés. Le pouvoir de résiliation aux torts du titulaire du marché « *au cas où (celui-ci) n'a pas rempli ses obligations* » est formulé en termes tellement généraux qu'il constitue une menace constante pour la stabilité contractuelle et les intérêts légitimes du cocontractant.

222. En France, il est admis « alors même que la réalité de tels manquements aurait été établie », « qu'il appartient au juge administratif de rechercher si ces manquements ont constitué (...) une faute grave » justifiant le recours à une telle mesure[230]. La gravité de la faute s'apprécie alors par rapport aux conséquences pour le service et par rapport à l'importance de l'obligation concernée[231].

223. Le cocontractant n'a droit évidemment à aucune indemnisation lorsque la résiliation a été prononcée à ses torts exclusifs. Il doit alors en supporter les conséquences onéreuses[232].

2. La résiliation unilatérale pour motif d'intérêt général

224. La résiliation unilatérale pour motif d'intérêt général n'est pas, à proprement parler, une sanction destinée à permettre à l'administration contractante de réprimer la violation par son cocontractant de ses obligations contractuelles. Il s'agit plutôt d'un privilège qui a pour fondement la réalisation de l'intérêt public qui est au cœur de l'action administrative.

225. Ce privilège est reconnu aussi bien par les textes que par la jurisprudence. La jurisprudence administrative est constante en effet pour admettre que« *l'administration contractante peut, en tout état de cause, et en vertu des règles générales applicables aux contrats administratifs, mettre fin avant terme aux marchés publics, sous réserve des droits à indemnités des intéressés* »[233]. « *Ce pouvoir souverain* », selon l'expression de la CEDH[234] peut être exercé pour

[230] CE, 21 janvier 1944, *Société d'entreprise et de construction en béton armé,* Rec. CE, p. 23.

[231] Pour des cas de manquements jugés graves par le juge administratif, cf. : RICHER (L.), LICHÈRE (F.), *Droit des contrats administratifs*, op. cit., p. 259 ; v. aussi : HOEPFFNER (H.), *Droit des contrats administratifs*, op. cit., p. 354 ; BRACONNIER (S.), *Précis du droit des marchés publics*, p. 467 et s.

[232] Sur cette question, cf. : BIGAS (X.), et BAÏTA (Y.), « Le décompte de liquidation des marchés publics résiliés aux torts et risques de l'entrepreneur en huit questions », ACCP, n° 153/2015, p. 30.

[233] CE, Ass., 2 mai 1958, *Distillerie de Magnac-Laval*, Rec. CE, p. 246.

[234] CEDH, 9 décembre 1994, *Aff. Raffineries grecques Stran c. Grèce*, précité.

des motifs d'intérêt général, même dans le silence du contrat. La Haute juridiction française n'a d'ailleurs pas hésité à étendre ce pouvoir aux contrats conclus entre personnes publiques[235].

226. Le Conseil d'État a en outre récemment précisé les conditions de la résiliation de ce type de contrats en considérant qu'une « *convention conclue entre deux personnes publiques relative à l'organisation du service public ou aux modalités de réalisation en commun d'un projet d'intérêt général ne peut faire l'objet d'une résiliation unilatérale que si un motif d'intérêt général le justifie, notamment en cas de bouleversement de l'équilibre de la convention ou de disparition de sa cause (...) la seule apparition, au cours de l'exécution de la convention, d'un déséquilibre dans les relations entre les parties n'est pas de nature à justifier une telle résiliation* »[236]. Nous n'avons toutefois pas rencontré une consécration analogue de ce principe dans la jurisprudence administrative tunisienne consultée.

227. Le pouvoir de résiliation unilatérale est lié aux nécessités de fonctionnement du service public. Pour cette raison, il ne peut faire l'objet d'une renonciation par voie conventionnelle[237].

228. Les motifs pouvant être invoqués pour justifier une telle mesure sont divers : l'abandon d'un projet[238], la rationalisation de l'achat public[239], la situation du titulaire[240], l'imprécision ou la rédaction défectueuse des clauses contractuelles[241].

---

[235] CE, 21 décembre 2007, *Région du Limousin*, n° 293260 ; Rec. CE 2007, p. 534 ; AJDA 2008, p. 481, note J.-D. Dreyfus.

[236] CE, 27 févr. 2015, *Commune de Béziers III*, n° 357028. Force est de constater que ces précisions ne s'étendent pas aux contrats de marchés publics passés entre personnes publiques, lesquels peuvent faire l'objet d'une résiliation dans les conditions classiques du droit commun. V. sur ce point : BOURDON (P.), « La résiliation unilatérale d'une convention de coopération entre personnes publiques », AJDA 2015, p. 1482. V. aussi ECKERT (G.), « Béziers III ou la résiliation des contrats conclus entre personnes publiques », Contrats et Marchés publics n° 4, Avril 2015, comm. 101.

[237] CE, 6 mai 1985, *Association Eurolat*, RFDA, 1986, 21, concl. B. Genevois ; AJDA 1985, 620, note Fâtome et Moreau.

[238] CE, Sect., 22 janvier 1965, *Sté des établissements Aubrun*, Rec. CE, p. 50.

[239] CAA Lyon, 26 novembre 1989, *Parc national de Port-Cros*, Dr. Adm. 1998, comm. n° 510.

[240] CE, 31 juillet 1996, *Sté des téléphériques du Mont-Blanc*, AJDA, 1996, p. 788, note J.P. Gili

[241] CE, 10 juillet 1996, *Coisne*, Dr. Adm. 1996, comm. n° 519

229. La contrepartie du droit de résilier dans l'intérêt du service public réside dans le droit à l'indemnisation du titulaire du marché[242]. Celui-ci a droit dans ce cas à la réparation de l'intégralité du préjudice couvrant à la fois les pertes subies[243]et le gain qu'il aurait pu escompter si le contrat avait été poursuivi à son terme à la condition, toutefois, qu'il puisse en justifier le montant[244].

230. Toutefois, le contrat peut exclure toute indemnisation[245], ou prévoir une indemnité transactionnelle[246].

Section 2. Les moyens de contrôle propres aux contrats de marchés publics

231. Outre les prérogatives générales de contrôle que l'administration détient de plein droit en vertu des principes généraux du droit administratif, le droit des marchés publics lui reconnaît des moyens propres dont l'objet est de lui permettre d'assurer la bonne exécution des obligations prévues par le contrat.

232. Ces moyens sont relatifs aussi bien à l'obligation d'exécution parfaite du marché (**§1**), à l'obligation de son exécution personnelle **(§2)**, ainsi qu'à l'obligation d'exécution du marché dans les délais **(§3)**.

§.1 Le contrôle de l'obligation d'exécution parfaite du marché

233. Dans tout marché, l'obligation principale pour le titulaire consiste à assurer l'exécution des prestations conformément aux clauses du contrat. C'est sur cette obligation que s'exerce principalement le contrôle de l'administration contractante. Ce contrôle dépend aussi bien du degré de précision et de complétude de la norme conventionnelle, que de la qualification et de l'intégrité des agents chargés du contrôle.

234. Toute imprécision ou lacune dans la détermination des normes de référence ne peut que se répercuter négativement sur le contrôle de la qualité des prestations exécutées et entrainer des surcoûts

[242] Sur ce point, v. notamment : BRACONNIER (S.), « L'indemnisation des préjudices nés de la rupture anticipée d'un contrat public d'affaires pour motif d'intérêt général », AJDA, 2009, p. 2035 ; DENIZOT (A.), « Les modalités d'indemnisation du cocontractant à la suite d'une résiliation unilatérale dans l'intérêt général », JCP A. 2012, 2395.
[243] CE, 18 novembre 1988, *Ville d'Amiens*, Rec. CE, p. 417.
[244] CE, 16 février 1996, *Syndicat intercommunal de l'arrondissement de Pithiviers*, RD imm., 1996, p. 208, obs. F. Llorens et Ph. Terneyre.
[245] CE, 10 décembre 1982, *Loiselot,* n° 22856.
[246] CAA, 7 mars 2006, *Commune de Draveil c. Sté Via Net Works,* n° 04VE01381.

préjudiciables aux intérêts de l'acheteur public (**A**). Ce n'est cependant qu'au moment de la réception des prestations que va se poser la question essentielle de la conformité des prestations aux obligations mises à la charge du titulaire (**B**).

A. Les incertitudes relatives à la détermination des normes de contrôle

235. Dans tout marché public, l'obligation sur laquelle s'exerce en priorité le contrôle de l'administration contractante est celle qui impose au titulaire d'assurer l'exécution des prestations conformément aux clauses du contrat. Cette obligation découle de l'ensemble des documents contractuels qui permettent de définir la nature et les caractéristiques techniques des prestations objet du marché. Ces prestations, contenues dans des documents qualifiés de cahiers des clauses techniques (**1**), peuvent faire l'objet, sous certaines conditions, de modifications en cours d'exécution sous forme d'avenants (**2**).

1. Les cahiers des clauses techniques du marché

236. Il s'agit, d'une part, des cahiers des clauses techniques générales et, d'autre part, des cahiers des clauses techniques particulières.

a. Les cahiers de clauses techniques générales

237. Les cahiers de clauses techniques générales constituent des documents qui « sont approuvés par arrêté du chef du gouvernement après avis de la Haute instance de la commande publique » (art. 29 du CMP). Ils ont pour objet de « fixer les conditions et spécifications techniques applicables à tous les marchés de même nature » (art. 29, 2). Ces documents n'acquièrent valeur normative et ne s'imposent aux parties que lorsque le contrat s'y réfère expressément. Ils comportent un article 1er dont les dispositions, uniformes, vont au-delà de l'accord des parties, dans la mesure où elles prévoient l'obligation de leur application automatique par les parties à moins qu'il n'y soit dérogé par les clauses particulières d'un marché. Le problème est que les nouveaux arrêtés tardent à être adoptés. Bien qu'il ne s'agisse que de documents supplétifs, les arrêtés gouvernementaux du 6 juillet 1999 portant approbation de certains cahiers des prescriptions techniques communes auxquels continuent de se référer des marchés conclus depuis l'adoption du nouveau CMP[247], constituent des actes faisant

---

[247] En vertu de cet arrêté, trois cahiers de prescriptions techniques communes applicables aux marchés de travaux sont actuellement en vigueur. Il s'agit du CPTC Travaux de terrassements généraux, des CPTC Granulats routiers et des CPTC relatifs aux enduits superficiels. Sur cette question, cf. : BEN KHALIFA (F.), *Le droit des marchés publics*, op. cit., p. 75 et s.

grief, susceptibles d'être contestés par la voie du recours pour excès de pouvoir ou par la voie indirecte de l'exception de l'illégalité. Au demeurant, rien n'empêche de les contester, soit à l'occasion d'un recours principal devant le juge de l'annulation, soit à l'occasion d'un recours indirect devant le juge du contrat. Se poserait alors le problème des effets de leur éventuelle déclaration d'illégalité sur les marchés en cours d'exécution[248].

b. Les cahiers de clauses techniques particulières

238. Les cahiers des clauses techniques particulières sont les documents qui déterminent les prestations dont l'exécution est requise du titulaire. Ils ont pour objet de donner « *une description précise* » des prestations à réaliser (art. 29, 4). Ces prestations doivent être définies préalablement par l'acheteur public « *conformément à des spécifications techniques* » afin de répondre précisément à la nature de ses besoins (art. 31).

Ils sont rédigés par l'acheteur public qui passe le marché, font partie du dossier de consultation et doivent être communiqués aux candidats qui en font la demande dès le lancement de la procédure de consultation

239. Ce référentiel technique doit être déterminé de manière à garantir la qualité des prestations et promouvoir les produits locaux et le développement durable (Art. 10 du CMP). Il est établi sur la base de normes nationales ou équivalentes et/ou d'indicateurs de performance suffisamment précis pour permettre aux candidats de saisir exactement l'objet du marché. Ces indicateurs doivent, dans la mesure du possible, inclure les caractéristiques environnementales établies, en tout ou partie, par référence à un écolabel approprié reconnu et accessible à tous les candidats (Art.31 du CMP).

240. Dans ce cadre, certains déplorent l'absence de contrôle de ces documents pourtant essentiels dans l'identification des besoins. En effet, « *les cahiers des charges précisent les conditions dans lesquelles les marchés sont passés et exécutés. L'identification des besoins au niveau des cahiers des charges constitue donc une étape à risque (...) et peut avoir un impact direct sur la performance des*

---

[248] Sur le contrôle par la voie de l'exception d'illégalité, cf. DRAGO (R.), « L'exception d'illégalité devant les tribunaux judiciaires en Tunisie », RTD 1953, pp. 1 et s. ; v. aussi : DIMASSI (M.), *L'exception d'illégalité des actes administratifsen Tunisie*, Mémoire pour l'obtention du DEA en droit public, Faculté de droit et des sciences politiques et économiques de Sousse, 1995 (en arabe).

fournisseurs[249] ». Il convient donc de s'assurer que les acheteurs publics disposent des outils nécessaires pour préparer ce référentiel technique, sans remettre en cause l'objectif de leur responsabilition.En tout état de cause, il est interdit aux acheteurs publics de faire référence à un mode ou procédé particulier de fabrication, à une provenance ou origine déterminée, ni à une marque ou brevet quelconque, dès lors que de telles indications auraient pour effet de favoriser des candidats ou de restreindre la concurrence (Art. 31 du CMP).

241. Toute personne qui estime discriminatoires les spécifications techniques insérées dans les cahiers des charges d'un marché peut présenter une requête au Comité de suivi et d'enquête des marchés publics (COSEM) dans un délai de dix jours à compter de la publication de l'avis de l'appel d'offres. Celui-ci peut ordonner la suspension de la procédure d'attribution s'il estime la réclamation fondée (Art. 32)[250].

242. Les spécifications techniques étant tributaires du savoir-faire des entreprises, il est heureux que le pouvoir règlementaire ait enfin permis aux soumissionnaires de présenter des offres variantes, à la condition toutefois que celles-ci soient dument justifiées par rapport aux solutions de base, et qu'elles n'entrainent pas de modifications substantielles des besoins de l'acheteur public (Art. 38).

2. Le recours aux avenants

243. Les articles 85 et 87 du CMP prévoient l'obligation de recourir aux avenants lorsque la variation dans la masse des prestations dépasse 20% du montant total du marché, en cas de changement dans la nature des prestations ou encore, en cas de modification portant sur les clauses administratives, financières ou techniques du marché.

244. Dans tous les cas, l'avenant doit faire l'objet d'un acte écrit signé par les deux parties et approuvé préalablement par la commission de contrôle des marchés compétente.

245. Les avenants peuvent ainsi porter sur l'étendue des prestations prévues par le marché, sur leur durée d'exécution, ou encore sur les conditions de rémunération du titulaire.

---

[249] TLILI (A.), *Réforme de la réglementation des marchés publics en Tunisie : Étude comparée avec les normes internationales*, op.cit., p. 52.

[250] Sur le rôle de cette institution en matière de contrôle de l'exécution des marchés, v. infra, n° 716 et s.

246. L'avenant, qui s'analyse comme une reconduction du marché, n'est licite que sous réserve de conditions strictes relatives au respect des principes de publicité et de mise en concurrence dans le cadre du marché initial. Les caractéristiques du marché objet de l'avenant doivent d'abord demeurer inchangées par rapport au marché initial. Celui-ci doit avoir fait l'objet ensuite d'une mise en concurrence initiale tenant compte de la durée totale du marché, période de reconduction comprise. La violation de ces principes peut entrainer la nullité de l'avenant[251].Il ne servirait à rien en effet de prévoir des procédures complexes destinées à choisir les opérateurs économiques en fonction de leur capacité à satisfaire les besoins exprimés par l'administration si les prestations prévues par le marché pouvaient être librement modifiées par les parties, sans aucune limitation concernant l'étendue de cette modification. Il s'agit pourtant d'une pratique fréquente en Tunisie qui pose le problème de l'approximation dans la détermination de leurs besoins par les acheteurs publics[252], qui demeure soumise cependant au contrôle des commissions de contrôle des marchés compétentes.

247. En outre, la généralité des solutions tunisiennes relatives à « *la modification des clauses techniques du marché* » (art.87 du CMP) n'est pas de nature à permettre une appréciation objective de la licéité du recours à la procédure des avenants. Il est simplement prévu que le recours à cette technique doit faire l'objet d'un accord écrit approuvé par la Commission de contrôle des marchés compétente[253].

248. Le juge administratif tunisien considère pourtant *« que l'administration ne peut recourir à la procédure de l'avenantqu'à la condition que les travaux objet de l'avenant concernent le même chantier où ont été exécutés les travaux du marché principal ce qui n'est pas le cas dans le présent litige ».*

Il va même plus loin en considérant « que ces règles sont d'ordre public en raison de leurs effets sur la bonne gestion des deniers publics ; et que le Tribunal est dès lors fondé à en soulever d'office la violation »[254].

---

[251] CE, 29 novembre 2000, *Commune de Païta*, Contrats et marchés publics, 2001comm. n° 37, note F. Llorens.

[252] Le nombre des avenants a atteint en 2015 : 3000, soit 30 % du total du nombre des marchés des collectivités publiques, Rapport du contrôle général sur les dépenses publiques précité p. 94.

[253] Sur l'organisation et le fonctionnement de ces commissions, v. 123 et s.

[254] TA, Appel, 13 juillet 1999, *CCE pour le compte du ministère de l'enseignement supérieur c. Sté Promafrique*, inédit.

249. La liberté de conclure pareils avenants doit ainsi trouver ses limites dans la nécessité de concilier l'impératif d'adaptation des marchés publics à la conjoncture, le respect du principe de publicité et de mise en concurrence et la stabilité des droits des parties.

250. En droit comparé, il est admis que les changements ne constituant pas réellement un prolongement du contrat initial, mais ayant pour objet d'y apporter des modifications substantielles, ou d'en bouleverser l'économie générale doivent être prohibés.

251. En France, la marge de manœuvre laissée à l'administration était, sous l'empire du Code des marchés publics de 2006 aujourd'hui abrogé, beaucoup plus étroite[255].

252. L'article 20 de ce code prévoyait d'abord que « *sauf cas de sujétions techniques imprévues* », les avenants « *ne peuvent bouleverser l'économie du marché*[256], *ni en changer l'objet* ». Ensuite, l'article 8 de la loi 95-127 du 8 février 1995, dans sa rédaction issue de l'ordonnance 2009-864 du 15 juillet 2009, fixait une limite de 5% du montant global du marché au-delà de laquelle toute modification de la masse des prestations doit faire l'objet d'un projet d'avenant devant être soumis pour avis à la commission d'appel d'offres[257].

253. La technique de l'avenant a cependant disparu dans le nouveau régime de la modification des marchés publics défini par l'ordonnance

---

[255] Sur l'encadrement des modifications par le CE en France, tel qu'entamé dans les années 1990, V. CE, 28 juillet 1995, *Préfet de la Région Île-de-France c/ Société de Gérance La Jeanne d'Arc*, Rec, p. 321, RDP 1996, p. 569, concl. Frattacci. Plus récemment v. CE, 11 juillet 2008 Ville de Paris, Rec, p. 270, CMP 2008, n° 187, note J-P. Pietri. Pour un résumé de cette évolution, cf. UBAUD-BERGERON (M.), *Droit des contrats administratifs*, n° 722 : « *le prisme d'analyse retenu s'inspire de la théorie civiliste de la novation : le juge administratif considère en effet que s'il est loisible aux parties de modifier le contrat par voie d'avenant, une modification trop importante de celui-ci constitue en réalité non pas un avenant mais un nouveau contrat, ce dernier devant alors respecter les règles de mise en concurrence appropriée* ». V. également HOEPFFNER (H.), *Droit des contrats administratifs*, n° 516.

[256] La notion d'économie du contrat, ainsi que le souligne le Professeur Laurent RICHER, ne renvoie pas seulement aux clauses financières du contrat, mais aussi à ses clauses techniques et, plus généralement « *àsa nature et à son équilibre général* » (RICHER (L.) et LICHÈRE (F.), *Droit des contrats administratifs,* op. cit., p. 505).

[257] cf. GUIBAL (M.) et CHARREL (N.), *Code pratique des marchés publics, Ordonnance n° 2015-899 du 23 juillet 2015, Décret n° 2016-360 du 25 mars 2016,* Éd. Le Moniteur, 9ème éd, 2016, pp. 976.

relative aux marchés publics du 23 juillet 2015 et son décret d'application du 25 mars 2016.

254. Désormais, l'article 65 de l'ordonnance du 23 juillet 2015 prévoit que les « *modifications ne peuvent changer la nature globale du marché public* ».Les critères textuels[258] et jurisprudentiels[259]sont ainsi abandonnés au profit du critère du « *changement de la nature globale* » du contrat, en cours d'exécution.

255. La notion de « nature globale du contrat » renvoie notamment aux cas dans lesquels la modification projetée « a) introduit des conditions qui, si elles avaient été incluses dans la procédure de passation initiale, auraient attirédavantage d'opérateurs économiques ou permis l'admissiond'autres opérateurs économiques ou permis le choix d'une offre autre que celle retenue b) modifie l'équilibre économique marché public en faveur du titulaire d'une manière qui n'était pas prévue dans le contrat initial »[260]. Il n'est cependant pas évident « que ce critère soit plus clair (…) l'interdiction de changer la nature globale du contrat serait synonyme de l'interdiction de modifier substantiellement un élément essentiel du contrat [261]».

256. Quoi qu'il en soit, les articles 139[262]et 140 du nouveau décret français du 25 mars 2016 pris en application de l'ordonnance du 23 juillet 2015, qui sont « *un véritable copier-coller*[263] » de l'article 72 de de la directive européenne 2014/24 vont au-delà de cette limitation en distinguant désormais deux cas de modifications. D'une part, des modifications qu'on peut considérer comme mineures ou « *de minimis* »[264]. Celles qui sont inférieures à un seuil de 10% de la valeur du marché initial pour les marchés de services et de fournitures et de 15% pour les marchés de travaux, sans qu'il soit nécessaire de vérifier si les conditions qui précisent dans quels cas une modification est substantielle sont remplies.D'autre part, des modifications qu'on peut considérer comme majeures. Ce sont celles qui dépassent les seuils indiqués et qui peuvent être qualifiées de spontanées ou d'anticipées[265].

---

[258] Changement de l'objet et boulversement de l'économie du contrat.
[259] Modification substantielle d'un élément essentiel du contrat.
[260] Cf. sur ce point : Article 139, 5° du décret n° 2016-360 du 25 mars 2016.
[261] HOEPFFNER (H.), *Droit des contrats administratifs*, op.cit., p. 397.
[262] Cet article prévoit désormais « *qu'une modification est substantielle lorsqu'elle change la nature globale du contrat initial* » ce qui impose à l'acheteur d'organiser une nouvelle mise en concurrence.
[263] HOEPFFNER (H.), « La modification des contrats », RFDA 2016, p. 282.
[264] Article 139-6° du décret du 25 mars 2016.
[265] Qualifications empruntées à HOEPFFNER (H.), op.cit., p. 282.

257. Les modifications anticipées sont des modifications qui sont possibles sans aucune limitation par rapport au prix du marché. Il s'agit notamment de l'hypothèse dans laquelle la modification a été prévue sous la forme de « clauses de réexamen » prévues par les documents contractuels initiaux.

L'article139-1° du nouveau décret du 25 mars 2016 précise à cet égard qu'elles doivent être « claires, précises et sans équivoque » et qu'elles « indiquent le champ d'application et la nature des éventuelles modifications ou options ainsi que les conditions dans lesquelles il peut en être fait usage ».

258. Les modifications spontanées sont possibles dans la limite de 50 % maximum du prix du marché initial, lorsqu'elles sont notamment rendues nécessaires par suite de circonstances qu'un acteur public ne pouvait prévoir (article 139-3° du décret) ou lorsqu'elles concernent des prestations supplémentaires et nécessaires, à la double condition qu'un changement de titulaire : «*soit impossible pour des raisons économiques ou techniques tenant notamment à des exigences d'interchangeabilité ou d'interopérabilité avec les équipements, services ou installations existants achetés dans le cadre du marché public initial* » et « *présenterait un inconvénient majeur ou entraînerait une augmentation substantielle des coûts pour l'acheteur* » (article 139-2° du décret).

B. Le contrôle sur la réception des prestations

259. Le contrôle exercé par l'administration contractante sur l'obligation du titulaire d'exécution conformément aux clauses du marché est sanctionné par un acte, qualifié de *réception* dans les marchés de travaux et d'études, *d'admission* dans les marchés de fournitures de biens et de services, dont l'établissement emporte des effets considérables sur les droits respectifs des parties.

260. Cet acte, qui sera qualifié, indifféremment, pour la commodité du propos, de réception quel que soit le type de marchéconstitue l'interface obligée pour contrôler la bonne exécution par les parties contractantes de leurs obligations réciproques[266].

261. La réception, qui résulte d'une décision que l'acheteur public est tenu de prendre dès lors que les prestations sont en état d'être acceptées[267],

---

[266] Sur la réception, cf. : RICHER (L.) et LICHÈRE (F.) *Droit des contrats administratifs*, op. cit., p. 303 et s.. ; GHANNAI (T.), *Le contrôle juridictionnel de l'exécution des marchés publics*, op. cit., p. 74.

[267] CE, Sect., 19 novembre 1971, *Sté nationale de construction*, Rec. CE, 696 ; AJDA 1972, concl. Rougevin-Baville.

constitue un puissant levier entre les mains de ce dernier pour contraindre le titulaire à exécuter le marché conformément à ses prescriptions techniques.

262. Son établissement obéit à des modalités variables en fonction de la nature des marchés (**1**) et ses effets sont considérables sur les droits des parties contractantes (**2**).

1. Les modalités de la réception

263. La réception peut être définie comme l'acte par lequel l'acheteur public accepte ou rejette, après vérification, les ouvrages ou les études objet du marché. La réception a essentiellement un caractère technique ; elle requiert de la part de l'acheteur public ou de ses représentants un haut niveau de qualification. Cet acte, réglementé essentiellement par les cahiers des charges, a des conséquences directes sur les droits des parties contractantes.

264. Son établissement, qui varie selon que le marché est un marché de travaux ou d'études (**a**) ou bien un marché de fournitures (**b**), constitue une manifestation de la supériorité des pouvoirs juridiques reconnus à l'administration lors de l'exécution du contrat.

a. La réception dans les marchés de travaux et d'études

265. La procédure applicable en matière de marchés de travaux consacre le régime de la double réception : une réception provisoire suivie, au terme d'un délai de garantie, d'une réception définitive.

• Les opérations de vérification préalable :

266. Dans les marchés de travaux, la réception des ouvrages est précédée de la réalisation d'opérations préalables dans un délai fixé, sauf stipulations contraires du CCAP, à vingt jours à compter de la réception par le chef du projet et le maître d'œuvre de l'avis de l'entrepreneur comportant l'indication de la date d'achèvement des travaux (art. 41.1 du CCAG Travaux). Ces opérations sont conduites par le maître d'œuvre, chargé par le maître de l'ouvrage de contrôler l'exécution des travaux. Elles comportent la reconnaissance des ouvrages exécutés, les vérifications relatives aux quantités et à la qualité des produits et matériaux rentrant dans leur composition, les essais et les épreuves prévus éventuellement par les CCAP du marché, la constatation éventuelle de l'inexécution, de l'imperfection ou des malfaçons des prestations prévues par le marché, la constatation du repliement des installations et la remise en état des terrains et des lieux, les constatations relatives à l'achèvement des travaux. Ces opérations font l'objet d'un procès-verbal dressé sur le champ par le

maître d'œuvre et signé par les deux parties. Dans un délai de cinq jours à compter de la date d'établissement de ce procès-verbal, le maître d'œuvre doit informer l'entrepreneur s'il a ou non proposé au chef du projet de prononcer la réception provisoire des ouvrages et, dans l'affirmative, la date d'achèvement des travaux qu'il propose de retenir, ainsi que les réserves qu'il propose de formuler (art. 41.2 du CCAG Travaux).

267. Dans les marchés d'études, les prestations, sauf stipulations contraires prévues par le cahier des clauses particulières, sont soumises à des « *vérifications destinées à constater qu'elles répondent aux stipulations prévues par le marché* ». Pour cela, le titulaire doit aviser par écrit le chef du projet de la date à laquelle les prestations seront présentées pour vérification. Le CCAP doit préciser théoriquement le délai d'approbation des prestations. Á défaut, le chef du projet dispose d'un délai de deux mois pour procéder aux vérifications et notifier sa décision au titulaire (art. 30 CCAG Études).

• La réception provisoire dans les marchés de travaux:

268. La décision relative à la réception provisoire relève du Chef du projet, « *personne physique désignée par le maître de l'ouvrage pour le représenter dans l'exécution du marché* » (article 2.1 du CCAG Travaux). C'est lui en principe qui décide, sur la base du procès-verbal de constatation de l'exécution des travaux, soit de prononcer la réception provisoire, soit de l'assortir de réserves, soit de la refuser. Les CCAP peuvent comporter la mise à l'épreuve des ouvrages, après une période déterminée d'utilisation. Dans ce cas, la réception provisoire ne peut être prononcée que sous réserve de l'exécution concluante de ces épreuves.

269. Lorsque cette réception est assortie de réserves, l'entrepreneur est tenu de les lever avant la date fixée pour la réception définitive, en procédant dans l'intervalle aux réparations des imperfections ou malfaçons[268]. Lorsque ce délai n'est pas précisé, les travaux de réparation doivent être achevés au plus tard trois mois avant l'expiration du délai de garantie. En cas de carence de l'entrepreneur, le chef du projet peut les faire exécuter à ses frais. Toutefois les imperfections mineures peuvent donner lieu à une proposition de réfaction du prix assortie du prononcé de la réception provisoire en cas d'accord de l'entrepreneur.

---

[268] Sur cette garantie, v. infra, n° 410.

• La réception définitive :

270. La réception définitive dans les marchés de travaux est prononcée à l'initiative du titulaire du marché par le chef du projet à l'issue d'une procédure très complexe.

271. Elle a lieu à l'issue d'une visite de chantier décidée par le Chef du projet, l'entrepreneur ayant été convoqué, au terme du délai de garantie, dans un délai de vingt jours à compter de la demande qui lui a été adressée à cet effet par l'entreprise. Cette visite fait l'objet d'un procès-verbal signé sur le champ par les deux parties. Le maître d'œuvre doit faire connaitre à l'entrepreneur, dans un délai de cinq jours suivant la date de l'établissement du procès-verbal de visite, s'il a ou non proposé au chef du projet de prononcer la réception définitive des ouvrages (art. 44. 4 du CCAG Travaux).

272. Dans les marchés d'études, le chef du projet peut soit prononcer la réception, soit décider l'ajournement s'il estime que les prestations peuvent être rendues conformes moyennant certains compléments, améliorations ou mises au point. Dans ce cas, le titulaire dispose d'un délai de quinze jours pour procéder à une nouvelle présentation des prestations. Á défaut, le chef du projet peut prononcer soit la réception avec réfaction, soit le rejet des prestations (art.31.1, 2, 3, 4 et 5 du CCA Études).

b. L'admission dans les marchés de fournitures

273. Comme dans les marchés de travaux, le contrôle de l'administration contractante sur l'obligation du titulaire d'assurer l'exécution des prestations prévues par les marchés de fournitures s'exerce principalement selon les termes de référence préalablement définis par l'administration. L'article 9 du CCAG Fournitures le confirme qui prévoit que la marchandise livrée doit être « *conforme aux stipulations du marché, aux prescriptions des normes tunisiennes ou, le cas échéant, aux prescriptions des normes auxquelles il sera fait référence dans le marché* ».

274. Ce contrôle est sanctionné par *l'admission,* acte juridique établi par l'acheteur public à l'initiative du titulaire qui en fait la demande, après vérification que les prestations exécutées sont conformes aux prescriptions techniques du marché (art.18 à 21 du CCAG Fournitures). Les vérifications quantitatives consistent en des opérations de comptage, de mesure ou de pesage, effectuées au fur et à mesure de la livraison des biens ou de l'exécution des services selon les conditions fixées dans le marché. Les vérifications qualitatives consistent dans le contrôle par l'acheteur public de la conformité des prestations aux spécifications techniques du marché Celui-ci peut

procéder aux essais utiles sur les échantillons de biens livrés prélevés à cet effet. La personne responsable du marché dispose à cet effet d'un délai de quinze jours, sauf stipulation différente du CCAP, pour procéder aux vérifications et notifier sa décision au titulaire du marché, faute de quoi les prestations sont réputées être admises[269]. Le délai court à compter du jour où l'acheteur public a été saisi d'une demande du titulaire à cet effet. L'acheteur public qui s'abstient de notifier sa décision dans le délai prévu doit être regardé comme ayant reçu tacitement cette admission (art. 21.21 du CCAG Fournitures).

275. Lorsqu'il s'avère que les quantités livrées sont non conformes aux prescriptions du marché, le titulaire est mis en demeure soit de reprendre l'excèdent, soit de compléter les livraisons dans un délai déterminé.

276. L'admission est prononcée à la suite de la constatation de la conformité des prestations livrées aux spécifications techniques du marché. Si la personne responsable du marché estime que les prestations ne sont pas recevables en l'état, elle peut prononcer l'ajournement et inviter le titulaire à parfaire les prestations. En cas de refus de ce dernier, l'admission, à défaut de rejet, peut malgré tout être admise avec réfaction lorsque l'acheteur public estime que les imperfections sont de faible importance (art. 21.26).

277. Par le rejet, l'acheteur public manifeste à son cocontractant son refus de réceptionner ou d'admettre les biens livrés ou les services exécutés en l'état. Ce rejet est prononcé par décision motivée lorsque la personne responsable du marché estime que les imperfections sont telles que les prestations ne peuvent faire l'objet ni d'ajournement, ni d'admission avec réfaction. Dans ce cas, le titulaire est de nouveau tenu de l'obligation d'exécuter les prestations prévues par le contrat.

2. Le contrôle sur les effets de la réception

278. La réception a un double effet : le transfert de la propriété des prestations exécutées à l'acheteur public d'une part, et la fin des relations contractuelles entre les parties, d'autre part[270].

---

[269] En droit français, la solution a été confirmée par la jurisprudence : CE, 23 avril 2001, *SARL Bureau d'Études techniques d'équipement rural et urbain*, BJCP, 2001, n° 17, p. 357.

[270] Sur les effets de la réception, V. SABIANI (F.), « Effets de la réception dans les marchés publics », Dr. adm., 1997, chr., n° 21 ; V. aussi : HAÏM (V.), « Les effets de la réception dans les marchés publics. La prétendue continuation des rapports contractuels », AJDA, 1998, p. 398.

a. Le transfert de la propriété des prestations à l'acheteur public

279. La réception (l'admission pour les marchés de fournitures ou de services) a pour effet principal d'emporter transfert de propriété des prestations faisant l'objet du marché à l'acheteur public (art. 41 du CCAG Travaux, art. 22 du CCAG Fournitures et services, art. 31.2 du CCAG Études).

280. Dans les marchés de travaux, la décision de réception a un effet rétroactif ; elle prend effet à partir de la date d'achèvement des travaux. La réception partielle d'une tranche fonctionnelle de projet, d'un ouvrage ou d'une partie d'ouvrage est également possible. Mais elle nécessite au préalable la fixation d'un délai d'exécution distinct du délai global. La réception provisoire a pour effet d'emporter transfert des ouvrages réalisés à l'administration contractante et de faire courir le délai de garantie dite *« garantie de parfait achèvement »*. À l'expiration de ce délai, fixé à un an par l'article 41 du CCAG Travaux, la réception définitive pourra être prononcée.

281. Dans les marchés d'études, un délai de garantie technique peut être prévu par le cahier des charges du marché. Sauf stipulation différente, ce délai est d'un an à compter de la date d'effet de la réception (art.32).

b. La fin des relations contractuelles entre les parties

282. L'effet principal de la réception ou de l'admission est l'extinction des rapports contractuels entre les parties. Par cet acte, l'administration contractante constate que les prestations ont été exécutées conformément aux clauses du contrat. Elle les accepte et, ce faisant, libère son cocontractant de sa responsabilité, ou bien, formule des réserves. Dans ce cas, la responsabilité de ce dernier pourra être mise en cause.

283. Dans les marchés de travaux, la réception définitive est précédée d'une procédure de réception dite provisoire qui marque le point de départ d'un délai dont l'aboutissement met fin aux relations contractuelles entre les parties. Ce délai est celui de la garantie de parfait achèvement fixé généralement à un an à compter de la date d'effet de la réception provisoire (art. 44.1 du CCAG Travaux). Durant la période de garantie, l'entrepreneur demeure responsable de l'entretien des ouvrages. Il devra procéder à ses frais à la remise en bon état de toutes les parties d'ouvrages qui pourraient devenir défectueuses au cours de cette période. Il devra également répondre des dommages qui pourraient être causés aux tiers du fait du défaut d'entretien de ces ouvrages.

284. L'expiration de ce délai, s'il signifie la fin des rapports contractuels pour ce qui concerne la réalisation des travaux et ouvrages objet du marché, n'a pas cependant pour effet de mettre fin aux relations financières[271]. Les dommages, autres que ceux affectant les ouvrages réalisés, restent soumis aux principes généraux de la responsabilité contractuelle tant que n'est pas intervenu le décompte définitif[272]. Malgré tout, si le décompte a été notifié avant la levée des réserves lorsque la réception provisoire a été prononcée avec réserves, son caractère définitif interdit toute réclamation future de la part du maître de l'ouvrage[273].

285. En tout état de cause, la réception définitive ne devient obligatoire qu'à la condition d'être approuvée par les parties contractantes. En cas de contestation sur la conformité des prestations exécutées aux clauses du marché, seul le juge administratif est en droit de la prononcer, en ordonnant au besoin une expertise.

286. Dans une affaire aux multiples rebondissements relative à un sinistre survenu à l'occasion de l'exécution d'un marché de travaux publics[274], le juge tunisien des référés a ainsi ordonné la désignation d'une équipe d'experts spécialisés en béton armé, produits chimiques, structures métalliques et produits composites à l'effet de « *constater les dommages subis par les ouvrages réalisés en exécution du marché (...), d'en déterminer les causes et de dire dans quelle mesure le titulaire du marché a respecté ses engagements contractuels (...) et s'il peut, le cas échéant, prétendre à la réception définitive des travaux et à la mainlevée des cautions* ».

287. Dans l'affaire en question, la partie publique,l'office national de l'assainissement (ONAS),avait introduit une ordonnance sur requête devant le Tribunal de 1ère instance de l'Ariana portant désignation d'un expert à l'effet de procéder aux constatations sur les lieux du sinistre. Elle soutenait par ailleurs que le juge administratif n'était pas compétent pour examiner une telle requête. Celui-ci confirme sa compétence en la matière en rappelant que « *les marchés publics qui*

[271] CE Sect. 28 février 1986, *Entreprise Blondet*, FRDA 1986, 604, concl. Denoix de Saint-Marc ; RDP 1986, 1153, note J.-M. Auby ; MP, 1986, n° 219, p. 17, note Melleray et Terneyre.

[272] CE, 14 mai 2008, *OPAC de Seine Maritime*, AJDA 2008. 1734.

[273] CE, 20 mars 2013, *Centre hospitalier de Versailles*, BJDCP 2013, n° 89, p. 264, concl. Dacosta.

[274] Affaire relative à l'effondrement d'une partie des ouvrages de la station d'épuration de Choutrana et opposant l'Office national de l'assainissement (ONAS). établissement public à caractère industriel et commercial, à la CTRA, entreprise spécialisée dans la chaudronnerie tuyauterie, résine et anticorrusion.

sont conclus par les différentes entités publiques, y compris les entreprises publiques, sur la base de la réglementation des marchés publics sont considérés comme des contrats administratifs dont les litiges relèvent du juge administratif ». Il ajoute que l'ordonnance prononcée par le juge judiciaire à la demande de l'ONAS « *n'a pas eu pour effet de priver le juge administratif des pouvoirs qu'il détient pour ordonner qu'il soit procédé aux constats nécessaires dans le cadre de la compétence de principe qui lui revient en matière administrative afin de déterminer, sans préjuger du fond, la situation des parties en cause et de préciser leurs responsabilités réciproques, de manière à permettre au juge du principal de se prononcer ultérieurement sur le fond du litige* »[275].

288. La réception définitive n'exclut pas cependant la mise en cause de la responsabilité des entrepreneurs, mais alors sur labase post-contractuelle de la responsabilité décennale[276].

§.2 Le contrôle de l'obligation d'exécution personnelle du marché

289. Les marchés publics doivent faire l'objet d'une exécution personnelle par le cocontractant. Il s'agit là d'une manifestation directe du principe de la force obligatoire[277] (**A**).

290. L'obligation d'exécution personnelle du marché par le cocontractant soulève cependant de sérieuses difficultésen cas de transfert du marché(**B**).En dehors de cette hypothèse, le titulaire du marché de travaux ou de services demeure personnellement responsable des obligations mises à sa charge par le contrat, même en cas de sous-traitance (**C**).

A. Le caractère *intuitu personae* de l'obligation d'exécution du marché

291. L'obligation d'exécution personnelle du marché par le cocontractant découle de l'article 88 du CMP qui prévoit que le titulaire du marché doit en assurer personnellement l'exécution. Elle a pour fondement le caractère *intuitu personae* du contrat de marché public. Cette obligation se justifie par le fait que le titulaire a été choisi parmi tous les candidats en raison précisément de ses qualités personnelles et des qualités intrinsèques de son offre. C'est ce qui résulte implicitement de l'article 54 du CMP qui prévoit que « *les marchés publics ne peuvent être passés qu'avec des personnes physiques ou morales*

---

[275] TA, Référé constat, 22 mars 2006, n°71663, *CTRA c. ONAS*, Rec. TA, p. 462.

[276] V. infra, n° 1327 et s.

[277] HOEPFFNER (H.), *Exécution du contrat administratif : droits et obligations du cocontractant*, Fasc. 609, Jcl. Administratif.

capables d'honorer leurs engagements et présentant les garanties et capacités nécessaires tant au plan professionnel que technique et financier ».

292. Le titulaire demeure donc personnellement responsable de l'exécution du marché du seul fait de la présentation de sa soumission, et ce pendant un délai de soixante jours à compter de cette date, sauf stipulations contraires prévues par le cahier des charges du marché (Article 54, alinéa 1er du CMP).

293. Le Tribunal administratif a fait une application rigoureuse de ces dispositions en considérant que le titulaire ne peut se dérober à son obligation de conclure et d'exécuter le marché en invoquant l'erreur qu'il aurait commise lors de la soumission de son offre, « *une telle erreur ne peut en aucun cas constituer une cause d'exonération de la responsabilité qui lui incombe dans le cas de l'espèce* ». Tant quele titulaire « *n'a pas respecté l'obligation de maintenir son offre jusqu'à l'expiration du délai convenu, (il) reste responsable du préjudice subi par l'administration du fait de l'inexécution de ses obligations* »[278].

Dans une autre affaire, le Tribunal a justifié cette solution par le particularisme des marchés publics « qui sont soumis à des normes techniques précises requérant un haut degré de professionnalisme de la part des fournisseurs de l'administration », ce qui « exclut de considérer qu'il a pu y avoir erreur dans le prix du présent marché permettant d'exonérer la société défenderesse de ses obligations contractuelles »[279].

294. Il en découle que le titulaire ne peut être délié de son obligation d'exécution personnelle qu'en cas de survenance d'évènements exceptionnels pouvant conduire au changement de sa personne. Ces cas sont prévus par l'article 118 du CMP. Il s'agit du décès, de l'incapacité civile, ou, encore, de l'incapacité physique manifeste et durable du titulaire du marché ou de la faillite et de la liquidation des biens de l'entreprise. Dans tous ces cas, l'administration contractante est tenue de prononcer la résiliation du marché, sauf si elle estime préférable la reprise de l'exécution par les ayants-droit ou lorsque le syndic de la faillite décide de poursuivre l'exécution[280].

---

[278] TA, Chbre de 1ère instance, 28 octobre 2008, n° 1/15642, *CCE pour le compte du ministère des finances c. Ètablissements l'univers de la bureautique*, inédit.
[279] TA, 15 juillet 2006, n° 1/13580, *CCE pour le compte du ministère de la santé publique c. Sté UniversalMedical*, inédit.
[280] Article 47 du CCAG Travaux Toutefois, lorsque le marché porte principalement sur la fourniture de biens, l'article 25.1 du CCAG Fournitures biens et services

B.Le contrôle en cas de transfert du marché

295. L'obligation d'exécution personnelle a une signification particulière dans les contrats de marchés publics. Elle a pour effet d'interdire au titulaire de faire apport d'un marché à une société, ou d'en confier l'exécution à autrui. Elle induit à ce niveau deux types de situations qui appellent le contrôle de l'administration contractante: la première est relative à la cession du marché, la seconde aux hypothèses de redressement ou de liquidation judiciaire.

1. Le contrôle sur la cession du marché

296. La question du sort des contrats conclus par une entreprise en restructuration[281] est une donnée essentielle dans un monde des affaires en perpétuelle mutation. Elle touche aussi bien les contrats de droit privé que de droit public. Mais elle se pose en termes différents en matière de marchés publics[282].

297. Dans le droit des obligations, la cessionconduit en général, lorsqu'elle survient en cours d'exécution d'un contrat, au remplacement d'une partie par un tiers (article 199 du COC).

298. La question est différente en matière de contrats de commande publique où le problème qui se pose est celui de savoir comment l'acheteur public pourrait admettre le remplacement, à son insu, d'un cocontractant qu'il avait auparavant choisi sur la base de ses qualités personnelles, par un autre dont les références professionnelles sont incertaines.

299. En Tunisie, les pouvoirs publics ne semblent pas pressés de traiter cette question. La notion de cession de marché n'est pas définie par le CMP. Tout au plus, l'alinéa 2 de l'article 88 relatif à la sous-traitance laisse-t-il entrevoir la possibilité pour l'acheteur public d'autoriser la cession lorsque le titulaire a fait apport du marché à une autre société.

---

prévoit la continuation de plein droit du marché par les ayants-droits sauf si le marché a été conclu en considération de la capacité personnelle du titulaire.

[281] Il peut s'agir d'une opération de restructuration volontaire (ex: scission ou fusion) ou forcée (càd intervenant dans le cadre d'une procédure collective), mais l'expression peut avoir différentes interprétations. V sur ce point, RICHER (L), « L'avis du Conseil d'État du 8 juin 2000 sur la cession de contrat, quize ans après », AJDA 2014, p. 1925.

[282] Sur cette question, v. NOGUELLOU (R.), *La transmission des obligations en droit administratif*, LGDJ, 2004 ; v. aussi : BRACONNIER (S.), *Précis du droit des marchés publics*, op. cit., pp. 446 et s ; HOEFFNER (H.), *Droit des contrats administratifs*, op.cit., p. 401 et s.

300. La question ne semble pas non plus avoir agité la doctrine, ni interpellé la jurisprudence. Mais l'institution, absente au niveau des textes, reste présente au niveau des réalités, car il est inconcevable que les mutations qui affectent régulièrement la vie des affaires, par le biais notamment des opérations de restructuration, scissions, fusions-absorption, n'aient pas d'incidences d'une manière ou d'une autre sur le sort des marchés en cours d'exécution. On ne peut cependant se faire une idée précise sur la doctrine de l'administration en la matière tant est grande l'opacité qui continue d'entourer le travail des principaux organes spécialisés dans le contrôle de l'exécution des marchés publics[283].

301. Les bénéfices qui découleraient de la consécration d'une pareille institution sont pourtant évidents tant pour l'acheteur public, qui pourrait ainsi faire l'économie de la longue et coûteuse procédure de renégociation de ses contrats, que pour les cessionnaires, qui seraient ainsi autorisés à poursuivre l'exécution des marchés acquis aux conditions de passation initiales, sans doute plus favorables que celles auxquelles elles auraient eu à faire face s'ils avaient été obligés de se soumettre à une procédure nouvelle de mise en concurrence.

302. À défaut d'une intervention législative consacrant définitivement cette institution, les pouvoirs publics seraient bien inspirés de solliciter une consultation du Tribunal administratif afin de dissiper le flou juridique qui continue d'entourer cette question, à l'instar de l'expérience française où l'intervention de la Haute juridiction aura permis de tracer les contours essentiels de son régime juridique.

303. Dans son Avis du 8 juin 2000, le Conseil d'État français avait en effet dégagé les éléments essentiels du régime de la cession de marchés[284], se montrant au passage nettement plus permissif que la CJUE qui avait subordonné la légalité de ce type de contrat au respect strict du droit de la concurrence[285]. Il a d'abord considéré que « *la notion de tiers auquel le contrat est cédé doit s'entendre d'une personne morale distincte du titulaire initial dudit contrat* » ; il a ensuite estimé que toutes les opérations qui, au regard du droit commercial, entrainent la dissolution d'une entreprise et, par voie de conséquence, la création d'une nouvelle personne morale avec transmission de patrimoine, constituent une cession de marché.

304. C'est le cas notamment des opérations de fusion ou de scission-absorption prévues respectivement par les articles 411 et 428 du Code

---

283 V. infra, n° 510 et s.

284 CE, Avis, 8 juin 2000, AJDA 2008, p.758, obs. L. Richer

285 CJCE, 19 juin 2008, *PressetextNachrichtenagentur,* précité.

tunisien des sociétés commerciales (CSC). En revanche, la transformation d'une société en une société d'une autre forme prévue par l'article 428 du CSC, ainsi que la cession de droits sociaux, la filialisation ou même la prise de contrôle ne peuvent, en revanche, aboutir à une cession de marché[286]. Ce faisant, le Conseil d'État semble privilégier la simplicité au détriment de la réalité des liens économiques, car la prise de contrôle d'une entreprise par une autre peut parfois avoir davantage d'impact sur l'entreprise et sur l'exécution de ses contrats qu'une simple cession d'actifs[287].

305. Le Conseil d'État considère en outre que la cession d'un marché public se caractérise non seulement par la substitution d'un cocontractant à un autre, mais aussi par le maintien du contrat initial. Il en découle que le cessionnaire est transporté dans l'ensemble des droits et obligations du cédant et devient, de ce fait, le nouveau titulaire du marché[288].

306. Le premier élément – la substitution d'un cocontractant à un autre – qui a pour effet de délier le cédant de toutes ses obligations contractuelles, permet de distinguer la cession de marchés publics d'autres opérations, telles la subdélégation ou la sous-traitance, qui n'ont pas pour effets d'entrainer cette substitution.

307. Le second élément implique le maintien du contrat initial dans toutes ses composantes, du point de vue notamment de la durée, du prix et de la nature des prestations.

Il en résulte que les opérations qui ont pour effet une modification substantielle de l'un des éléments du contrat ne peuvent être analysées comme des opérations de cession, mais plutôt comme de nouveaux marchés soumis aux obligations de publicité et de mise en concurrence.

308. Les marchés publics ne peuvent être cédés qu'avec l'autorisation de l'acheteur public[289]. Le défaut d'autorisation entraîne la nullité

---

[286] Sur ces différentes techniques de restructuration, cf. : MELLOULI (S.) et FRIKHA (S.), *Les sociétés commerciales*, Tunis, 2008, pp. 372 et s.

[287] SYMCHOWICZ (N.), « Contrats administratifs et mise en concurrence : la question des cessions », AJDA, 2000, p. 104.

[288] Ces deux éléments sont repris dans l'article 40 du nouveau décret n° 2016-360 du 25 mars 2016 qui définit la cession de contrat comme le mécanisme « *ayant pour effet de remplacer le titulaire initial auquel l'acheteur a initialement attribué le marché public par un nouveau titulaire* ». Elle ne doit pas entraîner *« d'autres modifications substantielles* ».

[289] CE, 20 janvier 1905, *Cie départementale des eaux*, Rec. CE, p. 54. V. aussi l'Avis du 8 juin 2000 précité.

absolue de la cession[290]. L'administration contractante peut refuser la cession pour différents motifs, les principaux étant liés à l'insuffisance des garanties professionnelles, techniques et financières que présente le cessionnaire, car l'administration doit s'assurer que ce dernier est apte à exécuter le marché selon les conditions posées par le contrat[291].

309. Cette autorisation doit être expresse, sauf dans les cas exceptionnels dans lesquels la collectivité oublie de répondre à la demande de cession, mais manifeste ultérieurement sa volonté sans équivoque de l'accepter[292]. L'intérêt du service peut aussi constituer un motif de refus[293].

310. L'administration dispose en la matière d'un pouvoir discrétionnaire. Mais elle ne peut abusivement refuser une cession sous peine de commettre une erreur manifeste d'appréciation susceptible d'être sanctionnée par le juge administratif dans le cadre de l'exercice de son contrôle restreint.

311. D'autre part, elle ne peut, sous peine de commettre un détournement de pouvoir, utiliser cette procédure, de concert avec le cédant et le cessionnaire, pour échapper à la réglementation des marchés publics, du point de vue notamment du respect des principes de publicité et de mise en concurrence[294].

312. Sur le plan procédural, l'autorisation de cession n'est en principe pas soumise aux formalités de publicité et de mise en concurrence, car elle n'a pas pour effet la conclusion d'un nouveau marché, mais la poursuite du marché initial[295].Mais la substitution d'un nouveau contractant au contractant initial est bel et bien considérée comme un nouveau marché soumis à l'obligation de remise en concurrence.

Le principe en a été admis depuis l'arrêt « *Pressetetext* » rendu par la CJCE en 2008[296] et entériné par la nouvelle ordonnance du 23 juillet 2015 et son décret d'application de mars 2016. L'article 139 du décret n° 2016-360 du 25 mars 2016 subordonne en effet toute cession, en tant qu'elle constitue « *une modification substantielle du contrat*

---

[290] CE, 5 janvier 1951, *Commune de Lesparrou*, Rec. CE, p. 3.

[291] CE, 5 juillet 1935, *Commune de Reuilly*, Rec. CE, p. 771

[292] CE, Ass., 10 janvier 1930, *Commune de Pointe-à-Pitre*, Rec. CE, p. 32 ; CE, 28 mai 2001, *Territoire des Iles Wallis et Futuna*, BJCP, 2001, n° 18, concl. Piveteau.

[293] CE, Sect., 19 février 1933, *Mélon*, Rec. CE, p. 206.

[294] CE, *Avis*, 8 juin 2000, préc.

[295] CE, Avis, 8 juin 2000, préc. V. également : NOGUELLOU (R.), *La transmission des obligations en droit administratif*, LGDJ, 2004.

[296] CJCE, 19 juin 2008, PressetextNachrichtenagentur Gmbh, C-454/06.

initial » à une nouvelle mise en concurrence[297]. Les textes applicables en la matière prévoient cependant deux exceptions qui ne remettent pas en cause d'une manière substantielle cette obligation[298].

313. On notera enfin en droit tunisien que l'autorisation du cédant ne doit pas conduire à procurer au cédant un avantage injustifié tombant sous le coup des articles 87 bis ou 96 du Code pénal[299].

2. Le contrôle sur le redressement et la liquidation judiciaire

314. L'article 101 du CCP prévoit que les marchés publics ne peuvent être attribués qu'aux personnes physiques ou morales ayant la capacité requise pour s'obliger et ne se trouvant pas en état de faillite, de concordat préventif ou, pour les étrangers, dans une situation similaire prévue par la loi de leur pays. L'article 54 du CMP, adopté sous l'empire de la législation antérieure à l'adoption de la nouvelle loi du 29 mars 2016[300] sur les procédures collectives,ajoute dans son paragraphe 4 que les personnes physiques ou morales qui sont en situation de redressement amiable ou judiciaire conformément à la réglementation en vigueur peuvent contracter des marchés publics sous réserve de ne pas compromettre leur bonne exécution.

315. Seules donc les entreprises déclarées en état de liquidation judiciaire et les personnes physiques déclarées en faillite ne sont pas autorisées à participer aux procédures de passation des marchés, ni à en poursuivre l'exécution. La survenance de tels évènements en cours d'exécution doit conduire l'acheteur public à résilier le marché (article 118 du CMP). Celui-ci est donc appelé à surveiller étroitement l'évolution de la situation juridique de son cocontractant.

---

[297] HOEPFFNER (H.), « La cession du contrat : histoire d'une rencontre manquée entre les droits publics et privé des contrats », BJCP, n° 109, Novembre 2016 , p. 401 et s.

[298] Ces exceptions sont prévues par l'article 141,4,a- et l'article 140,4, b- du décret 2016-360. Sur ces exceptions, v. HOEPFFNER (H.), « La cession du contrat : histoire d'une rencontre manquée entre les droits publics et privé des contrats », art. précité, p. 410.

[299] Sur cette infraction, cf. infra, n° 1244 et s.

[300] Caractérisée par l'abrogation des articles 413 à 444 du code de commerce relatif au concordat préventif et l'adoption de la loi n° 35 du 17 avril 1995 relative aux entreprises en difficultés économiques, modifiée par la loi n° 63 du 15 juillet 1999, modifiée par la loi n° 79 du 29 décembre 2003 (JORT 1995, p.792). Cette législation a été abrogée et remplacée par la loi n° 36 du 29 avril 2016 relative aux procédures collectives (JORT 2016, p. 1724) sans que les solutions en matière de transfert des marchés en cas de liquidation judiciaire ou de faillite aient été touchées.

316. Il n'en est pas de même pour les entreprises en difficultés économiques faisant l'objet d'une procédure collective de redressement judiciaire au sens des articles 455 à 459 de la loi n° 2016-36 dès lors qu'elles ont été autorisées par le juge-commissaire à poursuivre leurs activités pendant la durée prévisible d'exécution du marché. Doivent donc être considérées comme nulles les clauses qui prévoient la résiliation automatique du contrat, en cas de placement de l'entreprise en état de règlement amiable ou judiciaire. Le Tribunal administratif a eu l'occasion d'appliquer ces principes à l'occasion d'un recours intenté par l'administration contre une entreprise déclarée en faillite pour inexécution du marché[301].

317. Cependant, s'il apparaît que l'entreprise placée en redressement amiable ou judiciaire n'est plus « *capable d'honorer (ses) engagements* », l'administration contractante sera en droit de prononcer la résiliation du contrat sur la base des articles 54, §3 et 118 du CMP. Cette décision est lourde de conséquences dans la mesure oùl'acheteur public est appelé à faire preuve de discernement dans le contrôle qu'il exerce sur la situation personnelle de son cocontractant.

318. Pour sa part, l'administrateur de l'entreprise en difficulté dispose d'un droit d'option qui lui permet, soit d'abandonner le contrat en cours, soit de décider de poursuivre. Lorsque le marché est inclus dans le plan de cession d'une entreprise placée en état de redressement amiable ou judiciaire, son transfert au repreneur ne peut se faire qu'à la suite d'une autorisation préalable de l'administration contractante[302].

319. En tout état de cause, l'acheteur public, confronté à un contractant qui fait l'objet d'une procédure collective, doit, au même titre que les autres créanciers, déclarer sa créance dans les délais prévus par la loi sous peine de forclusion. Seul le comptable public est habilité à déclarer les créances d'une personne publique. La déclaration doit comporter l'ensemble des créances dues ou à devoir par le titulaire du marché. Elle doit intervenir dès la publication du jugement d'ouverture de la procédure.

320. D'une manière générale, il apparaît que l'acheteur public n'est pas maître de la procédure lorsque le titulaire est engagé dans une procédure collective car l'administrateur judiciaire doit appliquer,

---

[301] TA, 1ère instance, 2 juin 2007, n° 17265, *CCE pour le compte du Commissariat régional pour le développement agricole de Kairouan c. Syndic de la faillite de l'entreprise Ksontini*, inédit.

[302] CE, Avis du 08 juin 2000 précité.

dans ce cas, les règles du Code de commerce, de nature législative, qui prévalent sur celles du CMP, qui sont de valeur règlementaire.

C. Le contrôle de l'obligation d'exécution du marché par le sous-traitant

321. Le contrat de sous-traitance a une origine civiliste. Il est applicable en matière de contrats d'entreprise. Bien que présente depuis longtemps dans les textes de droit public, la sous-traitance n'est pas définie par les lois et règlements. Tout au plus, est-elle évoquée dans le CPP au titre des modalités de paiement des prestations effectuées par les sous-traitants (article 116).L'institution a d'abord été appliquée aux marchés de travaux pour devenir par la suite une modalité normale d'exécution des marchés publics. Elle constitue aujourd'hui un moyen essentiel d'encouragement des PME et de promotion des entreprises nationales[303].

Le contrôle qu'exerce l'administration contractante sur l'obligation d'exécution du marché par le sous-traitant s'exerce tant sur les conditions de validité de la sous-traitance (**1**) que sur ses effets (**2**).

1. Le contrôle sur les conditions de validité de la sous-traitance

322. Ce contrôle implique que soit délimité le champ d'application de la sous-traitance et que soient précisées les conditions d'acceptation du sous-traitant par l'administration contractante.

a. Champ d'application

323. Dans le dictionnaire juridique, la sous-traitance est définie comme « l'opération par laquelle un entrepreneur confie par une convention appelée sous-traité ou contrat de sous-traitance, et sous sa responsabilité, à une autre personne nommée sous-traitant tout ou partie de l'exécution du contrat d'entreprise ou du marché public conclu avec le maître de l'ouvrage, le recours à la sous-traitance impliquant, pour l'entrepreneur principal, de faire accepter les sous-traitants par le maître de l'ouvrage »[304].

324. Le contrat de sous-traitance apparaît ainsi comme un contrat accessoire à un contrat principal. Son objet est de faire réaliser par des tiers une partie des prestations que le titulaire a pour obligation

---

[303] Sur la sous-traitance en matière de marchés publics, cf. : MODERNE (F.), *La sous-traitance des marchés publics*, Dalloz 1995 ; DEVILLERS (P.). « L'exécution des marchés dans la nouvelle ordonnance : la sous-traitance mieux encadrée , CMP oct. 2015, doss. 10.

[304] Association Henri CAPITANT, *Dictionnaire juridique*, (s. dir.) : CORNU (G.), PUF, 1987, p.776.

d'exécuter personnellement conformément aux stipulations du marché.

Doivent, de ce fait, être distingués de la sous-traitance, les contrats conclus par le cocontractant avec différents fournisseurs en vue de se doter des moyens nécessaires à la réalisation du marché[305]. En revanche, un contrat de fourniture d'un ensemble d'équipements répondant à un cahier des charges comportant les prescriptions techniques précises relatives aux modalités d'exécution d'un marché est un contrat de sous-traitance[306].

325. L'article 88 du décret 2014-1039, portant nouvelle réglementation des marchés publics, limite le champ d'application de la sous-traitance à « *une partie des marchés de travaux ou de services* », excluant, par là-même, son application aux marchés de fournitures ou d'études[307]. Cependant, l'article 2.4 du CCAG relatif aux marchés de fournitures ainsi que l'article 2.1 du CCAG relatif aux marchés d'études, adoptés il est vrai avant l'adoption de la nouvelle réglementation, continuent d'évoquer cette institution. Des controverses inutiles pourraient donc surgir du fait de la contrariété entre les deux types de textes. Ceci souligne, encore une fois, l'urgence de l'adoption de nouveaux arrêtés ministériels portant révision des CCAG relatifs aux différents types de marchés.

326. D'un autre côté, la sous-traitance a un caractère partiel. L'article 88 du CMP le confirme et prévoit que le cocontractant ne peut sous-traiter que l'exécution d'une partie du marché. Le même article permet de confier l'exécution d'une partie d'un marché « *à un ou plusieurs sous-traitants* ». La complexité et la diversité croissante des besoins pouvant faire l'objet de commandes publiques justifient une telle solution. Il en est ainsi notamment lorsque les prestations prévues par le marché sont découpées en lots relevant de plusieurs corps de métiers spécialisés.

327. En revanche, l'obligation pour l'acheteur public d'insérer une clause dite de « *sous-traitance nationale* », prévue par l'article 20 du décret du 17 décembre 2002, a finalement été supprimée par le nouveau Code. L'article 22 du nouveau Code se contente de mentionner que les

---

[305] CAA Nantes, 30 décembre 1999, *Sté Biwater*, Lettre J.Cl. Droit Pub. Affaires, juin 2000.

[306] CAA Nantes, 7 octobre 2011, *Sté Atlan*, n° 10NT02052.

[307] La même solution a été adoptée par le Conseil d'État dans son arrêt du 26 septembre 2007, *Département du Gard* (n° 259809). L'article 62 de l'ordonnance du 23 juillet 2015 fait cependant référence aux travaux d'installation dans le cadre d'un marché de fournitures.

cahiers des charges « *incitent les soumissionnaires étrangers à confier à des entreprises locales l'exécution du maximum de commandes publiques (...) dans tous les cas où l'industrie et les entreprises locales sont susceptibles de répondre à une partie de la commande* », alors que l'article 23 ajoute que ces documents « *incitent les bureaux d'études étrangers à associer un ou plusieurs bureaux d'études ou des experts tunisiens* ».

328. En droit comparé, une évolution tendant à mieux encadrer le recours à la sous-traitance peut être observée sur ce point. Ainsi en France la nouvelle ordonnance, transposant la directive de l'UE n° 2014/24, permet à l'acheteur public d'exiger, d'une part, que « *les tâches essentielles* » soient accomplies par le titulaire, d'autre part, de refuser d'accepter le sous-traitant en cas d'offre anormalement basse[308].

329. Ce contrôle de « l'offre anormalement basse » qui s'appliquera désormais au sous-traitant constitue une innovation notable de la réforme.C'est la pratique courante selon laquelle un titulaire peut être tenté de recourir à des sous-traitants employant des salariés dans des conditions illégales afin de compenser le prix bas de l'offre, qui a été l'origine de la prise en compte dans l'article 62 de l'ordonnance du 23 juillet 2015, de la nécessité de contrôler l'offre du sous-traitant qui s'impliquera dans l'exécution du marché.

330. Ainsi, dans l'hypothèse où l'offre du sous-traitant est comprise dans l'offre initiale, l'offre principale pourra être rejetée sur le fondement de l'offre anormalement basse du sous-traitant. Dans l'hypothèse où l'offre du sous-traitant est présentée en cours de contrat, l'agrément de ce sous-traitant pourra être refusé par la personne publique. Le titulaire principal, le sous-traitant qui n'aura pas été agrée ainsi que tout tiers intéressé (le concurrent du sous-traitant, le cas échéant) ne seront toutefois pas recevables à contester cet agrément (ou refus d'agrément) car il s'agit d'une mesure d'exécution du contrat[309].

b. L'acceptation du sous-traitant par l'acheteur public

331. Selon l'article 119 du CMP, le recours à la sous-traitance sans l'autorisation de l'acheteur public constitue une faute contractuelle qui justifie la résiliation du marché aux torts du cocontractant sans mise en demeure préalable. L'acceptation du sous-traitant par la collectivité

---

[308] DEVILLERS (P.), « L'exécution des marchés dans la nouvelle ordonnance : la sous-traitance mieux encadrée », Contrats et marchés publics n° 10, Octobre 2015, dossier 10.

[309] CE, 4 décembre 2002, *Société Eurovia Méditerranée*, n° 244134. V. infra, n° 1038 et s.

publique concernée constitue donc une condition indispensable de la validité du contrat de sous-traitance. L'initiative de la sous-traitance revient exclusivement au titulaire du marché, seul à même d'apprécier l'utilité de l'association d'un sous-traitant et de déterminer les prestations pouvant lui être confiées. Le sous-traitant n'est pas habilité à présenter directement la demande d'agrément à l'acheteur public.

332. L'acceptation peut être sollicitée soit avant la conclusion du marché, soit en cours d'exécution. Dans le premier cas, la demande doit accompagner l'offre présentée par le candidat au marché, la notification du marché vaut, dans ce cas, agrément du sous-traitant et agrément des conditions de paiement ; dans le second cas, l'acceptation du sous-traitant et l'agrément des conditions de paiement doivent faire l'objet d'un avenant (article 2.4.3 du CCAG Travaux et article 2.3.4 du CCAG Fournitures).

Dans tous les cas, cette autorisation préalable doit être écrite. Le défaut de réponse de l'acheteur public à la demande d'acceptation du sous-traitant pendant un délai de vingt et un jours vaut approbation implicite de ce dernier.

333. Le changement de sous-traitant doit être préalablement agréé par l'acheteur public. Lorsque l'agrément d'un sous-traitant a été donné avant la conclusion du marché, le changement ne peut intervenir qu'à la suite de l'avis de la commission des marchés compétente. Dans ce cas, les sous-traitants doivent répondre aux références et garanties professionnelles prévues par le marché (article 89 du CMP).

2. Le contrôle sur l'exécution de la sous-traitance

334. La responsabilité du sous-traitant ne peut être mise en cause par l'acheteur public pour inexécution du marché (**a**), même si le contrat peut prévoir son paiement direct par l'acheteur public (**b**).

a. L'absence de responsabilité du sous-traitant vis-à-vis de l'acheteur public :

335. La sous-traitance n'engendre pas de relations contractuelles entre le sous-traitant et l'acheteur public[310]. « *Dans tous les cas, le titulaire du marché demeure personnellement responsable à l'égard de l'acheteur public* » (article 89, dernier alinéa du CMP). Par rapport à l'administration contractante, le sous-traitant demeure un tiers contre

[310] TC, 22 janvier 2001, *Centre hospitalier de Montpellier*, BJCP, 2001, n° 18, p. 448.

lequel elle ne peut agir en responsabilité contractuelle, ni le mettre en cause dans une procédure dirigée contre son cocontractant[311].

336. En revanche, l'exécution d'une partie des prestations par le sous-traitant ne peut délier le titulaire de sa responsabilité envers l'acheteur public, car l'obligation d'exécution demeure à sa charge, abstraction faite des personnes qui ont effectivement exécuté les prestations.
C'est ce qu'a rappelé le Tribunal administratif tunisien en relevant « *que l'appelant reproche au jugement attaqué le rejet de sa demande de mise en cause de la société (sous-traitante) alors qu'il n'est pas contesté que cette dernière était chargée des travaux d'étanchéité dans le cadre du marché ; que l'article 81 du décret n° 754 du 27 juillet 1974 prévoit que l'entreprise contractante demeure, dans tous les cas, responsable des prestations réalisées par ses sous-traitants comme si elle les avait réalisées par elle-même ; que c'est à bon droit, dès lors, que la juridiction du premier degré a pu déclarer irrecevable la demande d'intervention forcée de la société sous-traitante en décidant de la mettre hors de cause dans cette instance* »[312].

337. D'autre part la conclusion d'un contrat de sous-traitance sans l'autorisation préalable de l'acheteur public constitue une faute pouvant engager la responsabilité du cocontractant et justifier par là même la résiliation unilatérale du marché sans mise en demeure préalable du titulaire. Il en est ainsi aussi lorsque le titulaire a fourni, en connaissance de cause, des renseignements inexacts à l'appui de sa demande d'acceptation du sous-traitant. Dans tous ces cas, le sous-traitant irrégulier ne peut prétendre au paiement direct par l'administration contractante, sauf sur la base de l'enrichissement sans cause, mais alors à des conditions très restrictives qui ont pour effet de limiter considérablement une telle action[313].

---

[311] En France cependant l'action en responsabilité du sous-traitant par rapport au maître d'ouvrage est admise sur le terrain quasi-délictuel depuis 2015 (CE 7 déc. 2015, *Commune de Bihorel*, n° 380419, AJDA 2015. 2351 ; RDI 2016. 93, obs. H. de Gaudemar ; AJCT 2016. 265, obs. S. Hul). Sur ce point, cf. BOURDON (P.), « Les relations para-contractuelles du maître d'ouvrage et du sous-traitant dans les marchés de travaux », AJDA 2017. 1500.

[312] TA, Appel, 16 avril 1999, *Sté Entreprise Ben Guiza c. C.C.E. pour le compte du ministère de l'équipement et de l'habitat*, inédit.

[313] Sur ce point, cf. : RICHER (L.) et LICHÈRE (F.), *Droit des contrats administratifs*, op.,cit, p. 519 et s.

b. Le paiement direct :

338. L'absence de lien contractuel entre le sous-traitant et l'acheteur public ne signifie pas l'absence de liens financiers. Dans le but de protéger les sous-traitants contre les défaillances ou manœuvres de l'entreprise principale, la réglementation relative aux marchés publics leur reconnait le droit d'être payé directement par l'acheteur public. L'article 88 du CMP dispose à cet effet que « les *cahiers des charges peuvent prévoir le paiement direct par l'acheteur public des sous-traitants agréés* »[314]. Les articles 2.4.3 du CCAG Travaux et 2.3.4 Fournitures prévoient que « *lorsqu'un sous-traitant doit être payé directement, l'acceptation du sous-traitant et l'agrément des conditions de paiement, s'ils ne sont pas prévus dans le marché, sont constatés dans un avenant qui doit comporter le montant des sommes à payer directement au sous-traitant, ainsi que les modalités de règlement de ces sommes selon les modalités de règlement prévues par le marché* ».

339. En cas de litige entre le sous-traitant et le maître d'œuvre, c'est le juge administratif qui est compétent. La solution s'explique par le fait que le paiement direct qui peut être prévu par le contrat crée dans ce cas des rapports directs entre le sous-traitant et l'administration[315].

§.3 Le contrôle de l'obligation d'exécution du marché dans les délais

340. Le respect des délais d'exécution constitue un élément essentiel de l'appréciation de la bonne exécution des marchés publics par l'administration. Le plus souvent, la durée du marché correspondant à la période couverte par le contrat se confond avec les délais d'exécution (**A**). Mais cette équation entre durée du marché et délais d'exécution n'est pas toujours vérifiée, ce qui tend à compliquer le problème du contrôle de cette composante essentielle des marchés publics (**B**) et pose le problème de leur sanction en cas de violation (**C**).

A. Le contrôle sur la durée d'exécution du marché

341. Le respect de la durée d'exécution des marchés constitue une condition essentielle du contrôle de la bonne exécution du marché par l'administration. Tout retard dans l'exécution peut entraîner un renchérissement du prix du marché et menacer son exécution dans les

---

[314] En France, c'est l'article 135 du décret n° 2016-360 qui permet au sous-traitant de premier rang de se faire payer directement par le maître de l'ouvrage.

[315] CE 17 mars 1982, *Société Périgourdine*, 23440, AJDA 1982, 727, concl. Boyon. Sur ce point, cf. : infra, n° 888 et s.

délais initialement prévus par le contrat. C'est ce qui explique la liberté laissée à l'acheteur public dans la fixation de la durée d'exécution des marchés (**1**) et la faculté d'associer les candidats dans la fixation de cette durée (**2**).

1. La liberté de l'acheteur public dans la fixation de la durée du marché

342. À l'inverse des contrats de concession, dans les contrats de marchés publics la durée d'exécution ne peut, dans la plupart des cas, être déterminée à l'avance, À cet égard, l'article 30, alinéa 2 du CMP, qui prévoit que le marché doit comporter « (...) 6- *le délai d'exécution du marché* », ne doit pas nous leurrer, car la durée d'exécution dépend essentiellement de facteurs objectifs tenant à la nature et à l'importance des prestations et à la nécessité de les remettre parfois en concurrence.

343. Il en est ainsi en matière de marchés-cadre prévus par l'article 14 du CMP. L'objet de ce type de marchés est précisément de permettre à l'acheteur public de pourvoir à des besoins de même nature ou de nature complémentaire en lui permettant d'effectuer des achats à caractère répétitif selon une seule procédure de mise en concurrence. Dans ce cas, l'acheteur public a la faculté de prévoir un minimum et un maximum de prestations en valeur ou en quantité susceptibles d'être exécutées par les titulaires[316]. L'intérêt de cette technique est évident à la fois pour l'acheteur public et pour les entreprises intéressées. Du côté de l'acheteur public, la formule permet de disposer des offres les plus avantageuses économiquement. Du côté des entreprises, la fixation d'un minimum permet de sécuriser les carnets de commandes et, en conséquence, de rationaliser les outils de production, en anticipant des économies d'échelle ou en garantissant le financement d'investissements nécessaires à leur extension. La fixation d'un maximum permet de connaître le niveau de mobilisation nécessaire de l'outil de production afin d'en programmer le rythme de roulement. Les besoins à satisfaire et les quantités effectives à livrer sont déterminés par des bons de commande. Les bons de commande sont des documents écrits adressés aux titulaires du marché qui ont pour objet de préciser, au fur et à mesure de la réalisation des besoins de l'acheteur public, les prestations dont l'exécution est requise du titulaire ou des cotraitants.

344. La nature particulière de ce type de marchés fait que leur durée ne peut être déterminée à l'avance, chaque marché devant indiquer la

---

[316] Sur ce point, cf. : BEN KHALIFA (F.), *Le droit des marchés publics*, op.,cit, p. 59 et s.

durée pour laquelle il est conclu et comporter une clause de tacite reconduction sans que la durée globale du contrat ne puisse excéder trois ou, exceptionnellement, cinq ans pour les marchés nécessitant la mobilisation d'investissements amortissables sur une durée plus longue (article 15, alinéa 2 du CMP). L'émission de bons de commande s'effectue sans négociation, ni remise en concurrence préalable des titulaires au cours de la période couverte par le marché. Elle ne peut intervenir que pendant la durée de validité du marché. Elle sera alors fixée conformément aux conditions d'exécution des prestations prévues par le cahier des charges du marché. L'acheteur public ne peut cependant retenir une date d'émission et une durée telles que l'exécution du marché dans sa globalité se prolonge au-delà de la date limite de sa validité.

2. La faculté d'associer les candidats à la fixation de la durée d'exécution du marché

345. D'un autre côté, tenant compte de la complexité de la réalisation de certains marchés, le CMP permet parfois d'associer les candidats à la fixation de la durée d'exécution. Ainsi, l'article 83 prévoit que les cahiers des charges peuvent autoriser les candidats à proposer, à l'appui de leurs offres, des délais d'exécution déterminés.

346. Le contrat peut néanmoins comporter des conditions suspensives qui font dépendre sa prise d'effet, soit d'un évènement futur et incertain, comme l'obtention d'une autorisation administrative par exemple[317], soit de la survenance d'un évènement imprévisible, indépendant de la volonté des parties. Dans ce cas, l'obligation prend effet le jour où elle a été contractée (Article 133 du COC).

B. Le contrôle sur les délais d'exécution des marchés publics

347. Le contrôle sur les délais d'exécution des marchés publics va porter d'abord sur les délais prévus par le contrat (**1**), ensuite sur leur prorogation (**2**).

1. Le contrôle sur les délais prévus par le contrat

348. Les documents contractuels prévoient, en général, soit un délai global d'exécution, soit des délais « *partiels* » qui se présentent généralement sous la forme d'un calendrier relatif aux différentes tranches des prestations faisant l'objet du marché.

---

[317] CE, 6 mars 1992, *Sté Toulouse Exploitation Transports*, D. 1992, somm., p. 410, obs. Ph. Terneyre.

349. L'article 19 du CCAG Travaux prévoit à cet effet que le « délai d'exécution (...) s'applique à l'achèvement de tous les travaux prévus incombant à l'entrepreneur ». Il ajoute que ces dispositions « *s'appliquent aux délais distincts du délai d'exécution de l'ensemble des travaux, qui peuvent être fixés par le marché pour l'exécution de certaines tranches de travaux, ou de certains ouvrages, parties d'ouvrages, ou ensemble de prestations* ». L'article 10 du CCAG Fournitures et les articles 10 du CCAG Fournitures et 12 du CCAG Études se contentent de leur côté de préciser que « *le délai d'exécution part de la notification du marché* ».

350. Dans tous les cas, la durée d'exécution commence à courir à compter de la notification du marché au titulaire avant tout commencement d'exécution (article 74 du CMP). La notification du commencement d'exécution des prestations est une prérogative exclusive de l'administration contractante qui peut décider de différer ou de suspendre l'exécution. Elle doit en informer alors son cocontractant par ordre de service.

351. Théoriquement, le point de départ de la computation des délais correspond au jour suivant la date de notification du marché. En pratique cependant, ce sont les documents contractuels qui permettent de régler cette question. Ainsi, l'article 19.1.1 du CCAG travaux prévoit que « *sauf stipulation contraire du CCAP, le délai part de la date de la notification de l'approbation du marché. Cette notification vaut alors ordre de commencer les travaux* ». Ce délai est alors matérialisé par un ordre de service adressé à l'entrepreneur. Lorsque, pour une raison ou une autre, l'administration contractante n'a pu émettre un ordre de service à cet effet, le délai d'exécution commence à courir à compter du commencement effectif des travaux.[318]. Lorsque le marché ne comporte pas un délai d'exécution déterminé, le respect de ses obligations par le titulaire du marché doit être apprécié au regard « *de la durée normale d'exécution* », en tenant compte notamment de la nature et de l'importance des prestations[319].

2. Le contrôle sur la modification des délais en cours d'exécution

352. Trois séries de facteurs peuvent conduire à prolonger les délais d'exécution : les plus fréquents étant imputables aux parties contractantes. Mais des causes extérieures aux parties peuvent produire les mêmes effets.

[318] CE, 3 janvier 1958, *Commune de Bourg-Saint-Léonard*, Rec. CE, p.6.
[319] CE, 7 février 1951, *Ville de Paris*, Rec. CE, p. 76.

353. Le rallongement des délais peut d'abord être le fait de l'acheteur public lui-même. Celui-ci peut, en effet, et conformément à l'article 84 du CMP prescrire au titulaire une augmentation dans la masse des prestations. Tant que cette augmentation ne dépasse pas 20%, elle ne peut, en principe, avoir d'incidence sur la durée d'exécution. Cette durée, telle que fixée dans le contrat, est considérée comme intangible, sauf réserves expresses du titulaire sur le délai nécessaire à l'exécution. En France, le Conseil d'État considère à cet égard que la réalisation à l'initiative du maître de l'ouvrage, de travaux supplémentaires, n'affecte pas la durée d'exécution du marché[320].

354. Il est fréquent que les retards d'exécution soient dus à la carence de l'administration dans la réalisation d'opérations préliminaires, nécessaires à l'exécution, et mises à sa charge par les documents contractuels. Cette hypothèse est celle prévue par l'article 19.2.1 du CCAG et concerne le plus souvent la livraison des plans d'architecture relatifs à la réalisation des ouvrages ou encore la mise en possession de l'entreprise du site nécessaire à l'exécution des travaux[321].

Dans tous ces cas, l'administration, peut ordonner au titulaire d'ajourner ou de suspendre l'exécution des travaux. Mais celui-ci est alors exonéré de toute responsabilité contractuelle[322].

355. À titre d'exemple, la Cour des comptes fait état dans son contrôle sur la gestion du patrimoine culturel, d'un ajournement de 18 mois dans l'exécution des travaux de rénovation du musée de Sousse du fait de l'incapacité de l'Institut national du patrimoine de mettre à la disposition du titulaire le site destiné à l'exécution du marché, et ce en enlevant les pièces archéologiques qui encombraient le lieu de la réalisation des travaux[323]. Le titulaire peut demander, dans ce cas, qu'il soit tenu compte, dans le calcul du délai global des actes imputables à l'acheteur public qui ont eu pour effet de perturber le cours normal de l'exécution[324].

356. Le prolongement des délais peut ensuite résulter de l'incapacité du titulaire d'exécuter les prestations dans les délais prévus par le contrat. Dans ce cas, les cahiers des charges prévoient des sanctions financières sous forme de pénalités de retard applicables au dépassement enregistré dans les délais d'exécution des prestations.

---

[320] CE, 16 mai 2012, *Communauté d'agglomération Rouen-Elbeuf-Austreberthe*, n° 345137.

[321] TA, 9 juin 1979, *Bouzguenda c. Commune de Tunis*, Rec. TA, p. 206.

[322] M'KAOUER (F.), « L'exécution des contrats administratifs », op. cit., p. 28.

[323] Cour des comptes, *Vingt-huitième Rapport annuel*, 2014, p. 30.

[324] CE, 19 février 1975, *Ministre de la défense nationale*, Rec. CE, p. 143.

357. Enfin, les retards peuvent être dus à des évènements ou des actes indépendants de la volonté des parties, tels qu'une pénurie de biens ou de matériaux que le titulaire ne pouvait éviter et ayant eu une incidence directe sur le cours normal d'exécution des prestations ou un retard non imputable au titulaire dans l'obtention d'une autorisation administrative nécessaire à l'exécution du marché, ou bien encore des intempéries, des troubles ou des émeutes, et plus généralement tout évènement présentant le cas de force majeure. La durée d'exécution est alors prorogée en tenant compte de la durée de suspension du contrat due à la survenance de tels actes ou évènements.

358. En dehors de ces hypothèses, les délais d'exécution ne peuvent être modifiés que par un avenant qui constitue le prolongement du contrat initial[325].

C. La sanction de la violation par le titulaire des délais d'exécution : les pénalités de retard

359. Les pénalités de retard sanctionnent le non-respect par le titulaire de ses obligations contractuelles en matière de délais d'exécution.

Elles ont pour fondement l'article 171 du CCP qui prévoit que les cahiers des charges déterminent les pénalités de retard et les sanctions financières dues par le titulaire du marché sans que leur montant ne puisse dépasser 5% du montant définitif du marché à moins qu'il n'y soit dérogé par les CCAP. Dans un souci d'équilibre cependant, le même article ajoute qu'« *uneprime peut être octroyée à ce dernier en cas d'avance sur le délai d'exécution* ».

360. Les pénalités de retard doivent être prévues par le contrat. Elles sont présentes dans les différents CCAG[326] et souvent reprises dans les CCAP des marchés. Sorte de convention forfaitaire destinée à réparer un préjudice éventuel, ces pénalités sont applicables par l'administration sans que celle-ci soit tenue d'établir qu'elle a subi un préjudice particulier[327].

361. Pour garantir la bonne exécution du marché, les différents délais prévus par le contrat doivent être assortis de la pénalité correspondante. Il s'agit là d'une exigence de bonne utilisation des deniers publics. Les pénalités de retard ont, en effet, la particularité de présenter le double caractère de réparation civile et de sanction financière. Elles sont destinées non seulement à sanctionner le

[325] Sur les avenants, v. supra, n° 243 et s.
[326] Les pénalités de retard sont prévues par l'article 20 du CCAG Travaux, 11 du CCAG Fournitures et 15 du CCAG Services.
[327] CE, 14 juin 1944, *Skouloukos*, Rec. CE, p. 169.

cocontractant défaillant, mais aussi à réparer le préjudice subi par la collectivité du fait du retard mis par son cocontractant dans l'exécution de ses obligations. Il en découle que l'acheteur public ne peut théoriquement réclamer à son cocontractant des sanctions supplémentaires[328]. Mais cette solution n'a pas été reprise en Tunisie où l'article 171 du décret 2014-1039 maintient la faculté pour l'acheteur public de prévoir, par la voie des cahiers des charges, d'autres « *sanctions financières* » qui pourraient être appliquées au titulaire du marché, en sus des pénalités de retard.

362. Ces pénalités de retard ont un caractère forfaitaire. Cela signifie qu'elles sont applicables même en l'absence de préjudice subi par l'administration[329]. Le seul moyen pour le titulaire d'en obtenir la décharge est de prouver l'absence de faute ou l'irrégularité procédurale. Théoriquement, les personnes publiques ne sont jamais tenues de les réclamer, même lorsqu'elles sont prévues dans les documents contractuels. Il s'agit pour elles d'une simple faculté[330].

En pratique cependant, en raison des contrôles très stricts exercés par les différents corps de contrôle et des recommandations fréquentes de la Cour des comptes, il est rare que les personnes publiques y renoncent lors du règlement du marché.

363. Les pénalités sont dues par le titulaire du simple fait de la constatation du retard et appliquées sans mise en demeure préalable. Toutefois la circulaire du 3 juin 2015 invite les acheteurs publics à comptabiliser les pénalités de retard au fur et à mesure de l'avancement des travaux et à les imputer sur les décomptes provisoires sans déduction du montant des acomptes dus au titulaire, à charge de la détermination de leur montant définitif à l'issue de l'établissement du document de calcul des délais[331]. Lorsque le titulaire est constitué par un groupement d'entreprises, les pénalités de retard sont imputées au mandataire commun dans le cas où les indications nécessaires à leur répartition entre les entreprises groupées n'ont pas été fournies à l'administration lors de l'attribution du marché.

364. Leur montant est, en général, plafonné par les cahiers des charges. Ainsi, l'article 20 du CCAG Travaux stipule, par exemple, que le CCAP prévoit la pénalité journalière en cas de retard dans l'exécution des travaux. À défaut, il est fait application d'une pénalité journalière

---

[328] CE, 15 mai 1987, *Hôpital rural de Breil-Sur-Royat*, RDP 1988, p. 1437.

[329] CE, 4 juin 1976, *Sté toulousaine immobilière*, Rec. CE, p. 303.

[330] CE, 17 mars 2010, n° 308676, *Commune Issy-les-Moulineaux*, Contrats et marchés publics, n° 5, mai 2010, comm. G. Eckert.

[331] Texte de la circulaire in : Observatoire national des marchés publics.

de 1/5000 du montant de l'ensemble du marché ou de la tranche considérée. Dans ce sens, le montant des pénalités de retard est très souvent, un enjeu dans l'attribution des marchés publics, le cocontractant devrait ainsi pouvoir demander au juge de modérer les pénalités résultant de l'exécution ducontrat au-delà des délais contractuels si leur montant est manifestement excessif[332].

[332] En droit français, le juge administratif se reconnaît désormais le pouvoir de moduler les pénalités de retard résultant du contrat. Sur ce point, cf. CE, 29 décembre 2008, *OPHLM de Puteaux*, n° 296930, concl. B. Dacosta.

CONCLUSION DU CHAPITRE 1

365. L'étude du contrôle exercé par l'administration contractante sur l'exécution du marché aura montré que celle-ci dispose de puissants moyens de pression sur son cocontractant qui tendent à remettre en cause les principes d'autonomie de la volonté et d'égalité juridique des parties qui sont au cœur de la notion de contrat.

Ainsi que le souligne le Professeur René CHAPUS « prérogatives de l'administration et obligations du cocontractant ont certainement plus de relief que les droits reconnus à ce dernier »[333]. Le droit des marchés publics dans les pays à régime administratif reconnaît en effet à l'administration contractante un pouvoir remarquable de direction qui lui permet de diriger, surveiller, orienter, vérifier, modifier et sanctionner les modalités d'exécution des prestations, consacrant en la matière la conception la plus large de la notion de contrôle.

366. En Tunisie, ce pouvoir découle essentiellement des clauses, administratives ou techniques, qui sont incorporées par l'administration dans les cahiers des charges du marché lors de la formation du contrat. Ces documents généraux à élaboration unilatérale constituent la manifestation éclatante de la supériorité de l'administration contractante dans la détermination du référentiel technique qui constitue la base du contrôle de l'exécution des marchés publics.

367. Le pouvoir ainsi reconnu à l'administration contractante en matière d'exécution des marchés publics est loin d'être contrebalancé par des moyens d'action équivalents reconnus au cocontractant.

---

333 CHAPUS (R.), *Droit administratif général*, op. cit., n° 1376.

CHAPITRE 2

LA FAIBLESSE DES MOYENS D'ACTION DU COCONTACTANT

369. Par leur objet, les marchés publics ne sont pas foncièrement différents des contrats d'entreprise de droit privé[334]. Par-delà la présence de traits spécifiques qui s'expliquent par les finalités d'intérêt général qui sont au cœur de l'action administrative, il s'agit fondamentalement de contrats par lesquels l'administration se procure des fournitures ou des services ou fait réaliser des travaux moyennant un prix qu'elle est appelée à régler à son cocontractant. Il s'agit donc de contrats conclus « *à titre onéreux* », critère essentiel de détermination de la notion de marché public des pays occidentaux permettant notamment de distinguer les contrats à paiement public des formules concessives[335], que la définition donnée par l'article 3 du Code tunisien des marchés publics a cependant omis de souligner. C'est ce critère, en tant qu'il exprime l'idée d'une charge pesant sur la collectivité, qui implique que la notion de marché public ne saurait être reconnue en l'absence d'un profit recherché par le cocontractant sous forme d'un prix versé directement ou indirectement par l'administration.

370. Le respect par l'administration de la contrepartie financière du contrat constitue ainsi la préoccupation majeure du titulaire du marché. Mais la garantie de cette obligation est largement conditionnée par les décisions que l'administration est amenée à prendre en cours d'exécution. Ces décisions, qu'elles aient pour objet de constater l'exécution des prestations par le titulaire, ou de lui ordonner la réalisation de prestations supplémentaires, ou encore de sanctionner l'inexécution de ses obligations, ont une incidence directe sur les droits de ce dernier. Celui-ci, s'il ne peut opposer à l'administration contractante l'exception d'inexécution[336], est cependant en droit

[334] Régis par les articles 828 et s. du COC.

[335] Cf. BRACONNIER (S.), *Précis du droit des marchés publics*, op. cit., p. 105-111.

[336] Prévue par l'article du 247 COC qui dispose que : « *Dans les contrats bilatéraux, l'une des parties peut refuser d'accomplir son obligation jusqu'à l'accomplissement de l'obligation corrélative de l'autre partie, à moins que, d'après la convention ou*

d'apprécier la licéité des mesures d'exécution susceptibles de léser ses droits.

Il peut en effet, au cours de la procédure destinée à constater les droits respectifs des parties, contester les ordres de service abusifs. Il peut aussi s'opposer au refus de l'administration de constater la réception des travaux ou l'admission des fournitures ou de régler le prix convenu et libérer les cautions qu'il a dû constituer lors de l'attribution du marché.

371. Le titulaire peut également, sur la base de théories propres au droit administratif, faire valoir ses droits à indemnisation afin de maintenir l'équilibre financier du marché, toutes les fois où des aléas indépendants de la volonté des parties viennent aggraver ses conditions d'exécution.

372. Dans le face-à-face qui oppose les parties contractantes lors de la phase de l'exécution du marché, le titulaire apparaît souvent en situation d'infériorité par rapport à l'acheteur public. Ses droits financiers restent, en effet, largement tributaires des décisions de son tout puissant contractant.

373. Cependant, il n'est pas totalement dépourvu de moyens à l'encontre des ordres de service et des décisions qui émanent de ce dernier. Le droit des marchés publics lui offre la possibilité de s'opposer à ces décisions sous forme de mémoires comportant un exposé des motifs de ses réclamations[337]. Cette procédure, qualifiée de recours administratif préalable, constitue en réalité un premier moyen de contrôle du titulaire sur les décisions de l'administration contractante destiné à fixer les points de divergences entre les parties avant leur soumission éventuelle au contrôle des autorités compétentes chargées de leur règlement[338].Le rôle du juge du contrat apparaît ici décisif. C'est à lui que revient le pouvoir de protéger les droits légitimes du cocontractant.

374. Pour la cohérence globale de notre propos, il nous a paru plus indiqué de traiter les questions liées à l'obligation d'indemniser le cocontractant, en cas d'aggravation de ses charges pouvant entraîner un bouleversement financier des conditions d'exécution du marché du fait de la survenance d'aléas techniques, administratifs ou

l'usage, l'un des cocontractants ne soit tenu d'exécuter le premier sa part de l'obligation ». Sur cette question, cf. infra, n° 426 et s.

[337] Article 50du CCAG travaux, articles CCAG 32 à 34 du CCAG fournitures et services et article 38du CCAG études. Sur ce recours préalable spécifique aux marchés publics, v. infra, n° 689.

[338] AUBY (J.-M), « Les recours administratifs préalables », AJDA, 1997, p. 11.

économiques en cours d'exécution, dans le cadre de ce chapitre réservé à la garantie de ses droits financiers, bien qu'elles soient en rapport avec celle de la protection par le juge du contrat de ces droits qui ne sera envisagée que dans le Titre 2 de la deuxième partie réservé au rôle caractère essentiellement indemnitaire du contentieux de l'inéxécution.

375. Aussi, il convient d'étudier en premier lieu le contrôle des obligations financières prévues par le contrat (**Section 1ère**) avant d'envisager en second lieu le contrôle des obligations financières non prévues par le contrat (**Section 2ème**).

Section 1 : Le contrôle du respect des obligations financières prévues par le contrat

376. L'objet du contrôle exercé par le cocontractant sur les obligations financières de l'administration est la garantie du paiement du prix convenu et la restitution des cautions constituées à la fin du marché [339](**§1**). Mais les moyens de contrôle dont dispose le cocontractant pour assurer le respect de ces obligations ne paraissent pas suffisants pour garantir l'effectivité de cette obligation (**§2**).

§1 : L'objet du contrôle

377. La préoccupation première du cocontractant de l'administration est de percevoir le prix convenu (**A**) et d'obtenir la libération des cautions constituées en garantie de l'exécution des prestations prévues par le marché (**B**).

A. La garantie du paiement du prix convenu

378. La réalisation des prestations conformément aux conditions prévues par le marché oblige l'administration à payer le titulaire dans un délai raisonnable. La question de la garantie de la rémunération du titulaire selon les prévisions prévues par le marché constitue un enjeu majeur pour les opérateurs économiques qui contractent avec l'administration.

379. Le Code des marchés publics dispose que le marché est un contrat conclu « *à titre onéreux* ». Cela implique l'obligation pour l'acheteur public du paiement du prix correspondant aux prestations réalisées par l'entreprise contractante. C'est ce prix qui constitue la contrepartie financière des prestations exécutées par le titulaire. Les prix « *qui sont réputés fermes* » (Article 36 du CMP), peuvent cependant comporter,

---

[339] Sur l'exécution financière des marchés publics, cf. : TAILLEFAIT (A.), « Le nouveau droit des marchés publics : les aspects financiers et comptables », Dr. adm., 2001, chr., n° 15.

dans les marchés dont la durée d'exécution dépasse une année, ou six mois dans ceux dont les composantes sont liées à des prix à fluctuation rapide des clauses de variationdes prix (Article 37).

Dans ce cas, les CCAP des marchés doivent comporter une formule de révision des prix. L'application de cette formule donne souvent lieu à des différends entre les parties[340].

380. L'obligation de paiement du prix qui pèse sur l'acheteur public est cependant variable selon que le contrat a été conclu par une collectivité publique ou par une entreprise publique. Pour les administrations publiques soumises aux règles strictes de la comptabilité publique, il est nécessaire, pour les marchés dont l'exécution nécessite une certaine durée, de prévoir des assouplissements qui permettent de faire bénéficier leurs cocontractants d'un régime de paiement plus favorable que celui applicable aux créanciers ordinaires de l'administration. C'est ce qui explique l'aménagement des règles relatives aux paiements anticipés (**1**), au solde du marché à la fin des travaux (**2**), aux règles comptables relatives à l'exécution des dépenses (**3**) ainsi qu'au raccourcissement des délais de paiement (**4**).

1. Le régime des paiements anticipés

381. Dans le but de permettre aux entreprises attributaires de marchés publics de mobiliser les moyens nécessaires à l'exécution de prestations nécessitant souvent de longs délais d'exécution, deux types de paiement anticipés permettent à ces entreprises de percevoir des avances et des acomptes, à valoir sur le prix final du marché, avant même la fin des prestations.

a. Le droit au paiement des avances

382. L'avance est une obligation de paiement mise à la charge de l'acheteur public par le contrat de marché. Le système des avances, autorisé par l'article 108 du CCP, constitue une dérogation à la règle du service fait, un mode de paiement anticipé autorisant l'acheteur public à verser au titulaire un certain montant dont le bénéficiaire restera débiteur jusqu'au règlement final du marché. Il s'agit donc d'une sorte de « *préfinancement des prestations* » que le titulaire se doit d'exécuter conformément à ses obligations contractuelles. Les sous-traitants admis au paiement direct peuvent également en bénéficier dans les conditions prévues par le contrat (art. 116 du

---

[340] TA, 1ère instance, 15 juillet 2014, n° 1/14439, *Entreprise Ali M'henni (EAM) c. CCE pour le compte du ministère de l'équipement et de l'habitat*, inédit.

CCP). Le principal mérite du système est de faire l'économie des coûts supplémentaires auxquels conduirait une application trop rigide de la règle du service fait[341].

383. En Tunisie, le régime des avances a été unifié en 2003. Un seul régime est désormais applicable à tous les marchés, quel que soit la collectivité publique contractante.[342]

384. Le versement de l'avance est soumis aux conditions strictes des articles 92 et 95 du CMP. Son montant ne peut être payé que sur demande expresse du titulaire, lorsque le délai d'exécution du marché est supérieur à trois mois, et sous réserve de la constitution par le cocontractant d'une caution solidaire et personnelle destinée à garantir son remboursement. Le remboursement de l'avance est effectué par déduction sur les sommes dues par l'acheteur public, au fur et à mesure de l'exécution du marché dans les conditions prévues par le contrat.

385. Outre l'avance obligatoire, une avance facultative peut être prévue par le contrat. Son versement n'est dû au titulaire du marché qu'à la condition qu'elle ait été expressément prévue par le cahier des charges du contrat.

386. L'avance obligatoire est prévue par l'article 95 du nouveau CMP. C'est une avance forfaitaire dont le taux est fixé à 5 % du montant initial du marché[343]. Toutefois, les titulaires de marchés dans le domaine de l'informatique et des technologies de la communication ont droit à une avance, non cumulable avec les autres avances facultatives ou obligatoires, dont le taux varie en fonction de la nature des prestations et le statut du titulaire[344].

---

[341] Sur le régime des avances sur marchés, cf. : RICHER (L.), *Droit des contrats administratifs,* op. cit., p. 455 ; BRACONNIER (S.), Précis du droit des marchés publics, op. cit., pp. 507 et s. ; TAILLEFAIT (A.), « Paiement du marché », J.-Cl. CMP, fasc. 150.

En droit tunisien, BEN KHALIFA (F.), *Le droit des marchés publics*, op. cit., p 165.

[342] FOURATI (S.), « *L'évolution règlementaire du régime d'exécution des marchés publics* » in Colloque sur « *Les procédures de passation et d'exécution des marchés publics* » des 12 et 13 février 2010, Études juridiques n° 19, Faculté de droit de Sfax, 2012, pp. 209-231.

[343] Cette avance est cependant plafonnée à cent mille dinars dans le cas où le cahier des charges ne prévoit pas un taux plus élevé.

[344] L'article 94 du CMP fixe le montant de cette avance à :

- 20 % du montant de la commande payable en monnaie locale pour les marchés d'études
- 20 % du montant de la commande payable en monnaie locale pour les marchés relatifs au développement du contenu ou à des prestations industrielles

387. Une avance facultative peut être prévue par les cahiers des charges dans la limite de 10 % du montant du marché sans possibilité de cumul cependant avec l'avance obligatoire[345].

b. Le droit au paiement des acomptes

388. L'acompte constitue un mode de paiement anticipé en matière de marchés publics dont le titulaire ne peut bénéficier qu'à la condition de justifier de l'exécution d'une partie des prestations[346]. Ce mode de paiement, dérogatoire à la règle fondamentale du service fait applicable aux dépenses publiques, a pour fondement l'alinéa 1er de l'article 108 du CCP. Son principal mérite est de ménager la trésorerie des opérateurs économiques en leur permettant de percevoir des sommes à valoir sur le solde final, avant même la réception définitive des prestations ou de leur admission.

389. C'est l'article 97 du CMP qui autorise l'acheteur public à payer des acomptes au titre des prestations effectivement exécutées, à la condition toutefois que le délai d'exécution du marché soit supérieur à trois mois. Les sous-traitants admis au paiement direct peuvent également en bénéficier sur la base de l'article 116 du CCP.

390. Le droit au paiement des acomptes est cependant subordonné à l'établissement de décomptes périodiques partiels correspondant à l'exécution des prestations prévues par le marché.

391. C'est au titulaire que revient le soin d'adresser à son contractant la demande d'acompte à la suite de la constatation de l'exécution des prestations. Les délais nécessaires pour procéder à ces constatations sont décomptés à partir des termes périodiques ou du terme final fixé par le marché. En matière de marché de travaux, la constatation de l'exécution des prestations et l'acceptation doivent intervenir dans un délai de 8 jours à partir du terme fixé par le marché (art.13 du CCAG Travaux). Lorsque le marché n'a pas fixé de tels termes, les délais

---

- 20 % du montant de la commande payable en monnaie locale lorsque le marché prévoit un délai d'exécution supérieur à une année ou pour les marchés attribués aux petites ou moyennes entreprises.
- 10 % du montant de la commande payable en monnaie locale pour les marchés de services
- 5 % du montant du marché pour les commandes payables en devises.

[345] Article 93 du CMP.

[346] Sur le système des acomptes, cf. : BRACONNIER (S.), *Précis du droit des marchés publics*, op. cit., pp. 506 et s. ; TAILLEFAIT (A.), *Les aspects financiers et comptables des marchés publics*, Imprimerie nationale, 2002.
En droit tunisien : BEN KHALIFA (F.), *Le droit des marchés publics*, op. cit., p. 168.

sont décomptés à partir de la date de la demande formulée par le titulaire, appuyée des justifications nécessaires. Le retard de l'acheteur public à accomplir les opérations de constatation donne droit à des intérêts moratoires au profit du titulaire, calculés à compter du jour qui suit l'expiration de ces délais (art. 101 du CMP).

392. En cas de rejet des demandes de paiement, l'acheteur public doit notifier au titulaire les motifs de ce rejet dans un délai de 15 jours à compter de la date de constatation. L'absence de notification des motifs de rejet ouvre droit à des intérêts moratoires calculés à compter du jour qui suit celui de l'expiration (art.102).

2. Le droit au paiement du solde du marché

393. Le régime relatif au paiement du solde du marché est semblable à celui des acomptes. Dans les deux cas, le droit au paiement est subordonné à la vérification préalable des prestations exécutées et à la remise pour acceptation de décomptes à l'administration contractante.

394. Tout comme pour le paiement des acomptes, c'est le titulaire du marché qui, une fois les prestations achevées, doit adresser à l'acheteur public un projet de paiement pour solde du marché. Le paiement ne peut cependant intervenir avant l'établissement du décompte définitif[347].

3. L'exécution de la phase comptable

395. Dans les marchés de l'administration, l'obligation de règlement des prestations est soumise à la procédure lourde et complexe du CCP[348]. Celle-ci repose sur un principe fondamental qui risquait de léser les intérêts des opérateurs économiques en allongeant considérablement les délais de paiement. Il s'agit de la règle de la séparation des ordonnateurs et des comptables publics prévue par l'article 5 du CCP qui conduit à découper l'exécution des dépenses sur marchés en deux phases distinctes : l'ordonnancement ou le mandatement par lequel l'ordonnateur principal ou secondaire ordonne au comptable public assignataire de payer les sommes, régulièrement engagées et liquidées, d'une part, et le paiement, d'autre part, par lequel ce dernier, procède au paiement effectif de la dépense après en avoir vérifié la régularité.

---

[347] Sur ce document, V. infra p. 127 et s.

[348] V. BELAID (N.) et CHIKHAOUI (L.), *Comptabilité publique*, CPU, 2011, pp. 133-140. Pour le droit français, cf : TAILLEFAIT (A.), « Le nouveau droit des marchés publics : les aspects financiers et comptables, art. précité » ; « Paiement du marché », J. Cl. CMP, fasc. 150.

396. Le mandatement est une opération essentielle en matière de dépenses publiques. Elle est ponctuée par l'émission d'un mandat de paiement dans les formes prévues pour les dépenses en matériel (art.126 du CCP). Ce mandat doit être accompagné de toutes les pièces nécessaires à un paiement régulier. Lorsque celles-ci sont communes aux titulaires d'un ou de plusieurs marchés, elles ne sont produites qu'une seule fois, à l'appui du premier paiement. Les autres mandats doivent alors faire référence au premier (art. 127 du CCP).

397. Le comptable public doit, avant de procéder au paiement, contrôler la régularité financière de la dépense du point de vue de la disponibilité des crédits, de leur imputation comptable, de leur quotité et du caractère libératoire du paiement. Le comptable public est, dans ce cas, en situation de compétence liée : il doit effectuer le paiement correspondant à l'avance, à l'acompte ou au solde du marché régulièrement mandaté.

Mais il peut opposer au cocontractant la compensation avec « *une créance de même nature* », ayant pour origine, par exemple, les soldes de marchés distincts conclus avec une même entreprise ou la garantie décennale à la charge du titulaire d'un marché de travaux[349]. Il doit, en revanche, suspendre ou refuser le paiement si le mandat lui parait irrégulier. À défaut, sa responsabilité personnelle pourra être mise en cause devant la Cour des comptes. L'ordonnateur peut, certes, utiliser son pouvoir de réquisition pour contraindre le comptable à payer. Mais, dans ce cas, il endosse la responsabilité pécuniaire de ce dernier, outre la responsabilité personnelle pour faute de gestion que les ordonnateurs secondaires pourraient encourir devant la Cour de discipline financière.

4. Les délais de paiement

398. Les cocontractants de l'administration sont très souvent confrontés au mauvais vouloir de l'administration qui répugne à payer ses créanciers dans les délais convenus. Cette pratique, très répandue en Tunisie, est « *légitimée* » en quelque sorte par l'organisation de procédures lourdes et complexes d'acceptation des prestations qui obligent souvent les cocontractants à supporter de longs délais de paiement. Il est donc naturel que ces derniers cherchent à se couvrir du risque de trésorerie en augmentant artificiellement leurs prix. Le surcoût lié aux dépassements des délais de paiement constitue ainsi un enjeu majeur de la performance économique de l'Etat.

---

[349] CE, Sect., 8 mars 1989, *Commune de Seigneulay*, Mon. TP, 14 avril 1989, p. 72.

399. D'un autre côté, le respect des délais de paiement est essentiel pour la garantie des droits des entreprises qui ne peuvent supporter des retards abusifs dans la facturation de leurs prestations, car tout retard a pour effet de pénaliser les opérateurs économiques dont la trésorerie doit être préservée afin qu'elle puisse être mise au service du développement, de l'investissement, de l'innovation et du recrutement.

400. Dans l'intérêt bien compris de l'ensemble des parties et sous la pression de l'Union européenne et des bailleurs de fonds de la Tunisie, des efforts ont été entrepris afin de réduire les délais de paiement[350].

401. Ainsi, depuis l'intervention du décret n° 3018 du 19 octobre 2009 portant modification de la réglementation des marchés publics, le mandatement des sommes dues au titulaire du marché ou l'émission de l'acte qui en tient lieu pour les entités qui ne sont pas soumises aux règles de la comptabilité publique doit intervenir dans un délai maximum de 30 jours à compter de la constatation du droit au paiement, alors que ce délai était initialement fixé à 90 jours par le décret n° 2002-3158. Un délai de 45 jours est cependant prévu pour les projets de bâtiments civils réalisés par les maîtres d'ouvrage délégués.

402. Les retards de paiement sont sanctionnés par des intérêts moratoires calculés sur le montant des droits dus au taux moyen du marché monétaire fixé par la Banque centrale. Mais ces dispositions, prévues par l'article 103, alinéa 3 du CMP, sont rarement appliquées en pratique[351]. En outre, la question des délais nécessaires au décaissement des sommes dues au titulaire, non réglée sous l'empire de l'ancienne législation, fait l'objet, depuis la réforme de 2009 reprise par le nouveau Code, d'un traitement particulier. En vertu du dernier alinéa de ce même article, « *le comptable public ou l'agent habilité au paiement pour les entreprises publiques et les établissements publics à caractère non administratif doivent payer le titulaire du marché dans un délai maximum de 15 jours à partir de la réception de l'ordre de paiement* ».

[350] Cette tendance est inspirée de la directive européenne 2000/35 du 29 juin 2000 sur les délais de paiement (JOCE, n° 1, 200, 8 août 2000) dont l'article 30.2 fixe un délai de 30 jours pour le règlement. Sur cette question, cf. RICHER (L.) et LICHÈRE (F.) *Droit des contrats administratifs*, op. cit., p. 514 et s. ; NADAL (J.-P.), « Règlement des marchés publics : amélioration du régime de mandatement », Marchés publics, n° 215, p. 24.

[351] BEN KHALIFA, *Le droit des marchés publics*, op. cit., p.177.

403. Il n'est pas tenu compte cependant des délais nécessaires pour le décaissement effectif des sommes dues à partir de l'établissement du mandat de paiement ou de l'ordre de virement par le comptable assignataire.

404. Il est indéniable donc que des avancées positives ont été apportées par le nouveau CMP de 2014. Ces avancées devront néanmoins faire l'objet d'un suivi attentif pour vérifier si elles sont effectivement appliquées. A cette fin, il serait utile de prévoir un système d'alerte auprès de l'Observatoire national des marchés publics pour attirer l'attention des responsables sur les retards de paiement[352].

B. L'obligation de libération des garanties

405. La constitution de garanties est essentielle pour assurer la bonne exécution des marchés publics. En contrepartie, le titulaire a droit à la libération des garanties constituées à la fin du marché à la condition de justifier qu'il s'est acquitté de toutes ses obligations[353].

406. Les garanties que doit produire le titulaire pour les marchés des administrations publiques ont pour fondement l'article 102 du CCP qui prévoit que « *tout attributaire d'un marché doit fournir des garanties suffisantes pour assurer la bonne exécution de ses engagements découlant du marché ainsi que le recouvrement des sommes dont il pourrait être reconnu débiteur au titre de ce marché* ». Mais c'est le CMP qui a institué ces différents types de garanties et prévu leur encadrement. Ainsi, le Code prévoit quatre types de garanties : le cautionnement définitif, la retenue de garantie, la garantie à première demande et la caution personnelle et solidaire. En outre, l'article 117 ajoute que les cahiers des charges peuvent prévoir d'autres garanties pouvant être demandées au titulaire du marché pour l'exécution d'un engagement particulier. C'est la réception définitive des travaux ou des études ou l'admission des fournitures de marchandises qui ouvre la voie à la libération de ces différents types de garanties.

407. Le cautionnement définitif est une garantie à caractère pécuniaire que le titulaire du marché est tenu de produire dans un délai de vingt jours à compter de la notification du marché. Son montant ne peut être

---

352 Sur cet organisme, v. infra, n° 562 et s.

353 Sur cette question, cf. : BRACONNIER (S.), *Précis du droit des marchés publics*, op. cit., pp. 519 et s. ; TAILLEFAIT (A.), *Les aspects financiers et comptables des marchés publics*, Imprimerie nationale, 2002.
En doit tunisien, v. BEN KHALIFA (F.), *Le droit des marchés publics*, op. cit., p.232.

supérieur à 3% du montant du marché lorsque celui-ci n'est pas assorti d'un délai de garantie, 10% de ce montant lorsque le marché comporte un tel délai.

408. Toutefois, la production du cautionnement définitif n'est obligatoire que pour les marchés qui, en raison de leur nature et des délais nécessaires à leur exécution, justifient la constitution d'une telle garantie. Il s'agit principalement des marchés de travaux et de certains marchés de fournitures[354]. La raison d'être du cautionnement définitif est précisée par l'article 107 du CMP : il s'agit de garantir la bonne exécution par le titulaire de ses obligations contractuelles et d'assurer le recouvrement des sommes dont ce dernier pourrait être reconnu débiteur au titre du règlement définitif du marché.

Le Tribunal administratif a eu l'occasion de réaffirmer le fondement de ce type de garantie en soulignant que « le cautionnement définitif et la caution bancaire qui en tient lieu constituent un moyen prévu par la réglementation des marchés publics au profit de l'administration afin de faire face aux charges pouvant résulter d'insuffisances ou de manquements aux prescriptions relatives à la bonne exécution du marché imputables au titulaire du marché, (...) que les conséquences de l'inexécution des obligations du titulaire sont de nature à mettre en cause sa responsabilité et justifient l'appel en garantie de la banque, dans la limite du montant de la caution bancaire » [355].

409. Les opérateurs économiques ne peuvent cependant faire valoir leur droit au remboursement que sous des conditions très strictes. En effet, en application des dispositions de l'article 108 du CMP, le cautionnement définitif doit être remboursé lorsque le titulaire du marché s'est acquitté de toutes ses obligations. Mais les délais prévus

---

[354] C'est la circulaire n°45 du 24 juillet 1995, reprise par la circulaire générale du 2010, qui a tenté d'expliciter le sens à donner à l'expression « *circonstances ou nature du marché* » pouvant justifier, sur avis de la Commission des marchés compétente, l'exonération du titulaire de l'obligation de la production du cautionnement définitif prévue par l'article 45 du décret n° 2002-3158 dont l'article 105 du nouveau CMP constitue une transposition pure et simple.
La circulaire définit ces circonstances comme étant « *principalement celles affectant le jeu de la concurrence dans le sens de la restriction ou celles découlant d'opportunités décidées par l'autorité supérieure* ». Elle ajoute que « *par nature du marché il faut entendre celle relative aux prestations objet du marché. Il s'agit principalement des marchés d'un montant peu élevé, à courte durée d'exécution, portant sur des fournitures de biens et de services courants qui ne présentent aucune complexité technique et/ou aléa particulier et pour lesquels la réception définitive est confondue avec la réception provisoire* ».

[355] TA, Appel, 03 mai 2012, n°2/8168, *BIAT c. 1/ Municipalité de Tunis 2/Établissements M'lik*, inédit.

pour obliger l'acheteur public à procéder à la restitution paraissent excessivement longs et préjudiciables aux intérêts du cocontractant[356].

410. D'un autre côté, l'acheteur public peut, lorsqu'il estime que le titulaire du marché n'a pas honoré toutes ses obligations, s'opposer à la restitution. Il doit, dans ce cas, en aviser la caution avant l'expiration de ces délais. Dans ce cas, la restitution du cautionnement ne peut intervenir qu'à la suite du prononcé de la réception définitive des travaux ou de l'admission des marchandises.

411. L'article 109 du CMP dispose que « lorsque les cahiers des charges prévoient un délai de garantie, il peut être exigé, outre le cautionnement définitif, une retenue de garantie qui sera prélevée sur les paiements d'acomptes effectués en garantie de la bonne exécution du marché et du recouvrement des sommes dont le titulaire du marché serait reconnu débiteur au titre de ce marché ».

412. La raison d'être de la retenue est la couverture des réserves relatives aux malfaçons constatées lors de la réception des travaux, fournitures ou services ainsi que celles qui pourraient apparaitre lors du délai de garantie. Son champ d'application ne peut être étendu au-delà[357]. Mais les solutions du TA sur ce point sont hésitantes.

Ainsi, la Haute juridiction a d'abord rappelé que « l'objet de la retenue est de garantir la bonne exécution du marché et le recouvrement des sommes qui pourraient être dues par le titulaire au titre de ce marché »[358]. Mais par la suite, elle a refusé de prononcer la réception et d'ordonner la main levée des cautions en dépit de la levée des réserves et de l'expiration dans les délais de la garantie de parfait achèvement[359].

413. La retenue de garantie ne doit pas excéder 10% du montant des acomptes sans que son montant, cumulé avec celui du cautionnement

---

[356] En vertu de l'article 108 du CMP, ces délais ont été fixés en effet à :
- 4 mois à compter de la date de la réception définitive de la commande lorsque le marché n'est pas assorti d'un délai de garantie ;
- 4 mois à compter de la date de la réception définitive des commandes ou de l'expiration du délai de garantie lorsque le marché ne prévoit pas de retenue de garantie ;
- Un mois après la réception provisoire ou définitive des commandes selon les clauses du marché lorsque le marché prévoit une retenue de garantie.

[357] CE, 26 avril 1985, *CHR de Limoges c. Banque de la construction des travaux publics*, RDP, 1985, p. 1711, obs. F. Llorens.

[358] TA, Appel, 9 janvier 2002, n° 15839, *Ali Thabet c. CCE pour le compte du ministère du domaine de l'état et des affaires foncières*,

[359] TA, 09 juin 2011, n° 1/15776, 1ère instance, *CTRA c. ONAS*, inédit.

définitif, ne puisse dépasser 15% du montant total du marché (art. 110 du CMP). Elle doit être restituée ou la caution, qui la remplace, libérée à l'expiration d'un délai de 4 mois à compter de la date de la réception définitive ou de l'expiration du délai de garantie (art. 111).

414. Comme en matière de cautionnement définitif cependant, l'acheteur public peut s'opposer au remboursement. Il doit alors en aviser le titulaire et la caution avant l'expiration des délais prévus pour le remboursement. Dans ce cas, la restitution de la retenue ou la libération de la caution ne peuvent intervenir que sur main levée de l'acheteur public.

415. Par ailleurs, le contrat peut autoriser le titulaire du marché à remplacer la retenue de garantie par une garantie dite à première demande ou par une caution personnelle et solidaire. Dans ce cas, le montant de la garantie personnelle ne peut être supérieur à celui de la garantie qu'elle remplace (art. 112 du CMP). L'organisme apportant sa garantie doit être alors agréé par le ministre des finances (art.113 du CMP).

416. La garantie à première demande prévue par l'article 112 du CMP est indépendante des engagements du titulaire du marché à l'égard de l'administration[360]. Car, dans ce cas, « *la caution s'engage avec le titulaire du marché à verser à la première demande de l'acheteur public les sommes dont le titulaire serait reconnu débiteur à concurrence du montant du cautionnement ou de la retenue de garantie* » L'autonomie des obligations nées d'une telle garantie soulignée par le Code confère ainsi à la caution le caractère d'un contrat de droit privé relevant, par voie de conséquence, de la compétence du juge judiciaire[361].

417. La garantie à première demande doit être établie selon un modèle fixé par arrêté du ministère des finances[362]. L'organisme financier garant doit être agréé par l'autorité compétente. Son engagement à verser les sommes dont le titulaire pourrait être reconnu débiteur doit être effectué à la première demande écrite de l'acheteur public, sans besoin d'une quelconque mise en demeure et sans que la caution puisse s'y opposer d'une quelconque manière. L'engagement de la caution accompagné du dossier de constatation des défaillances du titulaire constitue un titre exécutoire justifiant, après notification de cette

---

[360] Sur ce type de garanties, cf. : « La garantie à première demande dans les marchés publics », Contrats et marchés publics, 2001, n° 9.

[361] CE, Ord., 3 novembre 2004, *Sté Technibat AluminiumService*, n° 263934.

[362] C'est l'arrêté du ministre des finances du 4 novembre 2014 qui a fixé le modèle de garantie à première demande. V. ce modèle en annexe au JORT 2014, p. 35.

décision aux parties intéressées, les paiements correspondants, à concurrence des montants fixés, au titre du non-respect des obligations à la charge du titulaire (art.115, dernier alinéa du CMP).

418. La caution solidaire et personnelle a aussi pour objet de garantir la bonne exécution du marché, soit en remplaçant la retenue de garantie ou la garantie à première demande, soit en garantissant un engagement particulier du titulaire du marché.

419. Son régime, prévu par l'article 112 du CMP, est calqué sur celui applicable à la garantie à première demande. La caution solidaire et personnelle doit être établie selon un modèle fixé par arrêté du ministère des finances[363]. L'organisme financier garant doit être agréé par l'autorité compétente. Son engagement à verser les sommes dont le titulaire pourrait être reconnu débiteur doit être effectué sur demande écrite de l'acheteur public, sans qu'il soit besoin d'une quelconque mise en demeure et sans que la caution puisse s'y opposer.

420. Le taux de ces garanties et les délais prévus pour leur remboursement paraissent manifestement excessifs et préjudiciables en tout cas aux intérêts des opérateurs économiques. Ils peuvent constituer un motif de désaffection vis-à-vis de l'achat public ou de renchérissement du coût des commandes publiques, les opérateurs étant tentés de faire face au surcoût dû au retard de paiement en le répercutant sur leur offre de prix. L'absence de sanctions donne souvent lieu à des pratiques abusives de la part de l'administration contractante consistant à prolonger indéfiniment les délais de remboursement au détriment des intérêts les plus légitimes des entreprises contractantes.

421. Afin de pallier les difficultés financières subies par les titulaires du fait du refus fréquent de restitution des cautions à la fin du marché, la circulaire du 3 juin 2015 a rappelé aux acheteurs publics la règle de l'extinction automatique de la validité des garanties à la fin des délais règlementaires sauf s'il apparaît que le titulaire a violé ses obligations contractuelles.

En conséquence, les établissements de crédit sont invités à ne pas demander des frais financiers aux titulaires qui peuvent justifier d'un procès-verbal de réception provisoire ou définitive selon le cas.

422. En France, en vertu de l'article 122 du décret n°2016-360 du 25 mars 2016, le montant de cette retenue ne peut excéder 5% du montant total du marché[364].

---

[363] C'est ce même arrêté qui a fixé le modèle de garantie à première demande.

[364] « *Montant initial augmenté, le cas échéant, du montant des modifications du marché public en cours d'exécution* ».

423. L'article 124 du décret prévoit son remboursement « un mois au plus tard après l'expiration du délai de garantie ».

424. L'article 103 de l'ancien CMP prévoyait, en outre, le versement automatique d'intérêts moratoires « *en cas de retard de remboursement* ». L'article 21.4 de la circulaire française du 14 février 2012 relative au Guide des bonnes pratiques en matière de marchés publics justifiait ces solutions par le fait « *qu'il serait, en effet, inadmissible de retarder le paiement du titulaire du marché sans justification*»[365].

425. D'une manière générale, on constate que les documents contractuels prévoient souvent un cumul des garanties dont le montant peut aller jusqu'à 15% du montant du marché. Cette solution a des répercussions particulièrement néfastes. Elle explique la désaffection constatée à l'égard de l'achat public, et est sans doute à l'origine d'une grande partie des difficultés d'exécution des marchés alors surtout que rien ne garantit la libération de ces cautions par l'administration à leurs ayants-droit à la fin du marché.

§2. Les insuffisances des moyens de contrôle du cocontractant

426. Le déséquilibre qui caractérise les rapports juridiques entre parties dans les contrats de marchés publics est particulièrement flagrant dans l'exclusion qui frappe l'exception d'inexécution (**A**). Malgré tout, le cocontractant n'est pas totalement dépourvu de pouvoirs juridiques lors de l'opération d'exécution, car il dispose d'une part de la faculté de procéder à la constatation contradictoire des prestations exécutées (**B**) et d'autre part de la possibilité de demander la résiliation du marché (**C**).

A. L'exclusion de l'exception d'inexécution

427. Dans les contrats synallagmatiques de droit privé[366], le cocontractant dispose d'un moyen de rétorsion particulièrement efficace : l'exception d'inexécution. Ce moyen est consacré par l'article 247 du Code des obligations et des contrats (COC) qui permet à l'une des parties de refuser d'accomplir ses obligations jusqu'à l'accomplissement de l'obligation corrélative de l'autre partie.

---

[365] Sur cette question, cf. PINTAT (P.), « Le régime financier des marchés publics dans l'ordonnance du 23 juillet 2015 », Contrats publics 2015, n° 158, p. 67 ; GUIBAL (M.) et CHARREL (M.), *Code pratique des marchés publics*, op.cit, p. 291 et p. 947 et s.

[366] GHESTIN (J.), *Traité de droit civil. Les obligations. Les effets du contrat*, LGDJ, 2ème éd., n° 317 et s.

428. Dans les contrats de marchés publics, le cocontractant ne peut user de pareilles mesures. Il ne peut, en cas de violation du contrat par l'administration, refuser d'exécuter ses obligations. Il est tenu pour faire valoir ses droits d'en poursuivre l'exécution[367]. La règle n'est pas transposable à l'administration dans la mesure où la jurisprudence admet que les manquements du cocontractant autorisent l'administration à ne pas exécuter[368]. L'intérêt général et la nécessité d'assurer la continuité du service public justifient pareille inégalité dans les rapports entre les parties contractantes.

429. Ces principes traditionnels dans le droit des contrats administratifs ont pour but de protéger l'intérêt public. Mais l'intérêt public n'est pas toujours réducteur de l'intérêt légitime du cocontractant. Dès lors, ainsi que le souligne le Professeur LLORENS rien ne s'oppose en droit à reconnaître au cocontractant la faculté d'invoquer l'exception d'inexécution toutes les fois que « *l'obligation d'exécuter strictement le contrat aurait pour conséquence, soit de bouleverser la situation du cocontractant, soit de compromettre la bonne exécution de l'ouvrage* »[369].

430. En France, la jurisprudence administrative semble réceptive à ce « *plaidoyer pour l'exception d'inexécution* » défendue par la doctrine[370].

431. Dans une affaire relative à un marché public de location de photocopieurs[371], le Conseil d'État réaffirme le principe selon lequel « *le cocontractant lié à une personne publique par un contrat administratif est tenu d'en assurer l'exécution, sauf en cas de force majeure, et ne peut notamment pas se prévaloir des manquements ou défaillances de l'administration pour se soustraire à ses propres obligations contractuelles ou prendre l'initiative de résilier unilatéralement le contrat* ». Il considère comme valide, sous

---

[367] CE, 7 janvier 1976, *Ville d'Amiens,* Rec. CE, 11.

[368] CE, 27 mars 1957, *Carsalade*, Rec. CE, 216.

[369] LLORENS (F.), *Contrat d'entreprise et marchés de travaux publics*, LGDJ, 1981, p. 433.

[370] TERNEYRE (F.), « *Plaidoyer pour l'exception d'inexécution dans les contrats administratifs* », Mélanges Labetoulle, Dalloz 2007.805 ; V. aussi BUCHER (C-E.), *L'inexécution du contrat de droit privé et de droit public, étude de droit comparé interne*, Dalloz, coll. « Nouvelle bibl. de thèses », vol. 102, 2011, n° 518 et s.

[371] CE, 8 octobre 2014, *Société Grenke location*, 370644 Rec. CE, 302, concl. Pélissier ; AJDA 2015, 396, note F. Melleray : Ce marché comportait une clause des conditions générales annexées au contrat qui ouvrait au bailleur privé la faculté de résilier le contrat lorsque le locataire public est en retard de trois loyers mensuels ou d'un loyer trimestriel.

conditions, l'insertion d'une clause contractuelle permettant au cocontractant privé de l'administration de résilier unilatéralement le marché, au motif que la personne publique ne respecterait pas ses obligations.

432. Cette possibilité est toutefois cantonnée, d'une part, aux contrats qui n'ont pas pour objet l'exécution même du service public[372], et d'autre part à la condition que l'administration ne s'opposepas à cette volonté de résiliation pour un motif d'intérêt général.Si un tel motif lui est opposé, le cocontractant doit poursuivre l'exécution du contrat, faute de quoi il encourt la résiliation du contrat à ses torts exclusifs[373]. « *Il est toutefois loisible au cocontractant de contester devant le juge le motif d'intérêt général qui lui est opposé afin d'obtenir la résiliation du contrat* ».

433. Commentant cet arrêt, le professeur MELLERAY précise que « si l'apport de cette décision, très remarquée ne doit probablement pas être exagéré du point de vue de la pratique contractuelle, elle illustre nettement - au moins à notre sens - certaines des évolutions les plus significatives de la théorie du (ou plutôt des) contrat(s) administratif(s)[374] ». Une telle évolution est ainsi nécessaire pour rééquilibrerles prérogatives des parties dans un contrat administratif[375].

B. La constatation contradictoire des prestations exécutées

434. La constatation contradictoire des prestations exécutées constitue le préalable indispensable à tout règlement d'un marché. Elle est sanctionnée par des documents établis par l'acheteur public, sur

---

[372] Ainsi, en matière de marchés publics, le cocontractant ne devrait pas être autorisé à interrompre l'exécution des travaux, des fournitures ou des services. V. en ce sens BUCHER (C-E.), *L'inexécution du contrat de droit privé et de droit public, étude de droit comparé interne*, op.cit, n° 520.

[373] « *Autrement dit, même lorsque la clause résolutoire est licite, l'Administration bénéficie de pouvoirs lui permettant d'imposer la poursuite du contrat. Elle peut neutraliser les effets d'une telle clause et ainsi replacer les parties dans la situation d'un contrat qui n'en comporterait pas »,* (HOEPFFNER (H.), *Droit des contrats administratifs*, 1ère éd., Cours Dalloz, 2016, p.353).

[374] MELLERAY (F.), « Du pouvoir de résiliation unilatérale d'un contrat administratif par le cocontractant de l'administration », AJDA 2015, 396.

[375] Idem. V. également : RICHER (L.) et LICHÈRE (F), *Droit des contrats administratifs*, op. cit., p. 275. Il serait par exemple souhaitable que le cocontractant puisse interrompre l'exécution de ses obligations lorsque ses intérêts seraient gravement en péril, si l'administration ne procède pas par exemple au versement des acomptes. V. en ce sens BUCHER (C-E.), *L'inexécution du contrat de droit privé et de droit public, étude de droit comparé interne*, op.cit, n° 524.

initiative du titulaire, qui ont une incidence directe sur les droits respectifs des parties contractantes. Il s'agit, d'une part, des décomptes provisoires (**1**), d'autre part, du décompte général et définitif (**2**).

1. L'établissement des décomptes provisoires

435. Le décompte provisoire est un état établi aux échéances prévues par le marché dont l'objet est de déterminer les droits financiers du titulaire au titre des prestations exécutées.

436. Il doit être précédé de la constatation contradictoire des prestations exécutées, opération qui peut être effectuée, soit à la demande de l'entrepreneur, soit à la demande du maître d'œuvre (art. 12 du CCAG Travaux). Cette opération est sanctionnée par l'établissement d'un procès-verbal dressé par le maître d'œuvre et soumis à l'entrepreneur pour approbation. Ce dernier dispose d'un délai de dix jours pour formuler par écrit ses réserves. Faute de quoi, il est réputé l'avoir accepté sans réserves.

437. Lorsque les ouvrages exécutés sont appelés à être recouverts par la suite ou à devenir inaccessibles, l'entrepreneur est tenu de provoquer en temps utile les constatations nécessaires, faute de quoi, il est réputé avoir accepté le procès-verbal dressé par le maître d'œuvre. C'est dans ce sens que s'est prononcé le Tribunal administratif en soulignant que« *le constat (...) est l'opération matérielle qui a pour objet de procéder à des constatations contradictoires concernant les prestations exécutées ou les circonstances de leur exécution destinées à sauvegarder les droits des parties contractantes ; il présente une grande importance dans le cadre des marchés de travaux dont la réalisation passe par des étapes successives dont certaines sont relatives à des ouvrages qui pourraient se trouver par la suite cachés ou inaccessibles du fait de la réalisation de l'étape précédente ; que si l'article susvisé n'a pas prévu une procédure particulière pour constater la réalité des prestations exécutées, il invite cependant les parties à y procéder ou à la demander pour sauvegarder leurs droits respectifs* »[376].

438. La constatation n'a pas d'autres finalités que de s'assurer de l'exécution des prestations ouvrant droit à paiement d'acomptes sur le prix du marché. Elle ne peut valoir reconnaissance par l'administration de conformité de ces prestations aux clauses du

[376] TA, 06 décembre 2013, n° 1/18584, *Les entreprises modernes de Béja c. Directeur régional du ministère de l'équipement de Béja et Gouverneur de Béja*, inédit.

marché. La déclaration de conformité ne peut résulter que de la réception qui est prononcée après la fin des travaux.

439. Dans les marchés de fournitures, la constatation contradictoire de l'exécution des prestations correspond à la livraison des biens objet du marché et à leur acceptation par l'acheteur public. La livraison est constatée par la décharge donnée au fournisseur au moment de la livraison. Cette opération est sanctionnée par un procès-verbal constatant leur conformité aux clauses du marché.

440. C'est au titulaire que revient l'initiative d'établir le projet de décompte. Ce projet doit comporter le relevé des prestations exécutées au cours de la période considérée. Les délais nécessaires pour procéder à ces constatations sont décomptés à partir des termes périodiques ou du terme final fixé par le marché.

441. En matière de marché de travaux, la constatation de l'exécution des prestations et l'acceptation doivent intervenir dans un délai de 8 jours à partir du terme fixé par le marché (art.13 du CCAG Travaux). Lorsque le marché n'a pas fixé de tels termes, les délais sont décomptés à partir de la date de la demande formulée par le titulaire, appuyée des justifications nécessaires.

442. Mais c'est à l'acheteur public qu'il appartient d'établir le décompte provisoire, soit en acceptant le projet qui lui est soumis, soit en procédant aux rectifications qu'il estime nécessaires. Dans les marchés de travaux par exemple, le décompte provisoire fait état des travaux exécutés, des approvisionnements constitués et non encore consommés, des avances perçues, indemnités, pénalités et retenues à déduire, le cas échéant (art. 13.1.1 du CCAG Travaux).

443. Le décompte provisoire n'a pas pour effet de lier les parties contractantes, contrairement au décompte général et définitif.

2. L'établissement du décompte général et définitif

444. Contrairement aux décomptes périodiques, le décompte général, établi à l'issue de l'exécution du marché, a un caractère définitif. Une fois accepté par l'acheteur public, il devient intangible[377] et ne peut, en

[377] CE, 16 octobre 1970, *TPG des Hauts-de-Seine et Receveur municipal de Rueil-Malmaison*, Rec. CE, p. 584.
Sur le décompte général et définitif, cf. : MODERNE (F.), « Le décompte général et définitif des marchés publics (observations sur l'achèvement des relations contractuelles en droit administratif) », CJEG, 1975, 49.

aucun cas, être modifié, sauf d'un commun accord entre les parties et pour un motif légitime[378].

445. Le code des marchés publics ne comporte aucune indication concernant la procédure d'établissement de ce document. Ce sont, là encore, les CCAG, adoptés avant l'entrée en vigueur de la nouvelle réglementation, qui comportent des précisions sur cette question.

446. Ainsi, en matière de marchés de travaux, l'article 13.3 du CCAG y afférent prévoit que c'est à l'entrepreneur que revient le soin de dresser le projet de décompte définitif après la réception provisoire des travaux en tenant compte des prestations réellement exécutées.

447. Le projet de décompte, établi par l'entrepreneur, peut être modifié ou rectifié par le maître d'œuvre. Accepté par le chef du projet, il revêt un caractère définitif. Il doit être notifié à l'entrepreneur par ordre de service. Ce dernier dispose alors d'un délai de 45 jours pour accepter ou contester le nouveau projet revu et corrigé par le maître d'œuvre. En cas de contestation, l'entrepreneur doit adresser à ce dernier un mémoire comportant les motifs de sa réclamation. Passé ce délai, il est réputé avoir implicitement accepté ce projet.

448. Régulièrement établi, le décompte général et définitif permet d'établir définitivement les droits et obligations respectives des parties contractantes[379]. Il ne peut plus être affecté par des évènements intervenus avant son approbation. Il est opposable aux tiers, notamment aux titulaires de créances sur le marché[380].

449. Intangible, le décompte général et définitif est également considéré comme indivisible. « L'ensemble des opérations auxquelles donne lieu l'exécution d'un marché public est compris dans un compte dont aucun élément ne peut être isolé et dont seul le solde arrêté lors de l'établissement du décompte définitif détermine les droits et obligations définitifs des parties »[381]. Cela signifie notamment que les avances et les dettes réciproques sont fondues dans un compte unique opposable aux parties contractantes.

450. Il convient de noter toutefois que les parties contractantes ne sont pas totalement libres d'arrêter conventionnellement cet acte essentiel dans

---

[378] CE, 13 juillet 1961, *Compagnie havraise de navigation à vapeur*, Rec. CE, p. 30.
[379] CE, Sect., 23 juillet 1974, *Ministre de l'éducation nationale c. Sté Union de travaux et d'entreprises*, Rec. CE, p. 458.
[380] CE, 21 juin 1999, *Banque populaire Bretagne-Atlantique*, Dr. adm., 1999, comm., n° 219 ; BJCP, 1999, p. 590, concl. H. Savoie.
[381] CE, 8 décembre 1961, *StéNouvelle Compagnie générale des travaux*, Rec. CE, 701.

la détermination de leurs droits respectifs. En vertu de l'article 104 du CMP, le décompte général doit en effet être soumis pour approbation à la Commission des marchés compétente dans un délai de 90 jours à compter de la réception des prestations. Celle-ci dispose d'un délai de vingt jours à compter de la réception du projet « *pour l'examen du dossier* ».

Une telle disposition est difficilement conciliable avec le principe de la liberté contractuelle, érigé par le Tribunal administratif en principe général de droit[382].

451. Il arrive en outre que des divergences surgissent à la fin du marché et que l'administration refuse abusivement d'arrêter le décompte général et définitif permettant d'établir les droits financiers de son cocontractant[383]. En raison des délais excessivement longs de résolution des litiges devant le juge du fond, le titulaire a intérêt dans ce cas à saisir le juge du référé, sur la base de l'article 81 de la loi relative au Tribunal administratif, pour désigner un expert judiciaire qui sera chargé de procéder aux constatations nécessaires à l'établissement du décompte général et définitif et de déterminer, le cas échéant, le solde du marché. Le juge administratif est plutôt réticent à répondre favorablement à une telle demande.Il considère en effet « *que l'établissement par voie d'expertise du décompte définitif (...) impose de vérifier si chacune des parties a honoré ses obligations en matière d'exécution; que ces questions, en l'absence de toute urgence, ne peuvent conduire ni à l'intervention du juge des référés, ni à l'édiction de mesures conservatoires en vue de protéger des droits qui seraient menacés de disparition, dans la mesure où le traitement d'une telle requête nécessite l'intervention du juge du fond dans le cadre d'une action principale* »[384].

452. Une telle position, qui n'est pas cependant définitivement fixée, est particulièrement injuste pour le cocontractant contraint dans ce cas de souffrir de longs délais avant de faire valoir ses droits financiers[385].

---

[382] TA, Cass., 18 avril 2008, n° 38952, *Riahi c. CCE pour le compte du ministère du domaine de l'État et des affaires foncières*, Rec. TA, p. 409.

[383] Selon le Rapport du contrôle sur les dépenses publiques précité, 1819 marchés seulement ont fait l'objet d'un décompte général et définitif sur un total de 9878 marchés conclus au cours de cette année, op. cit., p. 96.

[384] TA, Président de Chbre de 1ère instance, 10 août 2011, *Société CSS c. Sté Tunisie Autoroutes*, inédit ; dans le même sens : TA, Référé, 01 juin 2012, *Société des Grands Travaux Fériani c.Municipalité de Sfax*, inédit.

[385] Sur cette question, cf. infra, n° 1388.

C. La résiliation à la demande du titulaire du marché

453. Dans les cas les plus graves, la réglementation des marchés publics autorise le titulaire à demander la résiliation du marché. Il en est ainsi notamment en matière de marchés de travaux, lorsque l'acheteur public abuse manifestement de ses pouvoirs d'intervention dans l'exécution du marché[386].

1. Le retard à ordonner le commencement d'exécution des travaux

454. La question n'est pas purement théorique. Dans les marchés de travaux, il est fréquent que l'administration « *oublie* », pour des raisons diverses, de notifier à l'entreprise attributaire du marché l'ordre de service de commencement des travaux. Mais il serait pour le moins intolérable de donner une prime à l'inertie administrative en permettant au maitre de l'ouvrage de retarder indéfiniment le début d'exécution d'un marché régulièrement attribué.

455. Le CMP n'a pas réglé cette éventualité préférant, sans doute, réserver sa solution aux cahiers des charges relatifs à ce type de marchés. Ainsi, l'article 46.6 du CCAG Travaux prévoit que « *dans le cas où l'ordre de service de commencer les travaux n'a pas été notifié dans le délai fixé par le marché ou, à défaut d'un tel délai, dans les six mois suivant la notification du marché, l'entrepreneur a le droit d'obtenir la résiliation du marché* ». Le même article ajoute cependant que le titulaire « *perd ce droit si, ayant reçu l'ordre de commencer les travaux, il n'a pas, dans le délai de quinze jours, refusé d'exécuter cet ordre et demandé par écrit la résiliation du marché* ».

456. On notera cependant que le titulaire qui s'estime victime de l'inertie du maitre de l'ouvrage n'a d'autre choix que de demander au juge de prononcer la résiliation aux frais de l'administration, en assortissant sa requête le cas échéant d'une demande d'indemnisation. Il ne peut la décider lui-même.

2. L'ajournement excessif de l'exécution des prestations

457. Les interruptions ou ajournements successifs de l'exécution des marchés qui peuvent être décidés par l'acheteur public ont les mêmes effets négatifs sur les droits légitimes du cocontractant. L'hypothèse est surtout applicable aux marchés de travaux qui nécessitent souvent de longs délais d'exécution. Cependant l'article 121 du CMP a entendu la généraliser à tous les types de marchés, subordonnant sa

[386] CE, 8 novembre 1940, *Commune de Mausanne*, Rec. CE, 205.

mise en œuvre à une interruption de plus de douze mois de l'exécution des prestations et à une demande expresse de résiliation formulée par le titulaire, accompagnée s'il y a lieu d'une demande d'indemnisation devant être présentée dans un délai de soixante jours à compter de l'expiration de la période d'interruption.La demande doit comporter le montant de l'indemnisation réclamée. Elle doit faire l'objet d'un rapport établi par l'acheteur public et soumis pour approbation à la commission des marchés compétente.

458. Dans tous les cas de figure, l'acheteur public doit procéder à un constat des prestations exécutées. Ce constat doit être consigné dans un décompte « *arrêté par l'acheteur public et notifié au titulaire du marché* » (art. 122).

Cette solution constitue une reprise pure et simple de celle prévue à l'article 48.2 du CCAG Travaux qui restreint cependant son étendue en prévoyant que le titulaire du marché, informé d'une telle décision et n'ayant pas demandé dans un délai de quinze jours qu'il soit mis fin au marché, perd le bénéfice de son droit à résiliation aux torts de l'administration.

3. Le défaut de mandatement de trois acomptes successifs

459. Cette hypothèse, qui s'apparente à un véritable parcours du combattant, est prévue par l'article 48.3 du CCAG Travaux. Elle prévoit la possibilité pour l'entrepreneur, au bout du délai requis pour le mandatement du 3ème acompte, de prévenir le maitre d'ouvrage de son intention d'interrompre les travaux dans un délai de deux mois, au cas où trois acomptes successifs n'auraient pas été mandatés dans les délais règlementaires. « *Si le mandatement des deux premiers au moins des acomptes en retard n'est pas intervenu dans le délai d'une année après l'interruption effective des travaux, l'entrepreneur a le droit de ne pas reprendre et d'obtenir de plein droit la résiliation de son marché* ».

Section 2 : Le contrôle sur l'obligation d'indemnisation du titulaire du marché en cas d'aggravation de ses charges

460. Le titulaire d'un marché public n'est tenu d'exécuter que les prestations prévues par le contrat. Elles seules justifient son droit au paiement du prix convenu. Il arrive cependant que des évènements imputables aux parties elles-mêmes ou des aléas qui leur sont extérieurs, viennent aggraver les charges du titulaire du

marché[387]. Dans ce cas précis, la jurisprudence administrative lui reconnaît, sur la base des principes généraux du droit administratif, « *le droit d'être indemnisé pour le préjudice anormal qu'il a subi du fait de l'exécution du contrat dans des conditions exceptionnelles, ayant entrainé une rupture de l'équilibre financier* ».La faculté ainsi reconnue au cocontractant de demander la révision des conditions d'exécution du marché s'inscrit, selon cette même jurisprudence« *dans le cadre de la recherche de l'équilibre entre l'intérêt général et les intérêts particuliers* »[388].

461. Cette indemnité compensatrice couvre, dans certains cas, l'intégralité du préjudice (**§1**), dans d'autres, elle n'en couvre qu'une partie (**§2**).

§1. L'indemnisation intégrale du préjudice

462. Dans le souci louable de protéger le contrat et les intérêts légitimes du cocontractant contre les aléas qui peuvent affecter ses conditions d'exécution, la jurisprudence administrative tunisienne reprend à son compte les théories des sujétions imprévues (**B**) et du fait du prince (**C**) dégagées par le Conseil d'État en France. Ces théories permettent d'indemniser le cocontractant en cas d'aggravation des charges dues à des difficultés matérielles ou à une mesure d'exécution prise par l'autorité contractante.En revanche, elle semble plus hésitante à reconnaitre ce droit dans l'hypothèse où le titulaire réalise de sa propre initiative et en dehors des prévisions du contrat des travaux indispensables à l'exécution de l'objet du marché (**A**).

A. Les travaux indispensables réalisés à l'initiative de l'entreprise titulaire du marché

463. Les prestations supplémentaires doivent être payées à l'entreprise à la condition que celle-ci n'ait pas reçu l'ordre d'arrêter les travaux. Le Tribunal administratif a eu l'occasion de décider à cet égard que les travaux supplémentaires, approuvés par l'administration à la suite de la notification qui lui a été faite par son cocontractant de l'existence de difficultés dues à l'existence d'une nappe d'eau souterraine nécessitant l'exécution de ces travaux, devaient être payés au

[387] Sur cette question, V. GHAYAZA (M.), « *Les obligations de l'acheteur public dans l'exécution du marché public à travers la jurisprudence du Tribunal administratif* », in colloque sur « Les procédures de passation et d'exécution des marchés publics » des 12 et 13 février 2010, Etudes juridiques, n° 19, Faculté de droit de Sfax, p. 233-247.

[388] TA, Appel, 30 juin 2000, *Groupement Dragados c. CCR pour le compte du ministre de l'agriculture*, Rec. TA, p. 403.

cocontractant[389]. Dans le cadre d'un marché à prix unitaire, les parties se bornent à appliquer les nouvelles quantités au prix défini dans le contrat. Dans le cadre d'un marché à prix forfaitaire en revanche, le titulaire du marché n'a pas droit, en principe, à un supplément de prix. Le prix convenu est censé couvrir toutes les charges liées à l'exécution du marché, y compris les prestations supplémentaires.

464. Le problème se pose lorsque l'entrepreneur réalise, de sa propre initiative, en dehors du périmètre prévu par le contrat, des travaux qu'il estime nécessaires à l'exécution du marché.

465. En France, depuis 1975, le Conseil d'État admet l'indemnisation des travaux « indispensables à la bonne exécution des ouvrages compris dans les prévisions du marché »[390].

Il en serait ainsi, par exemple, de la construction, à l'initiative de l'entrepreneur et en dehors des prévisions du contrat, d'un mur de soutènement destiné à protéger l'ouvrage prévu par le contrat[391]. Seule l'opposition du maître de l'ouvrage à la réalisation de tels travaux pourrait priver le cocontractant de son droit à indemnisation[392].

466. En Tunisie, la question demeure controversée : certains arrêts admettent le principe de l'indemnisation sur la base de la théorie civiliste de l'enrichissement sans cause[393], alors que d'autres acceptent d'indemniser intégralement les travaux réalisés d'une manière spontanée par l'entrepreneur en dehors du périmètre prévu par le contrat, sans aucune référence aux règles du droit civil, lorsque ces travaux *« ont un caractère indispensable »*[394].

---

389 TA, Appel, 19 février 1990, *CCE pour le compte du ministère des télécommunications c. Sté Modèle d'Entreprises Électriques,* Rec. TA, p. 301.

390 CE, Sect., 17 octobre 1975, *Commune de Canari*, AJDA 1975, 562, obs. Franc et Boyon ; 10 janvier 2007, *Sté routière Perez et autres*, BJCP, 2007, p. 101, note Casas.

391 RICHER (L.), *Droit des contrats administratifs*, op. cit., p. 246.

392 CE, 2 juillet 1982, *Sté routière Colas*, Rec. CE, 261.

393 TA, Chbre d'appel, 30 octobre 2009, n° 26507, *CCE pour le compte du Commissariat régional au développement agricole de Kairouanc. Entreprise Ksontini*, inédit ; v. aussi : TA, Chbre de 1ère instance, *Municipalité de Kerkenna,* inédit.

394 TA, Appel 15 mars 1993, n° 847, *CCE pour le compte des ministère de l'équipement, de l'habitat et du transport et du ministère de l'éducation c. Entreprise Masmoudi*, inédit et TA, 1ère instance, 26 mars 2004, n° 16767, *Société des travaux publics du centre de Sidi Bouzid c. CCE pour le compte du ministère de l'agriculture, de l'environnement et des ressources hydrauliques*, Rec. TA, p. 32

B. La théorie des sujétions imprévues

467. La théorie des sujétions imprévues, construite par la jurisprudence française et reprise par le juge administratif tunisien, permet d'indemniser le cocontractant pour l'intégralité du préjudice subi du fait de l'aggravation de ses charges, sans besoin de rechercher une quelconque violation d'une obligation contractuelle imputable à l'administration[395].

468. La jurisprudence administrative tunisienne définit en ces termes les sujétions imprévues : « Considérant qu'il est constant en doctrine et en jurisprudence de définir la théorie des sujétions imprévues comme l'hypothèse où le cocontractant de l'administration rencontre à l'occasion de l'exécution de ses obligations contractuelles des difficultés matérielles totalement étrangères à la volonté des parties, présentant un caractère exceptionnel et anormal et qui ne pouvaient être prévues par aucune des parties lors de la conclusion du contrat »[396].

469. La théorie des sujétions imprévues s'applique essentiellement en matière de marchés de travaux qui constituent ainsi, selon le Tribunal administratif, son « *terrain naturel* »[397]. Lors de la soumission de leurs offres, les candidats à des projets de marchés de travaux sont censés avoir pris connaissance de toutes les difficultés de leurs tâches à travers l'analyse des prescriptions techniques particulières et des autres documents d'information mis à leur disposition par le maître de l'ouvrage. Il arrive malgré tout que des difficultés matérielles, de caractère imprévu, surgissent en cours d'exécution. Dans ce cas, la jurisprudence reconnaît à l'entrepreneur un droit à l'indemnisation pour le préjudice résultant de l'aggravation de ses charges du fait des

---

[395] TA, Appel, 30 juin 2000, *Groupement Dragados c. CCR pour le compte du ministre de l'agriculture*, précité.
Sur l'origine de cette théorie en droit français, cf. : DE LAUBADÈRE (A.), MODERNE (F.), DELVOLVÈ (P.), *Traité des contrats*, n° 1275 ; RICHER (L.) et LICHÈRE (F.) *Droit des contrats administratifs*, op. cit., p. 276 et s.; BRACONNIER (S.), *Précis du droit des marchés publics*, op. cit., p. 481 et s. ; VIDAL (L.), *L'équilibre financier du contrat dans la jurisprudence administrative*, Bruylant, Bruxelles, 2005, p. 443 et s.
En droit tunisien, v. JAMAA (F.), *Les marchés de travaux publics*, Tunis, CREA, ENA, 1990, p. 69 ; GHANNAI (T.), *Le contrôle juridictionnel sur l'exécution des marchés publics*, op. cit. p. 295.

[396] TA, Chambre de 1ère instance, 24 juin 2011, n°1/18778, *Établissements Entreprises Ali Bouajila c. CCE pour le compte du Commissariat régional au développement agricole de Nabeul*, inédit

[397] TA, 30 juin 2000, *Groupement Dragados précité.*

« *difficultés matérielles rencontrées lors de l'exécution du marché, présentant un caractère exceptionnel, imprévisible lors de la conclusion du contrat et dont la cause est extérieure aux parties* »[398].

470. Le Conseil d'État français est même allé plus loin en considérant que l'insertion par l'acheteur public de clauses dans les documents contractuels selon lesquelles l'entrepreneur doit réaliser à son compte des études de sol ne suffit pas à mettre à la charge de ce dernier tous les risques liés à la réalisation du marché, car il arrive que ces études ne permettent pas de déceler l'ampleur de ces difficultés[399].

471. Dans l'affaire *Dragados*, où il s'agissait précisément de répondre à une demande d'indemnité présentée par l'entreprise chargée de la construction d'un barrage dans le Centre de la Tunisie, qui prétendait avoir été confrontée en cours d'exécution à des « *sujétions imprévues* » consistant en un sous-sol instable et composé d'une couche calcaire, le Tribunal administratif n'est pas allé aussi loin. Il a tout d'abord consacré sans équivoque le droit du cocontractant à une indemnité compensatrice sur la base des « *principes généraux du droit administratif* » toutes les fois « *où (celui-ci) rencontre, en cours d'exécution (...) des difficultés matérielles, indépendantes de la volonté des parties, présentant un caractère exceptionnel et anormal et qui ne pouvaient être prévues par les parties lors de la conclusion du contrat* ». Il a cependant fini par rejeter les prétentions de la requérante en se réfugiant derrière le principe civiliste de la force obligatoire du contrat. Il a en effet considéré que l'article 10.1 du contrat, qui impose aux candidats de procéder, préalablement à la présentation de leurs offres, à des visites sur les lieux afin de vérifier les conditions matérielles d'exécution, la structure géologique du sol, ainsi que les caractéristiques et les quantités des matériaux existants sur place exclut l'application d'une telle théorie[400].

472. Dans d'autres affaires, le Tribunal administratif a cependant accepté d'indemniser intégralement les entreprises contractantes sur la base de la théorie des sujétions imprévues. La première fois pour le préjudice subi par le titulaire du fait du retard dans l'exécution des travaux causé par des intempéries exceptionnelles[401], la deuxième pour les charges

---

[398] CE, 30 juillet 2003, *Commune de Lens*, BJDCP, 2003, n° 31, p. 462, concl. Piveteau ; ADA 2003, 1727, note J.-D. Dreyfus

[399] CE, 3 mars 2010, *Sté Presspali* SPA, Contrats et marchés publics, 2010, comm. 167, obs. Llorens.

[400] TA, 30 juin 2000, *Dragados précité.*

[401] TA, 1ère instance, 23 mai 2003, n° 17956, *CCE pour le compte du Commissariat régional au développement agricole de Jendouba c. 1/ BIAT 2/ Société Intertravaux*, inédit.

supplémentaires consécutives àl'augmentation du volume des travaux de construction d'un lac collinaire ayant pour origine l'état imprévisible du sous-sol[402].

473. La théorie des sujétions imprévues n'est pas en effet circonscrite à l'état du sous-sol. Elle peut aussi s'appliquer en cas de pluies diluviennes[403] ou même d'un fait de l'homme étranger aux parties, à la condition toutefois que celui qui l'invoque apporte la preuve que ces évènements ne pouvaient être prévus au moment de la conclusion du contrat[404].

474. Les sujétions imprévues auxquelles le titulaire peut être confronté en cours d'exécution ne le dispensent pas du respect de ses obligations. Pour prétendre à indemnisation pour les charges supplémentaires qu'il a eu à assumer, il doit poursuivre l'exécution du marché, sauf si l'imprévu bouleverse totalement l'équilibre du contrat[405]. La théorie s'applique même en cas de résiliation du contrat[406].

475. Dans l'arrêt« *Entreprises Bouajila »*, le juge administratif justifie l'application de la théorie des sujétions imprévues par la nécessité de «*permettre au cocontractant la poursuite de l'exécution du marché* »[407], même si l'indemnité ne sera accordée qu'après l'achèvement des travaux et la fin des relations contractuelles entre les parties, le juge administratif semblant considérer que la perspective d'obtenir réparation peut contribuer à encourager le cocontractant à poursuivre les travaux et que, par conséquent, la demande peut être postérieure à leur achèvement.

476. La théorie des sujétions imprévues doit être distinguée de celle du fait du prince où l'aggravation des charges du cocontractant est la conséquence directe d'une mesure prise par l'autorité contractante.

---

[402] TA, 1ère instance, 26 mars 2004, n° 16767, *Société des travaux publics du Centre c. CCE pour le compte du ministère de l'agriculture, de l'environnement et des ressources hydrauliques*, Rec. TA, p. 32.

[403] CE, 13 mars 1987, *Sté Citra-France*, Rec. CE, 821

[404] CE, 15 décembre 2000, n° 204457, *M. Lacroix C. ADH de Haute-Savoie*, Contrats et MP, 2001, n° 44, Obs. F. Olivier

[405] CE, 29 avril 1949, *Sté Les entrepôts frigorifiques lyonnais*, Rec. CE, p.190

[406] CE, 10 février 2010, *Sté Prest'action*, n° 301116, BJCP 2010, 197, concl. Boulouis ; Dr. adm. 2010, n° 52, note Brenet.

[407] TA, Chambre de 1ère instance, 24 juin 2011, n°1/18778, *Établissement des entreprises Ali Bouajila de travaux publics c. CCE pour le compte du Commissariat au développement régional de Nabeul*, inédit.

C. La théorie du fait du prince

477. La théorie du fait du prince est un cas de responsabilité sans faute de l'administration. Celle-ci ne peut renoncer au pouvoir général qu'elle détient en dehors du contrat. C'est ce pouvoir qui fonde l'intervention de l'autorité contractante en cours d'exécution pour prendre les mesures administratives, individuelles ou règlementaires, que l'intérêt général impose. Lorsqu'une telle mesure entraine un bouleversement de l'économie du contrat en aggravant considérablement les charges du cocontractant, ce dernier a droit a une indemnité compensatrice pour l'intégralité du préjudice subi[408].

478. Selon la conception la plus répandue, consacrée par le Conseil d'État français[409], le fait du prince est tout fait imprévisible consistant en une mesure émanant de l'autorité même qui a conclu le contrat[410].

479. En Tunisie, rien ne s'oppose à la reconnaissance de cette théorie même s'il ne semble pas qu'elle ait été mise en application depuis l'institution de la justice administrative en Tunisie par le décret du 27 novembre 1888.

480. Avant la création de la juridiction administrative, le Professeur René CHAPUS, s'interrogeant sur la possibilité pour les tribunaux tunisiens de retenir la responsabilité de l'administration en dehors de toute faute contractuelle sur la base de la théorie française du fait du prince, soulignait déjà « *qu'il n'y a, dans le texte du décret de 1888, aucun obstacle à la consécration en droit tunisien de cette théorie qui donne au cocontractant de l'administration, dont les charges ont été*

---

[408] CE, 20 mai 1904, *Compagnie marseillaise de navigation*, Rec. CE, 425.

[409] La Haute juridiction se refuse d'appliquer cette théorie dans le cas d'une mesure qui n'émane pas de l'administration contractante : CE, 20 octobre 1971, *Compagnie du chemin de fer de Bayonne à Biarritz*, Rec. CE, 624.

[410] C'est la conception la plus répandue, défendue notamment par André de LAUBADÈRE, « *Les éléments d'originalité de la responsabilité contractuelle de l'administration* », *Mélanges Mestre,* Sirey 1956, p. 383. Il existe une conception plus large qui considère que toute mesure légalement prise et portant préjudice à un cocontractant, quelle que soit l'administration dont elle émane, constitue un fait du prince. C'est la conception soutenue notamment par J. BADAOUI dans sa thèse sur « *Le fait du prince dans les contrats administratifs* », LGDJ, 1954. Mais il existe aussi une conception plus étroite qui considère qu'il ne peut y avoir fait du prince que si la mesure est prise par l'autorité contractante, en vertu de pouvoirs autres que ceux qu'elle tient du contrat. C'est la position défendue notamment par F.-P. Benoit, « *Le droit administratif français* », Dalloz, 1968, n°1136.
Sur cette question, cf. : RICHER (L.) et LICHÈRE (F.), *Droit des contrats administratifs*, op. cit., p. 295 et s.

aggravées par celle-ci dans l'intérêt général, droit à une indemnité compensatrice »[411].

481. Par la suite, l'Assemblée plénière du TA, allait saisir l'occasion d'un recours en appel[412] pour reconnaître aux cocontractants de l'administration la faculté d'être indemnisés sur la base de la théorie du fait du prince[413]. Les termes choisis par le Tribunal administratif vont bien au-delà de l'application de cette théorie aux marchés publics. Leur généralité montre qu'ils ont été conçus dans un souci pédagogique afin de poser les principes essentiels permettant de régler toutes les contestations futures pour rupture de l'équilibre financier dans les contrats administratifs. L'arrêt comporte en effet une énumération des « *cas dont la survenance justifie l'indemnisation des cocontractants de l'administration, en cas d'aggravation de leurs charges* »[414]. Parmi ces cas, la Haute juridiction retient, en premier lieu, la théorie « *du fait du prince* »[415]. Elle y ajoute les cas « *de l'imprévision, de la force majeure et des sujétions imprévues* »[416].

482. Les conditions de réparation du préjudice dans l'hypothèse de la survenance d'un fait du prince varient selon qu'il s'agit de mesures particulières ou générales. Dans tous les cas, le titulaire doit être spécialement affecté par les mesures en question, l'aggravation des charges provenant de textes applicables à un secteur ou bien à l'ensemble de l'économie n'ouvrent pas droit à réparation.

483. Quand il s'agit de mesures particulières, la responsabilité de l'administration est retenue lorsque le préjudice présente un caractère certain et direct. Lorsqu'il s'agit de mesures générales, la responsabilité de l'administration est difficilement admise : la jurisprudence considère que ces mesures qui affectent une catégorie de personnes font partie des aléas normaux de la vie des contrats. C'est seulement lorsqu'elles portent atteinte à un élément essentiel du contrat qu'elles peuvent ouvrir droit à réparation. Ainsi, le Conseil d'État a retenu le fait du prince consistant dans la création de droits de péage dans un port « *en raison de la nature particulière de ces droits* »[417], mais il s'est refusé à le faire à propos d'une mesure

---

[411] CHAPUS (R.), *Le contrôle et le contentieux en Tunisie*, op. cit., p. 84.
[412] T. 1ère instance de Tunis, 15 janvier 1996, n° 78203,*Dragados c. CCR pour le compte du ministre de l'agriculture,* inédit.
[413] TA, Appel, 30 juin 2000, *Groupement Dragados c. CCR pour le compte du ministre de l'agriculture*, Rec. TA, p. 403.
[414] TA, Appel, 30 juin 2000, *Groupement Dragados*précité.
[415] Ibid.
[416] Ibid.
[417] CE, 20 mai 1904, *Cie marseillaise de navigation*, Rec. CE, 425

consistant à instaurer un stationnement payant en surface à côté d'un parking souterrain considérant qu'une telle mesure n'a pas affecté d'une manière substantielle le contrat d'exploitation de ce parking[418].

§2. L'indemnisation partielle du préjudice : la théorie de l'imprévision

484. La théorie de l'imprévision est née en France dans les contrats de concession de service public, à la suite des bouleversements économiques consécutifs à la première guerre mondiale[419].Ce sont des motifs d'intérêt général, tenant à la nécessité d'assurer le maintien du contrat lorsque celui-ci a pour objet l'exécution d'un service public (contrats de concession) ou de pourvoir aux besoins d'un service public (contrats de marchés publics), qui ont donné naissance à cette théorie. Son application conduit à imposer à l'administration « *des sujétions d'intérêt général* »[420].La théorie de l'imprévision n'a donc pas un caractère contractuel. Son fondement est plutôt à rechercher dans l'idée *d'équité,* avancée par Gaston JÈZE, ou dans celle de *justice distributive,* mise en avant par Maurice HAURIOU.

485. Conçue comme une garantie essentielle du cocontractant contre les aléas inéluctables de la conjoncture économique, sa mise en œuvre suppose que soient réunies certaines conditions (**A**) et que soit fixée l'étendue de l'indemnité compensatrice (**B**). Sa consécration en Tunisie a été tardive pour des raisons tenant à la fois à son caractère exceptionnel ainsi qu'aux réticences des cocontractants de l'administration à invoquer ce moyen devant le juge administratif.

A. Les conditions de l'imprévision

486. La théorie de l'imprévision a connu un regain de faveur en matière de marchés de travaux à la suite de la flambée du prix de l'acier sur les

---

418 CE, 18 mars 1983, *Sté du parking du square Boucicault*, RDP 1983, 423.

419 CE, 30 mars 1916, *Cie générale d'éclairage de Bordeaux*, S. 1917, 3, 17, concl. Chardenet, note Hauriou ; GAJA, Dalloz, 20e éd., 2015, n° 29, p. 170.
Sur cette théorie en droit français, cf. : DE LAUBADÈRE (A.), MODERNE (F.), DELVOLVÈ (P.), *Traité des contrats*, n° 1331 et s. RICHER (L.) et LICHÈRE (F.) *Droit des contrats administratifs*, op. cit., p. 278 et s. ; BRACONNIER (S.), *Précis du droit des marchés publics*, op. cit., p. 481 et s. ; VIDAL (L.), *L'équilibre financier du contrat dans la jurisprudence administrative*, op, cit., p. 118 et s ; ABBATUCCI (S.), SABLIER (B.), SABLIER (V.), « Crise de l'acier : le retour de l'imprévision dans les marchés de travaux », AJDA 2004, 2192.
En droit tunisien, v. GHANNAI (T.), *Le contrôle juridictionnel sur l'exécution des marchés publics*, op. cit. p. 283 et s.

420 RIVÉRO (J.), « Existe-t-il un critère du droit administratif ? », RDP 1953, p. 279.

marchés mondiaux[421]. C'est d'ailleurs à la suite de cette crise, qui a conduit plusieurs entreprises de travaux publics au bord du dépôt de bilan, que le Tribunal administratif s'est résolu finalement à la mettre en œuvre.

487. C'est en matière de marchés de travaux que sont apparues les premières applications de cette théorie.

Déjà, dans l'arrêt *Dragados* le Tribunal administratif l'avait explicitement évoquée, mais pour l'écarter tout de suite, considérant que le moyen tiré de l'indisponibilité des produits prévus par les prescriptions techniques sur le marché tunisien invoqué par l'entreprise attributaire du marché ne suffisait pas à lui seul à justifier sa mise en œuvre[422].

488. C'est dans l'arrêt « EBM » que le juge administratif devait finalement préciser les conditions de l'imprévision en considérant « qu'en cas de survenance de circonstances ayant entraîné une augmentation exceptionnelle du prix des matières premières nécessaires à l'exécution du marché, le cocontractant de l'administration est en droit de réclamer une indemnité compensatrice pour le préjudice subi du fait de cette augmentation afin qu'il puisse poursuivre l'exécution du marché »[423].

489. L'imprévision suppose donc en premier lieu la survenance d'évènements présentant un caractère exceptionnel. Le Tribunal considère à cet égard « *qu'on ne peut demander au titulaire du marché de prévoir la survenance de telles circonstances lors de sa conclusion en raison de leur caractère exceptionnel et du bouleversement de l'économie du contrat qui en résulte* »[424]. Mais tout évènement imprévu n'entre pas dans le champ de l'imprévision. Les aléas qui n'ont pas pour effet de « *déjouer tous les calculs* » en

---

[421] ABBATUCCI (S.), SABLIER (B.), SABLIER (V.), « Crise de l'acier : le retour de l'imprévision dans les marchés de travaux », art, précité, 2192.

[422] TA, Appel, 30 juin 2000, *Groupement Dragados*précité.

[423] TA, Chambre de 1ère instance, 11 avril 2011, *Entreprise EBM de travaux publics. c.CCE pour le compte du ministère de l'équipement*, Rec. TA, p. 461. V. dans le même sens : TA, Chambre de 1ère instance, 11 avril 2011, *Entreprise M.H.B de travaux publics c. CCE pour le compte du ministère de l'équipement,* Rec. TA, p. 461 : Marché de travaux. Survenance, en cours d'exécution, d'une flambée des prix des matières premières nécessaires à l'exécution du marché sur les marchés internationaux. Bouleversement de l'équilibre économique du contrat. Évènement imprévisible et indépendant de la volonté du contractant. Retard dans la notification de l'ordre de service par l'administration.

[424] TA, 11 avril 2011, *EBM de travaux publics* précité.

entraînant un bouleversement dans les conditions économiques d'exécution du contrat ne sont pas constitutifs d'imprévision[425].

490. La mise en œuvre de cette théorie suppose en second lieu que le cocontractant n'interrompe pas l'exécution du contrat en raison de finalités d'intérêt général qui sont derrière sa conclusion. La théorie de l'imprévision s'applique donc aux contrats de marchés publics dont l'objet est précisément de pourvoir aux besoins de l'administration et de réaliser l'intérêt général. Ce sont ces considérations qui justifient que l'administration tienne compte *« des circonstances pouvant affecter (la) bonne exécution (du marché) en aidant soncontractant à surmonter les difficultés financières indépendantes de sa volonté et dont la gravité peut menacer la poursuite de l'exécution »*[426].

491. D'un autre côté, « ce déséquilibre exceptionnel ne doit pas revêtir les caractéristiques de la force majeure qui permet d'exonérer le titulaire du marché de ses obligations en matière d'exécution »[427]. Il en résulte que, pour prétendre à l'indemnité, celui-ci doit donc théoriquement poursuivre l'exécution et présenter une réclamation.

492. Mais cette condition n'est pas toujours nécessaire. Ainsi, dans l'arrêt *EBM*, le Tribunal a accordé l'indemnité d'imprévision réclamée bien que le marché ait été résilié après mise en demeure du titulaire, avant même l'achèvement des travaux. Cette solution se justifie par le fait qu'il y a eu dans ce cas violation du principe de bonne foi et de loyauté des relations contractuelles de la part de l'acheteur public, l'instruction ayant révélé que le cocontractant avait auparavant saisi à plusieurs reprises l'administration d'une demande de révision du prix du marché lorsqu'il a été confronté à une augmentation sans précédent du prix des produits nécessaires à l'exécution du marché. Mais l'administration était restée sourde à ses appels[428].

---

[425] CE, 30 mars 1916, *Cie générale d'éclairage de Bordeaux* précité.
[426]TA, 11 avril 2011, *EBM de travaux publics* précité.
[427] Ibid.
[428]Le TA a confirmé cette solution dans l'arrêt *Entreprise M.H.B de travaux publics c. CCE pour le compte du ministère de l'équipement*, précité : « *Considérant que, s'il est constant, que ce déséquilibre exceptionnel ne peut constituer un cas de force majeure exonérant le titulaire du marché de ses obligations en matière d'exécution, il reste que le principe de bonne foi dans l'exécution des contrats, impose à l'administration de tenir compte des circonstances pouvant affecter la bonne exécution du contrat en aidant son contractant à surmonter les difficultés financières indépendantes de sa volonté et dont la gravité peut menacer la poursuite de l'exécution* ».

B. L'indemnité d'imprévision

493. L'indemnité d'imprévision n'a pas le caractère de dommages-intérêts ; elle n'a donc pas pour objet de réparer l'intégralité du préjudice. Une fois évaluée l'aggravation des charges du cocontractant, son montant est réparti entre les parties au contrat dans certaines proportions. L'administration contractante prend à sa charge un pourcentage que le Tribunal administratif a choisi de fixer à 70% des pertes occasionnées parl'imprévision[429]. Ce principe de répartition ne nous parait pas suffisant pour garantir la poursuite de l'exécution en cas de bouleversement de l'équilibre financier du marché.

494. En France, ce pourcentage a été fixé à 90 % par la circulaire du 20 novembre 1974 qui permet « l'octroi d'une (telle) indemnité ... dans la mesure où, même après application des clauses contractuelles de révision, l'économie du contrat apparaît bouleversée ». Mais la part mise à la charge de l'administration peut être réduite en fonction de l'attitude du cocontractant[430].

495. Pour protéger les entreprises contre ce type d'aléas, on assiste de plus en plus à l'insertion de clauses de variation de prix dans les contrats de marchés publics, particulièrement dans les marchés qui sont très exposés à la fluctuation des prix.

496. En Tunisie, le décret du 5 juillet 2008 portant révision exceptionnelle des prix des marchés publics de travaux a même consacré une sorte *d'imprévision règlementaire conjoncturelle*, à la suite de la flambée des prix de l'acier et des hydrocarbures sur les marchés internationaux, en permettant aux titulaires de marchés, dont le délai d'exécution est égal ou supérieur à six mois, et ayant subi une perte due à l'augmentation anormale des prix de ces produits au cours de la période d'exécution s'étalant entre le 1er janvier 2006 et le 31 décembre 2008, d'obtenir d'une façon exceptionnelle la révision des prix quelle que soit la nature, ferme ou révisable, du prix du marché[431].Dans un arrêt rendu le 11 avril 2011, le TA s'est explicitement référé à ce décret pour admettre le bien-fondé de la demande de la requérante tendant à son indemnisation pour le préjudice subi sur le fondement de la théorie de l'imprévision. Il a en effet considéré « *qu'il est de principe en matière de marchés publics que le contrat a pour objet de fixer définitivement les droits et les obligations des parties et qu'il n'est possible, en conséquence, de*

---

[429]TA, 11 avril 2011, *EBM de travaux publics* précité.
[430] RICHER (L.) et LICHÈRE (F.), *Droit des contrats administratifs*, op. cit., p.281.
[431] Décret n° 2472 du 5 juillet 2008 portant révision exceptionnelle des prix des marchés de travaux (JORT 2008, p. 2039).

demander la révision du prix prévu par le contrat que si ses clauses ont prévu cette faculté, ce qui n'est pas le cas en l'espèce ; (...) ; que contrairement à ce principe, bien que l'administration était convaincue du caractère exceptionnel de l'augmentation du prix des produits nécessaires à l'exécution du marché du fait de l'adoption, par le pouvoir réglementaire du décret du 5 juillet 2008 portant révision exceptionnelle des prix des marchés publics de travaux, elle a néanmoins adressé des mises en demeure consécutives à son cocontractant pour finalement décider de résilier le marché aux torts de ce dernier[432] ».

497. Mais c'est dans un arrêt de cassation rendu en 2013, que le Tribunal administratif devait fixer définitivement le principe de répartition des charges induites par l'imprévision entre les parties contractantes en affirmant que « *la jurisprudence administrative est constante pour admettre la possibilité pour le juge administratif de condamner l'administration à supporter une part du préjudice subi par son cocontractant afin de réparer le préjudice exceptionnel résultant du dépassement de la fourchette des prix prévue lors de la passation, toutes les fois où surviennent, en cours d'exécution, des circonstances économiques exceptionnelles, indépendantes de la volonté des parties, ne pouvant être prévues lors de sa conclusion et entrainant une rupture de l'équilibre financier du contrat* »[433].

Il a finalement décidé de casser avec renvoi l'arrêt critiqué, qui avait confirmé le montant de l'indemnité accordée en 1ère instance mettant à la charge de l'administration l'intégralité du préjudice résultant du dépassement du seuil prévu par la clause de variation du prix « *sans procéder à une répartition des charges entre les deux parties de manière à en faire supporter une partie au cocontractant conformément aux principes fondamentaux de la théorie de l'imprévision* »[434].

---

[432] TA, Chambre de 1ère instance, 11 avril 2011, *Entreprise EBM de travaux publics c.CCE pour le compte du ministère de l'équipement*, précité.
[433] TA, Cassation, 10 juin 2013, *CCE pour le compte du ministère de l'équipement et de l'environnement c. Entreprise Meftah de travaux publics*, inédit.
[434] TA, Cassation, 10 juin 2013, *Entreprise Meftah de travaux publics* précité.

CONCLUSION DU CHAPITRE 2

498. Le contrôle qu'exerce le titulaire sur l'exécution des obligations financières de l'administration a pour objet principal de faire valoir les droits financiers qu'il tient du contrat.

499. En raison de la spécificité de certains marchés dont l'exécution s'étale sur une longue durée, le droit des marchés publics a dû prévoir, à côté des clauses de révision ou de variation que peut comporter le contrat, la possibilité de versement d'une avance au titulaire afin de lui permettre de préfinancer les prestations prévues par le marché. Il a également prévu les délais dans lesquels les sommes dues doivent être versées et organisé le droit du cocontractant à des intérêts moratoires en cas de retard de paiement. Il a aussi assoupli et précisé les modalités d'établissement des décomptes provisoires correspondant à la réalisation d'une fraction du projet, et du décompte général et définitif correspondant à l'exécution de l'ensemble des prestations prévues par le contrat à la fin du marché tout en assouplissant les règles rigides de l'exécution comptable des dépenses publiques par la mise en place d'un système d'avances et d'acomptes, destiné à encourager les opérateurs économiques à participer aux marchés publics. Par ailleurs, la jurisprudence administrative, dans le but de protéger à la fois l'intérêt public et les intérêts légitimes du cocontractant en cas d'aggravation de ses charges due à des aléas techniques, économiques ou administratifs de caractère exceptionnel, a reconnu le droit de celui-ci à demander une indemnisation.

500. Ce sont ces actes, précédés parfois par une procédure complexe de constatation et de réception des prestations qui permettent au cocontractant de faire valoir ses droits financiers.

501. Ces procédures demeurent soumises cependant au bon vouloir de l'administration, à laquelle le cocontractant ne peut opposer l'exception d'inexécution. Ce dernier n'a d'autre choix alors pour obtenir satisfaction que de saisir le juge du contrat.

CONCLUSION DU TITRE 1

502. L'étude du contrôle exercé par les parties contractantes aura permis de souligner la supériorité de l'administration contractante dans le contrôle de l'exécution des marchés publics. Titulaire de prérogatives de puissance publique et responsable de l'intérêt général, celle-ci dispose d'abord du privilège du préalable qui lui permet de modifier unilatéralement les conditions d'exécution du marché ou d'infliger des sanctions à ses cocontractants. Le droit des marchés publics lui reconnaît ensuite des moyens propres dont l'objet est de lui permettre d'assurer la bonne exécution du marché, de sanctionner les écarts par rapport aux obligations mises à la charge du titulaire et d'adapter le marché à ses besoins.

503. De son côté, le titulaire reste soumis aux directives de l'administration tout au long du processus d'exécution. Sauf cas de force majeure ou fait de l'administration le mettant dans l'impossibilité d'exécuter le marché, il est tenu de s'acquitter exactement de ses obligations et d'obtempérer à ses décisions, même lorsque celles-ci comportent une modification des prestations au-delà de ce qui est permis par le contrat. Il ne peut refuser de les exécuter sous peine d'encourir des sanctions ; il ne peut non plus suspendre, en tout ou en partie, leur exécution car, contrairement aux principes généraux qui régissent les obligations civiles, il n'a aucun pouvoir d'action unilatérale sur l'administrationpour faire valoir les droits financiers qu'il tient du contrat. Il ne peut que recourir au juge du contrat pour contester éventuellement la licéité de ces mesures d'exécution et demander réparation du préjudice subi. Il peut toutefois exprimer ses réserves en refusant de les approuver. Il doit, dans ce cas et sous peine d'irrecevabilité, adresser une réclamation préalable à l'administration contractante avant toute saisine du juge du contrat, ce qui confirme sa situation d'infériorité par rapport à l'administration contractante.

504. Paradoxalement cependant, les parties contractantes ne sont pas totalement libres de décider des modalités d'exécution des marchés. Pour les décisions les plus importantes, celles relatives notamment aux avenants et aux règlements définitifs des marchés, ce sont des organismes placés sous l'autorité directe du pouvoir exécutif et dotés curieusement à la fois de pouvoirs de gestion et de contrôle, qui ont le

dernier mot, ce qui pose le problème de la cohérence globale du système administratif de contrôle de l'exécution des marchés publics.

TITRE 2

LA COMPLEXITÉ DU SYSTÈME ADMINISTRATIF DE CONTRÔLE

505. Dans le cadre du système administratif de contrôle sur les marchés publics, il est traditionnel de distinguer les contrôles exercés directement par des autorités plus ou moins dépendantes de l'administration, des contrôles exercés indirectement par des autorités spécialisées à l'occasion de l'exercice des recours sur lesquels elles sont appelées à statuer[435]. Ce schéma classique doit cependant être affiné pour tenir compte du caractère contractuel des opérations sur lesquelles va porter le contrôle. C'est ce caractère qui explique notamment la mise en place, sous la tutelle étroite de l'Exécutif, d'un système de recours spécifique aux marchés publics.

506. En matière de contrôle administratif *interne*, ce sont les procédures de contrôle préalable sur la régularité administrative et financière des actes de gestion des acheteurs publics qui sont privilégiées. Ce type de contrôle est appuyé par un contrôle *a posteriori* exercé par les différents corps d'inspection relevant de l'administration. Le contrôle ainsi effectué par des organes rattachés directement à l'Exécutif, bien qu'il soit exercé par des autorités extérieures à l'administration contrôlée, a toujours pour objet de mener des missions d'enquête et de vérification pour le compte des administrations de rattachement. Ce contrôle qui est appelé à évoluer vers un contrôle *d'auditinterne*[436] se double d'un contrôle de la bonne gestion et de l'intégrité des marchés publics exercé par des autorités indépendantes de l'administration qui

[435] Sur cette distinction, cf. PLESSIX (B.), *Droit administratif général*, op. cit., 1253 et s.

[436] Sur le contrôle d'audit interne, cf. : INTOSAI (2004), *Lignes directrices de l'INTOSAI relatives aux normes de contrôle interne à promouvoir dans le secteur public*, INTOSAI, p. 7 et s.; v. aussi : RENARD (J.), *Théorie et pratique de l'audit interne*, Eyrolles, Paris, 1994.

emprunte de plus en plus les techniques du contrôle *d'audit d'externe*[437].

507. L'existence de ce système administratif de contrôle a pour but avant tout de prémunir l'administration contre ses propres errements ce qui constitue une garantie de protection de l'intérêt public. Mais le souci de protéger les intérêts du cocontractant contre l'arbitraire administratif et de régler les litiges relatifs à l'exécution sans recours au juge n'est pas absent des finalités assignées à ce type de contrôle. L'articulation entre ces différents éléments pose en premier lieu le problème de la cohérence globale du système. Elle soulève en second lieu la question de la conciliation nécessaire entre les finalités diverses assignées au contrôle.

508. L'examen du système tunisien de contrôle et de recours en matière d'exécution des marchés publics permet de montrer d'une part l'inefficience du système de contrôle (**Chapitre 1**), d'autre part l'inefficacité du système de recours (**Chapitre 2**).

[437] Pour une vue générale sur le système administratif de contrôle sur les marchés publics en Tunisie, on se reportera utilement à l'analyse de l'OCDE : OCDE (2015), *Analyse du système de contrôle, d'audit et de maîtrise des risques dans le secteur public tunisien.*

CHAPITRE 1

L'INEFFICIENCE DU SYSTÈME ADMINISTRATIF DE CONTRÔLE

509. Le contrôle administratif sur le processus d'exécution des marchés publics en Tunisie a été conçu au départ pour protéger les deniers publics et prévenir les dérives en matière de gestion de l'achat public.

510. Dans ce système, ce sont les procédures de contrôle *a priori* sur la régularité administrative et financière des actes de gestion des acheteurs publics qui sont privilégiées. Ce contrôle est doublé par un contrôle *ex post* exercé, d'une part, par les différents corps d'inspection relevant de l'administration et, d'autre part, par des organes externes, indépendants de l'administration, et chargés du contrôle de la bonne gestion et de l'intégrité de l'achat public. La coordination de ces différents types de contrôle avait été confiée au départ au Haut comité du contrôle administratif et financier relevant de la Présidence de la République et regroupant les représentants des principaux ministères dépensiers et des différents corps de contrôle[438].

511. Conçu dans un contexte d'autoritarisme, de bureaucratie et d'absence de transparence, pour garantir la régularité administrative et financière des marchés publics, le système administratif de contrôle de l'exécution des marchés publics, en dépit des réformes successives qui lui ont été apportées, reste globalement inefficient.

512. La notion d'efficience a essentiellement une connotation économique qui dépasse et intègre la stricte régularité administrative et financière des opérations d'exécution des marchés publics. Elle renvoie à l'idée d'optimisation en matière de gestion de l'achat public[439], et implique une approche managériale conçue non seulement en termes de

---

[438] Pour une vue d'ensemble du système, cf. : BEN LETAÏF (M.), *L'État et les entreprises publiques en Tunisie : les mutations du contrôle*, l'Harmattan, coll. Logiques juridiques, Paris, 1998.

[439] Sur ce concept, v. : CAILLOSSE (J.), « Le droit administratif contre la performance publique ? », AJDA n°3, mars 1999, p.197 et s ; TAMIN (C.), « Économie et droit » in DENYS, ALLAND et RIELS, *Dictionnaire de la culture juridique*, PUF et LAMY 2003, p. 578 et s.

rentabilité et de performance, mais aussi d'intégrité des gestions publiques[440]. Dans cette perspective, le système d'information et les procédures de contrôle doivent permettre la confrontation constante entre les ressources allouées et les résultats escomptés.

513. Le bouleversement, consécutif à la chute du régime autoritaire et corrompu de Ben Ali au début de l'année 2011, a permis de révéler l'ampleur de la fraude à l'achat public[441]. Il a été à l'origine de la mise en place de nouveaux instruments de contrôle et la promotion au rang constitutionnel des principes de bonne gouvernance, de transparence, d'intégrité et de redevabilité en matière de gestions publiques.

514. Parallèlement, le Rapport de la Commission supérieure des marchés publics de 2012, élaboré en prélude à la dernière réforme des marchés publics[442], a permis de mettre en exergue les principales faiblesses entravant l'efficacité du système de contrôle sur l'exécution des marchés publics en Tunisie[443].

Ce rapport a été à l'origine d'une réorganisation du système par le nouveau CMP. Ce Code réserve en effet un titre entier, le Titre V, à la gouvernance des marchés publics. Son Chapitre 1 institue auprès du chef du gouvernement un Conseil national de la commande publique (CNCP) composé des représentants des principaux ministères et de tous les corps de contrôle. Ce Conseil est chargé « *(d') étudier et (de) proposer toute mesure ayant pour but d'améliorer la gouvernance des marchés publics* ». Le Chapitre 2 entérine la création par le décret du 22 novembre 2013 d'une Haute instance de la commande publique (HAICOP) chargée « *de veiller à la bonne organisation et au bon déroulement des travaux relevant de ses structures et de superviser le corps des contrôleurs et réviseurs de la commande publique* »[444]. Cet organe réunit dans sa composition les représentants de la Commission

[440] Sur cette question, v. : JENAYAH (A.), *Intégrité et lutte contre la corruption dans les marchés publics en France et en Tunisie*, op. cit., p. 4 et s.
[441] CNIMC (2011), *Rapport public de la Commission nationale d'investigation sur les pratiques de malversation et de corruption sous l'Ancien régime*, Tunis, novembre, 2011, pp. 51-84 et les annexes statistiques. V. aussi : OCDE (2013), *Examen du cadre d'intégrité dans le secteur public en Tunisie*, Éd. OCDE, 2013, pp. 65 et s.
[442] Présidence du gouvernement, Commission supérieure des marchés, *Rapport final sur l'évaluation du système national de passation des marchés publics*, Tunis, juin 2012.
[443] Ibid., p. 41.
[444] Créée par le décret n° 2013-5096 du 22 novembre 2013 (JORT 2013, p. 3493).

supérieure de contrôle et d'audit des marchés[445], du Comité de suivi et d'enquête[446], ainsi que ceux de l'Observatoire national des marchés publics[447]. Le Titre VI comporte enfin un chapitre entier dédié à l'intégrité des marchés publics.

515. Mais la réforme demeure, malgré tout, « *asymptotique* [448]» pour reprendre l'expression utilisée par le Professeur Laurent RICHERpour caractériser l'éternelle réforme des marchés publics en France, car le nouvel agencement ne paraît pas avoir résolu la question essentielle que pose le contrôle administratif de l'exécution des marchés publics, celle de l'équilibre délicat entre autonomie, gage d'efficience dans la gestion des marchés, et contrôle, garantie de protection des deniers publics. Ce dilemme est au cœur de la problématique du contrôle de l'exécution des marchés publics.

516. Il convient donc d'envisager successivement la prédominance des contrôles internes (**Section 1**) et la faiblesse des contrôles externes (**Section 2**).

Section 1 : La prédominance des contrôles internes

517. Les marchés publics sont soumis à un contrôle qu'on pourrait qualifier d'interne sur le processus d'exécution. Il est exercé par différentes commissions spécialisées dans le contrôle des marchés et par différents corps de contrôle et d'inspection relevant de l'administration.

518. Ces contrôles multiples obéissent à des logiques différentes : administrative ou financière, de légalité ou d'opportunité. D'une manière générale, ils sont principalement tournés vers la protection des deniers publics et s'exercent essentiellement *a priori*. Ils sont source de lenteurs dans l'exécution des marchés, préjudiciables à l'efficience de l'achat public (**§1**). C'est ce qui explique le développement des contrôles externes dont l'efficacité demeure cependant tributaire de la qualification des agents chargés du contrôle et des moyens humains et financiers dont dispose l'administration.La

---

[445] Les Commissions de contrôle des marchés ont été créées par le décret n°65-172 du 1er avril 1965 relatif au contrôle des marchés passés pour le compte de l'État et des établissements publics. Sur ces commissions, v. infra, n° 520 et s.

[446] Le Comité de suivi et d'enquête en matière de marchés publics a été créé par l'article 152 du décret n°2002-3158 du 17 décembre 2002. Sur cet organisme, v. infra, n° 716 et s.

[447] L'Observatoire national des marchés publics a été créé par l'article 150 du décret n°2002-3158 du 17 décembre 2002. Sur cet organisme, v. infra, n° 562 et s.

[448] RICHER (L.) et LICHÈRE (F.), *Droit des contrats administratifs*, op. cit., p. 358.

synchronisation entre ces différents corps de contrôle relève de la HAICOP, fusionnant dans sa composition contrôle administratif, contrôle contentieux et système d'information des marchés publics. La mission de coordination qu'elle est appelée à exercer semble faire double emploi avec celle qui avait été confiée au Haut comité de contrôle administratif et financier[449], ce qui explique les difficultés de la coordination (**§2**).

§1. Les contrôles administratifs préalables sur l'exécution des marchés

519. Outre le contrôle exercé par les comptables publics sur l'ordonnancement des dépenses sur marchés, le contrôle administratif interne sur l'exécution des marchés publics revêt deux modalités essentielles : un contrôle exercé par des commissions spécialisées chargées à la fois du contrôle sur la passation et l'exécution des marchés (**A**) et un contrôle financier, qui fait double emploi avec celui exercé par le comptable public, destiné à bloquer tout engagement des dépenses contraire aux règles de la comptabilité publique (**B**).

520. En raison de la spécificité des marchés des entreprises publiques et des missions dévolues aux contrôleurs d'État sur leurs marchés[450], ce type de contrôle ne sera évoqué qu'incidemment, à l'occasion de la présentation du contrôle exercé par les commissions de contrôle sur les marchés des entreprises publiques dont le contrôleur d'État est membre de droit.

A. Les commissions de contrôle des marchés

521. Les marchés publics sont soumis à un contrôle systématique exercé par des commissions spécialisées, destiné à vérifier la régularité du processus d'exécution des dépenses sur marchés des administrations publiques[451]. Ces commissions ont des pouvoirs considérables. Elles

---

[449] Le statut particulier de ce corps de contrôle a été fixé par le chapitre II du décret n° 2013-5096 susvisé.

[450] Sur cette question, cf. Extrait du rapport annuel établi par le Comité des Contrôleurs d'État en ce qui concerne le volet des défaillances constatées sur les marchés publics (2009, en Arabe) ;Mémoire de stage de fin d'études du cycle supérieur de contrôle, d'inspection et de magistrature des élèves de l'École nationale d'administration sur les thème « Contrôle d'État et efficacité des marchés dans les entreprises publiques », (Juin 2015, en Arabe). V. infra, n° 529 et s.

[451] Ce contrôle a été institué pour la première fois par le décret n° 65-172 du 1er avril 1965 relatif au contrôle des marchés passés pour le compte de l'État et des établissements publics qui avait créé une commission supérieure des marchés, chargée sous l'autorité du Secrétaire d'État à la présidence, de vérifier la régularité et la sincérité de tous marchés conclus pour le compte de l'État, des établissements publics et des entreprises publiques. Il a été complété par la suite par l'institution de

exercent à la fois un contrôle direct et un contrôle indirect en matière de marchés publics. Elles sont compétentes en effet pour intervenir à tous les stades du cycle de vie des marchés, avant l'appel à la concurrence, après le dépouillement des offres et l'attribution des marchés, mais aussi, et pour ce qui nous intéresse, en cours d'exécution et à la fin du marché[452].

522. L'architecture générale du système a été profondément remaniée par le nouveau CMP. Le changement touche surtout la conception du contrôle, le contrôle direct et préalable sur l'exécution des marchés ayant été maintenu.

1. La conception du contrôle

523. La nouvelle réglementation de 2014 distingue désormais deux types de commissions : la Commission supérieure de contrôle et d'audit des marchés relevant de la HAICOP, d'une part, et les autres Commissions de contrôle des marchés, d'autre part.

a. Composition

524. Prévue au Chapitre II du Titre IV du nouveau CMP, intitulé « *Des organes de contrôle des marchés* », la liste de ces commissions, déjà élargie à trois sous l'empire du décret n° 2002-3158, a été considérablement renforcée dans la nouvelle réglementation pour y intégrer des organes qui n'ont pas vocation à exercer des missions de contrôle. C'est le cas de l'Observatoire national des marchés publics[453]. À côté de la Commission supérieure de contrôle et d'audit des marchés publics, elle-même divisée désormais en six commissions spécialisées[454], coexistent d'autres commissions exerçant des

---

commissions départementales et communales de contrôle ; v. aussi : BEN KHALIFA (F.), *Droit des marchés publics*, op. cit. pp. 107-119.

[452] Ainsi, ces commissions ont examiné en 2015 : 9878 marchés, Rapport du contrôle général sur les dépenses publiques précité. p. 74.

[453] L'Observatoire national des marchés publics a été créé à l'effet de regrouper et de diffuser les informations relatives aux marchés publics. Sur cet organe, V. infra, n° 562 et s.

[454] Ce sont :

- la commission de contrôle et d'audit des marchés de bâtiment, de génie civil et des études relatives à ce type de marchés ;
- La commission de contrôle et d'audit des marchés des technologies de la communication, de l'électricité et de l'électronique et des études relatives à ce type de marchés ;
- La commission de contrôle et d'audit des marchés des matières premières et des produits revendus en l'état ;

compétences sectorielles ou régionales dont la composition a peu évolué[455].

525. Ces différentes commissions ont une composition interdépartementale, à l'exception de la commission des entreprises publiques. Le contrôleur des dépenses publiques en est membre de droit. La désignation « *des membres des commissions supérieures de contrôle et d'audit des marchés et de leurs présidents est fixée par arrêté du chef du gouvernement, sur proposition des ministères et des organes représentés* » (Article 148 du CMP). Celle des membres des autres commissions, par le ministre, le gouverneur ou le PDG de l'entreprise publique, sur proposition des structures représentées (Article 165 du CMP).

526. Au sein des commissions supérieures, siègent, invariablement, des représentants du département concerné, du ministère des Finances et de la Banque centrale. Au sein des commissions départementales, la Banque centrale n'est plus représentée. Mais on retrouve la même composition, renforcée, en fonction de l'objet du marché, par la présence de représentants du Ministère chargé de l'équipement ou de celui chargé des technologies de la communication.

527. En vertu de l'article 136 de l'actuelle loi organique des communes (LOC), les marchés publics des communes doivent être passés dans les formes et conditions prévues par la législation en vigueur. C'est donc l'ensemble des dispositions du décret du 14 mars 2014 portant réglementation des marchés publics qui trouve à s'appliquer[456]. Une telle solution devrait être revue à la lumière du principe de libre administration des collectivités locales posé par l'article 132 de la nouvelle constitution. Selon l'article 97 de l'avant-projet du Code des collectivités locales (CCL) en effet, les marchés de ces collectivités doivent être conformes aux lois et aux règlements en vigueur, « *sous*

- La commission de contrôle et d'audit des marchés relatifs aux commandes diverses ;
- La commission de contrôle et d'audit du ministère d'avocat relatif à la représentation des organismes d'État devant les différentes juridictions ;
- L'Unité d'achat public en ligne (TUNEPS) dont le régime est prévu par les articles 77 à 82 du nouveau décret ;

[455] Ce sont :
- La commission départementale de contrôle des marchés publics ;
- La commission régionale de contrôle des marchés publics ;
- La commission communale de contrôle des marchés publics ;
- La commission interne de contrôle des marchés des entreprises publiques.

[456] Cf. BELAÏD (N.), *Autonomie locale et mutations récentes dans les finances municipales*, Thèse, CREA, ENA, Tunis, 1999, p. 339-342.

réserve du principe de libre administration ». Le nouveau régime, qui exclut l'exercice de tout contrôle *a priori*, doit donc conduire, dans la logique des articles 132 et 138 de la nouvelle Constitution[457], à l'abrogation du contrôle préalable, exercé actuellement par les commissions de contrôle sur les marchés des collectivités locales, et à remplacer le contrôle de tutelle par un contrôle de légalité, *a posteriori,* dévolu au juge administratif[458]. Le décret du 14 mars 2014 portant réglementation des marchés publics devrait donc être révisé pour tenir compte de ce nouvel ordonnancement[459]. Une telle réforme implique cependant la réalisation de l'immense chantier de la réforme de la justice administrative et financière annoncée par les articles 116 et 117 de la Constitution.

528. Pour l'heure, les commissions de contrôle des marchés publics au niveau local demeurent soumises à la réglementation issue de la Constitution du 1er juin 1959. Ainsi, les commissions régionales de contrôle sont présidées par le Secrétaire général de la collectivité concernée, pourtant nommé par le pouvoir central. Elles comprennent, outre le Contrôleur régional des dépenses publiques, un représentant de la collectivité concernée et, pour la commission régionale, des représentants du ministère des Finances et du commerce, ainsi que le Directeur régional de l'équipement. Les commissions communales ont à peu près la même composition, sauf que le Directeur régional de l'équipement est remplacé par un représentant de cette direction régionale et celui du ministère des finances par le Receveur des finances communales. Eu égard à l'importance des marchés de la ville de Tunis, sa Commission a vu sa composition renforcée par la présence de représentants du Ministre des finances et du Ministre

---

[457] L'article 132 de la nouvelle Constitution consacre le principe de la « *libre administration des affaires locales* ». L'article 138 qui dispose que « *les collectivités locales sont soumises, pour ce qui est de la légalité de leurs actes, à un contrôle a posteriori* ».

[458] Sur le contrôle des actes des collectivités locales, cf. : VERPEAUX (M.), *Les collectivités territoriales en France*, Dalloz, Collection « Connaissance du droit », 4ème éd., 2011, pp. 144-152.

Sur la réorientation du contrôle exercé sur les marchés des collectivités locales, cf. : OCDE (2016), *Un meilleur contrôle pour une meilleure gouvernance des collectivités locales en Tunisie,* p. 42 et s.

[459] On notera dans ce cadre que, selon l'article 112 de la première version de l'avant-projet du CCL datant de Novembre 2016, les marchés des collectivités locales, qui devraient être mises en place en application de la nouvelle Constitution, devaient être conformes aux lois et aux règlements en vigueur en matière de marchés publics, y compris donc aux articles 159 et 160 CMP qui prévoient un contrôle *apriori* du pouvoir central sur ces marchés.

chargé des technologies de la communication ou de l'industrie selon l'objet du marché[460].

529. En application de l'article 164 du CMP relatif aux seuils de compétence, les marchés locaux les plus importants relèvent des commissions de contrôle départementales ou supérieures de contrôle et d'audit des marchés. Nous n'avons pas été en mesure d'avoir des informations sur les tendances générales du contrôle exercé par les différentes commissions sur les marchés des collectivités locales. Il est probable cependant qu'on y retrouverait les mêmes observations critiques formulées par la Cour des comptes[461].

530. La commission de contrôle interne des marchés des entreprises publiques est présidée par un administrateur, membre du conseil d'administration ou de surveillance, autre que le Président directeur général. Elle est composée du Contrôleur d'État et de deux administrateurs désignés par le Conseil d'administration ou le Conseil de surveillance de l'entreprise. En fonction de l'importance et de la nature du marché, elle peut comprendre, en outre, un représentant du Ministre chargé de l'équipement ou du ministère de tutelle[462]. Le Contrôleur d'État a vocation à jouer un rôle important en matière de contrôle d'exécution des marchés de l'entreprise, dans la mesure où il est à la fois membre permanent de la commission des marchés et membre du Conseil d'administration de l'entreprise, confondant ainsi fonctions de gestion et fonctions de contrôle.

Sorte « *d'agent double* » jouant à la fois le rôle « *d'espion* » au profit du ministère de tutelle qu'il représente, mais aussi « *d'avocat* » de l'entreprise au sein de l'administration. En pratique cependant, le Contrôleur d'État ne joue qu'un rôle très limité au sein de ces Commissions, se contentant en général d'entériner les décisions prises par les dirigeants[463].

---

[460] Sur le contrôle exercé par les Commissions de contrôle sur les marchés des collectivités locales, cf. BELAÏD (N.), *Autonomie locale et mutations récentes dans les finances municipales*, op. cit, pp. 339-342.

[461] V. infra, n° 609 et s.

[462] Sur le contrôle exercé par les Commissions de contrôle sur les marchés des entreprises publiques, cf. BEN LETAÏEF (M.), *Le contrôle de l'État sur les entreprises publiques*, Tunis, ENA, CREA et l'Harmattan, 1998, pp. 188 et s.; « *L'évolution du contrôle des entreprises publiques* » in « *Le droit des entreprises publiques* » (S. dir. H. Ben Salah et A. Aouij-Mrad, pp. 117 et s. ; v. aussi : AOUIJ-MRAD (A), *Les entreprises publiques*, Tunis, Imprimerie officielle, 2010, pp. 90 et s.

[463] Sur le rôle joué par cet organe en matière de contrôle des marchés des entreprises publiques, cf. : BEN LETAÏEF (M.), *Le contrôle de l'État sur les entreprises publiques*, op. cit, pp. 230 et s.

b. Seuils de compétence

531. En application de l'article 164 du CMP, la compétence de ces différentes Commissions est déterminée en fonction de la nature et du montant des prestations. Le montant qui doit être pris en considération correspond, soit au coût prévisionnel des prestations lorsque la commission est saisie pour examiner le dossier avant la mise en concurrence, soit à la moyenne des offres financières lorsqu'elle se réunit pour l'examen du rapport de dépouillement, soit, enfin, au montant du marché lorsque le marché est conclu par voie de négociation. En cas d'allotissement, les seuils de compétence sont déterminés sur la base du coût estimatif de l'ensemble des lots, pour l'examen préalable des cahiers des charges, et de la somme des moyennes des offres financières, pour l'examen des rapports de dépouillement.

532. Théoriquement, les marchés passés par les établissements publics sont du ressort de la Commission régionale des marchés territorialement compétente dans la limite de son seuil de compétence. Au-delà, ils relèvent, en fonction du montant du marché, soit de la Commission départementale, soit de la Commission supérieure d'audit et de contrôle. Toutefois, afin de leur conférer davantage d'autonomie de gestion, les universités[464], les Commissariats régionaux de l'éducation[465], ainsi que les Commissariats régionaux au développement agricole[466] ont été dotés de leurs propres Commissions. En revanche, les achats des établissements dont le siège est à Tunis relèvent des Commissions départementales, à l'exception de ceux qui sont du ressort des Commissions supérieures.

533. En matière de construction de bâtiments civils[467], c'est la Commission départementale du ministère de l'équipement qui est compétente pour examiner les marchés dont la réalisation lui est confiée en qualité de maître d'ouvrage délégué, soit d'office[468], soit à la demande du maître d'ouvrage.

---

[464] Article 2 du décret n°2004-2663 du 29 novembre 2004 fixant la composition et la compétence de la Commission des marchés auprès de chaque université (JORT 2004, p.3305).

[465] Articles 22 à 24 du décret n° 2010-2205 du 6 septembre 2010 (JORT 2010, p. 2541).

[466] Articles 15 à 18 du décret n°89-832 du 29 juin 1989 (JORT 1989, p. 1075).

[467] Décret n° 89-1979 du 23 décembre 1989 portant réglementation de la construction des bâtiments civils (JORT 1990, p. 39).

[468] Il s'agit des projets à caractère national dont la réalisation nécessite le recours à des recherches et à des techniques complexes ou qui comportent l'installation d'équipements de haute technologie.

534. Il reste à préciser, qu'en vertu de l'article 159 du CMP, la limite de compétence de la Commission régionale des marchés est relevée jusqu'à celle de la Commission départementale pour les commandes passées dans le cadre de l'exécution des dépenses à caractère régional dont la nature est fixée par décret[469].

c. Fonctionnement

535. Les commissions de contrôle ne peuvent délibérer qu'en présence de la majorité de leurs membres. Le Contrôleur des dépenses publiques, pour les marchés des administrations publiques, ou le Contrôleur d'État, pour les marchés des entreprises publiques, doivent obligatoirement être présents. L'ordre du jour doit être transmis aux membres des Commissions trois jours au moins avant la tenue de la réunion. Le compte rendu des travaux est assuré par un secrétariat permanent, rattaché directement à l'autorité exécutive de la collectivité publique concernée, qui a pour fonction d'assurer l'instruction des dossiers et l'organisation des travaux de la commission. Lorsqu'il s'agit de délibérer sur des projets complexes qui nécessitent une expertise déterminée ou un avis technique éclairé, la commission peut convoquer, à titre consultatif, toute personne compétente dont l'avis peut être utile à son travail. Elle peut également, depuis la création d'un nouveau corps de contrôle, appelé corps des contrôleurs et réviseurs de la commande publique par le décret du 22 septembre 2013[470], s'appuyer sur les rapports qui leur sont transmis par ces contrôleurs (Article 153 du CMP).

536. Les avis des commissions, qui doivent être écrits et motivés, sont pris à la majorité des membres présents. Ils peuvent comporter, le cas échéant, les oppositions ou réserves exprimées par certains membres. Lorsque celles-ci émanent du contrôleur des dépenses publiques, elles doivent être expressément consignées dans un procès-verbal.

2. Le pouvoir de contrôle administratif des Commissions

537. Les commissions de contrôle des marchés ont un double visage : elles constituent à la fois des autorités administratives chargées de contrôler la bonne exécution des marchés publics et des autorités contentieuses

---

[469] Décret n° 2000-2474 du 31 octobre 2000 fixant la nature des dépenses et des projets à caractère régional (JORT 2000, p.3015).

[470] Décret n° 2013-5096 du 22 novembre 2013 portant création de la Haute instance de la commande publique et fixant le statut particulier des membres du corps des contrôleurs et réviseurs de la commande publique relevant de la Présidence du gouvernement (JORT 2013, p 3494).

compétentes pour traiter les recours que les cocontractants peuvent leur soumettre relatifs aux difficultés d'exécution des marchés[471].

538. En tant qu'autorités administratives, ces commissions sont chargées, d'approuver les projets d'avenants et de règlements définitifs des marchés (Article 155 du CMP). Les projets de règlement définitif doivent préciser la situation réelle de l'exécution du marché en faisant apparaitre les quantités livrées et leur degré de conformité aux stipulations du marché, les paiements effectués, le délai effectif d'exécution et éventuellement le montant des pénalités de retard. Il doit être accompagné d'un rapport détaillé établi par l'acheteur public comportant l'évaluation des conditions d'exécution des prestations et l'analyse des écarts entre prévisions et réalisations.

539. Par ailleurs, les travaux réalisés en régie par l'acheteur public font l'objet d'avant-métrés estimatifs qui doivent être soumis à l'avis préalable de ces commissions. Ces documents doivent comporter les différents éléments des coûts constitutifs du projet, y compris les prestations réalisées par les moyens propres de l'acheteur public.

540. Les avis qu'elles rendent dans le cadre de leurs compétences administratives doivent être notifiés à l'acheteur public dans un délai de vingt jours à compter de la date de réception du dossier. Passé ce délai, ces avis sont réputés être favorables. Ils ont force de décision à l'égard des ordonnateurs et des directeurs généraux des établissements publics non administratifs. Il ne peut être passé outre que par décision du chef du gouvernement sur proposition du ministre concerné ou du ministre de tutelle (Article 162 du CMP).

541. Dans l'arrêt *Fériani* rendu en 2013, le Tribunal administratif est même allé plus loin. Saisi d'une demande de paiement du solde d'un marché, arrêté d'un commun accord par les parties, il n'a pas hésité à écarter cet accord, considérant, sur la base de la simple réglementation des marchés publics, que l'avis rendu par la commission de contrôle compétente s'impose aux parties[472]. Une telle démarche est contraire aux principes les plus communément établis qui n'admettent que soit écartée l'application d'une norme conventionnelle que lorsque la loi le prévoit expressément[473]. Elle est malgré tout révélatrice de l'attitude

---

[471] Sur le rôle que les commissions sont appelées à jouer en tant qu'autorités contentieuses, cf. : infra,
n° 712 et s.

[472] TA, 1ère instance, 06 février 2013, n°17675/1, *Sté des Grands travaux Fériani c. Municipalité de Kairouan*, inédit.

[473] Sur ce point, cf. TERNEYRE (P.), « *Les rapports hiérarchiques entre Constitution, loi et contrat en droit positif français* », Mélanges Favoreu, 2007, pp.

du juge administratif, plus enclin à protéger les intérêts de l'administration qu'à assurer un juste équilibre entre les intérêts en présence.

542. Pour les marchés des entreprises publiques, l'avis rendu par la commission compétente a un caractère consultatif. Toutefois, lorsque le conseil d'administration ou de surveillance décide de passer outre l'avis de la commission supérieure de contrôle et d'audit ou lorsque celui-ci émane du contrôleur d'État, la décision de l'entreprise doit être consignée dans un procès-verbal spécialement établi à cet effet et soumise pour approbation au ministre de tutelle (Article 163 du Code).

543. Ces commissions n'ont pas d'équivalent dans le droit des marchés des pays avancés où prévalent les procédures juridictionnelles ou quasi juridictionnelles de contrôle[474]. Pour ces raisons, ces organismes, qui étaient pourtant cantonnés en France dans un rôle purement consultatif, ont fini par être supprimés par le décret du 26 novembre 2004 et remplacés par la commission des marchés publics de l'État, chargée d'une mission d'assistance pour l'élaboration et la passation des marchés, elle-même transformée en commission consultative en 2009 avant d'être supprimée par le décret n° 2013-420 du 23 mai 2013 dans le but de responsabiliser davantage les acheteurs publics[475].

544. Le contrôle préalable exercé par les commissions de contrôle sur l'exécution des marchés, les compétences décisoires et contentieuses qui leur sont reconnues posent un sérieux problème de légalité et, pour les marchés des collectivités locales, la question de la conformité du pouvoir décisionnel qui pourrait être reconnu à ces commissions par rapport à la nouvelle Constitution.

545. L'intervention de ces commissions est, en outre, source de lenteurs dans la procédure d'exécution des marchés, préjudiciables à l'efficacité des commandes publiques, autant de reproches qui valent également à l'encontre du contrôle exercé par le contrôle général des dépenses sur l'exécution des marchés publics.

1435 et s.; v. aussi : JENAYAH (M. R.), « *Contratspublics et hiérarchie des normes* », art. précité.

[474] OCDE (2007), « *Système de contrôle et de recours en matière de marchés publics dans l'Union européenne* », Doc. SIGMA, n° 41, Éd. OCDE, pp. 12-17.

[475] Cf. RICHER (L.), LICHÉRE (F.), Droit *des contrats administratifs,* op. cit, n 845.

B. Le Contrôle général des dépenses sur marchés

546. Le contrôle des dépenses engagées qui porte, pour partie, sur les dépenses sur marchés, est ancien[476]. Il a été réorganisé par le décret du 19 novembre 2012[477].Au même titre que les autres dépenses publiques, les dépenses sur marchés sont soumises à un contrôle préventif *a priori* destiné à préserver l'intégrité des gestions publiques en vérifiant la régularité de l'engagement des dépenses avant le paiement du titulaire du marché.

547. Ce contrôle, tatillon et pointilleux, fait double emploi avec le contrôle qu'exerce le comptable public ; il est source de lenteurs, préjudiciables à l'efficacité de l'action administrative. Décrié par les gestionnaires qui le taxent d'abusif et de superficiel, il a été assoupli en matière de marchés publics pour tenir compte de la spécificité de ce type de dépenses[478].

1. L'organisation du contrôle

a. Champ d'application

548. En vertu du CCP, aucune dépense publique ne peut être engagée sans être revêtue du visa préalable des services de contrôle des dépenses publiques. La portée de cette règle a été précisée par l'article 2 du décret du 19 novembre 2012 qui en limite l'application « *aux dépenses imputables au budget de l'État des établissements publics,*

---

[476] Il a été introduit depuis le Protectorat par le décret du 20 mars 1912 qui avait institué un contrôle sur les dépenses engagées de l'État, sanctionné par le visa du contrôleur général des dépenses. Ces services ont été par la suite rattachés au Secrétariat d'État au gouvernement par le décret du 15 janvier 1935. Au moment de l'Indépendance, après un cours intermède marqué par la suppression du visa par le décret du 1er avril 1965, celui-ci fut rétabli par le décret du 28 janvier 1969 et les services de contrôle réorganisés par le décret du 11 avril 1970.

[477] Décret n° 2012-2878 du 19 novembre 2012, JORT n° 95 du 30 novembre 2012, p. 3360. Sur l'évolution de ce contrôle, Cf. « *Le nouveau décret relatif au contrôle des dépenses publiques : Vers des contrôles plus ciblés et mieux organisés* » disponible sur :_www.gbo.tn. V. aussi : Rapport de contrôle général sur les dépenses publiques précité, p. 17 et s.

[478] Sur ce type de contrôle, cf. : LAKHDAR (M.), « Les contrôles administratifs internes sur les dépenses publiques », Revue Servir, 1980, pp. 42 et s.; BESBES (M.), *Le contrôle sur les dépenses publiques*, Tunis, CREA, ENA, 1993, pp. 112 et s. ; BELTAIEF (M.), *l'État et les entreprises publiques en Tunisie : les mutations du contrôle*, op. cit., pp. : v. aussi : BELAÏD (N.), CHIKHAOUI (L.), *Comptabilité publique*, op. cit., pp. 155-161 ; OCDE (2016), *Une meilleure performance pour une meilleure gouvernance publique en Tunisie, la gestion budgétaire par objectifs*, op. cit., pp. 96 et s.

des fonds spéciaux du trésor et des fonds de concours » ainsi qu'aux « *budgets des conseils régionaux, des budgets des communes de chefs-lieux de gouvernorat* ».

Cette disposition semble poser un sérieux problème de constitutionnali té pour les dépenses sur marchés des collectivités locales au regard des articles 132 et 138 de la nouvelle Constitution qui consacrent le principe de libre administration et prohibent l'exercice de tout contrôle préalable sur les actes des collectivités locales. L'Avant-projet de loi organique portant CCL relatif à la mise en œuvre du Chapitre VII de la Constitution relatif au pouvoir local se propose de renouveler le contrôle des dépenses engagées en substituant au contrôle*a priori* qui pèse lourdement sur l'exécution des marchés des collectivités locales des contrôles *a posteriori* qui seront exercés par les juridictions administratives et financières qui seront créées en application du Chapitre V de la Constitution relatif au pouvoir juridictionnel[479].

549. Certaines dépenses sonttoutefois dispensées de la procédure du visa préalable : celles sur marchés de la Présidence de la République, du ministère de la défense nationale et du ministère de l'intérieur, présentant un caractère secret et soumises à une procédure spéciale d'approbation, ainsi que les engagements globaux relatifs notamment aux dépenses à exécuter dans le cadre de marchés publics ou d'avant-métrés estimatifs de travaux en régie ayant reçu l'avis favorable de la commission des marchés compétente[480]. Sont également dispensés de la procédure du visa préalable les engagements provisionnels qui deviennent, dans la limite de la moitié des crédits ouverts pour l'exécution des dépenses sur marchés, le mode d'engagement de droit commun de ce type de dépenses[481] ainsi que tous projets d'avenants comportant une augmentation de la masse des prestations initiales

---

[479]L'article 97 de l'Avant-projet du nouveau Code des collectivités locales, adopté en application du Chapitre VII de la nouvelle Constitution, ne parle pas de l'exécution des marchés, mais seulement de leur conclusion. Il prévoit que « *les marchés des collectivités locales (...) sont conclues conformément aux lois et aux règlements applicables aux marchés publics dans la mesure où elles ne dérogent pas au principe de la libre administration* ».
Sur l'exercice de ce contrôle sous l'empire de la Constitution, du 1er juin 1959, cf. : BELAID (N.), « *Autonomie locale et mutations récentes dans les finances municipales* », op. cit., pp.335 et s.
Sur les recommandations de l'OCDE relatives à la réorientation des contrôles sur les actes des collectivités locales, cf. : OCDE (2016), *Un meilleur contrôle pour une meilleure gouvernance des collectivités locales en Tunisie, op. cit.*,p.42 et s.
[480] Article 12-1 du décret n° 2012-2878.
[481] Article 13-1 du décret n° 2012-2878.

d'un marché de travaux supérieure à 20% du montant initial du marché ou un changement dans la nature des prestations[482].

b. Modalités d'exercice du contrôle

550. Le contrôle des dépenses sur marchés s'exerce selon une procédure complexe[483]. Les services du contrôle peuvent refuser le visa. Dans ce cas, le contrôleur des dépenses doit notifier son refus motivé à l'ordonnateur dans un délai de six jours francs au-delà duquel l'engagement de la dépense devient exécutoire.

551. Tous projets d'avenants comportant une augmentation de la masse des prestations initiales du marché, supérieure à 20% du montant initial du marché ou un changement dans la nature des prestations doivent faire l'objet de propositions d'engagement complémentaires devant être soumis par l'ordonnateur au visa préalable du service du contrôle compétent, accompagnées des pièces justificatives et du visa préalable de la Commission des marchés compétente.

552. Dans le but d'accélérer et de faciliter l'examen des dossiers, la circulaire du 9 janvier 1989 a mis en place un système informatique d'aide à la décision budgétaire « ADEB ». Ce système permet un contrôle des données, une édition des documents de base, une consultation en temps réel de la situation des crédits et de celle des fournisseurs. Il met en connexion l'ensemble des intervenants dans le processus d'exécution des dépenses sur marchés et leur permet d'accéder instantanément à toutes les informations nécessaires et de se faire communiquer leurs décisions respectives.C'est sur la base de ce système d'information qu'a pu être établi et publié, pour la première fois, un rapport comportant des données statistiques sur le contrôle de la passation et l'exécution des marchés publics[484].

---

[482] Article 87 du CMP.

[483] Cette procédure est divisée en trois étapes :

- La 1ère comporte la présentation de la première proposition d'engagement provisionnel par l'ordonnateur ; elle doit préciser l'objet du marché, son évaluation, ainsi que son imputation budgétaire. Elle est visée sans qu'il soit nécessaire d'y adjoindre les pièces justificatives ;
- La 2ème concerne les propositions suivantes qui doivent être accompagnées des pièces justificatives se rapportant aux engagements provisionnels précédents ;
- La 3ème concerne les propositions se rapportant au dernier engagement qui doivent être remises au service concerné avant la clôture de la gestion.

[484] Rapport du Contrôle général sur les dépenses publiques précité.

2. Les pouvoirs de contrôle

553. Les pouvoirs des services du contrôle des dépenses publiques en matière d'exécution des marchés s'inscrivent pour l'essentiel dans une logique de prévention et de maîtrise des risques financiers précisée par l'article 4 du nouveau décret du 19 novembre 2012qui prévoit que : « *dans le domaine des marchés publics, le service de contrôle des dépenses publiques est chargé de vérifier:*

- La disponibilité des crédits à la rubrique budgétaire correspondante et de procéder au blocage du crédit nécessaire à son engagement;
- La conformité du projet à l'avis de la commission des marchés compétente ».

554. Le contrôleur des dépenses publiques doit délivrer un avis préalable sur les propositions et les demandes de crédits additionnels et émettre un avis obligatoire sur les dépenses sur marchés. Il ne peut être passé outre au refus du contrôleur que sur « *décision du chef du gouvernement* » (Article 7). Le contrôleur dispose de larges pouvoirs de nature à lui permettre de détecter l'existence de fraudes en matière d'achat public. Il est tenu en effet de vérifier l'existence, la conformité et la validité des pièces justificatives, la disponibilité de la dotation budgétaire et l'imputation correspondante à la nomenclature budgétaire, l'engagement de la dépense, le respect de la procédure d'attribution, la conformité des clauses essentielles du marché, des cahiers des charges et des termes de référence, avec les textes en vigueur.

555. Les propositions d'engagement de dépenses globales à exécuter dans le cadre de l'exécution d'un marché, dûment signées par l'ordonnateur ou son représentant et accompagnées des pièces justificatives, doivent ainsi être soumises à l'accord préalable du contrôleur les dépenses.

556. En matière d'exécution de dépenses sur marchés, le contrôleur de l'engagement ne peut apposer son visa qu'après avoir vérifié l'objet et le montant de la dépense, la disponibilité des crédits et leur imputation et, plus généralement, la conformité de l'engagement aux dispositions légales et réglementaires relatives à l'exécution des marchés publics (Art. 4 et 5). Les ordonnateurs qui décideraient de passer outre le refus du visa des contrôleurs des dépenses sont passibles des poursuites prévues par l'article 87 bis du Code pénal (Art.8).

557. Les marchés-cadres (Article 14 du CMP) et les marchés généraux (Article 17 et 18) étant des actes créateurs de dépenses, sont soumis au contrôle des dépenses sur marchés au même titre que les marchés dérivés qui ne peuvent s'en écarter, à l'exception des dépenses à

caractère occasionnel qui ne font pas, en principe, l'objet d'un contrôle préalable, mais d'un contrôle *a posteriori* après engagement.

558. Le contrôle financier interne qui s'exerce sur les marchés publics apparait ainsi comme un contrôle de la régularité de la dépense s'inscrivant encore dans la logique d'un budget de moyen, sur lequel continue de s'appuyer, à titre principal, la procédure d'exécution des dépenses. En pratique, ce contrôle demeure en effet attaché essentiellement à vérifier la conformité de l'engagement préalable des dépenses sur marchés aux règles comptables et budgétaires qui encadrent l'exécution de ce type de dépenses[485]. Pour cette raison, il parait peu adapté à la nouvelle logique de responsabilisation des gestionnaires publics qui anime l'adoption de la nouvelle réglementation des marchés publics et qui a pour ambition de transformer le modèle de gouvernance publique en mettant l'accent sur la nécessité d'évaluer la pertinence et la performance des politiques publiques afin d'éclairer les choix du législateur. Il ne s'agit plus de vérifier uniquement si la régularité des règles comptables et financières a été respectée, mais aussi d'évaluer l'efficacité des dépenses sur marchés.

559. Depuis 2004 cependant, on assiste à la mise en œuvre progressive de la gestion budgétaire par objectifs (GBO[486]) introduite par l'article 11 de la loi de 2004 modifiant et complétant la loi du 8 décembre 1967 portant loi organique du budget (LOB) de l'État[487] et transposée aux finances locales par la loi du 17 décembre 2007[488].

---

[485] Sur ce type de contrôle, cf. BELAÏD (N.), CHIKHAOUI (L.), *Comptabilité publique*, op. cit., pp.160.

[486] Sur cette politique, cf. OCDE (2016), *Une meilleure performance pour une meilleure gouvernance publique en Tunisie, la gestion budgétaire par objectifs ;* AJROUD (J.), « La gestion budgétaire par objectifs en Tunisie », RTF 2009, n°11, pp.79-95. V. notamment décret n° 96-1236 du 6 juillet 1996 portant création des unités de gestion par objectifs, JORT, n° 58/1996, p. 1562 et le décret n° 2003-2424 du 24 novembre 2003 portant création d'une unité de gestion par objectifs pour la réalisation du projet de réforme de la gestion du budget de l'État et fixant son organisation et les modalités de son fonctionnement, JORT, n° 97/2003, p. 3527.

[487] Loi organique n°2004-42 du 13 mai 2004 (JORT 2004, p.1292). L'aticle 11 de cette loi organique prévoit que « *la loi de finances peut autoriser l'affection des crédits selon des programmes et des missions* ».

[488] Loi organique n°2007-65 du 18 décembre 2007 modifiant et complétant la loi organique n°75-35 du 14 mai 1975 portant loi organique du budget des collectivités locales (JORT 2004, p.1292).

La mise en œuvre annoncée de cette politique devrait en effet conduire à un assouplissement de ce type de contrôle par la recherche de l'efficacité et de la performance dans la gestion des crédits[489].

560. Les marchés publics correspondent en général à ce qu'on appelle « *des dépenses fixes* ». Leur estimation peut être effectuée en début d'exercice et leur engagement global est une mesure qui doit faciliter la gestion et permet de réserver les crédits nécessaires au paiement des marchés au fur et à mesure de leur exécution. Le contrôle des engagements en matière de marchés publics devrait se limiter alors à la vérification que tous les documents prévus par la réglementation figurent dans le dossier de visa et à s'assurer que les crédits nécessaires ont été bloqués pour le paiement des marchés[490].

561. Mais, ainsi que le relève le dernier rapport de l'OCDE relatif à ce type de système, « *les contrôles de la gestion des dépenses engagées et des paiements n'ont été que partiellement modernisés* » et les procédures d'exécution des dépenses sur marchés demeurent « *complexeset peu efficientes* »[491].

§2. Les difficultés de la coordination

562. Pendant longtemps, les pouvoirs publics se sont surtout préoccupés du contrôle des actes de l'administration contractante, sans se soucier, outre mesure, de la coordination entre les différents organes chargés du contrôle et de l'efficacité économique de l'achat public. Aussi, et afin d'avoir une meilleure connaissance économique des marchés publics, gage d'efficience dans le choix des candidats aux commandes publiques et de maîtrise des risques financiers en cours d'exécution, les pouvoirs publics ont finalement décidé de mettre en place un Observatoire économique des marchés publics (**A**) et tenté d'assurer une meilleure coordination entre les différents organes administratifs chargés du contrôle des marchés (**B**).

A. La mise en place d'un Observatoire national des marchés publics

563. L'établissement d'un système d'information destiné à recueillir toutes les données relatives à l'exécution des marchés publics (**1**) ne semble pas avoir été suivi d'effets tant sont grands les dysfonctionnements qui

---

[489] OCDE (2016), *Une meilleure performance pour une meilleure gouvernance en Tunisie : la gestion budgétaire par objectifs,* p. 21 et s.
[490] OCDE (2015), *Analyse du système de contrôle, d'audit et de maîtrise des risques dans le secteur public tunisien,* op. cit., pp. 43.
[491] OCDE (2016), *Une meilleure performance pour une meilleure gouvernance en Tunisie : la gestion budgétaire par objectifs*, p.22.

continuent d'entraver le travail del'Observatoire national des marchés publics (**2**).

1. L'établissement d'un système d'information

564. Il convient de noter tout d'abord que la profusion des « observatoires » s'inscrit dans le cadre du long processus de réformes de l'administration publique tunisienne lancées depuis l'indépendance, et surtout de celle qui a procédé à l'élaboration d'un plan de « *mise à niveau de l'administration* » qui a permis de repenser le rôle de l'administration en ciblant « *la rationalisation, la modernisation des modes de gestion et le développement des fonctions d'analyse et de suivi* [492]».

565. L'Observatoire national des marchés publics a été créé par l'article 150 du décret n° 2002-3158 du 17 décembre 2002, au sein de la Commission supérieure des marchés, dans le but de mettre en place « *un système d'information permettant la collecte, le traitement et l'analyse des données relatives aux marchés publics* ». Il a été consolidé par le décret du 5 juillet 2008 qui lui a confié le soin de tenir un registre d'information relatif aux attributaires des marchés sur la base des fiches de suivi transmises par les acheteurs publics[493]. Les modalités relatives à ce registre, aux fiches de suivi et aux modèles de ces différents documents d'information ont été précisées par un arrêté du 31 juillet 2008, aujourd'hui abrogé et remplacé par l'arrêté du Chef du gouvernement du 28 janvier 2015[494].

566. L'Observatoire a été maintenu par le nouveau CMP, qui a confirmé son rattachement à la Commission supérieure de contrôle des marchés publics, rebaptisée Commission supérieure de contrôle et d'audit, relevant désormais de la Haute instance de la commande publique rattachée au chef du gouvernement (Art.148).

567. Tout comme la réglementation précédente, le nouveau CMP ne comporte aucune indication sur la composition de cette entité, ni sur ses modalités de fonctionnement.

---

[492] Sur cette question, cf. Premier Ministère (2007), *La stratégie du développement administratif (2007, 2011)*, Tunis (disponible en ligne).

[493] Décret n° 2008-2471 du 5 juillet 2008 portant modification de cette réglementation (JORT 2008, p. 2405).

[494] JORT 2015, p. 429.

2. Les dysfonctionnements de l'Observatoire national des marchés publics

568. En vertu de l'article 156, alinéa 2 du nouveau CMP, l'Observatoire doit tenir un registre d'information sur les personnes attributaires de marchés publics sur la base du modèle figurant à l'Annexe 1 à l'arrêté du 28 janvier relatif aux « *Fiches du suivi de l'exécution d'un marché public* » devant être communiquées par ces derniers à l'issue de l'exécution de chaque marché[495]. Cette obligation s'étend aux « *Fiches de résiliation* » des marchés établis selon le modèle de l'Annexe 3[496], ainsi qu'aux « *données relatives au calendrier de liquidation des dossiers de règlement définitif* » des marchés établis selon le modèle de l'Annexe 4[497], aux « *dossiers des marchés examinés par les commissions de marchés et attribués pendant chaque trimestre de l'année* » figurant à l'Annexe 5[498], ainsi qu'aux « *données relatives à l'exécution des marchés publics conclus selon la procédure simplifiée* »figurant à l'Annexe 6[499].

569. L'Observatoire est chargé de collecter, de traiter et d'analyser de manière systématique les données relatives aux marchés et d'établir des statistiques relatives au nombre des marchés attribués en fonction de l'acheteur public attributaire, de l'objet des marchés, de leur répartition géographique, du mode de passation et de tout autre critère pertinent (Art. 156, al. 6). Ce système prévoit un recensement annuel des marchés par catégorie d'acheteurs publics et par catégorie de marchés (Art. 156, al.8).

570. L'Observatoire peut alors procéder à la confrontation des informations recueillies avec celles, actualisées, qui sont en sa possession afin d'établir un registre d'informations comportant toutes les données relatives aux marchés attribués et à leur exécution. Il sera alors en mesure de guider les acheteurs publics dans leurs choix en mettant à leur disposition des fiches de synthèse relatives aux candidats à des marchés publics ou aux titulaires de marchés (art. 156, alinéa 9).

571. D'un autre côté, l'Observatoire se doit de diffuser sur le site Internet des marchés publics toutes informations ou documents utiles à la bonne gouvernance et au renforcement des capacités des marchés publics (Art. 156, al.3)[500]. Cette obligation capitale, en rapport avec le

---

[495] JORT 2015, p. 431.
[496] Ibid., p. 434.
[497] Ibid., p. 475.
[498] Ibid., p. 476.
[499] Ibid., p. 478.
[500] www.marchéspublics.gov.tn.

principe de transparence et du droit d'accès à l'information, érigés désormais par les articles 15 et 32 de la nouvelle Constitution en principes à valeur constitutionnelle, tarde à être suivie d'effets[501]. La consultation du site de l'Observatoire ne permet pas en effet de prendre connaissance de l'ensemble des données actualisées relatives à la gestion des marchés publics, en particulier de celles relatives à leur exécution[502].

572. L'Observatoire est appelé à exercer un rôle de formation et d'expertise en matière d'achat public. Il est en effet chargé d'établir un programme national de formation en matière de marchés publics et d'assister les acheteurs publics en organisant des programmes spécifiques de formation dans le domaine de l'achat public (Art. 156, al. 4). Il a également pour mission d'assister les acheteurs publics à travers l'établissement de documents types de marchés et d'applications informatiques (Art. 156, al.5).

573. Il reste cependant que les dysfonctionnements constatés dans le rapport de la Commission supérieure de contrôle des marchés sur le rôle que cette institution est appelée à jouer sont loin d'avoir disparu[503] : l'Observatoire souffre toujours d'un vice originel qui consiste dans son absence d'autonomie et d'indépendance vis-à-vis du pouvoir exécutif. Son statut n'est pas défini. Sa composition n'est pas connue. Les missions d'information qui lui sont dévolues ne sont pas toujours séparées des fonctions de contrôle qui sont du ressort de la Commission supérieure de contrôle et d'audit des marchés. D'autre part, cet organisme continue de souffrir de l'absence d'un personnel qualifié. Ce personnel aurait pu lui permettre d'assumer le rôle ambitieux qui lui a été dévolu consistant à mettre en place un système d'information interactif permettant la collecte et la diffusion de toutes les informations relatives à la gestion des marchés publics[504] et à assister et conseiller les différents acheteurs publics tout en assurant

---

[501] Sur l'idée de la résistance de l'administration tunisienne au changement, cf. BEN SALAH (H.), *Organisation administrative de la Tunisie*, Tunis, CREA, ENA, 1993, p, 23 et s.
Sur cette question en droit français, v. notamment : TIMSIT (G.), *Les nouveaux modèles d'administration*, Extraits d'études et documents, n° 30, 1978-1979, p. 19 et s.

[502] Les services du Contrôle général des dépenses publiques ont cependant publié en Avril 2017 un rapport sur le contrôle des opérations de passation et d'exécution des marchés publics en 2015.

[503] Commission supérieure de contrôle des marchés publics, *Rapport final sur l'évaluation du système national de passation des marchés publics*, op. cit., p. 30.

[504] Ibid.

une plus grande ouverture sur le secteur privé en matière de conseils et de formation[505].

B. L'incohérence du système de coordination des contrôles

574. L'incohérence du système de coordination des contrôles administratifs est la conséquence indirecte du changement de régime à la tête de l'État et l'émergence d'un Président du gouvernement investi désormais du pouvoir règlementaire général. C'est en effet sur la base de la loi constituante du 16 décembre portant organisation provisoire des pouvoirs publics qu'ont été créés auprès du chef du gouvernement intérimaire, respectivement, une Haute instance de la commande publique[506] et un Conseil national de la commande publique[507]. La nouvelle constitution adoptée le 27 janvier 2014 n'a fait que confirmer le glissement du centre de gravité du pouvoir exécutif du Président de la République vers le Chef du gouvernement.

575. Le nouvel équilibre des pouvoirs à la tête de l'exécutif pose un problème de coordination des structures de contrôle nouvellement créées (**2**) avec le Haut comité de contrôle administratif placé sous l'autorité de la Présidence de la République (**1**).

1. Le maintien de la coordination par le Haut comité de contrôle administratif et financier

576. Le Haut comité de contrôle administratif et financier a été créé par la loi du 03 mai 1993 sous la forme d'un établissement public à caractère administratif, créé auprès du président de la République, doté de la personnalité juridique et de l'autonomie financière dont le budget est rattaché pour ordre au budget de l'État[508].

577. Il n'a pas vocation à contrôler l'exécution des marchés publics en particulier, mais plutôt à coordonner les programmes d'intervention de l'ensemble des organes de contrôle, y compris donc les programmes qui portent sur l'exécution des marchés publics. Pour cela, il a été chargé d'une mission générale d'étude et de traitement des rapports

---

[505] Commission supérieure de contrôle des marchés publics, *Rapport final sur l'évaluation du système national de passation des marchés publics*, op. cit., p. 30.

[506] Créée par le décret gouvernemental n° 2013- 5096 du 22 novembre 2013 (JORT 2013, p. 4189).

[507] Créé par l'article 143 du CMP adopté par le décret gouvernemental du 13 mars 2014.

[508] Loi n° 50 du 03 mai 1993 (JORT 1993, p. 633). Sur cet organe, cf. BELAÏD (N.), CHIKHAOUI (L.), *Comptabilité publique*, op. cit., pp. 174-176 ; v. aussi : OCDE (2015), *Analyse du système de contrôle d'audit et de maîtrise des risques dans le secteur public*, Éd. OCDE, pp.17 et s.

établis par ces différents organes de contrôle en vue de proposer les mesures susceptibles de pallier les insuffisances constatées, d'améliorer les méthodes de gestion et d'assurer le suivi de leur exécution.

578. Le Haut comité est composé des présidents des grands corps de contrôle, d'un représentant de la Cour des comptes et de personnalités désignées en raison de leurs compétences. Il est présidé par une personnalité nommée par décret présidentiel.

579. Afin d'assurer une meilleure coordination avec les programmes de contrôle de la Cour des comptes, les organes de contrôle internes sont tenus d'établir leurs programmes d'activités couvrant une période de six mois et de les communiquer au Haut comité avant la fin des mois de janvier et de juillet de chaque année. Le Haut comité peut, en outre, procéder à l'audition de tout agent public dont la gestion a fait l'objet d'un contrôle.

580. En dépit de la position centrale qu'occupe cet organe dans l'architecture générale du système, il ne semble pas que ses recommandations en matière de suivi des rapports de contrôle aient sensiblement amélioré l'efficacité du système[509]. C'est ce qui explique, peut être, la création d'un nouvel organe, plus spécialement chargé de la coordination des contrôles internes en matière de commande publique : le Conseil national de la commande publique.

2. La création de nouveaux organes de coordination

581. Le nouveau CMP comporte un nouveau titre, le titre V, intitulé : « *De la gouvernance des marchés publics* » divisé lui-même en deux chapitres portant création de deux nouvelles structures de coordination des contrôles en matière de marchés publics : le Conseil national de la commande publique (***a***), d'une part, la Haute instance de la commande publique (***b***), d'autre part.

a. Le Conseil national de la commande publique :

582. Ce Conseil a été institué auprès du Chef du gouvernement par l'article 143 du nouveau CMP. Sa création traduit la volonté des nouveaux dirigeants de faire passer le centre de gravité du pouvoir exécutif du Président de la République au Chef du gouvernement, en adéquation avec la parlementarisation du régime que l'article 94 de la nouvelle Constitution, qui investit le Chef du gouvernement du pouvoir

[509] OCDE (2015), *Analyse du système de contrôle d'audit et de maîtrise des risques dans le secteur public*, op. cit, p.18.

réglementaire général, ne fait que confirmer. Elle pose, en même temps, la question du maintien du Haut comité de contrôle administratif et financier dont l'existence n'a plus de raison d'être.

583. Sa composition, qui associe représentants des ministères, des grands corps de contrôle, des organisations professionnelles et de la société civile, nous semble heureuse. Elle permet de sortir du cercle fermé des bureaux de l'administration en permettant une ouverture sur le secteur privé.

584. Ses missions consistent à « *étudier et proposer toutes mesures ayant pour but d'améliorer la gouvernance des marchés publics* ». Plus précisément, il s'agit surtout pour le Conseil de proposer aux pouvoirs publics les réformes et les améliorations du cadre législatif et règlementaire des marchés publics, en collaboration avec la Haute instance de la commande publique et sur la base des analyses de l'Observatoire national des marchés publics et du Comité de suivi et d'enquête. Il s'agit aussi pour ce Conseil de présenter toutes propositions relatives à la prévention et à la lutte contre la corruption dans le domaine des marchés publics en concertation avec l'autorité chargée de la lutte contre la corruption, et d'établir un rapport sur l'attribution et l'exécution des marchés publics à partir des rapports de contrôle et d'audit effectués. Le Code ne prévoit pas cependant la publication de ses travaux, ce qui est manifestement contraire au droit d'accès à l'information et aux principes de transparence et d'intégrité consacrés par les articles 15 et 32 de la nouvelle Constitution.

b. La Haute instance de la commande publique :

585. Cette nouvelle instance a été créée par le décret du 22 novembre 2013 pris sur la base de la loi constitutionnelle du 16 décembre 2011 portant deuxième organisation provisoire des pouvoirs publics[510]. Elle a été « *chargée de veiller à la bonne organisation et au bon déroulement des travaux relevant de ses structures (...) et de superviser le corps des contrôleurs* » (Art. 3).

586. Elle participe d'un mouvement général qui tend à un nouveau mode de répartition et d'exercice du contrôle sur les marchés publics, permettant d'associer les professionnels à la définition des règles et de garantir une meilleure adhésion des acteurs économiques.

587. Placée sous l'autorité directe du chef du gouvernement, elle réunit dans sa composition la Commission supérieure de contrôle et d'audit des marchés publics (CSCAM) et le Comité de suivi et d'enquête

---

[510] Décret n° 2013-5096 du 22 novembre 2013 (JORT 2013, p. 3494).

(COSEM), confondant ainsi tâches de gestion et de contrôle, dévolues à la CSCAM, et tâches de contrôle et de règlement des litiges, dévolues au COSEM. Elle est présidée par une personnalité nommée par décret parmi les contrôleurs généraux appartenant au corps des contrôleurs et réviseurs de la commande publique en exercice.

588. Ce corps particulier de contrôle, créé par le Titre 2 du nouveau décret, a vocation à accompagner les différents corps de contrôle des marchés publics ainsi que les acheteurs publics et de leur indiquer la marche à suivre. À ce titre, la HAICOP exerce « *une fonction de vigie*[511] ». Celle-ci consiste en effet dans une mission générale d'information, de formation et de conseil consistant dans la collecte, le traitement et l'analyse des données relatives aux marchés publics, l'assistance et l'encadrement des acheteurs publics.

589. Elle joue, dans ce cadre, un rôle déterminant en matière d'exécution des marchés publics en ce qu'elle tente de résoudre certaines difficultés rencontrées par les acheteurs publics et examine tout dossier pouvant lui être soumis par le COSEM dans ce sens (Art. 4).Elle est, en outre, chargéede l'examen des projets d'avenant et de règlement définitif des marchés, de la révision des avenants qui sont de nature à engendrer une augmentation supérieure à 50% du montant initial d'un marché.

590. Les agents chargés du contrôle sont divisés en contrôleurs généraux, contrôleurs en chef, contrôleurs et contrôleurs adjoints de la commande publique. Les contrôleurs généraux et contrôleurs en chefs sont chargés des travaux d'études, de coordination, d'évaluation, de conseil, de révision et d'encadrement des programmes d'exécution des marchés publics, alors que les contrôleurs et contrôleurs adjoints, qui ne peuvent intervenir que sur ordre du Chef du gouvernement, sont plus spécialement chargés des missions de contrôle des marchés en cours d'exécution ainsi que du contrôle *a posteriori* des dossiers d'exécution des marchés. Leurs attributions ne doivent pas empiéter sur les attributions des autres corps de contrôle ce qui pose de délicats problèmes de délimitation des compétences.

591. Le texte ne prévoit pas la publication du rapport d'activités annuel de cette Instance, mais seulement sa transmission au Chef du gouvernement, ce qui constitue un obstacle sérieux pour mesurer l'efficacité de ce type de contrôle et une confirmation des réticences de l'administration de se soumettre aux obligations de transparence et de redevabilité qui pèsent désormais sur les gestionnaires publics.

---

[511] PLESSIX (B.), *Droit administratif général*, op.cit., p. 1293.

Section 2: Les limites du contrôle externe

592. Les contrôles externes sur le processus d'exécution des marchés publics avaient déjà subi une transformation profonde en rapport avec la nouvelle logique de responsabilisation des gestionnaires publics. Cette évolution a eu pour conséquence de transformer le contrôle exercé par la Cour des comptes sur l'exécution des marchés en mettant davantage l'accent sur la réforme du système de gestion des finances publiques réorientée vers un processus fondé sur les principes de la gestion par objectifs fondée sur une logique de performance[512](**§1**). Parallèlement, la prise de conscience de la nécessité de lutter contre le fléau de la corruption, particulièrement répandue dans le domaine des marchés publics, a conduit les pouvoirs publics à mettre davantage l'accent sur l'intégrité de l'achat public. C'est dans ce cadre que s'inscrivent les réformes mises en place dans le cadre du nouvel ordre juridique issu de la Révolution pour renforcer le contrôle de l'intégrité de l'achat public[513](**§2**).

§1. Le contrôle de la Cour des comptes

593. En matière de contrôle de l'exécution des marchés, la Cour des comptes et les juridictions financières qui lui sont attachées sont de plus en plus appelées à exercer une mission d'audit externe sur l'exécution des marchés (**A**). Ce contrôle s'exerce selon des modalités particulières (**B**). Mais ses résultats sont mitigés (**C**) et ses effets demeurent de faible portée sur la qualité de l'achat public (**D**).

A. Une mission d'audit externe de la gestion des marchés

594. La Cour des comptes, prévue à l'origine par l'article 57 de la Constitution du 1er juin 1959, a été dotée d'un statut constitutionnel « *minimaliste* » qui ne pouvait la protéger contre les immixtions d'un pouvoir exécutif omnipotent[514]. Conçue initialement au sein d'un Conseil d'État composé de deux organes, le Tribunal administratif d'un côté et la Cour des comptes de l'autre, elle n'a été mise en place que tardivement par la loi du 08 mars 1968[515].

595. Au départ, elle ne disposait que d'une structure modeste consistant dans une chambre des finances publiques et une chambre des

---

[512] OCDE (2015), *Analyse du système de contrôle d'audit et de maîtrise des risques dans le secteur public*, op. cit, pp. 19-25.
[513]Ibid, pp. 49-52.
[514] BOUBAKRI (A.), « La réforme de la Cour des comptes et les enjeux du contrôle des finances publiques », RTD, 2009, p. 159-163.
[515] JORT 1968, p. 252.

entreprises publiques. Les réformes successives qui lui ont été apportées ont d'abord permis de renforcer les chambres centrales et de les réorganiser sur une base fonctionnelle[516], de créer ensuite des chambres régionales dont les compétences respectives couvrent plus d'un gouvernorat[517]. Le personnel de la Cour des comptes a été considérablement renforcé depuis 2012. Il est actuellement de l'ordre de 290 agents dont 136 magistrats « auditeurs ».

596. Cependant, la Cour ne dispose pas encore des moyens nécessaires pour mener à bien le rôle central qu'elle est censée jouer en matière de contrôle des gestions publiques. Conçue à l'origine pour vérifier les comptes de l'État, elle s'est vue reconnaitre par la loi un rôle plus large consistant à exercer, d'une part, un contrôle juridictionnel sur les comptables publics, d'autre part, une mission générale de surveillance des gestions publiques. C'est ce rôle qui justifie l'exercice par la Cour d'un contrôle d'audit externe non seulement sur les marchés conclus pour le compte de l'État, des établissements publics et des collectivités locales, mais aussi sur ceux qui sont passés par les entreprises publiques.

597. Confrontée, dès le départ, à de sérieuses difficultés du fait de l'insuffisance de ses moyens[518], la Cour des comptes a su malgré tout réorienter son contrôle, « *diversifier ses centres d'intérêt et moduler ses méthodes en fonction des impératifs de l'évaluation de la performance* »[519], en conformité avec le modèle de l'audit externe qui a fini par s'imposer comme le modèle dominant au sein des

---

[516] En vertu de la loi organique du 29 janvier 2008 portant modification de l'article 12-1° de la loi relative à la Cour, le nombre des chambres centrales a été fixé à six par le décret n°2008-3174 du 6 octobre 2008 (JORT 2008, p. 3181). Mais c'est l'Assemblée plénière qui a décidé, lors de sa séance du 10 janvier 2009, de déterminer la nature des fonctions dévolues à ces différentes chambres en distinguant la chambre de la santé et des affaires sociales, la chambre des ressources humaines, la chambre du financement de l'économie et du développement, la chambre des pouvoirs publics et des collectivités locales, la chambre de l'industrie et des services et la chambre de l'agriculture et des transports. Sur cette question, cf. : Cour des comptes, *Vingt-quatrième rapport annuel 2008*, Extraits, JORT 2009, p. 2596.

[517] Il s'agit des chambres de Sousse, Sfax, Gafsa et Jendouba créées respectivement par les décrets n°2001-2304 du 2 octobre 2001, n°2003-2635 du 23 décembre 2003, n°2005-1594 du 23 mai 2005, n°2007-2722 du 31 octobre 2007, en application de la loi organique du 17 juillet 2001 portant modification de la loi relative à la Cour des comptes.

[518] BOUBAKRI (A.), « La réforme de la Cour des comptes et les enjeux du contrôle des finances publiques », art. précité, p 143-148.

[519] Cour des comptes, *Septième rapport annuel 1988*, p. 17, inédit.

Institutions Supérieures de Contrôle financier (ISC) [520]. La Cour des comptes est en effet membre de l'organisation internationale des institutions supérieures de contrôle des finances publiques (INTOSAI). Elle est donc soumise à l'ensemble des normes internationales des institutions supérieures de contrôle des finances publiques (ISSAI) édictées par cette organisation. Elle peut aussi s'inspirer des orientations de son Guide sur la bonne gouvernance (INTOSAI GOV). Ces normes et ces orientations « *ont pour vocation de promouvoir un contrôle indépendant et efficace et d'aider les membres de l'INTOSAI à mettre en place leur propre approche du contrôle* »[521].

598. La nouvelle Constitution, adoptée le 27 janvier 2014, consacre le statut constitutionnel de la Cour et son autonomie par rapport au pouvoir exécutif. Son article 117 constitutionnalise l'évolution constatée dans le rôle qui lui est dévolu en prévoyant que la Cour sera compétente, dans toutes ses composantes, pour « *contrôler la bonne gestion des deniers publics conformément auxprincipes de légalité, d'efficacité et de transparence* ». Il ajoute qu'elle est appelée à juger « *les comptes des comptables publics, évalue* (r) *les méthodes de gestion et sanctionne* (r) *les fautes y afférentes (...). Elle établit un rapport annuel général* » qui « *est publié*. Elle peut, « *lecas échéant, établir des rapports particuliers et décider de leur publication* ».

599. Cette évolution est semblable à celle qu'on a pu observer en France où, en sus du contrôle classique de régularité, l'accent est désormais mis sur la maîtrise des risques financiers, l'évaluation et l'audit des marchés publics, la sincérité et l'intégrité des gestions publiques, l'efficacité et l'efficience des opérations d'engagement de marchés publics[522].

600. L'undes objectifs essentiels de la nouvelle politique GBO[523] est précisément de conférer aux gestionnaires davantage d'autonomie de gestion, à charge de les soumettre à un contrôle *ex post*, destiné à

---

[520] Sur ce type de contrôle, cf. : FLIZOT (S.), *Les relations entre les institutions supérieures de contrôle financier et les pouvoirs publics dans les pays de l'Union européenne* », LGDJ, 2003.

[521] OCDE (2015), *Analyse du système de contrôle d'audit et de maîtrise des risques dans le secteur public en Tunisie*, op. cit., p. 22.

[522] Sur cette question, cf. ; BOUVIER (M), ESCLASSAN (M.-C.), et LASSALLE (J.-P.), *Finances publiques*, op. cit., pp. 123 et s. ; TAILLEFAIT (A.), « Le nouveau droit des marchés publics : les aspects financiers et comptables », Dr. adm., 2001, chron. n°15.

[523] V. supra, n°.558.

évaluer les résultats de leur gestion sur la base d'indicateurs de performance préalablement fixés par les pouvoirs publics[524].

601. La Cour des comptes ne pouvait rester insensible à cette mutation. Ainsi, si l'article 44 de la loi du 29 janvier 2008 portant modification de la loi organique relative à cette juridiction maintient les fonctions classiques qui lui sont dévolues consistant à s'assurer de la régularité des actes soumis à son contrôle, il ajoute que son contrôle doit aussi « *évaluer la gestion de ces organismes* » afin de « *s'assurer de la mesure dans laquelle elle répond aux exigences de la bonne gouvernance, notamment pour ce qui a trait au respect des principes d'économie, d'efficience et d'efficacité ainsi que des impératifs de développement durable* ».

602. On doit d'ailleurs noter que la Cour n'a pas attendu la réforme de 2008 pour exercer ce type de contrôle. Dès la fin des années quatre-vingts, elle a commencé à adopter une approche de vérification intégrée qui consiste à procéder à un contrôle tridimensionnel des gestions publiques destiné à vérifier à la fois la régularité comptable, la conformité juridique et la performance des actes de gestion. Dans son sixième Rapport, la Cour a eu l'occasion de préciser cette démarche consistant à « *déterminer, de façon objective et constructive, jusqu'à quel point les ressources financières, humaines et matérielles sont gérées avec un souci d'économie, d'efficience et d'efficacité* »[525]. Le souci d'économie signifiant la maitrise des coûts et la gestion optimale des ressources depuis l'identification des besoins jusqu'à l'attribution et la gestion des marchés publics, celui de l'efficience tendant à mesurer la qualité des prestations exécutées, alors que celui de l'efficacité se traduisant par la vérification de la bonne exécution des prestations prévues par le marché[526].

603. Il n'est donc pas douteux que le contrôle que la Cour est appelée à exercer en matière de marchés publics est, en sus du contrôle classique de régularité et de conformité, un contrôle de maîtrise des risques financiers, d'évaluation et d'audit des dépenses sur marchés, de

---

[524] Cf. Ministère des finances et Banque mondiale, Schéma directeur pour le développement d'une gestion budgétaire par objectifs en Tunisie, juin 2009, pp.15-16.
v. aussi : BOUVIER (M.), « La nouvelle gestion publique comme condition de la nouvelle gouvernance », RFFP n° 82 /2003, p. 3 ; AJROUD (J.), « La gestion budgétaire par objectifs en Tunisie », RTF 2009, n°11, pp.79-95.
[525] Cour des comptes, *Sixième Rapport annuel* 1985-1986, p. 2.
[526] Cf. LETAÏEF (M.), *l'État et les entreprises publiques en Tunisie : les mutations du contrôle*, op. cit., p. 1998, p. 281.

sincérité et d'intégrité de leur gestion, d'efficacité et de performance des opérations d'engagement de ce type de dépenses[527].

604. Il faudra cependant attendre l'adoption de la nouvelle loi sur la justice financière et la mise en place de la nouvelle Cour annoncée par l'article 117 de la nouvelle Constitution pour apprécier l'efficience de ses méthodes de contrôle[528]. Dans l'intervalle et en application des dispositions transitoires de cette constitution, ce sont les institutions héritées de l'Ancien régime qui continuent d'assumer ces missions.

B. Les modalités du contrôle

605. Au sein de la Cour, c'est le Comité des rapports et de la programmation, institué à la suite de la réforme de 2008, qui est chargé d'élaborer, à la fin de chaque année, le programme des travaux de contrôle (Art. 18-1°). Ce programme est ensuite arrêté par l'Assemblée plénière en fonction de priorités définies compte tenu de la nécessité d'une répartition adéquate des tâches de contrôle entre les différents secteurs d'activité.

606. Les missions de vérification, qui font l'objet d'une planification à moyen terme, peuvent porter sur une entité dans son ensemble (audit de gestion d'un ministère, d'un gouvernorat, d'une commune, d'un établissement public administratif ou non administratif, ou encore d'une entreprise publique) ou se rapporter à une fonction ou un programme déterminés (stratégie nationale de mobilisation des ressources en eaux, gestion des médicaments dans les établissements de santé, protection et valorisation du patrimoine archéologique, introduction des TIC en milieu scolaire).

---

[527] Voir les recommandations et les évaluations émises en ce sens par l'OCDE dans son Rapport précité intitulé : *Une meilleure performance pour une meilleure gouvernance en Tunisie : la gestion budgétaire par objectifs,* notamment p. 25 et s.

[528] L'avant-projet de loi organique élaboré par la Cour des comptes en application de l'article 117 de la constitution du 27 janvier 2014 renforce considérablement le rôle de la Cour dans le contrôle de la gestion des marchés publics. Il comporte un article 2 qui prévoit que « *La Justice financière est compétente pour contrôler la bonne gestion des deniers publics conformément aux principes de légalité, d'efficacité, de transparence, de redevabilité et d'intégrité ainsi qu'aux normes internationales reconnues par les institutions supérieures de contrôle* ».
Sur cette question, cf : TOUNAKTI (A.), « *Rapport de synthèse* » du colloque organisé à Sousse par la Cour des comptes des 13 et 14 Octobre 2014 sur « *la Cour des comptes et la réforme des finances publiques* » publié sur le site de la Cour.

607. Quel que soit l'objet de la mission, il comporte souvent un volet « marchés publics »[529] qui porte notamment sur la régularité de la procédure depassation des marchés au regard du respect des principes de la commande publique. Il examine par ailleurs les différentes pièces du marché[530], vérifie le degré de correspondance entre l'objet du marché et les besoins réels de l'acheteur public, la qualité des prestations exécutées au regard des prescriptions prévues par les cahiers des chargesainsi que la sincérité des comptes et des montants payés au cocontractant de l'administration au regard de l'impératif de maîtrise des coûts. Enfin, ce volet spécifique aux marchés publics porte souvent sur l'étude du dossier comportant les différents documents relatifs à son exécution, notamment ceux relatifs à laclôture et le règlement définitif du marché à travers l'étude du dossier comportant les différents documents relatifs à son exécution.

608. Le contrôle s'effectue sur la base de l'information probante recueillie au cours de la réalisation de la mission, au moyen de tous moyens pertinents (dossier d'exécution du marché, enquêtes et observations sur place, expertises, etc.). Les résultats sont consignés dans des rapports particuliers. Ils sont adressés aux parties intéressées qui disposent d'un délai de deux mois pour répondre aux observations formulées par les vérificateurs. Un rapport définitif comportant les anomalies constatées et les recommandations proposées pour leur correction est ensuite établi par la Chambre compétente. Ce rapport, accompagné de la réponse des parties concernées, doit être ensuite soumis à l'Assemblée plénière pour approbation[531]. Il est alors transmis au Comité des rapports pour être incorporé au Rapport annuel général et publié par la Cour.

609. Lorsqu'une mission est programmée, la formation qui en est chargée, centrale ou régionale, doit déterminer, préalablement à son accomplissement, les objectifs et l'étendue de l'audit, les ressources et le temps nécessaire pour l'accomplir. Il appartiendra ensuite à l'équipe chargée du contrôle d'établir les critères de vérification.

---

[529] Sur les modalités du contrôle de la Cour sur l'exécution du marché, V. Cour des comptes, chambre de contrôle des services de l'État, *Guide de contrôle des comptes administratifs*, p. 48 et s.

[530] CCA, CCPT, lettres de soumission, bordereau des prix, etc.

[531] Sur les méthodes de contrôle des gestions publiques par la Cour des comptes, cf. : KHARRAT (A.), « Cour des comptes et évaluation de la gestion publique », RTF, 2009, n°11, pp. 65-78.

C. La récurrence de graves irrégularités constatées lors de l'exercice du contrôle

610. Nous avons eu l'occasion de souligner le lien consubstantiel entre règles de passation et règles d'exécution des marchés[532]. Ce lien peut être vérifié au niveau des résultats du contrôle de la Cour où les anomalies relevées lors de la passation des marchés (**1**) finissent inéluctablement par affecter le processus d'exécution (**2**).

1. L'impact des anomalies constatées dans le processus de passation sur l'exécution des marchés publics

611. La conclusion d'un marché nécessite, au préalable, l'établissement d'un certain nombre de prévisions sur l'application du contrat, ses frais éventuels et ses effets. Il en résulte que l'acheteur public doit évaluer avec précision les coûts de son marché et ses conditions de réalisation pour ne pas voir son application bouleversée en cours d'exécution. Les règles de passation ont, dès lors une incidence directe sur celles de l'exécution[533]. Parmi les principales irrégularités dénoncées à ce sujet par la Cour, nous relevons la forte présence de thèmes récurrents.

a. Les dérives dans la définition des besoins :

612. La définition des besoins implique d'abord la détermination, aussi précise que possible, de l'objet du marché. Ainsi, les spécifications techniques qui permettent de caractériser les prestations requises doivent répondre exclusivement aux besoins des services.

L'efficacité de cette opération est tributaire du professionnalisme de l'acheteur public. Celui-ci doit d'abord procéder à une analyse rigoureuse des besoins de ses services, en distinguant notamment entre achats standards et achats spécifiques. Pour cela, il doit avoir une bonne connaissance du marché et adopter une démarche en coût global (achat, fonctionnement et maintenance). La définition préalable des besoins suppose donc l'obligation pour l'acheteur public d'évaluer le coût du marché et de mobiliser les crédits nécessaires à son financement.

613. Dans son 27ème Rapport annuel, la Cour dénonce l'imprécision dans la définition des spécifications techniques relatives aux équipements devant faire l'objet de marchés de fournitures de biens conclus par

---

[532] V. supra, n° 41 et s.

[533] KERLEO (J.-F.), « L'encadrement de l'exécution des marchés publics par le droit de l'Union européenne. Réflexions sur la proposition de directive relative à la passation des marchés publics », Contrats et marchés publics, n° 1, janvier, 2013.

l'Imprimerie officielle. Elle constate que la violation des règles relatives à l'obligation de la détermination préalable des besoins a entrainé une cascade de pratiques déviantes lors de l'exécution consistant en une correction frauduleuse du cahier des clauses techniques particulières, des retards dans l'exécution des marchés et, par voie de conséquence, un renchérissement du coût de ces marchés. Elle relève que cette pratique était destinée en fait à privilégier un fournisseur déterminé. Et, de fait, constate la Cour, 97% des marchés de fournitures passés par cet organisme au cours de la période considérée l'ont été avec ce fournisseur[534].

614. Dans son 28ème Rapport, la Cour déplore la mauvaise programmation de ses achats par un hôpital public. Elle relève ainsi que l'achat de matériel et d'équipements médicaux nécessaires aux services de chirurgie vasculaire et de cardiologie de l'hôpital SAHLOUL de Sousse n'a pas fait l'objet de l'élaboration de cahiers des charges particuliers destinés à déterminer d'une manière préalable les besoins précis des services. Elle relève à cet égard que les marchés ont été passés sur la base de l'évaluation personnelle effectuée par les médecins chefs de service des échantillons ou des fiches techniques présentés par les fournisseurs. Dès lors, leur rejet, prévisible, par la Commission de contrôle des marchés compétente, ne pouvait que conduire à un retard considérable dans l'exécution de ces marchés et à une augmentation du coût de la commande publique préjudiciable à une bonne gestion des deniers publics[535],

b. Le fractionnement des commandes :

615. La Cour constate souvent dans ses rapports des pratiques consistant à fractionner les commandes en violation de la réglementation des marchés publics.

616. Ainsi, dans son 28ème Rapport annuel, la Cour épingle la gestion anarchique des achats par l'hôpital public Sahloul de Sousse au cours de la période 2008-2011. Elle constate que la pratique fréquente du fractionnement des commandes a souvent conduit l'hôpital à passer « *des marchés publics de régularisation ou à la conclusion d'avenants pour la satisfaction des mêmes besoins* ». À ce titre, elle relève l'achat, auprès d'un simple revendeur de détail, de fournitures de biens courants, au moyen de bons de commande, pour un montant cumulé de 790.000 Dinars, dépassant largement le seuil nécessaire à la conclusion d'un marché.Aux yeux du Commissaire de gouvernement

[534] Cour des comptes, *Vingt-septième Rapport annuel 2012*, pp. 247 et 248.
[535] Cour des comptes, *28ème Rapport annuel 2014*, p. 423.

Tounakti, ces pratiques « *consacrent une situation de fait et ne sont, en définitive, que des actes de procédure destinés à permettre le règlement de commandes fractionnées pour lesquelles l'administration a négligé de mettre en œuvre le jeu de la concurrence* »[536].

617. De telles pratiques, qu'elles soient involontaires, dues à la désorganisation des circuits d'achat, ou volontaires et révélatrices alors d'une volonté délibérée de contourner les règles de mise en concurrence, sont passibles des peines prévues par l'article 87 bis du Code pénal relatif à la violation du principe de mise en concurrence.

c. Les atteintes à l'intégrité des marchés publics:

618. Dans d'autres cas, la Cour déplore les effets néfastes de l'interférence du politique sur l'intégrité des marchés publics. Ainsi, dans son 26ème rapport, dont une partie était réservée à l'Office de l'aviation civile et des aéroports, elle constate que l'attribution d'un marché de travaux portant sur l'adjonction d'une nouvelle aile à l'aérogare des pèlerins de Tunis-Carthage a été décidée à la suite d'une procédure de négociation directe autorisée par le ministre des transports en violation manifeste des principes de mise en concurrence. La Cour relève à cet égard que le recours à la procédure exceptionnelle de la négociation directe, aux lieu et place de celle de l'appel d'offres, n'a pas fait l'objet d'une approbation par décret comme le prévoit l'article 30 du CMP ; elle n'a pas non plus été soumise à l'avis préalable de la Commission des marchés compétente ainsi que le prévoit l'article 99 de ce même Code. Elle constate, en outre, que ce marché a été passé en l'absence d'études techniques et économiques préalables relatives au volume, au coût et aux délais d'exécution des travaux, ce qui explique les défaillances constatées au niveau du système de climatisation après réception des travaux. Ces défaillances sont à l'origine de retards enregistrés dans l'exécution du projet occasionnant un surcoût de 1.224 MD[537].

619. De telles pratiques, qui portent gravement atteinte à l'intégrité des gestions publiques, étaient rarement évoquées par la Cour dans le passé, encore moins dénoncées au Parquet aux fins de poursuite.

C'est seulement à la suite du changement de contexte politique consécutif à la Révolution du 14 janvier 2011 et la publication du rapport de la Commission nationale d'investigation sur les pratiques

---

[536] TOUNAKTI (A.), « *Le contrôle de la Cour des comptes sur les contrats de l'administration* », in « *Globalisation et contrats publics* », op. cit., p.180.

[537] Cour des comptes, *Vingt-sixième Rapport annuel 2011*, p. 271.

de malversation et de corruption (CNIMC) qu'on a pu saisir l'ampleur de la fraude à l'achat public due aux interférences politiques sous l'ancien régime [538].

2. Les dérives constatées lors du processus d'exécution

620. La question n'a pas été suffisamment encadrée par la réglementation relative aux marchés publics, essentiellement tournée vers la passation. Ce sont plutôt les règles de la comptabilité publique et les cahiers des clauses administratives et techniques, souvent inadaptés à la spécificité de certains marchés, qui constituent le référentiel essentiel pour le contrôle des marchés de l'État, des établissements publics administratifs et des collectivités locales. Ce référentiel est laissé à la discrétion des commissions internes des achats pour les marchés des entreprises publiques.

a. Les retards dans l'exécution des marchés :

621. Il s'agit d'une pratique souvent dénoncée par la Cour qui ne manque pas de préciser cependant que ses causes sont multiples, imputables aussi bien à l'acheteur public qu'aux opérateurs économiques.

622. Le plus souvent, ces retards résultent de l'insuffisance ou de l'imprécision des prescriptions techniques qui ont pour objet de déterminer, d'une manière préalable, la nature et le volume des prestations objet du marché. En matière de marchés de travaux notamment, la Cour dénonce souvent le retard dans l'émission des ordres de service ou encore l'absence de coordination entre les différents intervenants lors de l'exécution des marchés de travaux. Ainsi, dans son XVIIIèmerapport, la Cour pointe du doigt les dysfonctionnements constatés dans la réalisation d'un service d'un hôpital régional, consistant dans la réception d'une tranche non fonctionnelle du marché du fait de la mauvaise coordination des travaux entre les différents intervenants. Il en est résulté l'impossibilité d'utiliser l'ouvrage réceptionné du fait de son défaut de raccordement aux réseaux publics d'électricité, d'eau potable et d'eaux usées[539]. Dans ce même rapport, la Cour s'est penchée sur la gestion du patrimoine culturel pour constater un retard de 18 mois dans la réalisation des travaux de rénovation du musée de Sousse du fait des difficultés rencontrées par l'acheteur public dans le transport

[538] Rapport de la CNIMC sur « *Les pratiques de corruption dans les marchés publics sous l'Ancien régime* », pp.51-84.
[539] Cour des comptes, *Vingt-huitième Rapport annuel*, 2014, p.423.

des pièces du musée qui encombraient le site nécessaire à la réalisation des travaux[540].

b. Le recours injustifié aux avenants :

623. Le recours aux avenants d'une manière contraire à la réglementation[541] constitue souvent le constat de l'impéritie de l'acheteur public. Cette pratique déviante est souvent pointée du doigt par la Cour, car les avenants intempestifs entraînent inévitablement une prorogation des délais d'exécution et une augmentation du coût du marché, préjudiciable aux intérêts de la collectivité publique comme a pu le montrer les résultats de l'audit de l'exécution du marché de travaux de rénovation du musée du Bardo[542].

c. La réception fictive des prestations :

624. Cette pratique est autrement plus grave. Elle révèle une véritable fraude à l'achat public passible de poursuites pénales. C'est ce que la Cour a réussi à mettre en lumière, avec le concours d'ingénieurs spécialisés en béton et en relevé topographique du ministère de l'équipement, lors de l'examen de marchés de travaux de réfection et de rénovation de routes effectués en 2012 dans le gouvernorat de Sfax. Les mesures et les relevés effectués sur place ont révélé des pratiques surréalistes consistant dans l'existence de règlements de décomptes relatifs à des travaux fictifs (couche d'asphalte dont l'épaisseur ne dépasse pas le 1/3 de celle prévue par les documents contractuels, ouvrages hydrauliques facturés et non réalisés) et la disparition de la plupart des documents techniques relatifs à ces travaux (PV de chantiers et carnets d'attachement notamment)[543].

d. La renonciation injustifiée aux droits de l'administration :

625. La Cour est souvent amenée à dénoncer dans ses rapports la violation par l'acheteur public des règles relatives aux garanties et aux cautions devant être produites par les titulaires de marchés. Dans certains cas, il s'agit de son acceptation de retards injustifiés dans la production des cautions[544]. Dans d'autres, il s'agit de son acceptation de cautions inférieures au montant prévu par le marché[545]. Dans d'autres cas enfin, de sa renonciation aux retenues de garantie de bonne exécution du

---

[540] Cour des comptes, *Vingt-huitième Rapport annuel*, 2014, p. 30.
[541] Sur ce point, v. supra p. 75 et s.
[542] Cour des comptes, *Vingt-huitième Rapport annuel* précité p.30.
[543] Cour des comptes, *Vingt-huitième Rapport annuel* précité, p. 618.
[544] Cour des comptes, *Vingt-huitième Rapport annuel* précité, p. 426.
[545] Ibid.

marché relatives à des sommes dont le titulaire du marché pourrait être reconnu débiteur lors du règlement définitif du marché (défaut d'application des pénalités de retard au préjudice de la collectivité publique, par exemple)[546] ou encore de la restitution de cautions avant la réception définitive des prestations[547].

626. D'un autre côté, la Cour déplore parfois l'absence de mise en œuvre de mesures coercitives par le maître de l'ouvrage en dépit de la non-conformité des prestations au cahier des charges du marché[548].

e. Les défaillances constatées dans le système de clôture et de règlement des marchés :

627. Enfin, la Cour est souvent amenée à relever les défaillances du système de gestion des marchés en soulignant l'incapacité de l'administration à mettre en place un système efficient de contrôle et de suivi de l'achat public. Dans son contrôle de l'exécution des marchés de l'hôpital Sahloul de Sousse, la Cour a ainsi relevé que l'absence de classement rigoureux des documents relatifs à l'exécution des marchés et de procédures claires de traitement de ces données par les services concernés a engendré des retards importants dans la réception définitive des prestations et, par voie de conséquence, dans la clôture et le règlement de ces marchés. Ella a conclu en notant que l'hôpital n'a commencé à établir un système de gestion des projets de clôture et de règlement de ses marchés qu'à partir de 2012[549].

D. La portée limitée du contrôle

628. Mais ce sont surtout les conséquences du contrôle exercé par la Cour qui constituent le moyen de prévention essentiel des dérives souvent constatées en matière d'exécution des marchés publics. L'article 8 de la loi organique prévoit qu'à l'égard « *des organismes soumis à sa juridiction, sa surveillance ou son appréciation, la Cour des comptes doit déceler toute irrégularité ou infraction, ordonner les redressements nécessaires, apprécier les méthodes de gestion et formuler les réformes à introduire* ».

629. Il en découle que les gestionnaires sont théoriquement tenus de tenir compte des observations et des recommandations qui leur sont adressées par la Cour, car ce contrôle serait dépourvu de toute

---

[546] Cour des comptes, Vingt-huitième Rapport annuel précité.
[547] Ibid.
[548] Ibid.
[549] Ibid.

efficacité si les dysfonctionnements constatés et les recommandations émises pour y remédier pouvaient être totalement ignorés par les personnes concernées. Toute la question est donc de savoir si la Cour est suffisamment outillée pour vérifier si l'organisme concerné a donné suite à ces recommandations et si les corrections apportées ont été faites d'une manière appropriée.

1. La publication des rapports

630. Théoriquement, la publication des rapports de la Cour, à la condition de faire l'objet d'un large débat public et d'être relayée par les médias, peut constituer un moyen de pression suffisant pour amener les gestionnaires à adopter les bonnes pratiques en matière de gestion des marchés publics. Dans les pays développés, l'autorité des recommandations émises par les institutions supérieures de contrôle financier découle à la fois de la qualité des rapports et de leur mise à disposition du public.

631. Jusqu'en 2002, la plupart des observations de la Cour n'étaient pas rendues publiques. Son Rapport annuel général sur l'exécution des opérations financières devait être seulement transmis au Président de la République et au Président de la Chambre des députés (art. 23). Depuis 2002 cependant, de larges extraits en sont régulièrement publiés au Journal officiel[550] et, après 2011, mis en ligne et publiés sur son site web. L'article 117 de la nouvelle Constitution, relatif à la justice financière impose désormais la publication du rapport général annuel de la Cour des comptes. D'autre part, son article 32, qui consacre le droit d'accès à l'information et le principe de transparence des gestions publiques, rend théoriquement obligatoire la publication de tous les autres rapports élaborés par la Cour. En pratique, cependant la mise en œuvre de ces principes est loin d'être parfaite : seul le rapport annuel est publié, avec un certain retard, sur le site web de la Cour, le plus souvent dans l'indifférence générale, sans qu'il fasse l'objet d'un débat public au sein du Parlement et soit relayé par les grands médias. Il n'est même pas mis en vente en librairie. Il en découle que l'opinion publique n'est pas suffisamment informée de son contenu.

2. Le suivi par la Cour des résultats du contrôle

632. La publicité donnée aux résultats du contrôle, pour salutaire qu'elle soit, ne peut constituer, à elle-seule, la panacée pour mettre fin aux

---

[550] V. par exemple, JORT n°2 du 04 janvier 2002, pp., 44 à 56 ou encore les extraits du *Vingt-et-unième Rapport annuel* au JORT n°5 du 15 janvier 2008, p. 392 et s.

dérives qui peuvent affecter la gestion des marchés publics. Dans le passé, la Cour a eu souvent l'occasion d'exprimer un scepticisme désabusé sur cette question. Ainsi, dans son sixième rapport, elle a déploré « *l'insuffisance, voire le défaut de suivi qui devait être accordé aux redressements proposés par la Cour* »[551]. Ce constat, récurrent, n'est pas propre à la Tunisie[552]. Mais il revêt sans doute une plus grande ampleur dans notre pays. En témoigne l'adoption de la loi du 3 mai 1993 qui a confié au Haut comité de contrôle administratif et financier une mission générale de suivi de l'exécution des rapports des différents organes de contrôle général des services de l'État et des établissements publics, y compris donc des rapports de la Cour. Néanmoins, cette solution demeure d'une portée limitée, dans la mesure où l'exercice de ce contrôle par un organe directement lié à l'exécutif ne permet nullement de résoudre le problème.

633. La solution consisterait à doter la Cour de ses propres moyens de suivi qui pourraient déboucher sur la publication, dans ses rapports annuels, des informations sur les suites données à ses recommandations, en dénonçant, au besoin, les tergiversations des organismes incriminés et leurs réticences à les mettre en œuvre. Par ailleurs, la Cour devrait être en mesure d'attirer l'attention du Parlement sur le refus des responsables d'introduire les ajustements et les corrections nécessaires pour remédier aux dysfonctionnements constatés dans la gestion de leurs marchés.

634. D'un autre côté, la Cour des comptes et les Chambres régionales des comptes exercent aussi et simultanément un contrôle administratif sur la gestion des agents publics qui peut alerter sur les infractions les plus graves touchant à l'intégrité des marchés publics.

635. Le Procureur général près la Cour des comptes, ainsi que le ministère publicprès les chambres régionales des comptes peuvent ainsi saisir le parquet près la juridiction compétente en vue de déclencher l'action publique. L'article 40 al. 2 du Code pénal, qui fait obligation à tout fonctionnaire qui acquiert la connaissance d'un crime ou d'un délit dans l'exercice de ses fonctions d'en donner avis sans délai au procureur de la République, s'il n'est pas applicable aux juridictions financières, ni individuellement à ses magistrats et rapporteurs et aux fonctionnaires qui les assistent[553], n'en reste pas moins applicable au parquet financier.

---

[551] Cour des comptes, *Sixième Rapport annuel* 1986-1987, p. 2, inédit.
[552] Cf. : BOUVIER (M.), ESCLASSAN (M.C.) et LASSALLE (I.-P.), *Finances publiques*, op. cit., p. 458.
[553]CE, 25 octobre 1991, *Le Foll*, Rec. CE, p. 1140.

636. Mais il ne faut pas se faire d'illusions à ce sujet. Seule l'arme fatale de la répression pénale peut donner pleine efficacité aux résultats du contrôle. Dans cette perspective, la transmission des dossiers au Parquet en vue d'engager les poursuites appropriées contre leurs auteurs, devrait être, non pas discrétionnaire, comme elle l'est actuellement, mais systématique[554].

§2. Le contrôle de l'intégrité de l'achat public

637. Le nouveau CMP comporte un nouveau chapitre entièrement dédié à l'intégrité des marchés publics[555]. Ce chapitre rappelle la soumission de toute personne intervenant, à quelque titre que ce soit, dans la passation et l'exécution, soit pour le compte de l'acheteur public, soit pour le compte d'une autorité d'approbation ou de contrôle, aux dispositions législatives et règlementaires relatives à la lutte contre la corruption et les conflits d'intérêts dans les marchés publics (Art. 173).

638. Le nouveau CMP introduit pour la première fois, de façon explicite, des mesures de lutte contre la corruption. Il souligne ainsi l'obligation de confidentialité qui pèse sur toute personne qui, en raison des fonctions ou des missions qui lui ont été confiées, a pu avoir connaissance de renseignements ayant trait aux procédures de passation et d'exécution des marchés publics[556],et sanctionne, par la mise à l'écart du processus des marchés publics, tout agent public responsable de la passation, du contrôle ou du paiement ayant violé les dispositions du CMP[557].

639. La détection de la corruption dans les marchés publics est cependant une entreprise délicate nécessitant la conjugaison et la coordination de tous les efforts. La complexité du processus corruptif du fait de la dissimulation des faits constitutifs d'atteintes à l'intégrité de l'achat public « *impose aux enquêteurs et au magistrat sous l'autorité duquel ils travaillent de mettre au point une stratégie, un plan de bataille dont la pertinence devra être régulièrement réévaluée* »[558].

---

[554] Sur cette question, v. infra, n° 618 ; v. aussi : JENAYAH (A.), *Intégrité et lutte contre la corruption dans les marchés publics*, op.cit., pp. 58 et s.

[555] Il s'agit du chapitre 2 du Titre VI intitulé « *Des sanctions, de l'intégrité et du règlement des litiges* ». Il fait aussi référence aux règles de bonne gouvernance dans son article 6 relatif aux principes régissant les marchés publics.

[556] Article 174 du CMP.

[557] Article 175 du CMP.

[558] DUFAU (C.), « *Pour une modélisation de l'enquête judiciaire en matière de corruption* », AJ Pénal, 2013, p.74.

640. Cette stratégie passe par le renforcement des moyens de détection (**A**) et l'élargissement des pouvoirs d'investigation (**B**).

A. Le renforcement des moyens de détection de la corruption dans les marchés publics

641. On peut distinguer deux sources principales d'information permettant aux autorités compétentes de prendre connaissance de l'existence de pratiques corruptrices en matière d'achat public : les sources judiciaires (**1**), d'une part, et les sources extra judiciaires (**2**), d'autre part.

1. Les sources judiciaires

642. La police judiciaire apparaît, sur ce plan, comme l'auxiliaire le plus précieux pour le Ministère public. Elle est d'ailleurs placée sous l'autorité directe de ce dernier et joue un rôle capital en matière de collecte des informations. Elle peut intervenir, soit avant toute information menée par une juridiction, soit lorsqu'une telle information est ouverte. Dans le premier cas, elle est chargée de constater les infractions, d'en réunir les preuves et d'en rechercher les auteurs.

643. C'est la Brigade économique relevant de la Direction générale de la police judiciaire qui intervient traditionnellement en matière de constatation et de signalement des affaires de corruption. Il est cependant difficile de donner une appréciation sur son rôle en matière de corruption dans les marchés publics du fait de l'absence de statistiques publiées.

644. D'un autre côté, la Cour des comptes, les Chambres régionales des comptes et la Cour de discipline financière ont l'obligation de signaler au Parquet toute information relative à des faits de corruption découverts à l'occasion de leur contrôle.Les fonctions du ministère public près la Cour des comptes sont exercées par le Commissaire général du gouvernement assisté par de simples commissaires. Celui-ci doit, en vertu de l'article 19 de la loi relative à la Cour, informer les représentants du ministère public près les juridictions pénales de tous faits dont la sanction relève de ces juridictions. En ce qui concerne la CDF, la transmission s'exerce par le Président de la Cour. Elle est requise lorsque « *l'instruction fait apparaitre des faits susceptibles de constituer un délit ou un crime* » (Art. 19 de la loi 1985-74).

645. Le Conseil de la concurrence est soumis aux mêmes obligations. L'article 27 de la loi n° 2015-36 du 15 septembre 2015 relative à la

réorganisation de la concurrence et des prix[559]prévoit que « *le Conseil de la concurrence peut également (...) transmettre le dossier au parquet en vue d'engager les poursuites pénales* ». Mais les transmissions dans ce domaine demeurent exceptionnelles.

2. Le renforcement des sources extrajudiciaires

646. Il s'agit des sources d'information provenant des acteurs institutionnels et de la société civile.

a. Les informateurs institutionnels

647. Plusieurs « *interlocuteurs institutionnels* » peuvent constituer des sources plus ou moins fiables d'information en matière de corruption dans les marchés publics et contribuer, de ce fait, à leur dénonciation.

648. Au sein de l'administration, ce rôle est traditionnellement dévolu aux inspections ministérielles et, plus particulièrement, à celles à vocation horizontale.Parmi celles-ci, le Contrôle Général des Finances (CGF), institué par le décret du 19 janvier 1970 et réorganisé par le décret du 17 décembre 2000, en remplacement de l'ancienne inspection des finances, occupe une place de choix[560]. Conçu selon le modèle de l'Inspection Générale des Finances française[561], ce corps de contrôle est placé sous l'autorité directe du ministre chargé des finances. Il exerce des missions étendues qui contrastent avec son effectif réduit. Il est chargé en effet d'une mission générale de contrôle, d'audit, d'étude, de conseil et d'évaluationen matière administrative, économique et financière. Il est appelé ainsi à exercer une compétence transversale de contrôle et d'appréciation de la gestion financière de tous les services de l'État. Cette compétence le conduit naturellement à apprécier la régularité des procédures de passation et d'exécution des marchés publics par des contrôles « *sur place* » qui s'exercent d'une manière « *inopinée* ».

649. Parmi les fonctions qui sont également confiées au CGF, figure la mission de surveiller, évaluer et procéder à des audits de tous les organismes publics ou parapublics, des entreprises publiques et des organismes privés qui bénéficient du concours financier de l'État. Ce

---

[559]JORT n° 77-78, p. 2320.

[560] Décret n°2000-2886 du 7 décembre 2000 portant organisation du contrôle général des finances et ses modalités de fonctionnement (JORT 2000, p.3116). Sur cette institution, cf. BELAÏD (N.), CHIKHAOUI (L.), *Comptabilité publique*, op.cit, pp.170-174.

[561] Sur cette institution : BOUVIER (M), ESCLASSAN (M.C.) et LASSALE (J-P.), *Finances publiques*, op. cit., p. 428.

deuxième type de contrôle tend d'ailleurs à prendre une part prépondérante dans les travaux du CGF au détriment de sa mission traditionnelle de vérification de la régularité des comptes. L'évaluation de la sincérité, de l'intégrité, du coût et de l'efficacité des dépenses publiques (parmi lesquelles figurent les marchés publics) constitue ainsi un champ nouveau d'intervention du CGF. Son contrôle, qui ne peut s'exercer que sur ordre de mission, donne lieu à des rapports internes qui sont transmis au ministre des finances.

650. Le Contrôle général des services publics (CGSP)[562], est chargé de son côté, sous l'autorité du chef du gouvernement, d'exercer les mêmes missions. Ce corps de contrôle occupe une place centrale au sein de l'administration de contrôle. Les textes le qualifient en effet de contrôle « *supérieur* », ce qui signifie que les autres corps de contrôle ministériels (CGF et inspections ministérielles) lui sont théoriquement subordonnées et doivent lui déférer leurs rapports d'inspection respectifs (Art. 3). Parmi les fonctions qui peuvent être confiées au CGSP, figure l'instruction d'enquêtes sur la base d'ordres de missions délivrés par le chef du gouvernement.

651. Lorsque ce type de contrôle comporte la constatation d'irrégularités ou des faits de corruption en matière de gestion des marchés publics, il peut donner lieu à des poursuites disciplinaires ou pénalesdevant les juridictions compétentes. Pour exemple, dans une affaire mettant en cause l'Office de l'aviation civile et des aéroports (OACA) pour des malversations commises lors de l'exécution de marchés de travaux et de fournitures d'équipements aéroportuaires, c'est à la suite d'un rapport d'enquête réalisé par les agents du CGSPquel'ancien Président directeur général a été lourdement condamné[563].

652. D'un autre côté, le nouveau Comité des contrôleurs d'État, créé par le décret du 22 novembre 2013, est chargé, sous l'autorité du Chef du gouvernement, de diriger le corps des contrôleurs d'État dont le rôle est de veiller aux intérêts de l'État auprès des entreprises publiques. Ce Comité peut être saisi d'informations relatives à des faits de

---

[562] Créé par la loi n° 81-100 portant loi de finances pour l'année 1982 et du décret relatif à la définition du statut de ses membres : décret n°82-6 du 5 janvier 1982 (JORT 1982, p. 63).

[563] CA Tunis, 9 juillet 2004, n° 5193, inédit. Sur cet arrêt : V, aussi infra p. , Pour une autre illustration sur les conséquences pénales de l'exercice de ce type de contrôle sur l'exécution des marchés publics, v. : Cass. Crim., 14 mars 2005, n°426/2005, inédit.

corruption dans les marchés publics rapportés par les contrôleurs à l'occasion des missions d'enquête qu'ils sont amenés à exercer[564].

653. En application de l'article 29 du CPP tunisien, toutes les autorités constituées, tous les agents publics qui ont pu avoir connaissance, à l'occasion de l'exercice de leurs fonctions, d'un crime ou d'un délit, sont tenus d'en informer le Procureur de la République.

654. Jusqu'à très récemment, il n'existait pas en Tunisie de loi permettant de protéger les agents publics qui communiqueraient des informations sur des faits de corruption dans les marchés publics. Tout au plus, le 2ème alinéa de l'article 29 du CPP prévoyait-il qu'en aucun cas, ces personnes ne peuvent être actionnées en dénonciation calomnieuse, ni en dommages-intérêts en raison des informations qu'ils peuvent communiquer en application de cet article. L'expérience avait cependant montré que « *l'une des principales difficultés à régler est d'assurer la protection des fonctionnaires qui signalent une anomalie contre les représailles, en particulier au moyen d'une protection juridique, de la protection des informations relatives à leur vie privée, de l'anonymat ou de la création d'une commission de protection. Il faut en même temps veiller à ce que la gestion des réclamations soit bien documentée et impartiale pour éviter de nuire indûment à la réputation des personnes touchées par les allégations* »[565].

655. L'imbrication entre délit de corruption et autres délits financiers (comme le blanchiment) impose, selon l'article 52.1 de la CNULCC, de prendre les mesures nécessaires pour que les institutions financières soumettent « *à une surveillance accrue les comptes que des personnes qui exercent, ou ont exercé, des fonctions publiques importantes et des membres de leur famille et de leur proche entourage cherchent à ouvrir ou détiennent directement ou cherchent à faire ouvrir ou font détenir par un intermédiaire.*

Cette surveillance est raisonnablement conçue de façon à détecter les opérations suspectes afin de les signaler aux autorités compétentes ».C'est à ce titre que la Commission Tunisienne des Analyses financières (CTAFI) siégeant auprès de la Banque centrale a reçu pour mission de signaler aux autorités judiciaires les cas suspects

---

[564] Décret n° 2013-5093 du 22 novembre 2013 relatif portant création d'un Comité des contrôleurs d'État (JORT 2013, p. 4180).

[565] OCDE (2013), *Examen de l'OCDE du cadre d'intégrité dans le secteur public en Tunisie*, op. cit., p.103. Sur la nouvelle loi relative au signalement de la corruption et à la protection des lanceurs d'alerte, v. infra, n° 657. V. aussi, n° 660 et s.

de mouvement de capitaux en vue du gel et de la saisie des biens provenant du blanchiment[566].

656. D'une manière générale cependant, l'option choisie par les pouvoirs publics après la Révolution a été plutôt de créer des agences anti-corruption indépendantes sur le modèle des pays anglo-saxons. Ce choix, qui impose de distinguer le contrôle de l'intégrité du contrôle de conformité et des contrôles d'audits internes et externes, est dicté par les missions particulières dévolues à ce type d'organe. Ainsi, la CNIMCcréée après la Révolution par le décret-loi n°2011-7 sous forme d'une autorité publique indépendante, a été chargée de réunir les éléments de preuve nécessaires sur les faits de corruption avant leur transmission à la justice (Art. 3). Le rapport public qu'elle a rédigé à la fin de sa mission au mois d'octobre 2011 aura eu le mérite de révéler l'ampleur de la corruption dans les marchés publics sous l'Ancien régime[567].

657. L'Instance Nationale de Lutte contre la Corruption (INLUCC) qui lui a succédé en vertu du décret-loi n°2011-120 du 14 novembre 2011 a reçu pour mission de détecter les lieux de corruption dans les secteurs publics et privés, de recevoir les requêtes et les informations sur les pratiques de corruption (Art. 13). Pour des raisons politiques cependant, sa mise en place a été tardive et il ne semble pas qu'elle ait été dotée des moyens et des capacités nécessaires pour mener à bien ses missions[568].

658. L'article 130 de la nouvelle Constitution portant création de l'Instance de la bonne gouvernance et de la lutte contre la corruption (IBGLCC) appelée à se substituer à l'INLUCC, élève cette autorité au rang constitutionnel. Elle lui confie en outre le soin de mettre en œuvre des politiques publiques en matière de bonne gouvernance et de lutte contre la corruption sur la base des principes de transparence, d'intégrité et de redevabilité. Plus particulièrement, la nouvelle instance sera chargée de détecter les pratiques de corruption dans les secteurs publics et privés en procédant aux investigations et aux

---

[566] V. sur ce point : Rapport d'Evaluation Mutuelle de la République tunisienne de la lutte anti-blanchiment de capitaux, Groupe d'action financière pour le Moyen et l'Afrique du nord (GAFIMOAN), avril 2007.

[567] La Commission a été saisie depuis la date de sa création début 2011 jusqu'au 27 octobre 2011, date de l'achèvement de sa mission, de 10062 plaintes, qu'elle a pu en instruire 5206 et déférer environ 300 plaintes au parquet. Ce Rapport comporte un chapitre 3 relatif à 14 affaires de corruption en matière de marchés publics, Cf. les pages 51 à 84 du Rapport et ses annexes statistiques.

[568] OCDE (2015), *Analyse du système de contrôle, d'audit et de maîtrise des risques dans le secteur public tunisien*, op. cit., p. 52.

vérifications nécessaires avant de les transmettre aux autorités compétentes. L'article 6 de la loi organique n° 2017-10 du 7 mars 2017 relative au signalement de la corruption et à la protection des lanceurs d'alerte, récemment adoptée par le Parlement, lui confie de nouvelles responsabilités en matière de lutte contre la corruption[569].

b. L'information par la société civile

659. Les associations non gouvernementales, les médias et les particuliers ont un rôle essentiel à jouer pour dénoncer les cas de corruption en matière d'achat public. Il reste cependant que ce rôle passe d'abord par la consécration d'un droit d'accès effectif à l'information[570].

660. D'un autre côté des mécanismes d'alerte et un régime d'immunité pour le donneur d'alerte « *whistleblowing* » peuvent contribuer utilement à prévenir la corruption. On a pu en mesurer la portée au cours de la période ayant précédé la Révolution tunisienne avec la divulgation par *Wikileaks* des rapports confidentiels transmis par l'ambassade américaine à Tunis au département d'État sur les pratiques de corruption sous l'Ancien régime.

661. La loi du 7 mars 2017 est venue combler une grande lacune en la matière en mettant en place un régime cohérent de signalement des faits de corruption et de protection de leurs auteurs, incluant des mécanismes anonymes de dénonciation permettant d'alerter les responsables et/ou les médias sur les pratiques de corruption tout en protégeant « *les lanceurs d'alerte* » des conséquences négatives qui en découlent.

662. L'article 2 de cette loi retient une définition large du lanceur d'alerte, conforme aux standards internationaux[571]. Il s'agit de « *toute personne physique ou morale qui signale ou révèle, de bonne foi, aux autorités compétentes des faits représentant des indices sérieux ou susceptibles de convaincre de l'existence de pratiques de corruption et dans le but de démasquer leurs auteurs* ».

---

[569] JORT du 10 mars 2017, n° 20, p. 765 et s.

[570] Sur ce point, v. supra, n° 570.

[571] V. LOCHAK (D), « Les lanceurs d'alerte et les droits de l'Homme : réflexions conclusives », Actes du colloque de 2015, Revue des droits de l'homme [en ligne], octobre 2016, mis en ligne le 30 juin 2016, http://revdh.revues.org/2362; LENOIR (N.), « Les lanceurs d'alerte, Une innovation française venue d'outre-Atlantique », La Semaine Juridique Entreprise et Affaires n° 42, 15 Octobre 2015, 1492 ; Conseil de l'Europe 2016, *Protection des lanceurs d'alerte. Petit guide pour la mise en place d'un cadre national.*

663. Le même article définit d'une manière particulièrement extensive les pratiques de corruption sous réserve des restrictions relatives à la corruption internationale. Il s'agit de « *tout comportement contraire aux lois et règlements* (mais pas aux traités et accords internationaux) *qui porte ou est susceptible de porter préjudice à un intérêt public ou bien le fait d'abuser de son pouvoir, de son influence ou de ses fonctions pour bénéficier d'un avantage personnel* ».

Cette définition englobe, outre les crimes de corruption sous toutes ses formes[572], *« les cas d'enrichissement illicite, les délits d'initiés, les conflits d'intérêt, l'obstruction aux décisions de justice, ainsi que tous les faits qui constituent une menace pour la santé ou la sécurité ou l'environnement ».* Le problème est que beaucoup de ces pratiques, qui sont assimilées à des faits de corruption par la nouvelle loi, ne sont pas incriminées par le droit pénal, ce qui pose le problème de la compatibilité de ces dispositions avec l'exigence de précision de la loi pénale érigée en principe à valeur constitutionnelle[573].

664. Plus généralement, la loi crée un cadre général de protection des lanceurs d'alerte comportant la désignation de l'Instance de la bonne gouvernance et de la lutte contre la corruption (IBGLCC) en tant qu'autorité chargée à la fois de recevoir les alertes, de les contrôler et de garantir la protection des lanceurs d'alerte et la confidentialité de l'information communiquée par la mise en place de mécanismes de signalement protégé et de prévention contre les représailles.

665. En cela, le système mis en place en Tunisie paraît en avance par rapport à celui qui découle de la loi française du 9 décembre 2016 relative à la transparence, à la lutte contre la corruption et à la modernisation de la vie économique dite loi Sapin II tant du point de vue de l'autorité chargée de recevoir le signalement d'alerte que de l'indépendance de l'autorité de contrôle des informations communiquées par le lanceur d'alerte[574].

---

[572] Sur la question du dispositif traditionnel d'incrimination des pratiques de corruption, cf. infra, n° 1258 et s.

[573] Ce principe, qui impose au législateur d'adopter en matière d'incrimination « *des dispositions suffisamment précises et non équivoques* », a été nettement consacré par le Conseil constitutionnel français dans sa décision n° 2006-540 du 27 juillet 2006 à propos de la loi relative au droit d'auteur et aux droits voisins.
En Tunisie, il a été reconnu sous l'Ancien régime par une décision du Conseil constitutionnel aujourd'hui dissous (CC, Avis n° 2/2007 relatif à un projet de loi portant promulgation du code des douanes, JORT 2008, p.1805).

[574] Loi 2016-1291 du 9 décembre 2016 relative à la transparence, à la lutte contre la corruption et à la modernisation de la vie économique (JORF n° 0287 du 10 décembre 2016).

B. L'élargissement des pouvoirs d'investigation

666. Dans le droit pénal de la commande publique, l'information sur les faits de corruption, pour essentielle qu'elle soit, ne peut suffire à sanctionner les personnes soupçonnées de corruption[575]. Il faudrait en plus réunir les éléments de preuve suffisants pour convaincre les juridictions pénales de prononcer les condamnations.

Pour cela, les autorités spécialisées chargées de mener les enquêtes sur les pratiques de corruption en matière d'achat public doivent disposer de pouvoirs d'investigation adaptés à la nature de ces infractions.

En raison de la spécificité de la matière, on assiste à un élargissement des pouvoirs d'investigation qui profite essentiellement à ce type d'autorités.

667. Nous nous contenterons ici de soulever les problématiques propres à la question que pose l'élargissement des pouvoirs de constatation matérielle (**1**), de communication et d'audition (**2**) reconnus aux autorités compétentes en matière de recherche d'infractions dans le domaine de l'achat public en renvoyant aux règles générales de la procédure pénale pour le reste des développements[576].

1. L'élargissement des pouvoirs d'investigation en matière de constatations matérielles

668. La perquisition est une opération de police judiciaire qui doit toujours être matérialisée par un acte de procédure. Elle a pour objet de mettre à jour, par le biais d'investigations, des éléments permettant d'établir l'existence d'une infraction et de l'imputer à son auteur. Du point de vue de son déroulement pratique, la perquisition consécutive à une visite domiciliaire, lorsqu'elle se révèle positive, est immédiatement suivie d'une saisie correspondant au placement sous-main de justice des éléments de preuve découverts. En matière de fraudes dans les marchés publics, ce moyen d'investigation est essentiel pour réunir les éléments de preuve nécessaires à l'incrimination.

669. Organisé par le CPP, ce pouvoir, qui constitue une menace pour la liberté personnelle et le droit de propriété, doit être strictement

---

575 PRESBISSY-SCHNALL (C), *La pénalisation du droit des marchés publics*, LGDJ, 2001. En droit tunisien, cf. : JENAYAH (A.), *Intégrité et lutte contre la corruption dans les marchés publics*, op. cit, pp. 79 et s. V. aussi :JENAYAH (R.), « *The criminalrepression of corruption in public procurement of Tunisia* » in « *Integrity and Efficiency in Sustainable Public ProcurementContracts* » , Bruylant, Bruxelles, 2014, pp. 101-114.

576 Cf. SOYER (J-C), *Droit pénal et procédure pénale*, op. cit., n° 638-745.

encadré. Il a fait l'objet de tentatives d'élargissement dans le cadre du renforcement de la lutte contre la corruption.

670. C'est le juge d'instruction qui a la compétence exclusive d'ordonner les perquisitions domiciliaires et les saisies (Art. 93 et 97 du CPP). En cas de flagrant délit, les officiers de police judiciaire peuvent également user de ces pouvoirs. À titre exceptionnel, les agents de l'administration, dûment habilités par un texte spécial, peuvent également recourir à cette procédure, mais alors sous le contrôle de l'autorité judiciaire et dans le respect des droits de la défense (Art. 94, 95 et 96 et art. 97 du CPP).

671. Le problème qui se pose ici est que les autorités spécialisées, créées dans un contexte de droit constitutionnel d'exception, se sont vues dotées de pouvoirs de visite domiciliaire, de perquisition et de saisie qui posent un problème de constitutionnalité, l'article 3 du décret-loi n° 2011-7 relatif à la CNIMC et l'article 31 du décret-loi n° 2011-120 relatif à l'ILNC, qui légalisent ces pouvoirs, n'ayant pas prévu les protections nécessaires contre les investigations abusives.

672. Sous l'ancien régime, le Conseil constitutionnel tunisien avait eu l'occasion de se prononcer sur la constitutionnalité de pareilles dispositions. Il avait estimé alors que l'article 65, al. 1er du projet de loi portant promulgation d'un Code des douanes, habilitant les agents des douanes à effectuer des perquisitions même dans les locaux privés tout en se contentant d'un simple renvoi au CPP sans préciser la nature et l'étendue du contrôle du juge judiciaire sur ces opérations est contraire à l'article 5 de la Constitution garantissant l'inviolabilité du domicile et l'article 12 relatif aux droits de la défense[577].

673. Mais les textes en question, élargissant les pouvoirs de visite domiciliaire, de perquisition et de saisie ont été adoptés, sous le régime de l'état d'urgence, sur la base de la première organisation provisoire des pouvoirs publics prévue par le décret-loi n° 14 du 23 mars 2011, à la suite de la suspension de la Constitution de 1959. Même s'ils ne comportent pas toutes les garanties, l'appréciation de leur constitutionnalité ne peut se faire que par référence au droit constitutionnel d'exception[578].

---

577 Cons. Const. tunisien, avis n° 02-2007 du 24 janvier 2007 (JORT, n° 47-2008, p. 2153).

578 Sur ce point, cf. JENAYAH (R), « *Droit constitutionnel d'exception* », Cours général, AIDC, XVIIIème Session, Tunis, juillet 2012. En droit français, V. notamment CASSIA (P.), *Contre l'État d'urgence*, Dalloz, 2016.

2. L'élargissement des pouvoirs d'investigation en matière d'écrits et de témoignages

674. Dans son sens le plus général, le droit de communication désigne la prérogative accordée par la loi à l'autorité habilitée à mener les investigations de se faire délivrer par les personnes qui y sont soumis tous documents et écrits nécessaires à l'enquête dont elle est chargée. Ce droit, qui est traditionnellement reconnu à l'administration en matière fiscale, économique et financière sous réserve du respect du secret professionnel est plus strictement encadré en matière pénale en raison de ses conséquences sur les libertés individuelles, la tendance générale dans les pays démocratiques, sous l'exigence de l'Etat de droit, étant d'ailleurs de généraliser ces garanties au droit de communication assorti de simples sanctions administratives[579].

675. En matière de poursuites pénales relatives à des faits de corruption dans les marchés publics, hormis le cas de flagrant délit où le Procureur de la République réunit l'ensemble des pouvoirs des autorités judiciaires chargées de l'instruction, c'est souvent à l'occasion des visites domiciliaires ordonnées par le juge d'instruction que les officiers de police judiciaire peuvent recueillir tous documents (factures, devis, bons de commande ou de livraison, documents comptables, offres de soumission, fichiers informatiques) ou écrits (correspondances, lettres d'information), permettant de réunir les preuves de l'existence de pratiques frauduleuses. La saisie de ces pièces à conviction obéit à la procédure prévue à cet effet. Elle doit être consignée dans un procès-verbal établi conformément aux règles de la procédure pénale.

676. Mais le droit de communication peut également, à la condition d'être prévu par la loi et de respecter le secret professionnel, s'exercer à l'égard des tiers, qu'il s'agisse de personnes publiques ou privées, de juridictions ou d'autorités publiques indépendantes spécialisées en matière économique et financière, ou encore d'organismes de sécurité sociale ou d'établissements financiers. Dans tous les cas, son exercice doit se faire dans le respect des garanties prévues par les règles de procédure pénale. Le Conseil constitutionnel français a eu l'occasion de le rappeler dans sa décision du 20 janvier 1993 en estimant que les dispositions de l'article 5 de la loi Sapin conférant au SCPC le droit d'obtenir communication de tous documents, sans l'assortir d'une obligation de motivation et sans poser des limites quant à sa nature et quant à l'ancienneté de ces documents, sont de nature à méconnaitre le

---

[579] Cf. sur ce point le Rapport public du Conseil d'État, « *Les pouvoirs de l'administration dans le domaine des sanctions* », La Doc. Fr., 1995.

respect de la liberté personnelle et à porter des atteintes excessives au droit de propriété[580]. En Tunisie, l'article 31 relatif aux documents saisis à l'occasion de visites domiciliaires et les articles 34, 35 et 36 du décret-loi du 14 novembre 2011 relatifs au droit de communication à l'égard des tiers ouvrent largement devant les agents du Comité d'enquête de l'INLUCC le pouvoir d'user de ce droit. Ces dispositions ne comportent pas toutes les garanties prévues par la Constitution.

677. D'un autre côté, l'audition de témoins est souvent d'une importance capitale pour faire progresser l'enquête sur les pratiques de corruption dans les marchés publics. Pour réaliser de tels actes, l'autorité compétente peut procéder à la convocation de toute personne susceptible de lui fournir des informations sur les faits recherchés. Les personnes ainsi convoquées sont tenues de comparaitre, sous peine d'y être contraintes par le Procureur de la République. L'autorité compétente procède à leur audition en enregistrant leurs déclarations ainsi que leurs réponses aux questions. Il doit être dressé un procès-verbal des auditions, signé par les personnes entendues ainsi que par l'autorité qui a procédé à l'audition (Art. art.59 à 67 du CPPT). Comme en matière de visite domiciliaire, de perquisition et de saisie, en sus des officiers de police judiciaire dûment habilités à procéder à l'audition de témoins à toutes les étapes de la procédure pénale, la question de l'élargissement de ce pouvoir aux agents des autorités spécialisées dans la répression de la corruption lors de la phase de l'enquête préliminaire pose problème au regard des garanties prévues par la Constitution.

---

580 Décision n° 92-316 DC du 20 janvier 1993, Loi relative à la prévention de la corruption et à la transparence de la vie économique et des procédures publiques.

CONCLUSION DU CHAPITRE 1

678. La complexité du système administratif de contrôle sur l'exécution des marchés publics constitue l'un des traits les plus saillants du régime de l'exécution des marchés publics. Ce système, conçu essentiellement pour protéger les deniers publics, est en effet source de redondances et de lenteurs dans l'exécution de l'achat public. Il a pour effet d'induire un coût élevé tant pour les collectivités publiques que pour les opérateurs économiques qui sont inéluctablement conduits à l'intégrer dans leur stratégie de l'offre.

679. Le système demeure en effet partagé entre un contrôle vertical exercé par la hiérarchie et un contrôle transversal exercé soit *ex ante* par des organes spécialisés dans le contrôle des marchés publics, soit *ex post* par les grands corps de contrôle de l'administration que sont le CGSP, le CGF et, pour les marchés des entreprises publiques, le Comité des contrôleurs d'État. À ce paysage éclaté, il faudrait ajouter, pour ce qui concerne les marchés des administrations, le contrôle préventif des engagements censé assurer la régularité de l'exécution des dépenses.

680. D'un autre côté, les contrôles externes dévolus, pour les missions de vérification de la régularité du processus d'exécution des marchés publics et d'évaluation de l'efficacité de l'achat public à la Cour des comptes, et, pour les missions de contrôle de l'intégrité des marchés, à l'INLC, s'ils « *présentent l'avantage de garantir l'indépendance du contrôleur, posent* (cependant), *le problème crucial de leur information, car celle-ci apparaît à la fois tardive et insuffisante* »[581].

681. En dépit du langage nouveau annonçant une nouvelle « *gouvernance* » et une plus grande « *efficience* » en matière d'achat public, l'architecture générale du système demeure marquée par la méfiance de la hiérarchie vis-à-vis des agents d'exécution, le défaut de responsabilisation des gestionnaires et le maintien des contrôles *a priori*. Cette attitude se conjugue avec l'inefficacité du système administratif de recours.

[581] LINDITCH (F.), *Droit des marchés publics*, Coll. Connaissance du droit, 6ème éd., Dalloz, 2015, p. 123.

CHAPITRE 2

L'INEFFICACITÉ DU SYSTÈME ADMINISTRATIF DE RECOURS

682. L'institution d'un système administratif de recours en matière de litiges relatifs aux marchés publics présente l'indéniable avantage de permettre aux parties de faire l'économie de longs et coûteux procès à l'issue souvent incertaine.

683. Dans les contrats de droit privé, les parties contractantes peuvent librement convenir que les litiges susceptibles de les opposer sur l'exécution ou l'interprétation du contrat devront faire l'objet, avant toute saisine juridictionnelle, d'une tentative de règlement amiable du litige. Dans cette hypothèse, la recevabilité de tout recours juridictionnel est subordonnée à la mise en œuvre des clauses relatives au règlement non-juridictionnel du litige.

684. Dans les contrats de marchés publics, les parties au contrat n'ont pas la même latitude. Leur liberté demeure en effet étroitement encadrée du fait de l'existence de recours précontentieux de règlement des litiges. Ce système, composé à la fois de mécanismes de conciliation et de recours contentieux, est souvent confondu avec ce qu'il est communément habituel de qualifier de modes alternatifs de règlement amiable des conflits (MARC[582]).

685. L'aménagement particulier de ce système en droit tunisien pose la question essentielle de son efficacité juridique. Celle-ci apparaît d'abord tout à fait illusoire du fait de l'encadrement très strict des mécanismes de règlement alternatif des litiges relatifs à l'exécution des marchés publics (**Section 1ère**).Elle est ensuite souvent théorique du fait des restrictions posées par le droit des marchés publics en matière de transaction (**Section 2ème**).

---

[582] Sur cette question, cf.: CE, Rapport public, *Régler autrement les conflits*, La Doc. Fra., 1993 ; ABELARD (T.), *Règlement non juridictionnel des litiges*, J.-Clas. Contrats et marchés publics, Fasc. 195. En droit tunisien, cf. : CHAKER (A.), « *Les modes alternatifs de règlement des conflits en matière de contrats publics* », in « *Globalisation et contrats publics* », op. cit., p. 241-276 ; v. aussi : GHANNAÏ (T.), « Les modes alternatifs de règlement des litiges », « *Droit et Politique* », Revue de la Faculté de droit et des sciences politiques de Sousse, n° 1-2012, p. 309-399.

Section 1 : L'encadrement des procédés de recours administratif

686. En droit tunisien, la liberté contractuelle des parties est étroitement encadrée par le CMP et les cahiers des charges. Ces différents textes organisent des procédures précontentieuses de règlement des litiges contrôlées par l'administration **(§1)** doublées de procédures de recours contentieux devant des autorités relevant de l'administration **(§ 2)**.

§1. Le contrôle des procédures précontentieuses de règlement des litiges liés à l'exécution

687. La possibilité donnée à des « *voies alternatives*» de rapprocher les parties contractantes en les invitant à rechercher une solution amiable aux difficultés complexes liées à l'exécution de leurs marchés, sans l'intervention du juge,répond à des « *besoins accrus et inédits*[583] ».

688. En Tunisie, le règlement à l'amiable des litiges pouvant survenir à l'occasion de ces litiges recouvre différents procédés de nature et de portée différentes qui confirment la volonté de l'administration de garder la mainmise sur les procédés précontentieux de règlement des litiges.

689. Parmi ces procédés, il faut distinguer le recours préalable devant l'autorité contractante (**A**) de la procédure institutionnelle de règlement amiable des litiges devant le Comité consultatif de règlement amiable des litiges (CCRAL) (**B**).

A. Le recours préalable obligatoire devant l'autorité contractante

690. En droit administratif, le cocontractant a toujours la possibilité d'adresser à l'autorité contractante une demande tendant à ce que celle-ci annule ou modifie une mesure d'exécution, car toute décision administrative peut faire l'objet d'un recours administratif préalable interruptif des délais contentieux. Ce recours présente, sauf exceptions strictement définies par la loi, un caractère facultatif[584]. L'intérêt d'une telle démarche est évident : il s'agit de prévenir la saisine du juge en permettant à l'administration de corriger les erreurs commises au détriment des administrés.

691. Dans le domaine des marchés publics, les CCAG des marchés organisent des procédures de recours préalables obligatoires devant

[583] Cf. intervention de Jean-Marc Sauvé dans le colloque sur « *Conciliation et médiation devant la juridiction administrative* », organisé par le Conseil d'État le 17 juin 2015, L'Harmattan, 2015, p. 20 et s.
[584] Cf. : BEN ACHOUR (Y.), *Droit administratif*, op. cit., pp. 234-245.

l'autorité contractante. La référence à ces documents types dans le contrat de marché confère une valeur contractuelle à leurs stipulations.

692. L'inégalité fondamentale qui caractérise les relations entre les parties dans les marchés publics est ainsi accentuée par l'organisation d'une procédure négatrice du principe d'autonomie des volontés qui fait obligation au titulaire, en cas de désaccord sur les droits nés du contrat, d'adresser à l'autorité contractante une réclamation préalable avant de saisir le juge du contrat. Cette procédure a pour effet d'allonger les délais de règlement des marchés car le non-respect de cette formalité préalable entraine l'irrecevabilité du recours porté directement devant le juge du contrat[585]. Sorte de survivance du système de la justice retenue, cette procédure a pour effet de retarder les délais de résolution des litiges liés à l'exécution au détriment des intérêts légitimes du cocontractant.

693. La formalité du recours préalable en matière de marchés publics de fournitures de biens et de services est organisée par les articles 33 et 34 du CCAG applicable à ce type de marchés.

694. L'article 33 prévoit que « tout différend entre le titulaire et la personne responsable du marché doit faire l'objet de la part du titulaire d'un mémoire de réclamation qui doit être communiqué à l'acheteur public dans le délai de 45 jours compté à partir du jour où le différend est apparu ». Ce dernier dispose d'un délai de deux mois à compter de la réception de la réclamation pour y répondre. Passé ce délai, son silence vaut décision implicite de rejet. Le titulaire du marché dispose d'un délai de trois mois, sous peine de forclusion, pour faire connaître à la personne responsable du marché, par un mémoire complémentaire écrit et motivé, son refus de la décision de rejet de sa réclamation. Si, dans le délai de trois mois à compter de la date de la réception du mémoire en réclamation, aucune décision n'est notifiée ou si l'acheteur public n'accepte pas la décision qui lui a été notifiée, le titulaire peut alors saisir les juridictions compétentes (article 34).

695. Les CCAG applicables aux marchés de travaux et d'études organisent une procédure encore plus complexe.Ainsi, en matière de marchés d'études, l'article 31 du CCAG précise que c'est la personne désignée par le maître de l'ouvrage pour le représenter au cours desopération d'exécution, qualifiée de « *chef de projet* », qui est habilitée, après vérification, à prendre les décisions de réception, d'ajournement, de réception avec réfaction ou de rejet des prestations (article 31-1 du CCAG). Lorsque le titulaire n'accepte pas la proposition du chef du projet, il doit, dans un délai de trois mois à compter de la notification

[585] CE, 15 octobre 1976, *Sté Nord Travaux et banque Dupont*, Rec. CE, p. 423.

de cette proposition, faire connaître au chef du projet par un mémoire écrit et motivé son refus (article 38-11 du CCAG). Si un différend survient directement entre le chef du projet et le titulaire, celui-ci doit adresser un mémoire de réclamation au chef du projet aux fins de transmission au maître de l'ouvrage (article 38-12 du CCAG). Dans tous les cas, la décision à prendre sur ces différends revient au maître de l'ouvrage. En cas de désaccord, la décision prise par ce dernier sera appliquée à titre provisoire (article 38-13). Le titulaire doit, dans ce cas, sous peine de forclusion, saisir les juridictions compétentes. Il ne peut alors que soulever les moyens préalablement soumis à l'autorité contractante dans son mémoire en réclamation (article 38-21). Ce délai est porté à six mois à compter de la notification de la décision de rejet par le maître de l'ouvrage de la réclamation préalable du titulaire lorsque cette réclamation porte sur l'établissement du décompte définitif.

696. En matière de marchés de travaux, la procédure de réclamation prévue par le CCAG Travaux distingue les différends pouvant opposer le titulaire au maître d'œuvre et les différends pouvant l'opposer au maître de l'ouvrage. Ainsi, l'article 50.1 intitulé : Intervention du chef du projet prévoit que : si un différend survient entre le maître d'œuvre et l'entrepreneur, sous forme de réserves faites à un ordre de service ou sous toute autre forme, l'entrepreneur remet au maître d'œuvre, aux fins de transmission au chef du projet, un mémoire de réclamation exposant les motifs et indiquant les montants de ses réclamations. Une fois ce mémoire transmis par le maître d'œuvre au chef du projet, ce dernier doit notifier ou faire notifier à l'entrepreneur, dans un délai de 45 jours à compter de la réception du mémoire de réclamation, sa proposition pour le règlement du différend. Ainsi, « *lorsque l'entrepreneur n'accepte pas la proposition du chef du projet ou en cas de rejet implicite de sa demande, il doit, sous peine de forclusion, dans un délai de 3 mois à compter de la notification de cette proposition ou de l'expiration du délai de 45 jours prévu à l'alinéa précédent, le faire connaitre par écrit au chef du projet en lui faisant parvenir, le cas échéant, aux fins de transmission au maître d'ouvrage, un mémoire complémentaire développant les raisons du refus* » (art. 50.2 du CCAG Travaux).

697. La décision à prendre dans les deux cas appartient au maître de l'ouvrage. Si l'entrepreneur ne donne pas son accord à cette décision, ses modalités seront appliquées à titre provisoire, le règlement définitif relevant de la procédure contentieuse prévue à l'article 50.3 qui permet à l'entrepreneur de saisir les juridictions compétentes dans le délai de trois mois à partir de la date de réception par le chef du projet du mémoire en réclamation préalable. Il ne peut alors que

soulever les moyens préalablement soumis à l'autorité contractante dans son mémoire en réclamation.

698. En France, la procédure a été considérablement simplifiée par les révisions successives du CCAG-Travaux pour garantir davantage les droits de l'entreprise contractante. Ainsi, l'arrêté du 8 septembre 2009 a d'abord supprimé la distinction différends avec maître d'œuvre et différends avec maître de l'ouvrage, en limitant, la production des réclamations à un seul mémoire au lieu de deux. Une seule distinction subsiste selon que le différend porte ou non sur le décompte qui sera établi en fin de travaux. La procédure de contestation du décompte a été modifiée en 2014. Désormais, c'est le titulaire du marché qui notifie au maître de l'ouvrage son projet de décompte. Ce projet devient, au bout d'un délai de 10 jours sans réponse, le décompte définitif. Lorsqu'il est notifié par le maître de l'ouvrage, l'entreprise contractante dispose d'un délai de 30 jours pour le dénoncer. Pour cela, elle doit transmettre un mémoire en réclamation auquel l'administration contractante est tenue de répondre dans le même délai. En cas de réponse négative ou de rejet implicite, l'entreprise peut saisir la juridiction compétente[586]. Ce délai est porté à six mois à compter de la notification de la décision de rejet par le maître de l'ouvrage de la réclamation préalable du titulaire lorsque cette réclamation porte sur l'établissement du décompte définitif (article 50.3.2.).

699. Qu'elles soient contenues dans les cahiers des charges ou qu'elles soient incorporées au contrat, les clauses relatives à ce type de recours s'imposent aux parties, même après la résiliation du contrat[587]. Il s'agit là d'un véritable recours préalable, dans la mesure où la réclamation adressée par le titulaire du marché à l'administration contractante a pour objet la résolution d'un litige déjà né au moment où le mémoire est déposé.

700. Ce recours est interdépendant du recours juridictionnel : avant de saisir le juge du contrat, le cocontractant de l'administration doit porter ses doléances devant l'autorité contractante, sous peine de voir ses prétentions déclarées irrecevables par le juge du contrat.Il faut ajouter que la décision prise par cette autorité, saisie d'un tel recours, se substitue à la décision initiale dont la contestation devient ainsi sans objet[588].

---

[586] RICHER (L.) et LICHÈRE (F.) *Droit des contrats administratifs*, op. cit., p. 312.
[587] CE, 03 janvier 1958, *Sté Provence-Construction*, AJDA 1958, p. 60.
[588] CE, 5 janvier 1979, *Sté Clinique chirurgicale de Francheville*, Rec. CE 1979, p. 9.

B. Le Comité consultatif de règlement amiable des litiges (CCRAL)

701. La conciliation est un mode de résolution des litiges qui se caractérise par l'intervention facultative ou obligatoire d'un tiers impartial dont la mission est de proposer aux parties une solution au conflit qui les oppose sur l'exécution ou l'interprétation du contrat. Une telle définition rappelle celle de la médiation avec laquelle elle est souvent confondue du point de vue du régime juridique[589].

702. En France, le Conseil d'État considère qu' « aucune disposition législative ou règlementaire ne fait obstacle à l'insertion dans les contrats que passe l'administration d'une clause prévoyant que les difficultés auxquelles donnent lieu ces contrats devront être soumises, préalablement à la saisine du juge compétent, à l'avis d'une personne ou d'un organisme qu'il désigne »[590].

703. En Tunisie cependant, la conciliation informelle en matière de règlement des litiges relatifs à l'exécution des marchés publics, si elle reste théoriquement possible, est cependant très peu usitée, l'administration n'acceptant que la procédure centralisée organisée par le CMP (**1**) devant un organisme dont les pouvoirs sont limités (**2**).

1. Une procédure fortement centralisée

704. La volonté de l'administration de contrôler les voies de recours administratives est confirmée par l'institution auprès du chef du gouvernement d'une procédure de conciliation devant un Comité consultatif de règlement amiable des conflits (CCRAL). Cette procédure, inspirée du droit français[591], souffre cependant d'une centralisation excessive. Le champ de compétences du CCRAL

---

[589] Cf. sur ce point, RICHER (L.), « Les modes alternatifs de règlement des litiges », AJDA, 1997, p. 3.

[590] CE, 27 juillet 1984, *Sté Otit*, RDP 1985, p. 247.

[591] Sur les procédures françaises de règlement amiable des différends en matière de marchés publics prévues par le décret n°2001-797 du 3 décembre 2001, modifié par le décret n°2010-1525 du 8 décembre 2010, cf. : GUIBAL (M.) et CHARBEL (N.), *Code des marchés publics annoté*, op. cit., pp. 694 et s. ; BRÉCHON-MOULÈNES (C.), « Le règlement amiable dans les marchés publics », MP, n° 225, avril-mai 1987, p.21 ; RICHER (L.), LICHÈRE (F.) *Droit des contrats administratifs*, op.cit., p. 314 et ABELARD (T.), *Règlement non juridictionnel des litiges*, précité, p.4.

L'article 142 du décret n°2016-360 du 25 mars 2016 pris en application de la nouvelle ordonnance n°2015-899 du 23 juillet 2015 relative aux marchés publics prévoit cependant une révision de ce mode de règlement des différends par le recours au médiateur des entreprises ou aux comités consultatifs de règlement amiable des litiges relatifs aux marchés.

couvre en effet tous les marchés publics, c'est-à-dire à la fois les marchés des services centraux de l'État et des établissements publics nationaux, mais aussi ceux du gouvernorat et des communes. Mais on ne retrouve pas, comme en droit français, des comités locaux à côté du Comité consultatif national[592].

705. La composition du Comité est équilibrée qui réunit un conseiller du Tribunal administratif faisant fonction de président, un représentant de la Commission supérieure des marchés et un représentant de la profession à laquelle appartient le titulaire du marché, tous désignés par arrêté du Président du conseil, sur proposition respective du Premier président du Tribunal administratif et de l'organe exécutif de l'organisme professionnel concerné.

706. Cependant, le Comité ne peut être saisi que par le chef du gouvernement, sur demande de l'une des parties. Sa saisine par une autorité qui n'est pas partie au litige est facultative. Théoriquement, rien n'empêche l'autre partie de saisir parallèlement le juge administratif à la condition de respecter la formalité du recours administratif préalable prévue par les CCAG des différents marchés[593], mais celui-ci n'a aucune obligation de surseoir à statuer et d'attendre l'avis du Comité[594]. Cette demande ne dispense pas le requérant de prendre toutes les mesures conservatoires nécessaires à la préservation de ses droits devant la juridiction compétente.

707. Le CCRAL procède à l'audition des parties et peut leur demander de produire des mémoires écrits et toutes pièces utiles à la résolution du litige. Il ne peut valablement délibérer qu'en présence de tous ses membres. Il doit rendre son avis dans un délai de trois mois à compter de la date de sa saisine, délai qui peut cependant être prorogé par décision motivée de son président.

2. Des pouvoirs limités

708. Le CCRAL a pour mission « *de promouvoir et de rechercher les éléments d'équité en vue d'une solution à l'amiable des litiges relatifs aux marchés publics* » (Art. 185). La référence au seul élément de l'équité pose problème au regard de l'interdiction faite à l'administration d'accepter de payer une somme qu'elle ne doit pas. En France, les comités de règlement amiable des différends en matière de marchés publics sont habilités à rechercher, selon l'article 127 du

---

592 RICHER (L.), LICHÈRE (F.) *Droit des contrats administratifs*, op.cit., p. 316.

593 V. supra, n° 589.

594 CAA de Paris, 9 juillet 1991, *Société Kléber-Industries*, Rec., 545.

décret du 1er août 2006 sur les marchés publics, les « *éléments de droit ou de fait en vue d'une solution à l'amiable et équitable* » du litige[595].

709. Ses délibérations ont lieu à huis clos et ses avis, qui sont pris à la majorité de ses membres, ne s'imposent pas aux parties. De surcroit, ils ont un caractère confidentiel et ne peuvent être produits, ni utilisés devant les tribunaux (Art. 190). Sa saisine interrompt le cours des différentes prescriptions et suspend les délais du recours contentieux jusqu'à la décision prise par l'acheteur public après avis du Comité.

710. Il est difficile de dresser le bilan réel de cette institution en raison du caractère confidentiel de ses avis. Il est certain cependant que ce Comité, en raison des limitations relatives à son organisation et au caractère consultatif de ses avis, est rarement sollicité par les titulaires des marchés, peu désireux de s'aliéner les faveurs de l'administration et ayant peu de chances, en tout cas, de faire valoir leurs droits par le biais de ce procédé.

711. L'institution d'une véritable procédure institutionnelle de conciliation en matière de marchés publics, ouverte directement aux parties, à la place de cette forme particulière de recours administratif, serait dans ces conditions utile pour anticiper les difficultés d'exécution dont la solution ne soulève pas *a priori* de problèmes particuliers. Elle serait de nature à désengorger la juridiction administrative en accélérant le règlement des litiges nés de l'inexécution des obligations contractuelles.

§2. L'organisation de recours administratifs spécifiques

712. L'organisation du système de recours en matière de litiges relatifs à l'exécution des marchés publics fait curieusement apparaître deux autorités administratives, qui sont toutes les deux, chargées d'examiner les recours qui peuvent leur être adressés par les cocontractants : il s'agit des commissions de contrôle des marchés d'une part (**A**) et du Comité de suivi et d'enquête d'autre part (**B**).

A. Le recours devant les commissions de contrôle des marchés

713. Les commissions de contrôle des marchés ont depuis longtemps reçu compétence pour traiter les litiges relatifs à l'exécution des marchés publics[596].À côté de leurs attributions administratives en effet[597], ces

[595]Cf : GUIBAL (M.) et CHARBEL (N.), *Code des marchés publics annoté*, op. cit., pp. 694 et s.

[596] Cf. BEN KHALIFA (A.), *Le droit des marchés publics*, op. cit., p.

[597] Sur le rôle que les commissions sont appelées à jouer en tant qu'autorités administratives de contrôle, cf. : infra, n° 712.

commissions se sont vues confier des attributions contentieuses qui consistent dans l'examen des recours dont elles peuvent être saisies en matière delitiges relatifs « *à l'exécution et au règlement des marchés* » (art.155, al. 5 du CMP). La généralité des termes de cette disposition confirme la compétence très large de ces commissions en matière de litiges liés à l'exécution.

714. Les commissions de contrôle des marchés constituent par ailleurs un exemple de dédoublement fonctionnel destiné à servir deux finalités différentes : contrôler la régularité du processus d'exécution des marchés d'une part et arbitrer entre les prétentions opposées des parties contractantes d'autre part.

Leur trop grande proximité vis-à-vis de l'exécutif et les risques de redondance qui peut résulter du chevauchement de leurs compétences ne constitue pas cependant un gage de traitement équilibré des litiges liés à l'exécution.

715. Leurs avis, qui doivent être écrits et motivés, sont pris à la majorité des membres présents. Ils peuvent comporter, le cas échéant, les oppositions ou réserves exprimées par certains membres. Lorsque ces réserves émanent du contrôleur des dépenses publiques, elles doivent être expressément consignées dans un procès-verbal. Ces avis ont force de décision à l'égard des ordonnateurs et des directeurs généraux des établissements publics non administratifs. Il ne peut être passé outre que par décision du Chef du gouvernement sur proposition du ministre concerné ou du ministre de tutelle (Article 162 du CMP). La validité de cette solution décrétale est douteuse au regard des dispositions de l'article 65 de la nouvelle Constitution. Celles-ci confirment en effet le caractère législatif des matières relatives aux obligations civiles et commerciales, y compris donc celles relatives aux contrats de marchés publics. Il en résulte que le Chef du gouvernement, détenteur du pouvoir règlementaire général en vertu de l'article 94 de cette Constitution, ne peut plus s'appuyer sur le CCP pour revendiquer une habilitation qui n'a jamais existé.

716. Il est difficile d'avoir une idée sur la fonction contentieuse de ces commissions faute de publication de leurs rapports d'activités. Le Tribunal administratif semble leur reconnaître une autorité certaine dans la résolution des litiges nés de l'exécution[598].

---

[598] V.TA, 1ère instance, 06 février 2013, n°17675/1, *Sté des Grands travaux Fériani précité.*

B. Le recours devant le COSEM

717. Pour faire cesser les critiques récurrentes relatives à l'absence de voies de droit permettant d'empêcher le fait accompli administratif, les pouvoirs publics ont décidé de créer un Comité d'enquête et de suivi des marchés publics (COSEM), placé auprès du Chef du gouvernement et chargé de l'examen des recours relatifs au processus d'exécution des marchés publics.

718. Toutefois, l'absence de transparence qui entoure les travaux de ce Comité ne permet pas de porter une appréciation objective sur son rôle[599], tant du point de vue de la conception du contrôle (**1**) que du point de vue des pouvoirs de contrôle (**2**).

1. La conception du contrôle

719. La raison d'être du COSEM, lors de sa création par le décret 2002-3158, était de permettre aux pouvoirs publics de s'assurer du respect des principes de passation des marchés publics. En raison des critiques adressées au système[600], les attributions de ce Comité ont été renforcées par le décret du 10 août 2006. En vertu de l'article 153 de l'ancien CMP le COSEM a été chargé, outre ses attributions de contrôle administratif, « *d'examiner les requêtes émanant de toute personne intéressée par l'attribution des marchés publics* », et de demander à l'acheteur public, au besoin, de « *suspendre les procédures de passation du marché lorsqu'il s'avère (...) que la poursuite des procédures est de nature à entrainer des conséquences difficilement réversibles* ».

720. Il en est résulté une institution hybride mélangeant curieusement fonctions d'enquêtes et fonctions contentieuses. Cet agencement a été maintenu par le nouveau CMP qui a fini par élargir ses attributions à l'examen des requêtes relatives à l'exécution des marchés publics (Art. 183).

721. La compétence du COSEM est théoriquement très large. Elle pourrait porter sur la licéité des mesures d'exécution comme sur la validité du contrat lui-même ou sur l'une de ses clauses. Il résulte cependant du Rapport d'activités pour 2015 que ce Comité refuse de se reconnaître compétent pour prononcer la résiliation des marchés ou pour indemniser les cocontractants lésés par des mesures d'exécution[601]. Le

---

[599] Nous avons cependant fini, par nos moyens propres, par avoir copie de son rapport d'activités pour l'année 2015, doc. ronéoté.
[600] Commission supérieure des marchés, *Rapport d'évaluation du système national de passation des marchés publics*, op. cit., p. 41.
[601] COSEM, (2015), op. cit., p. 19.

Comité se contente d'adresser des recommandations à ce sujet aux responsables gestionnaires des marchés. Cette autolimitation n'a pas de fondement dans les textes. Elle est de nature à discréditer cette institution en portant atteinte à la confiance qu'elle pourrait susciter auprès du public.

722. La composition de ce Comité n'a pas varié depuis sa création. Selon l'article 182 du CMP, le COSEM est toujours composé d'un représentant du Chef du gouvernement faisant fonction de président, d'un conseiller à la Cour des comptes, d'un représentant du Contrôle général des services publics et d'un représentant de l'Inspection générale des finances, tous nommés par arrêté du Chef du gouvernement sur proposition des organes qui y sont représentés. Le Comité ne peut se réunir qu'en présence de la majorité de ses membres. Ses avis sont pris à la majorité des membres présents. Ils doivent théoriquement être publiés sur le site web des marchés publics, obligation qui n'a jamais été, jusque-là, suivie d'effets.

2. Les pouvoirs de contrôle du Comité d'enquête et de suivi

723. Le COSEM souffre d'un vice originel. Il apparaît en effet comme une structure hybride, placée sous l'autorité directe du Chef du gouvernement qui ne dispose pas de l'indépendance nécessaire vis-à-vis de l'Exécutif. Ses attributions ont été renforcées par le nouveau CMP pour faire face aux critiques nées du rapport d'évaluation de 2012 sur le système des marchés publics.

724. Il ne semble pas, toutefois, que les améliorations apportées à l'institution soient suffisantes pour renforcer la confiance placée en lui par les opérateurs économiques. Son rattachement à l'administration, la centralisation excessive de son organisation, la faiblesse de ses moyens et la confidentialité de ses travaux sont de nature à obérer le peu de crédit qui aurait pu être placé en lui par les personnes qui peuvent estimer que leurs droits ont été lésés lors de l'exécution des marchés publics[602]. Cela vaut aussi bien pour ses pouvoirs d'enquête (***a***) que pour ses prérogatives contentieuses (***b***).

---

[602] Le Rapport d'activités du COSEM pour 2015 révèle cependant que les requêtes adressées à ce Comité sont en progression constante, passant de 325 en 2014 à 371 en 2015, soit une augmentation de 12,4 % par an. Aux requêtes, il faut ajouter l'étude de 18 dossiers d'avenants (13 en 2014) et 14 dossiers transmis par les contrôleurs des services publics et les contrôleurs d'État (22 en 2014).
Concernant les requêtes reçues en 2015, le COSEM a rejeté 150 dossiers, déclaré 114 recevables en la forme et au fond, alors que 43 requêtes sont encore en phase d'instruction.
COSEM, Présidence du Conseil, (2015), op. cit., pp. 2 et 3.

a. Les pouvoirs d'enquête

725. En vertu de l'article 183 du nouveau CMP, le COSEM est chargé d'abord d'étudier les avenants aux marchés qui sont de nature à engendrer une augmentation du montant global du marché de plus de 50%, ainsi que les données relatives à l'exécution qui sont de nature à altérer les éléments retenus lors de l'attribution.

726. Dans ce cadre, il peut, soit s'autosaisir de tout dossier qu'il estime nécessaire d'examiner pour des motifs liés aux procédures de passation, d'attribution et d'exécution des marchés, soit être saisi, en cas de non-respect de la réglementation des marchés publics, par les contrôleurs des dépenses publiques et les contrôleurs des services publics pour les marchés de l'administration, ou par les contrôleurs d'État pour les marchés des entreprises publiques.

727. Le COSEM constitue ainsi un palier supplémentaire de contrôle des marchés publics qui contribue à accentuer la complexité du système. Son particularisme réside dans sa dépendance vis-à-vis de l'Exécutif.

b. Les prérogatives contentieuses

728. Sensible aux critiques adressées au système par les personnes lésées par les décisions prises en matière de passation, d'attribution ou d'exécution des marchés publics qui ne leur permet pas de contester devant une autorité indépendante le bienfondé de ces décisions, le nouveau CMP a introduit deux types de recours contentieux devant le COSEM.

729. Le premier concerne la phase de la passation ou de l'attribution des marchés publics. Organisé par les articles 75, 180, 181 et 183 al. 2 du CMP, il est ouvert devant tout soumissionnaire s'estimant lésé de la procédure de passationet qui souhaiterait contester les décisions prises par l'acheteur public dans le cadre de cette procédure. Ces « candidats évincés » peuvent ainsi introduire un recours grâcieux devant l'acheteur public et dans un deuxième temps, saisir le COSEM. Ce recours s'apparente donc aux référés précontractuels ou contractuels ouverts devant le juge du contrat dans la plupart des pays développés[603]. Il n'en a cependant ni la même nature, ni la même portée.

730. Le second type de recours concerne la phase d'exécution du marché proprement dite. Il est ouvert devant les cocontractants lésés par une mesure d'exécution. L'article 183 du CMP, qui confie au COSEM la mission générale d'assurer « *le respect des principes fondamentaux*

[603] Cf. infra, n° 1019 et s.

régissant les marchés publics et notamment la mise en concurrence, la liberté d'accès à la commande publique, l'égalité des candidats et la transparence des procédures », le charge en outre « *d'étudier les requêtes relatives à l'exécution des marchés publics* ». Les procédures d'instruction sont très sommaires. Aucune indication n'est donnée sur les modalités de présentation des requêtes, ni sur celles relatives à leur instruction et à leur traitement. On peut cependant penser que les procédures applicables en matière de passation et d'attribution des marchés sont transposables à ce type de recours.

731. Dans son Rapport d'activités pour 2015, le COSEM pointe du doigt les principaux manquements constatés lors de l'examen des requêtes relatives à l'exécution de certains marchés[604]. Ainsi, des retards considérables sont souvent enregistrés dans la clôture définitive des marchés ainsi que dans la transmission des dossiers de clôture de certains marchés aux commissions de contrôle compétentes.

De même, le rapport révèle des retards de paiement de certains marchés dans les délais prévus en dépit du respect par les titulaires de leurs obligations contractuelles. Ces retards sont souvent conjugués par le refus de l'acheteur public de restituer les cautions financières aux cocontractants. En effet, plusieurs exemples ont montré que les cas dans lesquels le changement dans la nature des prestations sans conclusion d'avenants sont multiples. Ils s'ajoutent aux cas dans lesquels les parties décident deconclure des avenants à leurs marchés, en dehors des délais contractuels qui s'achèvent lors de la réception provisoire.

732. Depuis l'adoption du nouveau Code, les avis rendus par la COSEM ont « *force de décision* » à l'égard de toutes les parties (article 184 du nouveau CMP). Mais, comme pour les avis des commissions de contrôle des marchés, la validité de cette solution est contestable au regard du principe de hiérarchie des normes.

733. Le caractère décisoire des avis rendus par le COSEM pose la question de l'autorité qui s'attache à ce type de décisions. À cet égard, les dispositions de l'article 184 du CMP ne doivent pas nous leurrer. Car, et sous réserve de l'exception d'illégalité pouvant être soulevée contre ce type de décisions, il est certain que ce Comité ne constitue pas une juridiction. Ses décisions ne peuvent donc revêtir l'autorité de la chose jugée qui s'attache aux jugements. Elles demeurent donc des actes

[604] COSEM, Présidence du Conseil, (2015), op. cit., pp. 11, 17 et 18. On retrouve les mêmes observations dans les rapports antérieurs auxquels on a pu accéder. : COSEM, Premier ministère, (2007), *Insuffisances et Recommandations. Rapport relatif à l'exécution des marchés publics en 2006*, document ronéoté, inédit.

contestables pouvant être remises en cause par le juge administratif. C'est dans ce sens que le TA s'est prononcé, il est vrai avant l'adoption du nouveau CMP conférant le caractère décisoire à ces avis. Saisi en appel afin de surseoir à l'exécution d'une décision du Président de la 5ème Chambre de 1ère instance ordonnant aux parties contractantes de suspendre l'exécution d'un marché de travaux, le Président de la 2ème Chambre d'appel du Tribunal a fini par donner gain de cause aux auteurs des pourvois, nonobstant l'avis du COSEM invoqué par les intimés concluant à l'existence « *d'irrégularités substantielles* » lors de l'attribution du marché[605].

Section 2 : Les restrictions apportées au recours à la transaction

734. La transaction constitue le procédé contractuel de règlement des litiges par excellence. Cependant, le recours à un tel procédé dans les contrats de marchés publics rencontre encore de fortes résistances qui apparaissent, d'une part, dans la liberté surveillée imposée aux parties contractantes **(§1)**, d'autre part, dans la limitation de leurs pouvoirs lors de la conclusion de la transaction **(§2)**.

§1. La liberté surveillée des parties contractantes

735. La transaction est d'abord une technique de droit civil. Elle a été qualifiée par Jean Carbonnier de « *petit contrat* »[606]. Elle est définie par l'article 1458 du COC comme étant « *le contrat par lequel les parties terminent ou préviennent une contestation moyennant la renonciation de chacune d'elles à une partie de ses prétentions ou la cession qu'elle fait d'une valeur ou d'un droit à l'autre partie* ».

736. La possibilité pour les personnes publiques d'y recourir est admise par ce même Code en son article 1461 qui prévoit que « *les transactions des personnes publiques sont soumises à une règlementation particulière* »[607].

737. La détermination du juge compétent pour trancher les litiges relatifs aux contrats de transaction en matière de marchés publics reste controversée. Normalement, ce type de contrat relève de la

---

[605] TA, Président de la 2ème Chambre, 19 novembre 2011, n° 423940 et 423946, *Sté Polysius et Cimenterie de Bizerte c. Sté Intersam*, inédit.

[606] CARBONNIER (J.), *Flexible droit. Pour une sociologie du droit sans rigueur*, 10ème éd., LGDJ, 2001, p. 339.

[607] Sur la transaction en matière administrative, on consultera avec profit : ABELARD (T.), *Règlement non juridictionnel des litiges,* art. précité, n° 118 à 122.; v. aussi : CHAVRIER (G.), « La transaction en matière administrative », RFDA, 2000, p. 598. V, également : RICHER (L.) et LICHÈRE (F.), *Droit des contrats administratifs*, p. 317 et s.

compétence du juge qui aurait été compétent pour statuer sur le litige au fond, s'il avait été porté devant un tribunal[608], soit le juge administratif en droit tunisien. Mais cette solution ne semble pas définitivement fixée[609].

738. Bien que parfaitement licite, le recours à la transaction en matière de règlement des litiges relatifs à l'exécution des marchés publics demeure très limité du fait des réticences de l'administration. Celles-ci se manifestent d'abord à travers l'article 7 de loi du 7 mars 1988 relative à la représentation de l'État en justice qui confie au Chef du contentieux de l'État une compétence exclusive pour conclure, soitau nom de l'État, soit au nom d'un établissement public, une transaction avec la partie adverse en matière civile ou administrative[610]. C'est le décret du 20 octobre 1997 qui a fixé les conditions d'une telle transaction[611]. Ainsi, lorsque l'objet du litige porte sur un montant égal ou supérieur à 100.000,000 DT, ce qui est le cas pour la plupart des marchés, la transaction ne peut être conclue qu'après avis d'une commission du contentieux composée du ministre du domaine de l'État ou de son représentant, en tant que président, de représentants du premier ministère, du ministère des finances et du ministère ou de l'établissement concernés et, enfin, du chef du contentieux de l'État, en tant que membres.

Ces restrictions expliquent la portée limitée de la transaction dans le règlement des litiges relatifs à l'exécution des marchés publics.

739. Il convient de préciser toutefois que le juge administratif n'hésite pas parfois à avaliser l'utilisation de cette technique. Ainsi, dans un litige relatif à la détermination des responsabilités dans le retard enregistré dans l'exécution d'un marché, le Tribunal administratif a admis implicitement la validité de la transaction intervenue entre les parties. Il a admis à cette occasion « *que par-delà les moyens soulevés pour déterminer les responsabilités respectives dans le retard enregistré dans l'exécution du marché, ce qui retient l'attention dans le présent litige c'est la transaction intervenue entre les parties consistant à*

[608] TC., 18 juin 2007, *Sté Briançon Bus*, Rec. 2007, p. 600 ; CE, 9 juillet 2015, *Ligue Football c/ Girondins*, n° 375542.
[609] Sur cette question, v. infra, pp. et s. 238 et s.
[610] Les services et le fonctionnement de cette institution ont été réorganisés par la loi du 7 mars 1988 relative à la représentation de l'État en justice (JORT 1988, pp.380 et s.).
[611] JORT 1997, p.1960.

conférer à l'entreprise un délai supplémentaire d'achèvement des travaux de quatre mois ... »[612].

740. Pour les marchés des communes, c'est laLOC de 1975 plusieurs fois modifiée[613] qui continue de régir, à titre transitoire, cette question. L'article 75 de cette loi dispose que le Président du Conseil municipal conclut au nom de la commune les contrats de transaction. Mais son article 25 ajoute que « *les délibérations relatives aux (...) 4/ transactions dont le montant est supérieur à une somme fixée par décret et les arrêtés y afférents ne deviennent exécutoires qu'après approbation de l'autorité de tutelle* [le gouverneur] ». La loi de 1989 relative aux Conseils régionaux[614], « *considéré depuis 1989 comme une collectivité territoriale* »[615], est encore plus restrictive, dans la mesure où cette prérogative est du ressort exclusif du gouverneur « *qui apparait comme une autorité étrangère au Conseil* »[616].

741. Depuis l'adoption de la Constitution du 27 janvier 2014, nous pouvons légitimement nous interroger sur le maintien de ces restrictions.

La consécration du principe de libre administration des affaires locales et la substitution d'un contrôle de légalité au contrôle de tutelle sur les actes de ces collectivités devraient normalement conduire à leur reconnaître une plus grande liberté de décision en matière de règlement des litiges relatifs à l'exécution de leurs marchés[617]. Les textes spécifiques limitant la liberté des organes habilités à conclure

---

612 TA, Appel, 17 janvier 2006, n°2/2285, *CCE pour le compte des ministères de la culture et de l'équipement c. Sté Entreprises Les frères Ksontini*, inédit

613 Loi n° 75-33 du 14 mai 1975 (JORT 1975, p. 1260) portant loi organique des communes, modifiée à plusieurs reprises et notamment par la loi n° 2006-48 du 17 juillet 2006 (JORT 2006, p. 1923). Sur la répartition des compétences entre Conseil municipal et Président du Conseil municipal en matière de conclusion d'actes de transaction, cf. : BEN ACHOUR (Y.), *Droit administratif*, op. cit., p. 200.

614 Loi n° 89-11 du 04 février 1989 (JORT 1989, p.). Sur la portée de cette loi, cf. : LAKHDAR (M.), « L'institution des conseils régionaux ou le recyclage de la décentralisation », AJT, 1990, n° 3, pp. 79 et s.; BELAID (N.), *Autonomie locale et mutations récentes dans les finances municipales*, op. cit., pp. et s.

615 MARCOU (G.), « *L'administration territoriale en Tunisie et les enjeux de la décentralisation* » in « *Décentralisation et Démocratie en Tunisie* », op. cit., p. 40.

616 Ibid.

617 C'est le sens de l'évolution observée en France depuis l'adoption des lois de décentralisation. Cf. sur ce point : VERPEAUX (M.), *Les collectivités territoriales en France*, Dalloz, op.cit, pp. 144-152 ; V. aussi : PONTIER (J.-M.), « Les transmutations du contrôle sur les collectivités locales, La Semaine juridique, Administrations et Collectivités territoriales, n° 44-45, 5 novembre 2012, 2348.

des transactions pour le compte de ces collectivités sont en voie d'être abrogés et remplacés par un Code des collectivités locales (CCL).

742. En tout état de cause, le nouveau Code, en l'absence de toute délégation de compétence à l'autorité exécutive[618], devrait consacrer le principe de l'autorisation préalable de l'organe délibérant[619]. Cette autorisation devrait, en principe, prendre la forme d'une délibération préalable soumise au contrôle de légalité à la suite de la suppression de la tutelle de l'État. C'est l'autorité exécutive, Président du Conseil municipal ou Président du Conseil régional, chargée d'exécuter les décisions de l'organe délibérant qui serait compétente pour passer les actes de transaction. C'est ce que prévoient d'ailleurs les articles 257 et 316 de l'Avant-projet du CCL relatifs respectivement aux attributions du maire et du Président du Conseil régional.

743. En France, à la suite des lois de décentralisation[620], le Conseil d'État a eu l'occasion de préciser l'étendue de la compétence de l'organe délibérant. Il a considéré que « *lorsqu'il entend autoriser le maire à conclure une transaction, le Conseil municipal doit, sauf à méconnaître l'étendue de sa compétence, se prononcer sur tous les éléments du contrat à venir, au nombre desquels figurent notamment la contestation précise que la transaction a pour objet de prévenir ou de terminer et les concessions réciproques que les parties se consentent à cette fin* »[621].

744. Ce type de restrictions s'applique aussi, quoique d'une manière différente, pour les transactions relatives au règlement des litiges des marchés des entreprises publiques.

En vertu de l'article 10 de la loi du 1er février 1989 en effet, les transactions destinées à régler les différends relatifs à l'exécution des marchés des entreprises publiques doivent être approuvées par le Conseil d'administration. Mais les délibérations de cet organe sont elles-mêmes soumises à l'autorité de tutelle (article 12 bis de la loi), dont le rôle consiste, selon l'article 3, alinéa 7 du décret 2002-2197 du

618 L'article 240 de l'avant-projet de loi organique relatif aux collectivités locales prévoit une telle délégation.

619 Ainsi, l'article 296 de cet avant-projet de loi prévoit que « *le Président de la région procède... à l'application des décisions du Conseil relatives notamment à la passation des contrats...de transaction après autorisation de ces actes conformément à la loi* ».

620 Loi du 2 mars 1982 relative aux droits et libertés des communes, des départements et des régions, telle que complétée notamment par les lois des 7 janvier et 22 juillet 1983.

621 CE, 11 septembre 2006, *Commune de Théoule-sur-Mer*, n° 2552273, Contrats-Marchés publ. 2006, comm. 330, note G. Eckert.

7 octobre 2002, à approuver les transactions de règlement des litiges, ce qui est de nature à limiter considérablement la liberté d'action des organes dirigeants de ces entreprises en la matière[622].

§2. La limitation des pouvoirs de l'administration contractante en matière de transaction

745. En matière de marchés publics, la conclusion d'une transaction au terme d'une procédure de conciliation entre les parties exclut, en principe, la saisine d'un juge pour trancher les litiges relatifs aux obligations sur lesquelles elle a pu porter. C'est là l'effet le plus remarquable de l'article 1467 du COC. Si la transaction est signée avant le recours, celui-ci est irrecevable[623] ; si elle est signée en cours d'instance, il y a non-lieu à statuer[624].

746. Par ailleurs, les notions de « *prévention d'unecontestation* », de « *renonciation à une prétention* » et, plus généralement, la nature même de l'acte de transaction en matière administrative et la question de son homologation posent problème au regard des principes du droit public[625], questions auxquelles le juge administratif tunisien sera inévitablement amené à répondre.

747. D'abord, nous pouvons légitimement nous interroger sur la possibilité pour l'administration de transiger sur un conflit potentiel. L'hypothèse n'est pas uniquement théorique : l'administration contractante a intérêt à transiger afin de limiter sa responsabilité dans le cas où elle aurait toutes les raisons de penser qu'elle pourrait être condamnée à indemniser son cocontractant du fait des mesures prises en cours d'exécution d'un marché.

748. En France, le Conseil d'État, dans un avis datant du 6 décembre 2002[626], a admis la licéité d'une telle transaction afin de remédier à une situation créée par la constatation de la nullité d'un marché ne pouvant donner lieu à régularisation.

---

622 Sur ce point, cf. AOUIJ-MRAD (A.), *Le droit des entreprises publiques*, op. cit, p. 40.

623 CE, 8 février 1956, *Germain*, Rec. CE, 69.

624 CE, 26 juillet 1935, *Moussempés*, Rec. CE, 902.

625 Cf. sur ces points : CHAVRIER (G.), « La transaction en matière administrative », art. précité, p. 598.

626 CE, avis n° 249153 du 6 décembre 2002, *Syndicat intercommunal des établissements du second cycle du second degré du district de l'Haÿ-Les-Roses*, JORF, 12 janvier 2003, p. 728. v. CJEG n° 603, novembre 2003, p. 566, note Yves GAUDEMET.

749. Au bénéfice de ces précisions, nous devons souligner que les hypothèses dans lesquelles l'administration contractante a intérêt à conclure pareille transaction sont multiples. Il peut s'agir d'abord des cas où le titulaire a exécuté des prestations en dehors des stipulations du marché initial (dépassement des quantités des prestations ou du montant prévu par le marché ou encore lorsqu'il s'agit d'indemniser le titulaire déchu pour des prestations exécutées sur le fondement de la responsabilité extracontractuelle). Il peut s'agir ensuite de la réparation des dommages subis par les parties du fait des difficultés d'exécution nées de l'annulation d'un acte préparatoire. Une transaction pourra résoudre ces difficultés en autorisant la réparation du préjudice et la poursuite de l'exécution.

750. Par ailleurs, la notion de « *concessions réciproques* » soulève de sérieuses difficultés liées aux règles strictes de la comptabilité publique selon lesquelles une personne morale de droit public ne doit jamais payer une somme qu'elle ne doit pas[627]. Mais l'appréciation d'une telle « *libéralité* » doit être globale et non pas ponctuelle, car l'administration peut, en négociant, céder sur certains points, pour obtenir satisfaction sur d'autres, ce qui implique un contrôle approfondi sur la nature et l'étendue des concessions et l'équilibre transactionnel en général.

751. En France, la circulaire du 6 avril 2011[628] recommande aux autorités chargées de négocier d'envisager une transaction « lorsque l'examen du dossier permet d'établir, avec une raisonnable certitude, que la responsabilité pécuniaire de l'administration est engagée ». Celle-ci « doit (alors) être proposée dans tous les cas où l'évaluation des sommes dues ne soulève pas difficultés particulières »[629].

752. La transaction présente un caractère extinctif. Elle empêche tout recours ultérieur portant sur le même litige. Cependant, comme tout contrat, la transaction n'a qu'un effet relatif : elle n'oblige que les parties signataires. N'ayant qu'un effet recognitif, elle doit se contenter de constater les droits dont les parties étaient déjà détentrices avant la rédaction du contrat. Elle a l'autorité de la chose jugée pour ces parties. Elle met fin au litige sur lequel elle est

[627] Cette règle est constamment rappelée par le juge administratif, v. par exemple : CE, 19 mars 1971, *Mergui*, RDP 1972, p. 234, note Marcel WALINE.
[628] Circulaire du 6 avril 2011 relative au développement du recours à la transaction pour régler amiablement les conflits, JORF n°0083 du 8 avril 2011, p. 6248.
[629] ABELARD (T.), *Règlement non juridictionnel des litiges,* art.précité, n° 122.

intervenue et implique l'obligation pour les parties d'en respecter les termes[630].

753. D'un autre côté, la transaction administrative, selon le Conseil d'État « *est exécutoire de plein droit, sans qu'y fasse obstacle, notamment, les règles de la comptabilité publique* »[631]. Le comptable public doit seulement s'assurer, avant tout paiement, de la production des pièces exigibles, et notamment du contrat de transaction signé par les parties. Le rôle du comptable public à cet égard doit se limiter théoriquement à un contrôle formel qui ne recouvre pas la validité même de l'acte ou l'équilibre des concessions consenties par l'administration contractante.

754. Enfin, même si aucun texte ne prévoit l'homologation juridictionnelle d'une transaction, le Conseil d'État a reconnu la faculté aux parties de présenter une requête dans le cas où la transaction a pour objet de mettre fin à un litige dont il est saisi. Il a cependant assorti une telle possibilité de conditions très strictes lorsque la requête à fin d'homologation est présentée avant qu'il ne soit saisi du litige sur lequel elle intervient. Le Conseil d'État n'admet une telle possibilité que pour des motifs impérieux d'intérêt général et lorsque la conclusion de cette transaction vise à remédier à une situation grave. Ce peut être celle créée par l'annulation d'un marché ou la constatation d'une illégalité ne pouvant donner lieu à régularisation, ou encore lorsque l'exécution du jugement d'annulation se heurte à des difficultés particulières[632].

---

630 ABELARD (T.), *Règlement non juridictionnel des litiges*, art.précité, n° 122.
631 Avis du CE, *Syndicat intercommunal des établissements du second cycle du second degré du district de l'Haÿ-Les-Roses* précité.
632 Ibid.

CONCLUSION DU CHAPITRE 2

755. L'exécution des marchés publics peut donner lieu à des litiges longs et complexes où il est difficile de déterminer la part de responsabilité respective des parties. La durée des contentieux engendre une augmentation, dans des proportions importantes, du coût des marchés en raison de la nécessité de refaire parfois les procédures de mise en concurrence pour parachever la réalisation des prestations suspendues pour cause de divergences sur les droits respectifs des parties. Le risque des annulations ou des déclarations de nullité pose le problème du paiement des prestations effectuées par le titulaire du marché et la remise dans le circuit économique des cautions constituées en garantie de l'exécution des marchés.

756. L'étude des procédés de recours administratif aura pourtant montré, qu'en dépit des avantages indéniables qu'ils sont susceptibles de présenter, leur utilisation se heurte encore à de nombreux obstacles et leur efficacité demeure, lorsque leur mise en œuvre est possible, très limitée.

757. Des raisons multiples peuvent expliquer cette situation. Cela tient en premier lieu au fait que ces procédés sont souvent mal connus. Les textes qui les mettent en place sont souvent dispersés, de valeur inégale et, à bien des égards, d'une grande complexité. La validité douteuse des règles qui les encadrent et le manque de clarté de certaines dispositions, conjuguée à l'opacité totale qui entoure leur application, ne sont pas de nature à encourager les parties contractantes à y recourir.Cela tient surtout à leur centralisation excessive et leur dépendance vis-à-vis de l'exécutif. Ce type de recours, caractérisé par l'absence de garanties procédurales, se prête mal à une protection efficace des droits légitimes des cocontractants de l'administration, car celle-ci, juge et partie de sa propre cause, répugne en général à faire valoir les droits des personnes victimes d'abus lors de la procédure d'exécution des marchés publics.

CONCLUSION DU TITRE 2

758. La multiplication désordonnée des autorités administratives chargées du contrôle de l'exécution des marchés publics, la confusion des rôles qui leur sont dévolus, la prédominance des contrôles préalables qui caractérisent leurs interventions et l'absence totale de transparence qui entoure leur travail, constituent un frein sérieux à la promotion d'un véritable contrôle d'audit interne permettant d'assurer la maîtrise des risques en matière d'exécution des marchés publics.

759. Les limites de ce type de contrôle auraient pu être compensées par une plus grande responsabilisation des gestionnaires, l'allègement des contrôles préalables et le développement des contrôles d'audit externe de maîtrise des coûts, d'efficience et d'intégrité dévolus à la Cour des comptes et à l'Instance nationale de lutte contre la corruption. Mais l'absence de volonté politique, les réticences de l'Exécutif à accorder aux acheteurs publics une plus grande liberté en matière de gestion de leurs marchés et la faiblesse des moyens humains et matériels dont continuent de souffrir les organes de contrôle externe n'auront pas permis de réaliser les objectifs du contrôle.

760. D'un autre côté, la méfiance traditionnelle de l'administration vis-à-vis des modes alternatifs de règlement des conflits a fini par rejaillir négativement sur le règlement rapide des litiges liés à l'exécution des marchés publics. Ainsi, l'institution d'un recours préalable est source de lenteurs et de complications inutiles dans le règlement des difficultés pouvant survenir en cours d'exécution des marchés. Par ailleurs, le contrôle total exercé par l'Exécutif sur le CCRAL, la centralisation excessive de ce mode de règlement et l'opacité qui entoure son travail n'auront pas permis de renforcer la confiance des opérateurs économiques dans cette institution.

761. D'une manière générale, l'architecture générale des procédés amiables de règlement des litiges en matière d'exécution des marchés publics souligne la préférence donnée par l'Exécutif à des entités dépourvues de l'autorité nécessaire pour trancher, d'une manière impartiale et équilibrée, ce type de litiges. Cette attitude est préjudiciable à une gestion économe des deniers publics et à un allègement de la charge de travail des juridictions. Elle constitue, en tout cas, un obstacle sérieux à un règlement rapide et efficace des litiges complexes liés à ce type de contrats.

CONCLUSION DE LA 1ère PARTIE

762. Le nouveau contexte consécutif à l'adoption d'une nouvelle Constitution est propice à une réflexion sur les lignes directrices qui pourraient inspirer la réorganisation du système de contrôle de l'exécution des marchés tendant à mieux protéger l'intérêt public sans pour autant sacrifier les intérêts légitimes des cocontractants.

763. Dans ce système, il est apparu d'abord que l'administration contractante y joue un rôle essentiel. Celle-ci dispose en effet d'une panoplie de moyens qui lui permettent d'imposer sa volonté à son cocontractant en cours d'exécution. Son cocontractant en revanche est placé en situation d'infériorité. Ses droits financiers sont largement tributaires de l'attitude de l'administration contractante, plutôt réfractaire à assumer ses obligations financières. Il ne peut faire valoir ses droits en lui opposant l'exception d'inexécution. Les moyens d'action dont il dispose paraîssent extrêmement limités. Il ne peut en effet s'opposer aux mesures d'exécution arbitraires décidées par l'administration qu'en les contestant devant des autorités qui ne ne présentent par les garanties d'indépendance et d'impartialité nécessaires pour un traitement équilibré rapide et efficace de ce type de litiges avant leur soumission éventuelle au juge du contrat.

764. La réforme devrait procéder en premier lieu à un rééquilibrage des rapports entre les parties contractantes de manière à mieux protéger les droits financiers du cocontractant.

765. Sur un autre plan, l'existence d'une multitude d'organes administratifs obéissant à des logiques diverses et exerçant souvent une double mission de contrôle et de contentieux pose le problème de la cohérence globale du système administratif de contrôle et de sa réforme.

766. Celle-ci devrait s'orienter en priorité vers la fusion des corps de contrôle en un grand corps unique[633], disposant des capacités et de l'autonomie nécessaires en matière de programmation des missions,

633 Sur le contrôle d'audit interne, cf. : INTOSAI (2004), *Lignes directrices de l'INTOSAI relatives aux normes de contrôle interne à promouvoir dans le secteur public*, INTOSAI, p. 7 et s.; v. aussi : RENARD (J.), *Théorie et pratique de l'audit interne*, Eyrolles, Paris, 1994.

de traitement et de diffusion des informations et de formation du personnel. En même temps, le contrôle des engagements, source de lenteurs dans le règlement des dépenses sur marchés, devrait être allégé dans le sens de la promotion des engagements globaux afin d'assurer la célérité nécessaire au règlement définitif des marchés.

767. Elle devrait conduire en second lieu à la suppression du Haut comité de contrôle administratif et financier et la confirmation du Conseil national de la commande publique en tant que centre unique de coordination des contrôles en matière d'achat public.

768. En troisième lieu, il est indispensable de renforcer les capacités et les moyens des organes de contrôle d'audit - tant internes qu'externes - en dépit du contexte de crise et de pénurie des ressources qui continue de peser lourdement sur les finances publiques[634]. À cet égard, la mise en place d'un programme de formation adéquat à même de doter le personnel chargé du contrôle du niveau d'expertise requis paraît essentiel pour assurer la maîtrise des risques liés à l'exécution des marchés publics.

769. La réforme devrait s'orienter d'autre part vers une réorganisation radicale du système administratif de règlement des litiges relatifs à l'exécution en concédant davantage d'autonomie aux parties contractantes afin de leur permettre de régler plus facilement les litiges pouvant les opposer en cours d'exécution. À cet égard, il est certain que le pouvoir d'approbation préalable du règlement général des marchés ou des projets d'avenants reconnu aux commissions de contrôle des marchés constitue un facteur de blocage retardant inutilement leur règlement définitif et portant de ce fait atteinte tant à l'intérêt public qu'aux intérêts les plus légitimes du cocontractant. Les avantages que présentent de tels procédés sont en effet manifestes. Ils ont donné lieu en France à une série de réformes tendant à encourager les collectivités publiques à y recourir[635]. Les pouvoirs publics pourraient utilement s'inspirer de cette tendance.

770. Outre la révision du mode d'organisation et de fonctionnement du CCRAL par la création de comités consultatifs à l'échelon régional et le renforcement de l'indépendance des autorités de conciliation par rapport à l'Exécutif[636], la désignation d'un interlocuteur unique, sans

---

[634] V. Ministère des finances, Synthèse *des résultats des finances tunisiennes de 1986 à 2015*, fin.gov.tn

[635] CE (2008), Rapport public, *Lecontrat mode d'action publique et de production des normes*, op. cit., pp. 15 et s.

[636] Les pouvoirs publics pourraient s'inspirer à cet égard des solutions retenues par le décret français n° 2010-1525 du 8 décembre 2010 relatif aux comités consultatifs

lien hiérarchique avec les gestionnaires de l'achat public, qui serait chargé de proposer aux cocontractants des solutions aux difficultés qui pourraient survenir en cours d'exécution, constitue un moyen utile de prévenir de longs et coûteux procès[637]. De même, la faculté pour les parties de recourir directement, mais selon des conditions strictement définies par la loi, aux procédés conventionnels de règlement des différends peut contribuer à une gestion économe de l'achat public. S'il est cependant exclu d'ériger la transaction comme un mode courant de gestion de l'achat public, son développement peut être très utile pour la préservation des intérêts publics, particulièrement en l'absence de contrat valide, de paiement de prestations en dehors de tout contrat ou en dehors des prescriptions d'un contrat existant, ou bien encore de réparation des préjudices consécutifs à la nullité du contrat ou à ses actes d'exécution.

771. Il sera cependant difficile de convaincre les pouvoirs publics de l'opportunité de telles mesures tant sont ancrés au sein de l'administration les réflexes anciens déniant aux parties contractantes toute autonomie dans la gestion de leurs marchés. Dans ces conditions, seule l'intervention du juge est en mesure d'assurer un arbitrage équilibré entre les différents intérêts en présence. En l'état actuel du droit, le rôle que celui-ci est appelé à jouer est essentiel. En pratique cependant son rôle demeure plutôt marginal.

---

de règlement amiable des différends relatifs aux marchés publics que la nouvelle ordonnance du 23 juillet 2015 sur les marchés publics ne semble pas remettre en question. Cf. article 142 du décret de 2016 et GUIBAL (M.), CHARREL (N.), *Code pratique des marchés publics*, op.cit, pp. 984-985.

[637] V. le point 22 de la circulaire française du 14 février 2012 relative au Guide de bonnes pratiques en matière de marchés publics (version du 26 septembre 2014).

DEUXIÈME PARTIE

LE RÔLE MARGINAL DU JUGE DANS LE CONTRÔLE DE L'EXÉCUTION DES MARCHÉS PUBLICS

772. Dans tout système juridique, l'intervention du juge pour assurer la primauté du droit est souvent décisive. Car seul celui-ci possède le pouvoir absolu d'interpréter les normes, de les hiérarchiser et de sanctionner leur transgression par des décisions présentant un caractère irrévocable. Ainsi, que le souligne H. Hart, « *des controverses relatives au fait de savoir si une règle admise a été ou non transgressée se présenteront toujours et se poursuivront indéfiniment dans toutes les sociétés (...) s'il n'existe pas des autorités spécialement habilitées à constater, de manière irrévocable et obligatoire, le fait de la violation* »[638]. Dans les systèmes juridiques développés, seule l'autorité juridictionnelle est qualifiée pour remédier à l'incertitude qui entoure la validité des règles primaires, formulées en termes d'obligations, par l'édiction de règles secondaires qualifiées de « *règles de décisions* » (*Rules of adjudication*) présentant un caractère infaillible et irrévocable[639].

773. Une telle affirmation prend davantage de relief dans les systèmes de contrôle caractérisés par l'existence d'un dualisme juridictionnel où se pose la question préalable de la détermination des frontières à l'intérieur du système. Tel est le cas du système de contrôle de l'exécution des marchés publics en Tunisie.L'absence et l'imprécision de critères législatifs permettant de déterminer la nature administrative ou privée des contrats de marchés publics sont fréquemment à l'origine de problèmes de détermination de la juridiction compétente pour trancher de tels litiges.

774. D'un autre côté, à l'intérieur de la juridiction administrative, la répartition du contentieux relatif à l'exécution des marchés entre un juge de l'annulation aux pouvoirs limités et un juge du contrat aux pouvoirs théoriquement plus étendus, pose le problème de l'effectivité des normes de référence et de l'efficacité globale du système.

775. En particulier, l'analyse du système juridictionnel de résolution des litiges soulève d'abord la question de savoir si la séparation des contentieux sur la base des pouvoirs variables dévolus au juge de l'excès de pouvoir et au juge du contrat est toujours adaptée à la réalité de l'opération d'exécution.

776. Pour le reste, le principe du non cumul explique quel'essentiel des litiges soit soumis au juge du contrat appelé à arbitrer entre les prétentions opposées des parties contractantes même si on assiste en la matière à une montée en puissance du juge pénal sur fond de dérives dans la gestion des marchés publics.

---

638 HART (HLA), *Le concept de droit*, op. cit., p. 174.
639 Ibid.

777. Le caractère public des marchés, les pouvoirs unilatéraux reconnus au contractant public, le rejet de l'exception d'inexécution et l'interdiction pour le juge d'adresser des injonctions à l'administration, règles spécifiques aux contrats administratifs, doivent conduire à s'interroger sur le fait de savoir si le juge du contrat dispose de suffisamment de pouvoirs pour assurer un arbitrage équilibré entre intérêt public et intérêts légitimes du cocontractant.

778. La question est d'autant plus légitime que les nouveaux principes du procès équitable et l'exigence de l'État de droit posés par la nouvelle Constitution imposent au juge chargé du contrôle de l'exécution des marchés publics de reconsidérer son attitude traditionnelle empreinte d'une réserve excessive dans la garantie de la sécurité du contrat et la reconnaissance des intérêts légitimes du cocontractant.

779. L'étude du contrôle juridictionnel sur l'exécution des marchés publics permet d'abord de pointer du doigt l'organisation défectueuse qui continue de caractériser le système de contrôle dans sa globalité (**Titre I**). Elle permet ensuite de souligner que le rôle du juge du contrat en cas d'inexécution demeure pour l'essentiel limité à une fonction purement indemnitaire (**Titre II**).

TITRE 1

L'ORGANISATION DÉFECTUEUSE DU CONTENTIEUX DE L'EXÉCUTION

780. Dans un système caractérisé par la dualité des juridictions, la question des frontières entre les différents ordres juridictionnels revêt une importance cruciale[640]. Son règlement est plus délicat en matière de marchés publics en raison de l'hétérogénéité qui caractérise cette notion. Celle-ci présente en effet la particularité de couvrir à la fois les marchés des personnes publiques et les marchés des personnes morales de droit privé ayant le caractère d'une entreprise publique. L'absence d'un critère législatif permettant de déterminer d'une manière décisive la nature juridique de ce type de contrat explique sans doute l'incertitude qui continue d'entourer cette question au niveau de la jurisprudence.

781. Mais la question de la détermination du juge compétent en matière de litiges relatifs à l'exécution des marchés ne pose pas uniquement le problème de la répartition des compétences entre les deux ordres de juridictions, mais aussi celui de la soustraction de certains de ces litiges aux juridictions étatiques et leur soumission aux juridictions arbitrales. S'il n'est pas contesté en effet que les juridictions arbitrales

---

[640] Sur les circonstances historiques ayant conduit à l'apparition du système de la dualité de juridiction en Tunisie et sur la nature de ce système, ct. : BEN ACHOUR (Y.), « L'histoire du principe de séparation en Tunisie », EDCE 1991, n° 42, p.181 et s. DABBOU-BEN AYED (S.), « Dualité de juridiction ou juridiction d'attribution », RFDA 2004-5, p. 953 ; BERTEGI (B.), *Organisation des contentieux et bonne administration de la justice*, thèse, Faculté des sciences juridiques, politiques et sociales de Tunis, 2000 ; FENDRI (Kh), *Procédure administrative contentieuse et procédure civile et commerciale*, thèse, Faculté des sciences juridiques, politiques et sociales de Tunis, 2005.
Sur la critique de ce système, cf. : CHAPUS (R.) « Dualité de juridictions et unité de l'ordre juridique » in « La dualité de juridictions en France et à l'étranger », RFDA 1990, p. 739 et s. ; TRUCHET (D.), « Plaidoyer pour une cause perdue : la fin du dualisme juridictionnel », AJDA 2005, p. 1767 ; DRAGO (R.), FRISON-ROCHE (M.-A.), « Mystères et mirages des dualités des ordres de juridictions et de la justice administrative », Arch. phil. droit, pp. 135-148.

ne constituent pas un ordre juridictionnel en raison de leur origine conventionnelle[641], il n'en reste pas moins que les arbitres sont bel et bien des juges qui peuvent être chargés, dans les conditions définies par la loi, de trancher certains litiges relatifs à l'exécution des marchés publics[642]. La question qui se pose alors est celle de savoir si le contentieux de l'exécution des marchés publics peut être soustrait aux juridictions étatiques et soumis au contrôle des juridictions arbitrales au même titre que les contrats de droit privé ?

782. Jusqu'à l'adoption du code de l'arbitrage par la loi de 1993, c'est le Code de procédure civile et commerciale (CPCC) qui réglait cette question en prohibant l'arbitrage dans « *les litiges intéressant l'État et les collectivités publiques* ». Les juridictions statuant en matière administrative dans les conditions prévues par l'ancien décret beylical relatif au contentieux administratif du 27 novembre 1888 ont eu alors toute latitude pour préciser les dérogations à ce principe en matière de litiges relatifs aux marchés publics. Le caractère d'ordre public de la compétence des juridictions administratives, conjugué à la révision constitutionnelle du 8 avril 1976 introduisant la catégorie des lois organiques, posent la question de la constitutionnalité des dispositions du code de l'arbitrage adoptées par une simple loi ordinaire.

783. Cette première difficulté en cache une autre : celle de l'imprécision des frontières entre le juge administratif et le juge judiciaire dans une matière où le droit applicable emprunte de plus en plus aux règles de droit privé. Cette question est source de fréquents conflits de compétence en dépit de la clarté des solutions apportées par l'article 2 de la loi organique n°38-1996 du 3 juin 1996 relative à la répartition des compétences entre les deux ordres de juridictions et à la création d'un Conseil des conflits de compétence (CCC). Elle pose la question délicate de la discipline contentieuse et du dialogue nécessaire des

---

641 MOTULSKY (H.), ÉCRITS, tome II, p. 6. ; V. également la définition donnée par Gérard CORNU: l'arbitrage est un « *mode dit parfois amiable ou pacifique mais toujours juridictionnel de règlement d'un litige par une autorité (le ou les arbitres) qui tient son pouvoir de juger, non d'une délégation permanente de l'État ou d'une institution internationale, mais de la convention des parties (lesquelles peuvent être de simples particuliers ou des États* », Association Henri Capitant, Vocabulaire juridique, PUF, 2011, p. 78.

642 Pour Charles Jarrosson, « *la mission juridictionnelle de l'arbitre ne suscite plus de réelles controverses, du moins quant à son principe. La fonction de l'arbitre et celle du juge sont identiques. Seule diffère son origine* », in La notion de l'arbitrage, LGDJ, 1987, p. 101; V. également MANCIAUX (S.), « *L'arbitre est un juge* », in « *Le juge et l'arbitrage* » sous la dir. de : BOSTANJI (S.), Pedone 2014, p. 29 et s.

juges à l'intérieur d'un même système juridique[643].Plus généralement, elle souligne l'incertitude qui entoure la question de la détermination de l'ordre juridictionnel compétent (**Chapitre 1**).

784. Le problème de la détermination des frontières externes se complique, à l'intérieur même de la juridiction administrative, par l'imprécision des frontières entre les différentes branches du contentieux administratif.Le carcan législatif hérité de la loi du 1er juin 1972, qui continue de régler la procédure administrative contentieuse, ne permet pas de doter le juge compétent des moyens nécessaires pour prévenir la résurgence des questions de légalité. Au demeurant, celui-ci n'a pas su renouveler son office pour donner plein effet à la normativité de ce type de contrat en remédiant à l'inefficacité qui caractérise son contrôle.En outre, dans le contentieux contractuel les questions relatives à la passation et l'exécution peuvent être mélangées, les frontières entre les deux domaines étant extrêmement poreuses, il est difficile, en droit tunisien, d'identifier l'exécution en dehors des questions de légalité. La structure interne du contentieux administratif de l'exécution des marchés publics apparaît ainsi inadaptée à la réalité de l'opération d'exécution (**Chapitre 2**).

[643] Sur cette question, cf. CHABANOL (D.) : « *Le dialogue des juges administratifs entre eux* », Mélanges en l'honneur de B. Genevois. *Le dialogue des juges*, D. 2009, pp. 167-173.

CHAPITRE 1

LES INCERTITUDES TENANT À LA DÉTERMINATION DE L'ORDRE JURIDICTIONNEL COMPÉTENT

785. La détermination du juge compétent en matière de contentieux de l'exécution des marchés publics dépend directement de la nature - privée ou publique - de ce type de contrat. La question n'a pas été clairement résolue par la loi : l'hétérogénéité de la notion d'acheteur public, qui constitue un élément essentiel de la notion de marché public en droit tunisien, explique sans doute les réticences du législateur sur ce point.

786. Il reste que les incertitudes qui entourent la détermination du juge compétent sont source d'insécurité juridique préjudiciable aux droits du cercle des personnes intéressées par la conclusion de ce type de contrats. En raison du caractère d'ordre public de la question, le juge administratif a dû s'employer pour dégager une réponse de laquelle dépendent le droit applicable et l'ordre juridictionnel compétent.

787. Contrairement à la matière civile où la résolution des litiges contractuels peut faire l'objet d'un accord entre les parties en vue de sa soumission à une juridiction arbitrale, une telle faculté demeure exceptionnelle en matière administrative où il est exclu que les personnes publiques puissent déroger à la compétence du juge administratif par voie conventionnelle. Cette exclusion procède de l'idée que l'intérêt des personnes publiques risque de ne pas être aussi bien protégé par des juridictions privées que par des juridictions étatiques. Elle comporte cependant des dérogations permettant de recourir à l'arbitrage, soit en raison de la qualité de l'acheteur public en cause, soit en raison du caractère international du contrat de marché public. Or, ces dérogations ont été apportées en Tunisie par une loi ordinaire alors que la compétence du juge administratif en la matière est déterminée par une loi organique. On retrouve ici l'épineuse question du tracé des frontières entre les juridictions étatiques et les juridictions arbitrales.

788. Ces incertitudes se conjuguent avec celles relatives à la détermination des compétences respectives du juge administratif et du juge judiciaire

en matière de litiges relatifs à l'exécution des marchés publics. Dans ce domaine, il apparaît, qu'en dépit de l'effort du juge administratif et du Conseil des conflits de compétence pour dégager des critères jurisprudentiels permettant de déterminer le juge compétent, de graves divergences de vues sont apparues entre les deux ordres de juridiction du fait de l'indiscipline contentieuse des juridictions judiciaires.

789. La détermination de l'ordre juridictionnel compétent apparaît ainsi entourée d'une double incertitude, celle tenant d'abord au recours à l'arbitrage **(Section 1)** et celle relative aux critères jurisprudentiels de répartition des compétences (**Section 2**).

Section 1 : Les incertitudes tenant au recours à l'arbitrage

790. L'arbitrage est consubstantiel au contrat[644]. Sorte de justice privée, il est particulièrement adapté au monde des affaires dans la mesure où il présente le double avantage de la confidentialité et de la rapidité. Il peut en cela constituer un complément utile à la résolution juridictionnelle des litiges complexes nés de l'exécution des marchés publics en permettant le désencombrement des tribunaux[645].

791. Concrètement, selon l'article 2 du code de l'arbitrage, la convention d'arbitrage peut revêtir deux formes, d'une part la clause compromissoire, définie comme la « *convention par laquelle les parties à un ou plusieurs contrats s'engagent à soumettre à l'arbitrage les litiges qui pourraient naître relativement à ce ou à ces contrats* », et d'autre part, lecompromis, défini comme « *la convention par laquelle les parties à un litige né soumettent celui-ci à l'arbitrage* ».

792. Le caractère d'ordre public de la compétence de la juridiction administrative exclut cependant qu'on puisse déroger aux règles de compétence par voie conventionnelle. L'interdiction pour les personnes publiques de recourir à l'arbitrage constitue en effet « *l'un des principes généraux du droit public* »[646]. Ce principe pose le

---

[644] JARROSSON (C.), *La notion d'arbitrage*, LGDJ, 1987, p. 372.

[645] Pour Didier CASAS, l'arbitrage est un « *mode de régulation plus souple que le recours systématique au juge* » permettant de « *garantir la continuité des services qui seront, le cas échéant, gérés par le truchement de ces contrats administratifs* » (RFDA 2005, p. 1113).

[646] Sur l'arbitrage en droit administratif d'une manière générale, v. BROYELLE (C.), « L'intérêt général, l'arbitrage et les personnes publiques » in *Mélanges Truchet*, Dalloz, 2015, p. 41 ; FOUSSARD (D.), « L'arbitrage en droit administratif », *Rev. Arb.* 1990, 14. ; GAUDEMET (Y.), « L'arbitrage : aspects de doit public », *Rev. Arb.*, 1992,241 ; « L'avenir de l'arbitrage en droit administratif français », in *Mélanges Moreau*, ÉCONOMICA 2002, p. 165 ; JARROSSON (C.), « L'arbitrage en droit public », *AJDA*, 1997, p. 16 ; *L'arbitrage en droit public*,

problème préalable de l'arbitrabilité des litiges liés à l'exécution des marchés publics (**§1**) et, éventuellement, celui de l'organisation de la procédure devant le tribunal arbitral (**§ 2**).

§1. La question de l'arbitrabilité des litiges liés à l'exécution des marchés publics

793. En matière de litiges relatifs à l'exécution des marchés publics, on se heurte à une prohibition de principe du recours à l'arbitrage (**A**). Cette prohibition souffre d'exceptions dont la portée demeure cependant limitée (**B**).

A. La prohibition de principe du recours à l'arbitrage interne

794. Parmi les contrats de l'administration, les marchés publics sont les contrats « *qui paraissent se prêter le mieux à l'arbitrage* ». L'institution d'une procédure souple et rapide de règlement des différends relatifs à l'exécution des marchés constitue un instrument essentiel de mesure de la confiance des opérateurs économiques dans l'administration et de l'attractivité économique d'un pays.

795. Les marchés publics sont cependant considérés par la jurisprudence administrative comme des « *contrats administratifs par nature* »[647] dont les litiges relèvent de la compétence du juge administratif. Cette affirmation doit être cependant nuancée pour les marchés des entreprises publiques[648]. En dehors de ce type particulier de marchés pour lequel le doute subsiste, c'est le caractère administratif des contrats de marchés publics des autres personnes publiques qui continue de nourrir les réticences des pouvoirs publics.

796. Dans la tradition juridique tunisienne héritée du Protectorat, il est de règle d'interdire l'arbitrage en matière administrative. Le fondement de cette solution est ancien. Il semble devoir être recherché dans les arguments, classiques, développés en France, par le Commissaire du gouvernement Gazier au milieu du siècle dernier et fondés sur le « *(...) double souci d'éviter que les collectivités publiques ne manifestent une fâcheuse désaffection vis-à-vis de la justice d'État et*

---

rapport du groupe de travail sur l'arbitrage présidé par LABETOULLE (D.), *Rev. Arb.* 2007, 651 ; RICHER (L.) et LICHÈRE (F.), *Droit des contrats administratifs*, op.cit, n° 638 et s.

[647] TA, 22 mai 2001, n° 22404, *Hôpital A. Mami c. Entreprise Askri* », Rec, TA p. 285.

[648] V. Infra, n° 801 et s.

en même temps négligent dans la défense des intérêts publics dont elles ont la charge, les garanties que seule cette justice comporte »[649].

797. Ce sont ces considérations qui expliquent le maintien, aux lendemains de l'indépendance, des solutions contenues dans le code de procédure civile de 1910 adopté à l'époque du Protectorat. Les articles 260 et 251 combinés du CPCC prévoyaient expressément le principe de l'interdiction de compromettre « *dans les contestations intéressant l'État et les collectivités publiques* »[650].

Ce sont donc les juridictions civiles, statuant en matière administrative sur la base de l'article 1er du décret beylical du 27 novembre 1888 relatif au contentieux administratif, qui se sont vues attribuer une compétence exclusive pour toutes les actions tendant à faire déclarer « *l'administration débitrice à raison de l'inexécution des marchés conclus par elle* ». La création d'une juridiction administrative par la loi du 1er juin 1972 ne devait pas fondamentalement remettre en cause ces solutions, l'article 2 de cette loi se contentant de confirmer, jusqu'à ce qu'il en soit autrement ordonné, la compétence des tribunaux judiciaires pour régler en première instance les litiges relatifs aux marchés publics à charge d'appel devant le Tribunal administratif. L'introduction de la distinction entre lois organiques et lois ordinaires par la révision constitutionnelle de 1976 et le classement de la matière relative à la détermination de la compétence des tribunaux dans les matières réservées aux lois organiques a eu pour conséquence de rendre toute évolution contraire à cet ordonnancement institutionnel problématique[651]. Les règles de compétence en matière administrative étant d'ordre public, seule une loi de même rang pouvait soustraire l'examen de ces litiges à leur juge naturel qui est le juge administratif. Il s'agit là de la logique implacable induite par la révision constitutionnelle du 08 avril 1976, constitutionnalisée par le Conseil constitutionnel avant sa

---

[649] CE, 13 décembre 1957, *Société nationale de vente des surplus*, D. 1958, concl. Gazier, 517.

[650] Loi n°59-130 du 5 octobre 1959, portant promulgation du Code de procédure civile et commerciale (JORT 1959, p. 1219). Sur la portée de ces dispositions, cf. : BOUONY (L.), « Les personnes publiques et l'arbitrage », Actes du colloque des 26-27 novembre 1993, Centre d'études juridiques et judiciaires, Tunis, 1995, p.252 ; ELLEUCH (F.), « L'arbitrabilité des litiges en matière administrative interne », RTD 2006, pp. 227-270 ; BOSTANJI (S.), HORCHANI (F.), MANCIAUX (S.) (Dir.), *Le juge et l'arbitrage*, Pedone, 2014.

[651] Sur l'évolution du contentieux des marchés publics, v. infra, pp. 280 et s.

disparition[652], et confirmée par les articles 64 et 65 de la nouvelle Constitution du 27 janvier 2014.

798. C'est cette logique qui peut expliquer les réticences de la jurisprudence à autoriser l'arbitrage en matière de marchés publics internationaux en dépit de la clarté des dispositions de l'article 7, paragraphe 5 du Code de l'arbitrage de 1993 qui limite pourtant l'interdiction aux seules « *(...) contestations concernant l'État, les établissements publics à caractère administratif et les collectivités locales »,* à l'exclusion donc decellesmettant en cause des entreprises publiques ou celles *« découlant de rapports internationaux d'ordre économique, commercial ou financier »*[653].

799. En matière d'arbitrage relatif à l'exécution des marchés publics, on se heurte donc à un obstacle sérieux qui vaut, aussi bien pour les litiges relatifs aux marchés de l'État, que pour ceux des établissements publics administratifs et des collectivités locales.

Ces principes ont été rappelés avec force par le juge administratif à l'occasion d'une affaire aux multiples rebondissements. Appelé à se prononcer sur le bien-fondé d'un jugement rendu par le Tribunal de première instance de Tunis le 3 avril 1991 prononçant la nullité de la convention d'arbitrage conclue entre l'État tunisien et le groupement d'entreprises *BegGtaf*[654], la Haute juridiction a fini par rejeter le pourvoi considérant « *(...) qu'en vertu du traité international ratifié par la loi du 10 avril 1967, l'État ne peut recourir à l'arbitrage dans les contrats dans lesquels il est partie que si sont réunies les conditions relatives au caractère international et commercial du litige ; qu'il apparait cependant des pièces du dossier que le Groupement Bec Gtaf est une entité qui a été spécialement constituée*

---

652 Dans son avis. du 11 octobre 1994 relatif à l'examen d'un projet de loi portant modification de la loi n°64-1991 sur la concurrence et les prix, le Conseil constitutionnel avait notamment considéré que : *« si les lois organiques, en tant que normes établies par la constitution, n'ont pas en ellse-mêmes valeur constitutionnelle, leur suprématie par rapport aux lois ordinaires fait que leur violation par le législateur constitue une atteinte au principe constitutionnel de la hiérarchie des normes »*, Avis inédit cité par : BEN HAMMED (R.), « *L'interprétation des dispositions de la Constitutionpar le Conseil constitutionnel* », (en arabe) in Mélanges Hachem, Faculté de droit et des sciences politiques de Tunis, 2006, p. 1167.

653 Loi n° 93-42 du 26 avril 1993 portant promulgation du Code de l'arbitrage précité.

654TA, n° 1082, 1er février 1993, *Groupement Bec Gtaf c. CCE pour le compte du ministère de l'équipement et de l'habitat*, RTD 1984, Chronique de jurisprudence administrative (en arabe),p. 402.

en Tunisie en vue de l'exécution du marché conclu entre elle et l'État tunisien représenté par le ministère de l'équipement ; que les sociétés qui composent le groupement sont la société française Bec et la société tunisienne Gtaf ; que ce groupement a été constitué en Tunisie en vue de réaliser une opération sur le marché tunisien ; que, dès lors, ce contrat ne peut être considéré comme un contrat de commerce international mais un contrat régi par le droit interne (...) »[655].

800. Cette solution s'inscrit dans le droit fil d'une jurisprudence, aussi bien judiciaire qu'administrative, hostile à l'arbitrage des personnes publiques. Déjà, la Cour de cassation, saisie de la même question, avait tranché dans le même sens, en affirmant que « *le contrat litigieux se rapporte à un marché de travaux publics ; que l'une des parties est une personne publique ; que ce contrat comporte des clauses exorbitantes du droit commun qui tendent à* conférer *à l'administration un statut privilégié, infirmant ainsi la règle selon laquelle le contrat est la loi des parties ; que ce contrat doit, dès lors, être considéré comme un contrat administratif ; que dans la mesure où les contrats administratifs ont pour objet l'exécution d'un service public et la satisfaction de l'intérêt général, l'administration ne peut recourir à l'arbitrage dans ce domaine que d'une manière exceptionnelle, dans les conditions prévues par les articles 260 et 251 du CPCC, et ce abstraction faite du caractère international du contrat ; qu'il apparait ainsi que les conventions d'arbitrage en matière de contrats administratifs sont nulles de nullité absolue et sans effets* »[656].

Cette position devait être confirmée ultérieurement par le TA dans un arrêt rendu le 16 juin 2000 dans lequel il a affirmé que « *l'incorporation d'une clause compromissoire dans un contrat de marché public est nulle et non avenue* »[657].

B. Des dérogations de portée limitée

801. Il ressort d'une lecture *a contrario* de l'article 7, alinéa 5 du Code de l'arbitrage que le recours à l'arbitrage dans les contestations relatives aux marchés des EPNA et des entreprises publiques érigées en la

---

[655] TA, Chambre d'appel, 01 février 1993, n°1082, *Bec Gtaf c. Ministère de l'équipement et de l'habitat*, RTD 1994, chronique de jurisprudence administrative, p.402

[656] Cass. Civ., 27 octobre 1993, *Bec Gtaf*, n° 36039, inédit ; v. aussi, dans le même sens : CA Tunis, 19 mai 2009, n° 69135, Groupement *Ferrocom*, RJL n°5,/1999, p.293.

[657] TA, Appel, 16 juin 2000, *CCE pour le compte du ministère de l'agriculture c. Société des grands travaux M'ghaieth*, Rec. TA, p.368

forme de sociétés commerciales de droit privé est possible (**1**). Le même article prévoit aussi la possibilité de recourir à l'arbitrage dans les contestations relatives à l'exécution de contrats de marchés publics de caractère international (**2**). En pratique cependant, la réalité est plus nuancée.

1. L'arbitrabilité des litiges relatifs aux marchés des EPNA et des entreprises publiques

802. La prohibition de l'arbitrage ne s'étend pas aux marchés des EPNA, notion hybride en droit tunisien se ramifiant en deux sous-catégories[658] : les EPNA-non entreprises publiques et les EPNA-entreprises publiques constituées en établissements publics à caractère industriel et commercial. Elle ne concerne pas *a fortiori* les marchés des entreprises publiques constituées sous la forme de sociétés commerciales de droit privé. Auparavant, le Code de procédure civile et commerciale de 1959 avait curieusement limité la prohibition de l'arbitrage à l'État et aux collectivités publiques, sans autre précision, ce qui avait encouragé les établissements publics et les entreprises publiques à accepter de compromettre, d'autant plus que leurs contrats ne rentraient pas, jusqu'à l'adoption du décret n° 89-442 du 22 avril 1989 relatif aux MP, dans le champ couvert par la réglementation des marchés publics[659].

803. C'est donc à bon droit que la jurisprudence a confirmé la licéité d'une clause compromissoire insérée dans un contrat d'approvisionnement conclu entre la STEG et une entreprise étrangère.

Constatant que la question soumise à son examen ne concerne ni l'État, ni une collectivité publique au sens de l'article 160 du CPCC aujourd'hui abrogé, mais un établissement public à caractère industriel et commercial, le Tribunal de première instance de Tunis avait estimé « *qu'il convient de souligner qu'il est constant que les relations commerciales ont leurs propres usages ; qu'il s'en suit que cette question ne relève ni de la qualité des parties, ni de leur loi personnelle ; qu'elle intéresse plutôt l'objet du contrat qui dépend de la volonté des parties lesquelles ont leurs propres lois en raison du fait que le contrat en cause dans la présente affaire est un contrat*

---

658 Sur cette notion, cf. : MIDOUN (M.), « Les établissements publics non administratifs : des établissements publics du troisième type », art, précité.

659 BEN KHALIFA (F.), *Le droit des marchés publics*, op. cit., p. 21 et s.

international conclu pour répondre à certains besoins commerciaux »[660].

804. La libéralisation de l'économie consécutive à la crise financière traversée par le pays à la fin des années quatre-vingts n'a fait que confirmer cette tendance. Ainsi, l'article 10 de la loi du 1er février 1989 sur les entreprises publiques, avant même l'adoption du code de l'arbitrage, a expressément confié aux conseils d'administration le soin « *d'approuver les conventions d'arbitrage* », alors que l'article 21 de cette loi a prévu que « *les cahiers des charges et les termes de référence des marchés des entreprises publiques (...) peuvent prévoir, pour le règlement des litiges, le recours à l'arbitrage* », ce que devait confirmer quatre ans plus tard l'article 7, paragraphe 5 de la loi du 26 avril 1993 autorisant implicitement le recours à l'arbitrage, non seulement pour les entreprises publiques, mais aussi pour les EPNA. Dans l'intervalle, le CMP de 1989 avait fini par étendre le champ d'application de cette réglementation aux marchés des entreprises publiques.

805. Mais les EPNA et les entreprises publiques ne sont pas des entreprises comme les autres, car leur liberté reste strictement encadrée par les contrôles multiples exercés par l'administration[661]. Ainsi, les conventions d'arbitrage doivent être autorisées par le ministère de tutelle en vertu de l'article 3, alinéa 7 du décret du 2 octobre 2002 relatif à la tutelle de l'État sur les entreprises publiques. Ensuite, lorsque cette approbation est acquise, les organes dirigeants sont tenus de se conformer aux prescriptions contenues dans la circulaire du premier ministre du 20 juin 1997 qui leur recommande, lors de la négociation de leurs contrats avec des opérateurs étrangers, d'exiger la compétence des tribunaux tunisiens ou celle d'un collège arbitral siégeant en Tunisie ou encore, et en cas de refus, le recours à des institutions d'arbitrage dans un pays neutre, et, dans ce cas, l'application du droit tunisien, tout en évitant le recours systématique au droit étranger et à l'amiable composition. Mais ces recommandations sont loin d'être suivies d'effets. Certains dirigeants réussissent à convaincre leurs ministres de l'utilité de pareilles conventions destinées à régler les différends liés à l'exécution de leurs

[660] Cité par MECHRI (F.), « La procédure de l'arbitrage en Tunisie », RTD 1976, II, précité, pp. 16-18.

[661] Sur ces différents types de contrôle, cf. BEN LETAÏEF (M.), « *L'évolution du contrôle des entreprises publiques* », in « *Le droit des entreprises publiques* », op. cit., pp.117-137 ; v. aussi : AOUIJ-MRAD (A.), *Droit des entreprises publiques*, op. cit., pp. 85-104.

marchés par l'arbitrage[662]. Ces cas demeurent cependant assez exceptionnels.

806. Il apparaît ainsi que la rareté du recours à l'arbitrage, pour les EPNA comme pour les entreprises publiques, s'explique surtout par le contrôle exercé par l'État qui, en dépit de son évolution, continue de peser lourdement sur l'autonomie de gestion de ces entreprises[663].

2. L'hypothèque de l'arbitrabilité des litiges relatifs aux marchés internationaux

807. Sur la base du Code de l'arbitrage, il ne fait aucun doute que les personnes publiques sont parfaitement en droit de compromettre pour régler les litiges relatifs à l'exécution de leurs marchés conclus avec des opérateurs économiques étrangers, car ces marchés constituent le type même d'opérations de commerce international.

808. Mais l'interprétation des dispositions du Code par la jurisprudence n'a été conforme ni à la lettre, ni à l'esprit de ces dispositions. Ainsi, dans un arrêt du 19 mai 2009, la Cour d'appel de Tunis, saisie d'un recours en annulation d'une sentence arbitrale relative à l'exécution d'un marché de travaux conclu entre le ministère de l'agriculture et un groupement de sociétés étrangères, a fini par conclure à l'inarbitrabilité du litige sur la base de la nature administrative du rapport contractuel qui exclut, selon le Tribunal, la possibilité de recourir à l'arbitrage et doit conduire, par voie de conséquence, à la nullité de la convention d'arbitrage et, le cas échéant, de la sentence rendue par le Tribunal[664].

809. Les griefs adressés par la doctrine à cette jurisprudence ont été systématisés par le professeur BOSTANJI qui considère que l'exclusion des contrats administratifs du champ d'application de ces dispositions là où la loi ne les exclut pas constitue une violation manifeste de la loi. Il estime au surplus que cette position méconnaît le principe de bonne foi et de loyauté dans les relations contractuelles,

---

[662] C'est le cas notamment de la SNCFT. Pour une illustration, v. Sentence arbitrale de la CCI, 4 mai 1993, n°6330, *SNCFT c. GANZ* ; CA de Paris, 16 novembre 1993, *GANZ c. SNCFT*, Rev. Arb., 1995, p. 478.

[663] Cf. BEN LETAÏEF (M.), « *L'évolution du contrôle des entreprises publiques* », in « *Le droit des entreprises publiques* », art, précité, p.117.

[664] CA de Tunis, 19 avril 2009, n°69135, *CCE pour le compte du ministère de l'agriculture et des ressources hydrauliques c. Groupement Ferrocom*, Info Juridiques n°5, 120/121, octobre 2011, p. 12, Obs. Sami BOSTANJI.

dans la mesure où une partie à un contrat ne peut se déjuger en cours d'exécution, faisant fi de ses engagements initiaux[665].

De fait, une telle décision apparaît contraire au principe de liberté contractuelle, érigé par le TA au rang de principe général du droit. Elle contredit en outre la politique d'ouverture des pouvoirs publics et risque d'avoir des effets négatifs sur l'économie nationale, en dissuadant les entreprises étrangères de participer aux marchés des collectivités publiques privant celles-ci du savoir-faire de ces entreprises dans la réalisation de projets qui impliquent souvent la mobilisation de moyens au-dessus du potentiel et des capacités des entreprises nationales[666].

§2. L'organisation de la procédure devant le tribunal arbitral

810. Sous réserve de la question de la constitutionnalité de la loi ordinaire portant adoption du Code de l'arbitrage qui ne peut être réglée que par la future Cour constitutionnelle, l'organisation et le fonctionnement du Tribunal arbitral, en cas d'arbitrage relatif à l'exécution d'un marché public en Tunisie, relèvent des solutions prévues par les lois relatives à l'arbitrage ainsi que par la jurisprudence. Celles-ci sont variables selon qu'il s'agit d'un arbitrage interne (**A**) ou d'un arbitrage international (**B**)[667].

A. L'organisation de l'arbitrage interne

811. Le contentieux des actes détachables de la procédure d'exécution des marchés publics échappe à la compétence du tribunal arbitral. Seul le juge administratif est habilité pour statuer sur les recours en annulation contre les décisions administratives détachables du contrat[668] ou sur les recours dirigés contre les actes exécutoires relatifs à des créances contractuelles[669].

---

[665] BOSTANJI (S.), « *Réformer le système d'arbitrabilité des litiges en droit tunisien: pourquoi et comment* ? » (Dir.) Bostanji S. et Horchani F., « *Les perspectives d'évolution du droit de l'investissement et de l'arbitrage* », op. cit., pp.237 et s.

[666] BOSTANJI (S.), in *Le juge et l'arbitrage*, « *Propos conclusifs* », op. cit., p. 343.

[667] Cf. MECHRI (F.), « La procédure de l'arbitrage en Tunisie », RTD 1976, I, pp. 15-62 et RTD 1976, II, pp. 16-28 ; v. aussi : MEZIOU (K.) et MEZGHANI (A.), *Le code tunisien de l'arbitrage*, RA 1993, n°4, pp. 521 et s. ; BOSTANJ (S.) et HORCHANI (F.) (Dir.), *Les perspectives d'évolution du droit de l'investissement et de l'arbitrage*, Éd. Latrach, Tunis, 2013.

[668] CE 1er février 1946, *OPHLM de Marseille*, Rec. CE, 35.

[669] CE 11 juillet 1986, *Ville de Beausoleil,* Rec. CE, p.460.

812. La sentence arbitrale revêt un caractère juridictionnel, mais son exécution forcée implique *l'exequatur* délivré par les juridictions d'État.

813. Le règlement du litige par amiable composition, sur la base de l'équité, est incompatible avec les principes du droit administratif, ce que rappellent fréquemment les circulaires du premier ministre.

814. Les mesures provisoires ou conservatoires sont celles qui peuvent être prises en cas d'urgence, sans préjuger du fond. Elles ne peuvent intervenir après le prononcé de la sentence de l'arbitrage. Elles posent le problème du partage de compétence entre le Tribunal arbitral et la justice d'État.

De telles mesures peuvent s'avérer nécessaires soit avant la mise en place du Tribunal arbitral, soit au cours de l'instance portée devant ce Tribunal, soit enfin après le prononcé de la sentence, mais avant la délivrance de *l'exequatur.*

815. Il n'existe pas de dispositions excluant expressément la compétence des tribunaux étatiques en la matière. Pour cette raison, il ne fait aucun doute que les juridictions étatiques sont en droit de prendre, avant la constitution du Tribunal arbitral, toutes les mesures d'urgence qu'elles pourraient estimer utiles, sans préjudice de la sentence qui pourrait être rendue sur le fond. Dans cette perspective, il est significatif de constater que le Tribunal administratif, avant même l'adoption du code de l'arbitrage, a fait droit à une demande de sursis à l'exécution d'un jugement en référé rendu le 17 octobre 1987 par le Président du tribunal de première instance de Tunis. Le jugement prononça la nomination d'office d'un arbitre représentant l'État dans un arbitrage *ad hoc.* À cette occasion, le TA a considéré*« (...) que les litiges administratifs ne sauraient être soumis à l'arbitrage à l'exception de ceux nés du commerce international ; que sur la base de ce qui précède, il convient d'ordonner le sursis à l'exécution du jugement attaqué jusqu'à ce qu'il soit statué sur l'appel interjeté contre ce jugement »*[670].

816. De son côté, la Cour de cassation a pu décider à propos d'une demande de révocation d'un arbitre qu'« il découle de l'article 25 du Code de l'arbitrage que la suspension de la procédure arbitrale résultant de la demande de révocation a des implications directes et automatiques qui ne peuvent souffrir l'attente du prononcé du jugement; que cette suspension a pour effet de soustraire à l'arbitre sa

---

[670]TA,Sursis à l'exécution, 27 février 1988, *CCE pour le compte du ministère de l'équipement et de l'habitat* c. *Groupement Bec Gtaf*, inédit.

compétence (...) jusqu'à ce que la question de sa récusation soit tranchée ; qu'une telle demande ressort ainsi exclusivement de la compétence du juge des référés ; que les règles de compétence en matière de mesures provisoires et conservatoires sont des compétences d'attribution qui sont d'ordre public et qui peuvent, de ce fait, être soulevées d'office par le juge »[671].

817. En cours d'instance, les mesures conservatoires, qui pourraient être ordonnées par le Tribunal arbitral, ne sont pas susceptibles de recours et leur *exequatur* ne peut être ordonné que par le Tribunal de 1ère instance (art.19).

D'un autre côté, le tribunal arbitral doit surseoir à statuer toutes les fois où une question préjudicielle est soulevée devant lui par l'une des parties (art. 27), notamment dans le cas où il s'agit de se prononcer sur la légalité d'un acte administratif dont dépend la solution du litige[672], ou encore en cas de poursuites pénales relatives à des questions soumises au tribunal arbitral, encore pendantes devant les juridictions pénales[673].

818. La dissolution du tribunal arbitral prévue par l'article 20, alinéa 1er du Code de l'arbitrage en cas de déport de l'un des arbitres en cours d'instance, constitue « *un danger mortel* » pour l'arbitrage[674] et, en tout cas, une solution éminemment contestable qui porte atteinte à la crédibilité de l'institution dans la mesure où elle constitue la porte ouverte aux manœuvres dilatoires[675]. Pour cette raison, le droit comparé prévoit généralement le remplacement de l'arbitre. C'est le cas en France par exemple où la loi n'admet le déport que pour une cause légitime et prévoit, en cas de différend sur la réalité du motif invoqué, le règlement de la difficulté par la personne chargée d'organiser l'arbitrage ou, à défaut, par le juge d'appui à l'arbitrage[676].

---

[671] Cass., Civ., 28 février 2008, n°21074, *Bull. civ.* 2008, p.89.

[672] Sur les questions préjudicielles en droit administratif tunisien, cf. : BEN ACHOUR (Y.), *Justice administrative et procédure administrative contentieuse*, 2ème éd., Tunis, CPU, p. 405 et s.

[673] Sur la question de l'articulation de l'action publique et de l'action civile en matière de contentieux des marchés publics, v. infra, n° 1275 et s.

[674] BOSTANJI (S.), *« Propos conclusifs »*, op. cit., p. 343.

[675] Pour une illustration, v. : Arbitrage ad hoc, *Ditricom c. Tunisie Telecom*, 15 mai 2013, inédit: Dans la sentence rendue à cet effet, les arbitres n'ont pu que « *prendre acte de la déportation volontaire de l'un des arbitres composant le Tribunal arbitral et de l'absence d'accord des parties pour la poursuite de la procédure de l'arbitrage* » pour constater « *la dissolution du Tribunal arbitral* ».

[676] Article 1457 du code de procédure civile français.

819. La question de la détermination des juges étatiques qui interviendraient, en cas d'arbitrage interne mettant en cause une entreprise publique, soit à l'appui d'une procédure d'arbitrage[677], soit pour contrôler la validité de la convention d'arbitrage[678], soit pour apprécier la licéité objective de la sentence rendue est entourée d'une grande incertitude en raison de la contrariété des solutions retenues par le Code de l'arbitrage avec celles relatives à la détermination de la compétence de la juridiction administrative qui sont d'ordre public. Cette incertitude est sans doute plus grande en matière d'arbitrage international[679].

820. Les sentences arbitrales ne sont pas susceptibles d'appel, sauf solution contraire prévue par la convention d'arbitrage (art 39). En revanche, elles peuvent faire l'objet d'un recours en annulation.

Le juge opère dans ce cas un contrôle de conformité aux règles impératives du droit public, par définition plus rigoureuses que celles de l'article 42 du Code de l'arbitrage.

B. L'organisation de l'arbitrage international

821. L'étude du système de règlement des litiges nés de l'exécution de marchés soumis à des règles impératives de droit public, mais mettant en jeu les intérêts du commerce international, permet de souligner les tensions entre validité et effectivité des normes qui continuent de peser sur notre système juridique.

822. Le problème essentiel que soulève l'organisation de l'arbitrage par la loi de 1993 est d'avoir méconnu le particularisme du système juridique tunisien, système dualiste, appliquant un régime dérogatoire au droit commun à l'activité administrative et relevant, pour son contrôle, d'un juge administratif dont la juridiction est protégée par la Constitution et strictement délimitée par des lois organiques.

823. Les dispositions du Code de l'arbitrage relatives à la capacité de compromettre des personnes publiques, ainsi que celles relatives à l'arbitrage international contenues dans le chapitre III ont, semble-t-il, été établies sans tenir compte de ces spécificités. Alors qu'en arbitrage

---

677 Sur la notion de juge d'appui en matière d'arbitrage, cf. : CLAY (T.), « L'appui du juge à l'arbitrage », Cahiers de l'arbitrage, avril 2011, n° 2, p. 331.

678 BEN HAMIDA (W.), « Le contrôle de la validité de la convention d'arbitrage par le juge étatique. Étude des solutions tunisiennes », in « *Le juge et l'arbitrage* », op. cit., p. p. 331.

679 CLAY (T.), « L'appui du juge à l'arbitrage », art précité, p. 332.
En droit tunisien : CHEDLY (L.), « L'arbitrage international en droit tunisien », JDI 2008, n° 2, p. 389.

interne, il n'est pas contesté que la juridiction compétente pour statuer sur la validité de la sentence arbitrale est celle qui aurait eu à connaitre du contrat litigieux, en cas d'arbitrage international la situation est plus complexe. Ainsi, le Code de l'arbitrage prévoit que la sentence arbitrale est susceptible d'un recours en annulation devant la Cour d'appel de Tunis, qui peut, en cas d'annulation totale ou partielle et à la demande de l'une des parties, statuer au fond, le rejet du recours conférant l'exequatur à la sentence (art.78).

824. Ces solutions méconnaissent le caractère administratif du contrat de marché public, considéré par le juge administratif comme un « *contratadministratif par nature* » régi par un régime dérogatoire au droit commun. Elles sont source d'incertitude dans l'application du droit et d'insécurité juridique pour le cocontractant.

825. En France, le Tribunal des conflits, appelé à déterminer l'ordre juridictionnel compétent pour statuer sur les recours en annulation contre les sentences arbitrales rendues dans les litiges relatifs à des contrats conclus entre une personne morale de droit public française et une personne étrangère, exécutées en France et mettant en jeu les intérêts du commerce international, n'a pas totalement exclu le recours à l'arbitrage. Il a cependant marqué une limite importante à la règle générale posée par l'article 1505 du code de procédure civile consistant à confier cette compétence à la Cour d'appel dans le ressort de laquelle la sentence a été rendue.

Il a en effet considéré qu'un tel recours « implique le contrôle de la conformité de la sentence aux règles impératives du droit public français relatives à l'occupation du domaine public ou à celles qui régissent la commande publique et applicables aux marchés publics, aux contrats de partenariat et aux contrats de délégation de service public ; que ces contrats relevant d'un régime administratif d'ordre public, le recours contre une sentence arbitrale rendue dans un litige né de l'exécution ou de la rupture d'un tel contrat relève de la compétence du juge administratif »[680]. Le Conseil d'État ajoute que le juge administratif est compétent dans tous les cas sur la demande d'exéquatur car « l'exécution forcée ne saurait être autorisée si elle est contraire à l'ordre public »[681].

---

[680] TC, 17 mai 2010, *Institut national de la santé et de la recherche médicale*, RFDA 2010. 959, concl. Guyomar ; Dr. Adm. 2010 122, note Brenet et Melleray.

[681] CE 19 avril 2013, *Syndicat mixte des aéroports de Charente*, n° 352750, AJDA 2013. 822, concl. Pellissier ; D. 2013. 1445, obs. M.-C. de Montecler, note Cassia.

826. Cette analyse du Tribunal des conflits a été récemment explicitée par l'arrêt « Société Fosmax LNG[682] » dans lequel le Conseil d'État, reconnu compétent par le Tribunal des conflits de régler le litige,accepte de contrôler une sentance arbitrale internationale en vérifiant que celle-ci ne méconnaît pas une règle d'ordre public.

827. Dans l'affaire en question, les cocontractants avaient décidé que tout différend relatif au contrat serait tranché par la voie de l'arbitrage. Le Tribunal des conflits, saisi de la question du juge compétent pour connaître du recours contre une sentence arbitrale, avait confirmé la nature administrative du contrat conclu entre la société Fosmax LNG, filiale du groupe GDF et un groupement de sociétés françaises et italiennes (STS), et portant sur la construction d'un terminal méthanier sur la presqu'île de Fos Cavaou.

828. L'arrêt « Société Fosmax LNG » consacre ainsi pour la première fois le principe selon lequel le contrôle du contenu des sentences arbitrales internationales doit être confié au Conseil d'État. Les modalités et le contenu de ce contrôle sont désormais précisés [683]. L'office du juge administratif en la matière est étendu, d'un simple contrôle de l'arbitrabilité des litiges [684] à un contrôle de conformité de la sentence aux règles impératives du droit public français.

829. « S'il constate que le litige est arbitrable », le Conseil d'État doit, en premier lieu, vérifier la régularité de la procédure. Ainsi, « en l'absence de règles procédurales applicables aux instances arbitrales relevant de la compétence de la juridiction administrative, une sentence arbitrale ne peut être regardée comme rendue dans des conditions irrégulières que si le tribunal arbitral s'est déclaré à tort compétent ou incompétent, s'il a été irrégulièrement composé,

---

[682] CE, Ass. 9 novembre 2016, *Société Fosmax LNG*, n° 388806, RFDA 2016. 1154, concl. Pellissier ; RFDA 2017. p. 111, note Delaunay.

[683] Cf. sur ce point, NOGUELLOU (R.), « L'arrêt Fosmax : l'arbitrage international et le régime du contrat administratif devant le Conseil d'État », BJCP n° 110 janvier-février 2017 p. 3 et s. : « *Le Conseil d'État ne se contente pas de se prononcer sur l'arbitrage dont il était saisi, il livre un véritable vade mecum du contrôle qu'il entend désormais porter sur les décisions arbitrales internationales* ».

[684]« *Considérant qu'à l'issue de ce contrôle, le Conseil D'État, s'il constate l'illégalité du recours à l'arbitrage, notamment du fait de la méconnaissance du principe de l'interdiction pour les personnes publiques de recourir à l'arbitrage sauf dérogation prévue par des dispositions législatives expresses ou, le cas échéant, des stipulations de conventions internationales régulièrement incorporées dans l'ordre juridique interne, prononce l'annulation de la sentence arbitrale et décide soit de renvoyer le litige au tribunal administratif compétent pour en connaître, soit d'évoquer l'affaire et de statuer lui-même sur les réclamations présentées devant le collège arbitral* ».

notamment au regard des principes d'indépendance et d'impartialité, s'il n'a pas statué conformément à la mission qui lui avait été confiée, s'il a méconnu le principe du caractère contradictoire de la procédure ou s'il n'a pas motivé sa sentence ».

830. Le juge administratif s'assure en deuxième lieu, « le cas échéant d'office, de la licéité de la convention d'arbitrage, qu'il s'agisse d'une clause compromissoire ou d'un compromis ; que ne peuvent en outre être utilement soulevés devant lui que des moyens tirés, d'une part, de ce que la sentence a été rendue dans des conditions irrégulières et, d'autre part, de ce qu'elle est contraire à l'ordre public », c'est-à-dire « lorsqu'elle fait application d'un contrat dont l'objet est illicite ou entaché d'un vice d'une particulière gravité relatif notamment aux conditions dans lesquelles les parties ont donné leur consentement » ou « lorsqu'elle méconnaît des règles auxquelles les personnes publiques ne peuvent déroger [685] ».

831. Il est significatif de constater que le Tribunal administratif tunisien soit arrivé à la même conclusion s'agissant de la compétence du juge administratif, avant que le législateur « *ordinaire* » ne décide d'attribuer expressément une telle compétence à la Cour d'appel de Tunis. Dans l'affaire *Bec Gtaf* précitée, par ailleurs source d'un sérieux conflit de compétences entre les deux ordres de juridiction en raison de l'absence, à l'époque, d'un Tribunal des conflits, la Haute juridiction avait implicitement affirmé sa compétence pour statuer sur la validité de telles sentences[686].

Aujourd'hui, le Code de l'arbitrage attribue expressément cette compétence à l'ordre judiciaire. Mais, curieusement, celui-ci l'exerce en faisant prévaloir les règles impératives du droit administratif

---

[685] L'apport essentiel de cet arrêt se situe dans la consécration de l'existence d'un « régime d'ordre public du contrat administratif ». Le Conseil d'État illustre d'ailleurs son propos en donnant des exemples. Ainsi, parmi les règles auxquelles les personnes publiques ne peuvent déroger peut figurer l'interdiction de consentir des libéralités, d'aliéner le domaine public ou de « *renoncer aux prérogatives dont ces personnes disposent dans l'intérêt général au cours de l'exécution du contrat* », c'est-à-dire le pouvoir de modification unilatérale, le pouvoir de résiliation unilatérale, « *voire l'encadrement très restrictif du jeu de l'exception d'inexécution* », cf. NOGUELLOU (R.), « L'arrêt Fosmax : l'arbitrage international et le régime du contrat administratif devant le Conseil d'État », précité, p. 6. Dans l'arrêt Fosmax, le CE a estimé que figure parmi les règles d'ordre public auxquelles les personnes ne peuvent renoncer, la possibilité, pour la personne publique, de procéder à la mise en régie d'un marché de travaux.

[686] TA, 1993, *Bec Gtaf* précité.

contrairement aux dispositions expresses de l'article 7, paragraphe 5 du même Code.

832. Ce désordre normatif pourrait être réglé par une intervention législative prenant la forme d'une loi organique qui, s'inspirant du rapport Labetoulle[687], autoriserait une ouverture de l'arbitrage aux personnes publiques tout en distinguant selon que les litiges relèvent du droit privé ou du droit public. Dans le premier cas, il doit s'agir de l'arbitrage de droit commun soumis dans son organisation au droit privé, sans que la personnalité publique de la personne en cause justifie d'y déroger. Dans le second cas, un régime spécifique d'arbitrage propre au régime des contrats administratifs devrait être aménagé, conduisant au rattachement à l'ordre administratif en ce qui concerne la constitution du tribunal arbitral, les procédures d'instruction, d'exequatur, de contrôle de la licéité de la procédure d'arbitrage et de validité des sentences arbitrales. Ce rattachement devrait toucher à la fois le niveau inférieur du juge d'appui et le niveau supérieur du juge du contrôle des sentences[688].

833. Cette ouverture devrait être encore plus large s'agissant de litiges relatifs à des marchés publics mettant en jeu les intérêts du commerce international, tant est pressant le besoin pour les partenaires commerciaux de se doter de fors neutres, indépendants et libres d'attaches étatiques. Autrement, la confiance dans le système de règlement des litiges liés à l'exécution de ce type de marchés et la crédibilité de l'État tunisien seraient gravement entamées.

834. Pour l'heure, l'incertitude tenant à l'arbitrabilité des litiges relatifs aux marchés publics, se double de celle qui découle de la détermination

---

[687]*L'arbitrage en droit public*, Rapport D. Labetoulleprécité. V. également sur ce point : LOMBARD (F.), « Des moyens de résoudre le conflit de juridictions sur l'arbitrage international », *AJDA* 2016. 671 ; CHAMBON (M.), « Renoncer à une guerre picrocholine : retour sur la controverse jurisprudentielle relative au recours par les personnes publiques à l'arbitrage international », *Dr. Adm*, juill. 2016. Étude 12.

[688] Sur ce point, v. DELVOLVÉ (P.), « Une véritable révolution…inaboutie (Remarques sur le projet de réforme de l'arbitrage en matière administrative », *Rev. Arbitrage*, 2007, p. 379. Avec l'arrêt Société Fosmax LNG, la doctrine française se réjouit « *que l'arbitrage des litiges intéressant les personnes publiques sur le plan du commerce international soit ainsi en pleine construction au travers d'un grand arrêt* ». Elle invite également à une intervention législative pour parfaire ce régime (DELAUNAY (B.), « Les sentences arbitrales concernant les personnes publiques en matière de commerce international : le contrôle du juge administratif », RFDA, 2017, p. 111).

des critères jurisprudentiels de répartition de compétence enttre les deux ordres de juridiction.

Section 2 : Les incertitudes des critères jurisprudentiels de répartition des compétences

835. Il ressort d'une analyse de la jurisprudence tunisienne, tant administrative que judiciaire, que l'essentiel des litiges relatifs aux marchés publics est de la compétence du juge administratif (**§1**), même si de graves divergences de vues sont apparues entre les deux ordres de juridictions à propos des litiges relatifs aux marchés des entreprises publiques (**§2**).

§1. Le caractère principal de la compétence du juge administratif

836. En dépit de l'ambiguïté des critères législatifs (**A**), le juge administratif n'a pas hésité à affirmer sa compétence en matière de litiges relatifs aux marchés publics en s'appuyant sur les critères propres aux contrats administratifs(**B**).

A. L'ambiguïté des critères législatifs

837. En Tunisie, la question de la nature, administrative ou privée, des contrats de marchés publics n'a pas été tranchée par la loi. Ni le CCP, ni les différents CMP adoptés depuis l'Indépendance ne se sont résolus à déterminer la question de la nature des contrats de marchés publics et, par voie de conséquence, celle du juge compétent pour connaître des litiges relatifs à leur l'exécution.

838. La raison doit sans doute en être recherchée dans l'élargissement du champ d'application de la réglementation des marchés publics aux entreprises publiques, à la suite de l'adoption du CMP de 1989. C'est cet élargissement qui explique, croyons-nous, la difficulté de dégager un critère déterminant pour trancher la question de la nature du contrat de marché public (**1**) et les divergences d'interprétation apparues entre les deux ordres de juridiction à propos de l'article 2 de la loi 96-38 relative à la répartition des compétences (**2**).

1. L'absence d'un critère déterminant pour trancher la nature publique ou privée du contrat de marché public

839. Dans un système dualiste, la solution législative consistant à trancher la question de la nature des contrats de marchés publics a le mérite de la clarté : elle permet d'éviter les complications inutiles qui pourraient résulter de divergences de vues entre les deux ordres de juridiction.

Ce n'est pas cette démarche qui a été retenue par le législateur tunisien dont l'attitude est source d'incertitudes dans la détermination du juge compétent en matière de litiges relatifs aux marchés publics (**a**). Ces incertitudes du code sont la conséquence inéluctable de l'élargissement du champ d'application des marchés publics (**b**).

a. Les incertitudes dues à l'absence de qualification législative des contrats de marchés publics

840. La solution législative consistant à trancher, d'autorité, la nature publique ou privée du contrat de marché public a la préférence des pouvoirs publics dans les pays qui connaissent la dualité de juridictions.

841. Ainsi, sous le Protectorat, l'article 52 de l'ancien CCAG relatif aux marchés de travaux publics, adopté par simple arrêté du Directeur des travaux publics du 1er juillet 1913, avait choisi de qualifier les marchés de travaux de contrats administratifs en prévoyant que « *toute difficulté entre le Directeur général des Travaux publics et l'entrepreneur concernant le sens ou l'exécution des clauses du marché est portée devant la juridiction administrative tunisienne* ». Mais cette solution, dont le champ d'application demeurait limitéaux marchés de travaux publics, devait être rapportée en 1990 par l'article 50.3 du CCAG Travaux, adopté par arrêté du premier ministre du 12 octobre 1990, où l'expression « *juridiction administrative tunisienne* » a été remplacée par celle de « *juridictions compétentes* ».

842. En France, le législateur, après un long silence, a fini par être convaincu des bienfaits de cette démarche en choisissant, depuis 2001, de qualifier les marchés conclus notamment par des personnes publiques en application du code des marchés publics, de contrats administratifs[689]. La nouvelle ordonnance du 23 juillet 2015 relative aux marchés publics confirme cette solution en prévoyant dans son article 3 que *« les marchés publics, (...) passés par des personnes morales de droit public, sont des contrats administratifs »*.

b. Les incertitudes dues à l'élargissement du champ d'application du CMP

843. C'est sans doute l'élargissement du champ d'application du CMP aux entreprises publiques, consécutif à la promulgation du décret n°89-442

[689] En vertu de l'article 2 de la loi n°2001-116 du 11 décembre 2001 portant mesures urgentes à caractère économique et financier (MURCEF) qui dispose que « *les marchés passés en application du Code des marchés publics ont le caractère de contrats administratifs* ».

du 22 avril 1989 portant réglementation des marchés publics, qui est à l'origine de la réserve que l'on peut observer chez le législateur quant à la détermination de la nature publique ou privée des contrats de marchés publics.

844. À l'origine, l'unité organique de la notion de marché public, limitée aux seules personnes morales de droit public exerçant des activités non marchandes, et consacrée par le décret n° 74-754 du 27 juillet 1974, pouvait encore justifier une telle intervention législative, et ce, en raison de la forte présence d'éléments de droit public dans ce type de marchés. Après 1989, les entreprises publiques ont vu leurs marchés fondus dans un texte unique applicable à tous les marchés passés par les « *acheteurs publics* », expression hétérogène regroupant, au sens de l'article 1er du décret 89-442, « *l'État, les collectivités locales, les établissements publics et les entreprises publiques* ». L'adoption du Code de 2002, puis celui de 2014, n'ont fait que confirmer cette tendance, l'article 3 du nouveau Code maintenant cette solution en prévoyant que les entreprises publiques sont considérées comme des acheteurs publics dont les « *commandes publiques* » constituent des marchés publics, au même titre que ceux conclus par l'État, les collectivités locales et les établissements publics.

845. C'est cette évolution qui explique la prudence du législateur, et son refus de se prononcer sur la nature administrative des contrats de marchés publics.

846. L'adoption de la loi 89-9 du 1er février 1989 relative aux participations et entreprises publiques a cependant conduit à obscurcir cette question. Le caractère générique de la notion d'entreprise publique, tel qu'il découle de l'article 8 de cette loi, regroupant à la fois les « *établissements publics non administratifs* » (EPNA), les sociétés à capital entièrement étatique ainsi que les sociétés d'économie mixte, aurait pu difficilement justifier une intervention législative pour trancher une question aussi complexe que celle de la nature du contrat de marché public en droit tunisien. En outre, la soumission des marchés de ces entreprises à « *la législation commerciale* » en vertu de l'article 18 de cette même loi ne milite pas en faveur d'une telle démarche. On retrouve d'ailleurs la même ambiguïté au sein de la réglementation des marchés publics, réduite ainsi à l'affirmation d'une chose - le caractère public des commandes des entreprises publiques (art. 3) - et de son contraire - la soumission des marchés des entreprises opérant en milieu concurrentiel - « *à des dispositions spécifiques* » (art. 4). Le jugement rendu par le TA le 19 décembre 1997 dans l'affaire « *Agencedes ports maritimes* », déniant le

caractère public à un marché conclu par un établissement public à caractère non administratif (EPNA) sur la base de l'article 18 de la loi du 1er février 1989, est révélateur de l'embarras du juge administratif devant cette question[690].

847. Dès lors, il est légitime de s'interroger sur l'opportunité du maintien d'une solution qui est source d'insécurité juridique dans le contexte issu de la loi organique 38-96 du 03 juin 1996 relative à la répartition des compétences entre les juridictions judiciaires et la juridiction administrative et à la création d'un Conseil des conflits de compétence (CCC).

2. Le problème posé par l'article 2 de la loi n° 96-38 relative à la répartition des compétences entre les deux ordres de juridictions

848. L'article 2 de la loi organique 96-38, dans le souci louable de régler les conflits de compétence apparus entre les deux ordres de juridictions, a confié un bloc de compétences aux « *juridictions judiciaires pour tous les litiges (pouvant survenir) entre, d'une part, les entreprises publiques, y compris les établissements publics à caractère industriel et commercial, et, d'autre part, les agents de ces entreprises, leurs clients et les tiers* ».

849. L'évolution de la notion d'entreprise publique depuis le tournant libéral de la fin des années quatre-vingts et l'attraction très forte qu'exerce sur elle désormais le modèle de l'entreprise de droit privé sont, sans aucun doute, à l'origine du choix fait par le législateur de confier l'ensemble du contentieux des entreprises publiques au juge ordinaire. Le terme « *client* » préféré à « *usager* » pour des organismes dont la plupart gèrent des services publics est d'ailleurs révélateur de l'option « *privatiste* » adoptée par les pouvoirs publics.

850. Au demeurant, les travaux préparatoires montrent que le souci premier des initiateurs de ce projet était de régler les conflits de compétence qui avaient caractérisé les relations entre les deux ordres de juridictions, le Tribunal administratif ayant tendance à faire prévaloir un critère matériel, tenant compte de la nature de l'activité de l'entreprise publique, pour affirmer ou décliner sa compétence.

851. L'option pour un critère organique simplificateur consistant à confier au juge judiciaire l'ensemble du contentieux des entreprises publiques a été défendue par le représentant du Gouvernement en réponse à une proposition de la Commission de la législation générale. Celle-ci, tout en soulevant l'incompatibilité de ce critère avec la nature

690 TA, 19 décembre 1997, *Agence des ports de pêche* Rec. TA, p. 594.

administrative de l'activité des entreprises publiques gérant un service public et utilisant des prérogatives de puissance publique, avait suggéré l'ajout suivant à l'alinéa 1er de l'article 2 du projet de loi : « *à la condition que ces entreprises aient utilisé les moyens de droit privé dans la gestion des services publics* ».

Cette proposition a été rejetée par le SG du Gouvernement qui avait fait valoir que « l'activité des entreprises publiques est en général soumise au droit privé (...) et que le fait qu'il y ait certains litiges de droit public n'empêche pas de confier l'ensemble du contentieux des entreprises publiques aux tribunaux judiciaires, ce qui est de nature à assurer une répartition claire des compétences entre les deux ordres de juridiction ».

852. Le problème est que les litiges relatifs aux contrats des entreprises publiques en général, et à leurs marchés en particulier, n'ont pas été évoqués par l'article 2 de cette loi et que les cocontractants ne peuvent être littéralement considérés ni comme des employés, ni comme des clients, ni comme des tiers, ce qui explique la soumission de cette question au CCC.

853. L'intervention de ce Conseil n'a pas toujours été cependant respectueuse de la volonté du législateur. Privilégiant, dès le départ, un critère matériel attaché à la nature de l'activité en cause, au détriment du critère organique consacré par les textes, le Conseil a conclu à la nature administrative des contrats de marchés publics conclus par certaines entreprises publiques ouvrant ainsi la voie à de dangereuses divergences de vues entre les deux ordres de juridiction[691].

B. L'affirmation de la compétence du juge administratif

854. En l'absence d'une qualification législative définitive, le juge administratif a dû dégager des critères de reconnaissance lui permettant d'affirmer sa compétence pour connaître des litiges relatifs à ce type de contrats. Deux critères différents ont été, tour à tour, avancés par le TA : un critère général dualiste valable pour tous les contrats administratifs (**1**) et un critère spécifique applicable aux contrats de marchés publics (**2**).

[691] V. notamment la décision du CCC du 14 juin 2005, n° 134, M. Riahi, Recueil des décisions du CCC, CPU, 2007. p.139.

1. Le critère général dualiste : la jurisprudence Ouelhazi

855. En droit tunisien, la définition des contrats administratifs est très largement une œuvre prétorienne. Dès les premières années de son fonctionnement, le Tribunal administratif a été confronté à cette question. Sa jurisprudence sur ce point s'est caractérisée au début par un certain « *flottement* »[692].

856. Le TA a commencé d'abord par privilégier un critère matériel cumulatif à côté du critère organique traditionnel. Ainsi, pour conclure à la nature administrative d'un contrat, le Tribunal exigeait non seulement la présence d'une personne publique au contrat, mais aussi que ce contrat comporte une clause exorbitante du droit commun et ait pour objet l'exécution même d'un service public.

857. Mais, très rapidement, le TA va finir par se rallier aux solutions dégagées par la jurisprudence française. Celles-ci reposent sur un double critère, l'un organique, tenant à la présence nécessaire d'une personne publique au contrat, l'autre matériel, tenant, soit à la présence dans le contrat de clauses exorbitantes du droit commun, soit au fait que l'objet du contrat est de confier au cocontractant l'exécution même d'un service public[693].

858. L'arrêt de principe transposant les solutions françaises en la matière est l'arrêt *Ouelhazi*rendu en 1989. Dans cet arrêt, le Tribunal affirme que « *le contrat conclu entre une personne publique et un particulier ne suffit pas à lui seul à lui conférer le caractère administratif ; qu'il faut en plus qu'il ait pour objet de faire participer le cocontractant à l'exécution même du service public (...), ou bien qu'il comporte des clauses exorbitantes du droit commun qui révèlent la volonté de l'Administration de se placer sous un régime de droit public* »[694]. Cette jurisprudence a été confirmée par le CCC à propos de contrats d'abonnement au réseau public d'électricité[695].

859. La présence d'une personne publique au contrat est donc une condition nécessaire pour que ce contrat soit considéré comme administratif. Ainsi en France, les marchés conclus par des personnes

---

692 Cf. notamment : BEN AÏSSA (M.-S.), « La définition du contrat administratif dans la jurisprudence du Tribunal administratif : doutes et certitudes », ; AOUIJ-MRAD (A.), « Le contrat administratif en Tunisie : étude jurisprudentielle », *Mélanges J. Morand-Deviller, Confluences*, Montchrestien, 2007, p. 177.

693 Cf. : AMSELEK (P.), « La qualification des contrats de l'administration », AJDA 1983.3.

694 TA, 30 janvier 1989, *Ouelhazi*, AJT n° 4 ,1990-2, p.171 ; GJJA n° 20, p.333.

695 CCC, 16 avril 2002, n° 49, *Boukadida c. STEG*, Rec. TA, p.117 ; 6 juillet 2009, n° 249, *Zarrouk c. STEG*, inédit.

privées, même lorsqu'ils comportent des clauses pouvant être considérées comme exorbitantes du droit commun ou font référence à l'un des cahiers des clauses administratives générales applicables aux marchés publics[696], même lorsqu'ils sont conclus en application du CMP[697], demeurent des contrats de droit privé. La jurisprudence « *Entreprise Peyrot* »[698] dégagée par le TC depuis 1963 et considérant que les marchés de travaux d'une société d'économie mixte, concessionnaire de la construction et de l'exploitation d'une autoroute, sont réputés conclus pour le compte de l'État et ayant par conséquent le caractère de contrat administratif, vient d'être abandonnée récemment par cette même juridiction.

Par sa décision « *Rispal* » rendue le 9 mars 2015, le TC a considéré que ce type de contrat ne peut être considéré comme un contrat de droit public[699].

860. À l'instar de la jurisprudence française, le critère organique a toujours été considéré par le juge administratif tunisien comme la condition nécessaire pour que l'on puisse parler d'un contrat administratif. Le TA rappelle de manière constante que « *pour qu'un contrat soit considéré comme administratif, il faut que l'Administration soit partie à ce contrat* »[700].

861. Lorsqu'un contrat est conclu par une personne publique, seul le critère matériel de la clause ou du régime exorbitant du droit commun peut jouer, le critère alternatif, relatif à l'objet du contrat, apparaissant comme inopérant, car un contrat par lequel une personne publique charge une entreprise de lui fournir des prestations moyennant un prix comme le contrat de marché public, n'a pas pour objet, par définition,

---

[696] CE 14 novembre 1973, *Société du canal de Provence*, Rec, 1030.

[697] TC 17 décembre 2001, *Société rue Impériale de Lyonc. Société Lyon parc auto*, Rec, 761 ; BJCP 2005.422, concl. Bachelier, note R.S.

[698] TC, 8 juill. 1963 *Sté Entreprise Peyrot* : Rec. CE, 1963, p. 787 ; pendant dix-neuf éditions dans le GAJA.

[699] TC, 9 mars 2015, n° 3984, *Mme Rispal c/ Sté ASF,* GAJA, *op.cit.*, n° 118, p. 936, RFDA 2015. 265, concl. Escaut, note Canedo-Paris, JCP Adm. 2015. 2156 : « *Considérant qu'une société concessionnaire d'autoroute qui conclut avec une autre personne privée un contrat ayant pour objet la construction, l'exploitation ou l'entretien de l'autoroute ne peut, en l'absence de conditions particulières, être regardée comme ayant agi pour le compte de l'Etat ; que les litiges nés de l'exécution de ce contrat ressortissent à la compétence des juridictions de l'ordre judiciaire* ».

[700] TC 10 janvier 2001, *Société rue Impériale de Lyon c. Sté Parc Auto*, Rec. 761

de faire participer le cocontractant à l'exécution même du service public[701].

862. Au bénéfice de ces précisions, il demeure que la notion de clause exorbitante est difficile à cerner en pratique. Certains arrêts y voient une clause qui n'est pas usuelle dans les relations entre particuliers[702], d'autres la définissent comme la clause « *ayant pour effet de conférer aux parties des droits ou de mettre à leur charge des obligations étrangères par leur nature à ceux qui sont susceptibles d'être librement consentis par quiconque dans le cadre des lois civiles et commerciales* »[703]. À titre d'illustration, on peut citer les clauses qui confèrent à l'administration contractante le pouvoir de résilier ou de modifier unilatéralement le contrat ou bien de diriger, surveiller ou contrôler son exécution. La présence de plus d'une clause de ce genre dans le même contrat est évidemment déterminante.

863. On doit souligner cependant que le TC a substitué au critère de la « *clause exorbitante du droit commun* » héritée de la distinction quelque peu désuète entre gestion publique et gestion privée celui de « *la clause impliquant un régime exorbitant* [704] ».

Un tel critère parait en effetmieux adapté au fait que l'administration, tout en agissant comme personne publique, peut choisir de passer un contrat de droit commun soumis au code civil (location d'un immeuble par exemple pour abriter les bureaux d'une administration), qui n'implique, par lui-même, l'application d'aucune règle spéciale au fonctionnement des services de cette administration.Une telle démarche n'a pas été reprise par le TA qui reste attaché au critère classique de la clause exorbitante[705].

2. Le recours au critère du « contrat administratif pur ou par nature »

864. Conscient de la fragilité de l'utilisation du critère général pour fonder sa compétence, particulièrement lorsque le litige porte sur un marché

---

[701] TC 8 juillet 1963, *Entreprise Peyrot c. Société de l'autoroute Estérel-Côte d'Azur*, Rec. 787; D. 1963.534, concl. Lasry, note Josse.

[702] TC, 14 novembre 1960, *Société agricole de stockage de la région d'Ablis.*

[703] CE Sect. 20 octobre 1950, *Stein*, Rec. CE, 505.

[704] TC 13 octobre 2014, *SA Axa France IARD*, n° 3963, RFDA 2014, 1068, concl. Desportes ; JCP-A 2015, 2010, note. H. Pauliat : « *Considérant, en troisième lieu, que le contrat litigieux ne comporte aucune clause qui, notamment par les prérogatives reconnues à la personne publique contractante dans l'exécution du contrat, implique, dans l'intérêt général, qu'il relève du régime exorbitant des contrats administratifs* ».

[705] TA, Cass, 4 juillet 2009, n° 39453, *CCE pour le compte de l'État c. Selmi,* Rec. TA, p. 21.

public conclu par une entreprise publique, le TA, relayé par le CCC, a finalement décidé de mettre en œuvre un critère propre aux contrats de marchés publics tenant à la nature intrinsèque de ce type de contrats.

865. Ces considérations expliquent l'équation établie par le juge administratif entre marchés publics, d'une part, contrats administratifs et compétence du juge administratif, d'autre part. Le TA considère ainsi que ce type de contrat, soumis à une réglementation où dominent les éléments de droit public, constitue un modèle « *pur* » de contrat administratif ou encore un « *contrat administratif par nature* », nonobstant la qualité de l'acheteur public en cause, administration ou entreprise publique[706].

866. Cette démarche a été appliquée d'abord aux contrats de travaux publics quelles que soient les parties en cause et le fond destiné à accueillir ces travaux. Ainsi, dans l'arrêt *Chamakh*, le TA a conclu, à propos d'un litige relatif à l'exécution d'un contrat par lequel un particulier avait confié à l'administration, sur la base de la législation relative à la conservation du domaine forestier, le soin de la conservation, du reboisement et de l'exploitation d'une propriété agricole privée, « *qu'il est constant en doctrine et en jurisprudence que ce type de contrat relève de la catégorie des contrats de travaux publics qui constituent un type pur de contrats administratifs, alors même qu'il ne comporte pas de clauses exorbitantes du droit commun, particulièrement lorsqu'il se rattache aux travaux qui sont entrepris par l'État dans un but d'utilité générale* »[707].

867. La notion de travail public est une notion particulièrement attractive en droit administratif tunisien. Ainsi, sont considérés comme travaux publics au sens de la jurisprudence administrative, « *tous travaux réalisés pour le compte d'une personne publique à des fins d'utilité générale, que cette personne soit administrative ou non administrative* »[708]. Le TA, dans un considérant pédagogique, prend

---

[706] L'arrêt de principe affirmant que les marchés publics sont « *des contrats administratifs par nature* » est l'arrêt précité « *Hôpital A. Mami c. Entreprise Askri* », rendu par le TA le 22 mai 2001; v. aussi : TA, Appel, 30 juin 1998, n° 21259, *CCE pour le compte du Commissariat régional au développement agricole c. Société Chaabane et cie,* Rec. TA, p.482, à propos d'un marché conclu par un organisme érigé en un EPIC.
Sur cette question, v. BEN AÏSSA (M.-S.), « La définition du contrat administratif dans la jurisprudence du Tribunal administratif : doutes et certitudes », art. précité.

[707] TA, Appel, 29 décembre 1988, *CCE pour le compte du ministère de l'agriculture c. Chamakh,* Rec. TA, p.12.

[708] TA, Appel, 11 janvier 1997, n° 21339, *CCE pour le compte du ministère de l'équipement et de l'habitat c. Balti et société SOTUBOZ,* Rec. TA, p.14.

même le soin de préciser *« que ces travaux conservent le caractère public même lorsqu'ils sont réalisés au bénéfice des particuliers, à la condition toutefois d'être réalisés par une personne publique ou pour son compte dans le cadre des missions de service public dont elle a la charge »*. On retrouve ici les éléments essentiels dégagés par la jurisprudence française pour définir la notion de travail public depuis l'arrêt « *Commune de Monségur* » du 10 juin 1921[709], jusqu'àl'arrêt « *Effimieff* » du 28 mars 1955[710].

868. Appliquée d'abord à des travaux publics réalisés par l'État sur des fonds privés dans un but d'utilité générale[711], cette solution a été étendue par la suite aux marchés de travaux publics, qui ont été considérés par le juge administratif comme des contrats administratifs « *par nature* » en raison de leur soumission au régime défini par la réglementation des marchés publics.

869. Cette qualification est particulièrement nette dans l'arrêt « *Office de développement de la Tunisie centrale* », rendu en appel par le TA le 30 juin 1998. Dans cette décision, le juge administratif, après avoir rappelé « *que le marché, objet du litige, se rapporte à des travaux qui ont pour objet la réalisation d'un périmètre public irrigué dans la région d'El Rouhia* » et constaté *« qu'il ressort de la loi 1978-44 relative à la création de l'Office de développement de la Tunisie centrale, que cet organisme a la qualité d'un établissement public à caractère industriel et commercial chargé d'une mission de service public »*, a fini par conclure *« que la jurisprudence administrative a coutume de qualifier les contrats qui ont pour objet la réalisation de travaux publics de contrats administratifs par nature »*[712].

870. Cette jurisprudence a été élargie ultérieurement aux autres types de marchés à l'occasion de l'examen d'un recours relatif à l'exécution d'un marché de peinture conclu par un hôpital public érigé en la forme d'un EPNA n'ayant pas la qualité d'une entreprise publique[713]. La démarche suivie par le juge tunisien en la matière doit être rapprochée de la méthode dite de « *l'identification directe* » mise en lumière par le Professeur Paul AMSELEK dans son commentaire sur l'arrêt

---

[709] CE 10 juin 1921, *Commune de Montségur*, GAJA, *op.cit.*, n° 36, p. 216 : Est un travail public le travail exécuté pour le compte d'une personne publique dans un but d'intérêt général.

[710] TC 28 mars 1955, *Effimieff*, GAJA, *op.cit.*, n° 67, p. 435 : Est un travail public le travail réalisé par une personne publique en vue d'un service public.

[711] TA, appel, 29 décembre 1988, *Chamakh*, précité.

[712] TA, 30 juin 1998, *Office de développement de la Tunisie centrale*, inédit

[713] TA, appel, 22 mai 2001, n° CCE *pour le compte de l'hôpital A. Mami c. Entreprise El Askri*, précité.

« *Société d'exploitation électrique de la rivière du Sant* », selon laquelle un contrat doit être considéré comme administratif s'il a été soumis à « *un régime exorbitant* » où prédominent des éléments de droit public[714]. Ainsi, dans la décision « *Commune de Tunis* » du 1er décembre 1998, le TA a conclu à la nature administrative d'un marché de travaux en raison de sa soumission à la réglementation des marchés publics et de sa conclusion « *sous l'empire des règles du droit public* »[715].

871. Cette position a été confirmée depuis à l'occasion de l'examen de litiges relatifs – ce qui est plus remarquable – à des marchés d'entreprises publiques n'ayant pas la qualité de personnes morales de droit public[716]. Elle a été nettement consacrée par le CCC dans sa décision du 14 juin 2005 rendue à propos d'un litige opposant le Commissariat régional au développement agricole de Gafsa à une entreprise chargée de l'exécution d'un ensemble d'ouvrages d'irrigation dans les oasis du sud-ouest[717]. Elle a été élargie à tous les types de marchés publics, quel que soit leur objet, travaux, fournitures ou services. Ainsi, dans une espèce récente, le TA va jusqu'à affirmer que *« les achats publics (...), à partir d'un certain seuil, sont soumis à un régime exorbitant, défini par le décret relatif aux marchés publics (...) ; que ces contrats sont administratifs par nature sans qu'il soit nécessaire de rechercher s'ils comportent ou non des clauses exorbitantes du droit commun »*[718].

872. Cette position n'est pas exempte de critiques. Comme le souligne le Professeur BEN AÏSSA « en qualifiant, en bloc, les marchés publics de contrats administratifs, le TA,conforté en cela par la jurisprudence du Conseil des conflits, a, en quelque sorte, malmené la définition organique du contrat administratif qu'il a lui-même consacrée »[719]. L'auteur fait ici allusion aux marchés des entreprises publiques érigées en la forme de sociétés commerciales de droit privé.

---

[714] CE Sect. 19 janvier 1973, *Société d'exploitation électrique de la rivière du Sant*, Rec. CE, 48 ; CJEG 1973.239, concl. Rougevin-Baville, note Carron ; RA 1973.633, note Amselek.

[715] TA, Appel, 1er décembre 1998, n° 21001, *Commune de Tunis c. Entreprise industrielle*, Recueil de jurisprudence du TA 1998, ENA, Tunis 2002, p. 587.

[716] TA, 8 juin 2010, n° 16437, inédit.

[717] CCC, 14 juin 2005, n° 134, M. Riahi, Recueil des décisions du CCC, op. cit., p.329 ; v. aussi, dans le même sens, n° 83 du 7 octobre 2003, p.207 ; n° 118 du 28 septembre 2004, p. 285 et n° 188 du 16 juin 2007, inédite.

[718] TA, 1ère instance, 25 novembre 2009, n° 1/18661, *Société de transport c. Commune de Kerkennah*, inédit.

[719] BEN AÏSSA (M.-S.), Tunisie, *Droit comparé des contrats publics*, op. cit., p. 963.

873. Telle que formulée, l'application du critère « *administratif par nature* » aux contrats de marchés publics signifie non seulement la substitution d'un critère spécifique au critère général dégagé par l'arrêt *Ouelhazi*, mais aussi et surtout la renonciation par le juge administratif au critère législatif posé par l'article 2 de loi 96-38 relative à la répartition des compétences entre les deux ordres de juridictions. Ceci explique sans doute son rejet par le juge judiciaire.

§2. Le caractère résiduel de la compétence du juge judiciaire

874. L'examen de la jurisprudence montre, qu'en dépit du rejet par le juge judiciaire du critère matériel dégagé par le juge administratif en matière de contrats de marchés publics (**A**), la saisine des juridictions civiles pour examiner les litiges relatifs à l'exécution des marchés publics demeure résiduelle (**B**).

A. Le rejet par le juge judiciaire du critère de la nature administrative des marchés des entreprises publiques

875. Le juge judiciaire, conforté en cela par une décision isolée du TA, n'a jamais accepté de s'incliner devant la jurisprudence précédemment citée. Considérant que la mission du juge est de « *dire le droit* » et qu'il ne lui appartient pas de s'écarter du texte de la loi lorsque celle-ci est claire, le juge judiciaire affirme, de son côté, que l'ensemble des litiges relatifs aux entreprises publiques, y compris donc ceux relatifs à l'exécution des marchés publics, relèvent de sa compétence. Il ouvre ainsi la voie à une véritable guerre de tranchées entre les deux ordres de juridictions.

1. Les manifestations du rejet

876. Les manifestations de la rébellion du juge judiciaire sont multiformes.Ainsi, dans des arrêts portant sur des litiges relatifs à l'inexécution des obligations financières des entreprises publiques adjudicatrices de marchés de travaux, la Cour de cassation a accepté d'examiner le bien-fondé des pourvois relatifs à l'application de la réglementation des marchés publics, sans évoquer la question préalable de sa compétence pourtant d'ordre public.

877. Dans le premier arrêt, la Cour était saisie d'un pourvoi formé par la Société nationale immobilière de Tunisie (SNIT), société à capital totalement étatique érigée en une société anonyme de droit privé, contre une décision de la Cour d'appel de Tunis prise sur la base de l'article 17 de la loi de finances complémentaire du 2 juin 1988 portant exonération des entrepreneurs des pénalités de retard applicables en matière de marchés publics. La Cour de cassation a

rejeté le pourvoi en estimant que les juges du fond ont fait une bonne application de la loi en ordonnant la restitution à l'entreprise titulaire du marché des montants indument retenus par l'auteur du pourvoi[720].

878. C'est la même position qui a été adoptée par la 1ère Chambre civile de la Cour de cassation, saisie d'un litige relatif à la question de la validité d'une saisie-arrêt pratiquée par l'entreprise titulaire d'un marché de travaux sur le fondement de l'article 330 du CPCC. En l'espèce, il y avait refus de l'entreprise de droit privé de restituer la retenue de garantie en dépit de la réception définitive des travaux. Faisant application de la réglementation des marchés publics, la Cour, par son arrêt rendu le 17 octobre 2005, casse avec renvoi l'arrêt critiqué au motif que le procés-verbalde réception produit par le défendeur au pourvoi ne comportait pas la signature du maître de l'ouvrage ou de son représentant[721].

879. Mais c'est à l'occasion de litiges mettant en cause la responsabilité d'établissements chargés de la gestion des réseaux publics d'électricité et d'eau potable que la Cour de Cassation va proclamer son opposition frontale à la solution adoptée par le juge administratif.Dans deux décisions rendues le même jour par les Chambres réunies, la Haute juridiction va affirmer la compétence du juge judiciaire en des termes très généraux.

880. Pour justifier sa position, la Cour considère *« qu'il résulte des termes de l'article 2 de la loi 96-38 du 3 juin 1996 que le législateur a retenu un critère organique dans la répartition des compétences entre la justice judiciaire et la justice administrative ; qu'en vertu de ce critère, il a attribué un bloc de compétences aux juridictions civiles pour statuer sur tous les litiges pouvant survenir entre les entreprises publiques leurs agents, leurs clients ou les tiers, que ces litiges aient surgi à l'occasion de l'exercice de l'activité de puissance publique de ces entreprises (...) ou bien à l'occasion de leur activité commerciale de droit privé »*.

Elle ajoute que *« la requérante a été érigée en EPIC par le décret-loi n° 8 du 3 avril 1962 portant création de cette société ; qu'elle a été classée en tant qu'EPNA et considérée comme une entreprise publique par le décret n° 564 du 31 mars 1997 modifié par le décret*

---

[720]Cass. Civ., 02 mars 2005, n° 9165, *SNIT c. Société des travaux publics ruraux « SOTPAR »*, Bull. civ., t.2, 2005, p.91.
[721]Cass. Civ., 17 octobre 2005, n° 4619, *Société régionale de transport de Sfax c. BNA, BS, BIAT, UBCI, BH, BT et SIAPE*, Bull. civ., 2005, t 2, p.95.

n° 2199 du 7 octobre 2002 ; que, dès lors, la compétence dans la présente affaire doit revenir aux tribunaux de l'ordre judiciaire »[722].

881. On rappellera que le TA avait déjà eu l'occasion d'adopter pareille position, dans une jurisprudence restée cependant isolée. Saisi d'une demande d'indemnisation pour inexécution par l'entreprise titulaire d'un marché de travaux, le TA s'était en effet déclaré incompétent eu égard à la qualité d'EPIC de l'acheteur public et à la soumission de ces marchés à la législation commerciale en application de l'article 18 de la loi relative aux entreprises publiques[723].

2. Les motifs du rejet

882. Les motifs invoqués par la Cour de cassation pour affirmer sa compétence sont au nombre de trois :

883. Il y a d'abord, la clarté de l'article 2 de la loi 1996-38 relative à la répartition des compétences entre les deux ordres de juridiction. La Cour de cassation a toujours considéré qu'il n'y a pas lieu d'interpréter un texte clair. Elle a constamment réaffirmé la règle posée par l'école de l'exégèse selon laquelle il faut interroger le texte lui-même pour découvrir la volonté du législateur, car s'il appartient aux juges du fond d'interpréter les règles obscures, *il leur est « juridiquement interdit de modifier les dispositions d'un texte lorsque sa signification est claire»*[724]. C'est d'ailleurs la direction donnée par le législateur lui-même qui invite les tribunaux « *en appliquant la loi, (...) à ne pas lui donner d'autre sens que celui qui résulte de ses expressions, d'après leur ordre grammatical, leur signification usuelle et l'intention du législateur* » (art 532 du COC). Dans le cas présent, et pour en revenir à la lettre del'article 2 de la loi 96-38 du 3 juin 1996, il est clair que la démarche adoptée par le législateur dans la répartition des compétences entre les deux ordres de juridiction, a été d'attribuer un bloc de compétences aux juridictions civiles de droit commun pour tous les litiges pouvant survenir entre les entreprises publiques, leurs agents, leurs clients ou les tiers, consacrant par là un critère organique général.

884. Il y a ensuite, les travaux préparatoires de la Chambre des députés :la Cour ajoute « qu'outre la clarté du texte, il résulte de la volonté du législateur, telle qu'exprimée par les auteurs du projet de loi lors de sa

---

[722]Cass. Civ., 30 novembre 2006, n° 5269, *SONEDE*, Rec. des décisions des Chambres réunies de la CC 2006-2007, Centre des études juridiques et judiciaires du ministère de la justice, Tunis 2008, p.39 ; 30 novembre 2006, n° 6612, *STEG*, p. 57.

[723] TA, 19 décembre 1997, n° 16309, *Agence des ports de pêche*, précité.

[724]Cass. Civ.18 février 1969, Bull. civ. 1969, p. 25.

discussion devant la Chambre des députés, qu'en dépit de la connaissance de l'existence de cas où ces entreprises se comportent comme des autorités publiques, les auteurs du projet ont malgré tout choisi de mettre fin aux conflits de compétences en attribuant une compétence générale aux tribunaux de droit commun pour tous les litiges opposant les entreprises publiques, leurs agents, leurs clients et les tiers, nonobstant l'aspect matériel du litige en cause »[725].

885. Il y a enfin le fait que la position du CCC relativement à ces questions demeure hésitante. La Cour de cassation, tout en admettant que les décisions du CCC engagent toutes les juridictions en vertu de l'article 12 de la loi 96-38 qui prévoit que les décisions rendues par le CCC ont l'autorité absolue de la chose jugée, relève que sa position n'est pas fermement établie en la matière, dans la mesure où il lui est arrivé d'attribuer compétence tantôt à la juridiction administrative tantôt aux juridictions civiles.

886. Cet argument, qui vaut peut-être pour les litiges extracontractuels, n'est pas transposable aux litiges contractuels. Dans ce domaine, la jurisprudence du Conseil est constante pour reconnaître la compétence du juge administratif. D'une part, sur la base du critère général dualiste d'identification des contrats administratifs autres que les marchés publics dégagé par le TA depuis l'arrêt *Ouelhazi*. Ainsi, dans des litiges relatifs à la licéité de sanctions prononcées unilatéralement par un EPIC contre l'abonné pour fraude à la consommation d'électricité, le Conseil va conclure à la nature administrative du contrat et à la compétence du juge administratif en appliquant les critères généraux de la jurisprudence administrative[726]. D'autre part, sur la base du critère spécifique appliqué aux contrats de marchés publics considérés comme des contrats administratifs par nature[727].

887. C'est donc sur la base de l'article 2 de la loi organique du 3 juin 1996 que les tribunaux judiciaires, faisant fi de la jurisprudence du CCC, vont se considérer[728] compétents pour examiner les litiges relatifs à l'exécution des marchés des entreprises publiques.

---

[725] La Cour fait allusion ici aux travaux préparatoires de la Chambre des députés qui confirment nettement l'intention du législateur de confier un bloc de compétences au juge judiciaire pour tous les litiges mettant en cause des entreprises publiques. Cf : JOCD 1996, p. 3.

[726] CCC, 16 avril 2002, n° 49, *Boukadida* précité ; 6 juillet 2009, n° 49, *Zarrouk* précité.

[727] CCC, 14 juin 2005, n° 134 précité.

[728] Sur cette question, cf. : JABALLAH (S.), *L'autorité des décisions du Conseil des conflits de compétence*, Mémoire pour l'obtention du Master en droit public et financier, Faculté des sciences juridiques, politiques et sociales de Tunis, 2013.

888. Cette position, qui remet en cause l'autorité des décisions du Conseil, constitue une manifestation malheureuse d'une indiscipline contentieuse préjudiciable à la sécurité juridique.

B. Le problème de la détermination du juge compétent en matière de marchés de travaux

889. Les difficultés relatives à la détermination du juge compétent en la matière résultent de la pluralité des intervenants. Elles surgissent surtout lorsque l'un des participants cherche à mettre en cause la responsabilité d'un autre intervenant avec lequel il est uni par un contrat de droit privé. C'est le cas notamment des litiges opposant les membres d'un groupement d'entreprises (1) ou constructeurs et sous-traitants (**2**). Ces difficultés appellent une simplification de l'état du droit (**3**).

1. La compétence du juge judiciaire dans les litiges entre membres d'un groupement d'entreprises

890. Pour des raisons d'efficacité, certains marchés sont passés par l'Administration avec un groupement d'entreprises. La cotraitance désigne la situation dans laquelle l'administration contractante est amenée à s'engager avec plusieurs entreprises qualifiées de cotraitants. Elle correspond à l'hypothèse de la constitution d'un groupement d'entreprises en vue de participer à un marché déterminé.

891. Cette situation est fréquente dans les marchés de travaux nécessitant le concours de plusieurs intervenants. Elle est même encouragée par les pouvoirs publics. L'article 13 du CMP prévoit que le groupement des achats n'exclut pas leur répartition en lots afin de permettre l'élargissement de la concurrence. Il ajoute que la répartition des commandes en lots doit tenir compte des moyens des participants potentiels, de leurs capacités et de leurs références. D'un autre côté, l'article 55 du même texte autorise la présentation d'une offre commune dans le cadre d'un même groupement. Cette offre doit être signée et présentée par les candidats ou par leurs mandataires dûment habilités.

892. Une telle procédure est rendue obligatoire en cas d'allotissement *« susceptible de présenter des avantages d'ordre technique, financier ou social »* ou lorsqu'une telle opération *« est de nature à favoriser la participation des entreprises nationales »* (article 16 du CMP). Les entreprises étrangères sont incitées, dans ce dernier cas, à associer des entreprises locales lors de la présentation de leurs offres (articles 22, 23 et 24).

893. La seule limitation prévue par le code est dictée par la nécessité de lutter contre les pratiques d'entente illicites que peut dissimuler la présentation d'offres groupées dans le cadre de la passation d'un marché dans le but d'éliminer la concurrence.

Dans ce cas, l'alinéa 2 de l'article 55 prévoit *« que tout participant ayant présenté une offre commune dans le cadre d'un groupement ne peut présenter une offre individuelle distincte pour son propre compte ou dans le cadre d'un autre groupement ».*

894. Un groupement n'a pas la personnalité juridique. Théoriquement, l'opération devrait donc donner lieu à une pluralité de marchés conclus avec chacune des entreprises membres du groupement et réunissant les conditions de candidature prévues par les cahiers des charges. En pratique cependant, le marché est très souvent conclu par un acte d'engagement unique, signé soit par l'ensemble des entreprises groupées, soit par le mandataire commun dûment habilité, ainsi que le prévoit l'article 2.3 du CCAG travaux qui dispose que « *des entrepreneurs sont considérés comme groupés s'ils ont souscrit un acte d'engagement unique* ».

895. Les relations entre membres du groupement sont cependant régies par le droit privé. Ceux-ci doivent choisir entre les deux formes possibles de groupement en matière de marchés publics : le groupement conjoint dans lequel un entrepreneur membre du groupement s'engage à exécuter les prestations qui sont susceptibles de lui être attribuées par le marché ou bien le groupement solidaire dans lequel chacun des entrepreneurs est engagé financièrement pour la totalité du marché. Dans les deux cas, l'un des entrepreneurs, désigné dans l'acte d'engagement comme mandataire, représente l'ensemble des membres et coordonne leurs prestations.

896. Par-delà les difficultés qui peuvent surgir devant le juge administratif relativement aux obligations de solidarité entre membres du groupement et que la personne publique peut faire jouer à l'encontre de chacun de ses membres qui ont tous la qualité de cocontractant du maître de l'ouvrage, se pose la question de la nature juridique des relations qui unissent ces membres et, par voie de conséquence, du juge compétent pour trancher les litiges pouvant les opposer.

897. Deux hypothèses peuvent ici êtresoulevées : La première, qui est, la plus fréquente, est celle d'un litige relatif à l'exécution d'un mandat. Dans ce cas, la compétence est judiciaire, car il s'agit d'une obligation contractuelle de droit privé[729]. La seconde est relative aux litiges

[729] CE 18 avril 1984, *SOGEP, Dr. Adm.* 1984, n° 218.

pouvant opposer les membres du groupement sur l'exécution de leurs obligations respectives, à l'égard du maître de l'ouvrage. Dans ce cas, tout dépendra de la nature de leurs relations.

Si les entreprises se sont regroupées par le biais d'une convention interne au groupement, le litige demeure judiciaire en dépit du fait qu'il se rapporte à l'opération de travail public et ce, quelle que soit la nature de cette convention (convention expresse, société en participation ou groupement d'intérêt économique)[730]. Si, en revanche, aucune convention ne peut être identifiée, le juge administratif sera compétent dans la mesure où le litige porte sur l'exécution d'un marché de travaux publics[731]. On retrouve ici l'attrait exercé par la notion de travail public sur la compétence du juge administratif.

2. La compétence du juge judiciaire dans les litiges opposant constructeurs et sous-traitants

898. Les difficultés de la répartition des compétences liées à l'exécution des contrats de sous-traitance en matière de marchés publics s'expliquent par la pluralité des intervenants. Elles n'ont pas été toutes clairement résolues en droit tunisien.

899. Nous avons déjà eu l'occasion de souligner que la sous-traitance n'engendrait pas de relations entre le sous-traitant et le titulaire fondées sur le contrat de marché public, car, et en vertu de l'article 89, dernier alinéa du CMP et de l'article 2 du CCAG Travaux « *le titulaire du marché demeure personnellement responsable à l'égard de l'acheteur public* ». Par rapport à ce dernier, le sous-traitant demeure donc théoriquement un tiers contre lequel l'administration ne peut agir en responsabilité contractuelle, ni le mettre en cause dans une procédure dirigée contre le titulaire. En revanche, l'exécution d'une partie des prestations par le sous-traitant ne peut délier le titulaire de sa responsabilité envers l'acheteur public, car l'obligation d'exécution demeure à la charge de ce dernier, abstraction faite des personnes qui ont effectivement exécuté les prestations. C'est ce qu'a rappelé le Tribunal administratif en soulignant « *que l'entreprise contractante demeure, dans tous les cas, responsable des prestations réalisées par ses sous-traitants comme si elle les avait réalisées elle-même ; que c'est à bon droit, dès lors, que la juridiction du premier degré a pu déclarer irrecevable la demande d'intervention forcée de*

---

730 CE 17 juin 1985, *Sa de Paniagua*, Rec. CE, p. 543.

731 CE 21 février 1986, *Société de génie civil de l'Ouest*, RFDA 1989, p.1454.

la société sous-traitante en décidant de la mettre hors de cause dans cette instance »[732].

900. Malgré tout, la question de la détermination du juge compétent pour l'action intentée par le maître de l'ouvrage contre le sous-traitant n'a pas été clairement résolue en Tunisie. En France, après une certaine hésitation, le Tribunal des conflits a fini par consacrer la compétence administrative[733].

901. Tel n'est pas le cas pour ce qui concerne les actions - directes ou en garantie – du constructeur contre son sous-traitant ou de ce dernier contre le constructeur. Celles-ci relèvent de la juridiction judiciaire, dans la mesure où « *elles se rattachent à un contrat de droit privé dont le contentieux échappe à la juridiction administrative* »[734].

3. Des simplifications souhaitables

902. La dispersion des compétences en matière de marchés de travaux publics, conséquence inéluctable du dualisme juridictionnel, est source d'incertitudes, préjudiciable à la sécurité juridique des parties en cause. Elle appelle une intervention radicale du CCC pour introduire les simplifications qui s'imposent dans une question caractérisée par une extrême volatilité.

903. Le problème ne se pose pas lorsque les parties au litige sont uniquement des personnes privées, intervenant à un niveau ou à un autre, dans l'exécution de ce type de marchés. Dans ce cas, la compétence du juge judiciaire devrait être la règle en dépit du caractère de travail public de l'objet du contrat. Mais dans les cas où le maître de l'ouvrage est présent au litige, une clarification de la répartition des compétences entre les deux ordres de juridiction est souhaitable. Elle est de nature à mettre fin à l'incertitude qui caractérise cette question.

904. En matière de mesures d'instruction, les conflits de compétence sont fréquents. Le juge judiciaire estime, en effet, qu'il lui est loisible de délivrer des ordonnances tendant à « *prescrire toutes mesures propres à sauvegarder les droits et intérêts qu'il n'est pas permis de laisser sans protection* » en procédant, par exemple, à la désignation d'une équipe d'experts chargée de déterminer les responsabilités dans un

---

[732] TA, Chambre de 1ère instance, 22 février 2011, Héritiers S. / *CCE pour le compte du ministère de la femme*, Rec. TA, p. 457.

[733] TC, 2 juin 2008, *Souscripteurs des Lloyd's de Londres*, AJDA 2008, 2448, note G. Eveillard.

[734] CE 15 décembre 1971, *Commoy*, Rec., p. 773 ; TC 15 janvier 1973, *Société Quillery-Goumy*, Rec. CE, p. 844.

sinistre survenu à l'occasion de l'exécution d'un marché de travaux publics sur la base des articles 101 et 113 du CPCC[735]. De son côté, le juge administratif, statuant dans la même affaire par voie de référé, considère que l'ordonnance prononcée par le juge judiciaire « *n'est pas de nature à remettre en cause le droit qu'a le juge administratif d'ordonner à ce qu'il soit procédé aux constats nécessaires dans le cadre de la compétence qui lui revient en matière administrative alors surtout qu'il est seul habilité à prescrire les mesures d'instruction destinées à déterminer la situation juridique des parties et de clarifier les responsabilités qui leur incombent, à l'effet de permettre au juge du fond de trancher le litige* »[736].

905. La simplification pourrait venir du CCC qui, tout en confirmant l'attribution d'un bloc de compétences au juge judiciaire pour les contestations relatives à l'ensemble des marchés des entreprises publiques, pourrait contribuer d'une manière décisive à clarifier le régime contentieux de ce type de litiges.

906. À l'inverse, pour les marchés de l'administration, le critère organique débouchant sur la compétence du juge administratif devrait être privilégié, sans toutefois exclure la compétence du juge judiciaire toutes les fois où il apparaîtrait que les parties en cause sont liées par un contrat de droit privé.

907. En France, selon une jurisprudence concordante du Tribunal des conflits et du Conseil d'État, lorsque « la demande ne tend qu'à voir ordonner une mesure d'instruction avant tout procès et avant même que puisse être déterminée, eu égard aux parties éventuellement appelées en la cause principale, la compétence sur le fond du litige, mais que le fond du litige est de nature à relever, fût-ce pour partie de la compétence des juridictions de l'ordre auquel il appartient, le juge des référés ne peut refuser de se saisir »[737]. En d'autres termes, lorsque le juge des référés est saisi, dans le cadre d'un litige relatif à l'exécution d'un marché public, par une partied'une requête tendant à

[735] Tribunal de 1ère instance de l'Ariana, 9 janvier 2006, n° 66413, *ONAS c. CTRA*, inédit : ordonnance sur requête portant désignation d'un expert à l'effet de procéder aux constatations sur les lieux du sinistre, de déterminer les responsabilités et d'évaluer le préjudice subi par le maître de l'ouvrage.

[736] TA, Référé constat, 22 mars 2006, n°71663, *CTRA c. ONAS*, Rec. TA, p. 462.

[737] TC 17 octobre 1988, *SA Entreprise Niay*, Rec., p. 495, Qot. Jur. 21 fév. 1989, p. 3, note Moderne ; AJDA 1989. 458, note Gilli : demande d'un sous-traitant contre le maître de l'ouvrage
CE 30 octobre 1989, *Sté Othec*, Rec. CE, p. 794, D. 1990.somm. 250, obs. Terneyre : demandes d'un maître d'ouvrage et d'un architecte contre un bureau d'études lié par un contrat de service avec l'architecte.

voir ordonner une mesure d'instruction (une expertise par exemple), il ne peut refuser d'apprécier son bien-fondé, dès lors qu'elle peut lui apparaître relever, même pour partie, de sa compétence. Cette solution, qui a pour mérite d'éviter « un énorme gaspillage de temps et d'argent »[738] en permettant à la partie assignée devant n'importe quel ordre de juridiction d'appeler immédiatement en cause toutes les parties auxquelles elle souhaiterait rendre la mesure d'instruction opposable, n'a pas pour effet d'entraîner un bouleversement des compétences devant le juge du fond[739]. Le CCC pourrait s'en inspirer utilement pour faciliter le traitement de questions qui nécessitent le prononcé rapide de mesures d'instructions destinées à faciliter la résolution des litiges devant le juge du fond.

908. Une telle position pourrait contribuer à lever les incertitudes qui continuent d'entourer de telles questions qui ont des répercussions négatives sur les intérêts légitimes des cocontractants de l'administration.

---

[738] GILLI (J.-P.), « Marchés publics et compétence administrative », AJDA 1984, p. 524.

[739] Pour une vue générale, cf. : TERNEYRE (P.), « *Contentieux de l'exécution des marchés de travaux publics et répartition des compétences juridictionnelles* », Mélanges Chapus, Montchrestion, 1992, pp. 599 et s.

CONCLUSION DU CHAPITRE I

909. La question de la détermination de l'ordre juridictionnel compétent en matière de contrôle de l'exécution des marchés publics est entourée d'une grande incertitude préjudiciable à la sécurité juridique.

910. Les conventions conclues entre les parties en vue de soumettre leurs litiges à une juridiction arbitrale sont souvent remises en cause à l'initiative de la partie publique. Les tribunaux étatiques se montrent alors plutôt réticents à admettre l'arbitrabilité de ce type de litiges alors même que le Code de l'arbitrage, en dehors du rappel du principe traditionnel de l'interdiction du recours à l'arbitrage interne pour les personnes publiques, admet, à titre dérogatoire, l'arbitrabilité de certains litiges, soit à raison de la qualité de l'acheteur public en cause, soit à raison du caractère international du contrat de marché public. Le problème est que ces dérogations à la compétence naturelle du juge administratif ont été introduites par une simple loi ordinaire dans une matière où les textes ne peuvent intervenir que sous la forme d'une loi organique en application des articles 65 et 116 de la Constitution. Le nouveau Code de la justice administrative annoncé par l'article 116 de cette Constitution, qui est actuellement en voie d'élaboration, devrait lever les doutes qui continuent d'entourer cette question en confirmant les solutions retenues par le Code de l'arbitrage.

911. Mais, pour l'heure, l'incertitude qui caractérise la détermination de la compétence des juridictions étatiques à la périphérie du contrat, se conjugue avec celle relative à la détermination des compétences respectives du juge administratif et du juge judiciaire en matière de litiges relatifs à l'exécution des marchés publics. Dans ce domaine, il apparaît en effet, qu'en dépit de l'effort du juge administratif et du Conseil des conflits de compétence pour dégager des critères jurisprudentiels permettant de déterminer le juge compétent, de graves divergences de vues sont apparues entre les deux ordres de juridiction du fait de l'ambiguïté des textes et de l'indiscipline contentieuse.

912. Ces problèmes d'aiguillage ne sont pas sans conséquences sur l'organisation du contentieux des marchés publics devant le juge administratif. Celle-ci paraît fondamentalement inadaptée à la réalité de l'opération d'exécution.

CHAPITRE 2

L'INADAPTATION DE LA STRUCTURE INTERNE DU CONTENTIEUX DES MARCHÉS PUBLICS À LA RÉALITÉ DE L'OPÉRATION D'EXÉCUTION

913. La vie d'un contrat de marché public n'est pas, loin s'en faut, un « *long fleuve tranquille* ». Les marchés publics peuvent en effet être confrontés à des menaces pouvant affecter la stabilité des relations contractuelles. De telles menaces sont généralement la conséquence de la résurgence des questions de régularité relatives à la formation du contrat.

914. L'hypothèse est la suivante : le juge administratif peut être amené à se prononcer, en cours d'exécution, soit sur la légalité les actes qui ont concouru à la formation du contrat, soit sur la légalité du contrat lui-même ou de l'une de ses clauses. La suspension de tels actes pour des marchés qui ont reçu un début d'exécution ou leur annulation constitue une menace directe pouvant affecter la stabilité du contrat. Lorsque ces menaces viennent à exécution, se produit alors « *une sorte de coup de tonnerre dans (le) ciel contractuel*»[740] conduisant à mettre les parties devant une situation particulièrement délicate. Les droits respectifs dont ils ont pu bénéficier peuvent en effet être remis en cause. C'est notamment le cas lorsque le juge administratif sera appelé à intervenir pour déduire les conséquences de l'illégalité entachant la conclusion du contrat.

915. Pour prévenir de telles menaces, l'organisation du système de recours doit être adaptée à la réalité de l'opération d'exécution.Tel n'est pas le cas en Tunisie où le contentieux contractuel demeure partagé essentiellement entre des recours devant un juge du contrat aux pouvoirs diminués ouverts essentiellement aux parties et des recours devant le juge de l'annulation ouverts essentiellement aux tiers et dont les conséquences, en cas d'annulation, demeurent théoriques.

916. Conscient des limites de son office, le juge administratif a tenté de forcer les textes pour ouvrir aux concurrents évincés de nouvelles

[740]H. Savoie, conclusions sur CE, Sect., 20 octobre 2000, *Sté Citécable Est* ; *RFDA* 2001, p. 367.

voies de droit à partir des vieilles recettes du sursis à l'exécution des décisions administratives, du référé administratif de droit commun et de l'action en nullité absolue contre le contrat. Mais ces solutions, foncièrement inadaptées à la réalité de l'opération d'exécution, n'ont fait que compliquer l'état du droit.

917. Celui-ci apparaît donc à la fois éclaté (**Section 1**) et amputé (**Section 2**).

Section 1 : Un contentieux éclaté

918. L'ouverture de plus en plus large des recours aux différentes personnes intéressées par les marchés publics, répond sans doute à une finalité d'intérêt général qui est d'assurer *a posteriori* la légalité des procédures de conclusion.

Elle constitue cependant une menace réelle pour la stabilité contractuelle, car la multiplication des recours ne fait qu'obscurcir le chemin permettant aux personnes, dont les droits ont été directement lésés par la conclusion d'un marché, d'exercer pleinement un recours effectif devant un juge impartial et indépendant, capable de leur garantir les droits qu'elles tiennent du contrat.

919. En l'état actuel du droit, les procédures permettant de contester l'opération d'exécution d'un marché se caractérisent en effet par une grande complexité. Dans certains cas, quatre juges sont compétents : le juge du sursis à l'exécution ou celui du référé conservatoire, celui du recours pour excès de pouvoir ou celui du contrat. Ils seront appelés à intervenir successivement pour que soit apportée une solution définitive à un différend relatif à un marché ayant reçu un début d'exécution.

920. L'incertitude, qui est la conséquence inéluctable de la complexité extrême de ce dispositif, a un coût pour la collectivité. Les menaces qu'elle fait peser sur la stabilité du contrat et l'exécution des marchés conformément aux obligations des parties sont de deux ordres : ces difficultés résultent d'abord de l'inadaptation des procédures d'urgence que le juge administratif a dû se résoudre d'accepter, en l'absence de moyens permettant de prévenir efficacement la résurgence des questions de légalité sur des marchés en cours d'exécution (**§1**). Elles sont ensuite la conséquence de l'inadaptation de la structure du contentieux administratif qui demeure partagé entre le juge de l'excès de pouvoir et le juge du contrat (**§2**).

§1. L'inadaptation des procédures d'urgence

921. Conscient de l'absence de voies de droit spécifiques permettant de bloquer l'exécution de marchés conclus d'une manière irrégulière, le TA, après avoir longtemps hésité, a fini par forcer les textes, en admettant, d'une part, la possibilité pour les candidats évincés de recourir à la procédure du sursis à exécution des décisions administratives (**A**) et en offrant, d'autre part, à ces mêmes candidats la possibilité de demander la suspension de la procédure de passation par la voie du référé conservatoire (**B**) .

A. La suspension d'un marché public ayant reçu un début d'exécution par la voie du sursis

922. La loi relative au TA a mis en place, dès l'origine, une procédure permettant au juge administratif d'intervenir d'urgence pour prendre les mesures destinées à éviter le fait accompli administratif : il s'agit du sursis à exécution des décisions administratives[741].

923. Cette procédure n'est cependant pas adaptée à la spécificité de la matière contractuelle ; elle ne peut servir, par conséquent, à suspendre l'exécution d'un marché public sans remettre en cause la stabilité du contrat (**1**). Elle a été pourtant utilisée à cette fin dans le nouveau contexte politique issu de la Révolution ouvrant ainsi dangereusement la voie à une remise en cause de la stabilité contractuelle (**2**).

1. Une procédure inappropriée

924. Procédure analogue à celle qui existait en France avant son remplacement par celle du référé-suspension en vertu de la loi du 30 juin 2000[742], le sursis à exécution constitue une procédure accessoire au recoursprincipal en excès de pouvoir dont la recevabilité est

---

[741] L'article 39 de la loi relative au TA qui institue cette procédure prévoit que « *le recours pour excès de pouvoir n'a pas d'effet suspensif. Toutefois, le Premier président peut ordonner le sursis à exécution jusqu'à l'expiration des délais de recours ou jusqu'à la date du prononcé du jugement et ce, lorsque la demande de sursis repose sur des motifs apparemment sérieux et que l'exécution de la décision objet du recours est de nature à entrainer des conséquences difficilement réversibles* »

[742] Sur ce type de recours, cf. : CHAPUS (R.), *Droit du contentieux administratif*, Montchrestien, 5ème éd. 1995, pp.1054-1092 ; GAUDEMET (Y.), « Remarques à propos du sursis à exécution des décisions administratives », RDP 1974, p. 385 ; GLEIZAL (J.-J), « Le sursis à exécution des décisions administratives. Théorie et politique jurisprudentielle », AJ 1975, p. 381 ; TOURDIAS, *Le sursis à exécution des décisions administratives*, LGDJ, 1957.

subordonnée à l'exercice effectif, simultané ou préalable, d'un recours en annulation dirigé contre une décision exécutoire.

925. En matière contractuelle, le problème qui se pose est celui de la recevabilité des sursis dirigés contre les actes détachables antérieurs à la conclusion d'un marché, tels les avis de mise en concurrence, d'approbation ou d'attribution de marchés. À l'égard des premiers, la réponse est certainement négative, car de telles décisions ont un caractère préparatoire et ne sont pas susceptibles de faire grief[743].

À l'égard des autres actes que sont les décisions d'approbation ou d'attribution, telles les délibérations des collectivités locales autorisant la passation d'un marché, ou bien les décisions d'attribution d'un marché ou bien encore celles des commissions de contrôle compétentes pour approuver l'attribution d'un marché en droit tunisien, le sursis est théoriquement possible sur la base de la théorie de l'acte détachable[744].

926. Un tel recours ne peut cependant avoir d'effets sur un contrat signé. En raison des délais de résolution des litiges – un mois à compter de l'introduction de la requête selon l'article 40 de la loi relative au TA, bien plus en pratique – le risque est que le sursis intervienne après la signature du marché et le commencement de son exécution. Se pose alors la question de la résurgence de l'irrégularité de la procédure ayant affecté la formation du contrat sur des marchés ayant reçu un début d'exécution et des menaces de l'ordonnance prononçant le sursis sur la stabilité des relations contractuelles.

927. Pendant longtemps, le Premier président, « *maître incontesté de la procédure du sursis* »[745], a jugé irrecevables les recours présentés par les tiers intéressés contre les actes relatifs à la conclusion du contrat qui, bien que manifestement détachables, ne lui paraissaient pas présenter les caractéristiques d'une décision exécutoire. Derrière les arguments invoqués se cache en réalité la volonté de protéger l'intérêt public, trop souvent confondu avec celui de l'administration contractante, celle-ci étant, dans ce cas, défenderesse à l'instance et, par conséquent, opposée à l'octroi du sursis.

928. Jusqu'à la Révolution du 14 janvier 2011, la contestation par la voie du sursis de l'acte antérieur à la conclusion d'un contrat de marché ne pouvait conduire à la suspension de son exécution en dépit des irrégularités qui auraient pu entacher la procédure de passation.

---

743 TA, Sursis, 14 juillet 2008, n° 4/12622, *Mahjoubi*, inédit

744 V. infra, n° 954 et s.

745 JENAYAH (M.-R.), « Le sursis à exécution des décisions administratives en Tunisie », art. précité, p. 82.

929. Les motifs avancés pour fonder ce refus font parfois référence « *au caractère préparatoire de l'acte attaqué et à l'absence de décision faisant grief* » conduisant au rejet des recours dirigés, par exemple, contre des avis d'appel d'offres ou de consultation[746]. Mais c'est surtout le principe de l'effet relatif du contrat et le motif légal tiré du fait que la procédure du sursis a été conçue pour permettre la suspension d'une décision administrative et qu'elle ne peut, par conséquent, servir à la suspension d'un contrat, qui fut le plus souvent invoqué[747].

2. L'évolution de la position du TA et les complications introduites par la jurisprudence Harrabi

930. Cette attitude a cependant évolué sous la pression des nouveaux principes d'égalité des candidats, de transparence des procédures et d'intégrité de l'achat public ardemment revendiqués depuis la Révolution.

931. Le tournant est intervenu en matière d'affermage de droits de marché, considérés comme des contrats de commande publique au même titre que les marchés publics et soumis, de ce fait, du point de vue de leur conclusion, à un régime assez proche de celui des contrats.

932. Dans la première espèce, relative à la contestation de la décision d'attribution des droits d'affermage d'un marché de fruits et légumes de la commune de Moknine, le juge du sursis a, par sa décision rendue le 4 décembre 2013, implicitement admis le principe de la recevabilité du sursis. Il a cependant fini par rejeter le recours estimant que *« la commission de dépouillement dispose d'un pouvoir discrétionnaire dans le choix de l'offre financière la plus avantageuse pour l'intérêt public à la condition toutefois de respecter les principes fondamentaux régissant l'attribution (du contrat) »*[748].

933. Dans la deuxième espèce, le Premier président a, par une décision du 28 avril 2015, ordonné le sursis à exécution de l'attribution des droits de stationnement, de criée et de pesage du marché hebdomadaire de la ville de Sousse alors que le contrat y afférent avait été déjà signé et mis à exécution. Le juge du sursis a estimé que les conditions de fond posées par l'article 39 de la loi relative au TA étaient réunies dans le

[746] V. à propos d'une mesure de consultation, TA, Sursis, 2 janvier 2007, n° 4/12200, *Retibi*, précité et, à propos d'un avis d'appel d'offres : TA, Sursis, 14 juillet 2008, Mahjoubi, n° 4/12622 précité.
[747] TA, Sursis, 12 mai 2008, *Société Acem c. Commune de Makhtat*, Rec. TA, p. 715.
[748] TA, Sursis, 04 décembre 2013, n° 4/16440, *Dhifallah c. Président de la délégation spéciale de Moknine*, inédit.

cas de l'espèce, car « *la requête semble s'appuyer sur des motifs apparemment sérieux et l'exécution de la décision critiquée est de nature à engendrer des conséquences difficilementréversibles* [749]».

934. Les suites de cette décision, manifestement contraire à une position traditionnelle du TA qui refuse d'accorder le bénéfice du sursis lorsque les conséquencesde la décision attaquée ne présentent qu'un caractère financier[750], méritent que l'on s'y attarde. Saisie d'un avis consultatif rendu par le Tribunal sur les modalités d'exécution de la décision de sursis, la Municipalité de Sousse a dû se résoudre à refaire l'appel d'offres.

À l'issue de la nouvelle opération de dépouillement, c'est l'un des candidats évincés qui a été déclaré attributaire aux lieux et place du cocontractant. Celui-ci a été invité alors à résilier le contrat alors qu'il avait déjà payé une partie des droits à la municipalité et commencé à exécuter les prestations. Il était donc parfaitement en droit de demander une indemnisation pour le préjudice subi alors surtout que sa responsabilité n'avait pas été établie dans l'irrégularité ayant conduit à la décision de sursis[751].

935. D'un autre côté, il convient de remarquer que le juge du sursis n'a pas hésité à passer outre le caractère négatif de la décision critiquée (se traduisant, en réalité, par le refus de l'autorité compétente de refaire la procédure de passation du marché). Ce faisant, il n'a fait que confirmer une jurisprudence constante selon laquelle s'« *il n'appartient pas au juge administratif d'adresser des injonctions à l'administration, ni d'ordonner le sursis à exécution d'une décision négative »,* il lui est loisible cependant d'accorder le sursis lorsque *« son exécution est susceptible d'affecter la situation de droit ou de fait du requérant »*[752].

936. Une telle attitude est source d'incertitudes et de complexités préjudiciables à la sécurité juridique du cocontractant. Elle peut conduire à un imbroglio juridique en cas de contrariété entre la décision au principal et la décision avant-dire-droit. Elle représente en

---

[749] TA, Sursis, 28 avril 2015, n° 4/180093,*Harrabi c. 1/ Président de la délégation spéciale de Sousse 2/ Achour*, inédit.

[750] Cf. le commentaire des auteurs de les GJJA sous : TA, Sursis, 21 avril 1979, n° 39, *Club africainc. FTF*, n° 7, p. 105.

[751] SGHAIER (I.), « Le contrôle préalable à la conclusion du contrat », communication présentée à l'occasion du colloque organisé par la Faculté de droit de Sfax les 5 et 6 février 2016 « le régime juridique des contrats publics », doc. ronéoté.

[752] TA, Sursis, 27 novembre 1987, n° 252, *Fkih c. ministre des finances,* Inédit.

tout cas une menace constante pour la stabilité contractuelle et les intérêts légitimes du cocontractant. Ainsi, dans l'affaire de l'attribution des droits de criée et de stationnement et de pesage du marché hebdomadaire de Sousse précédemment évoquée, le Conseiller IssamSGHAIER, juge au TA, a fait état de la présentation de pas moins de trois requêtes aux fins de sursis et de deux recours en principal en rapport avec la procédure de conclusion du contrat[753]. C'est dire les complications induites par l'admission de la recevabilité du sursis à exécution à l'encontre des décisions d'attribution de contrats de commande publique.

937. Cette jurisprudence tranche en tout cas avec celle du juge français du référé-suspension. Cette procédure, qui a remplacé celle du sursis, a été introduite par la loi du 30 juin 2000 (article L.521-1 du CJA).

Elle est caractérisée par l'assouplissement des conditions d'octroi de la mesure de suspension de l'acte contesté consistant, d'une part, dans l'existence d'un moyen propre à créer, en l'état de l'instruction, un doute sérieux quant à la légalité de la décision[754] et, d'autre part, dans la situation d'urgence[755].

938. Or et en dépit du caractère manifestement plus libéral de cette procédure, on constate que le juge français est souvent réticent à faire droit à la demande de suspension d'un acte relatif à la conclusion d'un contrat administratif, au motif que la condition de l'urgence ne saurait être regardée comme remplie lorsqu'il s'avère que le contrat a déjà reçu un début d'exécution[756]. L'obstacle de la condition relative à l'urgence est tel qu'il a pu être qualifié d'*« insurmontable »* par la doctrine française[757]. Cela s'explique, sans doute, par l'existence de

---

[753] SGHAIER (I.), « Le contrôle préalable à la conclusion du contrat », communication présentée à l'occasion du colloque organisé par la Faculté de droit de Sfax les 5 et 6 février 2016 « le régime juridique des contrats publics », doc. ronéoté.

[754] Sur l'appréciation de la condition du doute sérieux relatif à la légalité de la décision contestée, v. les conclusions de Mme de Silva sous : CE, 14 mars 2001, *Ministre de l'intérieur c. Mme Ameur*, RFDA 2001.673.

[755] Le CE considère que « *la condition de l'urgence (...) doit être regardée comme remplie lorsque la décision administrative contestée préjudicie de manière suffisamment grave et immédiate à un intérêt public, à la situation du requérant ou aux intérêts qu'il défend* », ainsi que compte tenu des circonstances de chaque espèce : CE, Section, 19 janvier 2001, *Confédération nationale des radios libres, RFDA 2001.378,* concl. Touvet.

[756] V.TADijon, 13 août 2008, *Société Municipalité Service*, n° 0801715.

[757] LINDITCH (F.), « Recours Tropic : la condition tenant à l'urgence, obstacle insurmontable à l'obtention du référé-suspension », in : JCP Administrations et collectivités territoriales, 31 mars 2008, p. 31 et s.

procédures d'urgence spécifiques, mieux adaptées au particularisme du contentieux contractuel.

B. La suspension d'un marché ayant reçu un début d'exécution par la voie du référé conservatoire

939. Pour répondre aux besoins de l'urgence, l'article 81 de la loi relative au TA, s'inspirant en cela de la procédure civile[758], a créé un recours « conservatoire » en référé, dit encore référé « *mesures utiles* », qui confère « *au président de chambre de 1ère instance ou d'appel, en cas d'urgence, (le pouvoir) d'ordonner, en référé, toutes mesures conservatoires utiles, sans préjuger du fond, et sans que cela n'entrave l'exécution d'un acte administratif* ».

940. La procédure du référé conservatoire, qui constitue l'une des procédures du référé de droit commun se distingue de celle du sursis par son autonomie par rapport à l'instance principale.

Ce recours peut en effet être présenté isolément, indépendamment de l'introduction d'un recours principal devant le juge du fond. Il est du ressort du président de la chambre compétente sur le fond du litige et il a pour objet de prononcer toutes mesures utiles sans préjudice du fond. Les injonctions prononcées dans son cadre sont exécutoires nonobstant appel.

941. Un tel recours n'a cependant pas la même portée que le référé civil de droit commun. Théoriquement, il ne peut être utilisé pour demander la suspension d'un contrat administratif (**1**). Il a pourtant été autorisé en la matière par le juge administratif (**2**).

1. Un recours difficilement praticable en matière contractuelle

942. Le référé conservatoire n'a pas la même portée que le référé civil de droit commun. Il paraît difficile d'admettre qu'il puisse conduire à la suspension d'un contrat de marché public. En effet, ce type de contrat, comme tous les contrats de commande publique, est soumis aux principes de publicité et de mise en concurrence. Avant l'adoption du nouveau CMP, il n'existait pas de délai suspensif entre la passation et l'attribution d'un marché. Rien ne pouvait empêcher l'acheteur public de signer un contrat dont la formation était pourtant entachée d'une violation manifeste des principes fondamentaux qui régissent la commande publique.

---

[758] Plus précisément de l'article 201 du CPCC qui prévoit que « *dans tous les cas d'urgence, il est statué, en référé, par provision et sans préjudice du principal* ».

943. L'adoption du nouveau CMP constitue incontestablement un progrès par rapport à l'état antérieur du droit. La nouvelle réglementation comporte en effet des dispositions destinées à prévenir les incidents qui pourraient menacer la stabilité des relations contractuelles en cours d'exécution. L'article 180 du décret permet aux candidats irrégulièrement évincés de présenter un recours gracieux devant l'acheteur public à l'encontre des actes intervenus lors de la procédure de passation. En cas de rejet, exprès ou tacite de ce recours, l'article 181 leur ouvre la faculté de présenter un recours contentieux devant le COSEM dans un délai de 5 jours ouvrables à compter de la notification de telles décisions. L'acheteur public, saisi d'une telle requête, doit suspendre la procédure de passation jusqu'à la notification de la décision de ce comité devant intervenir dans un délai de 20 jours à compter de la réception de la réponse de l'acheteur public. Passé ce délai, la suspension de la procédure de passation est levée et le marché peut être signé et mis à exécution.

944. Une telle procédure devrait réduire sensiblement la politique de la course à la signature de contrats entachés d'irrégularités manifestes. Elle ne saurait cependant l'éliminer, car rien n'empêche l'acheteur public de conclure un marché en passant outre l'avis du COSEM.

945. La question qui se pose alors est celle de savoir si le juge du référé a le pouvoir d'enjoindre à l'administration contractante la suspension d'un marché ayant reçu un début d'exécution.

La réponse peut difficilement être affirmative, tant l'interdiction d'adresser des injonctions à l'administration paraît fermement établie dans notre droit. Elle a été d'ailleurs implicitement reprise par l'article 81 de la loi relative au TA qui subordonne l'octroi d'une telle mesure à la condition que celle-ci n'ait pas pour conséquence « *de faire obstacle à l'exécution d'une décision administrative* »[759].Cette condition est incompatible avec la spécificité du contentieux contractuel qui impose une gestion économe des deniers publics. Elle constitue un sérieux obstacle à la remise en cause par les tiers de la décision d'attribution d'un marché. Une telle injonction serait préjudiciable à l'intérêt général dans la mesure où elle conduirait à alourdir les charges des collectivités publiques.Pour cette raison, il ne semble pas qu'elle ait eu les faveurs de la jurisprudence avant la Révolution[760].

---

[759] TA, Référé, 26 mai 1999, *Miladi c. Municipalité d'El Haouaria,* Rec. CE, 734.

[760] Nous n'avons pas pu trouver, au vu de la jurisprudence antérieure à 2011, de décisions admettant la recevabilité d'un tel recours en matière contractuelle.

2. L'ouverture du référé conservatoire aux candidats évincés : la jurisprudence Polisios

946. Avant l'adoption du nouveau CMP en 2014, il n'existait pas de délai suspensif entre la passation et l'attribution d'un marché. Conscient des effets négatifs de cette anomalie sur les droits des candidats évincés, le juge des référés a accepté, dans le climat d'effervescence révolutionnaire consécutif à la chute de l'ancien régime le 14 janvier 2011, la requête en référé d'un concurrent évincé tendant à la suspension de l'exécution du marché de travaux de rénovation de la Cimenterie de Bizerte attribué en violation des principes de publicité et de mise en concurrence. Par sa décision *Polisios* du 23 août 2011, le TA a en effet ordonné aux parties de suspendre l'exécution de ce marché au motif que le contrat a été conclu en violation du principe d'égalité de traitement des candidats devant la commande publique[761].

947. Cette décision, rendue à la faveur d'une interprétation très libérale des conditions posées par la loi, n'emporte pas la conviction. Elle est de nature en effet à ouvrir la boite de Pandore de la résurgence des questions de légalité de marchés ayant reçu un début d'exécution. Elle constitue une menace directe sur la stabilité des relations contractuelles, car elle oblige mécaniquement l'acheteur public à renégocier des marchés qui ont commencé à être exécutés. C'est ce qui explique qu'elle ait été finalement rapportée en appel. Son infirmation ne signifie pas cependant la renonciation du juge du référé au principe de l'admission de la recevabilité d'un tel recours.

C'est seulement parce que les inconvénients d'une telle mesure dépassaient, dans le cas d'espèce, les avantages escomptés que la juridiction d'appel décida finalement de privilégier la stabilité contractuelle. Le principe de la recevabilité d'un tel recours n'est donc pas remis en cause. C'est ce que laisse entendre la décision rapportée en soulignant *« que, compte tenu de l'urgence et de la situation litigieuse soumise à l'appréciation de cette juridiction, il importe de faire prévaloir, dans le cadre du contrôle du bilan, les impératifs de l'intérêt général sur les intérêts particuliers »*[762].

948. Une telle attitude nous paraît cependant critiquable eu égard aux conditions très strictes posées par la loi pour prononcer de telles injonctions et qui sont au nombre de trois : Il y a d'abord la condition de l'urgence qui doit être appréciée *in concreto*, compte tenu des

---

[761] TA, Référé, 23 août 2011, n° 711649, *Sté Intersam c. Sté Polisios et Cimenterie de Bizerte*, inédit.

[762] TA, Sursis à exécution d'un jugement en référé, 19 novembre 2011, n° 4/23940 et 4/23946, *Sté Polisios et Cimenterie de* Bizerte *c. Sté Intersam*, inédit

circonstances propres à chaque affaire Ainsi, la jurisprudence considère qu'il y a urgence lorsque le comportement litigieux est susceptible de créer une situation dommageable, difficilement réversible, autrement dit, « *en cas de péril imminent ne pouvant souffrir aucun retard* » d'intervention de la part du juge chargé « *de prendre les mesures nécessaires pour assurer le respect de la loi* »[763].L'appréciation de cette condition doit être cependant globale et tenir compte de tous les intérêts en cause ainsi qu'il est précisé dans la jurisprudence *Polisios.*

949. Il y a surtout la condition tenant aux effets de la mesure sollicitée qui ne doit pas avoir pour conséquence « *de faire obstacle à l'exécution d'une décision administrative* ». C'est la raison principale invoquée par le Président de la chambre d'appel saisi d'une demande aux fins de sursis à l'exécution de ce jugement. Celui-ci a estimé en effet que « *le jugement prononçant la suspension de l'exécution du marché litigieux viole l'article 81 de la loi relative au TA* » au motif « *qu'il est apparu au vu des pièces du dossier que ce marché a reçu un début d'exécution effectif* »[764].

950. Il y a enfin, la condition tenant au caractère conservatoire de la mesure sollicitée, rappelé dans la même décision, et qui permet au juge compétent « *d'ordonner toutes mesures utiles, sans préjudice du fond* »[765].

951. Cette jurisprudence a été confirmée par une décision de rejet refusant de prononcer la suspension d'un marché au motif que l'examen de cette requête implique la vérification de la réunion des conditions de fond ce qui est hors de portée du juge des référés[766].

952. En raison des limites objectives qui caractérisent ce type de recours, il est probable que des référés spécifiques, mieux adaptés à la matière contractuelle, vont finir par voir le jour à l'issue de la réforme de la

[763] TA, Référé, 10 aout 2010, n° 7/11398, *Rachida c. Ministre de l'équipement et de l'habitat,* Rec. TA, p. 1131 : requête tendant à la suspension de la construction d'un pont pour piétons au motif que la poursuite de ces travaux est susceptible de causer aux riverains un préjudice irréversible. V. aussi : TA, Référé, 11 mars 2008, n° 7/11074 et 4/23946, *A. Jendoubi et autres c. Président de la municipalité d'El Jadida,* Rec. TA, p 755 et : TA, Référé, *25 avril 2009, n° 7/11203, Mehdi c. Ministre de la santé,* Rec. TA, p. 727.

[764] TA, Sursis à l'exécution d'un jugement en référé, 19 novembre 2011, *Sté Polisios et Cimenterie de Bizerte,* n° 4/23940 et 4/23946, précités.

[765] Ibid.

[766] TA, Référé conservatoire, 31 décembre 2015, n° 713031, *Sté Antralot c. Sté Promosport*, inédit.

justice administrative annoncée par le chapitre VI de la Constitution[767].

§2. L'inadaptation du système de recours devant le juge du fond

953. L'organisation du système de recours devant le juge du fond en matière de marchés publics révèle que celui est scindé en deux grandes catégories. D'une part, des recours objectifs devant le juge de l'excès de pouvoir pour les actes unilatéraux qui, bien que nécessaires à la conclusion du contrat, sont considérés comme détachables du contrat lui-même[768]. D'autre part, un recours subjectif de plein contentieux devant le juge du contrat contre les actes réputés avoir un caractère purement contractuel.

954. Bien que ces recours soient séparés sur la base des pouvoirs pouvant être mis en œuvre par le juge, ils n'en représentent pas moins une menace sérieuse pour la stabilité du contrat et la sécurité juridique des contractants. Cette menace est la conséquence de l'application en la matière de deux recours distincts : celui relatif aux actes détachables du contrat d'une part (**A**) et celui relatif à la nullité absolue du contrat d'autre part (**B**).

A. Complexité de la théorie des actes détachables et menaces sur la stabilité contractuelle

955. L'admission de la théorie des actes détachables constitue une menace constante pour la stabilité des marchés en raison de ses effets potentiellement dévastateurs sur les prévisions initiales convenues entre les parties au moment de la conclusion du contrat (**1**).

Le risque est présent aussi bien pour les actes préalables au contrat que pour les actes qui lui sont postérieurs et à l'égard desquels l'intérêt pour agir est entendu d'une manière plus ou moins extensive

---

[767] V. infra, n° 1017 et s.

[768] Sur cette question : En droit tunisien : v. SAYARI (M), « L'identification des décisions détachables du contrat dans la jurisprudence du TA », Mélanges Y. Ben Achour, CPU 2008, p. 945 ; FETOUI-BOUKADIDA (L.), « Le contrôle du TA sur les contrats en droit tunisien » in « Globalisation et contrats publics », op. cit., pp.217-234 ; AOUIJ-MRAD (A), « Le contrat administratif en Tunisie : étude jurisprudentielle », *Mélanges J. Morand-Deviller*, op. cit, pp.171-184.
En droit français : v. notamment : DARCY (G.), « Variations sur l'acte détachable du contrat », *in* Contrats publics : Mél. en l'honneur du Professeur M. Guibal, Montpellier, t.1, 2006, p. 50 ; JANICOT (L.), « Réflexions sur la théorie de l'acte détachable dans le contentieux contractuel », RDP, 2011, p. 347 ; WACHSMANN (P.), « la recevabilité du recours pour excès de pouvoir à l'encontre des contrats. Pour le centenaire de l'arrêt Martin », RFDA n°1, janv. fév. 2006, p. 24.

selon la qualité du requérant (**2**). Ce sont les conséquences de l'annulation qui posent problème du point de vue de la cohérence générale du système de contrôle juridictionnel sur l'exécution des marchés publics.

1. La consécration de la théorie de l'acte détachable en matière de marchés publics

956. Le Tribunal administratif tunisien, tout en tentant de circonscrire la notion d'acte détachable (**a**), a cherché à en limiter l'étendue du point de vue de la qualité des requérants justifiant d'un intérêt pour agir, selon qu'ils sont parties ou tiers au contrat de marché public (**b**).

a. La notion d'acte détachable :

957. Selon une jurisprudence constante, le recours pour excès de pouvoir n'est recevable « que contre une décision administrative, en tant que manifestation de la volonté unilatérale de l'administration, à l'exclusion des contrats dont la conclusion requiert l'accord de deux volontés »[769]. Le contrat de marché public constitue cependant une opération complexe dont la conclusion nécessite l'édiction d'actes unilatéraux qui, bien que nécessaires à sa formation, peuvent en être détachés pour être soumis au contrôle du juge de l'annulation.

958. En droit tunisien, la théorie des actes détachables[770], consacrée depuis longtemps par le Conseil d'État[771] a été adoptée, par le TA,dans un arrêt de principe « *Mekki* » datant du 22 décembre 1981 et rendu à l'occasion de l'examen de la recevabilité d'un recours dirigé contre un acte préalable au contrat.

Le Tribunal a précisé à cette occasion que *« parmi les actes administratifs, certains ont une nature complexe, car présentant un double visage : l'un purement contractuel (...), l'autre selon lequel l'administration doit fonctionner conformément aux régimes administratifs en vigueur ; que dans ce cadre, elle peut être amenée à prendre des actes unilatéraux présentant toutes les caractéristiques des décisions administratives ; (...),que ces actes peuvent avoir pour*

---

[769] TA, 11 mars 1980, n° 236, *Guiga c. Ministre des finances*, Rec. TA, p. 93. En droit français, V. notamment : CE, 24 décembre 1897, *Le Buf*, n° 87703.

[770] Sur la théorie des actes détachables en matière contractuelle en droit tunisien, cf. SAYARI (M.), « L'identification des décisions détachables du contrat dans la jurisprudence du TA », in Mélanges Ben Achour, CPU, 2008, p. 945 et s. ; V. aussi : FETOUI-BOUKADIDA (L.), « Le contrôle du Tribunal administratif sur les contrats publics », in « Globalisation et contrats publics », op. cit., p. 217 et s.

[771] CE 4 août 1905, *Martin*, Rec. CE, 749, concl. Romieu ; D. 1907.3.49 ; pendant dix-neuf éditions dans le GAJA.

objet l'autorisation, la conclusion ou l'approbation d'un contrat (..) ; que ce Tribunal est alors qualifié pour les annuler »[772].

959. Nous passerons rapidement sur les actes détachables préalables au contrat qui peuvent, au même titre que les actes postérieurs, modifier les conditions d'exécution du marché en cas d'annulation. Il peut s'agir de la décision de rejeter une offre[773], de déclarer l'appel d'offres infructueux[774], de la délibération habilitant l'exécutif de la collectivité locale à conclure le marché[775], des avis décisoires des commissions de contrôle des marchés compétentes approuvant ou refusant d'approuver la conclusion d'un marché ou un avenant conformément à l'article 155 du CMP tunisien ou du refus d'approbation par l'autorité de tutelle[776]. En revanche, il est traditionnel de considérer que l'avis d'appel à la concurrence n'est pas susceptible de faire l'objet d'un recours pour excès de pouvoir[777].

960. En ce qui concerne la décision d'attribution d'un marché, dont la détachabilité est moins visible[778], la position du TA est incertaine[779] : le juge administratif tunisien, contrairement à son homologue français[780], semble refuser d'isoler cet acte[781], considérant que le contrat est un acte bilatéral qui ne peut être découpé en deux actes distincts - l'acte de conclure et le contrat - que de manière artificielle.

---

772 TA, 22 décembre 1981, n° 403, *Mekki Ben Aissa c. Ministre de l'agriculture*, Rec. 403 ; GJJA n° 8, p. 131.
773 CE 27 juillet 1984, *Société Biro*, Rec. CE, p. 303.
774 CE 10 octobre 1984, *Compagnie générale de construction téléphonique*, Rec. CE, p. 322.
775 TA 24 novembre 1980, n° 350, *Harzallah* c. *MunicipalitéMonastir*, Rec. TA, p. 403.
776 TA, 3 mai 1980, n° 201, *Société tunisienne de ferronnerie et de constructions métalliques c. Ministre de l'intérieur*, Rec. TA, p.164.
777 TA, sursis, 14 juillet 2008, Mahjoubi, n° 4/12622 précité et, en France : CE 10 mai 1996, *Conseil général de l'Ordre des architectes* PACA, Rec. CE, p. 665 ; CE 17 février 2010, *Communauté de communes de Flandres Lys*, Contrats et marchés publics 2010, comm. n° 154, obs. F. Llorens.
778 Cf. : LAUBADÈRE (A.), MODERNE (F.), DELVOLVÉ (P.), *Traité des contrats administratifs*, op. cit., p. 1041.
779 Dans ce sens, v. : TA 11 mars 1980, *Guiga c. Ministre des finances*, Rec. TA, p. 93 ; 23 mars 1981, *Majoul c. Municipalité de la Marsa*, Rec. TA, p. 85. En sens contraire : TA 9 mars 1993, *Daadaa c. Municipalité d'Hammam-Lif*, Rec. TA, p. 49.
780 CE 19 mars 1969, *Commune* de *Saint-Maur*-des-*Fossés*, Rec. CE, p. 170.
781 Sur cette question, v. : SAYARI (M.), « *L'identification des décisions détachables du contrat dans la jurisprudence du TA* », op. cit., p. 947-950.

b. L'irrecevabilité de principe du recours pour excès de pouvoir des cocontractants contre les actes postérieurs au contrat :

961. En ce qui concerne les actes postérieurs à la conclusion du contrat, le principe de l'irrecevabilité du recours pour excès de pouvoir est plus largement admis pour les cocontractants que pour les tiers.

962. Dans la plupart des cas, c'est le cocontractant de l'administration, dont les intérêts légitimes ont été lésés par une mesure d'exécution qui a intérêt à la contester.

L'administration est souvent amenée à prendre en effet des actes unilatéraux destinés à assurer l'exécution du marché. Ces actes, dans la mesure où ils se rattachent aux relations qui s'établissent entre les parties en cours d'exécution, sont difficilement détachables du contrat.

963. Le juge administratif refuse généralement d'en apprécier la légalité par la voie du recours pour excès de pouvoir.Le principe en a été posé par l'arrêt « *Zribi* »du 18 avril 1986à propos d'une décision de résiliation d'un marché contesté par le cocontractant. Il repose sur le fait que « *la décision prise par une autorité administrative en matière de marchés publics sur la base des clauses du contrat, telles celles qui ont pour objet de prononcer une sanction, de résilier, de mettre fin ou d'annuler un contrat, ne constitue pas un acte détachable, mais un procédé contractueldépourvu d'existence propre, en ce que l'appréciation de sa légalité revient à examiner la légalité du contrat lui-même* »[782]. Cette position constitue la confirmation de la décision rendue auparavant par le juge du sursis dans la même affaire[783]. Le rejet du sursis avait été justifié alors par l'absence de moyens sérieux préfigurant la déclaration d'irrecevabilité du recours pour excès de pouvoir par les juges du fond.

964. Cette jurisprudence a été constamment réaffirmée par la suite, aussi bien en matière de sursis à exécution[784] que de recours pour excès de

[782] TA, REP, 18 avril 1986, n° 1068, *Zribi c. Ministre de l'équipement*, Rec. TA, p. 229.

[783] TA, Sursis, 19 septembre 1984, *Zribi c. Ministre de l'équipement*, Rec. TA, p. 472.

[784] V. notamment : TA, Sursis à l'exécution, 12 mai 2008, Société *ACEM c. Commune de Makthar*, Rec., p. 715 : Rejet du recours du cocontractant dirigé contre une décision de résiliation unilatérale d'un marché de fournitures prise par l'administration pour non-conformité des prestations au cahier des charges du marché. La décision critiquée a été considérée comme non détachable du contrat.

pouvoir[785]. Dans tous les cas, le juge, pour prononcer l'irrecevabilité, considère que l'acte critiqué *« constitue un acte relatif à l'exécution du contrat ne pouvant faire l'objet d'un recours pour excès de pouvoir, ni d'ailleurs d'un recours accessoire à un recours principal à l'instar du recours aux fins de sursis à l'exécution »*[786].

965. Conscient cependant des conséquences fâcheuses de cette position sur les intérêts légitimes des cocontractants qui auraient décidé d'emprunter la voie incertaine de l'annulation, le TA a tenté par la suite d'en atténuer la rigueur en autorisant les requérants perdus dans les méandres du contentieux complexe des marchés publics, à contester la légalité de la décision contestée tout en demandant la condamnation de l'administration à indemniser le préjudice subi.

966. C'est la solution inaugurée par l'arrêt *« Hayder »*portantsur un marché d'architecture relatif à un projet de construction du bureau de l'emploi de Gabés. Un recours en excès de pouvoir a été intenté afin d'annuler la décision de résiliation unilatérale du marché. Le Tribunal administratif, tout en rejetant la demande d'annulation, au motif que la décision d'annulation du marché est considérée comme non détachable du contrat, a fini par condamner l'administration à réparer le préjudice subi par son cocontractant du fait de la décision de résiliation et sur la base du décret 78-71 du 26 janvier 1978 portant approbation du CCAG applicable aux missions d'architecture et aux travaux d'ingénierie et de la réglementation des marchés publics[787].

967. Elle a été clairement confirmée à l'occasion de l'examen d'un recours en annulation d'une décision de résiliation d'un marché portant sur l'entretien du réseau de signalisation lumineuse sur le territoire de la Municipalité de Sfax, assorti d'une demande de condamnation de l'administration à réparer le préjudice subi par le requérant. Dans cette affaire, le TA va d'abord s'employer à démontrer le caractère non détachable de l'acte de résiliation au motif que « *l'examen de sa régularité conduit nécessairement à l'examen de la régularité du contrat lui-même, de ses clauses et du cahier des charges qui y est annexé* ». Il va ensuite prendre le soin d'ajouter que « *cette juridiction considère que sa compétence dans le présent litige s'inscrit dans le cadre des pouvoirs très larges qui lui sont reconnus en matière de*

[785] V. notamment, pour une décision de résiliation d'un marché de travaux pour inexécution : TA, Appel, 28 novembre 1991, n°2056, *Mellouli c. Président de la municipalité de Sousse,* Rec. TA, p. 135.

[786] TA, Sursis, 27 octobre 2008, 412662 *Amamou,* inédit.

[787] TA, 1ère instance, 26 mai 2008, n°2056, *Hayder c. 1) Agence tunisienne de l'emploi 2) CCE pour le compte du ministère de l'emploi et de l'insertion professionnelle*, inédit

plein contentieux alors surtout que la requête a pour objet, outre l'annulation de la décision de résiliation, le paiement des prestations exécutées et l'indemnisation du cocontractant pour le manque à gagner subi »[788]. Cette jurisprudence constitue une illustration remarquable de la tendance à la subjectivisation du contentieux des contrats administratifs à laquelle on assiste aujourd'hui[789].

968. Le principe selon lequel les parties au contrat ne peuvent contester les actes d'exécution de l'administration n'est pas cependant fermement établi en jurisprudence. Une position, il est vrai,isolée du juge administratif[790], semble vouloir remettre en cause cette exclusion. Dans cetteaffaire, l'autorité administrative avait retiré la décision d'attribution à une entreprise d'un marché de fourniture d'un système intégré de gestion de bibliothèques universitaires, pour collusion entre l'un des rédacteurs du cahier des clauses particulières du marché et l'entreprise attributaire.

969. Le TA, tout en réaffirmant sa position traditionnelle[791], a cependant admis la recevabilité du recours pour excès de pouvoir introduit par le cocontractant après avoir constaté « *que l'administration, s'est basée, pour prononcer la résiliation, sur la violation par la société requérante de l'un des principes fondamentaux de passation des marchés publics* ».Il a ainsi estimé que le litige en question *« a pour objet d'inviter cette juridiction à examiner la légalité d'un acte administratif détachable du contrat qui lie la requérante à l'administration ; qu'il échoit dès lors de déclarer cette formation compétente en annulation dans la présente affaire et de rejeter le moyen d'incompétence soulevé par l'administration »*.

---

[788] TA, 19 décembre 2014, n°125535, *Société Electrossif c. Municipalité de Sfax*, inédit.

[789] SIRINELLI (J.), « La subjectivisation du recours pour excès de pouvoir », RFDA 2016. 529.

[790] TA, Chambre de 1ère instance, 26 mars 2004, *Société tunisienne de microinformatique c. Ministre de l'enseignement supérieur, de la recherche scientifique et des technologies*, inédit.

[791] « *Considérant qu'il est constant en jurisprudence que la compétence en annulation d'actes administratifs unilatéraux édictés à l'occasion de rapports contractuels se limite à l'examen de ceux qui sont pris par l'administration sur la base de dispositions législatives ou règlementaires au motif que le but du contentieux de l'annulation est de garantir le respect de la légalité par les autorités administratives ; que ce juge doit, en revanche, décliner sa compétence toutes les fois où il apparait que l'administration a agi sur la base des clauses du contrat, car de tels actes ne sont pas détachables mais constituent un élément indivisible de la relation contractuelle qui relève de la compétence exclusive du juge du contrat* ».

970. Cette solution est la conséquence de la structure hybride du contentieux des marchés publics qui invite constamment le juge à se prononcer sur la question préalable de la qualification du recours dont dépend le rattachement à l'une des catégories du contentieux. En l'état actuel de la jurisprudence, cette question est source d'incertitudes dans le système de règlement des litiges nés de l'exécution des marchés publics. Elle conduit à des complications inutiles et risque, en tout état de cause, de porter atteinte au principe de sécurité juridique[792]. Elle conduit à valider « *le paradoxe* » selon lequel une même décision peut être parfaitement considérée comme non détachable lorsqu'elle est contestée par le cocontractant et détachable lorsqu'elle est attaquée par un tiers[793].

c. L'admission limitée du recours pour excès de pouvoir contre les actes détachables à l'égard des tiers :

971. Le TA n'a pas eu, jusque-là, à se prononcer sur cette question.En droit français, un tel recours est plus généralement admis pour les tiers, qui n'ont pas accès au contentieux contractuelréservé aux seuls cocontractants. Un principe d'irrecevabilité pourrait en effet engendrer des situations curieuses d'actes qui, bien que faisant grief aux tiers, ne pourraient être contestés par eux.

Les tiers peuvent ainsi contester les actes qui concernent l'exécution du contrat ou ceux se rapportant à sa fin, l'enjeu étant de bien veiller à la conciliation de deux intérêts divergents : la nécessaire protection du principe de légalité et des droits des tiers, d'une part, et la préservation du contrat et des droits des parties, d'autre part.

972. Certains de ces actes ne sont pas considérés comme détachables, même pour les tiers, car « *trop intimement liés aux rapports contractuels* [794]». Il s'agit des décisions d'exécution prises en application de clauses contractuelles, comme les actes relatifs à la réception des travaux[795], ceux relatifs aux rapports financiers des parties[796] ou encore la mesure par laquelle la tranche conditionnelle

[792] FENDRI (Kh.), « Recours pour excès de pouvoir et recours de pleine juridiction » op. cit, p. 337.

[793] TERNEYRE (Ph.), « Les paradoxes du contentieux de l'annulation des contrats administratifs », art. précité p. 61.

[794] Conclusions FORNACCIARI sur l'arrêt CE Ass., 2 février 1987, *Société TV6*, RFDA 1987, p. 33.

[795] CE 29 mai 1987, *Coureau*, RDP 1988, p. 1456 : s'agissant d'une décision relative à la réception de travaux.

[796] CE 18 mars 1991, *Le Chaton*, RDP 1992, p. 1565 : le mandat émis au profit du cocontractant n'est pas détachable du contrat.

d'un marché est affermie[797].Le Conseil d'État a également jugé que n'est pas détachable de l'exécution du contrat la décision par laquelle la personne publique refuse de saisir le juge du contrat d'une action en déclaration de nullité ducontrat [798].

973. Sont par contre considérées comme détachables : les décisions de résiliation ou de refus de résiliation d'un marché[799], les sanctions prononcées par l'administration pour inexécution[800], la décision refusant de modifier le contrat[801], le refus de prendre les mesures nécessaires à l'exécution d'un marché[802].

974. À l'appui du recours en annulation, les tiers ne peuvent invoquer que des moyens de légalité objective tenant aux vices propres à l'acte d'exécution du contrat. En revanche, ils ne peuvent invoquer la violation des clauses contractuelles[803], à moins que ces clauses constituent la transposition derègles générales dont la méconnaissance constitue une violation des lois et règlements pouvant venir à l'appui d'un recours pour excès de pouvoir. La raison de cette solution est à rechercher dans une conception étriquée de la normativité consacrée

---

[797] CE, 21 janv. 2008, *Agence de mutualisation des universités et établissements*, n° 308401.

[798] CE, 17 déc. 2008, *Association pour la protection de l'environnement du Lunellois*, n° 293836 : « *Considérant, en premier lieu, qu'un tiers à un contrat administratif est recevable à former un recours pour excès de pouvoir, dès lors qu'il justifie d'une qualité lui donnant intérêt pour agir, contre les clauses réglementaires de ce contrat ; qu'il peut également faire un recours pour excès de pouvoir contre le refus de la personne publique de le résilier, acte détachable de ce contrat ; qu'en revanche, il n'est pas recevable à former un recours contre le refus de la personne publique de saisir le juge du contrat d'une action en nullité, acte non détachable* ».

[799] CE, Sect., 24 avril 1964, SA *de livraisons industrielles et commerciales*, Rec. CE, 239 ; D. 1964.665, note Ch. Debbasch ; CE, Ass., 16 avril 1986, *CLT*, Rec. CE, p. 96, AJDA 1964.308, concl. Combarnous : admission d'un recours contre le refus de résilier un contrat. Cette jurisprudence a cependant été critiquée dans la mesure où elle aboutit à « *faire revivre un contrat, non seulement contre la volonté de l'administration, mais encore, éventuellement, contre la volonté des contractants* », la décision de résiliation touchant en effet au cœur des relations contractuelles (Conclusions M. Fornacciari, RFDA 1987, précité).

[800] TA, Sursis, 27 octobre 2008, *Amamou* précité refusant d'admettre la recevabilité d'un recours pour excès de pouvoir contre la décision de l'administration prononçant des pénalités de retard à l'encontre du cocontractant.

[801] CE 29 avr. 1987, *Commune d'Elancourt*, n° 51022 : à propos du recours d'une commune contre le refus d'un syndicat intercommunal de modifier une convention le liant à une société de distribution de l'eau.

[802] CE, Sect. 9 décembre 1983, *Ville de Paris, Société des mobiliers urbains pour la publicité et l'information*, Rec. CE, 499, concl. Genevois.

[803] TA, 19 juin 1992, n° 2041, *Ben Lakhdhar*, Rec. TA, p.319.

par l'article 5 de la loi relative au TA, qui limite le cercle des moyens pouvant venir à l'appui d'un recours pour excès de pouvoir aux normes de source législative ou règlementaire, à l'exception des normes de source conventionnelle[804]. Elle repose sur l'idée selon laquelle le contrat, acte bilatéral, ne peut engendrer que des droits subjectifs intéressant uniquement les parties contractantes. Cette solution a été vivement critiquée par la doctrine qui a fait valoir que les actes bilatéraux, au même titre que les actes unilatéraux, « *peuvent (aussi) soulever des questions de légalité objective* »[805].

B. Les menaces sur la stabilité découlant de l'action en nullité absolue contre le contrat :

975. L'admission de l'action en nullité contre le contrat, pour exceptionnelle qu'elle soit (**1**), n'en constitue pas moins une menace directe sur la stabilité du contrat et la sécurité juridique des contractants (**2**).

1. Une action marginale :

976. Contrairement au droit civil où il est classique de distinguer, en matière contractuelle, entre nullités relatives et nullités absolues[806], ce dernier type de nullités ne pouvant produire, en cas de contrat déclaré nul, « *aucun effet* »[807], la question de la nullité des contrats constitue une question marginale en droit administratif[808].

---

[804] Pour une critique de cette position cf. : De BÉCHILLON (D.), « Le contrat comme norme dans le droit public positif » précité. JENAYAH (M.-R.), « *Contrats publics et hiérarchie des normes* », art. précité.

[805] TERNEYRE (Ph.), « Les paradoxes du contentieux de l'annulation des actes détachables des contrats administratifs », précité, p 61.
Pour une critique de la jurisprudence du TA, cf. : FENDRI (Kh.), « *Recours pour excès de pouvoir et recours de pleine juridiction* », *Mélanges Midoun*, op. cit., p. 337.

[806] Sur cette distinction en droit civil, cf. en droit français : GHESTIN (J.), *Le contrat*, LGDJ 1980, 1ère éd. 1980, n° 723.et en droit tunisien : ZINE (M), Le contrat, op. cit.,n° 239 et s.

[807]Article 325 du COC : « *L'obligation nulle de plein droit ne peut produire aucun effet, sauf la répétition de ce qui a été payé indûment en exécution de cette obligation* ».

[808] Sur cette question en droit français, cf. PÉQUIGNOT (G.), Théorie générale du contrat administratif, thèse, Paris, Pédone, 1945, p. 605 et s. ; De LAUBADÈRE (A), MODERNE (F.), DELVOLVÉ (P.), *Traité des contrats administratifs*, op. cit., n° 541 et s. ; POUYAUD (D.), *La nullité des contrats administratifs*, Thèse, Paris 2, LGDJ, coll. *Bibliothèque de droit public*, 1991; V. aussi : BOURDON (P.), *Le contrat administratif illégal*, Nouvelle bibliothèque des thèses, volume 131, Dalloz

977. Cet état des choses est d'abord la conséquence du principe de l'effet relatif des contrats qui conduit très souvent le juge administratif à exclure les tiers du contentieux contractuel. Cette tendance a été nettement réaffirmée par le Tribunal administratif qui considère que « *les tiers ne sont pas admis à demander l'annulation des décisions édictées par l'administration dans le cadre d'une opération contractuelle, ni à demander l'annulation du contrat lui-même au motif que l'admission d'un tel recours est de nature à porter préjudice aux intérêts légitimes des contractants à la suite de la conclusion du contrat* »[809].

978. Par ailleurs, « l'attitude peu procédurière des contractants de l'administration plus intéressés, en tout état de cause, par des considérations financières que par la nullité elle-même et le désir manifesté par le juge de préserver avant tout la stabilité contractuelle[810] » expliquent en grande partie la rareté des recours dans ce domaine. Aussi, et selon une jurisprudence constante, les personnes intéressées ne peuvent demander l'annulation d'un contrat administratif[811].

979. Pour autant, l'action en nullité absolue contre le contrat lui-même ou contre l'une de ses clauses, considérée comme divisible, pour exceptionnelle qu'elle soit, est cependant possible en droit tunisien. Contrairement au droit français où le juge administratif semble plus enclin à privilégier les actions en contestation de validité afin de pouvoir disposer d'une palette de moyens plus larges pour sanctionner les irrégularités pouvant entacher la procédure de conclusion ou d'exécution du contrat, en Tunisie toute personne y ayant intérêt peut

---

2014, p. 392 et s.; RICHER (L.) et LICHÈRE (F.), *Droit des contrats administratifs*, op. cit., p. 181 ; MORAND-DEVILLER (J.), *Droit administratif*, LGDJ, 14è. éd., 2015. p. 415.
En droit tunisien, cf. : M'KAOUER (F), « *Le contentieux des contrats administratifs face aux exigences de l'activité économique* », Colloque de l'ATDA des 6 et 7 mars 2009 « *Droit et Economie* », Faculté de droit et des sciences politiques de Tunis, doc. Polycopié ; MASMOUDI- CHAKER (F.), *Le tiers en droit administratif*, op. cit., pp. 198-355.

[809] TA, 1ère instance, 25 novembre 2013, n° 1/18414, *Chadli c. Ministre du domaine de l'État et des affaires foncières, Président de la municipalité de Carthage et CCC*, inédit.

[810] POUYAUD (D.), *La nullité des contrats administratifs*, op.cit. p. 359.

[811] L'irrecevabilité de l'action en annulation du contrat a été inaugurée avec l'arrêt *Guiga* en 1980 (TA, 11 mars 1980, *Guiga c. Ministre des finances*, Rec. TA, p. 93) ; elle n'a jamais été démentie. V. notamment : TA, 23 mars 1981, *Majoul c. Municipalité de la Marsa* et TA, 4 novembre 1994, Amar c. Gouverneur de Nabeul, inédit.

introduire un recours en déclaration de nullité devant le juge du contrat toutes les fois où l'irrégularité contestée revêt un caractère absolu[812].

980. Le principe en a été posé depuis 1999 par l'arrêt Hasnaoui. Dans cet arrêt, le TA affirme clairement que « s'il est de principe en matière de litiges contractuels que le recours en annulation contre un contrat est réservé aux parties ; que les tiers ne sont pas recevables à introduire de tels recours sauf à contester les actes qui en sont détachables.

Toutefois, et par exception à ce principe, il est loisible de demander l'annulation d'un contrat toutes les fois où le requérant invoque à l'appui de son recours un cas de nullité absolue ayant pour effet d'ouvrir la possibilité, soit pour les parties au contrat, soit pour toute autre personne y ayant intérêt, de demander l'annulation du contrat »[813].

981. La solution, dégagée à l'occasion d'un litige relatif à un contrat de cession d'une parcelle domaniale à vocation agricole, a été confirmée ultérieurement[814]. Il ne fait pas de doute qu'elle est transposable aux contrats de marchés publics même si on n'a pas pu en avoir confirmation en jurisprudence.

982. L'action en nullité absolue constitue un progrès par rapport à l'état antérieur du droit dans la mesure où elle ouvre la voie du prétoire contractuel aux personnes dont les intérêts ont pu être lésés par la conclusion du contrat. Mais elle constitue une menace directe pour la stabilité du contrat.

2. Une menace directe sur la stabilité du contrat

983. L'action en nullité absolue ouverte par la jurisprudence constitue un apport indéniable à la question lancinante de l'illégalité du contrat de marché public protégée à la fois par l'effet relatif du contrat et l'impossibilité pour le cocontractant d'en demander la nullité. En

---

[812] Sur les rapports entre illégalité et nullité des contrats administratifs, cf. : RICHER (L.), « *Vie et survie du contrat administratif illégal* », Mélanges J. Morand-Deviller, Montchrestien, 2007, p. 515 et 516.

[813] TA, 1ère instance, 26 novembre 1999, n° 1/6451, *Hasnaoui et autres*, inédit : rejet d'une requête aux fins d'annulation d'un contrat de location d'une parcelle domaniale à vocation agricole conclu entre l'État et une SMVD ; TA, 1ère instance, 02 février 2007, n° 1/12421, *Tamarziste c. Municipalité de La Marsa*, inédit : rejet d'une requête aux fins d'annulation d'un contrat conclu entre la Municipalité de la Marsa et le requérant et portant sur un terrain appartenant au domaine public.

[814] TA, 1ère instance, 23 novembre 2007, n° 1/13975, *Azaïaz et Bacha c. CCE pour le compte du ministère du domaine de l'État et des affaires foncières*, inédit.

raison de ses effets dévastateurs, elle a été cependant circonscrite aux cas de « *nullité absolues* », les nullités relatives ne pouvant conduire à l'anéantissement rétroactif du contrat.

984. Le critère de différenciation retenu par le TA est fondé à la fois sur l'importance de l'irrégularité entachant le contrat ainsi que sur la nature des intérêts que la nullité entend préserver. Cette conception apparaît clairement à travers l'arrêt *Azaiez* dans lequel le Tribunal affirme que « *les cas de nullités absolues peuvent porter soit sur la protection de l'intérêt public, soit sur l'absence de l'une des conditions de validité du contrat, soit sur la violation d'une règle fondamentale considérée comme d'ordre public* »[815].

985. À la différence des nullités relatives, qui visent en principe à assurer la protection des intérêts particuliers, les nullités absolues tendent essentiellement à protéger un intérêt public. C'est ce qui explique l'extension de cette action aux tiers.

Ainsi, les vices extérieurs, pouvant affecter la compétence des autorités qui interviennent pour autoriser la conclusion du contrat ou les règles relatives à sa procédure de passation, peuvent être considérés comme suffisamment préjudiciables au système juridique dans son ensemble pour justifier l'anéantissement rétroactif du contrat[816]. C'est ce que confirme l'article 179 du CMP qui dispose qu'« *est considéré nul tout marché obtenu ou renouvelé au moyen de pratiques frauduleuses (...), sauf si l'acheteur public s'y oppose pour des considérations d'intérêt public. Tout contractant dont le consentement aura été vicié peut demander à la juridiction compétente l'annulation du marché, sans préjudice de son droit de demander des dommages-intérêts* ». Nous devons cependant souligner que l'exception prévue par le deuxième alinéa de cet article, qui permet à l'acheteur public de s'opposer à l'exercice d'un tel recours en nullité, ne saurait être regardée comme opposable au juge du contrat qui conserve certainement le droit d'en apprécier la légalité par la voie de l'exception.

986. D'autre part, et d'une manière plus classique, les vices internes relatifs aux conditions de formation du contrat, tels ceux relatifs au consentement des parties[817], à l'objet du contrat ou à sa cause, peuvent

---

815 TA, 1ère instance, 23 novembre 2007, n° 1/13975, Azaïaz et Bacha c. CCE pour le compte du ministère du domaine de l'État et des affaires foncières, inédit.

816 L'expression est de Christophe GUETTIER, « L'anéantissement du contrat administratif », Revue des contrats, 01 janvier 2008, n° 1, p. 81.

817 Cf. : WEBER (Y.), « La théorie des vices du consentement en droit administratif », in *L'unité du Droit : Mélanges en hommage à R. Drago*, Paris, Économica, 1996, p. 315.

aussi mériter une sanction raffermie. C'est ainsi que le TA, saisi d'une action en restitution de l'indu à la suite de la résiliation de marchés de fournitures pour fraude à l'achat public, a prononcé le rejet du recours. Il a estimé « *que les actes délictueux, commis intentionnellement par le représentant légal de la société titulaire des marchés, (...) ayant conduit l'administration à contracter, constituent un dol qui entache les contrats résiliés d'un vice de consentement et entrainent leur nullité ; (...) que la nullité de ces contrats est de celle qui doit conduire à anéantir leurs effets d'une manière rétroactive, ce qui justifie que l'administration soit exonérée de toute responsabilité* »[818].

987. À travers cette jurisprudence, on voit bien qu'« intérêt public et intérêt privé ne s'excluent pas. La protection légale des intérêts privés s'inspire d'une certaine conception du bien commun dont le droit jamais ne peut se désintéresser. Si la loi délie le contractant trompé, n'est-ce pas au nom d'une certaine conception de la loyauté contractuelle »[819]. Ces propos, valables pour la protection des intérêts des contractants privés, le sont davantage lorsqu'il s'agit de la défense d'un intérêt public et de la protection des deniers publics.

988. Au surplus, ce jugement, qui constitue une illustration remarquable des rapports qu'entretient l'action publique avec l'action civile en matière de responsabilité contractuelle, est symptomatique de la difficulté qui existe pour dissocier le contentieux de la passation de celui de l'exécution. Lorsque le juge du contrat doit apprécier, par la voie de l'exception, les conséquences de la nullité d'un contrat de marché sur l'action principale tendant à la restitution de l'indu revendiqué par le cocontractant de l'administration, cette question devient particulièrement délicate. En même temps, ledit jugement met en lumière, avec un relief particulier, les menaces qu'il représente pour la stabilité contractuelle et la sécurité juridique du cocontractant.

989. Au total, cette structure éclatée que présente le contentieux des marchés publics, se conjugue avec l'autolimitation qui caractérise l'exercice par le juge de ses pouvoirs de contrôle.

[818] TA, Appel, 23 novembre 2010, n°28067, *Sté Euréka c. CCE pour le compte du ministère de la justice*, Rec. TA, p. 737.
[819] CHEVALLIER (J.), « *Nullité et annulabilité en droit civil* », Travaux de l'Association H. Capitant, 1961-1962, p. 515.

Section 2 : Un contentieux amputé

990. En l'état actuel du droit, le contentieux des marchés publics pourrait être qualifié de « *contentieux de moindre juridiction* »[820], dans la mesure où le juge ne dispose pas de la plénitude des pouvoirs lui permettant d'assurer l'effectivité du contrôle juridictionnel.

991. L'élargissement des voies de recours aux tiers, rendu sans doute nécessaire par le caractère institutionnel de ce type de contrat considéré non seulement comme la loi des parties mais aussi comme un instrument de réalisation de l'intérêt général, ne s'est pas accompagné d'une rénovation des mécanismes mis en place par la loi et la jurisprudence pour assurer une meilleure conciliation entre légalité et sécurité des contrats.

992. Le dispositif actuel permettant de sanctionner la violation des obligations contractuelles n'est pas adapté à la réalité de l'opération d'exécution. L'intervention du juge y est à la fois trop tardive, trop mécanique et globalement inefficace ; ce dispositif ne lui permet pas, en tout cas, d'exercer pleinement son office de juge **(§1)**.À l'heure où s'amorce la réflexion sur la réforme de la justice administrative, il est utile, dans une perspective comparatiste, de réfléchir sur les moyens susceptibles de permettre au juge d'assurer l'équilibre entre l'intérêt public et l'intérêt légitime du cocontractant au sein du contentieux de l'exécution des marchés publics **(§2)**.

§1. L'inefficacité du contrôle sur l'exécution des marchés publics

993. En l'état actuel du droit, le contrôle exercé par le juge administratif tunisien sur l'exécution des marchés public paraît globalement inefficace. Cette inefficacité est la conséquence d'une conception jurisprudentielle étriquée de la normativité contractuelle. Le TA continue, en effet, de s'appuyer dans son contrôle sur la distinction traditionnelle entre un contentieux objectif des actes détachables devant le juge de l'excès de pouvoir et un contentieux subjectif des droits devant le juge du contrat.Mais l'examen de cette construction montre que ni le juge de l'excès de pouvoir, ni le juge du contrat ne disposent des moyens de nature à maintenir l'équilibre entre les différents intérêts en présence.

994. L'inefficacité qui caractérise ainsi le contrôle juridictionnel sur l'exécution des marchés est tout autant la conséquence des limites qui

---

[820] MELLERAY (F.), *Essai sur la structure du contentieux administratif français. Pour un renouvellement de la classification des principales voies de droit ouvertes devant les juridictions à compétence générale*, LGDJ, Paris, 2001, p. 85.

pèsent sur les pouvoirs du juge de l'excès de pouvoir (**A**) que de celles qui pèsent sur les pouvoirs du juge du contrat (**B**).

A. L'inefficacité due à la limitation des pouvoirs du juge de l'annulation

995. L'ouverture du prétoire, pour ce qui concerne le traitement des questions de légalité des actes d'exécution, devant le seul juge de l'excès de pouvoir a de graves inconvénients pour les plaideurs. En effet, le juge de l'excès de pouvoir n'est pas un juge ordinaire, car il ne dispose pas de la plénitude des pouvoirs qui lui permettraient de trouver une solution définitive aux litiges relatifs à l'exécution des marchés publics.

996. Conformément à la théorie classique de la classification des contentieux administratifs, ce juge ne dispose en effet que de pouvoirs limités ; il ne peut, au terme de l'appréciation de la légalité de l'acte d'exécution soumis à son contrôle, que valider ou annuler l'acte contesté ; il ne peut aller au-delà et tirer, en cas d'illégalité, les conséquences de l'annulation.

997. En vertu d'une jurisprudence traditionnelle, l'annulation d'un acte détachable n'a pas d'effet direct sur le contrat lui-même. Le contrat constitue un acte juridique distinct protégé contre la censure du juge de l'annulation à la fois par le principe de l'effet relatif du contrat ainsi que par l'absence de recours direct des tiers contre le contrat. C'est ce qu'exprime la règle posée par le Conseil d'État[821] et reprise par le TA[822] selon laquelle « *l'annulation de l'acte détachable n'implique pas nécessairement la nullité du contrat* » [823].

998. Ce constat amer a été systématisé par le Commissaire du gouvernement Stahl qui soulignait dans ses conclusions sur l'arrêt Ville de Lisieux que « le juge de l'excès de pouvoir qui entrait dans la sphère contractuelle n'était et demeure qu'un juge mutilé. Son pouvoir d'annulation, son seul pouvoir, ne peut frapper l'objet essentiel du litige : le contrat »[824].

999. Malgré tout, cette jurisprudence est source d'incertitudes préjudiciables à la stabilité des relations contractuelles en raison des menaces potentielles qu'elle fait courir sur la validité et l'exécution du contrat auquel se rapporte l'acte détachable annulé. Elle pose le

---

[821] CE, 10 décembre 2003, *Institut de recherche pour le développement,* Rec. CE, 501, BJCP 2004 n° 33, p. 136, conclPiveteau ; AJDA 2004, 394, obs. J.-D. Dreyfus

[822] TA, 11 mars 1980, *Guiga* précité ; 22 décembre 1981, *Ben Aissa* précité

[823] CE, 10 décembre 2003, *Institut de recherche pour le développement,* précité.

[824] CE Sect, 30 octobre 1998, *Ville de Lisieux, RFDA 1998, p. 132, concl. Stahl.*

problème de la survie ou de l'anéantissement du contrat de marché à la suite de l'annulation d'un acte qui en est détachable[825]. Logiquement, la réponse à cette question doit tenir compte de la place de l'acte dans le processus de décision : « si *l'acte est le support nécessaire du contrat, ce dernier est illégal ; si l'acte est à la périphérie du processus de conclusion du contrat, son annulation laisse le contrat indemne* »[826].

1000. Il en découle que les personnes lésées par un acte détachable relatif à l'exécution d'un marché devront d'abord aller devant le juge de l'excès de pouvoir pour demander son annulation. En cas d'issue favorable et s'ils estiment que cet acte a été le support nécessaire du contrat contesté, ils devront alors s'adresser ensuite à un autre juge - celui du contrat - pour faire valoir leurs droits. La complexité induite par cette solution est évidente : elle oblige les personnes désireuses de trouver une solution à ce problème à entreprendre une « *étrange course d'obstacles* » consistant à exercer de multiples recours.

1001. Cette complexité est aggravée en Tunisie par l'absence de moyens permettant au juge administratif d'imposer à l'administration le respect de la chose jugée. En dépit de l'article 9 de la loi du 1er juin 1972 qui fait obligation à l'administration de rétablir intégralement la situation juridique que l'acte annulé a modifiée ou supprimée, il n'existe pas de moyens permettant d'obliger l'administration à obtempérer. L'exécution de la décision d'annulation est en effet laissée à l'entière discrétion de l'administration. Si celle-ci se dérobe à son obligation, le juge administratif n'aura pas les moyens de l'obliger à s'exécuter[827].

1002. Cette situation intolérable est semblable à celle qui caractérisait l'état du droit positif français dans les années quatre-vingts. Elle constituait alors un motif constant de préoccupation pour la doctrine qui n'hésitait pas à dénoncer l'inefficacité des annulations du recours pour excès de pouvoir en la matière[828].

---

[825] Sur cette question cf. : RICHER (L.), « *Vie et survie du contrat administratif illégal* », précité, p. 518 à 521 ; PACTEAU (B.), « Quel retentissement de l'annulation d'un acte détachable sur la validité et l'exécution du contrat auquel cet acte se rapporte ? », CJEG 1991, p.115 et s.
[826] RICHER (L.), « *Vie et survie du contrat administratif illégal* », précité, p. 519.
[827] Sur cette question, cf. : LADHARI (N.), « Le TA de la République tunisienne », RTD 1974, p.198 ; MOUSSA (H.), « « *L'exécution de la chose jugée et la réforme de la justice administrative* » in « *La réforme de la justice administrative* », op. cit
[828] RIVÉRO (J.), « Le Huron au Palais Royal », D. 1962, p. 37.

1003. Elle a conduit depuis au renforcement des pouvoirs du juge administratif. La loi du 16 juillet 1980 a ainsi commencé par introduire des mécanismes coercitifs destinés à briser le mauvais vouloir de l'administration : il s'agit des procédures de l'ordonnancement et de l'astreinte reprises et élargies par la loi du 8 février 1995. Mais c'est surtout la procédure de l'injonction, dont les dispositions sont reprises aujourd'hui aux articles L. 911-1 et suivants du Code de justice administrative (CJA), qui a consacré,au profit du juge administratif, le pouvoir d'adresser des injonctions à l'administration quand le jugement implique nécessairement qu'une mesure d'exécution soit prise dans un sens déterminé et que ce jugement entraîne pour l'administration l'obligation de prendre une décision après une nouvelle instruction. L'objectif de cette loi est de permettre au juge de l'exécution de prescrire, à la demande d'une partie, la mesure qu'implique nécessairement le jugement d'annulation et d'assortir cette injonction, au besoin, d'une astreinte pour vaincre l'inertie administrative. Il s'inscrit dans le cadre de la garantie du droit au procès équitable et du respect de la chose jugée dont l'exécution constitue un élément indissociable[829].

1004. Le contentieux de l'exécution introduit en France par cette réforme a été rangé dans le contentieux de pleine juridiction dans lequel le juge saisi « *doit toujours (se) comporter comme un juge de pleine juridiction, quand bien même le litige principal sur lequel se greffe la demande d'injonction ressortit au contentieux de l'excès de pouvoir* »[830]. Celui-ci doit donc apprécier, compte tenu de la situation de droit et de fait existant à la date de sa décision, « *s'il apparaît toujours que l'exécution du jugement ou de l'arrêt implique nécessairement une mesure d'exécution* »[831]. C'est seulement dans l'affirmative qu'il revient au juge de prescrire une mesure d'exécution en tenant compte toutefois des intérêts en présence.

C'est ainsi, qu'à la suite de l'annulation d'un acte détachable, peuvent être prescrites des mesures telles que la saisine du juge du contrat pour lui en faire reconnaître la nullité[832], ou encore la suspension de l'exécution de travaux destinés à la construction d'un ouvrage

---

829 CEDH, 26 septembre 2006, *Société de gestion du port de Campoloro*, aff. 57516/00, D. 2007.545, note Hugon ; 19 mars1997, *Hornsby c. Grèce*, JCP 1997.II.22949, note Dugrip et Sudre.

830 CE, 4 juillet 1997, *Époux Bourezak, RFDA 1997.815,* concl. *R. Abraham.*

831 CE Sect, (avis) *30 novembre 1998, Berrard, RFDA 1999.511,* concl. Lamy, note Guettier.

832 CE Section, 7 octobre 1994, *Époux Lopez*, Rec. CE, 430 ; RFDA 1994.1090 concl. Schwartz, note Pouyaud.

public[833]. Le juge de l'exécution doit alors disposer d'une plénitude de pouvoirs, lui permettant de prendre les « *mesures appropriées* »[834].

1005. La complexité qui résulterait dans ce cas de l'allongement des délais nécessaires pour trouver une solution définitive à ce type de litige est excessive et préjudiciable à la bonne justice. Elle implique en effet la saisine de trois juges successifs : celui de l'annulation, celui de l'exécution et celui du contrat. Cette période d'incertitude a un coût pour la collectivité ; elle pourrait conduire à un renchérissement du prix des prestations.

1006. Pour remédier à cette complexité, une partie de la doctrine a proposé l'admission de la recevabilité du recours pour excès de pouvoir contre le contrat lui-même[835]. Mais une telle solution conduirait à dénaturer ce type de recours dont les caractéristiques paraissent mal adaptées à la spécificité du contentieux contractuel.

1007. « *Instrument mis à la portée de tous pour la défense de la légalité méconnue* »[836], le recours pour excès de pouvoir produit des effets mécaniques qui ne permettent pas de tenir compte de la stabilité contractuelle et des intérêts des parties contractantes : toute personne, même celle qui ne peut justifier d'un « *intérêt suffisamment direct* » peut introduire ce recours, tout vice, même le plus véniel, peut aboutir à l'anéantissement du contrat.

1008. Il est donc préférable de tenir compte de cette spécificité en confiant ce type de contentieux au juge du contrat dont le contrôle, tout autant que celui du juge de l'excès de pouvoir, demeure pour l'heure, inadapté à la réalité de l'opération d'exécution des marchés.

B. L'inefficacité due aux limites des pouvoirs du juge du contrat

1009. Selon une conception étriquée de la légalité, le juge du contrat ne peut être saisi d'actions tendant à l'annulation d'actes d'exécution contraires aux normes contractuelles. Cette situation, due à l'éclatementdu contentieux, a été vivement critiquée par la doctrine[837]. Ainsi, le Professeur René CHAPUS s'insurgeait en ces termes contre

---

[833] CE, Sect., 14 octobre 2011, *Commune de Valmeinier et Syndicat mixte des Islettes*, Rec. CE, 490.

[834] CE, Sect., 21 février 2011, *Société Ophrys*, Rec. CE, 54, BJCP 2011.133, concl. Dacosta, obs. Dourlens et De Moustier.

[835] Concl. Stahl sur CE 10 octobre 1998, *Ville de Lisieux*, RFDA 1999. 128.

[836] Concl. Pichat sur CE 8 mars 1912, *Lafage*, Rec. CE, p.348.

[837] Cf. sur ce point : De BÉCHILLON (D.), « Le contrat comme norme de droit public », op. cit., p. ; V. aussi : BRENET (F.), « L'avenir du contentieux des actes détachables en matière contractuelle », AJDA 2014, p. 261 et s.

cette attitude frileuse du juge administratif : « *(...) on comprend mal pourquoi, selon des considérations généralement exprimées, le juge de la légalité ne doit pouvoir toucher aux contrats que (...) d'une main tremblante, alors qu'il dispose de sa liberté de mouvement à l'égard des actes unilatéraux. Faut-il croire que la légalité n'est pas une et que les contrats peuvent prendre quelques libertés avec elle ? C'est dire qu'il n'y a pas d'explication juridique (et il ne peut d'ailleurs y en avoir) à l'état du droit jurisprudentiel* »[838].

1010. Quoi qu'il en soit, et en raison des délais incompressibles de résolution des litiges devant le Tribunal administratif[839], un tel recours ne pourra être exercé le plus souvent qu'à l'issue de l'exécution des marchés dont la réalisation est de courte durée. Dans ces conditions, les personnes concernées ne seront admises à demander que la réparation du préjudice subi du fait de l'annulation de l'acte d'exécution critiqué. Il existe en effet dans ce cas des considérations évidentes d'intérêt général et de sécurité juridique s'opposant à une remise en cause rétroactive du contrat exécuté[840].

1011. D'un autre côté,l'action en nullité absolue peut déboucher sur l'anéantissement rétroactif du contrat. Cette conséquence radicale est à rapprocher de celle qui découle de l'annulation pour excès de pouvoir rappelée par l'article 8 de la loi relative au TA[841]. Elle implique le rétablissement intégral de la situation antérieure à la conclusion du contrat annulé, réputé ainsi n'avoir jamais existé. Les parties contractantes ne peuvent plus se prévaloir de ses clauses ; elles ne peuvent ni demander le respect des obligations qui en découlent, ni revendiquer les droits qu'il leur garantit ; elles ne peuvent, non plus, demander la poursuite de son exécution.

Elles sont tenues de restituer ce qu'elles ont reçu en contre partie de son exécution, que celle-ci soit totale ou partielle. En outre, les litiges relatifs à l'exécution du contrat perdent paradoxalement leur caractère contractuel[842].

---

[838] CHAPUS (R.), *Droit du contentieux administratif*, op. cit. p. 193.
[839] V. infra, n° 1388.
[840] CE, Assemblée, 11 mars 2004, *Association AC ! et autres,* concl. Devys, Rec. CE, p. 197, GAJA *op.cit.,*n° 107, p. 804.
[841] Sur cette question, cf. : BEN ACHOUR (Y.), « *Les conséquences de l'annulation d'une décision administrative pour excès de pouvoir* » in (Sous la dir. de S. BELAÏD), « *L'œuvre jurisprudentielle du TA* », op. cit. ,p. ; v. aussi : MOUSSA (H.), « *L'exécution de la chose jugée et la réforme de la justice administrative* » précité.
[842] Cf. CE, 6 mars 1985, *Association Eurolat*, Rec. CE, p. 141.

1012. Ces solutions, qui ont pour raison d'être le souci d'effacer les irrégularités ayant pu entacher la formation du contrat, pèchent cependant par un excès de rigidité. Elles conduisent en effet à faire prévaloir l'impératif de la légalité sur celui de sécurité juridique et de stabilité des relations contractuelles. Les inconvénients qui en découlent pour l'intérêt public sont supérieurs au rétablissement de la légalité bafouée, dans la mesure où l'exécution d'un jugement prononçant la nullité rétroactive d'un marché de travaux, par exemple, pourrait conduire à la démolition de l'ouvrage réalisé, à la restitution du prix payé et à la réfection du marché entrainant un préjudice considérable pour la collectivité.

1013. Pour cette raison, le droit comparé retient des solutions moins tranchées mais plus réalistes permettant de régler ce genre de litiges devant le juge du contrat[843].

§2. Pour une simplification du contentieux de l'exécution des marchés publics

1014. En règle générale, l'organisation du contentieux est du ressort du législateur à qui incombe la responsabilité de déterminer la procédure applicable devant les différentes juridictions. C'est dans ce cadre que la loi du 1er juin 1972 portant création d'un TA en Tunisie a procédé à la transposition d'un certain nombre de solutions jurisprudentielles consacrées auparavant par le Conseil d'État français[844].

1015. En matière administrative cependant, il est traditionnel de reconnaître au juge[845], du fait du laconisme des textes, un rôle plus important dans la définition de son office. Le TA, contrairement à son homologue français, n'a pas su saisir cette opportunité pour remédier à l'inefficacité qui caractérise son contrôle sur l'exécution des marchés publics.

1016. Pour cette raison, il nous semble que le juge administratif devrait, à la faveur du contexte inauguré par la nouvelle Constitution, faire évoluer son office pour, d'une part, demander au législateur de créer de nouvelles voies de recours mieux adaptées au contentieux de ce type de contrats (**A**), et d'autre part reconstruire son dispositif de contrôle en l'adaptant à la réalité de l'opération d'exécution (**B**)

---

[843] Sur cette question, cf. : TRUCHET (D.), « *La reconstruction de l'office du juge du contrat : comment et jusqu'où ?* », Mélanges L. Richer, LGDJ 2013, p. 715.

[844] Sur cette question, v. MESTRE (A.), « Conseil d'État français et Tribunal administratif tunisien », in *Mélanges Waline*, LGDJ, 1974, p. 59 et s.

[845] Cf. sur ce point : LADHARI (M.), « Le Tribunal administratif de la République tunisienne », RTD 1974, pp. 161-217

A. L'institution de nouveaux recours mieux adaptés à la réalité de l'opération d'exécution

1017. À l'heure où s'amorce la réflexion sur la nouvelle loi relative à la procédure devant les différentes juridictions administratives, le TA devrait exploiter cette opportunité pour proposer au législateur[846], d'une part, la création de référés spécifiques mieux adaptés à la réalité de l'opération d'exécution (**1**), d'autre part, l'institution d'un déféré gubernatorial sur les marchés des collectivités locales (**2**).

1. L'institution de référés contractuels

1018. Nous avons déjà eu l'occasion de souligner les effets néfastes de l'absence de référés spécifiques en matière de litiges relatifs aux marchés publics. C'est cette carence du droit au recours qui a conduit le juge à forcer les textes en permettant aux tiers intéressés d'emprunter les voies de droit sinueuses du sursis et du référé conservatoire pour demander la suspension d'un marché public. Nous avons alerté sur les risques que représente cette politique à la fois pour la stabilité contractuelle et la sécurité juridique des parties.

1019. Aussi, nous pensons que pour garantir l'efficacité des recours tout en évitant les conséquences néfastes de la résurgence des questions de légalité relatives à la formation du contrat sur des marchés ayant reçu un début d'exécution, il est nécessaire de penser à de nouvelles solutions.Dans cette perspective, les pouvoirs publics pourraient s'inspirer utilement de la démarche du législateur français qui a abouti, à partir des années quatre-vingt-dix, à l'adoption de deux nouveaux types de recours mieux adaptés au particularisme des contrats de commande publique : le référé précontractuel, d'une part (**a**) et le référé contractuel, d'autre part (**b**).

a. Le référé précontractuel :

1020. Le référé précontractuel,introduit en France sous la pression du droit communautaire[847], permet à toute personne « *susceptible d'être lésée* »

---

[846] Nous avons appris qu'une nouvelle loi portant création de nouvelles juridictions administratives (Tribunaux administratifs, cours administratives d'appel et Haute cour administrative), déterminant leurs compétences respectives et précisant la procédure applicable devant ces différentes juridictions est en cours de préparation au sein du TA. Ce texte devrait être déféré au Gouvernement dès son achèvement avant sa transmission à l'ARP pour approbation.

[847] Organisé actuellement par l'article 551-1 du CJA, le référé précontractuel a été institué par les lois du 4 janvier 1992 et du 29 décembre 1993 transposant les directives européennes « recours » 89/665 du 21 décembre 1989 et 92/13 du 25

par la conclusion d'un contrat de commande publique de saisir le président du tribunal administratif avant la signature du contrat pour qu'il ordonne, le cas échéant, les mesures de nature à empêcher les violations des règles de publicité et de mise en concurrence ayant pu affecter la procédure de conclusion du contrat.

1021. Il s'agit donc de donner, en amont, pleine effectivité aux normes relatives à la passation des marchés afin de prévenir la résurgence de ces questions en cours d'exécution. Quel intérêt y aurait-il en effet à annuler une décision d'attribution d'un marché et à ordonner sa réfection alors que celui-ci a été entièrement exécuté ?

1022. La raison d'être de ce recours est donc d'éviter le fait accompli administratif en permettant au juge de se prononcer rapidement sur la régularité de la procédure de passation avant même la signature du contrat. Il doit, pour cela, disposer des pouvoirs les plus étendus[848]. Il doit d'abord pouvoir ordonner à l'acheteur public de se conformer à ses obligations. Il doit ensuite être en mesure de suspendre la procédure de conclusion du contrat ou l'exécution de toute décision s'y rapportant, sauf s'il estime, compte tenu de l'ensemble des intérêts en présence, que les inconvénients d'une telle mesure l'emporteraient sur ses avantages. Il doit, enfin, pouvoir annuler toutes les décisions relatives à la passation du contrat et supprimer toutes les clauses ou prescriptions qui méconnaitraient cette obligation.

1023. Ce type de recours devrait logiquement relever du plein contentieux car les requérants sont appelés à faire valoir des droits subjectifs. Mais il n'est pas sans lien avec le contentieux objectif dans la mesure où le juge sera amené à se prononcer sur la régularité de la procédure de passation. En cela, il « *déroge aux règles traditionnelles du droit administratif français* » qui reposent sur la séparation des contentieux[849].

1024. Le Conseil d'État a dû intervenir pour en préciser les contours en soulignant qu'un manquement à une règle de publicité ou de mise en concurrence ne peut être invoqué par une entreprise qu'à la condition

---

février 1992 ; il a été révisé par l'ordonnance du 7 mai 2009, à la suite de l'adoption de la nouvelle directive européenne « recours » 2007/66 du 11 décembre 2007.
Sur cette voie de recours, cf. : GOURDOU (J.) et TERNEYRE (P.), « Le référé précontractuel administratif au lendemain de la réforme législative des procédures d'urgence », CJEG 2001, 135 ; LLORENS (F.), « Le référé contractuel entre continuité et changement », in WACHSMANN (P.), dir. « *Le nouveau juge administratif des référés* », PU Strasbourg, 2002, p. 27 et s. ; RICHER (L.) et LICHÈRE (F.), *Droit des contrats administratifs*, op. cit. p. 148 et s.

[848] CE, 20 octobre 2006, *Commune d'Andeville, AJDA 2006.2340, concl. Casas.*

[849] RICHER (L.) et LICHÈRE (F.), *Droit des contrats administratifs*, op. cit. p. 149.

que ce manquement ait été susceptible « *de la léser ou risque de la léser, fût-ce de façon indirecte en avantageant une entreprise concurrente* »[850]. Cette jurisprudence constitue une application stricte de l'article L. 551-10 du CJA qui prévoit que « *les personnes habilitées à engager les recours prévus aux articles L. 551-1 et L. 551-5 sont celles qui ont un intérêt à conclure le contrat et qui sont susceptibles d'être lésées par le manquement invoqué* ». Il s'agit avant tout des candidats évincés. Mais les entreprises qui ont été dissuadées de participer du fait de manquements à l'obligation de publicité et de mise en concurrence imputables à l'administration doivent être aussi admises à présenter un tel recours. Le gouverneur, représentant de l'État au niveau local et gardien de la légalité des actes des collectivités locales, doit également avoir qualité à agir au titre de ce type de référé.

1025. L'appréciation de la lésion d'un intérêt est délicate, car elle invite le juge à vérifier le caractère opérant du moyen invoqué. Celui-ci doit être saisi avant la signature du contrat. La passation du marché doit être automatiquement suspendue le temps de l'instance en application de la procédure du délai de suspension *(Standstill)* introduite en Tunisie par le nouveau CMP.

b. Le référé contractuel :

1026. Afin de sanctionner les manquements les plus graves aux règles de publicité et de mise en concurrence, le référé précontractuel pourrait être complété par une autre voie de recours destinée à priver rapidement d'effets des marchés qui ont été conclus d'une manière irrégulière. Il s'agit du référé contractuel introduit en France par l'ordonnance du 7 mai 2009[851].

1027. Par rapport au *référé précontractuel*, ce type de référé se distingue par le fait qu'il ne peut être introduit qu'après la conclusion du contrat et à la condition que le requérant n'ait pas déjà fait usage de la procédure du référé précontractuel.Un tel recours doit permettre au juge saisi d'intervenir, dans un délai très court, soit pour annuler le marché, soit pour en prononcer la résiliation lorsque son anéantissement rétroactif se heurte à une raison impérieuse d'intérêt général, soit encore pour en réduire la durée, soit enfin pour prononcer des pénalités financières.

---

850 CE, Section, 3 octobre 2008, *SMIRGEONES*, RFDA 2008, concl. Dacosta, note Delvolvé.

851 Le référé contractuel, organisé actuellement par l'article L. 551-13 du CJA, a été institué par l'ordonnance du 7 mai 2009 transposant la directive européenne « recours » 2007/66 du 11 décembre 2007. Sur ce type de recours, cf. : RICHER (L.) et LICHÈRE (F.), *Droit des contrats administratifs*, op. cit., p 174 et s.

Le juge compétent doit être en mesure également d'ordonner la suspension de l'exécution du contrat pendant la durée de l'instance, sauf s'il estime que les inconvénients d'une telle mesure l'emporteraient sur ses avantages.

1028. Le référé contractuel devrait être ouvert devant toute personne ayant un intérêt à conclure le contrat et susceptible d'être lésée par de graves manquements aux obligations de publicité et de mise en concurrence. Le gouverneur, représentant de l'État au niveau local, devrait être également autorisé à présenter un tel recours comme dans le cadre du référé précontractuel.

1029. Seuls les manquements les plus graves pourront être invoqués : absence totale de publicité pour des marchés soumis à la procédure de l'appel d'offres, signature du contrat avant l'expiration du délai dit « *de standstill* », ou encore en violation de l'obligation de suspension de la signature du contrat qui s'impose en cas de saisine du juge du référé précontractuel[852].

1030. Toutefois, la possibilité offerte aux candidats évincés d'agir en urgence, après la conclusion du contrat, par le biais du référé contractuel constitue un prolongement du référé précontractuel dans le sens où il permet de faire sanctionner la méconnaissance des règles de publicité et de mise en concurrence. Son utilité parait dès lors moins évidente. En pratique, force est d'admettre que le référé contractuel est peu usité en France, d'autres contentieux l'ayant quasi entièrement absorbé[853].

2. L'institution d'un déféré gubernatorial :

1031. Avant l'adoption de la nouvelle Constitution, les marchés des collectivités locales étaient soumis à un régime d'approbation préalable exercé par l'autorité de tutelle en vertu de la LOC du 14 mai 1975 et celle relative aux conseils régionaux du 4 février 1989[854]. Ce régime s'appliquait à la fois aux délibérations de l'autorité délibérante mais aussi aux conventions relatives aux marchés publics.

1032. L'article 138 de la nouvelle Constitution prohibe tout contrôle préalable sur les actes des collectivités locales et remplace le contrôle

[852] CE 19 janvier 2011, *Grand port maritime du Havre*, JCP A 2011.2095, note F. Linditch.

[853] Sur cette question, cf. CASSIA (P.), « Le référé contractuel : beaucoup de bruit pour- presque -rien», in *Mélanges L. Richer*, LGDJ 2013, p. 561.

[854] Sur ce contrôle, cf. : TARCHOUNA (L.), *Déconcentration et décentralisation en Tunisie*, Thèse, Faculté de droit et des sciences politiques de Tunis, 2005, p. 731 et s.

de tutelle par un contrôle de légalité. Un tel contrôle devrait être dévolu au gouverneur en tant que représentant de l'État au sein de la collectivité concernée.

1033. L'article 137 de l'avant-projet de loi organique portant adoption d'un Code des collectivités locales (CCL) semble le confirmer. Il propose de confier à cette autorité la faculté de contester, devant le Tribunal administratif territorialement compétent, la légalité des actesà portée générale « *relatifs à la détermination des taxes, des redevances et aux divers droits et montants* » devant lui être transmis dans un délai de 10 jours à compter de la date de la délibération relative à ces actes.

1034. Parmi les actes soumis à cette formalité, il n'est pas fait mention cependant des conventions relatives aux marchés publics[855]alors qu'il s'agit de véritables actes de disposition. Mais, les articles 97, 157 et 269 de ce Code confient au juge administratif une compétence générale pour statuer sur les litiges relatifs aux contrats publics des collectivités locales selon la procédure juridictionnelle en vigueur. Il faudra donc attendre la nouvelle loi relative à la justice administrative pour combler une telle lacune en étendant la liste des actes obligatoirement soumis à transmission aux contrats administratifs.

1035. Afin de simplifier et d'unifier le contentieux contractuel, un tel recours devrait être rangé avec le recours de pleine juridiction[856]. Cette

---

[855] En France, parmi les actes devant faire l'objet d'un contrôle approfondi par le préfet, figurent les actes relatifs à la commande publique (V. notamment, Cir. 10 septembre 2010 relative au contrôle de légalité des actes des collectivités territoriales et de leurs établissements publics en matière de commande publique (NOR IOCB1006399C) et Cir. 25 janvier 2012 relative à la définition nationale des actes prioritaires en matière de contrôle de légalité (NOR IOCB1202426C).
Sur la pratique du déféré préfectoral introduit en France par les articles L.2131-2 et s., L. 3131-2 et s. et L. 4141-2 et s. du Code des collectivités territoriales (CGCT) pris en application des lois de décentralisation, cf. : LAURET (R.) et PROOT (P.), « Le déféré préfectoral contre un contrat administratif relève du plein contentieux », CP-ACCP 2012, n° 119, p. 73 ; v. aussi : RICHER (L.) et LICHÈRE (F.), *Droit des contrats administratifs*, op. cit. n° 379 et s. Il convient de noter que désormais, et uniquement en ce qui concerne les actes d'exécution, le recours *Tarn et Garonne* s'est totalement substitué au déféré préfectoral exercé contre le contrat : « *le préfet défère le contrat, accompagné le cas échéant de ses 'actes supports' au juge du contrat. Cette absorption ne change rien. Le préfet peut saisir le juge dans les mêmes conditions que sous l'empire de la jurisprudence antérieure* » (HOPFFNER (H.), *Droit des contrats administratifs*, op. cit., p. 592).

[856]CE 24 décembre 2011, *Ministre de l'Intérieur*, n° 348647, BJDCP 2012, n° 81, p. 125, concl. Dacosta ; RFDA 2012.686, note Delvolvé : désormais, lorsque le déféré préfectoral est dirigé contre un contrat, il relève, « *eu égard á son objet* » du contentieux de pleine juridiction.

solution présente l'avantage de préserver la sécurité du contrat et la stabilité des relations contractuelles en évitant les effets mécaniques de l'annulation. Le juge saisi pourra ainsi moduler son office en adaptant son jugement à la gravité de l'illégalité contestée.

1036. À partir du moment où le gouverneur peut demander l'annulation, il serait logique de lui reconnaître aussi le droit de demander, par voie de référé, la suspension de la procédure de conclusion d'un marché ou sa révocation lorsque le contrat a été déjà signé. L'avant-projet de CCL, dans sa dernière version datée du mois d'Avril 2017, ne comporte pas de telles procédures, les articles 269 et 340 de ce projet se limitent à prévoir la possibilité pour le représentant de l'État de demander au juge administratif compétent de suspendre les décisions communales ou régionales transmises lorsque de telles décisions sont susceptibles de porter atteinte à une liberté publique ou individuelle, sans aucune référence à une quelconque procédure de référé contractuel[857].

1037. On ajoutera, pour terminer, que les articles 157, 168 et 190 de l'Avant-projet de CCL instituent curieusement un autre type de recours devant le juge des comptes à l'encontre des actes à caractère budgétaire ou financier des collectivités locales et, plus précisément, des dépenses d'exécution sur marchés. Un tel recours n'a pas d'équivalent en droit comparé où on considère que tels actes sont avant tout des actes administratifs que rien n'interdit de les déférer au contrôle du juge administratif[858].

B. Pour une refondation de l'office du juge du contrat

1038. Pour juguler les risques croissants d'insécurité juridique induits par l'admission de voies de recours inadaptées à la réalité de l'opération d'exécution, il est nécessaire de refonder l'office du juge en procédant d'une part à une unification du contentieux des marchés publics (**1**), d'autre part à un renforcement des pouvoirs du juge du contrat (**2**).

---

[857] L'article 168 prévoit cependant une procédure juridictionnelle financière spécifique qui permet au gouverneur de s'opposer, devant la juridiction des comptes territorialement compétente, aux budgets locaux votés en déséquilibre ou qui ne comportent pas l'inscription de dépenses obligatoires devant la juridiction des comptes territorialement compétente.

[858] Sur cette question, cf. : VERPEAUX (M.), *Les collectivités territoriales en France*, op. cit., p. 144-152.

1. Unifier le contentieux des marchés publics

1039. L'unification du contentieux aujourd'hui éclaté des marchés publics devrait s'ordonner autour du juge du contrat considéré comme un juge de pleine juridiction et capable donc d'assumer pleinement son rôle d'arbitre entre les intérêts en présence.Dans cette perspective, le juge administratif pourrait s'inspirer de la démarche inaugurée par le Conseil d'État français consistant à restructurer le contentieux des contrats administratifs autour du juge du contrat en créant au profit des tiers (**a**), comme au profit des cocontractants (**b**), des voies de droit nouvelles mieux adaptées à la spécificité de la norme conventionnelle.

a. Les recours ouverts aux tiers :

1040. La simplification de l'office du juge du contrat pourrait venir ici du juge administratif lui-même qui, en acceptant de prendre le raccourci tracé par le Conseil d'État, pourrait consacrer au profit des tiers une action directe contre une convention de marché public. En raison du laconisme des textes tunisiens régissant le contentieux administratif, rien ne s'oppose à une telle démarche que le TA avait d'ailleurs déjà empruntée pour admettre la recevabilité du recours pour excès de pouvoir contre les actes détachables de ce contrat.

1041. En France, dans le but de protéger le contrat contre les perturbations induites par l'annulation d'actes détachables ayant concouru à sa conclusion, le Conseil d'État, après avoir longtemps hésité, a fini par franchir le Rubicon de l'effet relatif des contrats en autorisant les tiers à attaquer le contrat devant le juge du plein contentieux contractuel. C'est le fameux arrêt d'Assemblée *Société Tropic Travaux* rendu le 16 juillet 2007 qui a introduit ce nouveau type de recours. Ce dernier est proche, dans son esprit, des référés contractuels, même s'il en diffère fondamentalement en ce qu'il constitue un recours quant au fond du litige et non pas un recours en la forme de référé. Son objet est de permettre aux « *concurrents évincés* », et à ces personnes seulement, d'attaquer le contrat qu'ils souhaitaient se voir attribuer[859].

1042. Le Conseil d'État a précisé ultérieurement la signification de la notion de concurrent évincé en affirmant que cette qualité doit être *« reconnue à tout requérant qui aurait eu intérêt à conclure le contrat, alors même qu'il n'aurait pas présenté sa candidature, qu'il*

[859] CE, Assemblée, 16 juillet 2007, *Société Tropic Travaux Signalisation Guadeloupe*, RDP 2007, 1402, concl. Casas, note Melleray.

n'aurait pas été admis à présenter une offre ou qu'il aurait présenté une offre inappropriée, irrégulière ou inacceptable »[860].

1043. D'un autre côté, et afin de sécuriser les contrats contre une menace perpétuelle de contestation[861], cet arrêt instaure un délai de recours de deux mois commençant à courir, non pas à compter de la publication du contrat lui-même, mais plus simplement à compter de celle de son avis d'attribution.

1044. Mais cette jurisprudence n'avait pas cru bon d'élargir ce type de recours à d'autres catégories de tiers pouvant justifier d'un intérêt légitime à la contestation de la procédure de conclusion d'un marché. Pour cette raison, le Conseil d'État va procéder à un infléchissement de sa position avecl'arrêt *Département Tarn-et-Garonne* rendu le 4 avril 2014[862].

1045. Rendu en formation solennelle d'assemblée, le recours des tiers contre le contrat n'est plus réservé aux concurrents évincés et la voie du recours pour excès de pouvoir cesse d'être ouverte contre les actes détachables préalables au contrat[863].

---

860 CE, Avis, 11 avril 2012, *Société Gouelle*, AJDA 2012.1109, note P. Cassia. Sur la restriction de l'intérêt à agir de cette catégorie particulière de tiers dans le cadre du recours Tarn et Garonne, cf. LAFAIX (J.-F.), « L'intérêt à agir devant le juge du contrat », in « *L'intérêt à agir devant le juge administratif* », (Dir.) Olivier Renaudie, Éd. Berger-Levrault, 2015, p. 96-97 : « *L'enjeu de l'appréciation tient aux moyens qui sont susceptibles d'être invoqués* ». V. également, CE, 14 octobre 2015, *Région Réunion*, n° 391183.

861 Il s'agissait en effet « *de trouver un équilibre plus adapté entre le respect des impératifs juridiques, l'efficacité des recours et la sécurité juridique* » et d'éviter un phénomène de « *renchérissement, voire de paralysie de certains grands projets* » (STIRN (B.) et AGUILA (Y.), *Droit public français et européen*, Dalloz, 2014, p. 427).

862 CE, Ass, 4 avril 2014, *Département du Tarn-et-Garonne c/ Bonhomme*, n° 358994, Rec. CE, 70, concl. Dacosta ; BJCP 2014, n° 94, p. 204 ; RFDA 2014. 245. GAJA, *op.cit.*, n° 116, p. 910. Cf. les observations du professeur Paul Cassia in « *Les grands arrêts du contentieux administratif » (GACA) (Dir.)* Bonichot, Cassia, Poujade, Dalloz, 2011, n° 9, p. 213.

863 RICHER (L.) et LICHÈRE (F.), *Droit des contrats administratifs*, op. cit., p. 193 et s.

S'agissant des actes détachables postérieurs au contrat « *Ni l'arrêt ni les conclusions ne prennent position à ce sujet. Mais on ne voit pas que l'arrêt Bonhomme mette fin à la recevabilité du recours pour excès de pouvoir contre ces actes* » (Note Pierre Delvolvé sous CE, Ass, 4 avril 2014, *Département du Tarn-et-Garonne c/ Bonhomme*, RFDA 2014, p. 438).

L'abandon de la théorie des actes détachables se justifie, selon le Rapporteur public DACOSTA,par les menaces qu'elle faisait peser sur la stabilité du contrat et la sécurité juridique des contractants.

1046. Source de difficultés inextricables dans la résolution des litiges liés à l'exécution des contrats, la théorie de l'acte détachable a donc été supplantée par le recours direct de certains tiers contre le contrat devant le juge du contrat. Ce juge sera appelé à procéder à une appréciation plus libérale de l'intérêt à agir qui doit conduire à rompre le lien traditionnel entre plein contentieux et droits subjectifs. Cette rupture se justifie par le caractère institutionnel du contrat administratif, mode d'action publique pouvant concerner un nombre plus important de personnes que les contrats de droit privé. Cette caractéristique est sans doute plus prononcée pour les contrats de marchés publics soumis à des obligations strictes de publicité et de mise en concurrence et requérant l'approbation préalable de différentes autorités administratives. Dès lors, dans certains cas,l'intérêt de certains requérants comme celui du préfet ou de l'élu local dans l'arrêt *Département du Tarn-et-Garonne* est « *éclipsé*[864]» et suffira pour admettre la recevabilité de ce type de recours. Dans d'autres cas, et notamment à l'égard des tiers qualifiés « *d'ordinaires*[865] », la condition d'intérêt à agir s'est « *dédoublée en ce que l'intérêt ne conditionne pas seulement la recevabilité de l'action, c'est-à-dire des conclusions qui fixent ce que le requérant demande au juge, mais aussi la recevabilité des moyens soulevés à l'appui de la demande*[866] ».Ainsi, et afin d'éviter de fragiliser le contrat par la multiplication des recours, l'arrêt *Département du Tarn-et-Garonne* prévoit que tout tiers à un contrat administratif est « recevable à former devant le juge du contrat un recours de pleine juridiction constatant la validité du contrat ». Celui-ci doit cependant

[864] LAFAIX (J.-F.), « L'intérêt à agir devant le juge du contrat », in « *L'intérêt à agir devant le juge administratif* », op.cit, p. 105 et s.

[865] Sur cette qualification, cf. DACOSTA (B.), « Esquisse d'une typologie des requérants en matière contractuelles », AJDA 2014, p. 2049 ; JANICOT (L.) et LAFAIX (J-F.), « La nouvelle place du tiers dans le contentieux des contrats administratifs », REP, 2014, p. 1182.

[866] Cf. observations du professeur Paul Cassia in « *Les grands arrêts du contentieux administratif » (GACA) (Dir.)* Bonichot, Cassia, Poujade, Dalloz, 2011, n° 9, p. 213 et s : « *La décision Département de Tarn-et-Garonne constitue un coup d'arrêt sans précédent, devant le juge du fond, à la contestation par les tiers des contrats administratifs dans la logique de ce que la décision Smirgeomes du 3 octobre 2008 avait amorcé pour la mise en cause, en référé précontractuel, de la procédure de passation de certains contrats publics* » ; V. également LAFAIX (J.-F.), « L'intérêt à agir devant le juge du contrat », op.cit, p. 93.

démonter qu'il est « *susceptible d'être lésé dans ses intérêts de façon suffisamment directe et certaine* ». C'est au juge du contrat qu'il appartiendra de délimiter le cercle des personnes pouvant justifier de la lésion d'un tel intérêt en tenant compte à la fois de la stabilité contractuelle et de l'impératif de légalité[867].

1047. Le Conseil d'État s'est d'ailleurs récemment prononcé sur les contours de cet intérêt dans une décision dans laquelle il a considéré que la seule qualité de sous-traitant ne confère pas automatiquement la qualité de tiers justifiant d'un intérêt lésé suffisamment direct et certain[868], sauf dans le cas où l'offre du titulaire du marché est indissociable de l'offre présentée par le sous-traitant, ce qui était le cas en l'espèce.

b. Les recours ouverts au cocontractant

1048. Pour parachever l'édifice et rendre plus cohérent le système de recours en matière de marchés publics, deux pas supplémentaires devraient, à notre avis, être franchis par le juge administratif tunisien en s'inspirant de l'œuvre prétorienne du Conseil d'État français : admettre le recours direct d'une partie contre le contrat et admettre le recours d'une partie contre une mesure d'exécution.

- Le recours direct d'une partie contre le contrat :

1049. Le recours direct de l'une des parties contre le contrat est admis en droit tunisien, mais d'une manière tout à fait exceptionnelle. Il s'agit du recours en nullité absolue qui, en cas de graves irrégularités entachant la procédure de conclusion du contrat, peut conduire à son anéantissement rétroactif. En raison de son caractère d'ordre public, l'illégalité peut même être soulevée d'office par le juge.

1050. À cette conception quasiment mécanique de l'illégalité, le Conseil d'État va préférer une solution qui, dans la lignée de sa jurisprudence *Tropic Travaux*, se caractérise par la recherche d'un équilibre entre légalité et sécurité des contrats. C'est le recours en contestation de

[867] Sur la recherche d'un équilibre entre contestation et protection du contrat, cf. LAFAIX (J.-F.), Ibid, p. 93. V. également : BRETONNEAU (A.) et LESSI (J.), « Contentieux contractuel : la révolution rentre au port », AJDA 2014, p. 1035.
[868] CE, 14 octobre 2015, *Région Réunion*, n° 391183 : « *Si la société requérante n'est pas un concurrent dont la candidature ou l'offre a été rejetée ou qui aurait été empêché de présenter sa candidature, et si en sa seule qualité de société susceptible d'intervenir en qualité de sous-traitante, elle ne justifie pas d'un intérêt lésé pouvant la rendre recevable à contester la validité du contrat en cause* ».

validité consacré par l'arrêt d'Assemblée *Commune de Béziers* dit « *Béziers 1* » rendu le 28 décembre 2009[869].

1051. Dans le cadre de ce recours, la nature des liens qui se sont noués entre les parties doit être prise en considération par le juge, car tout contrat crée des obligations entre les parties. Ces dernières ne peuvent se délier desdites obligations sous peine de voir leur responsabilité contractuelle mise en cause. Telle est l'exigence de loyauté dans l'exécution des contrats administratifs érigée en principe général du droit par le Conseil d'État[870].

1052. Ce principe s'applique d'abord au niveau de la conclusion du contrat. Le TA l'avait déjà mis en œuvre en matière de fraude à l'achat public dans l'arrêt *Eurêka*[871]. Le juge avait alors soulevé d'office la violation de ce principe pour conclure à la nullité des obligations découlant des marchés litigieux. Il a été également un élément déterminant dans les deux arrêts *Béziers 1 et Béziers* 2 où le Conseil a posé la règle selon laquelle une partie ne peut se prévaloir, pour échapper à ses engagements, d'un vice affectant la conclusion du contrat dont il est établi qu'elle avait connaissance dès le début des relations contractuelles. Entre les parties, l'exigence nouvelle de loyauté des relations contractuelles doit donc contribuer à sécuriser davantage le contrat.

1053. Le principe, qui dérive de celui posé par le code civil selon lequel « *les engagements légalement contractés doivent être exécutés de bonne foi* », n'a pas cependant la même signification en droit public[872]. En droit privé, il sert surtout à donner plein effet à la force obligatoire du contrat en sanctionnant sur le terrain de la responsabilité quasi-délictuelle le cocontractant de mauvaise foi qui

---

[869] CE, Assemblée, 28 décembre 2009, *Commune de Béziers*, GAJA, *op.cit.*, n° 112, p. 868 ; RFDA 2010. 506, concl. Glaser, note Pouyaud.

[870] Sur ce principe, cf. : BOURDON (P.), *Le contrat administratif illégal*, op.cit, p.707 et s. ; SESTIER (J.-F.), « La loyauté dans l'exécution des relations contractuelles : un standard juridique commode ? », Mélanges L. Richer, LGDJ 2013, p. 451-et s.; LAFAIX (J.-F.), « La loyauté des relations contractuelles au regard de la théorie du contrat », Mélanges L. Richer, op. cit., p. 365 et s.

[871] V. TA, Appel, 23 novembre 2010, *Société Euréka* précité ; v. aussi, dans le cadre d'un recours en excès de pouvoir présenté par le cocontractant contre une mesure rapportant l'attribution d'un marché de fournitures à la suite de la découverte de faits de collusion entre des agents de l'administration et l'entreprise attributaire du marché : TA, 26 mars 2004, 1ère instance, *Société tunisienne de microinformatique c. Ministre de l'enseignement supérieur*, inédit

[872] Sur cette question, cf. : LAFAIX (J.-F.), « La loyauté des relations contractuelles au regard de la théorie du contrat », Mélanges L. Richer, op. cit., p. 365 et s.

cherche à se dérober à ses engagements au moment de l'exécution.En droit administratif, cette préoccupation, si elle n'est pas absente, n'est pas essentielle. Usant d'une palette de larges pouvoirs, le juge administratif cherchera avant tout à maintenir le lien contractuel en ordonnant la régularisation des irrégularités ayant pu toucher la conclusion du contrat lorsque ces irrégularités ne sont pas considérées « *d'une particulière gravité* », ou bien la reprise des relations contractuelles lorsque la résiliation contestée n'est pas justifiée par des motifs d'intérêt général. Ce n'est qu'exceptionnellement, lorsqu'il apparaît que les avantages de l'annulation du contrat dépassent les avantages de son maintien, que le juge pourra annuler. Le juge administratif semble opérer ainsi une gradation des sanctions en fonction de la gravité de l'illégalité entachant la passation du contrat ou son exécution[873].

1054. Le fondement de cette jurisprudence réside dans la nécessité de préserver les deniers publics et l'intérêt général que représente le maintien des liens contractuels pour les collectivités publiques[874], car un marché public n'est pas un contrat comme les autres. Il est certes, la loi des parties, mais l'une de ces parties est une personne publique agissant dans le cadre de l'intérêt général et recherchant, à travers lui, à doter les services publics des moyens nécessaires à leur bon fonctionnement. Ainsi, les pouvoirs de modification unilatérale, de résiliation et l'imprévision constituent les manifestations les plus saillantes de l'exorbitance du régime du contrat administratif.

1055. Il reste que la notion « *d'irrégularités d'une particulière gravité* » qui constitue la limite que le juge s'est fixée pour maintenir le lien contractuel, n'est pas facile à circonscrire. Le Conseil d'État a bien cherché à en préciser les contours en considérant qu'elles tiennent « *au contenu illicite du contrat ou à un vice relatif notamment aux conditions dans lesquelles les parties ont donné leur consentement* ». Mais « *l'incertitude* » persiste du fait du caractère subjectif de l'appréciation qui sera donnée par le juge[875].

---

[873] BOURDON (P.), *Le contrat administratif illégal*, op. cit., p.707 et s.

[874] C'est cette « *réserve d'intérêt général* » qui permet en effet d'éviter la sanction automatique : « *la réserve d'intérêt général s'inscrit dans un mouvement de lutte contre la sanction automatique des irrégularités, mêmes graves* » (LAFAIX (J-F.), « Le juge du contrat face à la diversité des contentieux contractuels », RFDA, 2011, p. 1089. V. également COQ (V.), *Nouvelles recherches sur les fonctions de l'intérêt général dans la jurisprudence administrative*, op.cit, p. 418 et s.

[875] Pour une illustration de ces difficultés, v. : CE, 12 janvier 2011, *M. Manoukian*, BJCP 2011.121, concl. N. Boulouis ; CE, 20 avril 2011, *Commune de Baie Mahault*, BJCP.376, concl. Dacosta.

1056. Le principe de « *stabilité des relations contractuelles* », au même titre que celui de loyauté, doit aussi être pris en considération. L'expression figure, en France, dans l'arrêt *Béziers 1*. Elle renvoie à l'idée de droits acquis ou de sécurité juridique présente dans d'autres contentieux. Au même titre que le principe de loyauté et de légalité, ce principe constitue désormais un élément essentiel d'appréciation pour le juge du contrat appelé à arbitrer entre les différents intérêts en cause.

1057. Le contentieux de la validité du contrat, moins abrupt dans ses effets que celui de la nullité, peut faire l'objet soit d'un recours direct par voie d'action, soit - hypothèse la plus fréquente - d'un recours indirect par voie d'exception comme c'était le cas dans l'arrêt Béziers 1 ou soulevé d'office par le juge[876].

1058. L'adoption d'une telle solution par le juge administratif tunisien permettrait au juge du contrat de jouer pleinement son rôle d'arbitre entre les parties sans être prisonnier du couperet de la nullité. Elle sonnerait le glas de l'admission de l'action en nullité absolue du contrat par le TA.

- Le recours du cocontractant contre une mesure d'exécution :

1059. Traditionnellement, la jurisprudence administrative considère que le juge du contrat ne peut annuler une mesure d'exécution illicite prise par l'administration dans le cadre de ses pouvoirs généraux de contrôle. Cette conception injuste, qui refuse de reconnaître la normativité pleine et entière de l'obligation contractuelle, n'a pas de fondement théorique. Elle a finalement été abandonnée par le Conseil d'État à l'occasion d'une contestation portant sur une décision de résiliation d'une convention conclue entre deux personnes publiques. Dans son arrêt rendu le 21 mars 2011 dit « *Béziers 2* », la Haute juridiction considère que lorsque la contestation porte sur une mesure d'exécution du contrat, il lui incombe, en tant que juge du contrat, « *d'apprécier(...) la gravité des vices constatés* » et les « *motifs de la résiliation* »[877]. Dans cette appréciation, les relations qui ont été nouées entre les parties au cours de l'exécution du contrat sont déterminantes. Là encore, c'est le principe de la loyauté des relations contractuelles qui doit guider le juge dans son appréciation. Il serait injuste en effet de donner gain de cause à une administration de mauvaise foi qui, pour se dérober à ses obligations financières, choisira de prononcer la résiliation unilatérale du marché d'une

---

[876] CE, 28 décembre 2009, *Commune de Béziers* précité.

[877] CE, 11 mars 2011, *Commune de Béziers*, GAJA, *op.cit.*, n° 112, p. 868 ; RFDA 2011.507, concl. Cortot-Boucher, note Pouyaud.

manière manifestement illégale. Un tel recours devrait être logiquement étendu aux mesures de modification unilatérale et aux autres sanctions même si cet arrêt ne le confirme pas.

1060. Reste alors à repenser les pouvoirs du juge du contrat.

2. Renforcement des pouvoirs du juge du contrat

1061. L'avantage essentiel de l'insertion souhaitée de ces différentes voies de recours au sein du plein contentieux tient aux pouvoirs du juge, à la latitude dont il peut disposer pour trancher les questions qui lui sont posées.

1062. Dans le recours pour excès de pouvoir, comme dans l'action en nullité absolue, le juge se trouve, en quelque sorte, en situation de compétence liée. Constatant l'illégalité de l'acte détachable ou la violation des règles de formation du contrat, il ne peut que prononcer l'annulation ou constater exceptionnellement la nullité du contrat. Il ne peut se prononcer en deçà en adaptant le dispositif de son jugement aux intérêts en cause et à la nature de l'illégalité.

1063. Les pouvoirs du juge du plein contentieux sont plus diversifiés. Celui-ci peut moduler son office pour choisir la sanction la mieux indiquée[878].

Car l'annulation (terme préféré à la nullité par cette jurisprudence) n'est plus désormais la seule sanction possible ; elle est l'une des options qui s'offre au juge du contrat. C'est la nouvelle règle posée par le Conseil d'État dans l'arrêt *Tropic Travaux* qui sera enrichie des apports ultérieurs de la jurisprudence *Département du Tarn-et-Garonne, Béziers 1 et Béziers 2*[879]. L'éventail des « remèdes » disponiblesest, dans ce cadre, résumède manière précise. Ainsi, « *il appartient au jugelorsqu'il constate l'existence de vices entachant la validité du contrat, d'en apprécier les conséquences ; qu'il lui revient, après avoir pris en considération la nature de l'illégalité commise, soit de prononcer la résiliation du contrat ou de modifier l'une de ses*

---

[878] Le professeur Pierre BOURDON préfère le terme de "remède" : « *ni état, ni sanction, ni l'un et l'autre, la nullité a, plus exactement, la nature d'un remède parmi d'autres, à l'irrégularité du contrat* » (BOURDON (P.), *Le contrat administratif illégal*, op.cit, n° 785 et s.). Ce terme permet de se placer du côté du cocontractant lésé et de « *recouvrir l'objectif poursuivi par le juge administratif, à savoir réparer l'atteinte portée à l'intérêt général* » (Ibid, n° 790) ; V. aussi PLESSIX (B.), *L'utilisation du droit civil dans l'élaboration du droit administratif*, Thèse Paris 2. Panthéon-Assas, Paris, 2003, p. 213 et s.

[879] Sur cette « *convergence des solutions* », cf. Concl. Bertrand Dacosta sur CE, 8 juin 2011, *Commune de Divonne-les-bains*, p. 381.

clauses, soit de décider de la poursuite de son exécution, éventuellement sous réserve de régularisation par la collectivité contractante, soit d'accorder des indemnisations en réparation des droits lésés, soit enfin, après avoir vérifié si l'annulation du contrat ne porterait pas une atteinte excessive à l'intérêt général ou aux droits des cocontractants, d'annuler totalement ou partiellement, le cas échéant avec un effet différé, le contrat »[880].

1064. Dans l'arrêt *Département du Tarn-et-Garonne*, le Conseil d'État, afin de sécuriser davantage les contrats, instaure un double « *verrou* » par rapport à sa jurisprudence antérieure[881]. D'une part l'intérêt pour agir invoqué par les tiers doit être « *suffisamment direct* » et, d'autre part, les moyens invocables doivent être en relation directe avec le droit prétendument lésé[882]. Pour le reste, l'arrêt reprend la solution *Tropic Travaux* : selon la nature des vices, le juge peut décider de la poursuite du contrat ou de sa poursuite après régularisation et, si la régularisation est exclue à raison de la nature des vices, de sa résiliation sauf atteinte à l'intérêt général.

1065. L'arrêt Béziers 1 précise que le juge saisi par l'une des parties d'un recours contre le contrat doit s'assurer que « les irrégularités dont se prévalent les parties sont de celles qu'elles peuvent, eu égard à l'exigence de loyauté des relations contractuelle, invoquer devant lui »[883]. Cependant, le principe selon lequel l'annulation du contrat est l'une des options offertes au juge du contrat n'est pas remis en cause.

1066. L'arrêt *Béziers 2* élargit les pouvoirs du juge du contrat à l'égard d'une mesure d'exécution. Ainsi, le juge du contrat saisi d'un recours contestant la validité d'une mesure de résiliation et tendant à la reprise des relations contractuellesdoit « *apprécier, eu égard à la gravité des vices constatés et, le cas échéant, à celle des manquements du requérant à ses obligations contractuelles, ainsi qu'aux motifs de la résiliation, si une telle reprise n'est pas de nature à porter une atteinte excessive à l'intérêt général et, eu égard à la nature du contrat en cause, aux droits du titulaire d'un nouveau contrat dont la conclusion aurait été rendue nécessaire par la résiliation litigieuse* »[884].

---

[880] CE, Assemblée, 16 juillet 2007, *Société Tropic Travaux Signalisation* précité.

[881] BRETONNEAU (A.), LESSI (J.), « Contentieux contractuel : la révolution rentre au port », AJDA, 2014, p. 1035.

[882] CE, Assemblée, avril 2014, *Département du Tarn-et-Garonne* précité.

[883] CE, Assemblée, 28 décembre 2009, *Commune de Béziers* précité.

[884] CE, 21 mars 2011, *Commune de Béziers* 2 précité.

1067. Le contentieux de la validité d'une mesure de résiliation d'un marché et de reprise des relations contractuelles peut faire l'objet soit d'un recours direct par voie d'action[885], soit - hypothèse la plus fréquente - d'un recours indirect par voie d'exception opposé par l'une des parties[886] ou soulevé d'office par le juge du contrat[887].

1068. Ces différents recours contre les actes ayant concouru à la formation du contrat ou contre le contrat lui-même ou l'une de ses clauses[888] ou, encore, contre une mesure prononçant sa résiliation se distinguent de l'action en indemnisation en ce qu'ils sont soumis au délai strict de soixante jours à compter de la publication de l'avis d'attribution d'un marché ou de la notification de la mesure de résiliation contestée. Ils

---

[885] Une telle action est exclue en droit tunisien en vertu d'une règle jurisprudentielle constante mais contestable selon laquelle le recours direct en annulation d'une mesure d'exécution d'un marché est irrecevable. V. TA, 28 novembre 1991, *SadokMellouli c. Commune de Sousse* précité : rejet du recours en annulation de la décision de résiliation d'un marché de travaux prise par l'administration contractante.

[886] C'est l'hypothèse de l'arrêt Béziers 2. Il est remarquable de constater que le TA, sans aller jusqu'à reconnaître la recevabilité d'une action directe contre la validité d'une mesure d'exécution (TA, Appel, 29 décembre 1988, *CCE pour le compte du ministère du Transport et de Tourisme c. Société coopérative « Ettakadoum »*, GJJA, n° 439) admet de plus en plus la possibilité pour le cocontractant de contester, à l'occasion d'un recours principal en indemnisation, la licéité des mesures d'exécution prononcées par l'administration. V. pour une mesure de résiliation jugée illicite : TA, 1ère instance, 26 avril 2008, *Société COGIMI c. Municipalité de Tunis*, inédit (Résiliation sans droit d'un marché d'architecture par l'administration), et, pour une mesure de sanction illicite : TA, 1ère instance, 9 février 2012, *Gaaloul c. Commissariat régional au développement agricole de Mahdia*, inédit (l'absence de retard dans l'exécution d'un marché ne justifie pas les pénalités de retard prononcées par l'administration).

[887] CE 10 octobre 2012, *Commune de Baie-Mahaut*, JCP-A 2013,2272, note M. Dejoux et N. Fouidi « Vice d'une particulière gravité » soulevé d'office par le juge consistant dans la reconduction tacite par les parties d'un marché dans le but manifeste de faire obstacle aux règles de la concurrence.

[888] La question de la divisibilité des clauses du contrat a fait l'objet d'une solution dictée par des considérations pratiques : le Conseil d'état considère en effet que le caractère indivisible du contrat ne fait pas obstacle à la recevabilité du recours, mais qu'il revient au juge du contrat, après avoir statué sur la validité de la clause, de se prononcer « *sur les conséquences à en tirer sur le contrat dans son ensemble* » (CE 1er juillet 2009, *Compagnie des transports de la Roche-sur-Yon*, BJDCP, 2009, n° 66, p. 411, concl. Courrèges). Le juge peut alors décider de se saisir d'office de l'ensemble du contrat, mais seulement lorsque le contenu du contrat présente un caractère illicite ou lorsque les conditions dans lesquelles les parties ont donné leur consentement sont entachées d'un vice d'une particulière gravité.

peuvent cependant se greffer sur un recours indemnitaire principal lorsqu'ils sont présentés par la voie indirecte de l'exception.

Dans ce cas, ils ne sont pas enfermés dans le délai de l'action directe en contestation de validité qui est de deux mois, mais soumis au délai de prescription de droit commun en matière de responsabilité administrative contractuelle qui est en Tunisie de quinze ans[889].

---

[889]TA, Chambre de 1ère instance, 22 février 2011, Héritiers S. / *CCE pour le compte du ministère de la femme*, Rec. TA, p. 457 : *Marché de travaux. Exécution partielle du marché. Décès du cocontractant en cours d'exécution. Résiliation à l'amiable du marché à la demande des héritiers sur la base de l'article 61 du CCAP applicable au marché. Refus de l'administration de procéder à la restitution de la retenue en garantie pour les travaux exécutés :* Dans cette affaire, le TA a rejeté le moyen relatif à la déchéance quadriennale invoqué par l'administration et l'a condamnée à la restitution et aux intérêts moratoires en application du délai de prescription de droit commun de 15 ans.

CONCLUSION DU CHAPITRE II

1069. L'analyse du système de contrôle juridictionnel de l'exécution des marchés publics aura montré que ce système souffre d'une double pathologie : la multiplication désordonnée des recours et l'insuffisance des moyens mis à la disposition du juge pour assurer l'équilibre entre l'intérêt public et l'intérêt légitime du cocontractant.

1070. Le contentieux de l'exécution des marchés publics est d'abord composé d'une multitude de recours, aux finalités diverses, dont le développement désordonné a introduit une grande complexité dans le système de contrôle juridictionnel de l'exécution des marchés publics.

1071. Créés par le législateur ou dégagés par le juge à une époque où le contrat n'avait pas la place qu'il occupe aujourd'hui parmi les modes d'action publique, les recours en urgence aussi bien que les recours principaux qui sont ouverts aux parties et aux tiers paraissent globalement inefficaces. Ils constituent une menace pour la stabilité des relations contractuelles et la sécurité des marchés publics.

1072. Appelé à arbitrer entre les différents intérêts en présence, le juge compétent ne dispose pas des moyens nécessaires pour trancher les litiges qui lui sont soumis d'une manière équilibrée et efficace. Son office paraît fondamentalement inadapté à la réalité de l'opération d'exécution.

1073. La réforme annoncée par la nouvelle Constitution devrait s'atteler en priorité à reconstruire l'office du juge administratif. L'entreprise de refondation doit veiller d'abord à sécuriser les contrats de marchés publics par la création de recours spécifiques destinés à prévenir la résurgence des questions de légalité sur les marchés en cours d'exécution. Elle devrait chercher ensuite à unifier le contentieux de l'exécution des marchés publics autour du juge du plein contentieux dont les pouvoirs devraient être renforcés afin qu'il soit en mesure de maintenir la balance entre l'intérêt public et l'intérêt légitime des contractants.

1074. Dans cette perspective, l'expérience française peut constituer, comme la ligne droite, le plus court chemin pour cibler les faiblesses du système national de contrôle juridictionnel d'exécution des marchés publics et suggérer les voies de nature à mettre fin à ses dysfonctionnements.

CONCLUSION DU TITRE 1

1075. L'unité du contentieux des marchés publics a été posée par les grands textes fondateurs du droit administratif tunisien. D'abord par l'article 1er du décret du 27 novembre 1888, instituant un système unitaire « *de séparation des contentieux avec unité de juridiction* », confiant aux juridictions civiles instituées dans la Régence la connaissance des actions tendant à rendre l'administration débitrice à raison de l'inexécution des marchés conclus par elle. Ensuite et, dans un contexte de dualité de juridictions, par l'article 17 de la loi relative au TA confiant aux Chambres de 1ère instance de ce Tribunal la compétence pour connaitre de tous litiges relatifs aux contrats administratifs.

1076. Ces différentes manières d'organiser le contentieux partent de la considération qu'un marché public constitue avant tout un contrat administratif destiné à satisfaire l'intérêt général et ne pouvant être soumis, pour cette raison, aux règles régissant les rapports entre particuliers.

1077. Le caractère spécial des règles applicables à ce type de contrat justifie ainsi que le contentieux des marchés publics soit confié au juge administratif. Mais cette vision, simple en apparence, est de plus en plus contestée. Elle soulève, à la marge, de grandes difficultés de répartition des compétences. D'abord entre juridictions étatiques et juridictions arbitrales. Ensuite entre juge administratif et juge judiciaire. Ces difficultés sont la conséquence de l'immersion des marchés publics dans un milieu de plus en plus dominé par les impératifs du marché. Sous l'influence du droit de la concurrence et de l'évolution du droit des entreprises publiques, on assiste de plus en plus à une remise en cause des critères et des justifications qui fondent le caractère exorbitant des marchés publics et la compétence du juge administratif.

1078. Le désordre normatif introduit par le code de l'arbitrage consacrant l'arbitrabilité des marchés des entreprises publiques et des litiges mettant en cause un rapport international par une simple loi ordinaire explique les hésitations de la jurisprudence et l'incertitude qui règne en matière de détermination de la juridiction compétente pour certains marchés.

1079. Mais c'est surtout le conflit aigu de compétences apparu entre le juge administratif et le juge judiciaire à la suite de l'adoption de la loi organique du 3 juin 1996 portant répartition des compétences entre les deux ordres de juridictions et création d'un CCC qui pose le problème de l'incertitude du droit et de l'indiscipline contentieuse. Le refus du juge judiciaire de s'incliner devant la position du Conseil soulève la question de la crédibilité de la fonction juridictionnelle et remet dangereusement en cause la confiance du justiciable dans la justice.

1080. À l'intérieur de l'ordre juridictionnel administratif, le contentieux des marchés publics s'est progressivement ramifié sous l'impulsion du juge qui a ouvert, à la fois devant le cocontractant et les tiers, des voies de recours multiples pour faire valoir leurs droits. Le problème est que ces différents recours ont été structurés autour de la distinction traditionnelle entre plein contentieux et contentieux de l'annulation. Cette conception particulière du contentieux ne permet pas au juge d'exercer pleinement son office qui est de dire le droit d'une manière impartiale et équilibrée en tenant compte des différents intérêts en présence. Ceci apparaît à travers la jurisprudence relative à la recevabilité du recours pour excès de pouvoir et du sursis à l'encontre des actes détachables, préalables ou postérieurs à la conclusion d'un marché, à travers celle relative à l'ouverture du référé conservatoire de droit commun aux concurrents évincés ainsi que celle relative à l'admission d'une action en nullité contre les contrats de marchés publics.

1081. La prolifération désordonnée des voies de recours à laquelle elle conduit contribue à rendre plus complexe le système de contrôle juridictionnel de l'exécution des marchés publics et constitue une menace directe pour la sécurité des contrats et la stabilité contractuelle.

1082. À l'heure où s'amorce une réflexion relative à la réforme de la justice administrative dans un contexte nouveau caractérisé par l'ambition de mettre en place un état de droit garantissant l'effectivité du droit au recours et la protection des droits des particuliers, les pouvoirs publics pourraient s'inspirer utilement des expériences étrangères pour mettre fin aux carences qui continuent d'entraver l'efficacité du système.

1083. Une telle réforme devrait chercher à reconstruire, autour du juge du plein contentieux, l'office du juge chargé du contrôle de la bonne excécution des marchés publics[890].

[890] Sur la refondation de l'office du juge du plein contentieux contractuel, on consultera avec profit : TRUCHET (D.), « *La reconstruction de l'office du juge du*

1084. Dans cette perspective le rôle du législateur est essentiel. La Constitution le confirme qui prévoit qu'il revient à la loi de définir la compétence du juge administratif et la procédure devant les différentes juridictions. Le législateur devrait saisir cette opportunité pour verrouiller le contentieux de l'exécution en créant des voies de recours spécifiques destinées à prévenir les menaces que font courir les questions de légalité sur la stabilité des contrats. Mais cette intervention serait insuffisante si elle n'était accompagnée d'un effort jurisprudentiel pour rénover l'office du juge. Dans ce cadre, l'abandon de la théorie de l'acte détachable et de l'action en nullité du contrat devrait être compensé par l'ouverture de nouvelles voies de recours devant le juge du contrat : celle des tiers justifiant d'abord d'un intérêt lésé contre le contrat lui-même. Celle des parties ensuite souhaitant contester les mesures d'exécution susceptibles de leur porter préjudice.

1085. C'est à cette tâche que le juge administratif devrait s'atteler en priorité s'il veut assurer une protection effective et équilibrée des intérêts en cause sans pour autant réduire son office à une simple mission indemnitaire.

---

contrat administratif » : comment et jusqu'où ? », Mélanges L. Richer, LGDJ, 2013, pp.715-726.

TITRE 2

LE CARACTÈRE ESSENTIELLEMENT INDEMNITAIRE DU CONTENTIEUX DE L'INEXÉCUTION

1086. L'inexécution du contrat est « *un fait contraire au droit* »[891]. Dans les contrats de marchés publics, elle engage la responsabilité de son auteur devant le juge compétent. Celui-ci sera appelé à sanctionner le manquement fautif commis par l'un des contractants. Lorsque l'inexécution est consommée, la sanction du manquement fautif se réduira essentiellement à l'allocation d'une somme d'argent constitutive, selon l'expression consacrée, de « *dommages-intérêts* » destinés à réparer le préjudice subi. Le contentieux de l'inexécution des marchés publics présente ainsi essentiellement un caractère indemnitaire. Il repose en effet sur le principe de la réparation par équivalent. Ce système n'exclut pas la réparation en nature qui suppose le prononcé d'obligations de faire contre l'auteur du manquement fautif. Mais, pour des raisons propres au droit de l'exécution des marchés publics orienté essentiellement vers la protection de l'intérêt public, de telles sanctions demeurent exceptionnelles. Par ailleurs, c'est ce souci qui explique l'incrimination des manquements les plus graves susceptibles de porter atteinte à l'intégrité des marchés publics. La montée en puissance du juge pénal pose le problème délicat de l'effet de la sanction pénale sur la responsabilité pour inexécution des marchés publics.

1087. La notion de faute contractuelle, qu'elle soit intentionnelle ou non intentionnelle, ne rend cependant qu'imparfaitement compte de la réalité des relations qui se nouent entre les contractants au cours de l'exécution d'un marché. Car, dans ce cas, l'action en réparation du préjudice subi n'a pas pour source un fait extérieur au contrat, mais bel et bien le contrat lui-même ; elle est, en effet, la continuation de l'exécution du contrat.

[891] CARBONNIER (J.), *Droit civil, 4. Les obligations*, 22ème éd., PUF, collection Thémis, 2000, n° 70. Sur l'identité des notions d'inexécution en droit administratif et en droit privé, cf. BUCHER (C-E.), *L'inexécution du contrat de droit privé et de droit public, étude de droit comparé interne*, op.cit., p. 23 et s.

1088. Nous ne reviendrons pas sur la responsabilité contractuelle sans faute qui constitue un élément d'originalité majeur du régime de l'exécution des contrats administratifs en général et des contrats de marchés publics en particulier. Ce type de responsabilité, qui permet d'indemniser le cocontractant en cas de bouleversement de l'équilibre financier du contrat dû à la survenance d'aléas techniques, administratifs ou économiques indépendants de la volonté des parties, demeure malgré tout d'application exceptionnelle. Aussi, pour la cohérence d'ensemble de notre propos, nous avons préféré rattacher cette question à la problématique du contrôle exercé par les parties sur l'exécution des marchés[892].

1089. En ce qui concerne le contrôle juridictionnel exercé sur la bonne exécution des marchés, la matière est dominée par le principe, transposé du droit civil, du non cumul de la responsabilité contractuelle et de la responsabilité extracontractuelle qui conduit à faire du juge du contrat l'arbitre majeur des litiges relatifs à l'inexécution des marchés publics

1090. Le contrôle juridictionnel exercé sur la bonne exécution du contrat de marché public se situe ainsi essentiellement sur le terrain de la responsabilité pour faute (**Chapitre 1**). Le principe du non cumul toutefois n'a pas un caractère absolu ; il n'exclut pas un certain contrôle juridictionnel sur le terrain de la responsabilité extracontractuelle (**Chapitre 2**).

[892] Sur cette question, v. supra 1ère partie, n° 460 et s.

CHAPITRE 1

LA RESPONSABILITÉ POUR FAUTE DEVANT LE JUGE DU CONTRAT

1091. L'obligation de réparation du préjudice né de l'inexécution d'un marché public a pour source exclusive le contrat de marché public. Sans contrat, il ne peut y avoir de responsabilité contractuelle ni obligation de réparation du préjudice subi par l'administration ou son cocontractant.

1092. Il est de principe que la réparation d'un dommage pour manquement à une obligation contractuelle ne peut avoir lieu que par l'allocation d'une somme d'argent au créancier de l'obligation inexécutée et définitivement consommée, le juge ne pouvant condamner le débiteur à une obligation en nature. Ainsi, toutes les fois que la créance originaire ne constitue pas une créance pécuniaire, le créancier n'a droit qu'à une satisfaction « *par équivalent* ». Il s'opère ainsi une sorte de transformation dans le contrat inexécuté.

1093. Si la responsabilité pour inexécution des marchés publics n'est pas foncièrement différente de celle qui peut être mise en œuvre en droit privé, il reste que la présence d'une personne publique, l'objet même de ces contrats, et les finalités d'intérêt général qui leur sont assignées peuvent justifier certains éléments d'originalité du régime juridique de cette responsabilité[893].

1094. Nous rappellerons dans ce cadre que l'administration dispose déjà du redoutable privilège du préalable qui lui permet de se délivrer un titre

[893] Sur la responsabilité contractuelle pour faute devant le juge administratif en général, cf. : CHAPUS (R.), *Responsabilité publique et responsabilité privée, les influences réciproques des juridictions administratives et judiciaires*, LGDJ 1958, p. 21;TERNEYRE (Ph.), *La responsabilité contractuelle des personnes publiques en droit administratif*, Economica, 1989 ; OUM OUM (J.-F.), *La responsabilité contractuelle en droit administratif* ; RICHER (L.) et LICHÈRE (F.), *Droit des contrats administratifs,* op. cit., pp. 283 ; HOEPFFNER (H.), *Droit des contrats administratifs,* op. cit., pp. 335 et s.
En droit tunisien : GHANNAY (T.), *Le contrôle juridictionnel sur l'exécution des marchés publics*, op. cit., p 394 et s.

à elle-même pour recouvrer les créances qui lui sont dues en cas d'inexécution sans être obligée de passer par le juge du contrat pour demander réparation[894]. Même s'il est admis que l'administration peut renoncer à ce privilège et demander au juge la condamnation de son cocontractant défaillant, c'est ce particularisme qui explique la prédominance des recours de ce dernier dans le contentieux de la responsabilité contractuelle pour inexécution.

1095. Mais par-delà la question de « *l'exorbitance* » de cette responsabilité[895], c'est de l'appréciation des obligations respectives des parties que dépend l'équilibre nécessaire entre intérêt public et intérêt légitime du cocontractant. La jurisprudence du TA permet-elle de garantir les droits des parties en assurant une réparation mesurée du préjudice subi du fait de l'inexécution ? En particulier, le cocontractant souvent victime d'abus administratifs lors de l'exécution du marché peut-il obtenir la réparation intégrale du préjudice subi ?

1096. L'étude du fait générateur de la responsabilité pour inexécution des marchés publics révèle que le juge administratif se montre davantage soucieux de protéger l'intérêt public que de garantir les droits légitimes des cocontractants (**Section 1**). Le déséquilibre qui caractérise ainsi l'attitude du juge dans l'établissement de la responsabilité respective des parties se prolonge au niveau de la garantie du droit à réparation (**Section 2**).

Section 1 : Les conditions de mise en oeuvre de la responsabilité pour inexécution des marchés

1097. En matière de marchés publics, la responsabilité contractuelle qui peut incomber aux parties est essentiellement une responsabilité pour inexécution ou mauvaise exécution du contrat, pour manquement aux obligations du marché ou aux règles générales des contrats administratifs.Il s'agit essentiellement d'une responsabilité pour faute. Sa mise en œuvre semble confirmer la tendance générale de ce type de contentieux plutôt favorable à l'administration. Cette tendance se vérifie aussi bien au niveau de l'appréciation du manquement fautif générateur de responsabilité (**§1**) que pour ce qui concerne la détermination du préjudice réparable (**§2**).

---

[894] Sur cette question, V. supra, n° 206 et s.

[895]MELLERAY [dir.], *L'exorbitance du droit administratif en question(s)*, Université de Poitiers, Collection de la faculté de droit et des sciences sociales, LGDJ, 2004.

§1. L'appréciation à deux vitesses de la faute des contractants

1098. Il serait vain de vouloir dresser une liste exhaustive des manquements qui pourraient être commis par les parties en cours d'exécution car cela reviendrait à passer en revue toutes les obligations figurant dans les différents contrats de marchés publics, tâche impossible et, en tout cas, sans rapport avec la problématique qui nous intéresse[896].

1099. En revanche, il serait plus intéressant de s'interroger, à partir de l'appréciation faite par le juge des grandes catégories de fautes qui pourraient être imputées aux parties contractantes, sur son attitude face au comportement respectif de l'administration et de son cocontractant. Nouspouvons nous rendre compte alors de son appréciation plutôt indulgente de la faute de l'administration (**A**) qui contraste avec son appréciation plutôt intransigeante de la faute du cocontractant (**B**).

A. L'appréciation indulgente de la faute de l'administration

1100. Les manquements qui peuvent être reprochés à l'administration peuvent résulter soit de l'exercice irrégulier des prérogatives de puissance publique qui lui sont reconnues par le droit des marchés publics, soit de retards qui lui seraient imputables en propre, soit du défaut de reconnaissance des créances résultant de la constatation de l'exécution des prestations, soit encore du refus de paiement des décomptes, ou enfin du retard ou du refus injustifié de restitution des cautions et de mainlevée des garanties.

1101. L'analyse de la jurisprudence montre que le juge du contrat fait preuve d'une certaine indulgence dans son appréciation de l'attitude de l'administration lors de l'exécution des marchés publics.

1. L'usage illicite des pouvoirs de l'administration

1102. C'est sans doute l'hypothèse la plus fréquente. Nous avons déjà eu l'occasion de souligner la réserve excessive dont fait preuve le juge lorsqu'il est amené à se prononcer sur les litiges relatifs aux mesures d'exécution que l'administration prend pour assurer l'exécution du

---

[896] Pour une vue d'ensemble de la question, on consultera avec profit : RICHER (L.) et LICHÈRE (F.), *Droit des contrats administratifs,* op. cit., pp. 283 ; HOEPFFNER (H.), *Droit des contrats administratifs,* op. cit., pp. 335 et s. ; OUMOUM (J.-F.), *La responsabilité contractuelle en droit français*, LGDJ, 2014 ; TERNEYRE (P.), *La responsabilité contractuelle des personnes publiques*, op. cit., pp. 80 et s.
En droit tunisien, GHANNAY (T.), *Le contrôle juridictionnel sur l'exécution des marchés publics*, op. cit. pp.394 et s.

marché[897]. Cette réserve se traduit en général par le refus d'annuler de telles mesures considérées comme non détachables du contrat[898].

1103. Le juge du contrat ne refuse pas cependant d'apprécier le bienfondé des mesures d'exécution dans le cadre des actions mettant en cause la responsabilité de l'administration pour inexécution des marchés. Ainsi, le requérant pourra engager la responsabilité de l'administration toutes les fois où il pourra établir que l'inexécution du marché est due à un manquement de son contractant. Dans l'affaire « *EAM* », le TA a conclu à l'illicéité de la mesure de résiliation sur la base du rapport d'expertise montrant que le retard dans l'exécution des travaux n'est pas imputable à l'entreprise, mais plutôt au maître de l'ouvrage pour « *non production en temps utile des plans d'exécution et aux modifications substantielles apportées au projet du fait de la faiblesse des études préalables à la réalisation du projet qui ont entrainé des perturbations dans l'avancement des travaux* »[899].

1104. L'action du cocontractant de l'administration sera toutefois rejetée si le manquement contractuel justifiant la résiliation du marché à ses torts est établi devant le juge du contrat[900]. Il s'agira le plus souvent d'une mesure de résiliation unilatérale prononcée, soit aux torts du cocontractant, soit pour un motif d'intérêt général. Mais il peut s'agir aussi des mesures de modification unilatérales qui ont pour point commun avec les mesures de résiliation qu'elles affectent le contrat initial[901]. De telles mesures, lorsqu'elles ont pour finalité la réalisation de l'intérêt général, ne peuvent être contestées par le cocontractant qui est tenu de les exécuter sous peine d'engager sa responsabilité[902]. Dans le cas contraire, c'est-à-dire en cas d'illégalité, c'est la responsabilité de l'administration qui sera engagée[903]. Il peut s'agir

---

[897] V. supra, n° 1038 et s.

[898] TA, 1ère instance, REP, 18 avril 1986, *Zribi* précité.

[899] TA, 1ère instance, 15 juillet 2014, n°1/14439, TA, 1ère instance, 6 décembre 2013, n° 1/18584, *EAM* précité ; V. aussi, TA, 1ère instance, 6 décembre 2013, n° 1/18584, *Société des travaux publics modernes de Béja c. Directeur régional de l'équipement et de l'habitat de Béja*, inédit.

[900] TA, 1ère instance, 2 mars 2015, n° 1/30943, *SOGEGAT c. Agence tunisienne de formation professionnelle*, inédit. Dans le même sens : TA, 1ère instance, 24 juin 2011, n° 1/18778, Entreprise *A. Bouajila des travaux c. CCE pour le compte du Commissariat régional pour le développement agricole de Nabeul,* inédit.

[901] SYMCHOWICZ (N), « L'intervention du juge du contrat dans l'exécution des contrats administratifs », AJDA 2015, p. 320.

[902] TA, Appel, 01 novembre 2012, n°1/19942, *A. Lakhram c. SONEDE*, inédit.

[903] TA, 09 février 2012, n° 1/13278, *Gaaloul c. CCE pour le compte du ministère de l'agriculture et et du Commissariat régional pour le développement agricole de*

enfin d'autres mesures prises par l'administration en cours d'exécution, telles les décisions de mise sous séquestre du matériel d'un chantier. Ainsi, saisi d'une action en responsabilité relative à la licéité d'une telle mesure, le TA a considéré qu'elle n'a « *aucun fondementdans les textes législatifs et règlementaires qui régissent les marchés publics* »[904].

2. La violation par l'administration de ses obligations contractuelles

1105. La violation par l'administration deses obligations contractuelles peut prendre plusieurs formes. Ce peut être soit un refus d'exécuter les obligations prévues par le contrat, soit la mauvaise exécution de ses obligations, soit enfin ses manquements d'ordre financier.

a. L'inexécution par l'administration de ses obligations contractuelles

1106. Le refus del'administration d'exécuterles obligations prévues par le marché engage sa responsabilité contractuelle. Elle ne peut, par exemple, revenir sur une commande, ni renoncer sans raison à l'exécution du contrat [905]. Le TA a eu l'occasion de le confirmer en matière de marchés de travaux en soulignant « *qu'il est de la nature de ce type de contrat d'engendrer à la charge de l'administration des obligations contractuelles parmi lesquelles figure celle de permettre à son cocontractant de commencer les travaux et de poursuivre leur exécution ; que s'il apparaît qu'elle a manqué à cette obligation, elle commet alors une faute contractuelle qui donne droit à réparation du préjudice subi* »[906].

1107. Par ailleurs, l'administration est tenue d'exécuter l'intégralité du marché. Elle ne peut se délier d'une partie de ses obligations ou dénier à son cocontractant un droit qui lui est reconnu par le contrat[907]. En matière de marchés de travaux, le refus ou le retard dans la mise à disposition du titulaire du personnel ou des documents nécessaires à

Mahdia, inédit : à propos de pénalités de retard jugées irrégulières par le juge du contrat.

[904] TA, Chambre de 1ère instance, 12 mai 2004, n°1/5857, *NéjiBaazoug c. CCE pour le compte du ministère de la défense nationale*, inédit.

[905] CE 14 mai 1948, *Commune de Beaucaire c/ Zanetta*, Rec. CE, 694, cité par TERNEYRE (P.), in « Responsabilité contractuelle », Répertoire de la responsabilité publique, mis à jour en janvier 2017, n° 135.

[906] TA, Appel, 11 mars 1996, *CCE pour le compte du ministère de l'équipement et de l'habitat c. SOROUBAT*, n° 1736, inédit.

[907] CE 30 octobre 1951, *Sté Citroën*, Rec. CE, 504, cité par HOEPFFNER (H.), in « Exécution du contrat administratif : droits et obligations du cocontractant », J-Cl administratif, Fascicule n° 777 mis à jour au 1er Septembre 2016, n° 112.

l'exécution du marché constituent une violation des obligations contractuelles qui peut engager la responsabilité de l'administration. D'autre part, la renonciation à une partie des travaux ou leur « *distraction* » sans justes motifs par le maître de l'ouvrage pour les confier à un autre entrepreneur ou pour les réaliser en régie constituent un manquement grave qui ouvre au profit du cocontractant le droit à la réparation du préjudice subi[908]. Tout aussi grave est l'arrêt brutal et injustifié des travaux ou leur ajournement sans mise en demeure préalable de l'entrepreneur[909].

b. La mauvaise exécution par l'administration de ses obligations contractuelles

1108. Dans ce cas, le juge sera amené ici à procéder à une appréciation subjective en fonction du comportement des parties en cours d'exécution et de leur degré de respect du principe de la loyauté des relations contractuelles. L'analyse de la jurisprudence administrative montre que l'attitude du juge dans ce cas est plutôt favorable à l'administration.

1109. Outre l'obligation d'exécuter le contrat, l'administration doit remplir de bonne foi ses engagements. Mais l'administration peut avoir mal préparé le contrat. Il peut s'agir de retards dans la remise des plans d'exécution de l'ouvrage objet du marché[910], ou bien d'erreurs dans les plans fournis ou dans l'estimation du volume des prestations[911]. De même, les erreurs commises lors de l'établissement du projet[912] ou les informations erronéesdonnées au titulaire du marché sont de nature à

---

908 CE 22 décembre 1932, *Amouroux*, Rec. CE, 1125, cité par TERNEYRE (P.), in « Responsabilité contractuelle », op.cit, n° 155.

909 CE 29 juillet 1953, *Entreprise Veuve Marcel Duval*, RDP 1954. 198 ; CE 27 janvier 1978, *Ville de Bagneux*, RDP 1978. 1490 (Suspension des travaux sans limitation de durée).

910 TA, 1ère instance, 15 juillet 2014, n° 1/14439, *EAM c. CCE pour le compte du ministère de l'équipement et de l'aménagement territorial*, inédit (Responsabilité de l'administration pour retard dans la remise des plans d'exécution du béton armé et modifications successives des plans d'exécution du projet par le maître de l'ouvrage : l'établissement de la Radio et de la Télévision tunisienne (ERTT). V. aussi : TA, 1ère instance, 26 mai 2004, n° 16767, *Société des travaux publics de Sidi Bouzid c. CCE pour le compte du ministère e l'agriculture, de l'environnement et des ressources hydrauliques*, inédit.

911 CE 29 juin 1951, *Secrétaire d'État à la défense nationale c/ Sieur Debernardy*, RDP 1952. 523.

912 CE 7 février 1962, *Dame Veuve Sutra*, Rec. CE, 1020, cité par TERNEYRE (P.), in « Responsabilité contractuelle », op.cit, n° 160.

engager la responsabilité de l'administration[913]. Plus généralement, sa responsabilité sera engagée lorsque le retard qu'elle met à exécuter ses propres obligations entraîne un dépassement des délais contractuels[914].

1110. Plus graves sont les fautes commises par l'administration dans la conception même du projet ou dans l'étendue des prescriptions techniques mises à sa charge par le contrat. Ainsi, la présentation de documents techniques incomplets ou erronés et ayant eu une incidence négative sur la bonne exécution des travaux constitue une « *violation de la part de l'acheteur public de ses obligations techniques* »[915]. De même, « *l'administration qui, après avoir ordonné l'arrêt des travaux, tarde à livrer à l'entrepreneur les nouveaux plans devant lui permettre de construire les ouvrages objet du marché, en dépit des réclamations répétées de ce dernier, commet un manquement à l'accord des parties ; qu'il s'en suit que l'administration est responsable des dommages causés par l'interruption des travaux* »[916].

1111. Par ailleurs, les manquements de l'administration en cours d'exécution, tels la mauvaise coordination des travaux [917] ou encore le retard dans l'exécution des prestations mises à sa charge ou encore l'ajournement des travaux au-delà de ce qui est permis par le contrat [918] engagent théoriquement la responsabilité de l'administration[919].

1112. Dans tous ces cas, le TA se montre plutôt réticent à retenir la responsabilité de l'administration[920].

---

913 CE 14 mai 2008, *Collectivité territoriale de Corse*, n°282312.

914 CE 28 mai 2001, *Territoire Iles Wallis-etFutuna,* n° 203674, Contrats et Marchés publics n° 8, août 2001 Comm. F. Llorens.140.

915 TA, Appel, 8 janvier 1993, n° 1088, *CCE pour le compte du ministère des finances c. Hamzaoui*, inédit.

916 TA, Appel, 4 janvier 1993, *Ben Guiza*, n° 816, inédit.

917 CE 17 novembre 1967, *Sté des Ateliers de Construction Nicou*, Rec. CE, p. 431, cité par TERNEYRE (P.), in « Responsabilité contractuelle », op.cit, n° 162.

918 CE 28 mars 2012, *Société EIFFAGE TP*, n° 342015.

919 TA, 19 décembre 2014, n°125535, *Société Electrossif c. Municipalité de Sfax*, précité.

920 TA, 1ère instance, 1er juillet 2014, n° 121824, *Société générale des travaux électriques modernes c. CCE pour le compte du ministère de la justice et des droits de l'homme*, inédit : rejet de l'action en responsabilité en dépit de la reconnaissance du droit à réparation du cocontractant pour ajournement excessif des travaux.

c. Les manquements d'ordre financier

1113. Très souvent les manquements sont d'ordre financier, l'administration ayant tendance à dénier les droits financiers que le cocontractant tient du contrat[921].

Il peut s'agir soit de modification unilatérale du prix stipulé par le contrat, soit de divergences de vues sur la nature du prix convenu, soit de retards de paiement, soit encore de refus de restitution des cautions et de libération des garanties à la fin du contrat.

1114. Tout d'abord l'administration doit payer le prix convenu. Dans les contrats de marchés publics, les prix sont théoriquement réputés fermes et non révisables[922]. Ils ne peuvent être modifiés que si le marché le prévoit et comporte des clauses de variation des prix. « *Une fois signées, les clauses automatiques (de variation des prix lorsqu'elles existent) forment la loi des parties et doivent être appliquées à la lettre* »[923]. Leur modification unilatérale engage la responsabilité de l'administration[924].

1115. Toutefois, la jurisprudence fait constamment référence « *à la commune intention des parties* » pour déterminer l'applicabilité des clauses de variation des prix. Ainsi, dans une affaire où l'administration contestait l'existence d'une telle clause, le TA a estimé « *qu'il résulte des pièces du dossier que le marché litigieux comporte une annexe signée par les deux parties et ayant par conséquent la valeur du contrat initial prévoyant la possibilité de révision des prix, ses conditions et ses modalités de calcul ; que ces clauses ne sont pas contraires à la réglementation des marchés* »[925]. Le juge décide alors d'appliquer ces clauses sans se prononcer sur le caractère fautif ou non du refus de l'administration de les appliquer.

1116. Le retard de paiement des prestations constitue également une faute qui engage la responsabilité de l'administration. Ce principe est reconnu depuis longtemps par le droit écrit des marchés publics qui consacre le droit du titulaire à des intérêts moratoires en cas de

---

[921] Cf. TERNEYRE (P.), *La responsabilité contractuelle des personnes publiques*, op. cit., pp. 88 et s..

[922] CE 20 mars 1946, *Michelin*, Rec. CE, 89, cité par TERNEYRE (P.), in « Responsabilité contractuelle », op.cit, n° 166.

[923] CE 16 mai 1941, *Commune de Vizille*, Rec. CE, 93, idem, n° 166.

[924] TA, 1ère instance, 26 mai 2004, n° 16767, *Société des travaux publics de Sidi Bouzid*, précité.

[925] TA, Appel, 5 juillet 1994, n° 1350, *Municipalité de Sousse c. Société des Entreprises Idéales d'électricité*, inédit.

dépassement des délais de paiement[926]. Dans cette perspective, l'article 103 du nouveau CMP a cherché à rapprocher les conditions de mise en œuvre de ce droit de celles qui sont reconnues en France[927] en consacrant l'automaticité du droit au bénéfice des intérêts moratoires et en réduisant les délais de paiement[928].

1117. D'un autre côté, le retard ou le refus injustifié de l'administration d'ordonner la restitution du cautionnement définitif ou de libérer les cautions lorsque les conditions de la réception définitive sont réunies justifient la mise en cause de sa responsabilité pour le préjudice subi[929].

1118. En France, le Conseil d'État considère dans ce cas que l'administration « est tenue, dès la réception définitive, de restituer à l'entrepreneur, le montant du cautionnement déposé par lui ; que faute d'avoir procédé à cette restitution, elle est responsable du préjudice subi de ce fait »[930].

B. L'appréciation intransigeante de la faute du titulaire du marché

1119. Soucieux avant tout de protéger l'intérêt public, le juge du contrat fait preuve d'une grande rigueur dans l'appréciation de la faute du cocontractant (**1**). Cette attitude est particulièrement manifeste lorsqu'il s'agit d'apprécier la faute des constructeurs dans les contrats de marchés publics (**2**).

---

[926] Sous l'empire de l'ancienne réglementation des marchés publics issue du décret 74-754 du 27 juillet 1974, le titulaire ne pouvait réclamer des intérêts moratoires à l'administration qu'à l'expiration d'un délai de trois mois après l'approbation de la réception définitive et à la condition de présenter une réclamation préalable à l'administration. Pour une application, v. TA, Chambre de 1ère instance, 23 avril 2003, n°1/8172 *Société des opérations électriques pour la construction métallique c. CCE pour le compte du ministère des technologies de l'information et du transport, du ministère de l'équipement et du ministère de la défense,* inédit. Ce délai a été réduit à un mois par l'article 103 nouveau CMP.

[927] Voir notamment la loi n° 2013-100 du 28 janvier 2013 et décret n° 2013-269 du 29 mars 2013 *relatifà la lutte contre les retards de paiement.* Sur cette question, cf. : ECKERT (G.), « Décompte et régime des intérêts moratoires », Contrats et Marchés publics, n° 7, Juillet 2012, comm. 212;NOTTÉ (G.), « Lutte contre les retards de paiement dans les contrats de la commande publique », La Semaine Juridique Edition Générale n° 6, 4 Février 2013, 133.

[928] TA, Appel, 8 janvier 1993, n° 1088, *CCE pour le compte du ministère des finances c. Hamzaoui*, inédit.

[929] TA, 1ère instance, 19 janvier 2002, n°15839, *Thabet c. CCE pour le compte du ministère du domaine de l'État et des affaires foncières*, inédit.

[930] CE 5 mars 1958, *Société Entreprise Lavaud-Foliard*, Rec. CE, 148.

1. L'appréciation de la faute du cocontractant par rapport aux exigences de l'intérêt public

1120. La faute du cocontractant sera appréciée avec d'autant plus de rigueur que toute défaillance de sa part lors de l'exécution du contrat aura immanquablement des répercussions négatives sur l'intérêt public poursuivi par la conclusion du marché.Conjugué au redoutable privilège du préalable reconnu à l'administration pour lui permettre de recouvrer elle-même les créances qu'elle estime lui être dues sur son cocontractant, la rigueur qui caractérise l'attitude du juge vis-à-vis du cocontractant tend à mettre ce dernier dans une position pour le moins inconfortable, dans la mesure où il sera acculé à contester les mesures unilatérales décidées par l'administration devant le juge du contrat[931].

1121. Mais l'administration peut aussi décider de faire appel au juge par le biais d'une action en responsabilité contractuelle[932]. Une telle action a été admise par le TA qui considère que «*si l'administration dispose en matière de marchés publics de prérogatives qui lui permettent de prendre les mesures tendant à prévenir et à empêcher tout retard pouvant entraver la bonne exécution du service public en application du privilège de l'exécution d'office, il reste que l'intervention du juge pour prononcer d'autres mesures contre le cocontractant récalcitrant, constitue (...)un moyen de prévenir toutes difficultés ou litiges en cours d'exécution* »[933].

1122. Se pose alors la question de la faute que peut commettre le cocontractant. Il peut s'agir soit de retards de livraison des prestations, soit de prestations défectueuses, soit encore d'inexécution partielle ou totale des prestations pouvant conduire à un renchérissement des coûts d'achèvement du marché.

1123. Dans la réalité, parmi les manquements les plus fréquents, on peut relever la violation de l'obligation d'exécution personnelle du

---

[931] TA, Chambre d'appel, 17 janvier 2006, n°2/2285, *CCE pour le compte des ministères de la culture et de l'équipement c. Société Les Entreprises des frères Ksontini*, inédit.

[932]TA, Chambre de 1ère instance, 2 juin 2007, *CCE pour le compte du Commissariat régional au développement agricole de Kairouan c. Syndic de la faillite de l'entreprise Ksontini*, inédit : *Action en responsabilité contractuelle intentée par l'administration contre le syndic de faillite de l'entreprise titulaire du marché pour inexécution des travaux dans les délais contractuels.*

[933] TA, Référé, 10 juillet 2002, *CCE pour le compte du ministère de l'éducation c. Entreprise Sandid*, inédit.

marché[934], les retards dans l'exécution du contrat, l'inexécution[935] ou la mauvaise exécution des prestations[936].

1124. Pour apprécier le comportement du cocontractant, le juge tient compte essentiellement des clauses du contrat. Ainsi, le TA rappelle constamment que le juge « *doit vérifier les obligations des parties telles qu'elles résultent du contrat avant de se prononcer sur l'inexécution des obligations à la charge de l'administration* »[937].

1125. Mais le juge administratif tient compte aussi des règles de l'art qui pèsent sur les opérateurs qui contractent avec l'administration. Le cocontractant étant en effet un professionnel, le juge du contrat sera enclin à être plus sévère dans l'appréciation des manquements qui peuvent lui être reprochés. Ainsi, saisi d'un recours tendant à condamner le cocontractant à livrer à l'administration les prestations prévues par le contrat sous peine d'astreinte, le Tribunal a d'abord commencé par rejeter l'argument invoqué par l'entreprise selon lequel *« l'inexécution de l'obligation qui lui est reprochée a pour origine les difficultés tenant à l'existence d'une erreur matérielle commise dans le calculdu prix du marché »*. Il a ensuite conclu à la responsabilité du cocontractant en considérant*« qu'en raison du particularisme des marchés publics qui sont soumis à des normes techniques précises requérant un haut degré de professionnalisme de la part des fournisseurs de l'administration, il est exclu de considérer qu'il ait pu y avoir erreur dans la détermination du prix du présent marché permettant d'exonérer la société défenderesse de ses obligations contractuelles »*[938].

1126. Comme dans les contrats d'entreprise de droit privé, une sorte d'obligation de sécurité renforcée semble ainsi peser sur l'entreprise qui contracte avec l'administration. Elle est assimilée, en quelque

---

[934]TA, Appel, 16 avril 1999, *Entreprise Ben Guiza*précité : « *Le titulaire du marché reste personnellement responsable des fautes commises par les sous-traitants auxquels il a confié l'exécution d'une partie des travaux* ».

[935] TA, 1ère instance, 19 décembre 2014, n° 125535, *Société Electrosif*précité : suspension sans motif valable de l'opération d'exécution du marché.

[936] CAA Marseille, 10 juin 2014, n° 11MA04239 (mauvaise étude des sols).

[937]TA, Appel, 29 décembre 1988, *CCE pour le compte du ministère de l'agriculture c. O.Chamakh,* précité.

[938] TA, 1ère instance, 15 juillet 2006, n° 1/13580, *CCE pour le compte du ministère de la santé publique c. Sté UniversalMedical*, inédit. V. dans le même sens : TA, 1ère instance, 28 octobre 2008, n° 1/15642, *CCE pour le compte du ministère des finances c. Établissements l'univers de la bureautique*, inédit (Condamnation de la défenderesse à des dommages-intérêts pour refus de signer le marché de fournitures qui lui a été attribué à la suite d'une procédure d'appel d'offres.

sorte, à un « *vendeur professionnel*[939] » sur lequel pèserait une présomption de responsabilité semblable à celle posée par l'article 655 du COC à l'encontre du vendeur professionnnel[940].

1127. Sur un autre plan, le juge du contrat se contente généralement d'une simple faute contractuelle. C'est seulement dans le cas où le titulaire s'est rendu coupable de fraude ou de dol que la jurisprudence considère qu'il ne peut plus bénéficier des garanties prévues par le contrat. La gravité du manquement et le caractère intentionnel de la faute justifient la mise à l'écart de la formalité de la mise en demeure préalable et la mise en cause de l'auteur de la fraude sur le terrain de la responsabilité extracontractuelle.

2. L'appréciation de la faute des constructeurs

1128. La responsabilité des entrepreneurs, architectes, bureaux d'études qui concourent à la réalisation de marchés de travaux est régie par des règles particulières qui consistent, en premier lieu, dans les documents contractuels relatifs aux modalités d'exécution du marché, en second lieu, dans les textes spécifiques qui encadrent la responsabilité des intervenants dans l'opération de construction. Il s'agit d'une part du décret 26 janvier 1978 portant approbation du CCAG applicable aux missions d'architecture et aux travaux d'ingénierie[941]. Il s'agit d'autre part de la loi du 31 janvier 1994 relative à la responsabilité et au contrôle technique dans le domaine de la construction[942].

1129. Les obligations qui pèsent sur ces différents « *constructeurs* » ne peuvent découler uniquement des clauses du contrat, mais aussi des règles de l'art, ce qui explique le recours fréquent à l'expertise en cas de litige[943]. Ainsi, le Conseil d'État considère que « *la mission de l'architecte ne se limite pas à l'indication, lors de l'établissement des*

---

[939] Défini comme « *un marchand ou un artisan qui vend les produits de l'art qu'il exerce* ».

[940] (L'acheteur) « *aura droit aux dommages : a) lorsque le vendeur connaissait les vices de la chose ou l'absence des qualités par lui promises et n'a pas déclaré qu'il vendait sans garantie : cette connaissance est toujours présumée lorsque le vendeur est un marchand ou un artisan qui vend les produits de l'art qu'il exerce ;b) lorsque le vendeur a déclaré que les vices n'existaient pas, à moins qu'il ne s'agisse de vices qui ne se sont révélés qu'après la vente, ou que le vendeur pouvait ignorer de bonne foi ;c) lorsque les qualités dont l'absence est constatée avaient été expressément stipulées ou étaient requises par l'usage du commerce* ».

[941] Décret n° 78-71 du 26 janvier 1978 (JORT 1978, p. 286).

[942] Loi n° 94-11 du 31 janvier 1994 (JORT 1994, p. 227). Sur le type de responsabilité institué par cette loi, cf. infra, n° 1327.

[943] Sur l'importance de l'expertise en matière de détermination de responsabilité, v. infra, n° 1179 et s.

pièces du marché à passer entre le maître de l'ouvrage et les entrepreneurs, des résultats à atteindre ; (...) il lui appartient également soit d'indiquer, avec une précision suffisante, les modalités d'exécution que l'entrepreneur doit observer, soit, le cas échéant, de vérifier et de contrôler les plans et projets établis par l'entrepreneur »[944]. De son côté, le TA se réfère essentiellement aux documents contractuels pour apprécier la responsabilité respective des parties dans l'exécution de leurs obligations réciproques. Ainsi, dans la célèbre affaire *Dragodos* où l'entrepreneur s'est fondé *« sur la théorie des sujétions imprévues pour demander son indemnisation pour le préjudice subi en cours d'exécution »,* le Tribunal a d'abord rappelé que *« les clauses du contrat conclu entre les deux parties constituent la référence essentielle pour apprécier s'il y a lieu de faire application de cette théorie ».* Après avoir constaté que *« l'article 10-1 du contrat de marché prévoit que les candidats à l'appel d'offres doivent visiter le site des ouvrages prévus et vérifier, avant de présenter leurs offres, le lieu d'exécution des travaux, la nature du sol, sa structure géologique, les caractéristiques et les quantités des matériaux existants sur place »,* ila fini par rejeter les prétentions du cocontractant[945].

1130. De même, l'entrepreneur doit respecter les prescriptions du marché et les ordres de service qui émanent de l'administration. Il ne peut ignorer les instructions du responsable du projet sous prétexte de retard dans la remise des plans d'exécution, car un tel refus peut justifier la résiliation du marché à ses torts exclusifs. C'est dans ce sens que s'est prononcé le TA en rejetant l'action en responsabilité de l'entrepreneur nonobstant le retard avéré dans la remise des plans d'exécution par le maître d'œuvre au motif *« qu'il est de principe que le cocontractant de l'administration ne peut suspendre unilatéralement les travaux que si leur réalisation est de nature à porter atteinte à leur bonne exécution »*[946].

1131. En revanche, le juge du contrat considère que la résiliation d'un marché d'études après l'exécution des prestations par l'architecte selon les règles de l'art est illégale et engage la responsabilité du maître de l'ouvrage sur la basedu décret 78-71 du 26 janvier 1978

[944] CE 27 novembre 1974, *Talbourdeau*, Rec. CE, 393.

[945] TA, Appel, 30 juin 2000, n°22264, *Groupement Dragados c. CCE pour le compte du ministère de l'agriculture*, Rec. TA, p. 403.

[946] TA, 1ère instance, 26 décembre 2006, n° 1/11683, *Entreprise Sandid c. CCE pour le compte du ministère de l'éducation*, inédit.

portant approbation du CCAG applicable aux missions d'architecture et aux travaux d'ingénierie[947].

1132. Si l'on veut comparer, il apparaît qu'en France, l'état des sciences et des techniques est généralement pris en compte ainsi que le montre la position du Conseil d'État dans l'affaire du barrage de *Malpasset* dans laquelle il a considéré que la responsabilité des constructeurs n'était pas engagée du fait que l'état des techniques n'aurait pas permis « *de découvrir l'une des fissures profondes qui existait et de déceler, par suite, le danger que faisait courir la présence d'une seconde fissure* »[948].

§2. Les incertitudes relatives à l'établissement du lien de causalité

1133. La responsabilité pour inexécution des marchés publics ne peut être engagée que si la faute imputée au débiteur de l'obligation a été la cause directe du dommage. Dans ce domaine cependant, l'imputabilité du fait dommageable soulève des problèmes spécifiques (**A.**)D'un autre coté, aux difficultés inhérentes à la notion même de causalité, s'ajoute l'incertitude qui découle de l'attitude du juge chargé de l'appréciation de cet élément (**B.**).

A. L'imputabilité du fait dommageable

1134. Dans la plupart des cas, la détermination du débiteur de l'obligation ne soulève pas de problèmes pour le contractant qui a subi un dommage à l'occasion de l'exécution d'un marché public : il s'agit le plus souvent de son cocontractant. Dans ce cas, l'imputabilité n'est relevée que de façon implicite par le juge du contrat qui l'assimile d'ailleurs au lien de causalité.

1135. Le requérant ne pourra toutefois mettre en cause la responsabilité de la personne publique avec laquelle il a contracté que s'il arrive à établir que le fait dommageable qu'il a subi est bien imputable à cette dernière. L'imputabilité du fait dommageable paraît ainsi tout autant une condition d'existence de la responsabilité pour inexécution des marchés publics qu'une condition de sa mise en œuvre.

1136. Mais il arrive parfois au juge administratif de souligner la nécessité pour le requérant d'apporter la preuve de l'imputabilité en rappelant que l'administration n'est tenue d'indemniser les conséquences

---

[947] TA, Chambre de 1ère instance, 26 mai 2008, *Amine Hayder c.1) Agence tunisienne de l'emploi 2) CCE pour le compte du ministère de l'emploi et de l'insertion professionnelle,* inédit.

[948] CE, Assemblée, 28 mai 1971, *Département du Var*, Rec. CE, 419.

dommageables de l'inexécution d'une obligation contractuelle que si ce manquement lui est directement imputable[949].

1137. La question de l'imputabilité du fait dommageable est une question spécifique au droit administratif[950]. Elle présente un particularisme marqué dans les marchés de travaux publics en raison de la pluralité des intervenants[951].

1138. La question soulève d'abord un problème de personnalité juridique. Lorsque le contractant passe un marché avec l'un des services de l'administration, ce service doit être rattaché à la collectivité publique dont il relève pour déterminer le lien d'imputabilité.De plus, lorsqu'une collectivité est clairement désignée dans le contrat comme partie contractante, sa responsabilité n'est pas pour autant automatiquement engagée, car il arrive qu'une autre personne juridique contracte pour le compte de la collectivité publique civilement responsable[952].

1139. D'un autre côté, lorsque le marché a été passé par un mandataire de l'administration, c'est l'administration mandante qui est considérée comme responsable de l'obligation inexécutée. L'hypothèse est fréquente dans les marchés de travaux où il arrive souvent que l'administration donne mandat au maître d'œuvre pour contracter en son nom. En cas d'inexécution, le fait dommageable sera imputé à l'administration mandante et non pas à son mandataire[953]. C'est le cas du mandataire des entreprises groupées dans les marchés de travaux avec toutefois des nuances du point de vue de l'étendue de la responsabilité des entreprises groupées, selon qu'il s'agit d'un mandat solidaire ou d'un mandat conjoint. En cas de cotraitance solidaire en effet, chaque entreprise est engagée pour la totalité du marché et doit pallier toute défaillance de ses partenaires[954] alors que dans le cas de cotraitance conjointe, chaque entreprise n'est engagée que pour le lot qui lui est assigné[955].

---

[949]Cf., TERNEYRE (Ph), *La responsabilité contractuelle des personnes publiques en droit administratif*, op. cit., p. 206 et s.

[950] CE, Assemblée, 12 juillet 1955, *Ville de Puteaux*, RDP 1956, p. 413.

[951] Art. Collectif du Comité juridique de la FNTP, « La responsabilité des maîtres d'ouvrages publics dans l'exécution de leurs obligations contractuelles : où en est-on ? » Contrats et Marchés publics n° 6, Juin 2015, étude 7.

[952]C'est le cas, par exemple, d'une association gérant un jardin d'enfants ou une colonie de vacances pour le compte d'une commune : CE, Assemblée, 12 juin 1955, *Ville de Puteaux*, RDP 1956, p. 413.

[953] CE, 25 juin 1975, *Ville de Joigny*, Rec. CE, 389.

[954]Article 2.311, 1er alinéa du CCAG Travaux.

[955]Article 2.3.1 2éme alinéa.

1140. Tel n'est pas le cas lorsqu'il s'agit de sous-traiter une partie des prestations. Le titulaire du marché demeure dans ce cas personnellement responsable à l'égard de l'acheteur public (Article 89 du CMP)[956]. En cas de non-paiement des prestations exécutées par le sous-traitant, celui-ci ne peut se retourner contre l'administration que lorsque les cahiers des charges prévoient son paiement direct par l'acheteur public (Article 88 du CMP).

1141. Il est dérogé aux règles qui précèdent en cas de cession du marché. La cession, lorsqu'elle est acceptée par l'administration introduit des relations directes entre celle-ci et le cessionnaire qui se trouve ainsi subrogé aux droits et obligations du titulaire du marché. C'est à lui que sera désormais imputé le fait dommageable en cas d'inexécution, même pour des faits antérieurs au contrat de cession selon la solution dégagée par le Conseil d'État[957], sauf si les parties en décident autrement. La cession peut en effet comporter une clause qui prévoit la responsabilité du cédant pour les faits dommageables antérieurs à la conclusion de ce contrat ou bien, et plus fréquemment, celle du cessionnaire.

1142. La même solution vaut aussi en cas de faillite et de liquidation judiciaire du cocontractant de l'administration[958]. Dans ce cas, c'est le syndic de faillite ou le liquidateur judiciaire qui seront appelés par le juge-commissaire, selon l'expression consacrée, « *à réaliser l'actif et à faire face au passif*[959]». Mais l'autorité compétente est en droit dans ce cas de demander la résiliation du marché conformément à l'article 118 du CMP.

1143. Le cas de la dissolution d'une collectivité locale, d'un établissement public ou d'une autorité publique indépendante est moins fréquent. Ce sont les textes institutifs qui règlent en général la question du lien d'imputabilité en désignant la collectivité qui sera appelée à succéder dans ce cas à la collectivité dissoute. Il en est ainsi de la loi organique des communesquiprévoit que celles-ci sont dissoutes de plein droit en cas de fusion et que tous leurs droits et obligations sont transférés à la

[956] TA, Appel, 16 avril 1999, *Entreprise Ben Guiza* précité. Sur les effets de la sous-traitance, cf. supra, n° 334 et s.
[957] Pour une application : CE 28 mai 2001, *Territoire Iles Wallis-et-Futuna*, précité ; CE, 27 janvier 1954, *Établissements Boudet*, Rec. CE, 56.
[958] TA, 1ère instance, 2 juin 2007, n° 17165, *Syndic de la faillite de l'entreprise Ksontini, précité.*
[959]Article 29 du CSC et article 458 du Code de commerce.

commune absorbante[960]. À défaut, il appartient au juge du contrat de trancher cette question très délicate[961].

1144. Enfin, les agents de l'administration chargés du contrôle de l'exécution des prestations ne peuvent voir leur responsabilité engagée conformément aux principes généraux de la responsabilité administrative qu'en cas de faute personnelle dépourvue de tout lien avec le service, car le requérant a contracté avec l'administration et non avec l'agent public qui demeure un tiers au contrat[962].

B. L'appréciation de la causalité

1145. Comme dans tout système de responsabilité, la détermination du rapport de causalité en matière d'inexécution de marchés suppose l'établissement d'un lien direct entre le préjudice subi et le fait dommageable (**1**). Il est cependant loisible à la partie mise en cause de se libérer en faisant valoir une cause exonératoire (**2**).

1. Le caractère direct du lien de causalité

1146. Seul le préjudice direct pourra être réparé car il est rattaché par un lien de cause à effet à l'acte illicite imputé à l'une des parties au contrat. Il s'agit d'un enchainement de circonstances que le juge est chargé de démêler aussi vrai « *que si la cause est, l'effet est ; et si la cause n'est point, l'effet aussi n'est point ; attendu que toute cause et tout effet ne vont jamais l'un sans l'autre, et qu'absolument nul effet ne peut être produit, qu'il n'y ait quelque cause qui le produise* »[963]. Le lien causal constitue ainsi un élément autonome de la responsabilité contractuelle pour inexécution en matière de marchés publics, indépendant de la faute et du préjudice. Le Tribunal administratif le souligne souvent et considère que la responsabilité de l'administration est subordonnée à la réunion de « *la faute contractuelle de l'administration, du préjudice invoqué et du lien de causalité entre les deux* »[964].

1147. La survenance d'un dommage est cependant le fait le plus souvent de causes multiples. Face à l'enchevêtrement des causes dans les marchés complexes nécessitant de longs délais d'exécution et un enchainement

---

[960] C'est la loi n° du 14 mai 1975 telle que modifiée par les textes subséquents qui continue de régir cette question en l'attente de l'adoption du projet du nouveau CCL.
[961] CE, 4 mai 2011, *Société Oxygène Action*, *BJCP*, n° 78, p.. 336, concl. Dacosta.
[962] Article 8, paragraphe 2 du code de la fonction publique : « *dans le cas où un agent public est poursuivi par un tiers pour faute de service, l'administration doit couvrir l'agent des condamnations civiles prononcées contre lui* ».
[963] Aristote, Rhétorique, L.1, chap.23. XXV.
[964] TA, 1ère instance, 1 juillet 2014, n° 1/21824, *Société générale des travaux modernes d'électricité* précité.

entre les divers antécédents, il est souvent difficile de remonter le cours de l'exécution pour en déterminer la cause directe. Aussi, pour résoudre une telle difficulté, le droit comparé a avancé tour à tour deux théories pour déterminer la causalité en cas de doutes sur la cause efficiente : la théorie de l'équivalence des conditions, d'une part, et celle de la causalité adéquate, d'autre part.

1148. La première théorie tend à considérer que l'ensemble des éléments ayant conditionné le dommage sont équivalents. Chacun d'entre eux, en l'absence duquel le dommage ne serait pas survenu, est regardé comme étant la cause génératrice du dommage. On retrouve parfois une telle appréciation dans la jurisprudence du TA qui tend alors à retenir une pluralité de facteurs ayant concouru, « *d'une manière équivalente* » à la survenance du dommage[965]. Mais le plus souvent le juge administratif est plus enclin à s'appuyer sur « *la cause réelle* »[966] ou « *la cause principale* »[967], formules qui semblent plutôt privilégier la théorie de la causalité adéquate.

1149. Il est donc fait application, le plus souvent, de la seconde thèse, moins simpliste, qui considère que tous les antécédents d'un dommage ne jouent pas le même rôle dans sa survenance. Parmi ces différents éléments ayant pu affecter le cours de l'exécution du marché, un fait se dégagerait,paraissant avoir été à l'origine directe de la survenance du dommage. C'est ce fait qui constitue le lien de « *causalité adéquate* » du dommage.

1150. La jurisprudence est muette cependant sur la méthode d'appréciation du caractère causal du fait invoqué par la partie qui s'estime lésée par l'inexécution.

2. Les causes exonératoires

1151. Dans le droit commun de la responsabilité, la partie mise en cause dans un contrat de marché public ne peut s'exonérer qu'en apportant la preuve d'une cause exonératoire.

1152. En droit public, la rupture du lien de causalité ne peut découler que de la force majeure ou de la faute du cocontractant, à l'exclusion du fait du tiers car ce fait, s'il est fautif, ouvre seulement la possibilité pour le cocontractant de se retourner contre le tiers responsable. Le fait du tiers ne fait pas obstacle cependant à sa prise en considération par le

[965] TA, Appel, 26 octobre 1993, n° 1115, *CCE pour le compte du ministère de l'éducation et des sciences c. F. Matri*, inédit. .
[966] TA, Appel, 31 octobre 1989, *Municipalité de Sousse c. B. Hammami,* inédit.
[967] TA, 1ère instance, 27 juin 1985, *Héritiers Ghalleb c. Municipalité de Kairouan,* inédit.

juge pour dégager le cocontractant de toute responsabilité lorsqu'il est établi que ce dernier a rempli de son côté l'ensemble de ses obligations contractuelles[968].

a. La force majeure

1153. La force majeure est admise par le juge administratif tunisien en tant que cause exonératoire de la responsabilité pour inexécution des marchés publics même si les conditions de sa mise en œuvre sont très restrictives. Dans les litiges relatifs à l'exécution des marchés publics, c'est le plus souvent le cocontractant défaillant qui va exciper de la force majeure qu'il aurait subi, pour justifier l'inexécution de ses obligations. Mais il ne semble pas, au vu de la jurisprudence disponible, que le juge du contrat ait retenu pareille cause libératoire.

1154. En France, le commissaire du gouvernement Tardieu, dans ses conclusions sur l'arrêt « *Compagnie des messageries maritimes* » demandait au Conseil d'État de retenir la force majeure en tant que cause exonératoire, tout en l'invitant « *à s'inspirer des décisions rendues par l'autorité judiciaire* »[969].

1155. En Tunisie, le TA se réfère expressément au COC pour admettre la force majeure[970]. Ledit code prévoit en son article 282 qu'« il n'y a lieu à aucuns dommages-intérêts lorsque le débiteur justifie que l'inexécution ou le retard provient d'une cause qui ne peut être imputée, telle que la force majeure (…)» et l'article 283 ajoute que « la force majeure est tout fait que l'homme ne peut prévenir, tels que les phénomènes naturels (…), l'invasion ennemie, le fait du prince et qui rend impossible l'exécution de l'obligation ».

1156. La force majeure serait donc constituée de tout évènement présentant les caractéristiques de l'extériorité, de l'imprévisibilité et de l'irrésistibilité et qui est le plus souvent un évènement naturel[971].

1157. La condition de l'extériorité se pose notamment pour le cocontractant dans ses relations avec les personnes avec lesquelles il entretient des liens d'affaires, ses employés, ses fournisseurs ou ses sous-traitants, notamment. Ces personnes ne peuvent être considérées comme des tiers par rapport au cocontractant, car celui-ci dispose de moyens d'action sur elles. Dès lors, les faits qui peuvent leur être imputés et

---

968 CE, Assemblée, 28 mai 1971, *Département du Var*, Rec. CE, 419.

969 Concl. Tardieu sous CE 29 janvier 1910, *Compagnie des messageries maritimes*, D. 1910.389.

970 TA, Appel, 1er mars 1993, n° 1067, *CCE pour le compte du ministère de l'équipement et de l'habitat c. Ben Khalifa*, inédit.

971 CE 11 décembre 1991, *Sonexa*, R.430

qui peuvent empêcher l'exécution d'un marché ne sont pas libératoires, car ils ne peuvent être considérés comme extérieurs au débiteur à l'obligation. La difficulté apparaît notamment à propos de la grève des employés du cocontractant. Le TA, à l'instar du Conseil d'État dans sa décision « *Compagnie des messageries maritimes* »[972], considère que « *la grève déclenchée par le personnel du défendeur ne constitue pas un cas de force majeure pouvant l'exonérer de ses obligations. Seule une grève générale surl'ensemble du pays ou sur une portion importante du territoire peut constituer une cause exonératoire* »[973].

1158. L'appréciation de la condition de l'imprévisibilité par le juge administratif se fait en fonction des circonstances de l'espèce. S'agissant des phénomènes naturels, les caractéristiques de temps et de lieu, la fréquence du phénomène en cause sont déterminants. Ainsi, le TA considère que « *les pluies torrentielles qui se sont abattues sur la région au cours des mois de septembre et d'octobre 1986 ne présentent pas les caractéristiques de la force majeure ne pouvant être prévue et à laquelle on ne peut résister* »[974].

1159. L'irrésistibilité correspond à la maxime selon laquelle « *à l'impossible, nul n'est tenu* ». Elle s'entend d'un évènement « *qui entraîne une impossibilité absolue d'exécuter le contrat* »[975]. Le juge administratif souligne cependant que le caractère absolu doit s'apprécier *in concreto*, en fonction des moyens du débiteur [976].

1160. Mais l'originalité du régime de la force majeure dans le droit de la responsabilité pour inexécution de marchés publics est de permettre parfois d'indemniser le cocontractant. C'est ce que prévoit en tout cas l'article 18-3 du CCAG Travaux qui dispose qu'« *en cas de perte, avaries ou dommages provoqués sur ses chantiers par un phénomène naturel qui n'était pas normalement prévisible, ou en cas de force majeure, l'entrepreneur peut être indemnisé pour le préjudice subi (...)* ». Il s'agit là d'une illustration remarquable de la prévalence de l'intérêt public, lié à la nécessité de préserver la continuité de l'exécution des contrats publics, même si on ne trouve pas, au niveau de la jurisprudence, d'applications de ce régime de faveur.

---

[972] CE 29 janvier 1910, *Compagnie des messageries maritimes* précité.

[973] TA, Chambre de 1ère instance, 21 janvier 2006, *Société générale de nettoyage et gardiennage c. CHU Bourguiba de Sfax*, Rec., p. 13

[974] TA, Appel, 15 juillet 1999, n° 1002, CCE *pour le compte du ministère de l'agriculture c. O. Aleya*, inédit.

[975] CE Section, 5 novembre 1982, *Société Propetrol*, AJDA 1983. 259, concl. Labetoulle

[976] RICHER (L.) et LICHÈRE (F.), *Droit des contrats administratifs*, op. cit., p. 292.

b. La faute de l'autre partie

1161. L'inexécution fautive de l'une des deux parties, « *la demeure du débiteur* » selon l'expression qui figure à ce même article 282 du COC, constitue, à côté de la force majeure, une autre cause d'exonération de responsabilité dans les contrats de marchés publics. La faute de l'un des contractants n'est cependant considérée comme libératoire que si elle a contribué directement à la survenance du dommage.

1162. L'effet exonératoire peut être soit total, soit partiel. Il est total lorsque la faute de l'autre partie a joué un rôle déterminant dans la réalisation du dommage[977].

1163. Dans la pratique cependant, la cause exonératoire est le plus souvent partielle. Il en est ainsi lorsque le juge du contrat estime que le demandeur à l'action a contribué lui-même au dommage ; elle constitue alors une cause d'interruption du lien de causalité entre la faute contractuelle et le dommage. Dans ce cas, il y a concours de fautes et la responsabilité sera partagée entre les deux parties[978]. En conséquence, l'indemnité réclamée sera diminuée au prorata de la faute qui incombe au demandeur à l'action. Dans l'arrêt « *Ville d'Amiens* », le Conseil d'État a ainsi décidé que « *le dommage subi par la société avait pour cause, d'une part, les fautes commises par la ville qui n'avait pas respecté plusieurs de ses obligations contractuelles et, d'autre part, celle de la société qui ne pouvait en raison de cette attitude se regarder comme dispensée elle-même de remplir ses propres obligations* ». Il sera alors fait « *une juste appréciation de l'importance respective de ces fautes (...) en laissant à la charge de cette dernière un dixième du montant du préjudice qu'elle a subi* »[979].

1164. Il est cependant difficile de dégager, à partir de la jurisprudence tunisienne disponible, une ligne directrice en matière de répartition des responsabilités en cas de concours de fautes. En réalité, tout semble dépendre des faits de l'espèce et des prédispositions du juge du fond. Le plus souvent cependant, on constate que la balance tend à pencher plutôt du côté de l'administration et que les intérêts légitimes du cocontractant ne sont pas suffisamment pris en compte.

---

[977] CE, 12 juin 1981, *SA Études et procédés d'assainissement Ourotor, RDP 1982, p. 536.*

[978] TA, 1ère instance, 3 mai 1980, n° 276, *M. Ouhichi c. Municipalité de Tunis*, Rec., p. 169.

[979] CE, 7 janvier 1976, *Ville d'Amiens*, Rec., p. 11.

1165. Ainsi, dans de nombreux cas le TA se contente de rejeter le recours du cocontractant sans se prononcer sur la part respective de responsabilité encourue par les parties contractantes au motif « *qu'il n'est pas établi (...) que le requérant a exécuté le contrat de marché susvisé ; qu'à supposer que l'administration ait commis une faute dans la détermination de l'objet du marché (...), il n'en demeure pas moins que ce dernier était tenu d'exécuter (tous) les travaux prévus »* par le contrat[980].

1166. Dans certains cas, le Tribunal acceptera d'indemniser le cocontractant sur la base du rapport d'expertise qui a conclu « que les retards dans l'inexécution des travaux par l'entreprise ont pour origine le retard dans la livraison des plans de béton armé approuvés par le bureau d'études ». Il rejettera cependant la demande de réparation du manque à gagner invoqué par l'entreprise requérante et subi du fait de la résiliation du marché par l'administration au motif que si celle-ci « doit être considérée comme responsable du retard dans le rythme d'avancement des travaux d'agrandissement, elle n'est pas responsable du retard dans les travaux de rénovation, ni dans leur suspension » qui sont imputables au cocontractant pour son refus de poursuivre l'exécution du marché[981].

1167. Dans d'autres cas, alors même que le rapport d'expertise ordonné par le juge des référés avait clairement imputé la cause du dommage à l'administration pour avoir insuffisamment évalué ses besoins et négligé les mises en garde répétées de son cocontractant[982], le Tribunal refusera de prononcer la réception des travaux et la libération des garanties en considérant *« que la faute de cet accident incombe à la requérante et qu'il échoit, pour ce motif, de rejeter sa demande »*[983].

Section 2 : La réserve du juge dans la garantie du droit du cocontractant à réparation

1168. Dans les litiges relatifs à l'exécution des marchés publics, c'est le cocontractant qui est le plus souvent victime du manquement contractuel ouvrant droit à réparation.

L'analyse de la jurisprudence du TA montre que le juge du contrat se montre plutôt restrictif dans l'admission des conditions de réparation du préjudice subi par le contractant (**§1**) et qu'il a tendance à faire

---

[980] TA, Appel, 1 novembre 2012, n°1/19942, *A. Lakhram c. SONEDE*, inédit.
[981] TA, 26 décembre 2006, n° 1/11683, *Entreprise Sandid* précité.
[982] TA, Référé, 22 mars 2006, n° 7/1663, *CTRA c. ONAS* précité.
[983] TA, 1ère instance, 9 juin 2011, n°15776, *CTRA c. ONAS* précité.

preuve d'une réserve excessive dans la sanction de l'inexécution des marchés publics (**§2**).

§1. Les conditions de réparation du préjudice

1169. Comme dans tout système de responsabilité, l'existence d'un préjudice est une condition fondamentale de la mise en jeu de la responsabilité contractuelle pour inexécution d'un marché public (**A.**).De plus, et en toute logique, il ne saurait y avoir indemnisation que si la preuve du préjudice est apportée devant le juge du contrat (**B.**).

A. Le préjudice réparable

1170. En matière de responsabilité en général, il est traditionnel de considérer que pour ouvrir droit à réparation, le préjudice doit être à la fois certain, direct et actuel. Ces exigences, valables en droit civil, sont aussi applicables en matière de responsabilité pour inexécution des marchés publics, le caractère spécial du préjudice n'étant requis qu'en cas de responsabilité contractuelle sans faute. Sur ce plan, l'originalité des solutions adoptées dans le cadre de la responsabilité pour inexécution des marchés publics par rapport au droit commun de la responsabilité apparaît très limitée.

1171. Le TA rappelle constammentles caractéristiques du préjudice ouvrant droit à réparation en affirmant « qu'en l'absence d'un préjudice réel, direct et actuel, la demande en réparation de l'appelant demeure fondée uniquement sur un préjudice éventuel qui ne peut donner lieu à indemnisation »[984].

1172. Le préjudice doit d'abord présenter un caractère certain. « *Le préjudice est certain lorsqu'il est immédiatement évaluable, lorsque son étendue est déterminée, précisée* »[985]. Cela semble relever de l'évidence, mais d'une évidence qui s'impose cependant au juge du contrat pour lequel il est exclu de réparer un préjudice dont il ignore la consistance et la quotité. Le caractère certain du préjudice ne signifie pas qu'il soit actuel ; un préjudice futur peut aussi ouvrir droit à indemnisation, à condition toutefois que sa réalisation soit certaine et non pas hypothétique. En pratique cependant, il est difficile pour le juge de distinguer entre un préjudice futur, ouvrant droit à

[984]TA, Appel, 17 juillet 1989, n° 357, *Héritiers Jabeur c. CCE pour le compte du ministère de l'équipement et de l'habitat,* Rec., p. 211

[985] CHAPUS (R.), *Responsabilité publique et responsabilité privée, les influences réciproques des juridictions administratives et judiciaires*, LGDJ 1958, p. 402.

indemnisation, et un préjudice éventuel, ne pouvant être réparé[986]. Le préjudice futur est celui dont la survenance paraît inéluctable. Lorsque le dommage n'est pas complètement stabilisé et continue de déployer ses effets dans le temps, l'administration ne peut opposer la prescription à son cocontractant qu'à compter du jour où le préjudice est devenu définitif[987].

1173. Le préjudice doit ensuite présenter un caractère direct. Cela signifie que l'inexécution du marché doit être à l'origine directe du préjudice. Cette condition est parfois explicitement exprimée par le juge administratif[988]. Mais, le plus souvent, elle découle de la recherche du lien de causalité entre le fait générateur et le préjudice invoqué, recherche qui peut conduire le juge à déduire que « *le préjudice occasionné au cocontractant découle directement de la faute de l'administration* »[989].

1174. La question de la consistance du préjudice, matériel ou moral, étant une question qui est en rapport à la fois avec les conditions d'engagement de la responsabilité contractuelle et de la garantie du droit à réparation, elle sera étudiée dans le cadre du deuxième paragraphe relatif à cette question.

B. La preuve du préjudice et l'inégalité des armes

1175. Une partie à un contrat de marché public ne peut prétendre à l'indemnisation si elle ne peut apporter la preuve qu'elle a effectivement subi un dommage du fait de l'inexécution du contrat. La preuve du préjudice doit être rapportée quelle que soit la qualité de la partie en cause, acheteur public ou titulaire du marché. Le TA rappelle constamment que, conformément au principe général posé par l'article 420 du COC, la preuve du préjudice incombe au demandeur[990].

1176. Ainsi, l'administration ne peut demander la réparation du préjudice subi du fait des frais supplémentaires résultant de l'incapacité de son contractant à poursuivre l'exécution du contrat et son remplacement par une autre entreprise chargée de l'achèvement des travaux sans

---

[986] Sur cette question, cf. : TERNEYRE (Ph.), *La responsabilité contractuelle des personnes publiques en droit administratif*, op. cit., pp. 176 et s.

[987]TA, Appel, 17 juillet 1989, *Jabeur,* précité.

[988]TA, Appel, 27 juin 1985, *n° 351, Héritiers Ghallab c. Municipalité de Kairouan,* Rec., 102

[989]TA, Appel, 25 octobre 1993, *n° 1115, CCE pour le compte du ministère de l'éducation et des sciences c. F. Matri,* inédit. Sur le lien de causalité, v. infra, n° 1132 et s.

[990] Cet article prévoit que « *la preuve de l'obligation doit être faite par celui qui sen prévaut* ».

apporter la preuve des charges supplémentaires occasionnées par ce changement[991]. En revanche, il lui est loisible de demander son indemnisation pour le préjudice subi du fait de la mauvaise exécution des obligations à la charge de son cocontractant lorsque l'expertise demandée révèle que « *la société défenderesse a commis des actes frauduleux* » consistant en une transformation des véhicules livrés sans en informer au préalable l'administration[992]. De même, l'administration ne peut demander la réparation du préjudice subi du fait des frais supplémentaires résultant de l'incapacité de son contractant à poursuivre l'exécution du contrat et son remplacement par une autre entreprise chargée de l'achèvement des travaux sans apporter la preuve des frais supplémentaires occasionnés par ce changement[993].

1177. En pratique cependant, c'est le plus souvent l'entreprise titulaire du marché qui se retrouve devant unetelle situation. Dans ce cas, l'égalité des armes ne semble pas jouer en sa faveur car le droit relatif à l'administration de la preuve paraît plutôt favorable à l'administration. En dehors de l'hypothèse où l'existence du préjudice et son montant ne sont pas contestés par les parties[994], le juge administratif a tendance à s'appuyer sur les rapports des commissions de contrôle des marchés dominés par l'administration.

1178. Ces commissions disposent, en vertu de l'article 155 du CMP, du pouvoir d'approuver les projets d'avenants et de règlements définitifs relatifs aux marchés. Elles sont également compétentes sur la base du même article pour statuer sur tout litige relatif à l'exécution des marchés. Leur avis, qui revêtun caractère décisoire, demeure pourtant un acte administratif contestable qui ne peut s'imposer au juge administratif considéré comme le gardien de la légalité. L'analyse de la jurisprudence administrative relative à la licéité des mesures d'exécution prises sur avis de ces commissions montre cependant que le TA a tendance à faire preuve d'une certaine déférence envers de tels actes qu'il se contente le plus souvent d'entériner sans se reconnaître le pouvoir d'apprécier leur légalité. Ainsi, dans son jugement rendu le

---

991 TA, Président de Chbre de 1ère instance, 22 mars 2006, 71663, *CTRA c. ONAS*, précité.

992 TA, Appel, 16 juin 2000, n°2/1652 *CCE pour le compte du ministère de l'agriculture c. Société Setcar*, inédit.

993 TA, Président de Chbre de 1ère instance, 22 mars 2006, 71663, CTRA c. ONAS, précité

994 TA, 1ère instance, 26 mars 2004, n° 16676, *Société des travaux publics du Centre c. CCE pour le compte du ministère de l'agriculture,* inédit : l'aveu est la reine des preuves. Reconnaissance par l'administration du montant des travaux impayés.

10 avril 2010 dans l'affaire « *Commune de Tunis* », le TA a condamné solidairement le titulaire du marché et la banque en tant que caution à payer les pénalités de retard prononcées à l'encontre du titulaire du marché sur le fondement de l'avis de la commission communale des marchés portant approbation du règlement définitif du marché contesté par le requérant[995]. Allant au-delà de cette position, dans l'arrêt « *Fériani* », bien que la valeur des travaux exécutés par le cocontractant ait fait l'objet d'un acte de transaction dans lequel la municipalité de Kairouan reconnaissait être débitrice du montant réclamé par le titulaire du marché, le juge du contrat, s'appuyant sur le procès-verbal de la commission régionale de contrôle des marchés, se limitera à condamner la commune à payer un montant inférieur à celui convenu.

1179. De même, le TA a considéréque l'action en indemnisation introduite par le cocontractant pour le préjudice subi du fait de la suspension des travaux pendant une durée supérieure à une année devait être rejetée car « *l'indemnisation pour le préjudice subi de ce fait suppose nécessairement d'établir la preuve de ce préjudice, tant dans son principe que dans son montant* »[996].

1180. C'est dans ce cadre que l'expertise technique revêt toute son importance, car la détermination du préjudice dépend directement d'une telle opération[997]. En cas de désaccord entre les parties, le référé mesures-utiles et le référé constat, prévus par les articles 82, paragraphe 2 et 81 de la loi relative au Tribunal administratif paraissent ici particulièrement indiqués dans la mesure où ils obéissent à une procédure rapide correspondant à un contradictoire allégé. Ils permettent en effet au Président de la juridiction compétente de prescrire une expertise afin de procéder respectivement, d'une part, à un constat urgent de tout fait menacé de disparition en vue de « *préconstituer et sauvegarder la preuve des faits litigieux*[998] »,

---

[995]TA, 1ère instance, 10 avril 2010, n° 1/14592, *Commune de Tunis c.* 1) *Entreprise H. Mlik des produits alimentaires 2) BIAT*, inédit : v. dans le même sens : TA, 1ère instance, 10 novembre 2004, n°19480, *Société tunisienne de microinformatique c. ministre de l'enseignement supérieur, de la recherche scientifique et des technologies*, inédit.

[996] TA, 1ère instance, 1er juillet 2014, *Société générale des travaux électriques modernes c. CCE pour le compte du ministère de la justice et des droits de l'homme*, précité.

[997] TA, 1ère instance, 26 mai 2004, n° 16767, *Société des travaux publics de Sidi Bouzid*, précité : expertise ordonnée par le juge du contrat pour déterminer la valeur des travaux réalisés en exécution du marché initial et des travaux supplémentaires.

[998] CHAPUS (R.), *Droit du contentieux administratif*, op. cit. n° 1633.

d'autre part, de déterminer la consistance et l'étendue du préjudice, sans que de telles ordonnances n'aient l'autorité de la chose jugée[999].

1181. Malheureusement, il apparaîtque le TA soit plutôt hostile à de telles mesures.Le TA a en effet tendance à considérer que « l'intervention du juge des référés pour prendre les mesures conservatoires et provisoires utiles est subordonnée à la réunion de la condition de l'urgence consistant dans le changement des circonstances pouvant affecter négativement ou positivement la situation considérée, sans préjudice du fond et sans que cela n'entraîne la suspension de l'exécution d'un acte administratif »[1000]. Aussi, « l'établissement par voie d'expertise du décompte définitif (…) implique de vérifier au préalable si chaque partie a honoré ses obligations; que ces questions ne peuvent conduire, en l'absence de toute urgence,à l'intervention du juge des référés, ou à l'édiction de mesures conservatoires en vue de protéger des droits menacés de disparition, dans la mesure où leur traitement nécessite l'intervention du juge du fond dans le cadre d'une action principale »[1001].

1182. Cette tendance n'est cependant pas fermement établie en jurisprudence. Elle laisse apparaître des brèches en faveur de l'acceptation de telles mesures. Il arrive en effet que le TA accepte de nommer des experts à l'effet de déterminer le préjudice invoqué par le cocontractant sans préjuger du fond du litige[1002]. Mais cette position demeure isolée, le plus souvent le juge du référé refusera une telle requête au motif que l'expertise porterait préjudice au règlement du litige par le juge du fond.

1183. La doctrine est assez divisée sur l'opportunité d'ordonner de telles mesures[1003]. Certains auteurs considèrent que le juge des référés ne peut désigner des experts à l'effet de déterminer le préjudice allégué car cela impliquerait qu'une appréciation avant-dire-droit soit portée sur le bien-fondé des droits respectifs des parties. Mais cette position

---

[999] Sur la procédure du référé-constat en droit français, telle que prévue par l'article R. 531-1 du CJA, V. notamment : ABRAMOVITCH (L.), « Un janus procédural : le référé-constat », AJDA 2013, p. 471. Cette procédure est dégagée de la condition de l'urgence et est caractérisée par « *une certaine sobriété procédurale* » : requête simple, dispense de ministère d'avocat obligatoire, procédure sans audience publique ni rapporteur public.

[1000] TA, Référé, 01 juin 2012, *Société des Grands Travaux Fériani c.Municipalité de Sfax*, inédit.

[1001] TA, Président de Chbre de 1ère instance, 10 août 2011, *Société CSSI c. Sté Tunisie Autoroutes*, précité.

[1002] Ibid.

[1003] CHAPUS (R.), *Droit du contentieux administratif*, op. cit. n° 1626.

est fortement critiquée. La majorité des auteurs considère en effet qu'un expert peut fort bien fournir des éléments d'appréciation sur le préjudice subi par le cocontractant sans que cela n'implique une « *prise de position sur le bien-fondé de la réclamation* »[1004].

1184. D'une manière générale, le TA se montre assez réticent sur le fait de s'appuyer, le cas échéant, sur l'avis des experts lorsqu'il existe pour mettre en cause la responsabilité de l'administration. Ainsi, même lorsque les conclusions des experts paraissent irréfutables, on voit le Tribunal rejeter l'action en constatation judiciaire de la réception des travaux et le rejet de la demande de libération des cautions[1005]. En outre, même lorsque la responsabilité de l'administration « *pour méconnaissance du droit de la requérante à la résiliation du contrat* »,du fait notamment de la suspension des travaux au-delà des délais contractuelsest retenue, on voit le juge du contrat refuser d'ordonner l'expertise nécessaire à l'évaluation du préjudice subi par le cocontractant sous prétexte quela décision de résiliation prise par l'administration « *n'a pas fait l'objet d'un recours principal, mais d'un simple recours incident* »[1006].

§2. La réserve du juge du contrat dans la sanction de l'inexécution du marché

1185. La jurisprudence du juge du contrat est caractérisée par une réserve - sur bien des points injustifiée- dans la résolution des litiges relatifs à l'inexécution des marchés publics.

1186. Ainsi, le juge des référés, attaché à une conception classique de l'office du juge administratif, refuse généralement d'ordonner les mesures propres à permettre la garantie des droits des contractants. Pour cette raison, la voie du référé administratif paraît pour le moins aléatoire (**A**).De son côté le juge du fond, attaché à une application littérale du droit de l'exécution des marchés publics ayant pour l'essentiel une source administrative, a tendance à faire prévaloir les privilèges de l'administration sur les droits les plus légitimes du cocontractant. Cette attitude, conjuguée au problème général de l'exécution des jugements rendus contre l'administration, explique la portée limitée du droit à réparation (**B**).

[1004] RICHER (L.) et LICHÈRE (F.), *Droit des contrats administratifs*, op. cit., p. 345.

[1005] TA, Appel, 29 juin 2016, n° 29156, CTRA *c. ONAS*, inédit.

[1006] TA, 1ère instance, 1er juillet 2014, n° 121824, *Société générale des travaux électriques modernes* précité.

A. Le caractère aléatoire de la voie du référé administratif

1187. Pour des raisons tenant aussi bien à la spécificité de la matière qu'à l'interdiction faite au juge administratif de se comporter en administrateur, la voie des référés administratifs en matière de litiges relatifs à l'inexécution des marchés paraît étroite aussi bien en ce qui concerne le référé provision (**1**) qu'en ce qui a trait au référé mesures utiles (**2**).

1. L'incertitude de la voie du référé provision

1188. Le référé-provision est prévu par l'article 82 de la loi relative au Tribunal administratif qui prévoit que le juge des référés peut, en cas d'urgence[1007], ordonner de contraindre le débiteur de verser à son créancier une provision à condition qu'il n'y ait pas de contestation sérieuse sur le fond du droit.

1189. Une telle procédure présente des avantages indéniables. Elle permet d'ordonner rapidement, sans attendre le règlement définitif d'un marché ou l'issue interminable du procès relatif devant le juge du fond, le versement d'une provision sur les prestations livrées par le cocontractant lorsque celles-ci ne sont pas sérieusement contestées par l'administration.

1190. Dans tous les cas où la créance réclamée constitue en effet la rémunération de prestations effectivement exécutées[1008],ou la juste contrepartie de travaux supplémentaires[1009], le juge peut, après avoir vérifié au préalable que la créance n'est pas sérieusement contestée dans son principe et son montant, ordonner son paiement majoré éventuellement des intérêts moratoires correspondants.

1191. En matière de marchés de travaux, ce type de recours peut sembler en contradiction avec la règle de l'unicité du décompte selon laquelle l'ensemble des opérations auxquelles peut donner lieu un marché doit être compris dans un compte unique dont aucun élément ne peut être isolé et dont le solde, arrêté lors du décompte général et définitif, détermine les droits et obligations finales des parties.

[1007] Cette condition n'est pas imposée par l'article L. 541-1 du CJA français qui prévoit seulement que la créance dont le demandeur fait état ne doit pas apparaître, au regard des éléments soumis au juge compétent, comme sérieusement contestable. Cf. sur ce point : BRACONNIER (S.), « Référé-provision et contrats publics », Contrats et Marchés publics n° 3, 2014, 3.

[1008] CE, 3 décembre 2003, n° 253748, *Société Bernard Travaux Polynésie*, BJCP, 2004, n°33, p. 118, concl. Piveteau.

[1009] CAA Marseille, 4 décembre 1997, *Société nationale de construction Quillery*, n° 96MA1079.

1192. Mais le Conseil d'État, saisi d'une telle question, a fini par considérer que « la règle de l'unicité du décompte ne fait pas obstacle, eu égard notamment au caractère provisoire d'une mesure prononcée en référé, à ce qu'il soit ordonné au maître de l'ouvrage de verser au titulaire du marché une provision au titre d'une obligation non sérieusement contestée au titre de l'exécution du marché, alors que le décompte général et définitif n'aurait pas été établi»[1010].

1193. En Tunisie, la jurisprudence ne semble pas définitivement fixée sur ce point. La tendance qui domine est au contraire le refus d'admettre une telle possibilité au motif que le caractère incertain de la créance constitue un obstacle à la condamnation de l'administration à verser au titulaire du marché une quelconque provision avant l'établissement du décompte définitif prévu. C'est ainsi que le TA, saisi d'une demande tendant à la condamnation du maître d'œuvre à verser au titulaire du marché une provision au titre de prestations effectivement exécutées et non réglées, a rejeté la requête au motif que l'admission de ladite provision suppose « *la réunion d'un certain nombre de conditions parmi lesquelles la reconnaissance par voie amiable ou judiciaire d'une créance certaine dans son principe et son montant et ne faisant pas l'objet d'une contestation sérieuse entre les parties* »[1011]. Ce rejet était en outre motivé par le fait que le juge du fond avait été saisi du litige. Une telle circonstance ne peut cependant justifier le rejet d'un tel recours. Au contraire, son admission serait préférable car, en raison des délais excessivement longs de résolution des litiges devant le juge du fond, cela permettrait de concilier l'intérêt public et l'intérêt légitime du cocontractant en donnant au titulaire du marché les moyens nécessaires à la poursuite de l'exécution des travaux.

1194. C'est ce souci de continuité dans l'exécution du marché qui explique la condamnation, dans un cas d'espèce, de l'acheteur public au versement au titulaire d'un marché de reboisement de parcelles forestières, d'*« une provision sur la base du principe de stabilité des relations contractuelles et dans le but de garantir la poursuite des travaux nécessaires à la satisfaction de l'intérêt général »*[1012] et ce, après avoir constaté la réalité des prestations exécutées sur la base du tableau de concordance établi par l'administration.

[1010] CE, 3 décembre 2003, *Société Bernard Travaux Polynésie*, précité.
[1011] TA, Référé, 29 juin 2014, n° 712831, *Société SOTRACID*, inédit
[1012] TA, Référé, 11 octobre 2012, n° 7/11952,*Amdouni c.Commissariat régional pour le développement agricole de Béja*, inédit.

1195. Une telle attitude demeure cependant exceptionnelle. Elle devrait, à notre avis, être confortée par le juge administratif en raison des avantages indéniables qu'elle présente pour assurer la bonne exécution des marchés publics. En effet, l'ordonnance accordant une provision, en dépit de son caractère exécutoire, ne peut être regardée, par elle-même, comme préjudiciant au fond[1013].

2. Le rejet du « référé mesures utiles » tendant à la libération des cautions

1196. Plus problématique encore apparaît l'admission du référé mesures utiles[1014] tendant à la libération des cautions, car, le cocontractant « *ne peut guère compter sur cette procédure pour contraindre l'administration à respecter ses obligations* »[1015], l'interdiction faite au juge administratif de se comporter en administrateur et les conditions restrictives posées par l'article 81 de la loi relative au Tribunal administratif s'opposant à l'admission d'un tel recours.

1197. Ce sont ces considérations qui expliquent que le juge des référés s'interdit d'adresser à l'administration une obligation de faire. À cette autolimitation s'ajoutent les solutions spécifiques à la matière des contrats administratifs selon lesquelles le juge du contrat saisi d'une demande tendant au blocage d'une mesure d'exécution édictée par l'administration doit seulement rechercher si cette mesure est intervenue dans des conditions ouvrant droit à indemnisation.

1198. Pour prononcer le rejet de telles requêtes, le TA rappelle en effet « que l'intervention du juge des référés pour prendre les mesures conservatoires et provisoires utiles est subordonnée à la réunion de la condition de l'urgence consistant dans le changement des circonstances pouvant affecter négativement ou positivement la situation considérée, sans préjudice du fond et sans que cela n'entraine la suspension de l'exécution d'un acte administration »[1016].

1199. Une telle solution, lorsqu'elle se rapporte à des mesures graves de conséquences pour les intérêts légitimes des opérateurs économiques (décisions de résiliation ou de modification unilatérales du marché, refus d'émission de l'ordre de service indispensable au

---

[1013] L'article 82 de la loi relative au TA n'impose pas cette condition qui est cependant prévue par l'article 81 relatif au régime général des référés administratifs.
[1014] Sur ce type de référé, v. supra,
[1015] GOURDOU (J.) et TERNEYRE (Ph.), « Peut-on améliorer les référés en matière contractuelle ? », AJDA 2014, p. 2055.
[1016]TA, Référé, 01 juin 2012, *Société des Grands Travaux Fériani c.Municipalité de Sfax*, inédit.

commencement des travaux alors que le titulaire a mobilisé tous les moyens nécessaires à l'installation du chantier pour faire face à ses obligations, etc.) apparaît particulièrement injuste pour les cocontractants qui peuvent justifier d'avoir rempli toutes leurs obligations. Leur opposer *ipso facto*la règle de l'unicité du décompte et leur demander d'attendre le règlement interminable du procès devant le juge du fond peut leur occasionner de graves pertes économiques.

1200. La nécessité d'assurer le respect de la loyauté des relations contractuelles doit, à notre avis, conduire à réviser les conditions de recevabilité de ce type de référé en l'adaptant à la spécificité de la matière contractuelle.

1201. Le juge du « *référé contractuel* » devrait se voir reconnaître le pouvoir de contraindre l'administration à lever les obstructions les plus graves à l'exécution de ses obligations lorsqu'elles apparaissent manifestement injustifiées au regard des circonstances propres à l'exécution des marchés litigieux[1017].

B. La portée limitée du droit à réparation devant le juge du fond

1202. Dans le contentieux de l'inexécution des marchés publics, la condamnation à une obligation de faire apparaît tout à fait marginale (**1**). L'essentiel se réduit à des actions tendant à la condamnation de la partie défaillante à des dommages-intérêts. L'efficacité de ces condamnations demeure cependant très limitée (**2**).

1. Le caractère marginal de la condamnation à une obligation de faire

1203. La condamnation à une obligation de faire ne soulève pas de problèmes particuliers lorsque l'inexécution est le fait du cocontractant. Le principe d'une telle condamnation a été clairement consacré par le Conseil d'État en France[1018]. Il implique que « *s'il n'appartient pas au juge administratif d'adresser des injonctions à ceux qui ont contracté avec l'administration lorsque celle-ci dispose à l'égard de ces derniers des pouvoirs nécessaires à l'exécution pour assurer l'exécution du contrat, il en va autrement quand l'administration ne peut user de moyens de contrainte à l'encontre de son cocontractant qu'en vertu d'une décision juridictionnelle* »[1019].

[1017] GOURDOU (J.), TERNEYRE (Ph.), « Peut-on améliorer les référés en matière contractuelle », *op. cit.* p. 2055.

[1018] CE 29 juillet 2002, n° 243500, *Centre hospitalier d'Armentières*, AJDA 2002.1451, note J.-D. Dreyfus.

[1019] CE 13 juillet 1956, n° 37656, *OPHLM du département de la Seine*, Rec. 338.

Dans ce cas, il est habituel de reconnaître à l'administration le droit de demander au juge du contrat de prononcer à l'encontre du cocontractant récalcitrant une obligation de faire. C'est dans ce sens que s'est d'ailleurs prononcé le TA en affirmant que *« le non-respect par l'administration de la procédure de la réception provisoire (...) suffit à établir la violation de ses obligations contractuelles »*. Il a ajouté que *« la réception des travaux est la seule procédure permettant de déterminer la date d'achèvement des travaux, le contrôle de leur conformité au cahier des clauses techniques particulières du marché et d'adresser le cas échéant à l'entreprise une injonction afin de remédier aux malfaçons »*[1020].

1204. Une telle faculté doit cependant être maniée avec précaution, car il n'est pas nécessaire de prononcer de telles injonctions lorsque l'administration dispose, en vertu du privilège du préalable, du pouvoir de contraindre son cocontractant à l'exécution sans être obligée de passer par le juge du contrat[1021]. C'est sans doute cette raison qui explique le refus du Conseil d'État en France de prononcer, en de telles circonstances, pareilles injonctions[1022].

1205. Une telle solution, qui a pour effet de limiter la liberté de choix de l'administration, demeure cependant incertaine en Tunisie.En effet, le juge administratif tunisien a pendant longtemps considéré qu'il ne peut condamner l'administration à une obligation de faire, car cela équivaudrait à lui reconnaître le pouvoir de faire acte d'administrateur, ce que le Tribunal administratif s'interdit de faire. Celui-ci se considère en effet *« incompétent pour examiner les recours dirigés contre les actes administratifs édictés dans le cadre d'une relation contractuelle soit pour l'approuver, soit pour la conclure, soit pour l'exécuter sauf dans la limite des actes détachables du contrat et à condition que le recours soit fondé sur la violation de la légalité et non sur ce qui a été convenu entre les parties »*[1023].

[1020]TA, 1ère instance, 9 février 2012, *Gaaloul c. CCE pour le compte du ministère de l'agriculture et le Commissariat régional pour le développement agricole de Mahdia*, inédit.

[1021] Cf. sur ce point : SYMCHOWICZ (N.), « L'intervention du juge du contrat dans l'exécution des contrats administratifs », AJDA 2015, p. 320.

[1022] CE 31 janvier 1973, n° 82563, *Wuest*, Rec., p. 89. Sur ce point, cf. : de LAUBADÈRE (A.), MODERNE (F.), DELVOLVÉ (P.), *Traité des contrats administratifs*, op. cit., p. 778 : v. aussi : GAUDEMET (Y.), « Réflexions sur l'injonction dans le contentieux administratif », *Mélanges Burdeau*, LGDJ 1977, p. 809.

[1023]TA, 1ère instance, 9 février 2012, *Gaaloul*précité.

1206. En droit comparé, cette position a évolué sous la pression des nouvelles exigences de la force obligatoire du contrat et de la loyauté des relations contractuelles. Ainsi, en France, la jurisprudence *Béziers II* a ouvert la possibilité pour le juge du contrat d'ordonner la reprise des relations contractuelles en cas de contestation de la validité des mesures de résiliation du contrat[1024]. Cette jurisprudence, ainsi que l'a démontré la doctrine[1025], recèle un potentiel certain d'élargissement. Et, de fait, il semble que le juge du contrat se soit engouffré dans cette voie en admettant la recevabilité « *d'une action en rétablissement de l'état antérieur du droit* » directement inspirée de la jurisprudence *Béziers II* pour contester la validité des mesures de modification unilatérales[1026].Ces mesures, qui peuvent être imposées par l'administration en cours d'exécution du contrat, sont assez proches, du point de vue de leurs effets, des mesures de résiliation. Dès lors, rien ne s'oppose en droit à ce que le juge du contrat se voie reconnaître le pouvoir de paralyser celles qui sont irrégulières, car cantonner son office à rechercher si elles sont intervenues *« dans des conditions de nature à ouvrir droit à indemnité »* reviendrait à donner une prime à l'administration pour abuser de ses pouvoirs au détriment des droits les plus légitimes de son cocontractant. Ce dernier sera tenu en effet d'exécuter la décision de modification abusive en faisant valoir seulement son droit à indemnisation dont l'étendue d'ailleurs sera invariable selon que la mesure contestée sera régulière ou irrégulière en raison du principe de la réparation intégrale du préjudice[1027].

1024 CE, Section 21 mars 2011, *Commune de Béziers*, précité. Cet arrêt a également permis aux tiers de suspendre l'exécution de la mesure de résiliation dans le cadre d'un référé suspension et de permettre ainsi une reprise provisoire des relations contractuelles. Cette possibilité est cependant d'application exceptionnelle, V. en ce sens: CE, 17 juin 2015, *Commune d'Aix-en-Provence* : Rec., p. 752 et *a contrario* CE, 16 novembre 2016, *Commune d'Erstein*, n° 40132.

1025 Cf. : BRENET (F.), « Un nouveau recours devant le juge du contrat : l'action en rétablissement de l'état antérieur du droit », Dr. Adm., 2013. Comm. 33 ; UBAUD-BERGERON (M.), « L'annulation implicite des mesures d'exécution illégales : un renforcement de la force obligatoire du contrat », JCP Adm. 2011, n° 658.

1026 TA Lille, 20 février 2013, n° 1005463, *Société Eaux du Nord*, AJDA 2013. 1115, concl. Frackowiak. V. cependant *a contrario*, CAA Nancy, 13 février 2014, *Société Véolia Eau*, n° 13NC00578, Contrats-marchés publics. 2014, comm. 13, note J-P, Pietri.

1027 En outre, la doctrine regrette que les parties au contrat aient moins de possibilités que les tiers : V. dans ce sens : LLORENS (F.) et SOLER-COUTEAUX (P.), « Des nouvelles du pouvoir de modification unilatérale dans les contrats administratifs », Contrats et Marchés publics n° 11, Novembre 2014, repère

1207. Il paraît alors souhaitable que notre juge administratif, gardien de l'équilibre des relations contractuelles, accepte de faire évoluer son office en se reconnaissant le pouvoir de condamner l'administration à des obligations de faire toutes les fois où il lui apparaitra qu'elle a abusé de ses pouvoirs d'exécution du contrat. Une telle avancée devra cependant être étroitement encadrée en rappelant que le cocontractant ne peut invoquer une exception d'inexécution pour se dérober à ses obligations et qu'il est tenu donc de poursuivre l'exécution, sauf cas de force majeure. À défaut, l'administration, qui dispose en tout état de cause du pouvoir de s'opposer à la rupture des relations contractuelles pour des motifs d'intérêt général, sera en droit de prononcer la résiliation aux torts exclusifs du cocontractant, sous réservetoutefois du droit de ce dernier de contester devant le juge les motifs invoqués dans le cas d'espèce, par l'administration[1028].

1208. Sur un autre plan, l'acheteur public est tenu de restituer à son cocontractant les retenues effectuées au fur et à mesure de l'avancement des travaux dès lors qu'il est établi que le titulaire du marché n'est redevable d'aucune somme au profit du maître de l'ouvrage[1029]. L'étude de la jurisprudence montre cependant qu'il est rare que le TA lui ordonne la libération des cautions à la fin des relations contractuelles. Le rejet des recours tendant au prononcé d'une telle injonction se justifie certes lorsque l'inexécution du marché est imputable au cocontractant, car l'intérêt public commande dans ce cas que l'acheteur public conserve les cautions constituées à l'effet de garantir la bonne exécution du contrat[1030]. Mais ce rejet n'a pas de fondement logique lorsque, de l'examen des pièces du dossier, il ressort qu'aucun manquement ne peut être reproché au cocontractant et que l'administration était tenue de prononcer la réception des travaux et de procéder au règlement définitif du marché. En raison du caractère technique de cette opération, le juge du contrat pourrait ici mettre en œuvre ses pouvoirs de juge de plein contentieux en faisant appel à des experts spécialisés afin de déterminer les droits respectifs des parties et l'établissement du décompte définitif. Ceci précéderait l'éventuelle condamnation de l'administration à la

---

10 : « *l'on ne voit pas, dans ce cas, ce qui justifierait que soit réservé au cocontractant un traitement plus défavorable que celui dont bénéficient les tiers* ».

[1028] CE, 8 octobre 2014, Société*Grenke Location* précité.

[1029] TA, 19 janvier 2002, n°15839, *Thabet c. CCE pour le compte du ministère du domaine de l'État et des affaires foncières*, inédit.

[1030] TA, 10 juillet 2014, n°125120, *Société Ben Kilani de Travaux publics c. Office de l'Aviation Civile et des Aéroports*, inédit.

libération des garanties, ce que le TA se refuse, jusqu'à ce jour, de faire[1031]. Cette attitude n'a pas de fondement logique à nos yeux.

1209. La condamnation à des obligations de faire demeure ainsi marginale dans le contentieux de la responsabilité pour inexécution des marchés publics, qui demeure essentiellement un contentieux indemnitaire.

2. L'efficacité limitée des actions tendant à la condamnation de l'administration à des dommages-intérêts

1210. Le contentieux de l'inexécution des marchés publics se rapporte dans la plupart des cas à des situations où l'inexécution est consommée. Le contrat ne peut plus être exécuté, soit pour des raisons objectives consistant dans la fin des relations contractuelles, soit pour des raisons subjectives consistant dans la résiliation unilatérale du marché par l'administration.

1211. Dans la quasi-totalité des cas, c'est le cocontractant qui se retrouve dans la position peu enviable de demandeur faisant état de différents chefs de préjudice et sollicitant la condamnation de l'acheteur public à réparer l'équivalent pécuniaire du préjudice subi.

1212. Comme dans le droit commun de la responsabilité contractuelle, le préjudice ouvrant droit à réparation doit être réparé intégralement. Ce préjudice peut être matériel ou moral.

1213. Le préjudice matériel comprend à la fois la perte subie et le gain manqué. Le TA n'hésite pas ici à faire application des règles générales du droit civil qui définit le préjudice résultant de l'inexécution comme « *la perte effective que le créancier a éprouvée et le gain dont il a été privé* » (Article 278 du COC). C'est dans ce sens que s'est prononcé le juge du contrat en reconnaissant le droit du cocontractant au « *paiement des prestations exécutées et l'indemnisation du cocontractant pour le manque à gagner subi* »[1032]. Ainsi, l'allongement des délais d'exécution occasionnés par les interruptions successives des travaux imputable à l'administration justifie l'indemnisation du cocontractant non seulement pour le préjudice direct subi du fait du non-paiement des prestations exécutées mais également pour la valeur correspondant à la dépréciation du matériel affecté à la réalisation des travaux ainsi que pour les frais de

[1031] Pour une illustration, v. l'arrêt d'appel confirmant le rejet de l'action tendant à la constatation de la réception judiciaire des travaux et la mainlevée des cautions : TA, Appel, 29 juin 2016, n° 29156, *CTRA c ONAS*, précité. Plus généralement, V. infra, n° 1166 et s.

[1032] TA, 19 décembre 2014, n°125535, *Société Electrossif c. Municipalité de Sfax*, précité

gardiennage engendrés par ce retard[1033]. Les frais financiers réellement exposés par le titulaire du marché en vue de l'exécution des travaux peuvent également donner lieu à indemnisation[1034]. Le juge du contrat accepte d'indemniser le cocontractant non seulement pour les prestations non payées, mais également pour le montant des impôts et taxes supportés[1035], à l'exclusion cependant des droits d'enregistrement du contrat qui sont mis à sa charge par la loi[1036].

1214. Pour déterminer le préjudice, le TA tient compte du caractère technique du préjudice subi et de son étendue en ayant, dans la plupart des cas, recours à l'expertise lorsque le montant du dommage et les différents chefs de préjudice invoqués par le cocontractant sont indéterminés[1037]. Nous relevons cependant satendance à entériner l'avis des commissions de contrôle des marchés compétentes selon le CMP pour trancher « *tout litige relatif à l'exécution et au règlement des marchés* ». Ces avis, pour décisoires qu'ils soient, demeurent pourtant des actes administratifs contestables. Le cocontractant pourra donc soulever leur illégalité devant le juge du contrat.

1215. La principale difficulté en matière de condamnation à des dommages intérêts est d'ordre monétaire et concerne le moment de l'évaluation du préjudice subi par le cocontractant. La jurisprudence reprend ici les solutions classiques s'appliquant en matière de responsabilité. Ces solutions retiennent la date de la condamnation du débiteur à l'obligation et non pas celle de l'inexécution du contrat afin de tenir compte de la dépréciation monétaire ayant eu lieu dans l'intervalle séparant le fait dommageable du prononcé du jugement. Cette solution s'explique par le fait que « *le jugement allouant les dommages intérêts a un caractère déclaratif, et non pas attributif ou constitutif ; il*

[1033] TA, 4 janvier 1993, n°816, *Ben Guiza c. CCE pour le compte du ministère de l'équipement et de l'habitat*, inédit.

[1034] CE, 2 février 1962, *Département de la Seine*, RDP 1962, p. 1035.

[1035] CE, 3 février 1950, *Ministre des travaux publics*, Rec. p. 77

[1036] TA, 1ère instance, 9 janvier 2002, n°15839, *A. Thabet c. CCE pour le compte du ministère du domaine de l'État, inédit*

[1037] TA, 1ère instance, 15 juillet 2014, n° 1/14439, *EAM* précité : condamnation de l'administration à indemniser les différents chefs de préjudice subis par la requérante du fait de la rupture abusive du marché, des prestations non payées, pour la variation affectant le prix des travaux, pour le manque à gagner résultant de l'immobilisation de la main d'œuvre et du matériel ainsi que pour les modifications apportées à la masse et à la nature des travaux. Mais rejet de la demande de condamnation des intérêts moratoires pour non-respect de l'article 13-1 du CCAG Travaux applicable au marché.

reconnaît un droit préexistant et ne le crée pas[1038] ». La déclaration de la valeur du préjudice doit donc être celle de l'administration évaluée selon la procédure contradictoire prévue par le CMP ou, à défaut d'accord entre les parties, par le juge du contrat.

1216. Contrairement aux solutions du droit privé qui permettent au créancier de demander la condamnation de son débiteur au paiement des intérêts légaux, majorés le cas échéant d'intérêts supplémentaires en cas de mauvaise foi, tout retard dans le mandatement de sommes dues au titulaire du marché au titre des acomptes ou du solde du marché ne peut donner lieu qu'à des intérêts moratoires calculés sur la base du taux du marché monétaire déterminé par la Banque centrale. Ces intérêts sont dus désormais de plein droit sans besoin de mise en demeure du débiteur de l'obligation[1039].

1217. Toutefois, ces principes sont rarement mis en application par le TA qui a tendance à rejeter les demandes de condamnation aux intérêts moratoires en cas de dépassement des délais de paiement. Ainsi, dans l'arrêt « *Société Angibat* », le juge administratif a rejeté la requête tendant à la condamnation de l'administration aux intérêts moratoires bien qu'il ait retenu sa responsabilité dans le retard constaté dans la réalisation des missions d'architecture objet du marché[1040]. Plus significative est la solution de l'arrêt « *Société des Grands travaux Fériani* » dans laquelle, et bien que le montant du solde du prix du marché, arrêté par la commission départementale de contrôle des marchés, n'était pas contesté, le TA finit par rejeter la demande de condamnation de l'administration aux intérêts moratoires, considérant que leur montant qui « *fait encore l'objet d'une contestation, ne sera certain, exigible et déterminé qu'à compter de la date du jugement définitif dans cette affaire* »[1041]. De même, le juge a rejeté la requête aux fins de condamnation aux intérêts moratoires bien qu'ayant retenu le caractère illicite de la décision de résiliation unilatérale du marché prononcée par l'administration et la condamne à indemniser le titulaire à concurrence des travaux exécutés[1042]. D'une manière

[1038] Cf. sur ce point : CHAPUS (R.), *Droit administratif général*, op. cit., n° 1426 ; v. aussi : OUM OUM ((J.-F.), *La responsabilité contractuelle en droit public*, LGDJ 2014, p. 374 et s.

[1039] Article 103 du décret 2014-1039.

[1040] TA, Appel, 30 novembre 1999, n°21582, *CCE pour le compte du ministère de l'agriculture c. Société Angibat*, inédit.

[1041] TA, 1ère instance, 6 février 2013, n° 1/17675, *Société des Grands travaux Fériani c. Municipalité de Kairouan*, inédit.

[1042] TA, Appel, 9 juillet 2009, *Entreprise Sandid c. C CE pour le compte du ministère de l'éducation et de la formation*, Rec., p. 291

générale, la condamnation de l'administration aux intérêts moratoires est plutôt exceptionnelle[1043].

1218. Le TA a la fâcheuse tendance de rejeter inexplicablement la demande de condamnation aux intérêts moratoires au motif que « le montant de la dette ne sera certain, exigible et déterminé qu'à compter de la date du jugement définitif qui sera prononcé dans cette affaire»[1044].

1219. Le préjudice moral, qui est défini par le Tribunal administratif comme « *l'atteinte à la réputation ou à l'honorabilité du cocontractant* »[1045], est plus rarement reconnu lorsqu'il s'agit d'une personne morale même s'il n'est pas contesté qu'une mesure de résiliation abusive est susceptible de porter atteinte à la réputation professionnelle et à l'honorabilité d'une telle entité[1046]. Ainsi, le Tribunal après avoir rappelé que « *s'il est admis que la réparation du préjudice moral est liée aux sentiments et aux perceptions qui sont rattachés aux personnes physiques, il n'en reste pas moins que ce préjudice peut s'étendre exceptionnellement aux personnes morales en dépit de leur caractère fictif toutes les fois où il touche à leur réputation auprès de leurs clients* »[1047].De même, la résiliation sans motifs d'un marché après exécution par le maître d'œuvre de toutes les missions d'architecture justifie l'existence d'un préjudice moral et la

---

[1043] TA, 9 mars 1992, n° 936, Appel, *Société générale des entreprises d'électricité c. CCE pour le compte de du ministère de l'éducation et des sciences*, Rec., p. 267. En application de l'article 76 du CMP de 1974 en effet, l'administration doit procéder à la constatation des travaux exécutés dans le délai d'un mois qui suit la fin de ces travaux sous peine d'encourir des intérêts moratoires calculés sur la base du taux du marché monétaire fixé par la Banque centrale. Dès lors, « *le retard mis par l'administration pour procéder à la constatation de la fin des travaux ouvre ledroit pour le titulaire de demander des intérêts moratoires à compter du jour qui suit l'expiration du délai jusqu'à l'établissement du constat* »

[1044]TA, 1ère instance, 06 février 2013, n° 1/17675, *Société des Grands travaux Fériani c.Municipalité de Kairouan*, inédit

[1045]TA, Appel, 24 mai 1993, *n° 1093, CCE pour le compte du ministère du Plan et des Finances c. M. H Beyram,* Rec., p. 518.

[1046] TA, 1ère instance, 13 février 2002, n° 17368 : condamnation de la commune à réparer le préjudice moral subi par son cocontractant du fait de la résiliation illicite d'un marché de travaux ; CAA Paris, 25 mars 1993, *Ministre de l'éducation nationale c. Soler*, Rec.T.875 : condamnation de l'administration à réparer le préjudice moral subi par les requérants du fait de la résiliation illicite d'un marché d'architecture eu égard à la mission globale confiée aux architectes s'étendant jusqu'à la réception des ouvrages exécutés.

[1047] TA, 1ère instance, 15 juillet 2014, n° 1/14439, *EAM,* précité : indemnisation de la société titulaire du marché pour le préjudice moral subi du fait de la rupture abusive du marché.

condamnation de l'administration à le réparer[1048]. À cet égard, le droit moral de l'architecte sur son œuvre a un fondement spécifique qui réside dans la loi du 24 février 1994 relative à la propriété littéraire et artistique[1049]. Il en résulte que le maître de l'ouvrage ne peut apporter à une œuvre architecturale que les modifications indispensables dictées par les impératifs techniques, esthétiques ou de sécurité publique liées à des considérations de service public[1050]. Au-delà, l'architecte a droit à être indemnisé pour son préjudice moral[1051].

1220. Le Tribunal a tendance cependant à faire une application rigoureuse de la réglementation des marchés publics défavorable aux droits légitimes du cocontractant. Ainsi, devant le refus injustifié de l'administration de régler le montant du décompte définitif à son cocontractant, le juge du contrat, bien que reconnaissant le bienfondé de l'action du requérant, va cependant rejeter la demande de condamnation aux intérêts moratoires sous prétexte que l'ancienne réglementation des marchés publics subordonnait le bénéfice de ces intérêts au respect de cette formalité par le titulaire du marché[1052].

1221. Le problème du dédommagement du cocontractant pour le préjudice subi du fait de l'usage abusif des pouvoirs de l'administration se pose avec une acuité particulière en droit tunisien. Il semble que la jurisprudence la plus récente du TA ne soit plus opposée à ce que la compétence du juge du contrat s'inscrive « *dans le cadre des pouvoirs très larges qui lui sont reconnus en matière de plein contentieux lorsque la requête a pour objet, outre l'annulation de la décision de résiliation, le paiement des prestations exécutées et l'indemnisation du cocontractant pour le manque à gagner subi* »[1053]. Mais, tout en admettant que le cocontractant « *peut demander la résiliation du marché en cas d'interruption des travaux d'une durée supérieure à une année* », le juge va toutefois rejeter la demande de réparation du préjudice subi, car celle-ci « *suppose d'établir la preuve de ce*

[1048] TA, 1ère instance, 26 mai 2008, n° 1/13360, *Amine Hayder* précité, p)

[1049] Loi 94-26 du 24 février 1994 relative à la propriété littéraire et artistique (JORT 1994, p.). L'article 1er de cette loi prévoit que le droit d'auteur couvre les œuvres d'architecture

[1050] CE 14 juin 1999, *Conseil de fabrique de la cathédrale de Strasbourg*, BJCP 1999 n ° 7, p. 583, concl. Combrexelle.

[1051] CE 11 Septembre 2006, *Agopyan*, BJCP 2006, n° 49, p 432. , concl. Casas.

[1052] TA, Chbre de 1ère instance, 26 décembre 2006, n° 1/13828, *Abdelwahab Ben Ammar c. CCE pour le compte du ministère de la santé publique,* inédit

[1053] TA, 19 décembre 2014, n°125535, *Société Electrossif c. Municipalité de Sfax*, précité

préjudice, tant dans son principe que dans son montant, ainsi que le lien de causalité entre la faute et le préjudice »[1054].

1222. En d'autres termes, le cocontractant est invité, après un temps qui peut aller jusqu'à dix années de procédure, à reprendre son chemin de croix en présentant un recours principal en contestation de validité contre le refus de résiliation du marché qui lui a été opposé par l'administration ; il assortira cette demande d'une demande d'indemnisation au risque de se voir opposer l'irrecevabilité d'un tel recours au motif du caractère non détachable de cette décision[1055]. Cette position paraît particulièrement injuste pour le cocontractant pouvant justifier d'avoir rempli toutes ses obligations contractuelles, en ce qu'elle tend à protéger les abus commis par l'acheteur public au détriment de la loyauté des relations contractuelles.En effet, il faut bien voir que les pouvoirs qui sont reconnus à l'administration ne sont pas destinés à lui permettre de réaliser ses caprices ou de s'enrichir au détriment de son cocontractant, mais plutôt à servir l'intérêt public. C'est cette logique de fondque nesemble pas encore avoir compris notre juge administratif.

1223. Une telle position, qui pourrait être transposée aux autres mesures d'exécution, constitue une autolimitation injustifiée.Nous devonscependant souligner qu'elle n'est pas partagée par toutes les formations du Tribunal[1056], ce qui pose un autre problème, celui de l'harmonisation des solutions et de la discipline contentieuse au sein de la juridiction administrative, et son Assembléeplénière, censée assurer cette mission, ne semble pas avoir pris conscience de la gravité de ce problème.

1224. Dans une institution comme celle des marchés publics caractérisée par le déséquilibre inévitable des forces en présence, il revient en effet au juge du contrat de mettre en œuvre ses pouvoirs de plein contentieux pour maintenir un juste équilibre entre l'intérêt public et l'intérêt légitime du cocontractant.

1225. Face à un ajournement abusif des travaux ou à une décision de résiliation prononcée dans le seul but de procurer à l'administration un prétexte pour se dérober à ses obligations, le juge du contrat n'a d'autre choix que de mettre en œuvre ses pouvoirs de plein contentieux. De tels pouvoirs lui permettent d'ordonner une expertise

---

1054 TA, 1ère instance, 1er juillet 2014, n° 121824, *Société générale des travaux électriques modernes c. CCE pour le compte du ministère de la justice et des droits de l'homme*, inédit.

1055 TA, 28 novembre 1991, *SadokMellouli c. Municipalité de Sousse*, Rec., p. 135.

1056 TA, 1ère instance, 15 juillet 2014, n° 1/14439, *EAM*, précité.

lorsque l'étendue du préjudice est contestée par les parties sans qu'il soit tenu d'attendre l'avis des commissions de contrôle des marchés, dont la composition est dominée par l'administration. En agissant ainsi, il pourra alors parvenir à purger le litige de toutes les questions pendantes en condamnant l'administration à indemniser son cocontractant, garantissant la loyauté des relations contractuelles.

1226. Notre juge pourrait, à cet égard, s'inspirer de la brèche ouverte par la jurisprudence française Béziers II[1057] et celle, plus récente, où le juge du contrat a estimé que les difficultés financières invoquées par la commune ne sauraient faire obstacle à la possibilité pour l'entrepreneur de demander la résiliation du contrat aux torts de cette dernière, du fait de l'ajournement excessif des travaux et de la condamnation de l'administration à réparer le préjudice subi[1058].

[1057] CE, Section, 21 mars 2011, *Commune de Béziers*, précité.
[1058] CAA Marseille, 18 juin 2012, n°09MA02801, *EURL Bonhomme*, Contrats et Marchés publics n° 8-9, août 2012, comm. 255, Note M. Ubaud-Bergeron.

CONCLUSION DU CHAPITRE I

1227. L'étude de la responsabilité contractuelle pour inexécution des marchés publics aura montré que, dans la plupart des cas, c'est le cocontractant qui se retrouve en position de demandeur à l'action. Il se trouve contraint, pour recouvrer ses droits, d'apporter à la fois la preuve devant le juge du contrat de l'inexécution des obligations mises à la charge de l'administration, mais aussi celle du respect de ses propres obligations.

1228. Les conditions de l'engagement de la responsabilité sont classiques : le manquement contractuel, le préjudice subi et le lien de causalité. Mais leur appréciation par le juge du contrat est davantage tournée vers la protection de l'intérêt public que vers la garantie des droits légitimes des cocontractants.

1229. En ce qui concerne la sanction de l'inexécution, c'est le principe indemnitaire qui prédomine. Les condamnations à une obligation de faire sont rares. Cela tient d'abord au fait que les litiges se rapportent pour l'essentiel à des situations où l'inexécution est déjà consommée. Cela tient ensuite à la règle spécifique aux contrats administratifs que constitue l'interdiction d'adresser des injonctions à l'administration.

1230. L'essentiel des litiges portés devant le TA en matière contractuelle se rapporte, de près ou de loin, à l'établissement du décompte général lequel établit le solde des éléments inscrits à l'actif et au passif du titulaire du marché. La procédure de l'approbation de ce document fait la part belle à l'administration dans la mesure où elle nécessite l'accord préalable de la commission des marchés compétente exerçant en la matière à la fois des prérogatives de contrôle et de contentieux.

1231. La déférence excessive du juge du contrat à l'égard de solutions dictées par l'administration explique la répugnance du Tribunal administratif à condamner l'acheteur public à des dommages intérêts ou à une obligation de faire consistant dans la levée des cautions avant l'établissement du décompte général et définitif.

CHAPITRE 2

LE PRINCIPE DU NON-CUMUL DE LA RESPONSABILITÉ CONTRACTUELLE ET DE LA RESPONSABILITÉ EXTRACONTRACTUELLE

1232. Comme en droit civil, la victime de l'inexécution ou de la mauvaise exécution d'un contrat de marché public ne dispose pas de la possibilité de choix entre plusieurs systèmes de responsabilité. Lorsque l'acte dommageable se rattache à l'exécution d'un marché public, seule l'action en responsabilité contractuelle pourra être retenue par le juge administratif.

1233. La règle, qu'exprime le principe du non-cumul de la responsabilité contractuelle et de la responsabilité extracontractuelle[1059], est ancienne. Elle a été formulée en France par le Conseil d'État depuis la fin du 19ème siècle[1060]. Elle vaut surtout pour le cocontractant qui ne peut exercer à l'encontre de l'administration d'autres actions que celles procédant du contrat.

1234. Il convient cependant de mettre à part la responsabilité pénale en raison de ses caractères spécifiques. Ce type de responsabilité, bien qu'extérieur à la responsabilité contractuelle pour inexécution des marchés publics, n'est pas sans liens avec elle. La pénalisation croissante du droit de la commande publique que l'on observe aujourd'hui a en effet pour but essentiel de protéger l'intérêt public contre les pratiques frauduleuses qui sont commises au détriment de l'administration[1061]. Elle implique que l'on s'interroge, à partir d'une analyse de l'évolution de l'état du droit en la matière, sur les liens qu'entretient la responsabilité contractuelle avec l'infraction pénale en

---

1059 Sur la responsabilité extracontractuelle, v. GHACHEM (A.), *Recherche sur l'autonomie de la responsabilité administrative extracontractuelle*, Thèse de doctorat en droit public, Faculté des sciences juridiques, politiques et sociales de Tunis, 2016.

1060 CE 20 novembre 1891, *Lefebvre*, Rec. 685.

1061 PREBISSY-SCHNALL (C), *La pénalisation du droit marchés publics*, LGDJ, Bibliothèque de droit public, 2002. En droit tunisien, cf. : JENAYAH (A), *Intégrité et lutte contre la corruption dans les marchés publics en droit français et en droit tunisien,* op. cit, p. 93.

matière de fraude à l'achat public (**Section 1**).Au, bénéfice de cette précision, il ne sera question, dans le cadre de l'étude de la responsabilité extracontractuelle, que des régimes qui entretiennent avec le contrat de marché public des liens étroits, souvent générateurs de confusions : il s'agit, d'une part, de la responsabilité quasi contractuelle pour enrichissement sans cause et, d'autre part, du régime législatif, post-contractuel, de la garantie décennale des constructeurs, spécifique aux marchés de travaux publics (**Section 2**).

Section 1 : Responsabilité contractuelle et infraction pénale

1235. La nécessité de protéger l'intégrité des marchés publics en renforçant le dispositif pénal destiné à sanctionner les pratiques frauduleuses commises à l'encontre des intérêts des collectivités publiques conduit d'abord à s'interroger sur l'impact de ce mouvement général du droit sur les principes essentiels de la responsabilité contractuelle (**§1**). D'un autre côté, l'articulation de l'action civile, destinée à la réparation du dommage, et de l'action publique, destinée à la sanction de l'infraction pose la question du degré d'autonomie du juge pénal dans l'interprétation des concepts essentiels du droit de l'exécution des marchés publics (**§2**).

§1. La pénalisation du droit des marchés publics, instrument de renforcement de la protection de l'intérêt public

1236. La pénalisation du droit des marchés publics est une caractéristique majeure de l'évolution constatée du droit de la commande publique au cours de ces dernières années. La prise de conscience de l'ampleur de la fraude à l'achat public explique le renforcement du dispositif répressif dans ce droit. Ceci apparaît clairement à travers l'incrimination spécifique des pratiques de fraude à l'achat public. Le rôle curatif que le juge pénal est censé jouer en la matière n'est pas étranger à cette évolution. Plus généralement, la pénalisation du droit des marchés publics que l'on observe aujourd'hui invite à s'interroger sur les rapports de la responsabilité contractuelle avec la responsabilité pénale en distinguant d'une part, la faute contractuelle de l'infraction pénale (**A**) en précisant d'autre part, l'étendue de la juridiction du juge pénal dans l'appréciation de la légalité de la réglementation répressive relative à l'exécution des marchés publics (**B**).

A. La distinction de la faute contractuelle et de l'infraction pénale

1237. Avant d'envisager le renforcement du dispositif répressif de la corruption sur fond de dérives en matière d'achat public (**2**), il importe de distinguer au préalable la faute contractuelle, fondement de la responsabilité devant le juge du contrat, de l'infraction pénale, fondement des poursuites devant le juge pénal (**1**).

1. Notions respectives

1238. Au sens large, l'inexécution, qui constitue le fait générateur de la responsabilité sur le terrain contractuel, englobe aussi bien le défaut d'exécution - partiel ou total - du marché que l'exécution défectueuse ou encore le retard dans l'exécution. La faute commise en cours d'exécution du marché est impliquée dans l'inexécution[1062]. Elle n'est pas, pour autant, entièrement symétrique de la faute contractuelle. Tout dépend de la gravité du manquement à l'obligation d'exécuter qui pèse sur le cocontractant. Les simples manquements aux clauses du marché et/ou aux principes généraux des contrats administratifs, commis d'une manière non intentionnelle, engagent la responsabilité de leurs auteurs sur le terrain de la responsabilité contractuelle. En revanche, les manquements les plus graves aux lois et règlements qui encadrent le droit de l'exécution des contrats de marchés publics ainsi que « *les vices d'une particulière gravité* »[1063], qui peuvent justifier parfois son anéantissement rétroactif, ne permettent de mettre en cause la responsabilité de leurs auteurs que sur la base de la responsabilité extra contractuelle[1064]. Parmi ce dernier type de fautes, il faut mettre à part la faute intentionnelle constitutive le plus souvent d'une infraction pénale[1065]. Ce type de manquement ne constitue pas une faute contractuelle mais bel et bien un délit ou un quasi-délit civil au sens du COC[1066]. Il s'agit d'actes de « *mauvaise foi* », qualifiés par le juge administratif de « *manœuvres frauduleuses* »[1067], perpétrées par le titulaire du marché au préjudice de l'administration afin de réaliser un intérêt personnel.

1239. En droit civil, le principe de bonne foi et de loyauté dans l'exécution des obligations contractuelles est un principe structurant dans les

---

[1062] FAURE-ABBAD (M.), *Le fait générateur de la responsabilité contractuelle. Contribution à la théorie de l'inexécution du contrat*, LGDJ, 2003.

[1063] Selon l'expression désormais consacrée par le Conseil d'État depuis son fameux arrêt d'Assemblée « *Société Tropic Travaux* » précité du 16 juillet 2007.

[1064] Sur l'action en nullité, cf. supra, n° 974 et s.

[1065] Sur les relations entre la responsabilité civile et la responsabilité pénale, cf. : DUBOIS (Ch.), *Responsabilité civile et responsabilité pénale. À la recherche d'une cohérence perdue*, LGDJ, 2016.

[1066] JAMBU MERLIN (M.), « Dol et faute lourde », Dalloz 1955, chron. 89 ; ZINE (M.), Le contrat, op. cit., n° 173-183.
En droit administratif : MODERNE (F.), *Les quasi-contrats*, op. cit., n° 192 et s.

[1067] TA, 1ère instance, 01 décembre 2009, n° 112671, *Société Eureka* précité.

relations qui se nouent entre les parties lors de l'exécution du contrat. Ce principe découle de l'article 243 du COC. Il trouve sa pleine expression dans les contrats de vente, où le vendeur de mauvaise foi, défini comme la personne qui aurait employé des manœuvres dolosives pour tromper son cocontractant en dissimulant les vices de la chose vendue, ne peut opposer à l'acquéreur, en cas d'action résolutoire, la prescription de l'action, ni toute autre clause de limitation de garantie (article 676 du COC).

1240. En droit administratif, ces exigences sont sans doute plus prégnantes en raison de la nécessité de protéger les deniers publics. Elles expliquent la reconnaissance au profit de l'administration contractante d'un pouvoir de résiliation unilatérale destiné à sanctionner le cocontractant coupable de manœuvres frauduleuses dans l'exécution du contrat. Transposé aux marchés publics, ce pouvoir a été consacré par l'alinéa 2 de l'article 119 du CMP. Cet article autorise l'acheteur public à résilier le marché, sans préjudice des poursuites pénales, s'il est établi que le titulaire du marché a failli à son engagement de ne pas faire par lui-même ou par personne interposée des promesses de dons ou des présents en vue d'influencer les procédures de conclusion et d'exécution d'un marché. Le juge administratif admet que l'administration puisse être exonérée, dans ce cas, du respect de la procédure de la mise en demeure qui constitue pourtant une formalité substantielle en matière de résiliation aux torts du titulaire du marché.

1241. L'exigence de loyauté des relations contractuellesjustifie également que le juge puisse relever, d'office ou à la demande de toute personne y ayant intérêt, de tels vices pour annuler ou déclarer la nullité du contrat. La jurisprudence admet en effet que l'administration puisse renoncer dans ce cas à prononcer elle-même la résiliation en s'en remettant au juge[1068]. Celui-ci n'hésite d'ailleurs pas à déclarer la nullité du contrat et à anéantir ses effets d'une manière rétroactive en cas de fraude à l'achat public[1069]. L'article 179 du CMP lui fournit un fondement juridique idoine, puisqu'il prévoit la nullité de « *tout marché public obtenu ou renouvelé au moyen de pratiques frauduleuses, sauf si l'acheteur public s'y oppose pour des considérations d'intérêt public* ».

1242. La notion pénale d'infraction à l'achat public recouvre donc des réalités proches de la notion de fraude à l'achat public retenue par le juge administratif. Elle peut concerner aussi bien des actes intentionnels que des actes commis par imprudence ou négligence.

[1068] TA, 1ère instance, 01 décembre 2009, n° 112671, *Société Eureka* précité.
[1069] CE 5 juillet 1967, *Commune de Donville-les-bains*, Rec.297

Elle répond à la même finalité de protection de l'intérêt public contre les dérives constatées dans la gestion des marchés publics[1070].

2. Le renforcement du dispositif de répression de la fraude à l'achat public

1243. La prise de conscience des limites du dispositif traditionnel de répression de la corruption et des atteintes à l'intégrité des marchés publics a conduit les pouvoirs publics à introduire un nouveau type d'infractions, plus adapté à ce type de délinquance.

1244. En raison des limites du sujet, qui porte sur le contrôle de l'exécution des marchés et non sur celui de leur passation, il ne sera question de ces infractions que d'une manière indirecte, au titre des conséquences qui pourraient résulter d'un jugement de condamnation sur le fondement de ces incriminations sur un marché exécuté ou en cours d'exécution.

a. Un nouveau type d'infractions en matière de droit pénal de la commande publique :

1245. Le défi majeur du droit pénal des marchés publics est d'adapter ce droit à la réalité et à la complexité des concepts juridiques de la commande publique[1071]. Pour renforcer la lutte contre la corruption, le législateur avait décidé, depuis 1998, d'incriminer les atteintes à l'intégrité de l'achat public et des gestions publiques en créant deux infractions spécifiques par la loi 98-33 du 23 mai 1998 portant modification du Code pénal[1072].

1246. La première de ces infractions, prévue par l'article 96 du Code pénal, n'est pas limitée aux marchés publics. Elle couvre l'ensemble des comportements frauduleux qui pourraient être commis au préjudice de l'administration. C'est la seconde infraction, prévue par l'article 87 bis[1073], qui leur est spécifique. Elle consiste dans la violation

---

[1070] PREBISSY-SCHNALL (C.), *La pénalisation du droit des marchés publics*, op. cit, p. 29.Sur les rapports entre droit pénal et droit administratif, cf. : DELLIS (G.), *Droit pénal et droit administratif, l'influence des principes du droit pénal sur le droit administratif répressif*, LGDJ, 1997.

[1071] Sur cette évolution, cf. : PREBISSY-SCHNALL (C.), *La pénalisation du droit des marchés publics*, op. cit, pp.33 et s.

[1072] Sur cette réforme, v. KHEMAKHEM (R.), « Les infractions relatives à la corruption dans la nouvelle loi portant modification et complément du Code pénal », RJL, 1998, pp. 11 et s. (en arabe).

[1073] L'article 87 bis du CP réprime d'une peine pouvant aller jusqu'à cinq ans d'emprisonnement « *tout fonctionnaire public ou assimilé qui aura agréé, sans droit, soit pour lui-même, soit pour autrui, directement ou indirectement des dons ou*

délibéréedes principes de passation des marchés publics, dans le but de procurer ou de tenter de procurer, soit à lui-même, soit à autrui un avantage injustifié[1074].

1247. Concernant l'infraction prévue par l'article 96 du CP, il importe de préciser qu'elle a été rangée par le législateur dans la catégorie de la concussion son champ d'application nous apparaisse comme étant plus large. Elle est érigée en crime sanctionné par une peine de dix ans d'emprisonnement et une amende égale au montant de l'avantage reçu ou du préjudice subi par l'administration, outre les peines complémentaires prévues par l'article 5 du CP dont la plus infamante est la privation des droits civiques. Son incrimination vise « *tout fonctionnaire public ou assimilé, tout directeur, membre ou employé d'une collectivité publique locale, d'une association d'intérêt national, d'un établissement public à caractère industriel et commercial, d'une société dans laquelle l'État détient directement ou indirectement une part quelconque du capital, ou d'une société appartenant à une collectivité publique locale, chargé de par sa fonction de la vente, l'achat, la fabrication, l'administration ou la garde de biens quelconques, qui use de sa qualité et de ce fait se procure à lui-même ou procure à un tiers un avantage injustifié, cause un préjudice à l'administration ou contrevient aux règlements régissant ces opérations en vue de la réalisation de l'avantage ou du préjudice subi* ».

1248. Pour éviter que les biens mal acquis ne soient détournés par les personnes poursuivies sur la base de cette infraction au profit de leurs proches, l'article 98 ajoute que, dans ce cas, la juridiction saisie « *devra, outre les peines prévues (par cet article), prononcer la restitution des choses détournées ou soustraites, ou la valeur de l'intérêt ou du gain obtenu, même au cas où ces biens auront été transmis aux ascendants, descendants, collatéraux, conjoint et alliés*

---

promesses de dons, présents ou avantages de quelque nature que ce soit en vue d'octroyer à autrui un avantage injustifié par un acte contraire aux dispositions législatives ou règlementaires ayant pour objet de garantir la liberté de participation et l'égalité des chances dans les marchés passés par l'État, les établissements publics, les entreprises publiques, les offices, les collectivités locales et les sociétés dans lesquelles l'État ou les collectivités locales participent directement ou indirectement à son capital ».

Sur cette infraction, v. : JENAYAH (A.), Intégrité *et lutte contre la corruption dans les marchés publics en droit français et tunisien*, op. cit., pp. 92-115.

[1074] Le délit dit d'avantage injustifié ou de favoritisme est proche du délit prévu par l'article 432-14 du Code pénal français. Sur ce délit en droit français, cf. : PANCRAZI (G.), « Le délit de favoritisme et le nouveau Code des marchés publics », Contrats et marchés publics, 2001, ch. n°10.

du coupable, et qu'ils soient demeurés en l'état ou transformés en quelque autre bien que ce soit ». Ces personnes ne pourront se libérer de cette disposition qu'en apportant la preuve que les fonds ou les biens reçus n'ont pas pour provenance le produit de l'infraction. Dans tous les cas prévus par cet article, le tribunal pourra faire application aux coupables des peines prévues par l'article 5 de ce Code. L'évaluation du préjudice subi par l'acheteur public et sa réparation par le tribunal apparaît ainsi comme un élément de l'infraction.

1249. Appliquée aux marchés publics, l'infraction de l'article 96 du Code pénal a pour objet de réprimer le risque que l'agent public soit tenté, à l'occasion d'un achat public, de recevoir ou de procurer à autrui un avantage injustifié au préjudice d'une collectivité publique. Elle s'applique à toutes les personnes ayant le pouvoir d'influer sur le processus d'achat, d'administration et de garde de biens livrés en exécution d'un marché public[1075]. C'est moins la qualité de l'auteur de l'acte qui importe que le fait qu'il ait pu intervenir au niveau de la procédure d'attribution du marché.

1250. Si les éléments constitutifs de cetteinfraction semblent faciles à appréhender, beaucoup de questions soulevées par l'application de l'article 96 restent sans réponse et bloquent l'application du Code pénal.La question de la collégialité de la décision prise en violation des règles relatives à l'achat public pose ainsi un problème sérieux au niveau contentieux. En raison du principe de la personnalisation des peines, il est exclu d'imputer à titre individuel aux différents membres d'une instance collégiale, les conséquences d'une délibération du seul fait de la participation de l'un de ses membres à la délibération ayant conduit à la prise de décision.

1251. La question se pose également de savoir si l'auteur de l'infraction peut être une personne morale. La responsabilité pénale des personnes morales, essentielle pour garantir l'intégrité de l'achat public et l'efficacité de la lutte contre la corruption, bien que récemment consacrée par l'article 32 du décret-loi du 14 novembre 2011[1076], reste tributaire d'une réforme du Code pénal précisant les cas et les conditions dans lesquels ces personnes pourraient être mises en

[1075]Cass. crim., 3 janvier 2002, n° 16992, Bull. crim. 2002, p. 165.

[1076]Décret-loi n°2011-120 du 14 novembre 2011 relatif à la lutte contre la corruption (JORT n°88-2011, p. 2746). L'aticle 32 prévoit désormais que « *les personnes morales peuvent faire l'objet de poursuites si leur responsabilité dans la commission d'infractions de corruption a été établie. Les poursuites contre la personne morale n'empêchent pas d'appliquer les sanctions pénales contre ses représentants, ses dirigeants ou ses associés influents, si leur responsabilité personnelle est établie* ».

cause[1077]. Elle requiert, de surcroît des aménagements particuliers, en application du principe de la personnalisation des peines.

1252. En France, depuis la réforme du Code pénal par la loi du 9 mars 2004, l'article 121-2 prévoit que « les personnes morales, à l'exclusion de l'État, sont responsables pénalement (...) des infractions commises pour leur compte, par leurs organes ou représentants ».

1253. L'infraction sera constituée du seul fait que l'auteur a accompli l'acte incriminé, ayant causé un préjudice certain à l'administration, en violation des règles de la commande publique. Cette conception formelle de l'infraction peut heurter les principes généraux du droit pénal selon lesquels il ne peut exister d'infraction sans intention de la commettre. Mais son intérêt majeur est précisément de permettre de caractériser l'infraction sans qu'il soit nécessaire de rapporter la preuve de l'existence d'un enrichissement personnel du prévenu.

1254. En ce qui concerne le champ d'application *rationae materiae*de l'article 96 du CP, il ne semble pas faire de doute que l'infraction prévue, bien qu'elle ne soit pas spécifique aux contrats de marchés publics, couvre tous les cas de fraude à l'achat public qui pourraient être commis au cours de la procédure de l'exécution d'un marché. Les manquements commis lors du processus d'exécution d'un marché public rentrent, à notre avis, dans le champ d'application de l'article 96. Dans un arrêt rendu le 4 janvier 2005,la Cour d'appel de Tunis a ainsi considéré que le prévenu, en sa qualité de directeur au ministère de la justice, s'est rendu coupable de violations à la réglementation des marchés publics consistant, notamment, dans le défaut de conservation du registre d'admission des prestations livrées et la falsification des documents de la commission de dépouillement des offres.

1255. La Cour rajoute que ces violations ont été commises dans le but de favoriser la société attributaire des marchés litigieux en autorisant le paiement à cette entreprise de factures nettement supérieures aux quantités réellement livrées occasionnant ainsi un préjudice certain à l'administration[1078].

1256. D'un autre côté, la Cour a eu, dans d'autres cas d'espèces, l'occasion de préciser l'élément relatif au préjudice caractérisant cette infraction en considérant que « *la Chambre d'accusation a fait une mauvaise application de la loi en considérant que les accusés ont occasionné un*

[1077] Sur la responsabilité pénale des personnes morales en général, cf : SOYER (J.-C.), *Droit pénal et procédure pénale*, op. cit., n° 271 ; MOREAU (J.), « La responsabilité pénale des personnes morales de droit public », LPA 1996, n° 149.
[1078] Cour d'appel de Tunis, 04 janvier 2005, inédit.

préjudice certain et grave à l'administration sans préciser la nature et la consistance de ce préjudice en ordonnant une expertise afin de déterminer sa valeur ou celle de l'avantage injustifié accordé à autrui alors surtout que ce préjudice ou cet avantage va constituer un élément caractérisant l'infraction en cas de condamnation dans la mesure où l'article 96 du CP impose à l'administration de prononcer une peine d'emprisonnement et une amende égale au montant de l'avantage accordé ou du préjudice subi par l'administration »[1079].

1257. Les condamnations sont souvent prononcées sur le fondement de délits concomitants. Dans ce cas, il est fait application des règles relatives au concours d'infractions,prévues par l'article 54 du CP, qui prévoit que « *lorsquele même fait constitue plusieurs infractions, la peine encourue pour l'infraction entrainant la peine la plus forteest seule prononcée* »[1080]. Les juridictions compétentes se montrent, dans ce cas de figure, particulièrement sévères et répriment à la fois l'auteur principal et ses complices,par application de l'article 32-4 du CP qui dispose qu' « *est considéré comme complice et puni comme tel (...) celui qui a prêté sciemment son concours aux malfaiteurs pour assurer, par recel ou par tous autres moyens, le profit de l'infraction ou l'impunité à ses auteurs* »[1081].

1258. L'infraction se prescrit par dix ans révolus à compter du dernier acte accompli par l'agent public incriminé, sous réserve de son interruption par tous « *actes d'instruction ou de poursuite non suivis de jugement* » ou par « *tout obstacle de droit ou de fait empêchant l'exercice de l'action publique* » (Art. 5 et 6 du CPP).

b. La consolidation du dispositif pénal traditionnel :

1259. Ce dispositif repose essentiellement sur l'incrimination de la corruption et du trafic d'influence[1082]. Il est accompagné d'infractions connexes.

1260. On remarquera, à titre liminaire, que le délit d'enrichissement illicite, défini par l'article 20 de la CNUCC[1083] comme « toute augmentation substantielle du patrimoine d'un agent public que celui-ci ne peut raisonnablement justifier par rapport à ses revenus légitimes », n'est

[1079]Cass, Crim, 8 février 2012, n°88620, 88623, 88631, 88633, 88639, 88721, 88726, 88764, 88810, inédit.

[1080]Cass. Crim., 14 mars 2005, n° 426 inédit.

[1081] Ibid. et Cour d'appel de Tunis, 09 juillet 2004 précité.

[1082] Sur ce dispositif, cf. ; KHEMAKHEM (R.), *Code pénal annoté*, op.cit.

[1083]Convention des Nations Unies de lutte contre la corruption, dite convention de Merida du 31 octobre 2003, ratifiée par la Tunisie par la loi du 23 septembre 2008.

pas pris en compte en droit tunisien ce qui limite considérablement les possibilités de lutte contre la corruption dans les marchés publics. Mais la toute récente loi du 7 mars 2017 sur le signalement des faits de corruption et la protection des lanceurs d'alerte retient une nouvelle définition de la corruption qui englobe, outre le dispositif traditionnel de répression mis en place par le code pénal[1084], de nouvelles infractions comme « l'enrichissement illicite, les délits d'initiés, les conflits d'intérêts, d'obstruction aux décisions de justice, ainsi que tous faits pouvant constituer une menace pour la santé, la sécurité ou l'environnement ». Le problème cependant est qu'aucune peine n'a été prévue pour réprimer de telles infractions contrairement au principe fondamental de la légalité des délits et des peines, prévu par l'article 28 de la Constitution.

1261. Pour ce qui concerne, l'incrimination de la corruption définie par la jurisprudence comme « étant un accord entre deux personnes en vertu duquel l'une propose à l'autre une prime ou un quelconque avantage qu'il accepterait en vue d'accomplir ou de s'abstenir d'accomplir un acte rentrant dans le cadre de ses fonctions »[1085], nous devons distinguer la corruption passive de la corruption active.

1262. Le Code pénal se montre particulièrement sévère en matière de corruption passive. Celle-ci consiste, selon l'article 83, dans le fait qu'un « *fonctionnaire public ou assimilé d'agréer sans droit, soit pour lui-même, soit pour autruides dons, présents ou avantages de quelque nature que ce soit pour qu'il accomplisse ou s'abstienne d'accomplir un acte lié à ses fonctions* ». Cette infraction a été érigée en crime puni de dix ans d'emprisonnement et d'une amende égale au « *double de la valeur des présents reçus ou des promesses agréées, sans qu'elle puisse être inférieure à dix mille dinars* ».

1263. En matière de marchés publics, l'infraction de corruption passive sera constituée dès lors qu'il est établi que l'agent public a proposé ou accepté d'accomplir un acte en échange d'un avantage indu. Deux éléments doivent donc être prouvés : l'engagement pris par l'agent corrompu à faire quelque chose et le gain qu'il a reçu, ou compte recevoir, de cette promesse. Quant à l'acte incriminé, il doit relever de l'office de l'agent public. Il peut s'agir soit d'un acte relevant de sa fonction, de sa mission ou de son mandat, soit d'un acte qu'il aurait facilité par sa fonction, sa mission ou son mandat.La peine sera doublée s'il apparaît que l'agent corrompu a fait diligence auprès du

---

[1084] Article 2 de la loi 2017-10.

[1085] Cass. Crim. Française, 07 mars 1982, n° 6395, Bull. crim. 1982, p. 131.

corrupteur sollicitant l'avantage indu en contrepartie de l'acte incriminé[1086].

1264. L'article 85 du CP prévoit une peine moins sévère de cinq ans d'emprisonnement et de 5000 Dinars d'amende « si le fonctionnaire ou assimilé a accepté des dons, promesses, présents ou avantages de quelque nature que ce soit en récompense d'actes qu'il a accomplis et qui sont liés à sa fonction, mais non sujet à contrepartie, ou d'un acte qu'il s'est abstenu de faire alors qu'il est tenu de ne pas faire ».La différence avec la corruption passive de l'article 83, c'est que le fonctionnaire public ou assimilé était, dans ce cas,dans l'ignorance, au moment de l'exercice de ses fonctions, qu'il allait recevoir un avantage. Il aurait exercé son activité de manière neutre mais a fini par accepter l'avantage indu après l'accomplissement de l'acte incriminé.

1265. La corruption passive est proche du délit de trafic d'influence prévu par l'article 87 car le bénéfice attendu par le corrompu est le même dans les deux infractions. Il s'agit des « *offres, des promesses, des dons, des présents, ou des avantages quelconques* ». Les deux infractions diffèrent cependant par leurs buts, la corruption passive visant à accomplir ou s'abstenir d'accomplir un acte du ressort de l'agent public, le trafic d'influence visant à « *abuser de son influence réelle ou supposée en vue de faire obtenir d'une autorité ou d'une administration publique des distinctions, des emplois, des marchés ou toute autre décision favorable* ».

1266. La corruption active, prévue par l'article 91 du Code pénal, est, quant à elle, plus difficile à établir. Elle consiste en effet à réprimer des agissements dont il est malaisé d'apporter la preuve devant les tribunaux sans une imprudence manifeste du corrupteur, le CP réprimant toute tentative de corrompre un fonctionnaire public ou assimilé « *en vue d'accomplir un acte lié à sa fonction, même juste, mais non sujet à contrepartie, ou de faciliter l'accomplissement d'un acte lié à sa fonction, ou de s'abstenir d'accomplir un acte qu'il est dans son devoir de faire* ».

1267. En ce qui concerne les infractions connexes à la corruption (concussion, détournement de biens et de deniers publics, faux et usage de faux, abus de biens sociaux, escroqueries, recel et blanchiment), pour ne citer que les infractions qui peuvent être en rapport avec l'exécution des marchés publics, le Code pénal en retient des définitions assez proches de celles communément admises même si le régime des sanctions est plus ou moins sévère en fonction de la gravité de l'infraction. La concussion et le détournement de fonds

[1086]Article 84 du CP.

publics notamment sont prévus par les articles 95 et 99 du CP ainsi que par l'article 58 du CCPrelatif à la concussion. Les sanctions encourues sont particulièrement sévères : quinze ans d'emprisonnement en cas de concussion, vingt ans en cas de détournement de fonds, outre une amende égale aux restitutions des sommes détournées ou de la valeur de l'intérêt ou du gain obtenu (Art.98).

1268. D'autres textes prévoient la répression des manquements au devoir d'une charge publique. L'article 106 définit cette infraction comme « *le fait, pour tout fonctionnaire public ou assimilé, de se faire délivrer gratuitement, à l'occasion d'une mission, transport sur les lieux, ou tournée, des vivres, des denrées, ou des moyens de transport* ». Puni d'une peine légère de trois mois de prison, ce type d'infraction constitue un moyen de sanctionner la politique des cadeaux que les cocontractants de l'administration ont pris l'habitude de consentir aux responsables de l'achat public en contrepartie de différents « *services* ».

B. Les limites de l'appréciation par le juge pénal de la légalité de la réglementation relative aux marchés publics

1269. Dans la plupart des cas, le manquement par l'une des parties à ses obligations contractuelles au cours de l'exécution du marché ne peut donner lieu qu'à la réparation du préjudice subi par son cocontractant sur le terrain de la responsabilité contractuelle. Dans ce cas, l'acte contractuel illicite n'a pas été érigé par la loi en infraction pénale. Il s'agit essentiellement des mesures d'exécution ou de résiliation des marchés publics qui pourraient être prises par l'administration contractante, soit sur la base du contrat, soit pour des motifs d'intérêt général. Il s'agit aussi des défaillances du cocontractant au cours de l'exécution (retards dans l'exécution des marchés, livraison de prestations non conformes au marché, refus d'exécuter les ordres de l'administration). Ces actes ne sont pas constitutifs d'infractions pénales.

1270. Cependant, il arrive qu'un seul et même fait constitue à la fois un manquement grave aux obligations d'intégrité et de transparence auxquelles sont soumises les parties et une infraction pénale. L'hypothèse est fréquente en cas de fraude à l'achat public comme l'illustre un arrêt de la Chambre criminelle de la Cour de cassation datant de 2005 et confirmant la condamnation *in solidum* du représentant légal de l'entreprise attributaire du marché et de ses complices au sein de l'administration contractante pour violation des principes de passation des marchés publics, faux, complicité d'usage de faux, et concussion[1087]. Dans l'ensemble de ces cas, il y a coïncidence de la faute civile et de l'infraction pénale. Le même fait va recevoir alors une double qualification. La matière est dominée par la règle de l'identité des fautes pénales et civiles pouvant conduire à des conséquences fâcheuses pour la victime en cas de relaxe des prévenus[1088].

1271. Devant les juridictions répressives, il est traditionnel d'admettre, « en raison de la nature de la mission assignée au juge pénal que celui-ci a, en principe, plénitude de juridiction sur tous les points dont dépend l'application ou la non-application des peines »[1089]. Il en résulte que le juge répressif est compétent pour apprécier la légalité de la réglementation des marchés publics lorsque de cette réglementation dépend directement l'application des sanctions pénales. Les règlements concernés sont aussi bien ceux servant de fondement aux poursuites que ceux invoqués par le prévenu comme moyens de défense. La règle se justifie par le principe de la légalité des délits et des peines qui impose au juge de ne pas retarder le cours de la justice pénale[1090].

1272. Curieusement, l'article 132 du code de procédure pénale (CPP) tunisien admet cependant, à titre exceptionnel il est vrai, la possibilité de soulever au cours d'une instance pénale l'exception préjudicielle tirée de l'illégalité d'un règlement servant de fondement aux poursuites. Mais, dans ce cas, la juridiction judiciaire statuant au pénal ne doit surseoir à statuer et renvoyer au juge administratif qu'à la triple condition qu'elle soit incompétente au civil pour connaître de cette question, que l'exception soulevée n'apparaisse pas comme « *un simple moyen dilatoire pour retarder l'examen du litige et qu'elle n'ait pas une influence spéciale et directe sur les poursuites* ». Lorsque la juridiction pénale est convaincue du bien-fondé de la question préjudicielle, « *un délai est alors imparti à la partie civile ou au prévenu pour saisir la juridiction compétente. Faute de quoi, il est passé outre* [1091]». Mais les juridictions pénales tunisiennes ne se sont jamais senties liées par ces dispositions inspirées par le principe de la séparationdes autorités administratives et judiciaires, qui n'a ni le

---

[1087]Cass. Crim., *14 mars 2005,* n° 426 précité.

[1088] Sur ce point, v. : ZINE (M.), « Quelques aspects des rapports de l'action publique et de l'action civile », RTD 1982, pp. 61 et s.

[1089] TC, 5 juillet 1951,*Avranches et Desmarets*, Rec. l. 638 ; S. 1952.3.1, note J.-M. Auby.

[1090] CHAPUS (R.), *Droit du contentieux administratif*, op.cit., n° 750.

[1091] Le code de procédure pénale a été adopté par la loi n°68-23 du 24 juillet 1968 portant refonte de ce code (JORT n° 31 des 26 et 20 juillet 1968).

même contenu, ni la même signification, ni la même portée que ceux qu'il revêt en France[1092].Elles ont toujours fait application des principes dégagés par les tribunaux français de Tunisie inspirés par la jurisprudence du Tribunal des conflits « *Avranches et Desmarets* »[1093].

1273. En l'état actuel du droit, rien ne s'oppose donc à ce que le juge répressif, saisi par voie d'exception soit par le prévenu soit par la partie civile, de la question de la légalité des dispositions règlementaires relatives à l'exécution d'un marché, sur le fondement par exemple de l'article 96 du CP, puisse statuer sur cette question dont dépend l'application des peines.

1274. La question de l'appréciation de la légalité des actes individuels par le juge pénal est plus controversée en droit tunisien[1094]. Elle a été résolue en France par l'article 111-5 du nouveau Code pénal qui prévoit que les juridictions pénales sont compétentes pour interpréter et apprécier la légalité des actes administratifs tant individuels que règlementaires « *lorsque de cet examen dépend la solution du procès pénal qui leur est soumis* ». Cette solution a pour mérite de mettre fin aux incertitudes et aux questions préjudicielles source de lenteurs dans le règlement des litiges[1095].

1275. Il reste que la sanction de l'infraction pénale et la réparation du préjudice né de la faute contractuelle sont deux choses différentes qui ne peuvent donner lieu qu'à deux actions distinctes exercées d'une manière concurrente : l'action publique dont le but est de sanctionner l'auteur de l'infraction pour le trouble causé à la société, d'une part, et l'action civile qui vise à réparer le préjudice causé à la victime par l'infraction, d'autre part. La question qui se pose alors est celle de l'articulation entre ces deux types d'actions.

[1092] Sur la portée de ce principe en droit tunisien, cf.: BEN ACHOUR (Y), « *L'histoire du principe de séparation en Tunisie* », EDCE 1991, n° 42, p.181 et s.

[1093] Sur cette question, cf. : BEN ACHOUR (Y), *Justice administrative et procédure administrative contentieuse*, op. ci., pp.406 et s. ; BERTEGI (B), *Organisation du contentieux et bonne administration de la justice*, Thèse pour l'obtention du doctorat en droit public, Faculté des sciences juridiques, politiques et sociales de Tunis, pp. 139-167.

[1094] Sur l'état du droit sous le Protectorat : DRAGO (R.), « L'exception d'illégalité devant les tribunaux judiciaires en Tunisie », RTD 1954, pp. 1 et s ; CHAPUS (R.), *Le contrôle et le contentieux de l'administration en Tunisie*, op. cit. pp.71 et s.
Depuis l'Indépendance : BEN ACHOUR (Y.), *Droit administratif*, op. cit., pp. ; DIMASSI (M.), *L'exception d'illégalité des actes administratifs*, Mémoire pour l'obtention du DEA en droit public, Faculté de droit et des sciences politiques de Sousse, 1995.

[1095] MORAND-DEVILLER (J.), *Droit administratif*, LGDJ, 14ème éd., 2015, p. 604.

§2. L'articulation de l'action civile et de l'action publique en matière de contrôle de l'exécution des marchés publics

1276. L'impératif de protection de l'intérêt public a conduit le juge pénal, saisi de poursuites relatives à des pratiques frauduleuses commises lors de l'exécution des marchés publics, à interpréter libéralement les conditions de l'exercice de l'action civile par l'administration qui apparait souvent comme la victime désignée des fraudes à l'achat public (**A.**). Cette attitude pose la question de l'autorité de la chose jugée au pénal devant le juge du contrat (**B.**)

A. L'ouverture de l'action publique à l'administration victime de fraudes à l'achat public

1277. Dans certaines circonstances, l'infraction pénale n'est pas sans influence sur les mécanismes de mise en œuvre de la responsabilité pour inexécution des marchés publics. L'action en responsabilité, née de pratiques frauduleuses commises au préjudice de l'administration peut être, en effet, exercée soit par voie de constitution de partie civile devant le juge répressif, l'administration se joignant alors à l'action du ministère public pour demander réparation du dommage causé par l'infraction, soit directement devant le juge du contrat. Le principe est consacré par l'article 7 du CPP qui prévoit que « *l'action civile appartient à tous ceux qui ont personnellement souffert du dommage causé directement par l'infraction. Elle peut être exercée en même temps que l'action publique, ou, séparément devant la juridiction civile* ».

1278. La constitution de partie civile en matière d'infractions à l'achat public peut se faire à titre principal, la victime pouvant outrepasser l'inertie du Ministère public et déclencher elle-même l'action publique sur la base de l'article 36 du CPP. Cet article dispose « *que le classement de l'affaire par le Procureur de la république ne fait pas obstacle au droit qu'a la partie lésée de mettre en mouvement l'action publique sous sa propre responsabilité. Dans ce cas, elle peut, en se constituant partie civile, soit demander l'ouverture d'une information, soit citer directement le prévenu devant le tribunal* ».

1279. Mais la victime peut aussi agir à titre accessoire, en intervenant parallèlement à la mise en mouvement de l'action publique par le Ministère public, « *soit devant le juge d'instruction en cours d'information, soit devant la juridiction saisie de l'affaire* » (art. 37 du CPP)[1096].

1280. L'action civile des tiers, victimes de pratiques frauduleuses en matière d'exécution des marchés publics, pose la question de la détermination de la personne pécuniairement responsable de la faute pénale commise par le décideur public, lorsqu'il apparait que cette faute a été commise en dehors de l'exécution de ses fonctions et qu'elle est dépourvue dès lors de tout lien avec le service. Le juge pénal sera déclaré compétent pour statuer sur la demande d'indemnisation de la faute personnelle constitutive d'une infraction pénale du prévenu[1097]. Si, au contraire, la faute commise par le décideur constitue une faute de service, le juge pénal devra alors renvoyer au juge administratif l'examen de la question de l'indemnisation née de ce type d'infraction, car le décideur public ne peut pas endosser dans ce cas les conséquences civiles du préjudice subi par la victime[1098].

1281. L'action civile des collectivités publiques adjudicatrices devant le juge pénal peut cependant se révéler plus problématique, car elle est réservée aux personnes qui ont personnellement subile dommage causé par l'infraction (Article 7 du CPP).Cette condition semble difficilement concevable lorsqu'il s'agit d'une personne morale. Elle a pourtant été admise sans état d'âme par le juge pénal tunisien.

1282. Dans une affaire relative à l'organisation d'une vaste opération de fraude à l'achat public, la Chambre criminelle de la Cour de cassation a justifié la décision des juges du fond de condamner solidairement le dirigeant de l'entreprise attributaire et les agents de l'administration, à la réparation du préjudice matériel subi par l'État au motif « *qu'il résulte des pièces du dossier, et notamment de la décision de clôture de l'instruction, que le CGF a effectué une mission d'enquête auprès des services communs du ministère de la justice qui a révélé plusieurs infractions ayant entrainé un préjudice certain pour l'État et procuré à leurs auteurs un avantage injustifié (...) ; que l'inculpé N.M. a reconnu en effet avoir créé en 1994 la société (x) au nom de laquelle il a participé à plusieurs appels d'offres et consultations de l'administration ; que, depuis cette date, il a entretenu une collaboration étroite avec les autres prévenus en participant aux consultations et appels d'offres relatifs aux marchés de fournitures de cette même administration ; qu'il a également reconnu avoir créé la*

[1096] ZINE (M.), « Quelques aspects des rapports de l'action publique et de l'action civile », article précité, p. 16 et s.
[1097] TC, 19 octobre 1998, *Préfet du Tarn c./ CA de Toulon*, Rec. p, 117.
[1098] PREBISSY-SCHNALL (C.), *La pénalisation du droit des marchés publics*, op. cit, p. 462.

société (x) et la société (y), ainsi que la société (z), les deux dernières étant dirigées, l'une par sa secrétaire particulière, l'autre par l'un de ses employés afin de pouvoir présenter pour le compte de chacune de ces sociétés une offre distincte pour un même marché (...) en violation de l'article 16 du décret n°442-1989 portant réglementation des marchés publics (...) ;Considérant, au surplus, qu'il n'est pas contesté que le prévenu a présenté des dossiers incomplets (...) ; qu'il a pu, malgré tout, remporter ces marchés bien que ces dossiers de soumission manquaient de pièces essentielles, que les prix pratiqués étaient nettement supérieurs aux prix du marché et que les quantités livrées étaient inférieures de moitié aux quantités convenues (...) ;Considérant, d'un autre côté que le prévenu, le sieur (x), en sa qualité de Directeur de l'équipement et des bâtiments au ministère de la justice, s'est rendu coupable (...) d'acceptation des dossiers de soumission incomplets présentés par l'auteur du pourvoi, l'élaboration de cahiers des charges orientés destinés à favoriser ce même candidat, le défaut de conservation du registre des admissions, la falsification des documents de la commission de dépouillement des offres, le tout en vue de favoriser la société contrôlée par l'inculpé et d'éliminer la concurrence avec la complicité des autres agents publics poursuivis dans cette affaire, et ce en contrepartie d'avantages divers, occasionnant ainsi un préjudice certain à l'administration ; Considérant qu'il résulte de l'ensemble de ces éléments que, contrairement aux prétentions des auteurs du pourvoi, les juges du fond ont fait une bonne application des articles 15 et 16 de la réglementation relative aux marchés publics et des articles 32, 56 et 172, 87 bis et 96 du Code pénal »[1099].

1283. Dans une autre affaire mettant en cause l'ancien Président directeur général de l'Office de l'aviation civile et des aéroports pour des actes de malversations commises lors de l'exécution de marchés de travaux et de fournitures d'équipements aéroportuaires, la Cour d'appel de Tunis a considéré que « *l'action civile introduite contre l'ensemble des inculpés, dont la culpabilité a été établie, est recevable en la forme et au fond sur la base des articles 32 et 96 du CP, ainsi que de l'article 7 du CPP* »[1100].

1284. L'ouverture de l'action publique à l'administration soulève cependant l'épineuse question de l'autorité de la chose jugée au pénal sur le juge du contrat.

[1099] Cass. Crim, 14 mars 2005, n° 426 précité.
[1100] CA Tunis, 9 juillet 2004, n° 5193, inédit.

B. La question de l'autorité de la chose jugée au pénal sur le juge du contrat

1285. D'une manière générale, le juge du contrat a tendance à reprendre en la matière les principes généraux applicables en matière de responsabilité civile. Les condamnations prononcées au pénal n'ont pas d'effets sur les droits que les parties tiennent du contrat. Elles ne lient le juge du contrat que dans la mesure de la constatation matérielle des faits (**1**). Ces solutions doivent cependant être écartées en cas de fraude à l'achat public en raison de la nécessité, dans ce cas, de protéger l'intérêt public (**2**).

1. Signification du principe

1286. Le régime de la réparation du préjudice né de l'inexécution frauduleuse des marchés publics est dominé par les principes essentiels de la procédure pénale qui donnent la prééminence à l'action publique sur l'action civile.

1287. Cette subordination du civil au pénal est particulièrement nette lorsque l'action civile a été portée séparément devant les juridictions civiles avant même que la juridiction pénale, saisie des mêmes faits, n'ait *« statué définitivement sur l'action publique lorsque celle-ci a été mise en mouvement »*. Dans ce cas, la juridiction civile doit surseoir à statuer en application de la règle selon laquelle le pénal tient le civil en l'état posée par l'alinéa 2 de l'article 7 du CPP.

1288. Tel n'est pas le cas de la juridiction pénale qui ne doit tenir compte que d'une manière relative de l'autorité de la chose jugée par le juge administratif. Si elle a tendance à considérer que l'annulation par le juge administratif d'un règlement enlève toute base légale à la poursuite ou à la condamnation fondée sur sa transgression[1101], elle estime en revanche que le rejet d'un recours en annulation par le juge administratif ne fait pas nécessairement obstacle à ce qu'il soit fait droit à l'exception d'illégalité devant le juge répressif[1102].

1289. L'action civile en réparation du préjudice subi par la victime peut aussi être exercée devant la juridiction répressive et ce, en même temps que l'action publique. Cette possibilité est offerte à la partie lésée, souvent représentée par l'administration contractante en matière de fraude à l'achat public et elle présente les avantages de la rapidité et de l'économie des moyens. L'administration pourra profiter alors de la procédure pénale, plus expéditive, et des preuves recueillies par le

---

[1101] Cass. Crim. Fr., 29 décembre 1971, Bull. crim. 2370.
[1102] Cass. Crim. Fr., 24 février 1976, Bull.crim. n° 70.

ministère public ou par le juge d'instruction pour faire valoir son droit à réparation.

1290. Les actions publiques et civiles présentent, en effet, des différences fondamentales quant à leur but, leur caractère et leur objet qui suffisent à justifier qu'elles soient suffisamment autonomes l'une par rapport à l'autre. Car, bien qu'ayant l'infraction pour fondement unique, l'action publique a pour raison d'être le maintien de l'ordre public consistant à faire cesser le trouble social causé par l'infraction en la sanctionnant de la manière la plus adéquate, contrairement à l'action civile qui demeure guidée uniquement par des intérêts privés[1103].

1291. C'est donc la nature particulière de la mission dévolue aux tribunaux répressifs qui s'oppose à ce que les juges répressifs statuant sur l'action publique puissent être contredits par le juge du contrat. Celui-ci sera alors tenu de prendre acte de ce qui a été jugé au pénal lorsque les jugements auront acquis force de chose jugée, c.à.d. lorsqu'ils sont devenus insusceptibles de recours suspensifs.

2. Portée du principe

1292. Contrairement à une idée répandue, le principe de l'autorité de la chose jugée au pénal sur le civil n'a pas un caractère absolu.

Cette précision est nécessaire si l'on veut déterminer son incidence sur l'office du juge du contrat lorsqu'il est saisi de questions relatives à l'exécution de marchés publics.

1293. Tout d'abord, le principe ne vaut que pour les décisions des juridictions de jugement statuant sur le fond de l'action publique[1104] ; il en résulte que le juge du contrat n'est pas lié par les décisions de classement sans suite du Parquet[1105]ou par les ordonnances de non-lieu prononcées par les juges d'instruction[1106]. Mais surtout, ce juge, en présence d'un jugement de condamnation pour fraude à l'achat public, n'a pas à se préoccuper de laqualification pénale des faits, ni de la question de savoir si les éléments constitutifs de l'infraction sont bien réunis dans le cas soumis à son appréciation.

[1103] Cf. sur ce point : DUBOIS (Ch.), *Responsabilité civile et responsabilité pénale : à la recherche d'une cohérence perdue*, op.cit. p.9 ; V. aussi : ZINE (M.), « Aspects des rapports de l'action publique et de l'action civile », art. précité, p.

[1104] CE, Ass., 5 mai 1976, *Lerquemain*, Rec. 228, concl. G. Guillaume ; D. 1977, p. 59, note B. Pacteau.

[1105] CE, 5 mai 1986, *Zemouli*, Rec. 370.

[1106] CE, Ass., 8 janvier 1971, *Desamis*, AJ 1971, p. 297, concl. J. Théry.

1294. Il est cependant essentiel à ce juge de savoir si les faits dont procède le litige dont il est saisi sont ou non avérés. Cela signifie qu'il n'est tenu de s'incliner devant la chose jugée au pénal que dans la mesure où elle concerne la matérialité des faits que la juridiction pénale a retenue et qui constituent le support nécessaire de son jugement. C'est ce qu'exprime la formule jurisprudentielle selon laquelle « *l'autorité de la chose jugée au pénal ne s'impose aux autorités administratives et juridictions administratives qu'en ce qui concerne les constatations de fait que les juges répressifs ont retenues et qui constituent le support nécessaire de leurs décisions* »[1107]. Il en résulte que l'appréciation que fait le juge pénal de la réunion des éléments de l'infraction n'a pas de conséquences devant le juge administratif sur les droits que les parties tiennent du contrat [1108].

1295. Cependant, dans certains cas particuliers, la régularité d'une mesure d'exécution soumise à l'examen du juge du contrat est subordonnée à la condition que les faits qui servent de fondement à cette décision constituent une infraction pénale. Ainsi, s'il est établi, par exemple, que le titulaire a commis l'infraction prévue par l'acte 96 du CP en violant gravement les règles relatives à l'admission des fournitures lors de l'exécution du marché contrat[1109], le juge administratif ne peut que constater la nullité du contrat[1110].

1296. En revanche, lorsque le jugement pénal ne comporte aucune reconnaissance ou négation des faits, comme c'est le cas en matière de jugements de relaxe au bénéfice du doute, ou bien lorsque ce jugement ne contient aucune affirmation relativement à la matérialité des faits, le juge du contrat devrait théoriquement retrouver toute sa liberté d'appréciation[1111]. C'est la solution à laquelle conduit en principe l'article 101 du COC qui prévoit que « *l'acquittement prononcé par un tribunal pénal ne préjuge pas la question des dommages civils résultant du fait qui a donné lieu aux poursuites* ». Mais une telle solution, admise en droit comparé, demande à être confirmée devant le juge administratif tunisien qui n'a pas encore, semble-t-il, été saisi de la question.

[1107] CE, Ass., 8 janvier 1971, *Desamis*, précité.

[1108] PREBISSY-SCHNALL (C.), *La pénalisation du droit des marchés publics*, op. cit, pp.288 et s.

[1109] Cass. Crim., *14 mars 2005,* n° 426 précité.

[1110] TA , 1ère instance, 1 décembre 2009, *Eureka* précité

[1111] CHAPUS (R.), *Droit du contentieux administratif*, op. cit., n° 750 et s.

Section 2 : L'articulation entre responsabilité contractuelle et responsabilité extracontractuelle

1297. Si l'ensemble des actions en responsabilité liées à l'exécution des marchés publics relève du plein contentieux, l'office du juge administratif saisi d'un litige indemnitaire dépend de deux facteurs essentiels : la qualité du demandeur, d'une part, et le lien entre le préjudice invoqué par ce dernier et le contrat, d'autre part.

1298. Dans les rapports entre les parties, l'articulation entre le mécanisme de la responsabilité contractuelle et celui de la responsabilité extracontractuelle est dominée par le principe de l'absorption de la seconde par la première (**§1**). Ce principe n'exclut pas le recours aux règles de la responsabilité extracontractuelle lorsque le dommage invoqué n'a pas de lien direct avec l'exécution du contrat (**§2**).

§1. Le principe de l'absorption de la responsabilité extracontractuelle par la responsabilité contractuelle

1299. Le principe de l'absorption de la responsabilité extracontractuelle par la responsabilité contractuelle[1112], commun au droit civil[1113] et au droit administratif[1114], domine le contentieux de la responsabilité en matière de marchés publics. Il signifie que le juge administratif, saisi d'une action en réparation du préjudice subi pour inexécution d'un marché, ne retiendra que le seul fondement de la responsabilité contractuelle. La règle a pour assise le principe de la force obligatoire du contrat, qui impose aux parties de rechercher, dans les engagements souscrits, le comportement de nature à mettre en cause la responsabilité de l'un des

---

[1112] Sur cette question, cf. : TERNEYRE (Ph.), *La responsabilité contractuelle des personnes publiques*, op. cit. p. 21 v. aussi : RICHER (L.) et LICHÈRE (F.), *Droit des contrats administratifs*, op. cit., p. 284. En droit tunisien, v. : GHANNAY T.), *Le contrôle juridictionnel sur l'exécution des marchés publics*, op. cit., p. 395.

[1113] Cass. Civ. Fr. 11 janvier 1922, *Pelletier*, GAJC, t. 2, 13ème éd., 2015. Le principe semble moins fermement établi en droit tunisien où on peut relever une tendance jurisprudentielle favorable à l'admission de la possibilité pour la victime de fonder son recours soit sur le contrat, soit sur le délit ou le quasi délit civil. Pour une illustration : Cass. Civ. 31 décembre 1992, n° 27207, Bull. Civ, t. 1, p. 542 ; V. aussi en matière de responsabilité médicale : Cass. Civ. 13 mars 2008, n° 20241, inédit. V. sur ce point : JERBI (S), *Les conditions de la responsabilité civile* (en arabe), Éd. Imprimerie du Livre d'art, 2ème éd., 2015, pp. 85 et s.

[1114] CE 20 novembre 1891, *Lefebvre*, Rec. CE 1891, p. 685 : L'entrepreneur « *est ainsi resté, de son plein gré, placé sous l'emprise des stipulations de son marché et du cahier des clauses et conditions générales, qui n'ont cessé d'être la seule loi des parties et qui ne peuvent pas se cumuler avec une action distincte tirée des articles 1382 et 1384 du Code civil* » (Cité par UBAUD-BERGERON (M.), *Droit des contrats administratifs*, précité, p. 294).

contractants. Le contrat constitue ainsi, selon l'expression du professeur Laurent RICHER, « *un monde clos* »[1115].

1300. Ce principe, qualifié de principe du non-cumul, se traduit aussi bien par l'éviction des régimes de responsabilité pour faute délictuelle (**A**) que par l'exclusion des régimes de responsabilité sans faute (**B**).

A. L'éviction de la faute délictuelle

1301. Le juge du contrat, statuant sur une action en responsabilité en rapport avec l'exécution d'un contrat de marché public, peut décider, soit de considérer que la faute délictuelle invoquée par l'une des parties est absorbée par la faute contractuelle (**1**), soit d'exclure purement et simplement cette faute de l'objet du litige lorsqu'elle est considérée comme étant sans rapport avec le contrat (**2**).

1. L'absorption de la faute délictuelle

1302. Lorsque la faute délictuelle invoquée par le cocontractant affecte le contrat de marché public, le juge du contrat doit procéder à une substitution de motifs pour se placer d'office sur le terrain de la responsabilité contractuelle qui est celui de la faute prouvée. L'appréciation de la faute invoquée ne pourra être mesurée que par référence aux stipulations contractuelles et seuls les manquements de l'administration contractante à ses obligations contractuelles pourront ouvrir le droit pour le cocontractant à la réparation du préjudice subi. C'est le sens de la formule exprimée en jurisprudence, et selon laquelle « *la faute délictuelle est absorbée par la faute contractuelle* »[1116].

1303. Il en résulte que le titulaire d'un marché public lié à l'administration par un contrat ne peut exercer à son encontre « *d'autre action que celle procédant du contrat* »[1117]. Il ne peut mettre en cause sa responsabilité pour faute de service, ni celle pour dommages de travaux publics[1118].

[1115] RICHER (L.) et LICHÈRE (F.), *Droit des contrats administratifs*, op. cit., p. 284.

[1116] On peut trouver une telle formulation dans les conclusions du Commissaire de gouvernement Corneille sur CE 22 décembre 1922, *Lassus*, Rec. CE 1922, p. 984 ; RDP 1923, p. 428 : « *Dès l'instant où le plaignant est non un tiers mais une partie au contrat passé avec l'auteur du dommage, la faute contractuelle absorbe la faute quasi délictuelle* ».

[1117] CE 1er décembre 1976, *Berezowski*, D. 1978, 45. note L. Richer.

[1118] CE 25 novembre 1994, *SocétéAticam*, Rec. CE 1994, p. 514 : « *Dès lors que les sociétés importatrices étaient titulaires d'un titre d'utilistion privative du domaine*

1304. Ces solutions souffrent cependant d'une exception importante : en cas d'anéantissement rétroactif du contrat pour fraude à l'achat public, c'est la faute délictuelle qui va absorber la faute contractuelle.

2. Exclusion de la faute délictuelle

1305. Dans le cas d'une action en responsabilité intentée par le cocontractant sur la base d'une faute délictuelle sans rapport avec le contrat, le juge aura tendance à la déclarer irrecevable en application de la règle du non cumul[1119].

1306. Le principe de la primauté de la responsabilité contractuelle s'exprime de manière particulièrement nette en matière de dommages de travaux publics subis par les participants à l'occasion de l'exécution du contrat[1120]. Ces derniers[1121] ne pourraient théoriquement obtenir du maître de l'ouvrage réparation du préjudice que sur le terrain de la faute contractuelle. Ce principe a été réaffirmé par le Conseil d'État français, qui n'a pas hésité à censurer, pour erreur de droit, une décision de la Cour d'appel de Paris condamnant l'État, lié dans le cas d'espèce, à une commune par un contrat de maîtrise d'ouvrage déléguée, à réparer le préjudice subi par son cocontractant sur la base de la responsabilité quasi délictuelle[1122].

1307. D'un autre côté, il est exclu que le cocontractant puisse voir sa responsabilité délictuelle engagée en cas de détérioration d'ouvrages publics à l'occasion de travaux effectués en exécution d'un contrat de marché public conclu avec l'administration[1123].

---

public portuaire, et que le dommage qu'elles ont subi se rattache à l'exécution dudit contrat, la responsabilité du port autonome du Havre ne pouvait être recherchée sur le terrain du dommage de travaux publics ».
Sur la responsabilité pour dommages de travaux publics en droit tunisien, cf. : JENAYAH (M.-R.), « La responsabilité pour dommages de travaux publics », in « *La responsabilité administrative* », numéro spécial, Faculté de droit de Sfax 2006, pp. 335-349.

[1119] CE 7 mai 1982, *Société Parking de la Concorde*, Rec. 982, p. 669 (cité par BRISSON (J-F), *Responsabilité en matière contractuelle et quasi-contractuelle*, Fasc. 854, J-Cl Administratif, 22 novembre 2016, n° 16).

[1120] Sur cette question, cf. : LAVIALLE (C.), « Le dommage causé au participant à un travail public », AJDA, 1975, pp. 540 et s.

[1121] L'entrepreneur et ses employés mais également les agents de l'administration chargés du contrôle de l'exécution du contrat.

[1122] CAA de Paris, 1er avril 1996, *Chavrier, Aigot Charpas*, Rec. 1996, tables, p. 665 (BRISSON (J-F), *op.cit*, n° 16).

[1123] CE 30 mai 1986, *min. PTT c/ Sté SALEG* ; CAA Lyon, 27 juin 2013, n° 12LY01385 (BRISSON (J-F), *op.cit*, n° 19).

B. Exclusion des faits de nature à engager la responsabilité extracontractuelle sans faute de l'administration

1308. Le principe du non cumul entre responsabilité contractuelle et responsabilité extracontractuelle conduit également à exclure la mise en cause de l'administration par son cocontractant sur le terrain de la responsabilité sans faute. Cette exclusion vaut aussi bien pour les différents régimes de responsabilité sans faute (**1**) que pour la responsabilité pour enrichissement sans cause (**2**).

1. Exclusion de la responsabilité quasi-délictuelle sans faute de l'administration

1309. Les cocontractants, victimes d'accidents à l'occasion de l'exécution d'un marché public, sont souvent tentés, pour obtenir réparation du préjudice subi, de se placer sur le terrain de la responsabilité sans faute. Ils le font afin de contourner les difficultés liées à l'établissement de la preuve de l'inexécution par l'administration de ses obligations contractuelles,inhérent au système de la responsabilité pour faute. Une telle attitude est cependant contraire au principe de la primauté de la responsabilité contractuelle qui exclut que le titulaire d'un marché, lié à l'administration par un contrat, puisse exercer à son encontre d'autres actions que celles procédant du contrat.

1310. Le cocontractant ne peut emprunter la voie de la responsabilité pour risque. Ainsi, en France, le Conseil d'État considère que le cocontractant, titulaire d'un marché de transport de munitions, détruites par une explosion survenue en cours d'exécution du contrat, ne peut se fonder sur la responsabilité pour risque pour obtenir réparation du préjudice subi[1124].

1311. Ce principe est cependant moins fermement établi en Tunisie où le TA a paradoxalementaccepté de condamner l'administration à réparer le préjudice subi par le préposé de l'entreprise contractante du fait de l'explosion d'une bonbonne de gaz sur le chantier des travaux sur la base, non pas de la responsabilité contractuelle pour faute, mais plutôt de la responsabilité pour risque[1125]. Dans cet arrêt, le Tribunal retient une appréciation particulièrement extensive de la notion de travail public en considérant que les dommages résultant de l'explosion d'une bonbonne de gaz « *constituent des dommages de travaux*

[1124]CE, 5 janv. 1972, *Sté Unitchadienne*, Rec. CE 1972, p. 4 (BRISSON (J-F), *op.cit*, n° 22).

[1125] TA, Appel, 12 mars 1990, n° 599, *CCE pour le compte du ministère de l'équipement c. M. Belghouthi*, Rec., p. 314. Sur cette question, v. JENAYAH (M.-R.), « *La responsabilité pour dommages de travaux publics* », op. cit., p. 338 et 340.

publics s'ils ont eu lieu à l'occasion de l'exécution de travaux publics au motif que le législateur ne distingue pas entre le dommage résultant de travaux publics et les accidents survenus à l'occasion de l'exécution de tels travaux ».

1312. Le cocontractant ne peut ensuite invoquer la responsabilité pour rupture d'égalité devant les charges publiques pour obtenir réparation du préjudice spécial subi à l'occasion de l'exécution des travaux. Un tel moyen sera jugé comme inopérant[1126] et l'exclusion vaut de manière générale. Ainsi, en cas de condamnation pour dommage accidentel de travaux publics occasionné à un tiers sur la base de la responsabilité sans faute, la partie condamnée - maître de l'ouvrage, maître de l'ouvrage délégué, maître d'œuvre ou entrepreneur – ne peut se retourner contre l'une ou l'autre de ces personnes ayant concouru à la réalisation des travaux que sur le seul terrain de la responsabilité contractuelle[1127].

2. Exclusion de la responsabilité sur le fondement de l'enrichissement sans cause

1313. La responsabilité extracontractuelle ne peut être mise en cause entre cocontractants sur le fondement de l'enrichissement sans cause.Ainsi, en matière de marchés de travaux, l'entrepreneur n'est normalement tenu d'exécuter des travaux supplémentaires que s'ils lui ont été prescrits par un ordre de service écrit. Toutefois, à titre exceptionnel, des travaux utiles réalisés de sa propre initiative en dehors des prévisions du contrat peuvent, sous certaines conditions, lui être payés[1128]. La jurisprudence administrative exclut cependant, dans ce cas, l'indemnisation sur le terrain de l'enrichissement sans cause pour ne retenir que le règlement du prix des travaux « *indispensables à la bonne exécution des ouvrages compris dans les prévisions du marché* »[1129]. Ainsi, la réalisation d'un mur de soutènement est généralement considérée comme un travail indispensable.

1314. Ces solutions ne valent cependant qu'en cas d'approbation expresse ou tacite du maître de l'ouvrage. En revanche, aucun paiement n'est dû si celui-ci a manifesté clairement sa volonté de s'opposer à ces

---

1126 CE 6 janvier 1971, *SA de gérance des vêtements Abdon*, RDP 1973, p. 276 (BRISSON (J-F), *op.cit*, n° 22).

1127 CE 26 février 2001, *Compagnie d'assurances Winterthur*, Rec.2001, tables, p.1044 (BRISSON (J-F), *op.cit*, n° 23).

1128 CE 14 juin 2002, *Ville d'Angers,* Contrats et MP 2013, com. 216, obs. Eckert.

1129 CE, Section, 17 octobre 1975, *Commune de Canari*, AJDA 1975, 562, obs. Franc et Boyon.

travaux[1130].Le fondement de ces solutions, qui conduisent à écarter la théorie de l'enrichissement sans cause, doit être recherché dans le principe de la primauté de la responsabilité contractuelle.

1315. De même, le juge administratif refusera de faire droit à des actions tendant à la remise en cause du décompte définitif sur la base de l'enrichissement sans cause en raison de la nature intangible de ce document[1131].

1316. D'une manière générale, l'existence d'un contrat même tacite exclut que le titulaire d'un marché puisse invoquer l'enrichissement sans cause pour recouvrer une créance[1132].

§2. L'admission de l'action indemnitaire sur la base de la responsabilité extracontractuelle

1317. Dans le souci louable de préserver les droits légitimes du cocontractant, le juge administratif et le législateur consacrent, en dehors de tout contrat, des régimes particuliers d'indemnisation en matière de marchés publics.

1318. La responsabilité extracontractuelle de l'administration peut ainsi être mise en cause de deux manières différentes. D'abord, sur le fondement de l'enrichissement sans cause, en cas de fourniture de prestations utiles à la collectivité en l'absence de tout contrat ou d'un contrat ultérieurement annulé (**A**). Ensuite, en matière de marchés publics de travaux, sur la base de la responsabilité décennale des « *constructeurs* » (**B**).

A. L'action indemnitaire fondée sur l'enrichissement sans cause

1319. Si l'administration refuse de conclure un marché ou conlut un contrat considéré comme nul, le prestataire peut mettre en cause sa responsabilité sur le terrain de l'enrichissement sans cause (**1**). La nullité du contrat est cependant susceptible dans certaines hypothèses, de le priver de toute indemnisation (**2**).

1. L'admission du principe de l'indemnisation sur la base de l'enrichissement sans cause

1320. La théorie de l'enrichissement sans cause est une théorie prétorienne en droit administratif, inspirée de l'article 71 du COC, selon lequel la

---

[1130] CE 2 juillet 1982, *Société routière Colas*, Rec. 261.
[1131] CE 23 octobre 1991, n° 848543, *Ville d'Annecy, Juris-Data 1991 047543.*
[1132] CAA Versailles, 27 septembre 2005, n° 02VE02357, *Établissement public musée et domaine national Versailles*.

personne qui, par un fait volontaire, a procuré à l'administration un avantage que ne justifie aucune cause légale ou contractuelle est fondée à réclamer le remboursement de celles de ses dépenses qui lui ont été utiles. Une telle action correspond à un principe d'équité selon lequel nul ne peut s'enrichir sans cause aux dépens d'autrui. Elle été a consacrée par le TA en matière de marchés publics, aussi bien en cas d'absence de contrat que dans le cas d'un contrat nul.

1321. Ainsi, le TA, saisi d'une demande d'indemnisation relative à des prestations livrées par un architecte au Conseil régional du gouvernorat de Sousse en dehors de tout contrat, a estimé « *que si le défaut de passation d'un contrat écrit par l'administration constitue un motif suffisant d'exclusion de sa responsabilité pour violation de ses obligations contractuelles, il reste, qu'en application des principes d'équité et afin de prévenir l'enrichissement sans cause des personnes publiques, celles-ci demeurent, sur la base de l'apparence que l'administration a contribué à créer, soumises à l'obligation de réparer le préjudice subi par le requérant lorsqu'il apparait que celui-ci a exécuté de bonne foi les stipulations prévues par le CCAG organisant les missions d'architecture* »[1133].

1322. Le Tribunal admet aussi ce droit à réparation quasi-contractuel en cas de nullité du contrat. Il estime en effet que les fautes commises lors de la conclusion du contrat « *ne sont pas susceptibles de toucher les droits que les parties tiennent du contrat* » [1134]. Une telle jurisprudence doit être rapprochée de celle du Conseil d'État qui est plus explicite en la matière, puisqu'elleconsidère que « *l'entrepreneur dont le contrat est entaché de nullité est fondé à réclamer, en tout état de cause, le remboursement de celles de ses dépenses qui ont été utiles à la collectivité envers laquelle il s'était engagé ; que dans le cas où la nullité résulte d'une faute de l'administration, l'entrepreneur peut en outre prétendre à la réparation du préjudice imputable à cette faute et, le cas échéant, demander à ce titre le paiement du bénéfice dont il a été privé par la nullité du contrat si toutefois le remboursement à l'entreprise de ses dépenses utiles ne lui assure pas une rémunération supérieure à celle à laquelle il aurait eu droit en application des stipulations du contrat* »[1135].

[1133] TA, Chambre de 1ère instance, 08 mai 2010, *Souheil / Conseil régional de Sousse*, Rec., p. 661.

[1134] TA, Appel, *Société Eureka c. CCE pour le compte du ministère de la justice*, Rec. 2010, p.736.

[1135] CE, 23 mai 1979, *Commune de Fontenay-le-Fleury*, Rec. 226 ; CE, 8 décembre 1995, *Commune de Saint-Tropez*, n° 144029, AJDA 1996, 448, note V. Haïm, Rec. Dalloz 1996, p. 319, Ph. Terneyre : Ainsi, le conseil municipal de Saint-Tropez

1323. Quant à la notion de « *dépenses utiles exposées sans cause pour la collectivité* » et pouvant, de ce fait, faire l'objet d'une demande d'indemnisation sur le terrain quasi-contractuel, elle est difficile à circonscrire. Ces dépenses couvrent en principe « *l'ensemble des coûts directs et indirects (quote-part des frais généraux notamment) liés à la réalisation des prestations et non point seulement le coût marginal des prestations litigieuses*[1136] ». Le Conseil d'État estime, par exemple, que « *les frais financiers (coût du prêt bancaire contracté pour exécuter le marché) qui résultent d'un choix de gestion de l'entreprise ne peuvent être regardés comme des dépenses utilement exposées pour le département* »[1137].

2. Faute du prestataire et droit à indemnisation

1324. Le droit à indemnisation est-il exigible même en cas de faute du prestataire ? Selon le Doyen CARBONNIER, « *la théorie de l'enrichissement sans cause ne comporte pas d'élément psychologique ; elle semble avoir un caractère objectif* »[1138]. Mais la jurisprudence civiliste est plus nuancée et, ainsi que le souligne un auteur, « *les solutions dépendent de la gravité de la faute commise. La faute grossière ou intentionnelle (...) interdit à l'appauvri de bénéficier de l'action de in rem verso, cependant que la seule imprudence ou négligence de celui qui a enrichi autrui en s'appauvrissant ne le prive pas de son droit d'invoquer l'enrichissement sans cause* »[1139]. Autrement dit, celui qui s'appauvrit par sa propre faute ne mérite aucune indemnisation.

1325. C'est cette tendance qui semble prédominer en droit administratif. Elle exclut toute réparation en cas de fraude à l'achat public. Cette exclusion « *tient dans la volonté de ne pas méconnaître le principe d'équité* » qui constitue le fondement théorique du recours à la notion

---

commet une erreur de droit lorsqu'il fixe le montant des indemnités accordées dans le cadre de transactions avec divers constructeurs, en compensation des conséquences de l'annulation juridictionnelle du marché entièrement exécuté. Le cocontractant n'a donc pas droit automatiquement au paiement du prix prévu par le marché mais l'indemnité qui lui est due doit être déterminée sur la base des dépenses utiles exposées au profit de l'Administration contractante, excluant donc le remboursement de tout bénéfice ou dépense superflue. Cette indemnité peut, le cas échéant, être augmentée d'une somme correspondant à la réparation du préjudice subi par le cocontractant du fait de la faute de l'administration.

[1136] BRACONNIER (S.), « L'enrichissement sans cause dans le droit de la commande publique », Contrats et Marchés publics n° 7, Juillet 2013, prat. 6.

[1137] CE, 10 avril 2008, *Société Decaux,* Rec. 152, conclusions Dacosta.

[1138] CARBONNIER (J.), *Les obligations*, op. cit., n° 70.

[1139] MALINVAUD (Ph.), *Droit des obligations,* Litec, 10ème éd. 2007, n° 757.

civiliste d'enrichissement sans cause[1140]. Elle conduit au rejet de toute indemnisation lorsqu'il se révèle que le consentement de l'administration a été vicié du fait d'une fraude à l'achat public. Ainsi, en cas de nullité du contrat, seule la faute du prestataire ayant eu pour effet de vicier le consentement de l'administration fait obstacle à ce droit à réparation quasi-contractuel[1141].

1326. C'est la position retenue par le TA qui a affirmé que« s'il est de principe que les poursuites pénales contre les parties liées à l'administration par des contrats de marchés publics annulés ne sont pas susceptibles, par elles-mêmes, de toucher les droits que les parties tiennent du contrat », il reste que « lorsque se révèle un lien direct entre les faits qui ont conduit à leur incrimination et les contrats qui les lient à l'administration (...), l'issue de ces poursuites a des implications directes sur les droits nés du contrat »[1142].

1327. Cette jurisprudence constitue une application stricte de la maxime *Nemoauditur* qui implique que, dès lors qu'il est établi que le requérant a trempé dans la turpitude ayant motivé la nullité du contrat, son action en restitution doit être rejetée : le contrat sera considéré comme nul et le requérant ne pourra pas prétendre au remboursement des dépenses qu'il a engagées pour le compte de l'administration.

B. L'action fondée sur la garantie décennale

1328. Conçue comme une responsabilité post-contractuelle, la garantie décennale en matière de marchés de travaux publics a une origine civiliste[1143]. Si elle présuppose l'existence d'un contrat, elle n'a pas

---

[1140] BERGEAL (C.) et LENICA (F.), *Le contentieux des marchés publics,* Imprimerie nationale, 2004, p. 113.

[1141] CE 10 Octobre 2008, *Sté Décaux*, n° 244950. La jurisprudence française est cependant moins tranchée dans l'hypothèse de prestations exécutées en dehors du contrat. Cf. BRACONNIER (S), « L'enrichissement sans cause dans le droit de la commande publique », précité.

[1142] TA, Appel, *Société Eureka c. CCE pour le compte du ministère de la justice,* Rec. 2010, p.736.

[1143] En droit civil, la responsabilité post-contractuelle des constructeurs a pour fondement l'article 876 du COC qui prévoit que « *l'architecte ou ingénieur et l'entrepreneur chargé directement par le maître de l'ouvrage sont responsables lorsque, dans les cinq années à partir de l'achèvement de l'édifice ou autre ouvrage dont ils ont dirigé ou exécuté les travaux, l'ouvrage s'écroule, en tout ou en partie, ou présente un danger évident de s'écrouler, par défaut des matériaux, par le vice de construction ou par le vice du sol. L'architecte qui n'a pas dirigé les travaux ne répond que des défauts de son plan. Le délai de cinq ans commence à courir du jour de la réception des travaux. L'action doit être intentée dans les trente jours à partir*

pour autant un fondement contractuel. Cette garantie découle de la loi n° 9 du 31 janvier 1994 relative à la responsabilité et au contrôle technique dans le domaine de la construction[1144] qui en retient une conception particulièrement extensive tranchant avec celle retenue en droit civil (**1**). Son appréciation par le juge administratif est souvent favorable à l'administration (**2**).

1. Une conception extensive de la garantie décennale

1329. La garantie décennale en matière de marchés de travaux a été instituée dans le but de protéger l'intérêt public, en permettant au maître de l'ouvrage de mettre en cause la responsabilité des « *constructeurs* » avec lesquels il est lié par un contrat que l'on peut considérer comme proche du contrat civil de louage d'ouvrages[1145]. Cependant, dans les contrats de marchés de travaux, le délai de la garantie est en effet nettement plus long que celui retenu en droit civil. Il est fixé à dix ans à compter de la date d'effet de la réception des travaux qui marque la fin des relations contractuelles. Cette garantie ne couvre que les conséquences des désordres qui résultent de vices non apparents affectant les ouvrages[1146]. Elle est particulièrement utile en matière de marchés de travaux où la collectivité publique aurait été bien en peine d'engager la responsabilité des personnes ayant concouru à la réalisation des ouvrages objet du marché à l'issue de l'expiration de la garantie dite « *de parfait achèvement* »[1147].

---

du jour où s'est vérifié le fait qui donne lieu à la garantie ; elle n'est pas recevable après ce délai ».
Sur ce point, cf. : JAMAA (F), *Les marchés de travaux publics*, op.cit., p. 97 et s.

[1144] Organisée d'abord par le décret-loi n° 4 du 10 octobre 1986 (JORT 1986, p. 1138), elle a été élargie par la loi n° 9 du 31 janvier 1994 relative à la responsabilité et au contrôle technique dans le domaine de la construction (JORT 1994, p. 187).

[1145] Il faut préciser cependant, qu'avant l'adoption du décret-loi n° 4 du 10 octobre 1986 instituant un régime légal de responsabilité décennale, le TA faisait application de l'article 876 du COC adopté sous le Protectorat ainsi qu'il sera précisé plus loin. C'est sur ce fondement qu'a été reconnu la licéité du cahier des clauses d'un marché de travaux instituant une telle garantie au-delà des délais contractuels.

[1146] Sur cette question, cf. : LLORENS (F.), « La responsabilité décennale du fabricant devant le juge administratif », CJEG, 1990, p. 327 ; MODERNE (F.), « La responsabilité décennale des constructeurs en droit public », Dalloz, 1993 ; RICHER (L) et LICHÈRE (F.), *Droit des contrats administratifs*, op. cit., pp. 266 et s.
En droit tunisien : GHANNAY (T.), *Le contrôle juridictionnel sur l'exécution des marchés publics*, op. cit., pp. 486 et s. ; GHOZZI (A.), *Droit des marchés publics*, op.cit., pp.235-238 ; JAMAA (F), *Les marchés de travaux publics*, op.cit

[1147] La garantie de parfait achèvement a été définie par l'article 9 du décret-loi n° 4 du 10 octobre 1986 aujourd'hui abrogé qui prévoit que « *la garantie de parfait achèvement à laquelle l'entrepreneur est tenu pendant un an à compter de la*

1330. La qualité de partie au contrat est essentielle dans le régime institué par la loi n° 94-9. L'article 1er de cette loi prévoit en effet que « *l'ingénieur, l'architecte, l'entrepreneur, le bureau d'études et le bureau de contrôle technique et toute autre personne liée au maître de l'ouvrage par un contrat de louage d'ouvrages ou de services sont responsables de plein droit pendant dix ans à compter de la date de la réception de l'ouvrage qu'ils ont conçu, réalisé ou contrôlé* ».

1331. La garantie s'étend donc à tous « *les constructeurs* », à la condition toutefois que le constructeur poursuivi soit lié au maître de l'ouvrage par un contrat de louage d'ouvrage[1148]. Elle ne peut être invoquée devant le juge administratif ni contre les sous-traitants[1149] , ni contre les filiales des entreprises titulaires du marché, ni contre les maîtres d'ouvrages délégués (qui n'encourent que leur responsabilité contractuelle de mandataire[1150]), ni contre les préposés des constructeurs ni, plus généralement, contre toute personne étrangère au contrat de maîtrise d'ouvrage.

1332. La loi n° 10 du 14 janvier 1994 portant insertion d'un titre III au code des assurances[1151] a institué un mécanisme particulier de réparation des dommages couverts par une assurance obligatoire à souscrire par le maître de l'ouvrage. Cette assurance est destinée à couvrir la responsabilité de l'ensemble des intervenants sur le chantier au prorata de leur participation à la réalisation de l'ouvrage (article 95)[1152]. La quotepart de la prime d'assurances de chaque intervenant s'effectue par des retenues sur les rémunérations respectives dues à chacun d'entre euxau prorata de la part qui lui revient dans le montant du marché. Une action directe contre l'assureur peut ainsi éventuellement être exercée par le bénéficiaire en cas de dommages affectant les ouvrages réalisés dans les conditions prévues par la loi sur la

---

réception s'éteint à la réparation de tous les désordres signalés par le maître de l'ouvrage, soit au moyen de réserves signalées au procès-verbal de réception, soit au moyen de notification écrite pour ceux révélés postérieurement à la réception (...). L'exécution des travaux exigés au titre de la garantie de parfait achèvement est constatée d'un commun accord ou judiciairement ».
Sur cette question, v. supra, p

1148 CE 11 juillet 1988, *Chambre des métiers d'Ille-et-Vilaine*, Rec. tables.900.

1149 CE 18 janvier 1946, *Société française de matériaux et produits hydrofuges, La Calendrite*, Rec. 21.

1150 CE 26 juin 1985, *Commune de Rethel*, DA n° 48

1151 JORT 1994, p.187.

1152 Certains ouvrages (routes, ouvrages maritimes, barrages, digues, réseaux de distribution d'eau potable, pistes d'atterrissage et aires de stationnement d'avions) ne sont pas soumis à cette assurance obligatoire en vertu du décret n° 415 du 6 mars 1995 complété par le décret n° 1360 du 15 juillet 1997.

responsabilité décennale (article 98). Cette action est particulièrement utile en cas de faillite ou de règlement judiciaire du constructeur.

1333. S'agissant de la nature des dommages couverts, il résulte de l'alinéa 2 de l'article 1er de la loi 9-94 que les désordres qui peuvent conduire à la mise en cause de la responsabilité du « *constructeur* » au-delà des délais contractuels doivent présenter une certaine gravité. Le texte prévoit en effet la mise en œuvre de la garantie décennale *« (...) en cas d'effondrement total ou partiel de l'ouvrage ou en cas de menace évidente d'effondrement ou d'atteinte à sa solidité au niveau des fondations, de la structure ou du couvert résultant, soit d'erreur de calcul ou de conception, soit, d'un défaut dans le choix des matériaux, soit d'un vice dans la construction ou dans le sol* ».

1334. La responsabilité décennale n'est donc pas limitée aux travaux de construction ; elle s'étend aussi bien à des bâtiments qu'à des ouvrages de génie civil (ponts, réseaux, etc.)[1153].

1335. Pour donner lieu à garantie, les dommages doivent cependant présenter certaines caractéristiques : le désordre doit d'abord être de nature à compromettre la solidité de l'ouvrage ou ses équipements indissociables[1154] ou le rendre impropre à l'usage auquel il était destiné (défaut d'étanchéité[1155] ou fissurations importantes[1156],par exemple).Il doit ensuite, et même si ce n'est pas explicitement prévu par la loi, ne pas avoir été apparent lors de la construction. Dans l'arrêt *Magouri*, le TA, saisi en appel d'un pourvoi tendant à l'infirmation d'un jugementrendu par l'une des chambres de première instance, a considéré que « *la notion de vices cachés ne se limite pas aux vices qui n'ont pu apparaître que lors de la réception de l'ouvrage ou à compter de sa mise en exploitation, mais qu'elle s'étend aussi à tous les désordres dont les conséquences et la gravité n'ont pu apparaitre qu'ultérieurement, lors de mise en exploitation effective de l'ouvrage ou à partir du moment où l'administration s'est rendue compte que ces défauts ne sont que la conséquence directe d'autres défauts non apparents liés à une erreur de calcul ou de*

[1153] CE, 11 décembre 2013, *Commune de Courchevel,* BJDCP 2014, n° 93, conclusions Pelissier.

[1154] Par exemple, l'effondrement d'un ouvrage résultant d'un vice de construction : TA, 1ère instance, 9 juin 2011, n°15776, *CTRA c. ONAS*, inédit.

[1155] TA, Appel, 16 avril 1999, n° 21623, *Ben Guiza* précité.

[1156] TA, Appel, 23 novembre 2010, *CCE pour le compte du ministère de la justice/ Société Magouri et Assurances Carte*, Rec., p. 724.

conception ou de vices affectant les produits ou les procédés de construction ou bien encore à d'autres formes de vices cachés »[1157].

2. Une appréciation restrictive de la cause exonératoire

1336. S'agissant d'une responsabilité de plein droit, le maître de l'ouvrage n'a pas à prouver la faute du constructeur sur lequel pèse ainsi une sorte de présomption de faute. Celui-ci ne peut s'en exonérer « *qu'en cas de force majeure ou de faute du maître de l'ouvrage* »[1158].

1337. L'expression de présomption de responsabilité ne figure pas dans la loi du 31 janvier 1994 relative à la responsabilité décennale, mais elle lui est sous-jacente. Elle a d'ailleurs été consacrée par le juge administratif qui a affirmé « *qu'il résulte des dispositions de la loique le législateur a entendu mettre à la charge de tous les intervenants dans l'exécution des travaux une présomption de responsabilité en vertu de laquelle ils restent tenus pendant un délai de dix ans à compter de la réception définitive des travaux de la garantie de l'ensemble des vices cachés affectant les ouvrages qu'ils ont réalisés* »[1159].

1338. Il reste que l'appréciation de la faute du maître de l'ouvrage, en tant que cause partielle ou totale d'exonération est souvent source de difficultés au niveau de la jurisprudence. Sur ce point, et contrairement à son homologue français, le TA tunisien semble faire preuve d'une réserve excessive. Alors que le Conseil d'État a tendance à admettre la faute du maître de l'ouvrage consistant dans l'immixtion de ce dernier dans le choix des matériaux ou du procédé de fabrication en tant que cause exonératoire[1160], le juge administratif tunisien apparaît plus réticent à accepter le renversement de la charge de la preuve[1161]. Ainsi, dans l'affaire de l'effondrement d'une partie des ouvrages de la station d'épuration de Choutrana, le TA a refusé de retenir la cause exonératoire en dépit de la conclusion unanime des experts établissant la faute de l'acheteur public. Cette faute consistait dans son refus avéré d'ordonner des travaux supplémentaires afin d'augmenter la capacité des équipements nécessaires à la préservation de l'intégrité des ouvrages réalisés.

[1157] TA, Appel, 23 novembre 2010, Société *Magouri et Assurances Carte* précité.

[1158] CE, Assemblée, 2 février 1973, *Trannoy,* Rec. 95, conc. Rougevin-Baville ; AJDA 1973, 159, note Moderne.

[1159] TA, Appel, 23 novembre 2010, *Société Magouri et Assurances Carte*, précité.

[1160] CE, 12 mai 1989, *Département du Puy-de-Dôme ;* v. aussi : CE, 10 juillet 1996, *Commune de Boissy-Saint-Léger*.

[1161] TA, 1ère instance, 9 juin 2011, n°15776, CTRA/ONAS, inédit.

1339. Le rapport d'expertise, ordonné par le juge des référés[1162], avait en effet imputé la responsabilité de l'accident au maître de l'ouvrage du fait de l'erreur de calcul commise lors de la détermination de la capacité des bio-filtres nécessaires au traitement de la concentration élevée des quantités de gaz à l'origine de la corrosion des ouvrages réalisés. Il en a conclu que le titulaire du marché a rempli tous ses engagements et qu'il a droit, de ce fait, à la réception définitive des travaux et la restitution des garanties.

1340. Le TA, saisi sur la base de cette expertise d'une demande tendant au prononcé de la réception judiciaire des travaux et la restitution de la retenue de garantie, a décidé de prendre le contrepied de l'avis des experts. Tout en rappelant que *« la société requérante a demandé à l'ONAS de prononcer la réception définitive ; que ce dernier a toutefois émis des réserves ainsi qu'il résulte du PV de la réunion de chantier du 14 septembre 2005 ; que le 27 septembre 2005, la requérante s'est engagée à lever ces réserves ; qu'elle a effectivement procédé à leur levée ainsi qu'il résulte du PV contradictoire signé par les parties le 31 octobre 2005»,* il a refusé de retenir la cause exonératoire en estimant que l'effondrement des ouvrages réalisés suffit à lui seul à mettre en cause la responsabilité décennale du constructeur. Ce jugement sera par la suite confirmé par la Chambre d'appel[1163].

1341. Cette attitude est symptomatique de la réserve du juge administratif qui le conduit le plus souvent à prendre le parti pris du maître de l'ouvrage au détriment des intérêts légitimes du cocontractant. Avant la mise en place d'un régime législatif de responsabilité décennale, le Tribunal n'hésitait pas pourtant à admettre la cause exonératoire. Ainsi, dans l'arrêt *Ben Guiza*, le TA avait admis partiellement la faute exonératoire de l'administration après avoir constaté, à la suite du rapport d'expertise, que l'infiltration des eaux de pluie à l'intérieur de l'ouvrage n'était pas due uniquement à la faute du titulaire du marché, mais aussi à celle du maître de l'ouvrage du fait du mauvais choix des

---

1162 TA, Référé, 22 mars 2006, n° 71663, *CTRA c. ONAS* précité ordonnant la désignation d'une équipe d'experts spécialisés en béton armé, produits chimiques, structures métalliques et produits composites à l'effet de constater les dommages subis par les ouvrages réalisés en exécution du marché, d'en déterminer les causes et de dire dans quelle mesure le titulaire du marché a respecté ses engagements et s'il peut, le cas échéant , prétendre à la réception des travaux et à la restitution des cautions.

1163 TA, 1ère instance, 9 juin 2011, *CTRA c. ONAS*, précité, jugement confirmé en appel : TA, Appel, 29 juin 2016, n°229156, inédit.

produits d'étanchéité et du défaut d'entretien de l'ouvrage endommagé[1164].

[1164] TA, Appel, 16 avril 1999, n° 21623, *Ben Guiza c. CCE pour le compte des ministères de l'équipement et de la Santé publique*, Rec., p. 379.

CONCLUSION DU CHAPITRE II

1342. Dans le contentieux de l'exécution des marchés publics, l'aménagement de la responsabilité extracontractuelle par le juge administratif montre que celui-ci est plutôt enclin à protéger l'intérêt public en sacrifiant parfois les droits légitimes du cocontractant.

1343. Cette affirmation se vérifie surtout au niveau de la répression pénale de la fraude à l'achat public. À cet égard, l'irruption du juge pénal dans « *le monde clos* » du contrat est le signe de la volonté des pouvoirs publics de protéger l'argent public contre les convoitises nées des rapports complexes qui se nouent entre parties en cours d'exécution d'un marché. Car « *le juge pénal est, avant tout, l'ami de l'administration* » dont il tend à protéger les intérêts contre les atteintes qui peuvent leur être portées par les personnes tentées d'enfreindre les règles strictes relatives à l'exécution des marchés publics au premier rang desquelles émerge le cocontractant[1165]. C'est ce qui explique le renforcement du dispositif répressif de protection des marchés publics et le rôle de plus en plus important que le juge pénal est appelé à jouer dans la protection de l'intégrité des marchés publics.

1344. Il faut cependant avouer, qu'en dépit du renforcement des mécanismes de contrôle[1166], les poursuites et les condamnations restent rares. Les raisons doivent sans doute en être recherchées dans la culture de l'impunité qui reste fortement enracinée dans le pays en dépit du changement de contexte politique. À cet égard, il est certain que l'existence d'une justice pénale compétente, indépendante et impartiale conformément à l'article 102 de la nouvelle Constitution[1167]

[1165] BERTEGI (B.), « *Juge pénal et condamnation de l'administration* » in : (s. la dir. de B. Bertegi) : « *La sanction : anciennes solutions et nouvelles tendances* », Faculté des sciences juridiques, politiques et sociales de Tunis, 2005, pp.226-236.

[1166] Sur le renforcement et la réactivation des mécanismes traditionnels de contrôle de l'intégrité des marchés publics et la création de nouvelles autorités de contrôle, v. le Titre II de la première partie.

[1167] « *La magistrature est un pouvoir indépendant, qui garantit l'instauration de la justice, la suprématie de la Constitution, la souveraineté de la loi et la protection des droits et libertés. Le magistrat est indépendant. Il n'est soumis, dans l'exercice de ses fonctions, qu'à l'autorité de la loi* ».

constitue un préalable nécessaire à l'efficacité de l'action répressive dans la protection de l'achat public.

1345. En dehors de la responsabilité pénale, les actions en réparation du préjudice subi sur le terrain de la responsabilité extracontractuelle demeurent résiduelles. De telles actions bénéficient surtout à l'administration qu'elles tendent à protéger par la mise en place d'une responsabilité décennale applicable de plein droit dans les marchés de travaux et destinée à garantir le maître de l'ouvrage contre les désordres non apparents qui peuvent affecter la solidité des ouvrages après leur réception. La réserve dont fait preuve le juge administratif dans l'appréciation de la cause exonératoire imputable à l'administration confirme son attitude générale de protéger avant tout les intérêts de l'administration au détriment des droits légitimes de son cocontractant, de la stabilité du contrat ainsi que des relations de confiance réciproque qui devraient se forger entre les parties au contrat.

1346. Pour le reste, le principe du non cumul exclut que le cocontractant qui s'estime lésé par une mesure d'exécution puisse se placer sur un terrain autre que celui contractuel pour obtenir réparation du préjudice subi. C'est seulement en cas d'absence ou d'annulation du contrat que le TA admet, dans un souci d'équité, que ledit cocontractant puisse demander le remboursement des dépenses qui ont été utiles à la collectivité envers laquelle il s'était engagé. Cela se fait sur le fondement quasi contractuel de l'enrichissement sans cause.

1347. En revanche, il ne peut y avoir d'indemnisation si le titulaire a commis une fraude à l'achat public justifiant l'anéantissement du contrat. Dans ce cas, le TA, tout en déniant au cocontractant le droit à indemnisation, accepte de réparer le préjudice subi par l'administration du fait des manœuvres dolosives de son cocontractant sur le terrain de la responsabilité délictuelle. Ce faisant, il semble faire une application rigoureuse de l'adage *nemoauditur* traduisant ainsi son souci prédominant de faire prévaloir l'intérêt public.

CONCLUSION DU TITRE 2

1348. La règle du non cumul de la responsabilité contractuelle et de la responsabilité extracontractuelle domine le contentieux de l'inexécution des marchés publics.

1349. Elle explique que la résolution de ces litiges se fasse essentiellement sur le terrain de la responsabilité contractuelle. Dans ce domaine, le juge apparaît davantage comme le protecteur des prérogatives de l'administration que le garant de l'équilibre du contrat et des droits légitimes du cocontractant. Sa jurisprudence est caractérisée par une application sans mesure du droit de l'exécution des marchés publics favorable à l'administration.

1350. Dans son examen des litiges relatifs aux différents visages des manquements contractuels imputables à l'administration, le juge du contrat répugne à utiliser ses pouvoirs de juge de plein contentieux. Les recours en référé tendant à la détermination des responsabilités respectives des parties dans l'inexécution ou dans la détermination de l'étendue du préjudice sont souvent rejetés. Même lorsque les conditions du droit du cocontractant à la libération des cautions paraissent réunies, le Tribunal administratif refuse généralement de donner droit aux prétentions du cocontractant. Sa position à l'égard des actions fondées sur l'illicéité des mesures d'exécution ne semble pas encore fermement établie.

1351. D'un autre côté, l'intervention du juge pénal, dans le droit de l'exécution des marchés publics a pour conséquence de transformer la responsabilité des parties d'une responsabilité contractuelle en une responsabilité délictuelleet de poser la question complexe de l'autorité de la chose jugée au pénal sur les litiges relatifs à l'exécution.Cependant, le champ de la responsabilité extracontractuelle demeure marginal en raison de l'effet absolu de la règle du non cumul. Lorsqu'une telle responsabilité est retenue, sa mise en œuvre est, là aussi, plutôt favorable à l'administration.

CONCLUSION DE LA 2ÈME PARTIE

1352. Le contrôle exercé par le juge du contrat sur l'exécution des marchés publics ne répond pas à sa fonction première qui est de trancher les litiges qui peuvent survenir entre l'administration et son cocontractant d'une manière équilibrée en sanctionnant les manquements qui peuvent être commis par l'une des parties.

1353. Cela tient d'abord à ce que le droit des marchés publics a été pendant longtemps appréhendé par le juge du contrat sous des angles importants mais réducteurs. C'est en effet sous l'angle des frontières externes que la question du contrôle de l'exécution des marchés publics s'est d'abord posée en jurisprudence, dans la mesure où le juge saisi devait répondre à la question préalable de la nature publique ou privée du contrat de marché public de laquelle dépend à la fois l'étendue de la liberté contractuelle de l'administration, le droit applicable et la détermination du juge compétent. Sur ce plan, il faut avouer que les solutions retenues sont marquées par une grande incertitude. En particulier, la question de l'arbitrabilité des litiges relatifs à l'exécution des marchés publics n'a pas encore été clairement résolue. De même, celle relative à la nature juridique du contrat de marché public a donné lieu à de graves divergences de vues entre le juge administratif et le juge judiciaire, le premier mettant en avant des critères jurisprudentiels pour affirmer sa compétence absolue en la matière, le second s'en tenant à une application littérale de l'article 2 de la loi 1996-38 pour la contester. L'intervention du Conseil des conflits de compétences, censée être décisive sur ce point, n'a pas permis de procurer la sécurité juridique nécessaire du fait d'une certaine indiscipline contentieuse.

1354. Devant le juge administratif, juge incontesté de l'essentiel des litiges de l'exécution des marchés publics, c'est sous l'angle des frontières internes au contentieux des contrats que la question s'est ensuite posée. Ce contentieux est en effet partagé entre un juge de l'excès de pouvoir des actes détachables du contrat aux pouvoirs limités et un juge du contrat aux pouvoirs plus étendus mais toujours insuffisants.

1355. Ces questions, à la périphérie du contentieux de l'exécution, sont cependant loin d'épuiser le contentieux contractuel, si l'on considère qu'un marché est avant tout signé pour être exécuté dans le respect de l'engagement des parties et de la loyauté des relations contractuelles.

1356. Sur ce plan, le juge du contrat, arbitre des relations contractuelles et juge des litiges relatifs à la bonne exécution des marchés, ne paraît pas disposer des moyens nécessaires pour sanctionner les manquements qui pourraient être commis par les parties en cours d'exécution. De surcroît, respectueux à l'excès du droit des marchés publics dicté par l'administration et de son interprétation par les autorités de contrôle qui en dépendent, son appréciation des manquements respectifs des parties en cours d'exécution, est, en général, défavorable au cocontractant.

1357. Que l'on considère les actions en responsabilité contractuelle, extracontractuelle ou post-contractuelle, son rôle se limite en général à indemniser la partie lésée sans possibilité de mettre en œuvre l'intégralité de ses pouvoirs de juge de plein contentieux.

CONCLUSION GÉNÉRALE

1358. L'étude du système tunisien de contrôle de l'exécution des marchés publics se situe dans un contexte de transition caractérisé par la destruction de l'ordre autoritaire issu de la Constitution du 1er juin 1959 et la refondation progressive, sur la base de la Constitution du 27 janvier 2014, d'un ordre juridique nouveau, d'inspiration libérale et démocratique. Cette période, au cours de laquelle on assiste à l'émergence, par voie de césarienne pourrait-on dire, d'un nouveau système juridique au sein même de l'ancien système, est entourée d'une grande incertitude.

I. Émergence d'un nouvel ordre juridique et efficacité du système de contrôle

1359. La Constitution du 27 janvier 2014 prévoit en effet des principes nouveaux susceptibles d'affecter l'architecture générale de ce système.

1360. L'essentiel de ces normes, de caractère primaire, est destiné à l'administration et a pour finalité la protection de l'intérêt public. Il s'agit des principes de neutralité, d'égalité et de continuité des services publics, de transparence, d'intégrité, d'efficience et de redevabilité, autant de principes qui s'imposent à l'administration en vertu de l'article 15 de la Constitution. D'autres ont pour objet de protéger l'autonomie locale contre les empiètements de l'administration de l'État. Il s'agit notamment du principe de libre administration consacré par l'article 132. D'autres enfin ont pour objet de garantir les droits des particuliers et peuvent, de ce fait, servir à protéger les intérêts légitimes des personnes qui acceptent de contracter avec l'administration ou celles qui sont intéressées par une telle opération. Il s'agit notamment des principes d'égalité devant la loi (article 21), du droit d'accès à l'information (article 32), ainsi que du droit à l'effectivité des recours et au procès équitable exercé dans des délais raisonnables (article 108).

1361. Ce bloc de constitutionnalité, formulé en termes d'obligations, est précisé par une multitude de règles de même nature, mais d'origine législative, réglementaire ou conventionnelle, dont certaines, héritées de l'ordre ancien, posent un réel problème de validité au regard du principe de hiérarchie qui découle du nouvel ordre juridique.

1362. Pour permettre au système de s'adapter au changement et afin de remédier au caractère statique des règles primaires, l'adjonction de règles secondaires permettant « *de déterminer la façon dontles règles primaires peuvent être identifiées, édictées, abrogées ou modifiées et le fait de leur violation* »[1168] est nécessaire.

1363. Dans une perspective dynamique du droit, c'est surtout ce type de règles, qui permet de désigner les personnes spécialement habilitées à constater et à sanctionner de manière irrévocable le fait de la transgression des obligations prévues par le marché et les voies de recours ouvertes devant les personnes dont les droits ont pu être lésés par cette transgression, qui constitue un pas décisif pour garantir l'effectivité du droit et remédier à l'inefficacité globale du système.

1364. Transposée au système de contrôle de l'exécution des marchés publics, cette conception particulière du droit[1169], qualifiée par la doctrine anglo-saxonne de *jurisprudence* en raison du rôle décisif que jouent les décisions de justice dans la construction et le maintien de l'équilibre général du système[1170], nous aura permis de découvrir trois niveaux de contrôle interdépendants mais complémentaires : celui exercé par les parties contractantes, celui exercé par l'administration, et enfin celui, décisif, exercé par les tribunaux.

1365. L'étude des interactions entre les différents éléments de ce système dans une perspective systémique sous-tendue par l'adoption d'une nouvelle Constitution et la construction de l'État de droit nous a permis de pointer du doigt les dysfonctionnements qui continuent d'entraver l'efficacité globale du système.

II- Défense de l'intérêt public et faiblesses du système de contrôle

1366. En dépit du changement de contexte, le système administratif de contrôle de l'exécution des marchés publics en Tunisie demeure davantage tourné vers la protection de l'intérêt public que vers la garantie des droits du cocontractant. Un tel souci est sans doute inévitable tant la bonne exécution des marchés publics est tributaire des pouvoirs de contrôle qui doivent être reconnus à l'administration

---

[1168] HART (H.L.A.), *Le concept de droit*, op. cit., p. 119.

[1169] V. supra, n° 771 et s.

[1170] Sur l'influence de cette théorie sur la pensée juridique francophone, cf. : PHILIPPE (G.), VAN DE KERCHOVE (M.), « La réception de l'œuvre de H.L.A. Hart dans la pensée juridique francophone », Revue interdisciplinaire d'études juridiques, 2/2007 (Volume 59), p. 131-171.

pour lui permettre de vérifier que les prestations livrées sont conformes aux obligations mises à la charge de son cocontractant. Mais les prérogatives de direction, de modification, et de résiliation dont elle doit disposer pour réaliser l'intérêt général ne doivent pas servir d'alibi pour porter atteinte aux droits légitimes que le cocontractant tient du contrat. La sécurité des marchés publics, la loyauté des relations contractuelles et la nécessité de permettre au cocontractant de poursuivre l'exécution en cas de bouleversement de l'équilibre financier du contrat commandent de reconnaitre à ce dernier des droits qui vont parfois bien au-delà de ce qu'il peut espérer sur le terrain du droit commun de la responsabilité contractuelle en droit privé.

1367. Sur ce plan, en dépit de progrès notables apportés par le nouveau CMP de 2014 dans la reconnaissance des droits des opérateurs économiques qui acceptent de contracter avec l'administration, le droit de l'exécution des marchés publics reste fondamentalement un droit déséquilibré. Dès la signature du contrat, le cocontractant se trouve à la merci de l'administration qui peut lui imposer sa volonté sans qu'il puisse lui opposer l'exception d'inexécution. En cas de modification de la masse des prestations, il doit poursuivre l'exécution. En cas de retard d'exécution des prestations, de refus d'admission ou de réception, de paiement des décomptes ou de libération des garanties, il ne dispose pas de moyens d'action efficaces pour bloquer les décisions qui peuvent lui paraître arbitraires prises par l'administration. Il ne peut que constater son désaccord et s'en remettre au juge du contrat. Cela tient essentiellement au fait que ce droit est écrit par l'administration et plutôt à son profit ce qui pose d'ailleurs un problème sérieux de légalité au regard de l'article 65 de la Constitution qui prévoit que les textes relatifs aux obligations civiles et commerciales ne peuvent être pris que sous forme de lois. En matière de marchés locaux, en dépit d'une prise de conscience réelle de ce problème par l'avant-projet de loi organique portant approbation d'un CCL, les dispositions prévues par ce texte ne répondent qu'imparfaitement à cette exigence[1171].

1368. Le contrôle réciproque exercé par les parties contractantes sur l'exécution de leurs marchés est lui-même soumis à un contrôle supérieur exercé par des organes administratifs à compétences techniques ou financières plus ou moins dépendants du pouvoir exécutif. Ce contrôle, qui constitue une limite importante au principe de la liberté contractuelle, s'est développé sans lignes directrices et

[1171] Le CCL ne comporte en effet que deux articles, les articles 97 et 98, qui traitent du régime des marchés publics locaux.

sans souci de cohérence globale au gré des luttes de pouvoir au sein de l'administration.

1369. Conçu à l'origine pour protéger les deniers publics contre les dérapages des agents gestionnaires des marchés[1172], le contrôle administratif *interne* qui s'appuie essentiellement sur les techniques de contrôle *a priori* destiné à vérifier la régularité administrative et financière des opérations d'exécution des marchés a cependant montré ses limites, car un marché public est autant un acte soumis aux normes juridiques, techniques, et financières qu'un acte économique soumis aux exigences d'économie, d'efficacité et d'efficience. Ce sont ces finalités nouvelles qui justifient la promotion des contrôles *externes* d'intégrité et d'efficience dévolus à des autorités plus ou moins indépendantes de l'administration.

1370. La réforme du système administratif de contrôle de l'exécution des marchés devrait veiller en priorité à responsabiliser les acheteurs publics en supprimant ou en assouplissant les contrôles préalables des commissions de contrôle et de l'engagement des dépenses qui sont source de lourdeurs et de redondances eux-mêmes à l'origine d'un surcoût certain en matière de gestion des marchés publics.

1371. En particulier, l'emprise de l'administration sur les procédures de règlement à l'amiable des litiges devrait être allégée sans que cela ne conduise à porter atteinte à la défense de l'intérêt public. Les avantages que présente une telle démarche en matière de résolution des litiges contractuels sont évidents.

1372. Outre la révision du mode d'organisation et de fonctionnement du CCRAL[1173], la réforme pourrait consister à obliger l'acheteur public à désigner un interlocuteur unique, sans lien hiérarchique avec les personnes chargées de la gestion, en vue de proposer des solutions aux difficultés qui pourraient apparaître lors de l'exécution du marché. D'un autre côté, la faculté pour les parties de recourir directement, mais selon des conditions strictement définies par la loi, aux procédés conventionnels de règlement des litiges pourrait contribuer utilement à une gestion économe de l'achat public. S'il est cependant exclu d'ériger la transaction en un mode courant de gestion de l'achat public, son développement peut être très utile pour la préservation des intérêts publics, particulièrement en l'absence de contrat valide, de paiement de prestations en dehors de tout contrat ou en dehors des prescriptions d'un contrat existant, ou bien encore de réparation des

---

[1172] G. Marcou (Dir.), « *Le contrôle des marchés publics : ses buts et ses moyens* », op. cit., p. 15.

[1173] V. supra, n° 700 et s.

préjudices consécutifs à la nullité du contrat ou à ses actes d'exécution.

1373. Il sera cependant difficile de convaincre les pouvoirs publics de l'opportunité de telles réformes tant sont ancrés au sein de l'administration les réflexes anciens déniant aux parties contractantes toute autonomie dans la gestion de leurs marchés.

III- Carences du système de recours et intérêt légitime du cocontractant

1374. La détermination du juge compétent en matière de litiges relatifs à l'exécution des marchés publics constitue une complication inhérente au dualisme juridictionnel maintenu par la nouvelle Constitution.

1375. Elle pose en premier lieu la question du droit d'accès à la justice. L'effectivité du recours est en effet liée à la détermination précise de la compétence du juge saisi qui doit se prononcer préalablement sur cette question qui est d'ordre public avant de poursuivre l'examen de l'affaire ou se dessaisir au profit de la juridiction compétente

1376. En dépit de la clarté des solutions retenues par les textes, l'intervention du Conseil des conflits de comptenceén'a pas toujours été respectueuse de la volonté du législateur. Elle n'a pas permis en tout cas de trancher, d'une manière décisive, les graves conflits de compétences qui ont surgi entre les deux ordres de juridictions de juridictions du fait de l'indiscipline contentituse du juge judiciaire et son refus de s'aligner sur les solutions consacrées par le CCC.

1377. Par ailleurs, la jurisprudence administrative a tendance à se référer, non pas à un seul mais à trois critères différents pour affirmer sa compétence : le critère général dualiste, celui du contrat administratif par nature et celui du régime de droit public. Le problème est que ces critères peuvent parfois entrer en contradiction. Il en est ainsi lorsqu'il s'agit de déterminer le juge compétent pour résoudre les différends relatifs aux marchés des entreprises publiques érigées en la forme de sociétés morales de droit privé où le critère général dualiste, qui repose sur la présence d'une personne publique au contrat, ne paraît pas adapté.

1378. La solution pourrait consister à distinguer, au sein de la réglementation des marchés publics, à l'instar de la voie suivie par l'ordonnance française du 23 juillet 2015[1174], entre les marchés des

[1174]L'ordonnance française n° 2015-899, ratifiée par l'article 39 de la loi n° 2016-1691 du 9 décembre 2016, distingue entre deux types de marchés : les marchés conclus par les pouvoirs adjudicateurs définis par l'article 10-1° de cette ordonnance et constitués essentiellement par des personnes publiques, d'une part, et les marchés

personnes publiques pour lesquels il n'y aurait pas de difficultés particulières à reconnaître le caractère administratif du contrat, et les marchés des entreprises publiques qui sont conclus dans des conditions semblables à celles des sociétés commerciales de droit privé et dont le caractère privé serait enfin reconnu.

1379. Une telle démarche permettrait de faciliter la résolution des difficultés qui ont surgi à propos de l'arbitrabilité des litiges relatifs à l'exécution des marchés publics internationaux. Le juge administratif retrouverait alors, sous réserve de solutions contraires prévues par les traités dûment ratifiés par la Tunisie, son rôle naturel de gardien de la licéité des conventions d'arbitrage, mais aussi juge d'appui de la juridiction arbitrale[1175] et juge de l'exequatur des sentences arbitrales[1176], la voie de l'arbitrage demeurant fermée lorsqu'il s'agit de litiges relatifs à un marché national.

1380. En revanche, plus rien ne s'opposerait à l'arbitrabilité des litiges relatifs aux marchés des entreprises publiques et à la désignation du juge judiciaire en tant que seul juge compétent pour soutenir la procédure arbitrale, revêtir les sentences prononcées de la force exécutoire et examiner les recours relatifs à la validité de l'arbitrage.

1381. Sur un autre plan, et à l'heure où s'amorce la réflexion sur la réforme de la justice administrative dans un contexte nouveau caractérisé par l'ambition de mettre en place un État de droit garantissant le droit au procès équitable dans des délais raisonnables et la protection des droits de la défense, les pouvoirs publics pourraient s'inspirer utilement des expériences étrangères pour mettre fin aux carences qui continuent d'entraver l'efficacité du système et l'effectivité du droit au recours.

---

des entités adjudicatrices définis par l'article 11 et constitués essentiellement par les opérateurs de réseaux et les entreprises publiques, d'autre part. Mais, selon l'article 3, « *les marchés publics relevant de la présente ordonnance passés par des personnes morales de droit public sont des contrats administratifs* ».

Le professeur UBAUD-BERGERON salue cette harmonisation du texte en ces termes : « *désormais, la simplicité gouverne le contentieux des marchés publics, puisque toutes les personnes publiques relèveront sans exception du juge administratif, tandis que les pouvoirs et entités adjudicateurs de droit privé relèveront du juge judiciaire* » (cf. UBAUD-BERGERON (M.), « Le champ d'application de l'ordonnance relative aux marchés publics », in « Le droit de la commande publique », Lexisnexis Actualité, 2016, p. 3

[1175] Sur la notion de juge d'appui, cf. : CLAY (T.), « L'appui du juge à l'arbitrage », précité.

[1176] Sur cette question, cf. le rapport du Conseil d'État du 27 mars 2007 relatif à l'extension de l'arbitrage pour les personnes morales de droit public, op.cit. ; AJDA 2008.617.obs. S. Lemaire et L. Richer.

1382. Dans cette perspective le rôle du législateur sera essentiel. Celui-ci devrait d'abord saisir l'opportunité ouverte par la reconstruction du « *Pouvoir juridictionnel* » prévu par le Chapitre V de la nouvelle Constitution pour réviser la loi 1996-38 relative à la détermination des compétences entre les juridictions administratives et judiciaires en attribuant au juge judiciaire un bloc de compétences relatifs à tous les litiges des entreprises publiques, y compris à ceux relatifs à leurs marchés.

1383. Il pourrait ensuite décider de verrouiller le contentieux de l'exécution en créant des voies de recours spécifiques destinées tant à prévenir les menaces que font courir les questions de légalité sur la stabilité des contrats qu'à accélérer le règlement définitif des marchés en cas de contestation. Le projet de Code de justice administrative, en voie d'élaboration, pourrait s'inspirer utilement du mouvement général du droit que l'on observe dans les pays développés en matière de contrôle juridictionnel de l'exécution des contrats de marchés publics.

1384. Une telle intervention serait cependant insuffisante si elle n'était accompagnée d'un effort jurisprudentiel pour rénover l'office du juge. Sur ce point, les solutions ont en effet peu évolué. À l'intérieur de l'ordre juridictionnel administratif, le contentieux des marchés publics s'est progressivement ramifié par l'ouverture, tant au profit des cocontractants que des tiers, de voies de recours multiples pour faire valoir leurs droits. Le problème est que ces différents recours ont été structurés autour de la distinction traditionnelle entre plein contentieux et contentieux de l'annulation.

1385. En l'état actuel du droit, la conception qui prévaut ne permet pas au juge administratif de jouer pleinement son rôle d'arbitre entre les différents intérêts en présence. Ainsi, si le contrat lui-même est insusceptible de recours pour excès de pouvoir, le juge administratif a admis la recevabilité des actions en annulation dirigées contre les actes qui en sont détachables, qu'ils soient antérieurs ou postérieurs à sa conclusion. Si l'acte est illégal, le juge va pouvoir l'annuler. Se pose alors la question des effets de l'annulation sur les contrats en cours d'exécution ou déjà exécutés alors même que la saisine consécutive du juge du contrat à la suite de l'annulation d'un acte détachable n'entraîne pas invariablement la nullité du contrat.

1386. De même, l'ouverture de l'action en nullité absolue au profit des tiers, si elle constitue un apport indéniable à la question lancinante de la sanction des irrégularités les plus graves entachant la conclusion des contrats administratifs protégés par l'effet relatif du contrat, représente une grave menace pour la sécurité du contrat et la stabilité contractuelle.

1387. Aussi, et en raison des menaces que représente la résurgence des questions de légalité sur la stabilité du contrat, il paraît plus réaliste d'abandonner ces voies tortueuses et à l'issue incertaine en leur substituant une action directe en contestation de la validité du contrat au profit des tiers dont les droits ont pu être lésés par une mesure de passation ou d'exécution d'un contrat de marché public. Une telle solution pourrait contribuer à unifier ce contentieux autour du juge du contrat. Elle présente en outre l'avantage d'améliorer l'efficacité du contrôle juridictionnel. Le caractère institutionnel du contrat administratif justifie une telle dérogation au principe de l'effet relatif.

1388. Le mérite essentiel de cette solution tient aux pouvoirs du juge, à la latitude dont il peut disposer pour trancher les questions qui lui sont posées. Celui-ci, contrairement au juge de l'excès de pouvoir ou au juge de la nullité absolue, pourra moduler son office pour choisir la sanction la plus appropriée en tenant compte des différents intérêts en présence.C'est la même démarche qui devrait guider le juge du contrat pour améliorer son office en tenant plus particulièrement compte de la loyauté des relations contractuelles et de la sécurité juridique du contrat. En raison de la règle du non cumul, et parallèlement au rôle nouveau dévolu au juge pénal dans la préservation de l'intégrité des marchés publics, ces litiges sont résolus essentiellement sur le terrain de la responsabilité contractuelle. Sur ce plan cependant, on constate une certaine réserve du juge du contrat dans son appréciation de la responsabilité de l'administration. Cela tient d'abord au fait que le droit des marchés publics a essentiellement pour source le pouvoir exécutif, davantage préoccupé par la protection des deniers publics que par la garantie des droits des entreprises qui contractent avec l'administration. Cela tient aussi au fait que les référés traditionnels qui pourraient accélérer le règlement des litiges ne paraissent pas adaptés à la spécificité de l'opération d'exécution. Et de fait, sur bien des points il apparaît que le juge du contrat, arbitre essentiel des relations contractuelles et juge des litiges relatifs à la bonne exécution des marchés, ne dispose pas des moyens de nature à lui permettre de maintenir la balance entre l'intérêt public et l'intérêt légitime des cocontractants. Bien plus, la posture qui est la sienne face aux prétentions opposées des parties est le plus souvent favorable à l'administration.

1389. Si on ajoute aux carences du droit au recours en matière contractuelle, les maux généraux dont continue de souffrir la justice administrative consistant dans le refus injustifié de publier les données relatives à l'activité juridictionnelle, la diffusion limitée de la jurisprudence[1177], les délais excessivement lents de résolution des litiges[1178], et l'absence de moyens permettant d'assurer l'exécution de la chose jugée[1179], on peut se rendre compte de l'inefficacité globale du système.

1390. Ces obstacles multiples qui continuent d'entraver l'efficacité du contrôle exercé par le juge administratif sur l'exécution des marchés publics n'ont pas été compensés par un effort conséquent pour unifier les solutions jurisprudentielles. L'indiscipline contentieuse, l'instabilité des solutions et le caractère ésotérique de la jurisprudence administrative constituent un handicap sérieux pour assurer l'efficacité du système de contrôle juridictionnel des marchés publics.

1391. L'entreprise de refondation, annoncée par l'article 116 de la nouvelle Constitution[1180], devrait s'atteler en priorité à garantir l'effectivité du

---

[1177] À l'heure actuelle, le rapport annuel prévu par l'article 87 bis de la loi relative au Tribunal administratif, dont l'objet est de retracer l'activité juridictionnelle et consultative de cette juridiction au cours de l'année écoulée, de résumer les principes jurisprudentiels consacrés et de donner un aperçu des difficultés d'exécution de ses jugements n'est toujours pas, inexplicablement, publié. De même, le Recueil, qui comporte les principales décisions rendues par cette juridiction, n'a pas été publié depuis 2011.

[1178] En cas d'inexécution, il n'existe pas un dispositif de paiement forcé lorsque le jugement porte condamnation à une somme d'argent ; il n'existe pas non plus de procédure permettant au juge administratif d'adresser à l'administration des injonctions en vue de l'exécution de la chose jugée lorsque ce jugement implique nécessairement qu'une mesure d'exécution déterminée soit prise, comme en matière de condamnation à la restitution des cautionnements par exemple.
Il n'existe pas non plus une procédure permettant de condamner l'administration à une astreinte pour la forcer à exécuter la chose jugée.
Sur la question de l'inexécution des jugements prononcés par l'administration, v. supra, n° 1000 et s.

[1179] Les délais de résolution des litiges, qui avaient été heureusement maitrisés avant la Révolution pour atteindre, en 2009, 18 mois en première instance, un an en appel et 18 mois en cassation, ont malheureusement explosés depuis pour passer en 2013 à à trois ans en première instance, deux ans et demi en appel et tois ans en cassation, mettant dangereusement en cause le principe du délai raisonnable prévu par l'article 108 de la Constitution.
Données fournies par le Président de l'Union des magistrats du Tribunal administratif lors d'un colloque organisé par la Faculté de droit et des sciences politiques de Sousse en collaboration avec l'Union des magistrats administratifs les 25 et 26 février 2016 sur « *L'organisation de la justice administrative à la lumière de la Constitution du 27 janvier 2014* ».

[1180] Cet article prévoit en effet que « *la justice administrative est composée d'une Haute cour administrative, de cours administratives d'appel et de tribunaux administratifs de première instance. Elle est compétente pour connaitre de l'excès de pouvoir de l'administration et des litiges administratifs. Elle exerce une fonction*

droit au recours, celui du procès équitable dans des délais raisonnables ainsi que les moyens de nature à obliger l'administration à obtempérer à la chose jugée. Une telle réforme doit être accompagnée d'un effort conséquent du juge administratif pour rénover son office et l'adapter à la réalité des opérations d'exécution des contrats de commande publique.

1392. Mais il est à craindre, ainsi que l'expérience et l'approche systémique l'enseignent, que « *les tensions et les crises* [1181]» qui pourraient affecter le système de contrôle de l'exécution des marchés publics, du fait de l'ampleur des demandes et de la pénurie des ressources, ne finissent par engendrer des phénomènes « *de surcharge*[1182] » qui risquent de retentir négativement sur l'efficacité globale du système et de provoquer son « *rejet*[1183] ».

consultative conformément à la loi. La Haute cour administrative établit un rapport annuel qui est transmis au Président de la république, au Président de la Chambre des représentants du peuple et au Chef du gouvernement. La loi détermine l'organisation de la justice administrative, ses compétences, les procédures suivies devant elle ainsi que le statut de ses magistrats ».

[1181]SCHWARTZENBERG (R.-G.), *Sociologie politique*, op. cit. p. 105.

[1182]Ibid.

[1183]Ibid.

TABLE DE JURISPRUDENCE TUNISIENNE

NB : *Le recueil des arrêts du Tribunal administratif n'est plus publié depuis 2011.*

Tribunal administratif, Chambre de 1ère instance

- TA, Chambre de 1ère instance, 6 juin 1977, *CCE pour le compte du ministère de l'éducation nationale c. Ghriss*, Rec., p.157.
- TA, Chambre de 1ère instance, 15 juin 1978, *Commune de Ben Arous c. Société tunisienne de ferronnerie et des constructions métalliques*, Rec., p.130.
- TA 24 novembre 1980, n° 350, *Harzallahc. MunicipalitéMonastir*, Rec., p. 403.
- TA, 22 décembre 1981, n° 403, *Mekki Ben Aissa c. Ministre de l'agriculture*, Rec. 403 ; GJJA n° 8, p. 131.
- TA, Chambre de 1ère instance, 27 juin 1985, *Héritiers Ghalleb c. Municipalité de Kairouan,* **inédit**.
- TA, Chambre de 1ère instance, 18 avril 1986, n° 1068, *Zribic. Ministre de l'équipement*, Rec., p. 229.
- TA, Chambre de 1ère instance, 27 mars 1987, *Société Archirodone Golf c. Ministre de l'équipement*, n° 1068, Rec., p. 350.
- TA, Chambre de 1er juillet 1991, *CCE pour le compte du ministère de l'équipement* c. *Ben Guiza*, Rec., p. 95.
- TA, Chambre de1ère instance, 26 novembre 1999, n° 1/6451, *Hasnaoui et autres*, **inédit**.
- TA, Chambre de 1ère instance, 13 février 2002, n° 17368.
- TA, Chambre de 1ère instance, 19 janvier 2002, n°15839, *Ali Thabet c. CCE pour le compte du ministère du domaine de l'Etat et des affaires foncières,* **inédit**.
- TA, Chambre de 1ère instance, 29 novembre 2002, *D'khili,* **inédit**.
- TA, Chambre de 1ère instance, 23 avril 2003, n°1/8172 *Société des opérations électriques pour la construction métallique c. CCE pour le compte du ministère de des technologies de l'information et du transport, du ministère de l'équipement et du ministère de la défense,* **inédit**.

- TA, Chambre de 1ère instance, 23 mai 2003, *CCE pour le compte du Commissariat régional au développement agricole de Jendouba c. 1/ BIAT 2/ Société Inertravaux*, **inédit**.
- TA, Chambre de 1ère instance, 10 juin 2003, n°1/7004 *Société des opérations électriques pour la construction métallique c. CCE pour le compte du ministère de l'enseignement supérieur*, **inédit**.
- TA, Chambre de 1ère instance, 26 mars 2004, *Société tunisienne de microinformatique c. Ministre de l'enseignement supérieur, de la recherche scientifique et des technologies*, **inédit**.
- TA, Chambre de 1ère instance, 26 mai 2004, n° 16767, *Société des travaux publics du centre de Sidi Bouzid c.CCE pour le compte du ministère de l'agriculture, de l'environnement et des ressources hydrauliques*, Rec., p. 32.
- TA, Chambre de 1ère instance, 12 mai 2004, n°1/5857 *NéjiBaazoug c. CCE pour le compte du ministère de la défense nationale*, **inédit**.
- TA, Chambre de 1ère instance, 10 novembre 2004, n° 19480, *Société tunisienne de microinformatique c. ministre de l'enseignement supérieur, de la recherche scientifique et des technologies*, **inédit**.
- TA, Chambre de 1ère instance, 21 janvier 2006, *Société générale de nettoyage et gardiennage c. CHU Bourguiba de Sfax*, Rec., p. 13.
- TA, Chambre de 1ère instance, 15 juillet 2006, n° 1/13580, *CCE pour le compte du ministère de la santé publique c. Sté UniversalMedical*, **inédit**.
- TA, Chambre de 1ère instance, 26 décembre 2006, n° 1/11683, *Entreprise Sandid c. CCE pour le compte du ministère de l'éducation*, **inédit**.
- TA, Chbre de 1ère instance, 26 décembre 2006, n° 1/13828, *Abdelwahab Ben Ammar c. CCE pour le compte du ministère de la santé publique*, **inédit**.
- TA, Chambre de 1ère instance, 2 juin 2007, *CCE pour le compte du Commissariat régional au développement agricole de Kairouan c. Syndic de la faillite de l'entreprise Ksontini*, **inédit**.
- TA, Chambre de 1ère instance, 23 novembre 2007, *Société des opérations électriques pour l'industrie mécanique c.CCE pour le compte du ministère de l'équipement et de l'habitat*, Rec. p. 157.
- TA, Chambre de 1ère instance, 26 avril 2008, *Société COGIMI c. Municipalité de Tunis*, **inédit**.
- TA, Chambre de 1ère instance, 26 mai 2008, *Amine Hayder c.1) Agence tunisienne de l'emploi.* 2) *CCE pour le compte du ministère de l'emploi et de l'insertion professionnelle*, **inédit**.
- TA, Chambre de 1ère instance, 30 mai 2008, *Société ICOGI SPA c. CCE pour le compte du ministère de l'équipement*, **inédit**.
- TA, Chambre de 1ère instance, 28 juin 2008, *Municipalité de Sfax c. 1) Entreprise Kammoun, 2) SONEDE, 3) CARTE Assurances*, **inédit**.

- TA, Chambre de 1ère instance, 28 octobre 2008, n° 1/15642, *CCE pour le compte du ministère des finances c. Établissements l'univers de la bureautique*, **inédit**.
- TA, 1ère instance, 25 novembre 2009, *Sté de transport c. Commune de Kerkennah*, **inédit**.
- TA, Chambre de 1ère instance, 10 avril 2010, n° 1/14592, *Commune de Tunis c.* 1) *Entreprise H. Mlik des produits alimentaires 2) BIAT*, **inédit**.
- TA, Chambre de 1ère instance, 08 mai 2010, *Souheil / Conseil régional de Sousse*, Rec., p. 661.
- TA, Chambre de 1ère instance, 22 juin 2010, *n°1/1258*, **inédit**.
- TA, Chambre de 1ère instance, 21 février 2011, n°1/17212, Héritiers S. *c. C.C.E. pour le compte du ministère de la femme*, Rec., p.457.
- TA, Chambre de 1ère instance, 11 avril 2011, *Entreprise M.H.B de travaux publics S. c.CCE pour le compte du ministère de l'équipement,* Rec., p. 461.
- TA, Chambre de1ère instance, 9 juin 2011, n°15776, *CTRA/ONAS,* **inédit.**
- TA, Chambre de 1ère instance, 24 juin 2011, Entreprise *A. Bouajila des travaux c. CCE pour le compte du Commissariat régional pour le développement agricole de Nabeul,*n°1/18778, **inédit**.
- TA, 4ème Chambre de 1ère instance, 09 février 2012, n° 1/13278, *Rachid Gaaloul c. CCE pour le compte du ministère de l'agriculture et le Commissariat régional pour le développement agricole de Mahdia*, **inédit**.
- TA, Chambre de 1ère instance, 06 juin 2012,*MeftahHaj Kacem c.CCE pour le compte du ministère de l'équipement et de l'habitat*, **inédit**.
- TA, Chambre de 1ère instance, 18 janvier 2013, n° 1/18585, *CCE pour le compte du ministère de l'éducation c. Entreprise R. Azaiaz*, **inédit**.
- TA, 10ème Chambre de 1ère instance, 06 février 2013, n° 1/17675, *Société des Grands travaux Fériani c.Municipalité de Kairouan*, **inédit**.
- TA, Chambre de 1ère instance, 6 décembre 2013, n° 1/18584, *Société des travaux publics modernes de Béja c. Directeur régional de l'équipement et de l'habitat de Béja*, **inédit**.
- TA, Chambre de 1ère instance, 1er juillet 2014, n° 121824, *Société générale des travaux électriques modernes c. CCE pour le compte du ministère de la justice et des droits de l'homme*, **inédit**.
- TA, Chambre de 1ère instance, 10 juillet 2014, n°125120, *Société Ben Kilani de Travaux publics c. Office de l'Aviation Civile et des Aéroports*, **inédit**.
- TA, 1ère instance, 15 juillet 2014, n° 1/14439, *Entreprise Ali M'henni (EAM) c. CCE pour le compte du ministère de l'équipement et de l'habitat*, **inédit**.

- TA, 8ème Chambre de 1ère instance, 19 décembre 2014, n°125535, *Société Electrossif c. Municipalité de Sfax*, **inédit**.
- TA, Chambre de 1ère instance, 2 mars 2015, n° 1/30943, *SOGEGAT c. Agence tunisienne de formation professionnelle*, **inédit**.

Tribunal administratif, Appel

- TA, Appel, 3 mai 1980, *Société tunisienne de ferronnerie et de constructions métalliques c. Commune de Ben Arous*, Rec., p.166.
- TA, Appel, 27 juin 1985, *n° 351, Héritiers Ghallab c. Municipalité de Kairouan,* Rec., 102.
- TA, Appel, 29 décembre 1988, *CCE pour le compte du ministère du Transport et de Tourisme c. Société coopérative « Ettakadoum »*, GJJA, n° 439.
- TA, Appel, 29 décembre 1988, *CCE pour le compte du ministère de l'agriculture c. O. Chamakh,* Rec., p. 103.
- TA, Appel, 30 janvier 1989, *CCE pour le compte du ministère de l'équipement c. Ouelhazi*, GJJA, n° 20, p. 333.
- TA, Appel, 17 juillet 1989, n° 357, *Héritiers Jabeur c. CCE pour le compte du ministère de l'équipement et de l'habitat,* Rec., p. 211.
- TA, Appel, 31 octobre 1989, *Municipalité de Sousse c. B. Hammami,* inédit.
- TA, Appel, 28 novembre 1991, *SadokMellouli c. Municipalité de Sousse*, Rec., p. 135.
- TA, Appel, 9 mars 1992, n° 936, *Société générale des entreprises d'électricité c. CCE pour le compte de du ministère de l'éducation et des sciences*, Rec., p. 267.
- TA, Appel, 4 janvier 1993, n° 816, *Ben Guizac. CCE pour le compte du ministère de l'équipement et de l'habitat*, **inédit**.
- TA, Appel, 8 janvier 1993, n° 1088, *CCE pour le compte du ministère des finances c. Hamzaou*i, **inédit**.
- TA, Appel, 1er mars 1993, n° 1067, *CCE pour le compte du ministère de l'équipement et de l'habitat c. Ben Khalifa*, **inédit**.
- TA, Appel, 24 mai 1993, *n° 1093, CCE pour le compte du ministère du Plan et des Finances c. M. H Beyram,* Rec., p. 518.
- TA, Appel, 26 octobre 1993, n° 1115, *CCE pour le compte du ministère de l'éducation et des sciences c. F. Matri*, **inédit**.
- TA, Appel, n° 1084, 1er février 1993, *CCE pour le compte du ministère de l'équipement et de l'habitat* c. *Groupement Bec Gtaf,* RTD 1993,Chronique de jurisprudence administrative (en arabe), p. 393.
- TA, Appel, n° 1063, 1er février 1993, *Centre de documentation nationale* c. *B'har,* RTD 1993,Chronique de jurisprudence administrative (en arabe),p. 401.

- TA, Appel, 5 juillet 1994, n° 1350, *Commune de Sousse* c. *Société des Entreprises Idéales d'électricité,* Rec., p 201.
- TA, Appel, 11 mars 1996, *CCE pour le compte du ministère de l'équipement et de l'habitat c. SOROUBAT*, n° 1736, **inédit**.
- TA, Appel, 15 mai 1998, *Magrimax c. CCE pour le compte du ministère de l'équipement et de l'habitat*, Rec., p.
- TA, Appel, 30 juin 1998, *CCE pour le compte du commissariat régional au développement agricole c. Entreprises Chaabane et Cie*, Rec., p. 482.
- TA, Appel, 16 avril 1999, *Entreprise Ben Guiza c. CCE pour le compte des ministères de l'équipement et de l'habitat et de la santé publique*, Rec., p. 379.
- TA, Appel, 13 juillet 1999, *CCE pour le compte du ministère de l'enseignement supérieur c. Sté Promafrique*, **inédit**.
- TA, Appel, 15 juillet 1999, n° 1002, CCE *pour le compte du ministère de l'agriculture c. O. Aleya*, **inédit**.
- TA, Appel, 30 novembre 1999, n°2/1582, *CCE pour le compte du ministère de l'agriculture c. Société Angibat*, **inédit**.
- TA, Appel, 17 décembre 1999, *CCE pour le compte du ministère de la défense nationale c. Société Camilleri d'électricité générale*, Rec., p. 525.
- TA, Appel, 30 juin 2000, *Consortium d'entreprises Dragados c. CCE pour le compte du ministère de l'agriculture*, Rec., p. 71.
- TA, Appel, 16 juin 2000, n°2/1652 *CCE pour le compte du ministère de l'agriculture c. Société Setcar*, **inédit**.
- TA, Appel, 16 juin 2000, *CCE pour le compte du ministère de l'agriculture c. Société des grands travaux M'ghaieth*, Rec., p.368.
- TA, Appel, 22 mai 2001, *CCE pour le compte de l'hôpital A. Mami c. Entreprise El Askri*, Rec, p 285.
- TA, Appel, 21 octobre 2005, *Société des opérations électriques pour l'industrie mécanique c. CCE pour le compte des ministères de l'équipement et de l'habitat et de la santé publique,* Rec, p. 222.
- TA, Appel, 30 novembre 2005, Salem c. *CCE pour le compte des ministères de l'équipement et de l'habitat et de la santé publique,* Rec, p. 233.
- TA, Appel, 17 janvier 2006, n°2/2285, *CCE pour le compte des ministères de la culture et de l'équipement c. Sté Entreprises Les frères Ksontini*, inédit.
- TA, Appel, 11 juillet 2007, *Driss et Turki*, **inédit**.
- TA, Appel, 09 juillet 2009, *Entreprise Sandid / CCE pour le compte du ministère de l'éducation et de la formation*, Rec., p. 291.
- TA, Appel, 23 novembre 2010, *Société Euréka / CCE pour le compte du ministère de la justice et des droits de l'homme*, Rec., p. 737.

- TA, Appel, 23 novembre 2010, *CCE pour le compte du ministère de la justice/ Société Magouri et Assurances Carte*, Rec., p. 724.
- TA, Appel, 23 novembre 2011, n°2/8067 *Société Euréka c. C.C.E. pour le compte du ministère de la justice*, Rec., p.737.
- TA, Appel, 03 mai 2012, n°2/8168, *BIAT c. 1/ Municipalité de Tunis 2/ Établissements Mlik pour les matériaux de construction*, **inédit**.
- TA, Appel, 12 juillet 2012, n° 2/8487, *UBCI c. 1/ Commissariat général au développement régional de Siliana 2/ Entreprise tunisienne pour les routes et les réseaux divers*, **inédit**.
- TA, Appel, 01 novembre 2012, n°1/19942, *A. Lakhram c. SONEDE*, **inédit**.
- TA, Appel, 29 juin 2016, n° 29156, *CTRA c. ONAS*, **inédit**.

Tribunal administratif, Cassation

- TA, Cassation, 20 janvier 2003, n° 33500, *CCE pour le compte du ministère d'équipement, de l'habitat et de l'aménagement du territoire c. Mohamed El Mkacheri.*
- TA, Cassation, 17 février 2003, n°33476, *CCE pour le compte du ministère de l'agriculture c. Société Angibat.*
- TA, Cassation, 18 avril 2008, *CCE pour le compte du ministère de l'équipement et de l'habitat c. Riahi*, Rec., p 409.
- TA, Cass, 4 juillet 2009, n° 39453, *CCE pour le compte de l'État c. Selmi,* Rec. p. 21.
- TA, Cassation, 28 décembre 2009, *Société Camilléri pour l'industrie mécanique / CCE pour le compte du ministère de l'équipement et de l'habitat*, Rec., p. 300.
- TA, Cassation, 10 juin 2013, *CCE pour le compte du ministère de l'équipement et de l'environnement c. Entreprise Hadj Kacem de travaux publics*, **inédit**.

Tribunal administratif, Sursis à l'exécution

- TA, Sursis à l'exécution, 19 septembre 1984, *Zribi*, Rec., p. 472.
- TA,Sursis à l'exécution, 27 février 1988, *CCE pour le compte du ministère de l'équipement et de l'habitatc. Groupement Bec Gtaf,***inédit**.
- TA, Sursis à l'exécution, 2 janvier 2007, *Retibi*, **inédit**.
- TA, Sursis à l'exécution, 12 mai 2008, *Société ACEM c. Commune de Makthar*, Rec., p. 715.
- TA, 1er Président, Sursis à l'exécution, 27 octobre 2008, n°4/12662, *Amamou,***inédit**.

- TA, 1er Président, Sursis à l'exécution, 14 juillet 2008, *Mahjoubi*, **inédit**.
- TA, Sursis à l'exécution, 10 août 2012, n° 4/14628 *Société des Grands Travaux Fériani c.Municipalité de Sfax*, **inédit**.
- TA, Sursis à l'exécution, 21 août 2012, n° 4/14619 *Société Wetcosport c.Gouverneur de Gabès*, **inédit**.
- TA, Sursis à l'exécution, 04 décembre 2013, n° 4/16440,*MongiDhifallah c.Président de la délégation spéciale de Moknine*, **inédit**.
- TA, Sursis à l'exécution, 28 avril 2015, n° 4/180093, *Messaoud Harabi c. 1/ Président de la délégation spéciale de Sousse 2/ Fehmi Achour*, **inédit**.

Tribunal administratif, Référé

- TA, Référé, 10 juillet 2002, *CCE pour le compte du ministère de l'éducation c. Entreprise Sandid*, **inédit**.
- TA, Référé, 22 mars 2006, n° 71663, CTRA/ONAS, **inédit**.
- TA, Président de Chbre de 1ère instance, 10 août 2011, *Société CSSI c. Sté Tunisie Autoroutes*, **inédit**.
- TA, Président de la 2ème Chambre d'appel, 19 novembre 2011, n°423940 et 423946, *Sté Polisios et Cimenterie de Bizerte c. Sté Intersam A.G.*, **inédit**.
- TA, Référé, 01 juin 2012, *Société des Grands Travaux Fériani c.Municipalité de Sfax*, **inédit**.
- TA, Référé, 02 juillet 2012, n° 7/11889 *Société Al Baraka pour la construction et les travaux publics c.Agence de la formation professionnelle*, **inédit**.
- TA, Référé, 11 octobre 2012, n° 7/11952, *Mohamed Amdouni c.Commissariat régional pour le développement agricole de Béja*, **inédit**.
- TA, Référé, 29 juin 2014, n° 712831, *Société SOTRACID*, **inédit**.
- TA, Référé conservatoire, 31 décembre 2015, n° 713031, *Sté Antralot c. Sté Promosport*, **inédit**.

Conseil des conflits de compétence (CCC)

- CCC, décision n° 2 du3 juin 1999, *CCE pour le compte du ministère du domaine et des affaires foncières*, Riahi (M.), Rec. des décisions du CCC, p. 5.
- CCC, n° 49 du 26 avril 2002, *STEG*, Riahi (M.), Rec. des décisions du CCC, p. 117.

- CCC, décision n° 83 du 7 octobre 2003, *Office des forêts et des pâturages du Nord-ouest c. entreprises Selliti*, Riahi (M.), Rec. des décisions du CCC.
- CCC, décision n° 111 du 29 juin 2004, *CCC pour le compte du ministère des affaires étrangères c. Société A.T.T.S.*, Riahi (M.), Rec. des décisions du CCC, p. 269.
- CCC, décision n° 118 du 28 septembre 2004, *CCC pour le compte du ministère de l'éducation nationale et de la formation professionnelle c. Société mondiale de l'informatique*, Riahi (M.), Rec. des décisions du CCC, p. 285.
- CCC, décision n° 134 du 26 avril 2005, *CCE pour le compte du ministère l'agriculture et des ressources hydrauliques c. Bellil*, Riahi (M.), Rec. des décisions du CCC, p.329.
- CCC, décision n° 155 du 02 mai 2006, *CCE pour le compte des hôpitaux publics de Tajerouine et de KalaaKhasba c. Société Plamiverre*, Riahi (M.), Rec. des décisions du CCC, p.383.
- CCC, décision n° 209 du 13 mai 2008, *ONAS c. 1/ Fathalli 2/ Commune de Béja*,inédit.
- CCC, décision n° 277 du 23 mars 2010, *Société Mas services c. Agence technique des transports terrestres*, Ben Hassen (I.), Rec. des décisions du CCC, à paraître.
- CCC, décision n° 319 du 6 juillet 2010, *Entreprises TaoufikSelliti c. office de développement sylvo-pastoral du Nord-Ouest*, Ben Hassen (I.), Rec. des décisions du CCC, à paraître.
- CCC, décision n° 333 du 12 octobre 2010, *L'Agence des Ports et des Installations de Pêche c. JamelTriki*, Ben Hassen (I.), Rec. des décisions du CCC, à paraître.

Juridictions judiciaires

- CATunis, 09 juillet 2004, n°5193, inédit.
- CATunis, 19 mai 2009, n° 69135, Groupement *Ferrocom,* RJL n°5/1999, p.293.

- Cass. Civ., 18 février 1969, Bull. civ. 1969, p. 25.
- Cass. Civ., 27 octobre 1993, *Bec Gtaf*, n° 36039, inédit.
- Cass. Civ., 02 mars 2005, n° 9165, *SNIT c. Société des travaux publics ruraux « SOTPAR »*, Bull. civ., t.2, 2005, p.91.
- Cass. Civ., 17 octobre 2005, n° 4619, *Société régionale de transport de Sfax c. BNA, BS, BIAT, UBCI, BH, BT et SIAPE*, Bull. civ., 2005, t 2, p.95.
- Cass. Civ., 30 novembre 2006, n° 5269, *SONEDE*, Rec. des décisions des Chambres réunies de la CC 2006-2007, Centre des études

juridiques et judiciaires du ministère de la justice, Tunis 2008, p.39 ; 30 novembre 2006, n° 6612, *STEG*, p. 57.

- Cass., Civ., 28 février 2008, n°21074, *Bull. civ.* 2008, p.89.

- Cass. Crim., 3 janvier 2002, n° 16992, Bull. crim. 2002, p. 165.
- Cass. Crim., 14 mars 2005, n°426/2005, inédit.
- Cass, Crim, 8 février 2012, n°88620, 88623, 88631, 88633, 88639, 88721, 88726, 88764, 88810, inédit.

INDEX ALPHABÉTIQUE

NB : Les chiffres renvoient aux numéros de paragraphes

BIBLIOGRAPHIE

Cette bibliographie ne comporte que les éléments qui ont été utilisés pour la rédaction de cette thèse. Elle est divisée en deux parties :

I. Droit tunisien
II. Droit français

Chaque partie comporte quatre sections :

1. Ouvrages généraux (traités, manuels, cours)
2. Ouvrages spécialisés, thèses et mémoires
3. Articles
4. Recueils de jurisprudence

À l'intérieur de ces sections, le classement est alphabétique et, pour chaque auteur, chronologique.

I. Droit tunisien :

I.1. Ouvrages généraux (traités, manuels, cours) :

AOUIJ- MRAD (A.), *Droit des entreprises publiques,* CPU, Tunis, 2009.

BEN ACHOUR (Y.), *Droit administratif,* 3ème éd., CPU, Tunis, 2010.

BEN ACHOUR (Y.), *La justice administrative et les principes de la procédure administrative contentieuse* (en arabe), CPU, Tunis, 3ème éd., 2006.

BEN HAMMAD (M.-R.), *Droit constitutionnel et institutions politiques,* 3ème éd. CPU, 2016.

BEN KHALIFA (F.), *Le droit des marchés publics*, éd. CLE, Tunis, 2005.

BELAÏD (N.), CHIKHAOUI (L.), *Comptabilité publique*,CPU, Tunis, 2012.

CHARFEDDINE (K.), *Droit civil (Théorie générale)* (en arabe), Tunis, éd. Latrach, 2ème éd., 2017.

ESSOUSI (A.), *Finances publiques*, éd., Latrach, 2013.

JENAYAH (M. R.), *Droit administratif* (en arabe), CPU, Tunis, 2ème éd., 2008.

JERBI (S.), *Les conditions de la responsabilité civile*(en arabe), Éd. Imprimerie du Livre d'art, 2ème éd., 2015.

LAOUITI (A.), *Les textes relatifs au contentieux administratif,* éd. Louati, Tunis, 2013.

LOKSAYER (F.), *Droit pénal général*, (en arabe), CPU, Tunis, 2006.

TEKARI (B.), *Droit administratif* (en arabe), 2ème éd., ENA, 2000.

ZINE (M.), *Théorie générale des obligations. Le contrat*(en arabe), Tome 1, 2ème éd., éd. Wafa, 1997.

I.2. Ouvrages spécialisés, thèses et mémoires :

AJILI (S.), *L'exécution des marchés publics*, Mémoire pour l'obtention du mastère en droit public et commerce international, Faculté de Droit de Sfax, 2007.

BACCOUCHE (N.), *Répression pénale et disciplinaire dans la fonction publique*, Thèse, ENA, CREA, Tunis, 1990.

BELAID (N.), *Autonomie locale et mutations récentes dans les finances municipales*, Thèse, CREA, ENA, Tunis, 1999.

BEN LETAIEF (M.), *L'État et les entreprises publiques en Tunisie : Réflexions sur le contrôle*, Thèse, L'Harmattan, Coll. Logiques juridiques, Paris, 1998.

BEN LETAIEF (M.) (Dir.), *Les nouveautés du droit des marchés publics*, Imp. SAS, Tunis, 2005.

BEN LETAIEF (M.) (Dir.), *Les mutations des contrats publics,* Tunis, 2010.

BEN MESSAOUD (K.), *Le désengagement de l'État des entreprises publiques et des entreprises à participation publique*, Thèse, Faculté de droit et des sciences politiques de Tunis, 2001.

BEN SALAH (H), *La justice administrative au Maghreb : étude comparée des systèmes de contrôle juridictionnel de l'administration au Maroc, en*

Algérie et en Tunisie, Thèse, Faculté de droit et des sciences politiques et économiques de Tunis, 1979.
BEN SALAH (H.), *L'organisation administrative de la Tunisie,* Tunis, CREA, ENA, 1993.
BEN SALAH (H) et JENAYAH (M. R.) (Dir.), *La justice administrative dans les pays du Maghreb, La réception du modèle européen,* Presses de l'Université des sciences sociales de Toulouse, 2008.
BERTEJI (B.), *Organisation des contentieux et bonne administration de la justice*, Thèse, Faculté des sciences juridiques, politiques et sociales de Tunis, 2000.
BERTEJI (B.), (Dir.), *La sanction : anciennes solutions et nouvelles tendances*, Faculté des sciences juridiques, politiques et sociales de Tunis, éd., SAS, Tunis 2004.
BESBES (M.), *Le contrôle sur les dépenses publiques*, (en arabe), ENA, CREA, Tunis, 1995.
BOSTANJI (S.) et MANCIAUX (S.)(Dir.), *Le juge et l'arbitrage*, Actes du colloque organisé par le DRIMAN, le CREDIMI et le CEJJ à Tunis les 25 et 26 avril 2013 à l'occasion du vingtième anniversaire du Code tunisien de l'arbitrage, Ed. A. PEDONE, 2014.
BOUACHBA (T.), *Les principes du droit administratif tunisien*,(en arabe), Tunis, CREA, ENA, 2ème éd.1995.
CHAPUS (R.), *Le contrôle et le contentieux de l'administration en Tunisie*, Tunis, ENA, 1968.
DHAFER (K.), *Les cahiers des charges des marchés publics*, Mémoire pour l'obtention du diplôme de mastère en droit public interne, Faculté de Droit et des Sciences Politiques de Tunis, 2006.
FENDRI (K), *Procédure administrative contentieuse et procédure civile et commerciale*, Thèse, Faculté des sciences juridiques, politiques et sociales de Tunis, 2005.
FOURATI (S.), *La mise en concurrence dans les marchés publics. Essai de comparaison entre les droits français et tunisien*, Thèse pour le doctorat en droit public, Université Paris 2, Panthéon-Assas (Paris), 2006.
GHACHEM (A.), *Recherche sur l'autonomie de la responsabilité administrative extracontractuelle*, Faculté des sciences juridiques, politiques et sociales de Tunis, 2016.
GHANNAY (T.), *Lecontrôle juridictionnel sur l'exécution des marchés publics*, (en arabe), Thèse, Faculté de droit et des sciences politiques de Tunis, 2004.
GHOZZI (A.), *Guide de l'achat hors marchés publics*, éd. Latrach, Tunis 2011, (en arabe).
HAJ SLIMANE (H.), *La notion d'opération administrative complexe*, Thèse, Faculté de droit et des sciences politiques de Sousse, 2014.

HARRABI (I.), *Les Contrôles sur les marchés publics*, Mémoire pour l'obtention du diplôme de mastère en droit public interne, Faculté de Droit et des Sciences Politiques de Tunis, 2009.
JABALLAH (S.), *L'autorité des décisions du Conseil des conflits de compétence*, Mémoire pour l'obtention du Master en droit public et financier, Faculté des sciences juridiques, politiques et sociales de Tunis, 2013.
JAMAA (F.), *Les marchés de travaux publics*, Tunis, ENA, 1990.
JENAYAH (A.), *Intégrité et lutte contre la corruption dans les marchés publics en droit français et tunisien*, Mémoire pour l'obtention du Master 2 recherche, Droit public des affaires, Université de Paris1, Panthéon-Sorbonne, 2013.
JENAYAH (M. R.) (Dir.), *Globalisation et contrats publics*, CPU, Tunis, 2010.
KHEDHER (B.), *L'exécution financière des marchés de travaux publics*, Mémoire de mastère en droit public, Faculté de Droit de Sfax, 2010.
KHEMAKHEM (R.), *Code pénal annoté*, (en arabe), Publications de l'IORT, 4ème éd., Tunis, 2007.
MAGNET (J.), *Les finances publiques tunisiennes*, Tunis, ENA, 1969.
MANAA (S.), *Les avenants aux marchés publics*, Mémoire de mastère en droit public interne, Faculté de Droit et des Sciences Politiques de Tunis, 2010.
MARZOUKI(S.), *Le contrôle de l'exécution des marchés publics par le juge administratif*, Mémoire pour l'obtention du Master en droit public interne, Faculté de droit et des sciences politiques de Tunis, 2006.
MASMOUDI- CHAKER (F.), *Le tiers en droit administratif*, Thèse,Faculté de droit et des sciences politiques de Sousse, 2016.
MECHICHI (L.), *Le budget de l'État en Tunisie*, Thèse, Faculté de droit et des sciences politiques de Tunis, 1994.
M'KAOUER (F.), *L'exécution du contrat administratif*, Mémoire pour l'obtention du DEA de droit public, Faculté de droit et des sciences politiques de Tunis, 1997.
NCIRI (N.), *Les causes d'exonération de la responsabilité : étude sur la responsabilité administrative extra-contractuelle*, mémoire pour l'obtention du DEA, Faculté de droit et des sciences politiques de Tunis, 1999-2000.
NOURI (Z.), *Contrat et recours pour excès de pouvoir*, Thèse, Faculté de droit et des sciences politiques de Tunis, 2012.
TARCHOUNA (L.), *Déconcentration et décentralisation en Tunisie*, Thèse, Faculté de droit et des sciences politiques de Tunis, 2005.
TLILI (A.), *Réforme de la réglementation des marchés publics en Tunisie : Étude comparée avec les normes internationales*, Mémoire pour l'obtention du Master « Administration publique », Université de Strasbourg et ENA, Promotion Jean de La Fontaine (2013-2014).

I.3. Articles :

ABBES (R.), « Sécurité juridique et contrats publics »in « Globalisation et contrats publics », (Dir.) JENAYAH (M.R.) CPU, Tunis, 2009, p. 129-144.

AOUIJ (A.), « Transparence et marchés publics », in « Les nouveautés du droit des marchés publics », (Dir.) BEN LETAIEF (M.) Imp. SAS, Tunis, 2005, p. 35-48.

AOUIJ (A.), « Le contrat administratif en Tunisie : Étude jurisprudentielle », in « Confluences », *Mélanges J. Morand-Deviller*, Montchrestien, 2007, p. 171-184.

BAHRI (T.), « Le règlement des marchés publics », (en arabe), Études juridiques, n° spécial « Le régime juridique des marchés publics dans les pays maghrébins », Faculté de droit de Sfax, 2007, p. 265-272.

BEN ACHOUR (Y.), « L'histoire du principe de séparation en Tunisie », EDCE 1991, n° 42, p.181 et s.

BEN ACHOUR (Y.), « Histoire d'un texte : le décret beylical du 27 novembre 1888 sur le contentieux administratif », in « Le centenaire du décret beylical du 27 novembre 1888 et le contentieux administratif », CERP, Tunis, 1992, p. 21.

BEN ACHOUR (Y.), « Les conséquences de l'annulation d'une décision administrative pour excès de pouvoir », (Dir.). S. Belaïd, « L'œuvre jurisprudentielle du TA », Centre d'Études, de recherches et de publications, Tunis, 1990,p. 505.

BEN ACHOUR (Y.), « Le recours pour excès de pouvoir dans tous ses états », in *Mél. Abdelfattah Amor*, CPU, 2005, p. 159.

BEN AISSA (M.S.), « La Cour des comptes en Tunisie », in « Les Cours suprêmes en Afrique du Nord », (Dir.) G. de Conac, Paris, 1989, p. 243-259.

BEN AISSA (M.S.), « La compétence du tribunal administratif en matière de recours pour excès de pouvoir et d'appel », in « L'œuvre jurisprudentielle du Tribunal administratif », (Dir.) Belaid S., Tunis, CERP, 1990, p. 213-295.

BEN AISSA (M.S.), « Responsabilité pour faute et responsabilité sans faute dans la jurisprudence du Tribunal administratif », in *Mélanges Chapus*, Montchrestien, 1992, p. 55 et suiv.

BEN AISSA (M.S.), « L'action en responsabilité de l'administration devant le Tribunal administratif », (en arabe), in « La réforme de la justice administrative », (Dir.) M.L.F Moussa, CPU, Tunis, 1997, p. 147-182.

BEN AISSA (M.S.), « Le champ d'application du décret n 89-442 du 22 Avril 1989 portant réglementation des marchés publics », in *Mél.Ayadi*, Tunis. CPU, 2000, p. 215-244.

BEN AISSA (M.S.), « La définition du contrat administratif dans la jurisprudence du Tribunal administratif : doutes et certitudes », *Mél. Amor*, CPU Tunis, 2005, p. 175 et suiv.

BEN AISSA (M.S.), « Le droit des contrats publics en Tunisie », (Dir.), U. Stelkens, R. Noguellou, « *Droit comparé des contrats publics* », Bruylant, Bruxelles, 2010, pp. 953-1007.

BEN AISSA (M-S), « L'identification du contrat administratif », Le Moniteur, Contrats publics, 2011, p. 30-34.
BEN HAMMED (R.), « L'interprétation des dispositions de la Constitution par le Conseil constitutionnel », (en arabe) in *Mél. Hachem*, Faculté de droit et des sciences politiques de Tunis, 2006, p. 1167.
BEN HAMIDA (A.), « La responsabilité publique selon la jurisprudence du Tribunal administratif » in « L'œuvre jurisprudentielle du Tribunal administratif », Tunis, CERP, 1990, p. 419.
BEN HAMIDA (W.), « Le contrôle de la validité de la convention d'arbitrage par le juge étatique : étude des solutions tunisiennes », Actes du colloque sur « Le juge et l'arbitrage », organisé par le DRIMAN, le CREDIMI et le CEJJ à Tunis les 25 et 26 avril 2013 à l'occasion du vingtième anniversaire du Code tunisien de l'arbitrage, Ed.A. PEDONE, 2014, p. 185-206.
BEN LETAIEF (M.), « Les marchés publics et la concurrence », Actes du colloque sur « *Concurrence et prix* » des 13 et 14 janvier 1993, AJT, n° 7, Faculté de droit et des sciences politiques de Tunis, p. 109-134.
BEN LETAIEF (M.), « Quelques réflexions sur le contractualisme dans l'action publique », in *Mél.S. Ben Halima*, CPU 2005, p.127.
BEN LETAIEF (M.), « Les procédures de passation et d'exécution des marchés publics », Rapport introductif au colloque sur « Les procédures de passation et d'exécution des marchés publics » des 12 et 13 février 2010, Etudes juridiques, n° 19, Faculté de droit de Sfax, p. 175 -207.
BEN LETAIEF (M.), « Droit de la commande publique : entre vigueur et renouveau », Le Moniteur, Contrats publics, 2011, p. 35-38.
BEN LETAIEF (M.), « Le droit des marchés publics en Tunisie : État des lieux et perspectives », in « Le droit des contrats publics en Tunisie et en Espagne, Aspects récents », CPU, Tunis, 2012, p. 59.
BEN MESSAOUD (K.), « L'impact de l'Accord d'association dans le domaine des marchés publics, des entreprises publiques et des monopoles d'Etat », AJT n°15, 2002, p. 7-28.
BEN MESSAOUD (K.), « La notion d'entreprise publique » in (S. la dir.de H. Ben Salah et A. Aouij « *Le droit des entreprises publiques* », Colloque de l'ATDA, Faculté de droit et des sciences politiques de Tunis, 2006, pp. 5-14.
BEN SALAH (H.), « Les entreprises publiques et la contractualisation » in « Le droit des entreprises publiques », Actes du colloque tenu à la faculté de Droit et des Sciences Politiques de Tunis le 11 et 12 mars 2005, p. 139 et s.
BERTEGI (B.), « Juge pénal et condamnation de l'administration » in : (Dir.) B. Bertegi : « *La sanction : anciennes solutions et nouvelles tendances* », Faculté des sciences juridiques, politiques et sociales de Tunis, 2005, p.226-236.
BOUACHBA (T.), « La réglementation des marchés publics : Les lignes directrices », Infos juridiques n° 26/27 juin 2007, p.6.

BOUACHBA (T.), « La responsabilité administrative devant le Tribunal administratif (La question de l'étendue du champ d'admission de la responsabilité administrative) », in « *Le centenaire du décret beylical du 27 novembre 1888 et le contentieux administratif* », Tunis, CERP, 1992, p. 273 et s.
BOUKADIDA (I.), « Le contrôle du Conseil de la concurrence sur les contrats de l'administration (en Tunisie) », La semaine juridique, Administration et collectivités territoriales, n° 15, 2010, p. 2129 et s.
BOSTANJI (S.), « L'inarbitrabilité des litiges nés de l'exécution des contrats administratifs à caractère international », Info-Juridiques, n° 130, octobre 2011, p. 12 et s.
BOSTANJI (S.), « *Réformer le système d'arbitrabilité des litiges en droit tunisien : pourquoi et comment ?* » (Dir.) Bostanji S. et Horchani F., « *Les perspectives d'évolution du droit de l'investissement et de l'arbitrage* », p. 237 et s.
BOSTANJI (S.), « Les vingt ans du code tunisien de l'arbitrage : bilan et perspectives », Actes du colloque sur « Le juge et l'arbitrage », organisé par le DRIMAN, le CREDIMI et le CEJJ à Tunis les 25 et 26 avril 2013 l'occasion du vingtième anniversaire du Code tunisien de l'arbitrage, Ed.A. PEDONE, 2014, p. 339-360.
CHAKER (A.), « Les modes alternatifs de règlement des litiges en matière de contrats publics », in « *Globalisation et contrats publics* (Dir.) M.R. Jenayah, CPU, Tunis, 2009, p.241-276.
CHEDLY (L.), « L'arbitrage international en droit tunisien », JDI 2008, n° 2, p. 389.
CHIKHAOUI (L), « L'évolution des modes de gestion locaux », Actualités juridiques tunisiennes n° 12, 1998, p. 103 et s.
DABBOU-BEN AYED (S.), « Dualité de juridiction ou juridiction d'attribution », RFDA 2004-5, p. 953.
DABBOU-BEN AYED (S.), « La transparence en Tunisie : réalité ou apparence », in *Confluences* : *MélangesJ. Morand-Deviller*, Montchrestien, 2007, p. 267-286.
DABBOU-BEN AYED (S.), « Arbitrage et entreprises publiques », in (S. la dir.de H. Ben Salah et A. Aouij « *Le droit des entreprises publiques* », Colloque de l'ATDA, Faculté de droit et des sciences politiques de Tunis, 2006, p. 79.
ELLEUCH (F.), « L'arbitrabilité des litiges en matière administrative interne », RTD 2006, pp. 227-270.
ESSID (M.), « La compétence du Tribunal administratif en matière de contentieux des marchés publics », (en arabe), Études juridiques, n° spécial sur le régime juridique des marchés publics dans les pays maghrébins, Faculté de droit de Sfax, 2007, p. 273-315.

FETOUI-BOUKDIDA (L.), « Le contrôle du Tribunal administratif sur les contrats publics » in « *Globalisation et contrats publics* », (Dir.)M.R. Jenayah, CPU, Tunis, 2009, p. 217 et s.

FEHRI (A.), « Le dépouillement des offres techniques et financières dans les marchés publics de travaux », (en arabe) in colloque sur « *Les procédures de passation et d'exécution des marchés publics* » des 12 et 13 février 2010, Etudes juridiques, n° 19, Faculté de droit de Sfax, 2012, p. 209-231.

FENDRI (Kh.), « Recours pour excès de pouvoir et recours de pleine juridiction », in *Mélanges Midoun*, 2013, p. 337.

FOURATI (S.), « La transparence en matière de marchés publics », (en arabe), Études juridiques, n° spécial sur le régime juridique des marchés publics dans les pays maghrébins, Faculté de droit de Sfax, 2007, p. 61-89.

FOURATI (S.), « Le recours pour excès de pouvoir et le contrat », in colloque sur « *L'évolution contrastée du recours pour excès de pouvoir* », Publications de l'école doctorale de la Faculté de droit de Sfax, 2010, p. 103-134.

FOURATI (S.), « L'évolution réglementaire du régime d'exécution des marchés publics », in colloque sur « *Les procédures de passation et d'exécution des marchés publics* » des 12 et 13février 2010, Études juridiques, n° 19, Faculté de droit de Sfax, 2012, p. 209-231.

GARGOURI (M.), « La résiliation du contrat de marché public en droit tunisien», (en arabe), Etudes juridiques, n° spécial sur « *Le régime juridique des marchés publics dans les pays maghrébins* », Faculté de droit de Sfax, 2007, p. 225-256.

GARA (N.), « Les difficultés de constitution du tribunal arbitral », Actes du colloque sur « Le juge et l'arbitrage », organisé par le DRIMAN, le CREDIMI et le CEJJ à Tunis les 25 et 26 avril 2013 l'occasion du vingtième anniversaire du Code tunisien de l'arbitrage, Ed.A. PEDONE, 2014, p. 63-68.

GHANNAI (T.), « La responsabilité administrative contractuelle », (en arabe), Etudes juridiques, n° spécial sur la responsabilité administrative, Faculté de droit de Sfax, 2006, p. 265-334.

GHANNAI (T.), « L'obligation d'exécution du marché public de la part du contractant de l'administration », (en arabe), Etudes juridiques, n° spécial sur « *le régime juridique des marchés publics dans les pays maghrébins* », Faculté de droit de Sfax, 2007, p. 135-192.

GHANNAI (T.), « Les modes alternatifs de règlement des litiges en matière administrative », Revue Droit et Politique, Faculté de droit et des sciences politiques de Sousse, n° 1, 2013, p. 309-400.

GHAYAZA (M.), « Les obligations de l'acheteur public dans l'exécution du marché public à travers la jurisprudence du Tribunal administratif », in colloque sur « *Les procédures de passation et d'exécution des marchés publics* » des 12 et 13 février 2010, Etudes juridiques, n° 19, Faculté de droit de Sfax, p. 233-247.

JENAYAH (A.), « La protection des principes de passation des contrats de commande publique », in Le régime des contrats publics en Tunisie, actes du colloque organisé par la faculté de droit de Sfax le 5 et 6 février 2016 (à paraître).

JENAYAH (M.-R.), « Le sursis à exécution des décisions administratives en Tunisie », RTD, 1977, p. 59.

JENAYAH (M.-R.), « La responsabilité administrative à raison des dommages de travaux publics », Etudes juridiques, n° spécial « *La responsabilité administrative* », Faculté de droit de Sfax, 2006, p. 335-349.

JENAYAH (M.-R.), « La constitutionnalisation du droit administratif tunisien », Actes du colloque organisé par l'URDAS et l'ATDC à l'occasion du cinquantenaire de la constitution du 1er juin 1959 « *Administration et Constitution* », Tunis, 2010, p. 13-34.

JENAYAH (M.-R.), « Contrats publics et hiérarchie des normes », Actes du colloque de Sousse « « *Globalisation et Contrats publics au Maghreb* », (23, 24 et 25 avril 2009), in Semaine juridique, Éd. Administration et collectivités territoriales, n° 15 du 12 avril 2010, pp. 16-34.

JENAYAH (M.-R.), « Démocratie locale et transition politique en Tunisie », Droit et Politique, Faculté de droit et des sciences politiques de Sousse, n° 1, 2012, p.401-411.

JENAYAH (M.-R.), « The criminal repression of corruption in public procurement of Tunisia », in « *Integrity and Efficiency in Sustainable Public Procurement Contracts* » ,Bruylant, Bruxelles, 2014, pp. 101-114.

JENAYAH (M.-R.), « La pénalisation du droit de la commande publique », Revue Droit et Politique, Faculté de droit et des sciences politiques de Sousse, n° 2, 2014.

JERIBI (G), « L'expérience du Conseil de la concurrence tunisien », CNUCED, juillet 2004.

JERBI (S.), « La requalification par le juge étatique de la nature interne ou internationale de l'arbitrage », Actes du colloque sur « Le juge et l'arbitrage », organisé par le DRIMAN, le CREDIMI et le CEJJ à Tunis les 25 et 26 avril 2013 l'occasion du vingtième anniversaire du Code tunisien de l'arbitrage, Ed. A. Pédone, 2014, p. 155-168.

JOUDI (N.), « Le contrôle préalable des dépenses publiques et les marchés publics » (en arabe), RTAP n°9, Tunis, ENA, 1993.

KARRAY (B.), « L'apport du droit de l'OMC dans la globalisation du droit des marchés publics », in « *Globalisation et contrats publics* », (Dir.) M.R. Jenayah, CPU, Tunis, 2009, p. 147-160.

KHARRAT (A.), « Le contrôle de la Cour des comptes en matière de marchés publics», (Études juridiques, n° spécial sur le régime juridique des marchés publics dans les pays maghrébins, Faculté de droit de Sfax, 2007, p. 19-35.

KHEMAKHEM (R.), « Les crimes de corruption dans la nouvelle loi portant modification de certaines dispositions du code pénal (en arabe) », RJL, juin 1998, p. 11 et s.
LABIDI (M.N.), « Le nouveau rôle du contrôleur public des dépenses en matière de marchés publics », RTAP (Servir), n° 38, 2ème trimestre 2004, p. 143-150.
LADHARI (N.), « Le TA de la République tunisienne », RTD 1974, p.198.
LAKHDAR (M.), « Les contrôles administratifs internes des finances publiques », Servir, ENA, Tunis, 1981.
MAGNET (J.), « La Cour des comptes tunisienne », Servir, Tunis, ENA 1983, p. 83-85.
MANSOUR CHERIF (N.), « La réforme du régime juridique des concessions à l'épreuve du partenariat public-privé », Infos juridiques, n 200/201, mai 2015, p. 10.
MASMOUDI-CHAKER (F.), « Acte unilatéral et contrats publics », in « *Globalisation et contrats publics* », sous la Dir. JENAYAH (M.R.) CPU, Tunis, 2009, p. 33 et s.
MESTRE (A.), « Conseil d'État français et Tribunal administratif tunisien», in Mél.*M.Waline,*LGDJ, 1974, p. 59 et s.
MESTRE (A.), « Brèves observations sur la jurisprudence du Tribunal administratif », RTD, 1980, p. 527 et s.
MIDOUN (M.), « L'avenir du Décret Beylical du 27 Novembre 1888 – Essai d'évaluation des chances de survie d'un centenaire », Actes du colloque sur : « *Le centenaire du décret beylical du 27 novembre 1888 et le contentieux administratif* », CERP, Tunis, 1992.
MIDOUN (M.), « Les établissements publics à caractère non administratifs : des établissements de troisième type », in *Mélanges Ayadi*, CPU, Tunis, 2000, p. 665-718.
M'KAOUER (F.), « Le contentieux des contrats administratifs face aux exigences de l'activité économique », Colloque de l'ATDA des 6 et 7 mars 2009 « *Droit et Economie* » Tunis, doc. ronéoté.
MOUSSA (H.), « L'exécution de la chose jugée et la réforme de la justice administrative », in « *La réforme de la justice administrative* », (Dir.) M.L.F. Moussa, CPU, Tunis, 1997, p. 59 et s.
SAYARI (M.), « L'identification des décisions détachables du contrat dans la jurisprudence du Tribunal administratif », in *Mélanges Y. Ben achour*, Tunis, CPU, 2008, p.35 et s.
SAYARI (M.), « La responsabilité administrative contractuelle dans la jurisprudence du Tribunal Administratif », Contrats Publics, Le Moniteur, n° 107, 2011, p. 39-42.
SAYARI (M.), « La concession de service public dans la loi du 1er avril 2008 relative au régime des concessions », *in* « Le droit des contrats publics en Tunisie et en Espagne : Aspects récents », CPU, 2012, p. 175.

SAYARI (M.), « Les collectivités locales dans la constitution tunisienne du 27 janvier 2014 : observations sur le chapitre 7 intitulé : « L'autorité locale », in *Mouvance du droit*, Études en l'honneur du professeur Rafâa Ben Achour, Tome II, Tunis, 2015, p. 59.
SGHAIER (I.), « Le contrôle préalable à la conclusion du contrat », communication présentée à l'occasion du colloque organisé par la Faculté de droit de Sfax les 5 et 6 février 2016 « le régime juridique des contrats publics », doc. Ronéoté.
TOUNAKTI (A.), « Le contrôle de la Cour des comptes sur les contrats de l'administration », in « *Globalisation et contrats publics* », sous la (Dir.) M.R. Jenayah, CPU, Tunis, 2009, p.171-187.
ZINE (M.), « Quelques aspects des rapports de l'action publique et de l'action civile », RTD 1982, pp. 61 et s.

I.4. Recueils de jurisprudence
JENAYAH (M-R.),*Les grands jugements de la jurisprudence administrative*(GJJA) (en arabe), (ouvrage collectif), Tunis, CPU, 2007.
Bulletin civil des arrêts de la Cour de Cassation, Éd. Ministère de la Justice (depuis 1960), (en arabe).
Bulletin criminel des arrêts de la Cour de Cassation, Ministère de la Justice (depuis 1960), (en arabe).
Revue de jurisprudence et de législation (RJL), (en arabe).
RIAHI (M.), *Recueil des décisions du Conseil des Conflits de Compétence*(en arabe), CPU, 2007.
BEN HASSEN (I.), *Recueil des décisions du Conseil des Conflits de Compétence* (en arabe), à paraître.

II. Droit français :
II.1. Ouvrages généraux (traités, manuels, cours) :
AUBY (J. M.), DRAGO (R.), *Traité de contentieux administratif*, 2 vol., LGDJ, 3ème éd., 1984.
BOUVIER (M), ESCLASSAN (M.C.), LASSALE (J-P.), *Finances publiques*, 15ème éd., LGDJ, 2016.
BRAIBANT (G.), STIRN (B.), *Le droit administratif français*, PFNSP, Dalloz, 7ème éd., 2005.
BROYELLE (C.), *Contentieux administratif*, LGDJ, 2011.
CHAPUS (R.), *Droit administratif général*, Tome 1, Montchrestien, 15ème éd., 2001.
CHAPUS (R.), *Droit du contentieux administratif*, Montchrestien, 13ème éd., 2008.
DELMAS-MARTY (M.), GIUDICELLI-DELAGE (G.) (dir.), *Droit pénal des affaires*, 4ème éd., Thémis, 2000.
DELVOLVÉ (P.), *Le droit administratif*, 5ème éd., Dalloz, 2009, *Coll. Connaissance du droit*.

ECKERT (G.), *Droit public des affaires,* LGDJ, 2ème éd., 2013.
FRIER (P.-L.), PETIT (J.), *Précis de droit administratif*, Montchrestien, 10ème éd., 2015.
GONOD (P.), MELLERAY (F.) et YOLKA (Ph.), *Traité de droit administratif*, Dalloz, 2 tomes, 2011.
GUETTIER (C.), *Droit des contrats administratifs*, PUF, 3ème éd., coll. « Thémis », 2011.
GUYOMAR (M.) et SEILLER (B.), *Contentieux administratif*, Dalloz, 2010.
GROS (M.), *Droit administratif. L'angle jurisprudentiel*, L'Harmattan, 2012.
HOEPFFNER (H.), *Droit des contrats administratifs*, 1ère éd., Cours Dalloz, 2016.
KELSEN (H.), *Théorie pure du droit*, trad. Charles EISENMANN, Bruylant, LGDJ, 1962.
LAUBADERE (A. de), MODERNE (F.), DELVOLVÉ (P.), *Traité des contrats administratifs*, Tome 2, LGDJ, 1983.
LICHÈRE (F.), *Droit des contrats publics*, Mémentos Dalloz, 2014.
LINDITCH (F.), *Le droit des marchés publics*, Dalloz, 6ème éd., 2015.
LOMBARD (M.), DUMONT (G.) et SIRINELLI (J.), *Droit administratif*, Dalloz, 11ème éd., 2015.
MAGNET (G.), *Eléments de comptabilité publique*, LGDJ, 5ème éd., 2001, Coll. Systèmes.
MORAND-DEVILLER (J.), *Cours de droit administratif*, 14ème éd., Montchrestien, 2015.
NICINSKI (S.), *Droit public des affaires*, 5ème éd., Montchrestien, 2016.
PLESSIX (B.), *Droit administratif général*, Lexisnexis, 2016.
RICHER (L.) et LICHÈRE (F.), *Droit des contrats administratifs* : LGDJ, 10 ème éd, 2016.
SEILLER (B.), *Droit administratif*, Flammarion, T1, 5ème éd., 2013 ; T2, 5ème éd., 2014.
SOYER (J.C), *Droit pénal et procédure pénale*, LGDJ, 21ème éd., 2012.
TRUCHET (D.), *Droit administratif*, PUF, 6ème éd., 2015.
UBAUD-BERGERON (M.), *Droit des contrats administratifs*, Lexisnexis, coll. « Manuel », 2015.
YOLKA (P.), *Droit des contrats administratifs*, LGDJ, coll. « Systèmes », 2013.

II.2. Ouvrages spécialisés, thèses et mémoires :

1. Ouvrages spécialisés :

ALLAIRE (F), *L'essentiel du droit des marchés publics*, Gualino, 9ème éd., 2016.
AUBY (J.B.), KIRAT (T.), MARTY (F.), VIDAL (L.), *Économie et droit du contrat administratif : l'allocation des risques dans les marchés publics et les délégations de service public*, la Documentation française, 2005.

BAECKE (P. de), *Comprendre simplement les marchés publics*, Ed. Le Moniteur, cop. 2013.
BERGEAL (C.) et LENICA (F.), *Le contentieux des marchés publics*, 2ème éd., Imprimerie nationale, 2010, coll. « Essentiels experts/Marchés publics locaux ».
BLOCH (B-M), *Code de la commande publique commenté 2017*, Éd. Berger-Levrault, 2017.
BOURRACHOT (F.), CHABANOL (D.), JOUGUELET (J-P.), *Le régime juridique des marchés publics : Droits et obligations des signataires,*Éd. du Moniteur, 5ème éd., 2007.
BRACONNIER (S.), *Précis du droit des marchés publics*, éd. Le Moniteur, 4èmeéd., 2012.
BRACONNIER (S.), *Précis du droit de la commande publique, marchés publics, concessions,* éd. Le Moniteur, 5ème éd., 2017.
BRECHON-MOULENES (Ch.) (dir.), *Droit des marchés publics*, Le Moniteur, avec mises à jour périodiques.
BRISSON (J-F.), *Les fondements juridiques du droit des marchés publics*, Imprimerie nationale, 2004, coll. « Essentiels experts/Marchés publics locaux ».
CASSIA (P.), *Les référés administratifs d'urgence*, LGDJ, 2003.
CASSIA (P.), *Pratique des référés précontractuels*, Litec, 2008.
CHARREL (N.), *CCAG : MI, PI, TIC commentés*, Éd. Le Moniteur, 2015.
CLAMOUR (G.), DELELIS (P.), DEVILLERS (P.), ECKERT (G.), HOEPFFNER (H.), LINDITCH (F.), MARTIN (J.), MULLER (E.), RICHER (L.), ROMAN-SEQUENSE (B.), SIMONNET (Y.), UBAUD-BERGERON (M.), ZIMMER (W.), (Ouvrage collectif), *Le droit de la commande publique*, Lexisnexis, Actualité, 2016.
COSSALTER (P.), *Règlement amiable des litiges dans les marchés publics, Méthode et cadre juridique*, Territorial éditions, 2016.
CROS (N.), BOISSY (X.), *Les litiges des marchés publics*, Berger-Levrault, 2010.
FENECH (G.), PETIT (P.), *La moralisation des marchés publics,* PUF, coll. Que sais-je ?, n° 3452, 1998.
GOURDOU (J.), BOURREL (A.), *Les référés d'urgence devant le juge administratif*, L'Harmattan, 2003.
GUÉZOU (O.), *Traité de contentieux de la commande publique*, Le Moniteur, 2015.
GUÉZOU (O.), LICHÈRE (F.), (Dir.), *Droit des marchés publics et contrats publics spéciaux*, Éd. Le Moniteur, (ouvrage sur feuillets mobiles, 4 tomes).
GUIBAL (M.) et CHARREL (N.), *Code pratique des marchés publics, Ordonnance n° 2015-899 du 23 juillet 2015, Décret n° 2016-360 du 25 mars 2016,*Éd. Le Moniteur, 9ème éd, 2016.
LAFAIX (J-F.) (Dir.), *Le renouvellement de l'office du juge administratif français*, Berger-Levrault, 2017, 334 p.

LE BOT (O.), *Le guide des référés administratifs*, Dalloz, 2013.
LICHÈRE (F.), (Dir.), *Le nouveau droit des marchés publics*, Colloque Montpellier, septembre 2003, Éd. L'Hermès, 2004.
LINDITCH (F.), (Dir), *Guide de l'Achat public*, Lexisnexis, 2013.
LLORENS (F.), SOLER-COUTEAUX (P.)*Code des marchés publics*, Litec, 8ème éd, 2015.
MABIN (D.), *Marchés publics : la notion, les procédures, les contrôles et voies de recours,* Ed. Studyrama, Collec. Panorama du droit, 2013.
MARTINEZ (B.), SERR (F.), *Exécution des marchés publics : mise en œuvre administrative et financière*, Ed. Le Moniteur, Collec. Pratique du droit, 2ème éd., 2016.
MODERNE (F.), *Les quasi-contrats*, Sirey, 1995.
NOGUELLOU (R.), STELKENS (U.) (dir.), *Droit comparé des contrats publics*, Bruylant, Bruxelles, 2010.
PALMIER (S.) et RAYSSAC (R.), *Les MAPA · Passation et exécution des marchés à procédure adaptée, Ed. Le Moniteur*, 2013, Collec. « Guides juridiques ».
RACCA (G-M.) et YUKINS (C.), (Dir.), *Integrity and Efficiency in sustainable Public Contracts*, Bruylant, 2014.
RAPP (L.), TERNEYRE (P.) (dir.), *Lamy droit public des affaires*, Wolters Kluwer, 2010.
RICHER (L.), *L'Europe des marchés publics. Marchés publics et concessions en droit communautaire*, LGDJ, 2009.
SCHULTZ (P.), *Les marchés publics*, 2ème éd., 2003, Coll., « Politiques locales».
STIRN (B.) et AGUILA (Y.), *Droit public français et européen,* Dalloz, 2014.
SYMCHOWICZ (N.), *Marchés publics* in Droit public des affaires, Lamy (annuel).
TAILLEFAIT (A.), *Les aspects financiers et comptables des marchés publics locaux*, Imprimerie nationale, 2003, Coll., « Essentiels Experts / Marchés publics ».

2. Thèses et mémoires :

AJJOUB (M.), *La notion de liberté contractuelle en droit administratif français,* Thèse de doctorat, Droit Public, Paris 2, 2016.
BADAOUI (J.), *Le fait du prince dans les contrats administratifs*, Thèse, LGDJ, 1954.
BAILLEUL (D.), *L'efficacité comparée des recours pour excès de pouvoir et de plein contentieux objectif en droit public français*, LGDJ, 2002.
BONNARD (R.), *Le contrôle juridictionnel de l'administration : étude de droit administratif comparé*, rééd, Dalloz, 2006.
BOURDON (P.), *Le contrat administratif illégal*, Thèse, Dalloz, 2014.
BRENET (F.), *Recherches sur l'évolution du contrat administratif,* Thèse, Poitiers, 2002.

BRIGANT (J.M),*Contribution à l'étude de la probité*, Thèse pour le doctorat en droit privé et sciences criminelles, Université Paris 1-Panthéon-Sorbonne, 2009.
BUCHER (C-É.), *L'inexécution du contrat de droit privé et de droit public,étude de droit comparé interne*, Dalloz, coll. « Nouvelle bibl. de thèses », vol. 102, 2011.
CLAMOUR (G.), *Intérêt général et concurrence*, Dalloz, 2006.
COQ (V.), *Nouvelles recherches sur les fonctions de l'intérêt général dans la jurisprudence administrative*, Collec. Logiques Juridiques, L'Harmattan, 2015, 645 p.
DUBOIS (Ch.), *Responsabilité civile et responsabilité pénale. À la recherche d'une cohérence perdue*, LGDJ, 2016.
CHIFFLOT (N.), *Le droit administratif de Charles Eisenmann*, Dalloz, coll. « Nouvelle bibl. de thèses », vol. 83, 2009.
ENTIOPE (M.), *Le contrôle des marchés publics,* Thèse, Université de Nancy 2, 1999.
FAURE-ABBAD (M.), *Le fait générateur de la responsabilité contractuelle. Contribution à la théorie de l'inexécution du contrat,* LGDJ, 2003.
FOLLIOT (L.), *Pouvoirs des juges administratifs et distinction des contentieux en matière contractuelle*, thèse Paris II, 1994.
HOEPFFNER (H.), *La modification du contrat administratif*, LGDJ, coll. Bibl. dr. publ. 2009.
JORADAO (E.), *Le juge et l'administration : Entre le contrôle et la déférence*, Bruylant, 2016.
KALFLECHE (G.), *L'évolution du droit des marchés publics. Des marchés publics à la commande publique,* Thèse, Paris II, 2004.
LAFAIX (J-F.), *Essai sur le traitement des irrégularités dans les contrats de l'administration*, Thèse, Dalloz, 2009.
LANGELIER (E.), *L'office du juge administratif et le contrat administratif*, LGDJ, Coll. de la faculté de Droit de Poitiers, 2012.
LECLERC (C.), *Le renouvellement de l'office du juge administratif français*, Collec. Logiques Juridiques, L'Harmattan, 2015, 938 p.
LEPETIT-COLLIN (H.), *Recherches sur le plein contentieux objectif*, LGDJ, 2011.
LIERE (S.), *L'innovation technologique dans les contrats publics d'affaires*, Thèse pour le doctorat en droit public, Université Paris 2 Panthéon-Assas, 2017.
LLORENS (F.), *Contrat d'entreprise et marché de travaux publics (Contribution à la comparaison entre contrat de droit privé et contrat administratif)*, Paris, LGDJ, 1981.
MELLERAY (F.), *Essai sur la structure du contentieux administratif français. Pour un renouvellement de la classification des principales voies de droit ouvertes devant les juridictions à compétence générale*, LGDJ, Paris, 2001, 466 p.

NOGUELLOU (R.), *La Transmission des obligations en droit administratif*, Thèse, LGDJ, 2004.
OUM OUM (J-F), *La responsabilité contractuelle en droit administratif*, LGDJ, 2014.
POUYAUD (D.), *La nullité des contrats administratifs*, LGDJ, 1991.
PEZ (T.), *Le risque dans les contrats administratifs*, LGDJ, 2013, 944 p.
PREBISSY-SCHNALL (C.), *La pénalisation du droit des marchés publics*, Thèse, LGDJ, 2002.
SOUHAIL (K.), *La transparence, instrument juridique majeur de la lutte contre la corruption,* Thèse pour le doctorat en droit public, Université Toulouse 1, 2012.
TALLET- PREUD'HOMME (L.), *L'articulation des voies de droit dans le contentieux de la commande publique à l'initiative des tiers au contrat*, Logiques juridiques, collec. L'Harmattan, 2013.
TERNEYRE (P.), *La responsabilité contractuelle des personnes publiques en droit administratif*, Thèse, Économica, 1989.
UBAUD-BERGERON (M.), *La mutabilité du contrat administratif*, Thèse, Université Montpellier I, 2004.
VIDAL (L.), *L'équilibre financier des contrats administratifs*, Thèse, Bruylant, 2005.

II.3. Articles :

AGNUS (O.), « Pour un grand soir du contentieux de la passation des contrats publics », AJDA, 2014, p. 2044.
ALONSO GARCIA (A.) et MAILLIARD (A.), « Indemnité de résiliation unilatérale : le contrôle du juge », Droit Administratif n° 5, Mai 2006, comm. 74.
AMSELEK (P.), « La qualification des contrats de l'administration », AJDA 1983, 3.
AUBY (J-B.), « Conflit d'intérêts et droit administratif », Dr.adm.2010, Etude 24.
AUBERT (S.), « L'incidence de la nullité du contrat sur la qualification et le régime juridique des prestations supplémentaires », AJDA, mars 2012, 11, p. 598-603.
AUBERT (S.), « La cause juridique dans le contentieux de l'exécution des marchés publics », RFDA, 2012, n° 4, p. 672-682.
AUBERT (S.), « La notion de litige distinct dans le contentieux de l'exécution des marchés publics », AJDA 2014 p. 1757.
BAILLEUL (D.), « L'évolution du contrôle de légalité des actes administratifs : nouvel état des lieux », La Semaine Juridique Administrations et Collectivités territoriales n° 35, 1er Septembre 2014, 2241.

BAZEX (M.) et BLAZY (S.), « Le juge doit-il contrôler la pertinence de l'analyse économique servant de base à une décision ? », Droit administratif, février 2005, n° 2, comm. 26.
BECHILLON (D. de), « Le contrat comme norme de droit public », RFDA 1992, p.15 et suiv.
BEDUSCHI-ORTIZ (A.), « La notion de loyauté en droit administratif », AJDA 2011. 944.
BOUBLI (B.), « Le bouleversement de l'économie du contrat dans les marchés publics et les marchés privés », in *Confluences* : *Mélanges J. Morand-Deviller*, Montchrestien, 2007, p. 201-208.
BOURDON (P.), « Contrat administratif et régulation(s) », in *Mélanges L. Richer*, LGDJ 2013, p. 499-509.
BOURDON (P.), « Le contentieux du contrat administratif illégalaprès la décision Tarn-et-Garonne », JCP (G), n° 25, 2014, pp. 1249-1258.
BOURDON (P.), « L'ordonnance du 23 juillet 2015 relative aux marchés publics : premier acte de la rationalisation du droit de la commande publique », RDI, n° 1, 2016, pp. 8-14.
BOURREL (A.), « Le rapprochement de l'office du juge de l'exécution et de l'office du juge du contrat. Des suites de l'arrêt Ophrys », in BJCP, mai-juin 2013, p. 163 et s.,spéc. p. 170.
BRACONNIER (S.), « L'office du juge des contrats, juge de l'exécution », RDI, Juillet 2010, 7, p. 382-383.
BRACONNIER (S.), « Les recours ouverts aux tiers », AJDA 2011, p. 314.
BRACONNIER (S.) et MOURIESSE (X.), « La défaillance du membre d'un groupement d'entreprises titulaire d'un marché public », Contrats et Marchés publics n° 4, Avril 2011, 3.
BRACONNIER (S.), « Pénalités de retard et fin du contrat », RDI, Juillet 2012, p. 402-402.
BRACONNIER (S.) et LE COQ (M.), « Le référé suspension de la jurisprudence Béziers II », Contrats et Marchés publics n° 2, Février 2012, 2.
BRACONNIER (S.), « L'effet relatif des contrats à l'égard des tiers : Principe, limites et exceptions », Contrats et Marchés publics n° 12, Décembre 2012, prat. 8.
BRACONNIER (S.), « L'enrichissement sans cause dans le droit de la commande publique », Contrats et Marchés publics n° 7, Juillet 2013, prat. 6.
BRACONNIER (S.), « Retard de chantier et (dés)équilibre des relations contractuelles », AJDA 2014, p. 2343.
BRACONNIER (S.) et SIMMONET (Y.), « Référé provision et contrats publics », Revue Contrats et Marchés publics, Mars 2014, 3, p. 46-48.
BRÉCHON-MOULÈNES (C.), « La place du juge administratif dans le contentieux économique public », AJDA, 2000, p. 679.

BRÉCHON-MOULÈNES (C.), « De la loyauté de l'autorité publique contractante », in *Mouvement du droit public : Mélanges F. Moderne*, Dalloz, 2004, p. 439.
BRENET (F.), « L'annulation des mesures d'exécution du contrat par le juge de plein contentieux. Renouveau et perspectives », Droit administratif 2000, étude 18.
BRENET (F.) et MELLERAY (F.), « Encore de nouveaux pouvoirs pour le juge du contrat », Droit administratif n°5, Mai 2011, comm. 46.
BRENET (F.), « Répartition des rôles entre le juge de l'exécution et le juge du contrat », note sous CE, 21 février 2011, Société Ophrys, Droit administratif, mai 2011, p. 31 et s.,spéc. p. 34.
BRENET (F.), « Annulation d'un acte détachable et office du juge de l'exécution », note sous CE, 10 décembre 2012, Société Lyonnaise des eaux France, in Droit administratif, mars 2013, p. 35 et s.,spéc. p. 37.
BRENET (F.), « Arbitrage et contrat administratif : l'incompétence toute relative du juge administratif », Droit Administratif n° 7, Juillet 2013, comm. 49.
BRENET (F.), « Libres propos sur la « judiciarisation » du contrat administratif : un nouveau juge pour un nouveau contrat administratif ? », in *Mélanges L. Richer*, LGDJ 2013, p.529.
BRENET (F), « L'avenir du contentieux des actes détachables en matière contractuelle », AJDA, 2014, p. 2061.
BRENET (F.), « Les nouvelles bases du droit des marchés publics », AJDA, 2015, p. 178.
BRENET (F.), « Résiliation du contrat administratif par le cocontractant de l'Administration », Droit Administratif n° 2, Février 2015, comm. 12.
BRISSON (J-F.), « Le droit au juge dans le contentieux des marchés publics. Dynamisme, dynamiques et limites du droit communautaire processuel », in *Mélanges Guibal*, Presses de l'Université de Montpellier, 2006, p. 339.
BUEB (J.-P.), « La lutte contre la fraude et la corruption dans les marchés publics », Forum mondial de l'OCDE sur la gouvernance, Partager les enseignements de la promotion de la bonne gouvernance et de l'intégrité dans les marchés publics, Document de séance, 30 nov-1er déc. 2006, p. 40.
BUSSON (E.), « Est-il encore pertinent aujourd'hui de demander l'annulation de l'acte détachable alors qu'il existe un juge de plein contentieux ? », La Semaine Juridique Administrations et Collectivités territoriales n° 24, 14 Juin 2011, 2213.
CADIEU (P.), « Les limites du guide de bonnes pratiques en matière de marchés publics », Revue Lamy, Collectivités Territoriales, 2012, 79, p. 39-42.
CADIEU (P.), « Le contrôle de la commande publique à la croisée des chemins », Revue Lamy Collectivités territoriales 2012, 81.
CAILLOSSE (J.), « Le droit administratif français saisi par la concurrence », AJDA 2000, p.100.

CANIVET (G.), « La pertinence de l'analyse économique du droit : le point de vue du juge », Les Petites Affiches, 19 mai 2005, n 99, p. 23.
CARTIER-BRESSON (J.), « Corruption et pratiques anticoncurrentielles », LPA, 1er juillet 1999.
CASSIA (P.), « Le référé contractuel : beaucoup de bruit pour – presque - rien », in *Mélanges L. Richer*, LGDJ 2013, p. 561.
CHAMPY (J-L.), « Contentieux de l'exécution des contrats publics : du bon usage des procédures d'urgence », Contrats et Marchés publics n° 11, Novembre 2013, 9.
CHAPUS (R.) « Dualité de juridictions et unité de l'ordre juridique » in « La dualité des juridictions en France et à l'étranger », RFD adm. 1990, p. 739 et s.
CHAVAROCHETTE-BOUFFERET (S.), « Marché public - Exécution », Le Moniteur- Contrats publics, Avril 2010, n° 98, p. 16.
CHEVALLIER (J.), « Nullité et annulabilité en droit civil », Travaux de l'Association H. Capitant, 1961-1962, p. 515.
CHEVALLIER (E.), « La loyauté contractuelle : portée d'une notion novatrice en droit des contrats administratifs », JCP ACT n° 50, 17 Décembre 2012, 2392.
CLAMOUR (G.), « Tiers et responsabilité(s) liée(s) au contrat public », in *Mélanges L. Richer*, LGDJ, 2013, p. 325.
CLAMOUR (G.), « Nouvelle directive marchés, premier panorama », Contrats et Marchés publics n° 3, Mars 2014, comm. 71.
CLAMOUR (G.), « Vers le Code de la commande publique », Contrats et Marchés publics n° 2, Février 2015, comm. 29.
COLSON (E.), « Marchés publics : le référé-provision pour lutter contre les impayés », Droit administratif - n° 2, Février 2015, prat. 2.
COLSON (E.), « Exécution des marchés publics : le référé-provision au secours des opérateurs économiques », Le Moniteur - Contrats publics - n° 156, Juillet 2015.
CONDOMINES (A.) et LEMORHEDEC (E.), « Panorama des décisions récentes du Conseil de la concurrence en matière de marchés publics », Petites affiches, 02 mai 2002 n° 88, p. 4.
COSSALTER (P.), « Une décision de résiliation d'un contrat administratif peut faire l'objet d'un recours en reprise des relations contractuelles accompagné d'une requête en référé-suspension », Revue juridique de l'économie publique n° 690, Octobre 2011, comm.44.
COUZINET (J-F.), « Cas de force majeure et cas fortuit : causes d'exonération de la responsabilité administrative », RDP, 1993, p. 1385.
CUTAJAR (C.), « Analyse du droit positif en matière d'atteintes à la probité », AJ Pénal, 2013, p.70.
DACOSTA (B.), « Esquisse d'une typologie des requérants en matière contractuelle », AJDA 2014, p. 2049.

DARCY (G.), « Variations sur l'acte détachable du contrat », in Contrats publics : Mél. en l'honneur du Professeur M. Guibal, Montpellier, t.1, 2006, p. 50.
DEGUERGUE (M.), « Intérêt général et intérêt public : tentative de distinction », in *Mélanges Truchet*, Dalloz, 2015, p. 131 et s.
DELACOUR (E.), « Marchés publics : Le régime des avances », Contrats et Marchés publics n° 12, Décembre 2001, comm. 11.
DELACOUR (E.), « Contrats publics et procédures collectives », Contrats et Marchés publics n° 2, Février 2003, 2.
DELACOUR (E.), « Pouvoir de résiliation unilatérale et règles de comptabilité publique », Contrats et Marchés publics n° 5, Mai 2006, comm. 136.
DELAUNAY (B.), « Les sentences arbitrales concernant les personnes publiques en matière de commerce international : le contrôle du juge administratif », RFDA, 2017, p. 111.
DELLIS (G.), « Droit pénal et droit administratif, l'influence des principes du droit pénal sur le droit administratif répressif », LGDJ, 1997.
DELELIS (P.), « Le régime d'exécution des contrats d'achat public », Contrats et Marchés publics n° 5, Mai 2005, étude 10.
DELELIS (P.), « L'indemnisation du préjudice contractuel : une approche comparée des contentieux administratif et judiciaire », in Contrats publics, Mélanges Guibal, PU Montpellier, 2006, p. 553.
DELELIS (P.), « Les insuffisances des procédures de référé », AJDA, 2011, p. 320.
DELVOLVÉ (P.), « Vers l'unification du droit des marchés publics ? », in *Mélanges R. Drago*, Economica, 1996, p. 225
DELVOLVÉ (P.), « Les nouveaux pouvoirs du juge administratif dans le contentieux des contrats », in *MélangesR. Perrot*, Dalloz, 1996, p. 83 et suiv.
DELVOLVÉ (P.), « Constitution et contrats publics », in *Mélanges R. Moderne*, Dalloz, 2004, p. 499 et suiv.
DELVOLVE (P.), « Contrats publics et sécurité juridique », in « Le contrat mode d'action publique et de production de normes », EDCE 2008, p. 329 et suiv.
DELVOLVÉ (P.), « Les contrats de la « commande publique », RFDA, mai 2016, p. 200.
DEVILLERS (P.), « L'exécution des marchés dans la nouvelle ordonnance : la sous-traitance mieux encadrée », Contrats et Marchés publics n° 10, Octobre 2015, dossier 10.
DE MONSEMBERNARD (M.), « L'exécution des marchés publics de travaux : pouvoirs et responsabilités de la collectivité, donneur d'ordre », AJ Collectivités Territoriales 2013 p. 173.
DIDRICHE (O.), « Étendue du contrôle du comptable public sur les pièces justificatives des marchés », AJ Collectivités Territoriales 2012 p. 433.

DIDRICHE (O.), « La sous-traitance dans les marchés publics », AJ Collectivités Territoriales 2013 p. 178.
DRAGO (R.), FRISON-ROCHE (M.-A.), « Mystères et mirages des dualités des ordres de juridictions et de la justice administrative », Arch. phil. Droit, p. 135-148.
DREYFUSS (M.), « L'immixtion du droit privé dans les contrats administratifs », AJDA 2002, p.1373.
DREYFUS (J-D), « Les contrôles sur les contrats des collectivités territoriales », Contrats et Marchés publics n° 5, Mai 2007, étude 8.
DREYFUS (J-M.), « L'exécution des contrats, les pouvoirs de contrôle de l'administration en France », in « *Le contrôle des marchés publics*», (Dir.) G. Marcou, Ouvrage collectif L. Folliot-Lalliot, 2009, p. 235 et s.
DREYFUS (J-D.), « Tempérament au principe de non rétroactivité pour les actes administratifs en lien avec un contrat », note sous CE, 8 juin 2011, Commune de Divonne-les-Bains, in AJDA, 2011, p. 1685 et s.,spéc. p. 1685.
DURIF (F.), « L'exécution financière des marchés publics », AJCT, 24/04/2013, n° 04.
ECKERT (G.), « Recours en contestation de la validité de la décision de résilier un marché public », Contrats et Marchés publics n° 2, Février 2012, comm. 59.
ECKERT (G.), « Les pouvoirs de l'administration dans l'exécution du contrat et la théorie générale des contrats administratifs », Contrats et Marchés publics, n° 10, Octobre 2010, étude 9.
ECKERT (G.), « Exigence de loyauté dans l'exécution du contrat », Contrats et Marchés publics n° 7, Juillet 2014, comm. 191.
FABIUS (L.), « Exécution des marchés : mise en œuvre des critères sociaux. Article 14 du code des Marchés », Marchés Publics-La Revue de l'achat public, 2003, n° 4, p. 15.
FATÔME (F.), « Les avenants », AJDA, 1998, p. 760 et suiv.
FATÔME (E) et MENEMENIS (A.), « Concurrence et liberté d'organisation des personnes publiques : éléments d'analyse », AJDA, 2006, p.67.
FOLLIOT-LALLIOT (L.), « Règlement des litiges contractuels publics : Aperçu de la situation en Europe », (Dir.) G. Marcou, Ouvrage collectif L. Folliot-Lalliot, 2009, p. 355 et s.
GAUDEMET (Y.), « Remarques à propos du sursis à exécution des décisions administratives », RDP 1974, p. 385.
GAUDEMET (Y.), « Prolégomènes pour une théorie des obligations en droit administratif français », in *Mélanges J. Gaudemet*, PUF, 1999, p. 61 et suiv.
GAUDEMET (Y.), « Les contrats de partenariat public-privé : étude historique et critique », BJCE, 2004, p. 331 et s.
GAUDEMET (Y.), « Pour une nouvelle théorie générale du droit des contrats administratifs », RDP, 2010, p. 313.
GILLI (J.-P.), « Marchés publics et compétence administrative », AJDA 1984, p.524.

GIPOULON (J-F.), « Détachabilité d'un acte d'exécution du contrat », AJDA, 1993 p. 699.
GIVORD (L.), « Présentation de l'ordonnance n° 2015-899 du 23 juillet 2015 relative aux marchés publics », Droit Administratif n° 12, Décembre 2015, dossier 2.
GLASER (E.), « Les habits neufs du juge du contrat », AJDA, 2011, p. 310.
GLEIZAL (J.-J), « Le sursis à exécution des décisions administratives. Théorie et politique jurisprudentielle », AJ 1975, p. 381.
GODARD, « La Cour des comptes et les marchés publics », Marchés publics, 1989.20.
GOURDOU (J.) .), « Béziers II: du grésillement sur la ligne jurisprudentielle », RJEP n° 705, Février 2013, étude 4.
GUEZOU (O.), « Concurrents évincés et recevabilité des recours dans les contrats publics : un exemple de darwinisme contentieux », in *Mélanges L. Richer*, LGDJ, 2013, p. 651.
GUIBAL (M.), « Un nouveau code des marchés publics ? », AJDA, 2011, p. 360.
GUIBAL (M.), « Transparence et droit public des contrats », in *Mélanges Constans*, 1998.
HAÏM (V.), « Les effets de la réception dans les marchés publics. La prétendue continuation des rapports contractuels », AJDA, 1998, p. 398.
HAÏM (V.), « Le nouveau droit de l'exécution des marchés publics », Contrats et Marchés publics, 2001, n° 6-7, p. 4-7.
HAÏM (V.), « Les comités consultatifs de règlement amiable des litiges : rôle et mission », AJ Collectivités Territoriales 2013 p. 186.
HAUUY (C.), « La pérennité du privilège du préalable », AJDA 2015, p. 2363
HEINTZ (M.), « L'évolution du droit de la sous-traitance dans les marchés publics », Le Moniteur - Contrats publics, 2010, n° 100, p. 70-71.
HOEPFFNER (H.), « Contrôle du comptable public et contrôle de légalité », Droit Administratif n° 4, Avril 2012, comm. 39.
HOEPFFNER (H.), « La nouvelle directive Marchés publics : simple consolidation des acquis ou véritable modernisation ? », Europe n° 5, Mai 2014, étude 3.
HOEPFFNER (H.), « L'exécution des marchés publics et des concessions, saisie par la concurrence : requiem pour la mutabilité des contrats administratifs de la commande publique », Revue Contrats et Marchés publics, Juin 2014, n° 6, p. 67-70.oum
HOEPFFNER (H.), « La modification des marchés publics », RFDA, 2016.
HOEPFFNER, « La cession de contrat : histoire d'une rencontre manquée entre les droits publics et privés des contrats », BJCP, n° 109, Novembre 2016, p. 401-410.
HOFFMAN (F.), « Les tiers dans le contentieux contractuel : propos introductifs », in « *Le contentieux des contrats publics Quelle place pour les*

tiers ? », Actes du colloque organisé le vendredi 25 septembre 2015, 3èmes rencontres corses de droit et contentieux administratifs, Contrats et Marchés publics n° 4, Avril 2016, dossier 7.
HOURSON (S.), « Un grand pas en avant, et deux pas de côté », Droit administratif n° 4, Avril 2015, étude 6.
HUL (S.), « Pauvre martin : Généralisation de l'accès des tiers au juge du contrat ; ouverture ou impasse ? », La Semaine Juridique Administrations et Collectivités territoriales n° 20, 19 mai 2014, 2153.
JANICOT (L.), « Réflexions sur la théorie de l'acte détachable dans le contentieux contractuel », RDP, 2011, p. 347 et s.
JANICOT (L.) et LAFAIX (J-F.), « La nouvelle place du tiers dans le contentieux des contrats administratifs », REP, 2014, p. 1182.
JEGOUZO (L), « L'application de la force majeure en droit des contrats », in *Mélanges L.Richer*, LGDJ, 2013, p. 355.
JOUGUELET (J-P.), « Le règlement des litiges contractuels en France », (Dir.) G. Marcou, Ouvrage collectif L. Folliot-Lalliot, 2009, p. 341 et s.
JOUGUELET (J-P.), « Marché public-Exécution », Le Moniteur - Contrats publics, 2010, n° 96, p.19-20.
KERLEO (J-F.), « L'encadrement de l'exécution des marchés publics par le droit de l'Union européenne : réflexions sur la proposition de directive relative à la passation des marchés publics », Contrats et Marchés publics, 2013, n° 1, p. 7-12.
KIRAT (T.), VIDAL (L.), « Le contentieux de l'exécution du contrat public : étude comparée du traitement des coûts supplémentaires et de l'équilibre du contrat par le juge administratif aux Etats-Unis et en France », in « *Le contrôle des marchés publics*», (Dir.) G. Marcou, Ouvrage collectif L. Folliot-Lalliot, 2009, p. 245 et s.
LAMARQUE (D.) et MILLER (G.), « L'évaluation par les chambres régionales des comptes du contrôle interne dans les procédures d'achat des collectivités locales », AJDA, 2000, p. 1018.
LAFAIX (J-F.), « Le juge du contrat face à la diversité des contentieux contractuels », RFDA 2010, p. 1089.
LAFAIX (J.-F.), « La loyauté des relations contractuelles au regard de la théorie du contrat », *Mélanges L. Richer*, LGDJ, 2013, p. 365 et s.
LAFAIX (J-F.), « Ouverture du recours Tropic à tous les tiers intéressés », RJEP n° 721, Juillet 2014, comm. 31.
LAFAIX (J.-F.), « L'intérêt à agir devant le juge du contrat », in « *L'intérêt à agir devant le juge administratif* », (Dir.) Olivier Renaudie, Éd. Berger-Levrault, 2015, p. 91 et s.
LAFAIX (J.-F.), « L'évolution de l'office du juge du contrat administratif », in « *Le renouvellement de l'office du juge administratif* », (Dir.) J.F. Lafaix, Berger-Levault, 2017, p. 99 et s.
LANGELIER (E.), « L'évolution du contentieux des contrats administratifs : à quand l'acte IV ? », JCP ACT 2014, 2330.

LANGELIER (E.), « Les offices du juge de l'exécution face aux juges du contrat », JCP ACT n° 17, 27 Avril 2015, 2115.
LAURET (R.) et PROOT (P.), « Le déféré préfectoral contre un contrat administratif relève du plein contentieux », CP-ACCP 2012, n° 119, p. 73.
LEMORHEDEC (E.), « Panorama des décisions récentes du Conseil de la concurrence en matière de marchés publics », Petites affiches, 02 mai 2002, n° 88, P. 4.
LIBERT (X.), « Les modifications du marché en cours d'exécution, avenants, décisions de poursuivre, régularisations », AJDA, 1994, n° 7, p. 65-69.
LICHÈRE (F.), « Règles de concurrence et marchés publics », JCP A, 2007, étude, n° 2284.
LIÉBER (S-J.) et BOTTEGHI (D.), « Le contrat public aurait-il (enfin) trouvé son juge ? », AJDA 2010, p. 142.
LIGNÈRES (P.), « Le droit communautaire des marchés publics autorise la cession des contrats », Revue Droit administratif n°4, Avril 2005, prat. 4.
LINDITCH (F.), « Exécution financière du marché », Cahiers de droit de l'entreprise, 2007, n° 5, p. 51-51.
LINDITCH (F.), « Exécution technique du marché », Cahiers de droit de l'entreprise, 2007, n° 5, p. 51-51.
LINDITCH (F.), « Rapport de la Cour des comptes 2006 : les pages consacrées aux contrats publics », Contrats et Marchés publics n° 3, Mars 2007, alerte 9.
LINDITCH (F.), « Les beaux jours de l'acte détachable sont devant lui », in JCP Administrations et collectivités territoriales, 4 février 2008, p. 28 et s.
LINDITCH (F.), « Recours Tropic : la condition tenant à l'urgence, obstacle insurmontable à l'obtention du référé-suspension », in : JCP Administrations et collectivités territoriales, 31 mars 2008, p. 31 et s.
LINDITCH (F.), « Cour des comptes ; Rapport 2008 ; Les pages consacrées aux marchés publics », Contrats et Marchés publics n° 3, Mars 2009, alerte 12.
LINDITCH (F.), « Une nouvelle circulaire pour encourager le recours à la transaction en matière de commande publique », La Semaine Juridique Administrations et Collectivités territoriales n° 42, 12 Octobre 2009, 2235.
LINDITCH (F.), « La perte d'une chance, nouvelle opportunité pour l'Administration dans le contentieux de l'exécution des marchés publics », La Semaine Juridique Administrations et Collectivités territoriales n° 24, 14 Juin 2010, 2196.
LINDITCH (F.), « Rapport de la Cour des comptes européenne, les pages dédiées aux marchés des institutions européennes », Contrats et Marchés publics n° 2, Février 2011, alerte 12.
LINDITCH (F.), Notes en marge du Guide *« Le prix dans les marchés publics »,* JCP A (Administrations et collectivités territoriales), Septembre 2013, n° 36, p. 23-26.

LINDITCH (F.), « Rapport du Gouvernement au Parlement sur le contrôle *a posteriori* exercé par le représentant de l'État sur les actes des collectivités territoriales », Contrats et Marchés publics n° 7, Juillet 2014, alerte 29.
LINDITCH (F.), « Le contrat et la performance, une rencontre impossible ? », RFDA 2014. 403.
LINDITCH (F.), « Mise en concertation du projet d'ordonnance relative aux marchés publics et projet de fiche d'impact », Revue Contrats et Marchés publics n°2, Février 2015, alerte 8.
LINDITCH (F.), « Premier regard sur le projet d'ordonnance relative aux marchés publics mis en consultation par Bercy », La Semaine Juridique Administrations et Collectivités territoriales n°4, 26 Janvier 2015, 2016.
LLORENS (F.), « La responsabilité décennale du fabricant devant le juge administratif », CJEG, 1990, p. 327.
LLORENS (F.), « Droit à indemnité de l'entrepreneur du fait du retard occasionné par le maître de l'ouvrage », Contrats et Marchés publics n° 8, Août 2001, comm. 140.
LLORENS (F.), « Conditions de cession d'un marché public : la cession peut être acceptée tacitement par la collectivité publique ; elle n'est cependant légale que si elle ne bouleverse pas l'économie du contrat initial et si celui-ci a été conclu dans des conditions régulières », Contrats et Marchés publics n° 6, Juin 2005, comm. 155.
LLORENS (L.), « Quand le maître de l'ouvrage a l'obligation de payer le sous-traitant malgré l'opposition du titulaire du marché », Contrats et Marchés publics, 01/05/2002, Numéro 5, page(s) 20-21.
LLORENS (F.), « Le contentieux administratif des contrats poursuit sa mue : quelques réflexions à propos de l'arrêt Département de Tarn-et-Garonne », Contrats et Marchés publics n° 5, Mai 2014, repère 5.
LLORENS (F.), « Le référé contractuel entre continuité et changement », in WACHSMANN (P.), dir. « Le nouveau juge administratif des référés », PU Strasbourg, 2002, p. 27 et s.
LLORENS (F.) et SOLER-COUTEAUX (P.), « De la loyauté dans le contentieux administratif des contrats », Contrats-Marchés publ. 2010, repère 2.
LLORENS (F.) et SOLER-COUTEAUX (P.), « Le contentieux administratif des contrats poursuit sa mue : quelques réflexions à propos de l'arrêt Département de Tarn-et-Garonne », Contrats-Marchés publics n° 5, Mai 2014, repère 5.
LLORENS (F.) et SOLER-COUTEAUX (P.), « Des nouvelles du pouvoir de modification unilatérale dans les contrats administratifs », Contrats et Marchés publics n° 11, Novembre 2014, repère 10.
LLORENS (F.) et SOLER-COUTEAUX (P.), « Le projet d'ordonnance relative aux marchés publics et l'avenir des contrats Globaux », Revue Contrats et Marchés publics n° 2, Février 2015, repère 2.

MARCOU (G.), « Le contrôle des marchés publics. Ses buts et ses moyens », in « *Le contrôle des marchés publics*», (Dir.) G. Marcou, Ouvrage collectif L. Folliot-Lalliot, 2009, p. 1 et s.
MARCOU (G.), « L'arbitrage des contrats de l'administration. Les enseignements du droit comparé et de l'arbitrage commercial international pour la réforme du droit français », (Dir.) G. Marcou, Ouvrage collectif L. Folliot-Lalliot, 2009, p. 373 et s.
MARCOVICI (L.), « Sauvons l'arrêt Martin ! », in AJDA, 1er juillet 2013, p. 1297.
MARTI (G.), « L'office du juge communautaire dans le contentieux des contrats », RFDA, 2011, p. 601.
MASING (J.), « Les prérogatives de exercées par l'administration relativement à l'exécution des marchés publics en Allemagne », in « *Le contrôle des marchés publics*», (Dir.) G. Marcou, Ouvrage collectif L. Folliot-Lalliot, 2009, p. 311 et s.
MAUGUE (C.), « L'exécution des marchés de travaux et son contentieux », RDI, 1998, n° 4 p. 539-544.
MC ELDOWNEY (J.), « Les pouvoirs de contrôle de l'administration en Grande Bretagne. Private finance and public : an analysis of PFI »,in « *Le contrôle des marchés publics*», (Dir.) G. Marcou, Ouvrage collectif L. Folliot-Lalliot, 2009, p. 295 et s.
MELLERAY (F.), « À propos de l'intérêt donnant qualité à agir en contentieux administratif », AJDA 2004, p. 1530 et s.
MELLERAY (F.), « Le crépuscule d'un paradoxe : vers la fin de l'autolimitation du juge du contrat ? », RDC 2008, p. 620.
MELLERAY (F.), « Du pouvoir de résiliation unilatérale d'un contrat administratif par le cocontractant de l'administration », AJDA 2015, 396.
MÉNÉMÉNIS (A.), « Contentieux des contrats publics : Un contentieux en pleine évolution », AJDA 2011, p. 308.
MÉNÉMÉNIS (A.), « Le juge administratif et le contrat : libres propos sur un agenda chargé », in Bien public, bien commun, *Mél. en l'honneur de Etienne Fatôme*, Dalloz, 2011, p. 329.
MÉNÉMÉNIS (A.), « Le juge administratif du contrat : fragments pour un portrait », RJEP 2012, étude 1.
MESTRES (J.) et MINAIRE (G.), « La reconnaissance apparente d'une résiliation du contrat administratif à l'initiative du cocontractant privé », in Contrats publics, le Moniteur, n° 149, décembre 2014, p. 62.
MICHAUT (C.) et PICARD (J-E), « Le comptable public et les retards dans l'exécution des marchés publics », AJDA, 31/03/2014, n° 12, p. 670-672.
MICHEL (J.) et CESSAC (M.), « Cession de contrat et silence de la personne publique », AJDA, 2008, p.1073.
MICHON (J.), « Les incertitudes du projet d'ordonnance « Marchés publics », La Gazette des communes, 9 février 2015, p. 46.

MICHON (J.), « De nouvelles règles pour les marchés », La Gazette des communes, 2 février 2015, p. 50.
MICHON (J.), « Nouvelle commande publique : cadre général, exceptions et interdictions », La Gazette des communes, 19 janvier 2015, p. 46.
MODERNE (F.), « La responsabilité décennale des constructeurs en droit public », Dalloz, 1993.
MONNIER (P.), « Heurs et malheurs d'un juge des référés précontractuels », in « *Le contentieux des contrats publics Quelle place pour les tiers ?* », Actes du colloque organisé le vendredi 25 septembre 2015, 3èmes rencontres corses de droit et contentieux administratifs, Contrats et Marchés publics n° 4, Avril 2016, dossier 7.
MOREAU (J.), « La responsabilité pénale des personnes morales de droit public », LPA 1996, n° 149.
MORET-BAILLY (J.), « Définir les conflits d'intérêts », D. 2011, p. 1100.
MOUSTIER (R. de), « Ordonnance portant réforme du droit des contrats : observations générales du point de vue publiciste », La Semaine Juridique Administrations et Collectivités territoriales n° 9-10, 7 Mars 2016, 2054.
NIGRI (E.) et JALINIÈRE (B.), « La résiliation d'un contrat administratif à l'initiative du cocontractant privé de l'Administration à l'épreuve du droit public des contrats », Contrats et Marchés publics n° 4, Avril 2014, étude 4.
NOGUELLOU (R.), « Cession de contrat : le point de vue de la CJCE », Droit Administratif n° 10, Octobre 2008, comm. 132.
NOGUELLOU (R.), « La crise et l'exécution financière des marchés publics et des partenariats public-privé », RDI, 2009, n° 5, p 278-282.
NOGUELLOU (R.), « L'influence du droit européen sur les catégories du droit des contrats administratifs », in « L'influence du droit européen sur les catégories du droit public français », Dalloz 2010, p. 679.
NOGUELLOU (R.), « Le contrôle parlementaire et administratif de l'Administration », in *Traité de droit administratif*, dir. P. Gonod, F. Melleray et Ph. Yolka, Dalloz 2011.
NOGUELLOU (R.), « Les nouvelles directives et l'exécution des contrats, » AJDA, 2014 p. 853.
NOGUELLOU (R.), « L'arrêt Fosmax : l'arbitrage international et le régime du contrat administratif devant le Conseil d'État », BJCP n° 110 janvier-février 2017 p. 3.
OLIVIER (F.), « Décompte général : conséquence de l'absence de notification par la personne responsable du marché », Contrats et Marchés publics, 2002, n°5, p. 22-23.
OLIVIER (F.), « Résiliation du marché, préjudice de l'entrepreneur et appel en garantie du maître d'œuvre », Contrats et Marchés publics n° 1, Janvier 2007, comm. 8.
OUM OUM (J-F), « Jeu et enjeux de la tranche conditionnelle dans le droit des marchés publics », Contrats et Marchés publics n° 1, Janvier 2015, étude 1.

PANCRAZI (G.), « Le délit de favoritisme et le nouveau Code des marchés publics », Contrats et marchés publics, 2001, ch. n°10.
PAULIAT (H.), « Marchés publics : enfin les décrets ! », La Semaine Juridique Administrations et Collectivités territoriales n° 13, 4 Avril 2016, act. 289.
PELLISSIER (G.), « Recevabilité des tiers et notion d'acte détachable du contrat », Revue juridique de l'économie publique n° 666, Juillet 2009, comm. 31.
PIETRI (J-P), « Intérêt pour agir d'un tiers contre un acte détachable de l'exécution d'un marché », Revue Contrats et Marchés publics n° 2, 2, Février 2005, comm. 50.
PIETRI (J-P), « Recevabilité et acte non détachable de l'exécution du contrat », Revue Contrats et Marchés publics n° 2, Février 2009, comm. 61.
PIETRI (J-P), « L'office du juge de l'exécution saisi à la suite de l'annulation d'un acte détachable », Revue Contrats et Marchés publics n° 7, Juillet 2011.
PIETRI (J-P), « Référé mesures utiles et étendue des obligations contractuelles », Revue Contrats et Marchés publics n° 10, Octobre 2013, comm. 262.
PIETRI (J-P), « Office du juge du contrat », Contrats et Marchés publics n° 2, Février 2014, comm. 66.
PONTIER (J-M.), « Déféré préfectoral et contrat : la pesée des intérêts », La Semaine Juridique Administrations et Collectivités territoriales n° 36, 10 Septembre 2012, 2291.
PONTIER (J-M.), « Les transmutations du contrôle sur les collectivités territoriales », La Semaine Juridique Administrations et Collectivités territoriales n° 44-45, 5 Novembre 2012, 2348.
POUJADE (B.), « Les contrôles relatifs aux contrats d'achat public », Contrats et Marchés publics, 2005, n° 5, p.39-42.
PREBISSY-SCHNALL (C.), « *Corruption dans la commande publique* », fascicule n°35, Juris-Classeur Contrats et marchés publics, 1er février 2009.
PROOT (P.), « Cession de contrat : où en est-on un an et demi après l'arrêt Pressetext ? », La Semaine Juridique Administrations et Collectivités territoriales n° 8, 22 Février 2010, 2071.
REES (P.), « Un nouveau juge de la validité du contrat », Contrats et marchés publics, n° 3, Mars 2010, comm. 123.
REES (P.), « Tropic II est arrivé – À propos de l'arrêt Département du Tarn-et-Garonne », Contrats et marchés publics, n° 5, Mai 2014, étude 5.
RICHER (L.), « L'application du droit de la concurrence aux marchés publics », CJEG,1989, p. 295 et suiv.
RICHER (L.), « Les modes alternatifs de règlement des litiges et le droit administratif », AJDA, 1997, p. 3 et suiv.
RICHER (L.), « La sous-traitance : questions de vocabulaire », CP-ACCP, juillet 2005, p. 17.

RICHER (L.), « Vie et survie du contrat administratif illégal », in *Confluences :Mélanges J. Morand-Deviller*, Montchrestien, 2007, p. 515 et 516.
RICHER (L.), « Remarques finales : les fins et les moyens », (Dir.) G. Marcou, Ouvrage collectif L. Folliot-Lalliot, 2009, p. 427 et s.
RICHER (L.), « Les recours indemnitaires », AJDA, 2011, p. 325.
RICHER (L.), « Faut-il créer en France une instance de recours spécialisée dans les marchés publics ? », Le Moniteur - Contrats publics, 2013, n° 132, p. 3.
RICHER (L.), « La fin des contrats », RFDA, mai 2016, p. 294.
ROCFORT (M.), « L'exécution des marchés publics », Marchés Publics-La Revue de l'achat public, 1996, n° 4(280), p.35-36.
ROBLOT-TROIZIER (A.), « Le pouvoir de contrôle de l'administration à l'égard de son cocontractant », RFDA 2007, p.990.
ROLIN (F.), « Du recours pour excès de pouvoir de l'État légal à la protection des intérêts subjectifs dans l'État contemporain : quelques réflexions critiques sur l'arrêt Département du Tarn et Garonne », RD publ. 2014, n° 5, p. 1198.
ROMAN-SÉQUENSE (B.), « Quelles sont les obligations du comptable public en matière de paiement des intérêts moratoires dans le cadre d'un marché public ? », Contrats et Marchés publics n° 11, Novembre 2006, comm. 311.
ROMAN-SÉQUENSE (B.), « Qui est compétent pour décider de la résiliation unilatérale d'un marché ? », Contrats et Marchés publics n° 1, Janvier 2011, comm. 31.
ROUQUETTE (R.), « Sur quelques vraies et fausses particularités procédurales du contentieux de l'exécution des contrats administratifs », ACCP, septembre 2001, n° 3.
ROUSSET (O.), « Pénalités de retard dans l'exécution d'un marché public de travaux », AJDA, 2007, n° 42, p. 2326-2328.
SABIANI (P.), « Effets de la réception dans les marchés publics », Dr. adm., 1997, chr., n° 21.
SAUVE (J-M.), « Conflits d'intérêts et déontologie dans le secteur public », AJDA n°16/2012, p.861.
SAYEDE HUSSEIN (A.), « Le juge du référé-suspension de droit commun et le contrat administratif : un bilan jurisprudentiel mitigé », Contrats et Marchés publics n° 5, Mai 2014, étude 6.
SEBAN (D.), « Le délit de favoritisme », in « *Le contrôle des marchés publics*», (Dir.) G. Marcou, Ouvrage collectif L. Folliot-Lalliot, 2009, p. 147 et s.
SESTIER (J-F), « La loyauté dans l'exécution des relations contractuelles : un standard juridique commode ? », in *Mélanges L. Richer*, LGDJ 2013, pp.451-462.

SESTIER (J-F), « De l'arrêt Tropic à l'arrêt Tarn-et-Garonne: mort et résurrection du recours des tiers », La Semaine Juridique Administrations et Collectivités territoriales n° 20, 19 mai 2014, 2152.
SIRINELLI (J.), « La subjectivisation du recours pour excès de pouvoir », RFDA 2016. 529.
SYMCHOWICZ (N.), « L'intervention du juge du contrat dans l'exécution des contrats administratifs », AJDA- N° 6.
SYMCHOWICZ (N.), « La question de la modification des marchés publics dans les nouvelles directives », BJCP, juillet-août 2014, n° 95.
SYMCHOWICZ (N.), « L'introuvable droit au maintien de l'équilibre financier dans les contrats administratifs », in *Mélanges L. Richer*, LGDJ 2013, pp. 463.
TERNEYRE (P.), « Le contrôle de légalité des marchés publics locaux : essai d'évaluation », *Petites Affiches*, 15 févr. 1991, p. 4.
TERNEYRE (P.), « Contentieux de l'exécution des marchés de travaux publics et répartition des compétences juridictionnelles », in*Mélanges Chapus*, Montchrestion, 1992, pp. 599 et s.
TERNEYRE (P.), « L'apport au droit des marchés publics de la loi anti-corruption », RFDA 1993 p. 952.
TERNEYRE (P.), GOURDOU (J.), « Pour une clarification du contentieux de la légalité en matière contractuelle », in CJEG, 1999, p. 249 et s.
TERNEYRE (P.) et GOURDOU (J.), « Le référé précontractuel administratif au lendemain de la réforme législative des procédures d'urgence », CJEG 2001, 135.
TERNEYRE (P.), « Les rapports hiérarchiques entre constitution, loi et contrat en droit positif français », in *Mélanges Favoreu*, 2007, pp. 1435 et s.
TERNEYRE (P.), GOURDOU (J.), « Renouvellement de l'office du juge du contrat », in RJEP, juin 2010, n° 30.
TERNEYRE (P.) et GOURDOU (J.), « Peut-on améliorer les référés en matière contractuelle ? », AJDA, 2014, N° 36, p. 2055.
TERNEYRE (P.), « Les paradoxes du contentieux de l'annulation des contrats administratifs », p. 61.
TERNEYRE (P.), « Ordonnance du 23 juillet 2015 relative aux marchés publics : deux ou trois choses que je sais d'elle », BJCP 2015, n° 102, p. 331.
TERNEYRE (P.), « La durée des contrats », RFDA, mai 2016, p. 276.
TIROLIEN (C.) et CHACHEREAU (M.), « Béziers III : la fin de l'espèce... et le début des cas d'espèce ? », Le Moniteur - Contrats publics, juin 2015, 155, p. 61-65.
TOUZEIL-DIVINA (M.), « Le contrat administratif de nouveau ouvert aux tiers intéressés : le recours Tarn-et-Garonne », La Semaine Juridique Administrations et Collectivités territoriales n° 15, 14 avril 2014, act. 325.
TRUCHET (D.), « Plaidoyer pour une cause perdue : la fin du dualisme juridictionnel », AJDA 2005, p. 1767.

TRUCHET (D.), « La reconstruction de l'office du juge du contrat : comment et jusqu'où ? », Mél.RICHER (L.), LGDJ 2013, p. 715.
UBAUD-BERGERON (M.), « Le champ d'application de l'ordonnance relative aux marchés publics », Contrats et Marchés publics n° 10, Octobre 2015, dossier 2.
UBAUD-BERGERON (M.), « Le juge judiciaire et la commande publique », RFDA, 2013, p. 531.
VIER (C-L.), « La bonne foi dans le contrat administratif », in *Mélanges L. Richer*, LGDJ 2013, pp. 477.
VIOUJAS (V.), « Les insuffisances du contrôle de légalité sur les actes des collectivités territoriales encore critiquées - À propos du rapport public annuel 2016 de la Cour des comptes », La Semaine Juridique Administrations et Collectivités territoriales n° 8, 29 Février 2016, act. 161.
VIVIANO (M.), « L'exécution des marchés publics et délégations de service public », LPA, Février 2000, Numéro 23, p. 31-38.
WACHSMANN (P.), « la recevabilité du recours pour excès de pouvoir à l'encontre des contrats. Pour le centenaire de l'arrêt Martin », RFDA n°1, janv. fév. 2006, p.24.
WALINE (J.), « La théorie générale du contrat en droit civil et en droit administratif », Études offertes à Jacques GHESTIN, LGDJ 2001, p. 967.
WEBER (Y.), « La théorie des vices du consentement en droit administratif », in *L'unité du Droit : Mélangesen hommage à R.Drago*, Paris, Économica, 1996, p. 315.
ZIANI (S.), « Contrats des personnes publiques et exception d'inexécution : l'utile clarification », La Semaine Juridique Administrations et Collectivités territoriales n° 47, 24 Novembre 2014, 2327.
ZIMMER (W), « Créance des personnes publiques, entreprise en difficulté et responsabilité du maître d'œuvre pour manquement dans l'exécution financière du contrat de marché », Contrats et Marchés publics, 2005, n 2, p. 30-31.
ZIMMER (W.), « Indemnisation de l'allongement des délais d'exécution d'un marché de travaux », Contrats et Marchés publics, 2010, n 12, p. 25-26.

II.4. Recueils de jurisprudence

BONICHOT (J-C.), CASSIA (P.), POUJADE (B.), *Les grands arrêts du contentieux administratif*, Dalloz, 2011.
GAUDEMET (Y.), STIRN (B.), DEL FARRA (T.) et ROLIN (F.), *Les grands avis du Conseil d'État*, Dalloz, 3e éd., 2008.
LACHAUME (J-F.), PAULIAT (H.), BRACONNIER (S.), DEFFIGIER (C.), *Droit administratif. Les grandes décisions de la jurisprudence*, PUF, coll. « Thémis », 16e éd., 2014.
LONG (M.), WEIL (P.), BRAIBANT (G.), DELVOLVÉ (P.) et GENEVOIS (B.), *Les grands arrêts de la jurisprudence administrative*, Dalloz, 20e éd., 2015.

Recueil des décisions du Conseil d'État statuant au contentieux, et du Tribunal des conflits, Dalloz (1 vol. par an résultant de 6 fascicules bimestriels).

TEXTES ET DOCUMENTS

- Constitution tunisienne du 27 janvier 2014, Ed. IORT, Tunis, 2014.
- Loi constitutionnelle n° 2011-6 du 16 décembre 2011 portant organisation provisoire des pouvoirs publics (JORT n°97-2011, p. 3111).
- Code des obligations et des contrats, promulgué par le décret beylical du 15 décembre 1906 tel que modifié par les textes subséquents.
- Code pénal promulgué par le décret beylical du 9 juillet 1913 tel que modifié par les textes subséquents.
- Loi n° 67-53 du 8 décembre 1967 portant loi organique du budget telle que modifiée par les textes subséquents et notamment par la loi organique n° 2004-42 du 13 mai 2004 (JORT n°40-2004, p. 1292).
- Loi n°68-8 du 8 mars 1968 portant création de la Cour des comptes, telle que modifiée par les textes subséquents et notamment par la loi du 29 janvier 2008(JORT n°68-8 du 8-12 mars 1968, p. 252).
- Loi n° 1972-13 du 1er juin 1972 relative au Tribunal administratif telle que modifiée par les textes subséquents (JORT n° 40-1972, p. 788).
- Code de la comptabilité publique promulgué par la loi n° 73-81 du 31 décembre 1973 telle que modifié par les textes subséquents (JORT n°51-1973, p. 2501), notamment par la loi n° 96-86 du 6 novembre 1996.
- Loi n° 75-33 du 14 mai 1975 portant loi organique des communes telle que modifiée par les textes subséquents (JORT n°34-1975, p. 1270).
- Loi n° 75-35 du 14 mai 1975 portant loi organique du budget des collectivités locales telle que modifiée par les textes subséquents (JORT n°75-35 du 20 mai 1975, p. 1065).
- Loi n°81-100 portant loi de finances pour l'année 1982 portant création du Contrôle général des services publics (JORT n° 84 du 30 décembre 1981, p. 3031).
- Loi n° 85-74 du 20 juillet 1985 relative à la définition et à la sanction des fautes de gestion commises au préjudice de l'Etat, des collectivités publiques locales, des établissements et des entreprises publiques et des sanctions y afférentes et portant création d'une cour de discipline financière telle que modifiée par les textes subséquents (JORT n° 56 du 23 juillet 1985, p. 963).
- Loi n° 83-112 du 12 décembre 1983 portant statut général de la fonction publique (JORT n° 82 des 13 et 16 décembre 1983, p. 3214).
- Loi n° 88-13 du 08 mars 1988 relative à la représentation de l'Etat, des établissements publics et des organismes soumis à la tutelle de l'Etat en justice (JORT n°88-18, p. 380).
- Loi n° 89-9 du 1er février 1989 relative aux entreprises, participations et établissements publics, telle que révisée par les textes subséquents et notamment par la loi n°74 du 19 juillet 1996 (JORT n° du 1996, p. et s).

- Loi n° 91-64 du 29 juillet 1991 relative à la concurrence et aux prix, telle que modifiée notamment par la loi n° 2005-57 du 18 juillet 2005 (JORT n°55-1991, p. 1146).
- Code de l'arbitrage promulgué par la loi n° 93-42 du 26 avril 1993 telle que modifiée par les textes subséquents.
- Loi n° 50 du 03 mai 1993 relative au Haut comité de contrôle administratif et financier (JORT 1993, p. 633).
- Loi n° 94-9 du 31 janvier 1994 relative à la responsabilité et au contrôle technique dans le domaine de la construction (JORT n° 9 du 1er février 1994, p. 187).
- Loi n° 35 du 17 avril 1995 relative aux entreprises en difficultés économiques, modifiée par la loi n° 63 du 15 juillet 1999, modifiée par la loi n° 79 du 29 décembre 2003 (JORT 1995, p.792).
- Loi organique n° 1996-38 du 03 juin 1996 relative à la répartition des compétences entre les juridictions de l'ordre administratif et judiciaire (JORT 1998, p. 1213).
- Loi organique n° 1996-39 du 03 juin 1996 relative à la modification de la loi relative au Tribunal administratif (JORT 1996, p. 1214).
- Loi n°1996-49 du 10 juin 1996 portant ratification de l'Accord d'association conclu entre les Communautés européennes et leurs États membres et la République tunisienne visant à instaurer une zone de libre-échange entre la Tunisie et l'Union européenne.
- Code des sociétés commerciales promulgué par la loi n° 2000-83 du 13 novembre 2000 telle que modifiée par les textes subséquents.
- Loi organique n° 2004-42 du 13 mai 2004 modifiant et complétant la loi du 8 décembre 1967 portant loi organique du budget de l'État (JORT n°40-2004, p. 1292 et s.).
- Loi organique n°2007-65 du 18 décembre 2007 modifiant et complétant la loi organique n°75-35 du 14 mai 1975 portant loi organique du budget des collectivités locales (JORT 2004, p.1292).
- Loi n° 2008-23 du 1er avril 2008 fixant le régime des concessions (JORT n° 28-2008, p. 1124).
- Loi n° 16 du 25 octobre 2008 portant ratification de la Convention des Nations Unies de lutte contre la corruption du 31 octobre 2003 (CNULC) dite « Convention de Merida ».
- Loi organique n° 2013-13 du 2 mai 2013 portant création de l'Instance provisoire de la magistrature (JORT n° 37-2013, p. 1643).
- Loi n° 49 du 27 novembre 2015 relative aux partenariats public-privé (JORT 2015, p. 2855).
- Loi n° 2015-36 du 15 septembre 2015 relative à la réorganisation de la concurrence et des prix (JORT n° 77-78, p. 2320).
- Loi organique n° 50 du 03 décembre 2015 relative à la Cour constitutionnelle (JORT 2015, p. 3379).

- Loi n° 36 du 29 avril 2016 relative aux procédures collectives (JORT 2016, p. 1724).
- La loi organique n° 2017-10 du 7 mars 2017 relative au signalement de la corruption et à la protection des lanceurs d'alerte (JORT n° 20-2017, p. 765).
- Décret-loi n°6 du 18 février 2011 *portant création de la Haute Instance chargée de la Réalisation des objectifs de la Révolution, de la réforme politique et de la transition démocratique* (JORT n°13-2011, p.197).
- Décret-loi n°7 du 18 février 2011 *créant la Commission nationale d'investigation sur la corruption et la malversation* (JORT n°13-2011, p.197).
- Décret-loi n° 2011-14 du 23 mars 2011 *portant organisation provisoire des pouvoirs publics* (JORT n° 020 du 25 mars 2011, p. 3630).
- Décret-loi n° 41 du 26 mai 2011, modifié par le décret-loi n°54 du 11 juin 2011 *relatif au droit d'accès à l'information* (JORT n° 53-2001, p. 792).
- Décret-loi n° 2011-89 du 24 septembre *2011 relatif aux partis politiques* (JORT n° 74-2011 du 24 septembre 2011, p. 1993).
- Décret-loi n°2011-120 du 14 novembre 2011 *relatif à la Lutte contre la Corruption* (JORT n°88-2011, p. 2746).
- Décret n° 77-22 n° du 19 janvier 1970 *fixant les attributions du ministre des finances et portant création du Contrôle Général des Finances*, tel que réorganisé par les textes subséquents (JORT n° 44 du 20 janvier 1970, p.59).
- Décret n°78-71 du 26 janvier 1978 *portant approbation du cahier des clauses administratives générales réglementant les missions d'architecture et d'ingénierie assurées par les prestataires de droit privé pour la réalisation de bâtiments civils* (JORT n°10 du 3 février 1978, p. 286).
- Décret n°552 du 10 avril 1987 *instituant le régime de la déclaration sur l'honneur du patrimoine* (JORT n°27 du 14 avril 1987, p. 508).
- Décret n° 2010-2205 du 29 juin 1989 *fixant l'organisation administrative et financière et les modalités de fonctionnement des commissariats régionaux au développement agricole* (JORT n° 49 du 14 et 18 juillet1989, p. 1075).
- Décret n°93-906 du 19 avril 1993 *créant le Haut comité de contrôle administratif et financier* (JORT n°31 du 27 avril 1996, p.547).
- Décret n° 93-1126 du 15 juin 1996 *fixant les attributions et les modalités d'action du médiateur administratif* (JORT 1996, p. 1312).
- Décret n°97-2046 du 20 octobre 1997 *portant fixation des conditions de transaction en matière civile et commerciale* (JORT 1997, p. 1960).

- Décret n° 99-825 du 12 avril 1999 *relatif aux conditions et procédures d'octroi du seuil de préférence aux produits d'origine tunisienne dans le cadre des marchés publics* (JORT n° 33 du 21 avril 1999, p. 621).
- Décret n° 2000-1934 du 29 août 2000 *fixant les procédures spéciales d'achat du tabac brut importé pour la fabrication des cigarettes pour le compte de la régie nationale des tabacs et des allumettes de Kairouan* (JORT n°72 du 8 septembre 2000, p. 2110).
- Décret n° 2011-623 du 29 novembre 2004 *fixant la composition et la compétence de la commission des marchés auprès de chaque université* (JORT n° 97 du 3 décembre 2004, p. 3305).
- Décret n° 2007-1330 du 4 juin 2007 *fixant la liste des entreprises publiques dont les commandes de fournitures de biens et de services sont exclues du champ d'application de la réglementation des marchés publics* (JORT n° 46 du 8 juin 2007, p. 1916).
- Décret n° 2008-2472 du 5 juillet 2008 *portant révision exceptionnelle des prix des marchés publics de travaux* (JORT n° 55 du 8 juillet 2008, p. 2039).
- Décret n°2008-2656 du 31 juillet 2008 *fixant les critères et les modalités d'octroi et de retrait de l'agrément habilitant les entreprises de travaux publics à participer à la réalisation de marchés publics* (JORT n° 62 du 1 août 2008).
- Décret n°2009-2617 du 14 novembre 2009 *portant réglementation de la construction des bâtiments civil*s (JORT n° 75 du 18 septembre 2009).
- Décret n°2010-2205 du 6 septembre 2010 *portant création des commissariats de développement de l'éducation et fixant leur organisation administrative et financière, leurs attributions, ainsi que les modalités de leur fonctionnement* (JORT n° 74 du 14 septembre 2010, p. 2541).
- Décret n°2011-623 du 23 mai 2011 *portant dispositions particulières en matière de marchés publics* tel que modifié et complété par le décret n° 2012-515 du 2 juin 2012 (JORT n°39 du 31 mai 2011, p. 811).
- Décret n° 2012-2878 du 19 novembre 2012 *relatif au contrôle des dépenses publiques* (JORT n° 95 du 30 novembre 2012).
- Décret n°2012-3407 du 31 décembre 2012 *portant modification au décret du 8 mars 1999 fixant la nomenclature des dépenses du budget de l'État* (JORT n°01 du 03 janvier 2013, p. 137).
- Décret n° 2013-561 du 21 janvier 2013 relatif aux grands projets (JORT n° 9-2013, p. 466).
- Décret n° 2013-3767 du 27 septembre 2013 *fixant la procédure spéciale du visa des dépenses de la présidence de la république ayant un caractère confidentiel ainsi que l'approbation des marchés y afférents* (JORT n° 78 du 27 septembre 2013, p. 2796).

- Décret n° 2013-5093 du 22 novembre 2013 *portant création de la Haute instance de contrôle de la commande publique et fixant le statut particulier des membres du corps de contrôleurs et réviseurs de la commande publique auprès de la présidence du gouvernement* (JORT n° 100 du 17 décembre 2013, p. 3494).
- Décret n°2014-1039 du 13 mars 2014 *portant réglementation des marchés publics* (JORT n° 22 du 18 mars 2014, p. 653).
- Décret n° 2016-498 du 8 avril 2016, *fixant les conditions et procédures d'exclusion de la participation aux marchés publics* (JORT n° 31 du 15 avril 2016, p. 1241).
- Arrêté du premier ministre du 31 juillet 2008 portant fixation des procédures de tenue du registre d'information, de la fiche de suivi, et du modèle de fiche requises dans le cadre des marchés publics (JORT n° 63 du 5 août 2008).
- Arrêté du ministre des finances du 4 novembre 2008 fixant les modèles d'engagement des cautions solidaires et personnelles requises dans le cadre des marchés publics (JORT n° 93 du 18novembre 2008).
- Arrêté du ministre de l'équipement, de l'habitat et de l'aménagement du territoire du 31 juillet 2008 fixant les critères et les modalités d'octroi et de retrait de l'agrément autorisant les entreprises de bâtiment et de travaux publics à participer à la réalisation des marchés publics JORT n° 62 du 1 août 2008).
- Arrêté du ministre de l'équipement, de l'habitat et de l'aménagement du territoire du 18 août 2008 déterminant les activités, les spécialités, les catégories et les seuils pour lesquels les entreprises de bâtiment et de travaux publics peuvent être agréées, ainsi que les moyens humains, matériels et financiers dont elles doivent disposer (JORT n° 68 du 22 août 2008).
- Arrêté du premier ministre du 31 juillet 2008 portant fixation des procédures de tenue du registre d'information, de la fiche de suivi, et du modèle de fiche requises dans le cadre des marchés publics (JORT n° 63 du 5 août 2008).
- Arrêté du ministre de l'équipement, de l'habitat et de l'aménagement du territoire du 16 septembre 2009 portant fixation des projets de bâtiments civils à caractère national et départemental (JORT n° 77 du 25 septembre 2009).
- Arrêté du ministre de l'équipement, de l'habitat et de l'aménagement du territoire du 16 septembre 2009 portant fixation des projets de bâtiments civils à caractère national et départemental (JORT n° 77 du 25 septembre 2009).
- Circulaire du 20 novembre 1974 relative à l'indemnisation des titulaires des marchés publics en cas d'aggravation imprévisible de leurs charges.

- Circulaire n° 28 du 20 juin 2007 relative à la réglementation des marchés publics.
- CCAG applicable aux marchés publics de travaux, annexé à l'arrêté du premier ministre du 12 octobre 1990 (JORT n° 67-1990).
- CCAG applicable aux marchés d'études, annexé à l'arrêté du premier ministre du 11 octobre 1994 (JORT n° 84-1994).
- CCAG applicable aux marchés publics de fournitures courantes et de services, annexé à l'arrêté du premier ministre du 25 septembre 1996 (JORT n° 80-1996).

RAPPORTS OFFICIELS

Tribunal administratif

Avis consultatif relatif au projet de décret portant réglementation des marchés publics, n° 36175/2013

Premier ministère

Premier ministère (2007), *La stratégie du développement administratif* (2007-2011).

Ministère de la fonction publique et de la gouvernance

Ministère de la fonction publique et de la gouvernance, Rapport annnuel du contrôle général sur les dépenses publiques pour l'année 2015, publié en Avril 2017.

Cour des comptes (en arabe)

Cour des comptes, *Sixième Rapport annuel* 1985-1986, *Inédit.*

Cour des comptes, *Septième rapport annuel 1988.*

Cour des comptes, extraits du *Vingt-et-unième Rapport annuel,* JORT n°5 du 15 janvier 2008, p. 392 et s.

Cour des comptes, *Vingt-sixième Rapport annuel* 2011.

Cour des comptes, *Vingt-septième Rapport annuel* 2012.

Cour des comptes, *Vingt-huitième Rapport annuel*, 2014.

Cour des comptes, *Vingt-neuvième Rapport annuel*, 2015.

COSEM (en arabe)

COSEM, Premier ministère, (2007), *Insuffisances et Recommandations. Rapport relatif à l'exécution des marchés publics en 2006*, document ronéoté, inédit.

COSEM, Présidence du Conseil, *Rapport d'activités pour l'année 2015*, doc. ronéoté.

Autorités de lutte contre la corruption

Groupe d'action financière pour le Moyen et l'Afrique du nord (GAFIMOAN), *Rapport d'Évaluation Mutuelle de la République tunisienne de la lutte anti-blanchiment de capitaux*, Avril 2007.

CNIMC (2011), *Rapport public de la Commission nationale d'investigation sur les pratiques de malversation et de corruption sous l'Ancien régime*, Tunis, novembre, 2011.

Commissions de contrôle

« *Rapport final sur l'évaluation du système national de passation des marchés publics* », Commission supérieure des marchés avec le soutien de l'OCDE, Présidence du gouvernement, Tunis, juin 2012).

« *L'évaluation du système de passation des marchés publics en Tunisie* », Commission de contrôle et d'audit des marchés publics sous l'égide du PNUD, Présidence du Conseil, 2012.

OCDE

OCDE (2013), *Examen du cadre d'intégrité dans le secteur public en Tunisie.*

OCDE (2015), *Analyse du système de contrôle d'audit et de maîtrise des risques dans le secteur public en Tunisie.*

OCDE (2016), *Une meilleure performance pour une meilleure gouvernance publique en Tunisie, la gestion budgétaire par objectifs.*

OCDE (2016), *Un meilleur contrôle pour une meilleure gouvernance locale en Tunisie, le contrôle des finances publiques au niveau local.*

OCDE (2016), *Le contrôle interne et la gestion des risques pour renforcer la gouvernance en Tunisie.*

TABLE DES MATIERES

Questions juridiques aux éditions L'Harmattan

Dernières parutions

QU'EST-CE QUE LE DROIT ?
Théorie syncrétique et échelle de juridicité
Barraud Boris
La définition du droit ici est d'abord lexicographique et scientifique. La théorie syncrétique réunit toutes les définitions du droit en vigueur, loin d'être concurrentes elles s'associent. Ne s'opposant plus, elles se complètent. La seconde partie interroge les dimensions du droit en mesurant le niveau de force juridique par l'application des critères de juridicité. Cette nouvelle forme de rationalité de la pensée juridique permet au juriste de s'ouvrir à tout type de normes sociales tout en sauvegardant l'autonomie conceptuelle du droit.
(Coll. Le Droit aujourd'hui, 25.50 euros, 242 p.)
ISBN : 978-2-343-13423-9, ISBN EBOOK : 978-2-14-005340-5

LA RECHERCHE DE L'ÉQUILIBRE CONTRACTUEL DANS LE CAUTIONNEMENT
Regards croisés entre le droit français et le droit OHADA
Dibangue Guy - Préface de Pascal Rubellin
Le cautionnement est actuellement la sûreté qu'exigent de préférence les banques des emprunteurs. Si le législateur français semble surprotéger la caution par rapport au créancier, c'est l'inverse qui a été retenu par le législateur OHADA. Dans les deux cas, c'est le déséquilibre entre la protection raisonnable de la caution et la préservation des intérêts des créanciers. Suivant les récentes évolutions législatives en France et en droit OHADA, cette thèse vise l'équilibre contractuel du cautionnement dans une démarche de modernisation et de rationalisation de cette sûreté.
(Coll. Droit aujourd'hui, 42.00 euros, 456 p.)
ISBN : 978-2-343-13159-7, ISBN EBOOK : 978-2-14-005369-6

LE DROIT ANIMAL
Morales Frénoy Cathy
Plus qu'un droit protecteur, le droit animal réglemente les différentes utilisations de l'animal par l'Homme. Il est un corpus juridique transversal, issu du droit international, européen et national, qui régit les rapports entre l'homme et l'animal sans toujours offrir une protection juridique souvent souhaitée. Ce guide juridique offre à tout lecteur une étude complète de cette nouvelle discipline.
(Coll. Bibliothèques de droit, 45.00 euros, 470 p.)
ISBN : 978-2-343-12873-3, ISBN EBOOK : 978-2-14-005223-1

QUESTIONS D'ACTUALITÉ EN ÉTHIQUE ANIMALE
Pelé Marie, Sueur Cédric
L'éthique animale qui désigne l'étude de notre responsabilité morale à l'égard des animaux, n'est pas une prise de position mais un questionnement en perpétuelle évolution avec notre culture et notre temps. Cet ouvrage présente plusieurs éléments de réponses aux récentes questions posées par la société sur notre rapport aux animaux. Experts et étudiants abordent onze questions d'actualité en éthique animale. Leurs échanges sont retranscrits.
(Coll. Le Droit aujourd'hui, 24.00 euros, 236 p.)
ISBN : 978-2-343-13489-5, ISBN EBOOK : 978-2-14-005382-5

JE PARLE AUX ANIMAUX
Peter Friedman
Samantha Khury écoute les animaux et leur parle. Grâce à ce dialogue, elle parvient à comprendre leur comportement et à trouver les mots qui les guérissent. Non seulement Samantha Khury comprend le langage de nos fidèles compagnons, mais, en plus, ceux-ci lui confient leurs malheurs. Des propriétaires d'animaux domestiques, des gardiens de zoo et des entraîneurs de chevaux qui l'ont consultée en sont convaincus. Nous la voyons au travail, à l'écoute d'un chat dépressif, d'un perroquet déplumé en manque d'amour ou d'une jument qui a besoin de liberté... « Dans cette Théma Arte sur les rapports entre les hommes et les animaux, *Je parle aux animaux* est le plus intéressant. Sans doute parce qu'il pose la question de la communication avec nos compagnons à quatre pattes. Peter Friedman livre des séquences étonnantes. » (*TéléObs*). « Ce documentaire étonnant parvient à nous convaincre que la frontière entre les espèces est bien mince. Quand on dit que l'homme n'est qu'un animal ! » (*Le Figaro*)
(20 euros)
ISBN : 978-2-336-31591-1

TRAITÉ DE DROIT CONSTITUTIONNEL CONGOLAIS
Esambo Kangashe Jean-Louis
Préface de El hadj Mbodji - Postface de Dodzi Kokoroko
Dans sa conception, son évolution et sa pratique, le droit constitutionnel a toujours eu du mal à s'affranchir de crises politiques. Droit de crises ou de gestion de crise, le droit constitutionnel est avant tout au service des normes, dont le respect par tous contribue au fonctionnement régulier des institutions. Placés dans le contexte congolais, les trois versants du droit constitutionnel, à savoir le droit normatif, celui institutionnel et la branche consacrée aux libertés n'ont pas toujours été en cohérence avec le constitutionnalisme.
(Coll. Études africaines, 39.00 euros, 410 p.)
ISBN : 978-2-343-12352-3, ISBN EBOOK : 978-2-14-005341-2

SUR LE CHEMIN DES SAISIES
L'huissier de justice d'hier à demain
Berthé Ibrahim
Qu'est-ce qu'un huissier de justice ? D'où vient-il ? À quoi sert-il ? Cet ouvrage tente de répondre à ces interrogations et, à travers l'histoire, de peindre les différentes facettes de ce personnage spécifique du rouage de l'appareil judiciaire dans le temps et dans l'espace, des rives de la Seine en France jusqu'au bord du fleuve Djoliba au Mali.
(25.00 euros, 270 p.)
ISBN : 978-2-343-13501-4, ISBN EBOOK : 978-2-14-005261-3

LES TECHNIQUES D'ENQUÊTE CRIMINELLE
Typologie des crimes et constatations médico-légales
Moutassi Jean-Pierre
L'adoption de la loi de Juillet 2005 portant sur la procédure pénale démontre la volonté du gouvernement camerounais à promouvoir un état de droit. Voici un outil fondamental pour les praticiens du droit criminel : un outil de formation pour les jeunes fonctionnaires, ainsi que pour leurs aînés qui n'auraient pas eu l'occasion de vivre l'expérience des enquêtes judiciaires.
(Harmattan Cameroun, 45.00 euros, 498 p.)
ISBN : 978-2-343-13126-9, ISBN EBOOK : 978-2-14-005224-8

LES CLÉS DES ENJEUX FINANCIERS DU DIVORCE
Rond Patrice - Préface de Laurent Hincker
L'amour s'est consumé, l'argent part en fumée ! À une époque où toujours plus de couples se séparent, la finance du divorce inquiète. Comprendre ses arcanes financières, c'est pouvoir anticiper en cas de conflit au sein du couple. Comment rétablir un budget ou encore évaluer une prestation compensatoire ? À l'aide d'exemples chiffrés, l'auteur indique comment recenser et évaluer les revenus et patrimoines, et présente des méthodologies pratiques pour établir les droits

respectifs des époux. L'ouvrage rend compréhensibles les procédures financières qui ont lieu dans le divorce.
(17.00 euros, 156 p.)
ISBN : 978-2-343-11633-4, ISBN EBOOK : 978-2-14-004942-2

LUTTER EFFICACEMENT CONTRE LA FRAUDE
Enjeux stratégiques et opérationnels
Sous la direction de Catherine Véret Jost et Nicolas Dufour
Lutter efficacement contre la fraude pour recycler 50 à 100 milliards d'euros par an dans la croissance économique en France, voici l'enjeu de cet ouvrage qui explicite les leviers d'actions pour y parvenir, avec des retours d'expériences de professionnels et d'académiques. Il s'adresse à tous ceux qui ont la volonté de relever ce défi.
(Coll. Perspectives organisationnelles, 38.50 euros, 392 p.)
ISBN : 978-2-343-13167-2, ISBN EBOOK : 978-2-14-005143-2

L'ENFANT EN PRISON
Sous la direction de Catherine Ménabé et Mathieu Martinelle
Depuis 1946, les femmes détenues ont la possibilité de garder à leurs côtés, en prison, leur enfant jusqu'à ses 18 mois, voire 2 ans. Si la situation est peu étudiée, et souvent méconnue, elle mérite de profondes réflexions. Quelles sont les conditions de vie de ces jeunes enfants au sein du milieu pénitentiaire ? Comment est assuré leur développement psychomoteur et affectif malgré les contraintes carcérales ? Comment l'univers carcéral s'adapte à la présence d'enfants, non écroués mais, de fait, privés de liberté ?
(Coll. Bibliothèques de droit, 27.00 euros, 274 p.)
ISBN : 978-2-343-13051-4, ISBN EBOOK : 978-2-14-005015-2

LES TRENTE ANS DE LA LOI LITTORAL
Sous la direction de Jean-Luc Pissaloux et Anne Rainaud
La loi Littoral a maintenant plus de trente ans. Loi d'avant-garde, elle vise à concilier la protection du littoral avec le développement économique. Souvent contestée comme trop protectrice, empêchant l'urbanisation, elle est aussi considérée comme un « laisser-construire » dans les zones saturées. Ses concepts sont difficiles à interpréter et appliquer. Les défis climatiques auxquels est confronté le littoral ont impliqué la participation de géographes. La protection des cordons littoraux s'avère aujourd'hui une nécessité.
(Coll. Grale, 39.00 euros, 418 p.)
ISBN : 978-2-343-13140-5, ISBN EBOOK : 978-2-14-004988-0

CICÉRON, PÈRE DE LA CODIFICATION DU DROIT CIVIL
Gilardeau Eric
Confronté à la crise subie par la République, Cicéron cherchait une réponse au chaos des lois et aux contradictions du droit civil. Il en élabora une véritable codification. Du «De oratore» au «De officiis», il critiqua la science du droit et la soumit à la loi naturelle, avant d'instituer une méthode de codification protectrice des droits civils, dont se rapprocheront les codes civils français et autrichien. Il faut attendre les réformes du Code civil allemand de 2001 et du Code civil français de 2016 pour rejoindre Cicéron sur le rôle de la bonne foi et de l'imprévision en matière contractuelle.
(Coll. Logiques Juridiques, 26.00 euros, 248 p.)
ISBN : 978-2-343-13327-0, ISBN EBOOK : 978-2-14-004994-1

DROIT DES SOCIÉTÉS COMMERCIALES OHADA
Akam Akam André, Voudwe Bakreo
Ce livre vise à exposer, expliquer, systématiser et critiquer les règles qui régissent la constitution, le fonctionnement et la disparition des sociétés commerciales. Il montre que le droit des sociétés commerciales OHADA vise la promotion, la protection et la société judiciaire des investissements, autant qu'il tend à protéger les intérêts particuliers. En outre, il met en exergue la richesse, la

variété et la modernité du droit des sociétés de l'OHADA, ainsi que l'abondance et la qualité des travaux de recherche des auteurs africains et d'ailleurs qui s'intéressent au droit OHADA.
(Coll. Dynamiques du droit OHADA, 55.00 euros, 752 p.)
ISBN : 978-2-343-12819-1, ISBN EBOOK : 978-2-14-005077-0

LA PROTECTION CONTRE LES ATTEINTES AUX DROITS SUR LES SIGNES DISTINCTIFS DANS L'ESPACE OAPI
Badou Charles
Les signes distinctifs confèrent à leur propriétaire un droit exclusif d'exploitation. Celui-ci bénéficie de règles dérogatoires au droit commun, qui ont pour vocation première d'assurer aux signes distinctifs une protection contre les atteintes dont ils peuvent être l'objet. Mais l'efficacité de la protection est toute relative. La protection contre les atteintes aux signes distinctifs exige donc de nouvelles solutions qui, prenant en compte la particularité du droit de la propriété industrielle, protègeront efficacement les signes distinctifs contre les violations des droits exclusifs de leur propriétaire.
(Coll. Études africaines, 42.00 euros, 468 p.)
ISBN : 978-2-343-11816-1, ISBN EBOOK : 978-2-14-005019-0

DROIT DU TRAVAIL SÉNÉGALAIS
Tagum Fombeno Henri-Joël - Préface de Isaac Yankhoba Ndiaye
L'auteur questionne le droit du travail sénégalais, analyse les textes récents et leurs apports au droit du travail, met en lumière les imperfections de la législation et les difficultés d'interprétation qu'elles suscitent dans la pratique. La compréhension de la matière est rendue aisée avec les illustrations et exemples pratiques, souvent utilisés par l'auteur et issus de son expérience professionnelle.
(Harmattan Sénégal, 48.00 euros, 506 p.)
ISBN : 978-2-343-13272-3, ISBN EBOOK : 978-2-14-004933-0

LA FUSION DES SOCIÉTÉS COMMERCIALES EN DROIT INTERNE ET INTERNATIONAL
Contribution à la notion de «contrat-organisation»
Kalaani Adrian
La fusion est l'opération par laquelle une ou plusieurs sociétés transfèrent, par la suite de leur dissolution sans liquidation, leur patrimoine à une société établie ou nouvelle. Ce transfert est possible par la distribution de parts sociales aux associés de la société dissoute. Cette définition française et européenne souligne les effets principaux de la fusion en restant silencieuse sur sa nature juridique. Donc la fusion est un contrat-organisation qui entraîne une mise en commun du patrimoine et des membres de chacune des sociétés fusionnantes au sein d'une seule société préexistante ou nouvelle.
(Coll. Logiques Juridiques, 55.00 euros, 638 p.)
ISBN : 978-2-343-10971-8, ISBN EBOOK : 978-2-14-004827-2

LE PRAGMATISME JURIDIQUE
Barraud Boris
Le pragmatisme invite à se concentrer sur le mode de production des connaissances et sur les actions plutôt que sur les pensées. Le pragmatisme juridique, attaché à l'effectivité des normes, permettrait d'accepter et expliquer les modes de régulation originaux du XXIe siècle. L'enjeu est de permettre au droit scientifique d'accompagner l'évolution du droit pratique. Sont surtout concernées la gouvernance du cyberespace, la protection de l'environnement et la responsabilité sociale des entreprises. Affinant le visage du pragmatisme juridique, voici un outil ouvrant des pistes pour l'avenir de la recherche en droit.
(Coll. Bibliothèques de droit, 33.00 euros, 334 p.)
ISBN : 978-2-343-13206-8, ISBN EBOOK : 978-2-14-004920-0

L'HARMATTAN ITALIA
Via Degli Artisti 15; 10124 Torino
harmattan.italia@gmail.com

L'HARMATTAN HONGRIE
Könyvesbolt ; Kossuth L. u. 14-16
1053 Budapest

L'HARMATTAN KINSHASA
185, avenue Nyangwe
Commune de Lingwala
Kinshasa, R.D. Congo
(00243) 998697603 ou (00243) 999229662

L'HARMATTAN CONGO
67, av. E. P. Lumumba
Bât. – Congo Pharmacie (Bib. Nat.)
BP2874 Brazzaville
harmattan.congo@yahoo.fr

L'HARMATTAN GUINÉE
Almamya Rue KA 028, en face
du restaurant Le Cèdre
OKB agency BP 3470 Conakry
(00224) 657 20 85 08 / 664 28 91 96
harmattanguinee@yahoo.fr

L'HARMATTAN MALI
Rue 73, Porte 536, Niamakoro,
Cité Unicef, Bamako
Tél. 00 (223) 20205724 / +(223) 76378082
poudiougopaul@yahoo.fr
pp.harmattan@gmail.com

L'HARMATTAN CAMEROUN
TSINGA/FECAFOOT
BP 11486 Yaoundé
699198028/675441949
harmattancam@yahoo.com

L'HARMATTAN CÔTE D'IVOIRE
Résidence Karl / cité des arts
Abidjan-Cocody 03 BP 1588 Abidjan 03
(00225) 05 77 87 31
etien_nda@yahoo.fr

L'HARMATTAN BURKINA
Penou Achille Some
Ouagadougou
(+226) 70 26 88 27

L'HARMATTAN SÉNÉGAL
10 VDN en face Mermoz, après le pont de Fann
BP 45034 Dakar Fann
33 825 98 58 / 33 860 9858
senharmattan@gmail.com / senlibraire@gmail.com
www.harmattansenegal.com

www.ingramcontent.com/pod-product-compliance
Lightning Source LLC
LaVergne TN
LVHW021133061026
849535LV00002B/225
* 9 7 8 2 3 4 3 1 4 4 3 7 5 *